杭州经济技术开发区 2018 年鉴

杭州经济技术开发区地方志编纂委员会办公室 编

方志出版社
Publishing House of Local Records

图书在版编目（CIP）数据

杭州经济技术开发区年鉴．2018 / 杭州经济技术开发区地方志编纂委员会办公室编．-- 北京：方志出版社，2018.12

ISBN 978-7-5144-3556-6

Ⅰ．①杭… Ⅱ．①杭… Ⅲ．①经济开发区 — 杭州 — 2018 — 年鉴 Ⅳ．①F127.551

中国版本图书馆 CIP 数据核字（2019）第 018659 号

杭州经济技术开发区年鉴（2018）

编　　者：杭州经济技术开发区地方志编纂委员会办公室
责任编辑：王　娜

出 版 人：冀祥德
出 版 者：方 志 出 版 社
地址　北京市朝阳区潘家园东里 9 号（国家方志馆 4 层）
邮编　100021
网址　http://www.fzph.org
发　　行：方志出版社图书经销中心
电话（010） 67110500
经　　销：各地新华书店
印　　刷：南京凯德印刷有限公司

开　　本：889×1194　　1/16
印　　张：24
字　　数：659 千字
版　　次：2018 年 12 月第 1 版　　2018 年 12 月第 1 次印刷
印　　数：0001 ~ 1000 册

ISBN 978－7－5144－3556－6　　定价：360.00 元

杭州经济技术开发区地方志编纂委员会

主　　任　邵立春

副 主 任　陈金生　周　涛　何铨寿　王永芳　俞　斌　郝大龙　李　栋　史建峰　虞付月　张义久　戚海滨　刘　波　钱　铖

成　　员　王　勇　袁　月　郭　强　李路宁　陈其松　汤丽玉　钱晓华　金跃平　张雨秋　盛春灵　卢小强　沈建立　陶　峰　汪新君　黄　斌　孙　琦　吴中荣　童华清　高云坤　李跃清　吴　波　张国平　姚晨蓬　沈军玉　胡惠华　傅　敏　俞仁贤　帅昌林　单　超　叶　莉　陈利平　江永伟　樊立波　李　超　冯海东　於　涛　周正阳　马其峰　郑基鹏

杭州经济技术开发区年鉴编辑部

主　　编　袁　月

副 主 编　金如森

编辑部顾问　汤　峻

执行主编　张红丹

责任编辑　黎洪正　刘心怡　富敏超　周　丹（女）

杭州经济技术开发区图

余杭高铁站站
沪杭铁路客运专线
余杭
杭州市
嘉兴市
101省道
大坝桥
海　宁　市
朱油车
杭甬高速S2（沪杭段）
S16
杭　浦　高　速
临平
余　杭　区
翁梅站
乔司南站
东湖路
京杭运河
浙江牧业监测大楼
G60
沪　昆　高　速
海　宁　市
杭州经济技术开发区与海宁市合作开发区块
体育公园
江东大桥
九阳工业园
杭州医药港小镇（在建）
杭州松下工业园
杭州绕城段
G25₀₁
杭　州　绕　城　高　速
下沙
下沙东
东德
余杭区
江干区
杭州聋人学校
文思小学
市聋人学校
下沙中学
恒盛大楼
东城大厦
下沙街道社区卫生服务中心
浙江传媒学院
中国计量大学
杭州职业技术学院
浙江理工大学
西区公园
东区公园
杭州电子科技大学
曙江大酒店
浙江金融学院
浙江财经大学
杭州师范大学
浙江经贸职业技术学院
日本人学校
中国计量大学现代科技学院
计量大学大学科创园
浙江水利水电学院
浙江警官职业学院
杭　州　下　沙　高　教　园　区
启源中学
启源小学
宝龙城市广场
杭州木材市场
松合大厦
天福财智大厦
和茂大厦
开发区行政服务中心
杭州东部国际商务中心
和达希尔顿酒店
开发区
福雷德广场
文渊大厦
学源大楼
文盛大楼
省出版集团基地
外海物流
益维（众泰汽车）
味全
娃哈哈
顶益食品
中粮包装
荣成包装
元成时代
百世物流
环球汽车
大德克

钱
塘
江
下沙大桥
九堡大桥
萧山区
干区
地铁1号线（机场延伸段在建）
下沙街道
下沙南
沿江西公园
沿江东公园
杭州综合保税区
杭州跨境贸易电子商务产业园下沙园区
下沙电子商务园
下沙江滨站
云水站
杭州神博乐园
顺坝村
狮子山
美女山
区域位置图
杭州市
杭州经济技术开发区
杭州萧山国际机场
图例
开发区管委会
街道办事处
设区市界线
县、市、区界线
河流、桥梁
高速公路及编号
铁路客运专线
地铁1号线及站点
学校
医院
大厦
酒店
购物中心
主要单位
杭州市勘测设计研究院 编制
地图审核号：浙杭S(2018)034号
界线不作划界依据，仅供参考
版权所有 侵权必究

开发区新貌

（边忠强 摄）

2017年9月14日，浙江省委书记车俊（前左一）调研开发区企业杭州立昂微电子股份有限公司

2017年6月23日，中国海关总署党组书记、署长倪岳峰（前右二）到开发区调研跨境贸易工作情况

2017年10月11日，浙江省委常委、杭州市委书记赵一德（右三）调研开发区企业杭州九阳欧南多小家电有限公司

2017年9月21日，杭州市委副书记、市长徐立毅（前右一）到开发区检查企业安全生产工作

2017年6月20日，杭州市人大常委会主任于跃敏（前右二）到开发区调研拆迁安置工作

2017年8月15日，杭州市政协主席潘家玮（前右一）到开发区调研“城东智造大走廊”建设发展情况

2017 年 8 月 24 日，浙江省科技厅厅长周国辉（前左二）调研开发区高新产业发展情况。图为调研史陶比尔（杭州）精密机械公司

2017 年 4 月 20 日，杭州市委副书记、政法委书记马晓晖（前左一）到开发区调研基层治理体系“四个平台”建设工作

2017 年 12 月 26 日，杭州市委常委、统战部部长佟桂莉（右一）到开发区调研跨境电商企业浙江东方百富袜业制造有限公司

2017年5月25日，杭州市委常委、常务副市长戴建平（左一）到开发区调研特色小镇建设工作

2017年10月16日，杭州市副市长陈新华（前左一）到开发区调研生物医药产业发展情况

2017年2月3日，杭州市副市长谢双成（前左一）到开发区开展新春下基层慰问活动

2017 年，开发区以平均每周举办一个重大创新创业活动的频率，举办或承办各类高层次创新创业活动，包括二十国集团智库会议创新研讨会、“创响中国·杭州站”启动仪式、开发区首届人才科技大会等高端论坛和活动 50 余场。

2017 年 9 月 15 日，浙江省大众创业万众创新活动周暨浙江省首届创业创新博览会在开发区大创小镇举行

2017 年 5 月 6 日，开发区举行二十国集团智库会议创新研讨会

2017 年 11 月 21 日，浙江国际协同创新峰会在开发区举行，浙江国际协同创新研究院正式落户开发区

2017 年 1 月 12 日，开发区召开首届人才科技创新大会。图为受表彰的杰出人才

2017 年 10 月 11 日，“创响中国·杭州站”活动在开发区大创小镇启动

2017 年 5 月 10 日，开发区举办“创 in 下沙”资本对接会海归人才专场

2017 年 4 月 26 日，开发区管委会与美国加州大学洛杉矶分校（UCLA）科学商业化中心签约

2017 年 6 月 25 日，开发区举行杭州长三角大数据研究院揭牌仪式

2017 年 5 月 18 日，奥克兰大学中国创新研究院落户开发区

2017 年 8 月 29 日，阿里巴巴创新中心（杭州下沙）成立，落户开发区华媒科创园

2017 年，开发区生物医药产业完成销售产值 210.69 亿元，全年举办国际精准医疗（杭州）产业发展论坛、国际生物医药创新（杭州）峰会等高端论坛。8 月，杭州医药港小镇列入浙江省第三批省级特色小镇创建名单，11 月，入选首批省级高新技术小镇（建设类）名单，华海药业生物制药及研发中心等多个项目落户杭州医药港小镇。

2017 年 6 月 28 日，第四届中国 IVD 产业投资与并购 CEO 论坛暨第二届中国 IVD 及精准医疗独角兽创业大赛在开发区举行

2017 年 7 月 15 日，国际精准医疗（杭州）产业发展论坛在开发区举行

2017 年 11 月 11 日，专家联谊会生物医药与生命科学专业委员会 2017 年年会在开发区举办

2017 年 9 月 8 日，华海药业生物制药及研发中心落户开发区

2017 年 12 月 26 日，开发区与中国药科大学共建中国药科大学（杭州）创新药物研究院落户杭州医药港小镇

杭州益维汽车工业有限公司汽车生产线　（徐江虹 摄）

奥普家居股份有限公司生产的吸顶灯　（糜利萍 摄）

杭州九阳欧南多小家电有限公司生产的小

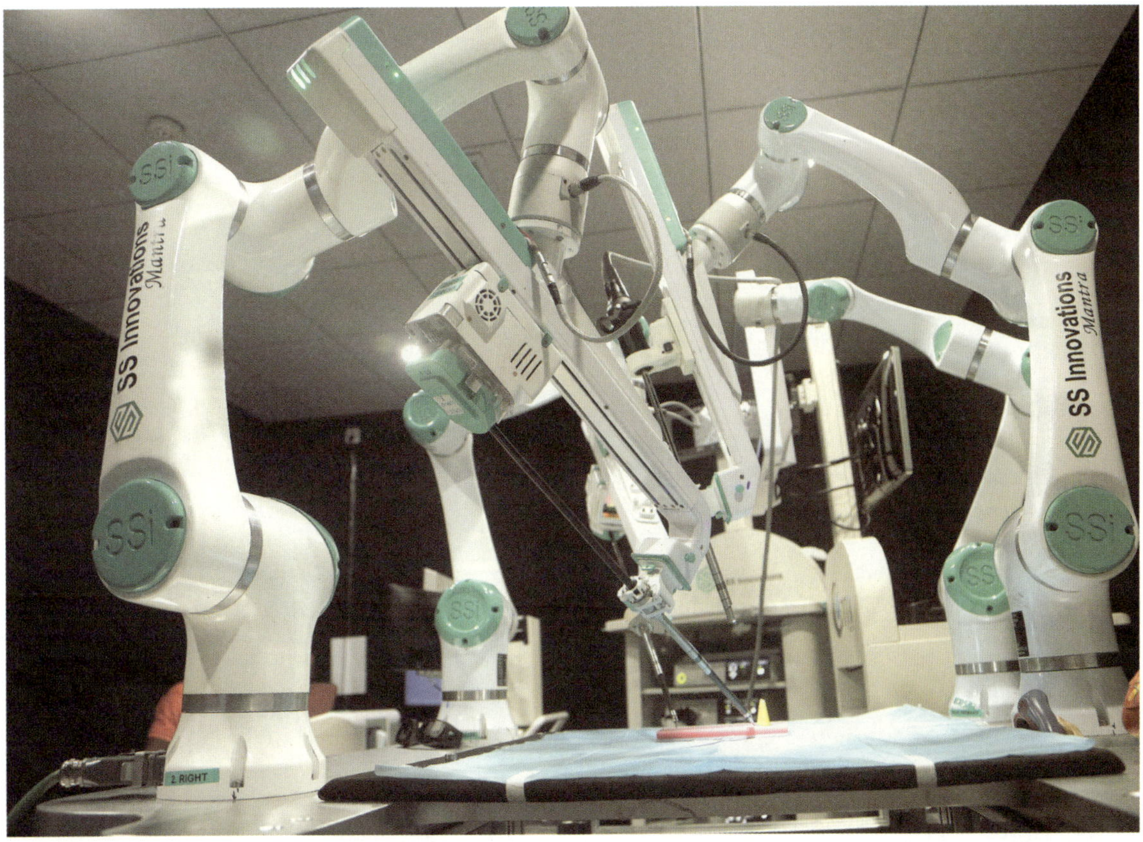

杭州术创机器人有限公司生产的手术机器人 （姜慧君 摄）

（陈咏红 摄）

杭州芯耘光电科技有限公司芯片制造 （顾兆明 摄）

开发区金沙湖商业区夜景

（边忠强 摄）

2005 年，开发区启动撤村建居，对下沙街道 12 个自然村实施城中村改造。2017 年 7 月，拆除 98 户征迁遗留户，11 月，回迁安置下沙街道最后一个社区头格社区，开发区率先在杭州市范围内实现“征迁清零”和“回迁清零”。

2017 年 11 月 28 日，头格社区拆迁安置房头格江景家园

2014 年 1 月 15 日，新元社区拆迁安置房

2009 年 2 月 5 日，头格社区原貌

2009 年 3 月 10 日，新元社区原貌

金沙家园

2017 年 7 月 28 日，湾南社区拆迁安置房湾南德胜东苑

2009 年 3 月 10 日，湾南社区原貌

2017 年，开发区配合驻区部队开展停止有偿服务工作（简称停偿），是杭州市范围内停偿体量规模最大的区域。至年末，实现停偿率 95.5%。

2017 年 11 月 27 日，杭州市委常委、常务副市长戴建平（左二）调研开发区停偿工作

2017 年 8 月，省军区农副业基地停偿前面貌

2017 年 10 月，武警部队东部区域停偿前面貌

2017 年 10 月，省军区农副业基地绕城北线停偿区域拆除

2017 年 11 月，省军区农副业基地中心路区域停偿后面貌

2017 年 12 月，武警部队停偿后面貌

（此版照片由下沙街道办事处供稿）

金沙湖工程于2010年5月18日开工，2013年5月金沙湖一期工程建成对外开放，2017年10月30日金沙湖二期、三期工程竣工验收。2017年12月28日金沙湖蓄水完成。金沙湖区域规划建设成集行政办公、商务办公、商业购物、旅游休闲、文化娱乐、总部经济及金融服务等功能于一体的中央商务区。

2013年5月，金沙湖一期工程建成并对外开放　（糜利萍 供稿）

2017年12月，蓄水完成后的金沙湖风景

2017 年 5 月，建设中的金沙湖　　（糜利萍 供稿）

（郑体兵 摄）

开发区沿江夜色

（朱伟锋 摄）

2017 年 9 月 4—16 日，第十三届全国学生运动会在杭州举行。该届运动会游泳、篮球、足球、羽毛球比赛项目分别在开发区的浙江财经大学、浙江理工大学、杭州电子科技大学、浙江传媒学院、中国计量大学、浙江工商大学及杭州第四中学举行。

2017 年 8 月 31 日，开发区区口广场设立“青春旋律”主题花坛，营造全国学生运动会气氛

浙江财经大学志愿者

浙江工商大学羽毛球赛场

2017年9月9日，第十三届全国学生运动会足球比赛在杭州电子科技大学举行

2017年9月14日，第十三届全国学生运动会游泳比赛在浙江财经大学举行

2017年9月12日，第十三届全国学生运动会篮球比赛在浙江理工大学举行

2017 年 12 月 9 日，悍将杭州超级马拉松 24 小时金杯赛在开发区举行

2017 年 9 月 15—17 日，第五届华东射箭大联赛在下沙中学举办

2017 年 12 月 3 日，开发区举行玫琳凯怡日健·2017 年杭州国际女子马拉松比赛

2017年5月23日，开发区举行第二届高校主持人大赛

2017年6月27日，开发区举行第二届“夕阳金韵”退休人员文艺会演

2017年6月10日，开发区举行第四届操舞大赛

编辑说明

一、《杭州经济技术开发区年鉴》旨在系统地逐年记载杭州经济技术开发区（以下简称开发区）自然、政治、经济、文化和社会等方面的基本情况，为管委会机关部门、街道、进区直属管理服务机构、社会各界人士，以及中外投资者了解和研究开发区提供丰富、翔实的地情资料。

二、本年鉴2011年创刊，《杭州经济技术开发区年鉴（2018）》是创刊以来连续出版的第8卷。本年鉴以马克思列宁主义、毛泽东思想、邓小平理论、“三个代表”重要思想、科学发展观、习近平新时代中国特色社会主义思想为指导，深入贯彻落实习近平总书记系列重要讲话精神，全面记载2017年1月1日至12月31日开发区经济社会发展和城市建设基本情况，反映开发区围绕建设“城东智造大走廊的引领区、国家级开发区转型升级示范区、一流的现代化国际化新城区”三大目标，实施“创新驱动、转型升级、产城融合”三大战略、加快“下沙科技城”和“下沙新城”建设所取得的新成就、新经验、新特点，以及在发展中遇到的新情况、新矛盾、新问题。

三、本年鉴按分类法编排，主体内容分为类目、分目、条目三个层次。2018年卷框架结构基本保持稳定，略有调整和改动。卷首设特载、年度聚焦、大事记，卷尾设人物、统计资料、附录、索引。百科类目设区情综述、工业、服务业、农业、内外经济贸易、口岸、人才科技、城市规划建设、城市综合管理、公用事业、综合经济管理、财政·税务、金融、环境保护、国有资产经营、党务、政务、工会·共青团·妇工委、法治、教育、卫生、文化·体育、人力资源和社会保障、社会民生、辖区街道、下沙高教园区。全书设类目33个、分目177个，收入条目1054条、随文图照209幅、表格45张、附属资料3篇。

四、本年鉴所刊载的情况和数据，均由开发区有关职能部门提供，并经过严格审核，文后署作者姓名。统计表由开发区统计部门提供，业务数据由各业务主管部门提供。统计资料使用现行法定计量单位。因统计口径和统计时间的原因，有些数据可能与统计资料公布的数字有差异，以统计资料公布的数字为准。

五、为表述简洁，杭州经济技术开发区简称开发区；中共杭州市委杭州经济技术开发区工作委员会简称开发区党工委；杭州经济技术开发区管理委员会简称开发区管委会；管委会机关部门、直属单位、进区管理服务机构第一次出现时用全称，下文出现时用简称。机构全称及规范化简称见附录。

特 载

年度聚焦

大事记

区情综述

工　业

服务业

农 业

内外经济贸易

口 岸

人才科技

城市规划建设

城市综合管理

公用事业

环境保护

国有资产经营

党　务

政　务

工会·共青团·妇工委

法 治

教　育

卫 生

文化·体育

人力资源和社会保障

社会民生

辖区街道

下沙高教园区

人　物

统计资料

附　录

索　引

坚定实施三大战略　坚决打赢六大硬仗 全力打造下沙科技城和下沙新城

——在开发区2018年度工作会议上的讲话

（2018年2月2日）

党工委书记、管委会主任　邵立春

这次会议的主要任务是：深入学习贯彻党的十九大和中央经济工作会议精神，贯彻省市党代会、全会以及省“两会”精神，回顾总结2017年主要工作，研究部署2018年工作任务，动员各级各部门进一步统一思想、明确目标、落实举措，以新气象迈进新时代，以新作为开启新征程，全力打造“下沙科技城”和“下沙新城”，开创开发区全面转型发展新局面。下面，我代表党工委、管委会讲四点意见：

（童志忠 摄）

一、肯定新成绩，切实增强发展信心

2017年，在市委、市政府的正确领导下，党工委、管委会团结带领全区广大干部职工，紧紧围绕“三大目标”，积极抢抓城市国际化和拥江发展战略机遇，大力实施“三大战略”，加快推进“三次创业”，凝心聚力、克难攻坚，经济社会各项事业保持平稳健康发展。全年完成地区生产总值652亿元，增长6.5%，规上工业增加值433.7亿元，增长6.3%，服务业增加值192.3亿元，增长6.3%；财政总收入134.4亿元，其中地方财政收入70.3亿元，增长6.6%；实到外资5.8亿美元、实到内资50.6亿元、浙商回归资金37.3亿元，全面完成目标任务；固定资产投资154.6亿元，增长13.7%，其中工业投资增长41.7%；社会消费品零售总额99.3亿元，增长12.4%；外贸出口331.4亿元，跨境进口总额11.1亿美元、出口总额5.39亿美元，经济运行呈现“稳中有进、稳中向好”态势。回顾过去一年，主要取得了四个方面的新成绩：

一是创新驱动取得新成绩。坚持创新驱动发展战略，大力实施五大“双百”工程，成功获批国家级双创示范基地。平台能级不断提升。新投用创新平台32.4万方，累计投用134万方，新增省级孵化器2家、省级众创空间6家，各类创新载体累计达34个，与市科委合作共建杭州硅谷协同创新中心，成为省市首个海外创新孵化平台。特别是在招引标志性、引领性科技项目上实现重大突破，搜狗研究院、清华柔性电子研究院、中科院深圳先进技术研究院等高端平台落户开发区。各类人才不断集聚。新引进本科以上人才1万余名，其中留学回国人才222名，增长52%；新增“国千”“省千”等领军型人才27名，其中市“521”人才增量位列全市第一，各类高层次人才数量累计达1150余名。企业创新不断增强。新增国家高企39家、累计达198家，新增科技型企业1281家，增长50%，新增省级科技型企业142家、累计达752家，新增市级以上研发机构30个、累计达296个，规上工业企业研发经费支出占比达4.9%，新产品产值率达29.4%，企业专利授权量增长20%，增幅位居全市前列。区校合作不断深化。全面启动新一轮区校战略合作，制定省内首个区校合作专项政策，高校产学研联盟中心和创新创业教育实践基地落地运行，在平台共建、资源共享、人才共育等方面取得积极进展。创新生态不断完善。重磅推出金沙英才“黄金八条”等双创政策，设立50亿元的产业母基金，管理资金规模达170亿元，成功举办二十国集团智库会议、浙江省首届创博会、“创响中国”杭州站等一系列论坛和活动，创新创业氛围更加浓厚。

二是转型升级取得新成绩。坚持转型升级发展战略，坚决打好“组合拳”，推动产业集聚化、高端化发展。产业质效加快提升。信息经济增加值增长8.6%，战略新兴产业、高新技术产业增加值分别增长12%、7.7%，高新技术产值占比达46%；泰瑞机器主板上市，联川生物等4家企业在新三板挂牌，杭州电缆等8家企业产品获评省（市）名牌产品，企业主导或参与制定33项国际、国家、行业标准，企业上市、品牌标准建设步伐加快。特色平台加快建设。医药港小镇成功创建省级特色小镇和省级高新技术特色小镇，华海药业等一批优质项目相继落地，产业集聚集群发展态势初步形成。大创小镇获批省级国际科技合作基地和市级特色小镇，奥克兰大学中国创新研究院开园，海聚中心、国际创博中心开工建设，小镇影响力、吸引力持续增强。金沙湖商务区建设取得重大突破，遗留的拆迁难题彻底解决，湖区蓄水全面完成。出口加工区获批综合保税区，肉类查验场建设、园区智能化改造加快推进。东部湾总部基地大楼主体开工建设，重大项目招引工作取得积极进展。两化融合加快步伐。实施“零地技改”项目52件、机器换人项目32个、工厂物联网和工业互联网试点示范项目11个，技改投资增长22.3%，两化融合发展指数持续提升，入选省级“两化深度融合国家示范区”。腾笼换鸟加快推进。开展工业企业综合效益评价，加大低效企业收储收购与存量土地盘活力度，特别是借助中央环保督察东风，推动一批对环境具有较大影响的企业明确关停转迁时间表，清理整治各类“五无”企业1928家，有效拓展了存量发展空间。

三是产城融合取得新成绩。坚持产城融合发展战略，加大基础配套和民生事业投入力度，城市品质不断提升。配套设施持续完善。幸福路下穿金沙湖隧道主体工程完工，金沙大道便道顺利贯通，地铁1号线机场延伸段、艮山东路快速路下沙段、运河二通道下沙段等重点工程加快推进。建成5个停车场库，新增停车泊位547个，优化公交线路5条，群众出行更加便捷。环境品质持续提升。实施环境综合整治十大专项行动，在全市率先实现拆迁安置“双清零”，2家化工企业实现关停转迁，劣五类水剿灭任务全面完成，违法屋顶广告招牌全部“清零”，一批重难点违建、空地乱堆乱放、工程渣土偷倒以及群租房、非法废品回收得到有效整治。同时，借助部队停偿有利契机，腾空拆除低小散厂房仓库200余万方，有效消除了安全隐患，为重点项目推进创造了条件。社会民生持续改善。实施十大民生工程，新建投用学校3所、改造提升20所，沿江、大学城北、中心区块三大社区卫生服务中心加快建设，区级老年活动中心建成投用，新建社区帮扶救助站2个，下沙街道社区卫生服务中心获评“省百强社区卫生服务中心”，滟澜社区入选市国际化示范社区。城市治理持续加强。96.8%的政府办事事项实现“最多跑一次”，商事登记等六个领域实现“一窗受理、集成服务”，投资项目审批时间压缩三分之一以上。深化“法治下沙”“平安下沙”“文明下沙”建设，司法改革稳步推进，基层治理体系“四个平台”加快建设，智管平台指挥中心建成投用，安全生产形势总体稳定，圆满完成十九大、全国学生运动会等重点时段的信访维稳工作，白杨街道成功创建“省级文化强镇”，开发区高分通过国家文明城市复评。

四是党建工作取得新成绩。坚持全面从严治党要求，以党建统领推动各项事业发展和过硬干部队伍建设。政治思想建设得到加强。深入学习贯彻党的十九大及省市党代会等重要会议精神，抓实"两学一做"常态化制度化，通过领导带头宣讲学、专题培训集中学、机关基层结对学等方式，做到学懂弄通做实，不断增强党员干部"四个意识""四个自信"。严格落实意识形态工作责任制，积极稳妥处置一批舆情事件，牢牢把握意识形态工作的主动权和话语权。铁军队伍建设得到加强。认真开展"三提一争""双争"主题实践活动，强化干部队伍专业能力建设，注重在实践中培养锻炼、考察识别和选拔使用干部，从严抓好干部日常监督管理，有效提升干部队伍专业能力和综合素质。基层组织建设得到加强。深入开展"百千万"蹲点调研，划深划细190个社区网格支部，完成36个社区组织换届选举，制定实施"两新组织"双覆盖行动计划，统筹推进国有企业、教育、医疗、建设、互联网等行业系统党建，形成党建新格局。完成总工会、残联换届选举工作。廉政作风建设得到加强。细化完善"两个责任"清单，压实各级党组织主体责任，强化执纪监督，开展基层巡察，加强对工程建设、国有集体资产等重点领域和关键环节的监督管理，确保干部队伍清正廉洁。

过去一年，我们克服了不少难题，办成了不少大事，取得了不错成绩，这是很不容易的。特别是面对转型发展中出现的新情况、新问题，我们紧紧抓住机遇，提出"三大目标"，大力实施"三大战略"，加快推进"三次创业"，进一步理清了新时期的工作思路，明确了目标方向；面对转型发展中碰到的硬骨头、硬钉子，我们敢于克难、勇于担责，创新办法、主动出击、一抓到底，取得了一个又一个突破，战胜了一个又一个困难，打出了声势、提振了士气，压实了发展基础；面对转型发展中承担的重任务、重压力，我们齐心协力、主动作为、积极应对，化压力为动力，"白加黑""5+2"、拼命干，干出了新气象，干出了新成效，形成了良好的发展势头。这些成绩的取得，既得益于我们全面贯彻落实上级决策部署、坚定不移实施"三大战略"，也离不开社会各界的鼎力支持和积极参与，更是凝结着各级各部门、各高校以及进区直属管理服务机构干部的心血和汗水。借此机会，我代表党工委、管委会，向在座各位并通过你们向全区广大干部职工，表示最衷心的感谢和最诚挚的问候！

二、贯彻新理念，奋力推进"双城"建设

前年，市委对开发区提出了建设"城东智造大走廊的引领区、国家级开发区转型升级示范区、一流的现代化国际化新城区"的总体要求，为我们新时期发展明确了目标方向，是我们当前和今后一个时期工作的重要指引。要成为城东智造大走廊的引领区、国家级开发区转型升级示范区，就必须强化科技引领，改变以要素投入为主的传统发展模式，让创新成为驱动发展的新引擎。同时，要成为一流的现代化国际化新城区，就必须坚持"以产兴城、以城促产"，持续深化产城融合，全方位拉高城市规划建设管理标准，着力在城市功能配套和环境面貌上实现根本性转变，加快推进开发区由"副城"向"新城"转变。为此，党工委经过深入研究和论证，提出要加快打造"下沙科技城"和"下沙新城"的目标定位。从内涵上看，"双城"目标与"三大目标"一脉相承，是"三大目标"的具象化。加快"双城"建设是确保"三大目标"落实落地的核心关键，其建设成效决定着"三大目标"能否实现。所以，我们要正确理解和深刻认识"双城"建设的重要意义，以强烈的责任感、使命感、紧迫感，贯彻落实新发展理念，坚持实干至上、行动至上，团结奋斗、砥砺前行，高水平谱写新时代开发区发展的"双城记"，全面开创转型发展高质量发展新格局。重中之重是要做到"四个必须"：

加快"双城"建设，必须牢牢把握中央和省市要求。抓工作、谋发展，既要"接地气"，脚踏实地、埋头苦干，更要"接天线"，把握大势、拓宽眼界，在落实上级要求中找准机遇。要牢牢把握十九大精神要求。党的十九大明确了我们党新时代面向未来的新使命，确立了习近平新时代中国特色社会主义思想，提出了我国社会主要矛盾已经转化为人民日益增长的美好生活需要和不平衡不充分的发展之间的矛盾，我国经济已由高速增长阶段转向高质量发展阶段。中央经济工作会议进一步明确把高质量发展作为推动发展的根本要求，着力实现质量、效率、动力"三大变革"。要牢牢把握省委省政府部署要求。省第十四次党代会提出了"两个高水平"的奋斗目标，把"四个强省"作为工作导向，谋划实施"四大建设"。省委十四届二次全会进一步明确了"两个高水平"建设的"三个阶段"战略安排，描绘了新时代浙江发展的路线图。要牢牢把握市委市政府决策部署。站在"后峰会、前亚运"重要历史节点，市委、市政府提出要大力

实施城市国际化、拥江发展和创新发展战略，建设独特韵味别样精彩世界名城的奋斗目标。市委十二届三次全会又作出了“六个坚定不移”“六个新突破”的重要部署，全面开启了杭州发展的新时代新征程。中央、省市的部署要求，为我们推动发展、做好工作提供了根本遵循，指明了目标方向。

加快“双城”建设，必须坚定不移实施“三大战略”。近年来开发区发展所取得的成效，充分证明了“三大战略”符合发展实际，是我们打造“双城”、实现高质量发展所必须牢牢坚持的方向指引。要坚定不移推进创新驱动。实施创新驱动发展战略，是破解空间要素制约、提高核心竞争力的必由之路，是打造“下沙科技城”的题中之义。要切实增强“不创新不行、创新慢了也不行”的责任感、紧迫感，用好国家双创示范基地这张“金名片”，下大力气引进和建设一批国内顶尖、世界一流的大院名所和重大科技平台，培育一批具有国际水平的领军人才和高水平创新团队，引导企业从“要我创新”向“我要创新”转变，着力打造“产学研用金、才政介美云”十联动的创业创新生态系统，加快形成以创新为主要引领和支撑的经济体系和发展模式。要坚定不移加快转型升级。推动现有产业的改造提升，是开发区巩固扩大传统优势、做大做强制造业的关键所在。要聚焦重点、有取有舍，抓住城东智造大走廊建设机遇，打好转型升级组合拳，推动产业实现高端化，谋划实施一批突破性、示范性强的智能改造项目，全力支持企业上市和兼并重组，坚决淘汰不符合发展要求的落后产能和企业，不断提升产业综合竞争力。要坚定不移深化产城融合。推动产城融合既是践行以人民为中心发展思想、顺应居民群众新期待的关键之举，也是集聚高端要素、推进创新发展的重要支撑。要紧紧抓住杭州城市国际化、拥江发展的战略机遇，充分认识当前产业结构、人口结构正在发生的新变化，高标准做好城市规划建设，全面推进城市有机更新，加快完善功能配套、提升环境品质、深化文化建设，积极推动城市管理由粗放型向精细化转变，全力以赴打造宜业宜学宜居的“下沙新城”。总之，我们要始终坚持“三大战略”不动摇，以“功成不必在我”“成功路上必定有我”的境界，发扬钉钉子精神，不等待、不观望、不懈怠，持续发力、久久为功，真正做到一张蓝图干到底，直至取得开发区转型发展的全面胜利。

加快“双城”建设，必须加大力度补短板强弱项。发现问题、研究问题、解决问题，是做好工作、推动发展的前提基础。抓住问题就能抓住经济社会发展的“牛鼻子”，就能锚定我们工作的主攻方向。就开发区看，对照省市要求、群众期盼、先进地区，对照“双城”建设要求，我们在各方面还存在不少问题短板。创新发展方面，顶尖科技平台以及标志性、引领性“高大上”项目仍然缺乏，高端人才、本科以上人才集聚数量还不大，科技型企业基数太小，企业创新主体作用未能充分体现，创新平台建设速度太慢、运营水平不高，创新创业生态链亟待加快完善，新旧动能转换仍需付出艰苦努力。产业转型方面，主导产业、重点企业的引领带动作用不够明显，产业链向两端、价值链向高端、产品链向终端攀升的步伐还不够快，“两化融合”水平还不够高，高新技术产业、新兴产业规模还不大，制造业全面改造提升的格局还未形成，服务业“量小质低”的状况仍未缓解；支撑发展的重点平台推进速度太慢，低效用地盘活、空间整合力度还不够大，资源集约高效利用的机制还需要进一步完善。城市建设方面，城市规划设计的档次和水平还不能很好地适应“下沙新城”建设要求，规划的前瞻性、科学性还需要提升；教育、重大文体设施等城市功能配套还不完善，文化底蕴挖掘和文化产业发展还不够，优质化、国际化公共服务资源还比较缺乏；水、气、废以及“脏乱差”等环境问题的治理任务依然艰巨，环境质量持续向好的基础尚不稳固，防反弹、提品质的长效管理机制需要进一步完善。社会治理方面，改革创新的力度和魄力不够大，“最多跑一次”、城管体制等重点领域的改革亟待加速，智管平台的作用还未充分发挥；社会矛盾既有老的问题又有新的隐患，维护稳定、确保安全运行的压力依然较大；居民文明素质有待提升，群众参与社会治理的积极性、主动性未能充分激发，全民共建共治共享的格局需要强化。干部精气神方面，少数干部责任担当意识还不够强，遇到问题绕着走、碰到矛盾躲着走、看见难点低头走；有的干部工作作风不够扎实，爱要小聪明、做表面文章，不作为、慢作为、乱作为的现象一定程度仍存在。问题就是着力点，我们要勇于正视问题，善于分析问题，扭住重难点问题和短板弱项持续发力、精准发力，以问题的解决、难题的破解来推动开发区“三大战略”“双城”建设落实落地。

加快“双城”建设，必须精准把握策略方法。战略目标明确以后，推动各项工作落实要有正确的策略方法，避免事倍功半、顾此失彼。要处理好“远”与“近”的关系。远期目标起导向作用，为近期目标的制定指明方向；近期目标是基础，是实现远期目标的前提。从长远看，我们就是要通过十年左右的努力，到2026年确保“三大战略”推进以及“双城”建设取得明显成效，创新驱动发展的内生动力和宜业宜学宜居新城基本形成。从近期目标看，就是要结合中央、省、市的战略部署，特别是杭州市拥江发展四年行动计划，高起点谋划好未来四年的思路举措，从2018年开始一年接着一年干，力争到2021年，“双城”建设成效初显，在实现高质量发展上取得较大进展，城市品质面貌有根本性转变。要处理好“统”与“分”的关系。“统”就是要提高站位、统筹兼顾，增强工作的全局性、系统性、整体性；“分”就是要突出重点，集中精力攻破难点。广大干部特别是部门“一把手”，既要着眼整体、统筹谋划，在落实党工委、管委会各项决策部署上取得实效，又要突出重点、精准发力，瞄准事关发展全局的关键工作，狠下硬功夫、啃下硬骨头，每年干成几件实实在在、拿得出手的亮眼业绩，以重点工作的突破来带动全局工作的提升。要处理好“破”与“立”的关系。“破”就是要摒弃不合时宜的理念、观念，打破制约发展的体制机制和条条框框，破除固有的利益格局；“立”就是要树立符合时代发展要求的理念，建立更加科学高效的运行机制，创新和探索更加务实管用的工作方法。我们要有自我革新的精神，拿出“不破不立、大破大立”的胆识，针对项目审批、城市管理、工程建设监管等各领域突出问题，勇于破除以往的思维定式和路径依赖，坚决清除不合时宜的篱笆围栏，以改革的精神、创新的思维助力重点工作快速推进。要处理好“进”与“稳”的关系。“进”就是要正视困难、直面挑战，以一往无前的精神和决战决胜的勇气，抓推进、抓落实；“稳”就是要保持战略定力、维护社会稳定、守牢底线不越红线。站在新的历史起点上，围绕“双城”建设要求，面对项目推进、科技创新、平台建设、空间整合、环境提升、“最多跑一次”改革等各种任务挑战，必须主动出击、积极作为、强势推进，确保各项工作取得突破、体现实效。同时，要坚持底线思维，增强风险防范意识，把问题想在前、预案做在前，坚决守住安全、稳定、廉政底线，确保干成事不出事。

三、体现新作为，坚决打赢六大硬仗

2018年是贯彻党的十九大精神的开局之年，是改革开放40周年，也是实施拥江发展、落实“十三五”规划的关键一年，更是开发区实施“三大战略”、改变发展面貌重中之重的一年，做好今年工作意义重大。我们要高举习近平新时代中国特色社会主义思想伟大旗帜，深入学习贯彻党的十九大和中央经济工作会议精神，认真贯彻省市党代会、全会以及省“两会”部署要求，坚持新发展理念，坚持高质量发展，紧紧围绕“三大目标”，坚定不移实施“三大战略”，全面推进“三次创业”，以“六大硬仗”为抓手，奋力打造“下沙科技城”和“下沙新城”，争当全市“拥江发展”排头兵。全区经济社会发展的主要预期目标是：GDP增长6.5%以上，地方财政收入增长10%以上，全社会固定资产投资增长10%以上，R&D支出占规上工业增加值比重达5.3%；全面完成市下达的其他经济指标以及五水共治、三改一拆、交通治堵、节能减排等各项目标任务。在全面抓好各项指标任务、统筹推进各条线工作的基础上，重中之重是要打好“六大硬仗”：

（一）突出力度速度，坚决打赢项目大推进硬仗。要牢固树立抓项目就是抓发展的理念，全力以赴推进重大项目建设，充分发挥项目稳增长、促转型的龙头带动作用。

1.聚焦重点领域。要加快推进一批产业急需、城市急等、居民急盼的重大项目，为持续壮大实体经济和深化产城融合提供有力支撑。要推进一批产业项目。盯实抓牢项目开竣工各个环节，全力推进40个产业项目建设，确保音飞肉类口岸、东芝开利等19个项目按时开工，加快推进辉瑞、安控科技等11个项目快建设、早竣工。深入实施“互联网+”专项行动，鼓励实施“零地技改”，加快推动30个企业提升改造项目，不断提升“两化融合”水平。围绕“4+1”重点产业，立足“三个有利于”招商共识，大力引进“三个500强”、行业“独角兽”、上市公司全球布局项目以及科技研发机构等“大好高”项目，力争全年引进“三个500强”项目5个、跨国公司地区或功能性总部1个以上，总投资10亿元以上产业项目2个，切实提高招商项目质量。要推进一批基础设施项目。抓住当前省市打造“大交通”“大花园”“大都市”的重要契机，积极推进艮山东路下沙段、地铁1号线延伸机场段、地铁8号线、运河二通道等27个基础设施项目建设，全面打通金沙大道、天城东路等主要断头路，持续完善城市公交和绿色慢行系统建设，加快推进高压线“上改下”、高教园区地下管网改造等市政工程，更好满足下沙新城建设发展需要。要推进一批配套项目。全力推进63个城市配套项目建设，开工建设8所学校，建成投用2家社区卫生服务机构以及沿江公共服务中心、残疾人服务中心，谋划推进国际学校建设，更好地满足居民群众生活所需。特别是要开工建设大剧院、国际会议（会展）中心、文体中心、大学城北体育馆、职工活动中心等一批重大配套项目，进一步补齐城市功能短板。要推进一批有机更新项目。深入开展“城市双修”，加快推进道路和城市景观有机更新，精心打造2号大街、海达南路景观大道，启动建设环下沙31.5公里城市绿廊，加快推进金沙湖、医药港小镇、大学城北三个区块环境提升改造，确保完成14个有机更新项目，全面提升城市形象品质。

2.紧盯关键环节。要围绕加快项目建设这个重点，进一步强化建设项目全过程管理，确保重大项目早谋划、早开工、早投产、早见效。要优化推进机制。出台扩大有效投资推进项目建设管理办法，制定“作战图”“进度表”，定人、定时、定查，切实压紧压实项目建设责任，确保项目严格按照时间节点快速推进。同时，要提升项目谋划水平，建立项目储备库，早谋划、多储备一批补短板、促转型、增后劲的重大项目，有效破解投资难问题。要优化审批机制。按照“能省则省、能减则减”的原则，进一步创新完善审批流程，积极推行模拟审批、容缺受理、施工图联审，最大限度压缩项目审批时间。各审批单位要充分发挥“店小二”精神，围绕项目推进主动服务、靠前服务，为项目快速推进提供保障。要优化督查机制。围绕项目建设全过程加大专项督查力度，按图对表加强跟踪问效、一督到底，推动形成比学赶超的良好氛围，对推进不力、进度滞后、审批迟缓等问题要及时通报，严肃问责，以强有力的督查问责倒逼项目加快推进。

3.强化要素保障。要加大土地、资金等全要素保障力度，确保重大项目顺利推进。要强化用地保障。全力深化与各地的合作，确保全年解决1000亩水田占补指标，重点做好华海、九洲、金沙湖商住地块等项目的报批和出让工作。要优化完善政府集中收储与开发机制，加大土地合同和招商协议的履约清理力度，全面完成市下达的批而未供、供而未用等再利用指标任务，全力保障重大项目用地需求。要强化资金保障。巩固深化“国地财”联动工作机制，努力稳定重点企业存量税源，积极引进培育新税源，确保完成地方财政收入增长目标。要加快成立地铁基金、运河二通道基金，持续深化与国开行的融资合作，扎实推进PPP项目试点，为项目建设提供多渠道多元化融资保障。

（二）突出高端高新，坚决打赢创新大提速硬仗。要强化创新驱动发展，全面推进国家双创示范基地建设，以更高水平的创新引领“下沙科技城”建设。

1.加速集聚高层次人才。要围绕省市高水平建设人才强省、人才高地的部署要求，全面推进“人才+”行动，广聚天下英才为开发区所用。要招引顶尖人才。突出“高精尖缺”导向，深入落实国家、省市各类重大引才育才计划，大力招引更多具有国际水平的高层次人才，力争全年引进诺贝尔奖获得者、院士等顶尖人才5名，新增各类领军型人才40名，新引进落地高层次人才创业项目80个以上，全力打造顶尖人才集聚“燃爆点”。要优化人才结构。围绕开发区经济社会发展的重点关键领域，大力实施高端人才引育工程，统筹推进各类人才队伍建设，持续扩大人才引进规模，加快优化人才结构，全年本科以上人才增长20%以上，新增高技能人才1000名以上，不断夯实创新发展的人才基础。要完善引才体系。继续坚持“抢”的姿态，全面运用平台引才、以企引才、以才引才、以资引才、海外引才等多种模式，积极主动做好人才招引工作。特别是要依托杭州硅谷协同创新中心、海外引才联络站以及海外基金，进一步强化覆盖欧美日的引才网络，大力开展海外引才，努力吸纳整合更多的国际化人才资源。

2.加速培育高质企业。要坚持“因企施策、分类施策”原则，进一步加大引导和扶持力度，切实把广大企业的创新主体作用有效发挥出来。要推动企业提质升级。积极落实省市改造提升传统制造业实施方案，深入推进工业互联网、机器换人、企业上云等专项行动，着力打造一批“智能工厂”，加快推动制造企业的产品向高端终端跃进、向研发设计和销售服务两端延伸。要提升企业创新能力。加大力度鼓励引导企业设立研发中心、企业研究院等各类创新研发机构、申报各类科技项目，启动实施企业专利提升工程，全年新增市级研发（技术）机构30个以上，申报市级以上科技项目150个以上，企业参与制定国际、国家、行业标准不少于35项，企业发明专利授权量增长10%以上。要加强科技型企业引育。大力实施科技企业培育“双百”工程，推动国家高企和省级科技型企业数量实现双倍增，力争全年引进和培育国家高企50家以上、省级科技型企业150家以上，新登记注册科技型中小微企业1800家以上。

3.加速实施高水平区校合作。要围绕共建“下沙科技城”的目标，深化区校在人才培育、平台建设、协同创新等各领域的战略合作，努力实现区校更加深度融合、全面共赢发展。要完善合作机制。坚持和完善区校高层定期会商、部门间即时沟通等机制，充分发挥高校产学研联盟中心、教育实践基地的载体作用，持续加大重点合作事项协调力度，切实推进区校合作走向常态化、制度化。要加强特色合作。充分依托各高校的资源特色，全面深化“一校一品”合作，积极推进杭电软职学院、杭师大动物实验中心、经贸科创中心、计量中德产业园等科创平台建设，实现区校合作的深度化、特色化。要强化资源共享。加快完善和推广创新创业共享服务平台，积极开展“博士进企、人才到校、政策入园”等专项行动，共同举办“大创杯”高校创业大赛等主题活动，更好地促进产学研横向合作、高校科技成果转化、投融资服务，实现各方资源的互补化、共享化。

4.加速打造高效创新生态。要按照打造创新生态链的要求，进一步强化政策、金融、环境的有效供给，切实发挥创新生态的强大保障作用。要用好人才新政。健全完善开发区“5+X”人才科技政策体系，推进人才租赁房建设，出台金沙英才“黄金八条”的实施细则，全力做好政策宣传解读活动，确保“黄金政策”在“黄金时间”发挥“黄金效应”，切实把好的政策资源转化为创新发展的强大竞争力。要加快双创金融谷建设。积极落实省市“凤凰行动计划”和钱塘江金融港湾建设要求，充分发挥政策性产业基金优势作用，积极强化与上交所、省股权交易中心培育合作，加快推动优质企业并购重组和挂牌上市，力争全年新增上市企业3家。加快设立产业促进基金、政府应急转贷基金、大创天使基金以及政策担保公司，着力解决科技型中小微企业融资难、担保难问题，为科技创业提供更加便利的融资支持。要提升区域创新氛围。广泛运用全媒体宣传手段，加大“下沙科技城”品牌宣传力度，积极争取国家部委、行业协会、国际组织来开发区举办具有重要影响力的高端论坛、会议、活动，全力办好省第二届创博会、人才创新创业大赛等品牌活动，着力吸引和挖掘更多国内外高端人才和项目资源。

（三）突出高质高效，坚决打赢平台大开发硬仗。要坚定不移把特色平台作为稳增长、促转型的主载体，加快打造一批高能级的创新平台，切实为开发区加快创新发展提供有力的平台支撑。

1.大力度建好“产业平台”。要加快完善“两镇两区一基地”的顶层设计，推动五大平台更加突出产业特色、实现差异发展，力争做到“打造一个特色平台，构建一个产业生态、形成一个发展支撑”。要做强医药港小镇。成立实体化运作的小镇建设指挥部，优化完善小镇产业规划和城市设计，加快打造生物医药产业生态链，全力推进20个重点项目加快建设，全面提升全域配套和生态环境，积极创建省级产业创新服务综合体，努力打造全国一流的科技研发型医药小镇。要做精大创小镇。完成小镇综合发展规划，启动实施区域景观和综合环境改造，启用小镇科创服务中心，全力推进海聚中心、创博中心等12个项目建设，大力吸引“人才+资本”“技术+资本”等一流双创项目，努力建设国际化产学研协同创新示范区。要做靓金沙湖商务区。深化完善金沙湖区块的城市设计、地下空间开发以及交通组织等规划方案，加快推进湖畔中心、停车场、金沙湖地下空间及景观工程等12个项目建设，为后续湖区开发建设奠定扎实基础。要做优综合保税区。全面启动综合保税区建设，加快推进肉类查验场和进口生物医药集中查验监管平台建设，积极参与阿里巴巴eWTP建设，主动对接数字丝绸之路战略枢纽建设战略，打造跨境下沙园区升级版，推动形成对外开放新格局，努力建设国际化复合型综合保税区。要做实东部湾总部基地。深化完善平台整体开发方案，做好平台规划与分区规划、区域控规的协调衔接，加快总部大楼等5个重点项目建设，为打造成为全市拥江发展的重要平台打好基础。

2.快速度打造“孵化平台”。要树立“全域孵化器”建设理念，着力推动各类科技孵化平台扩容提质，进一步提升科技孵化产出成效。要扩大孵化平台规模。加快推动创智天地、佳宝、加速器三期等重点项目建设，加大孵化+中试空间和创新园区的供给力度，确保开工建设创新平台22万方，续建48万方，投用17万方，新增市级以上孵化器（众创空间）5个，进一步打造全孵化链条，加快缓解“项目等平台”问题。要打造精品孵化器。大力引进国际国内品牌创新园，加快推动海创园、海拓中心、新加坡二期等平台改造提升，积极引导国字号孵化器、大学科技园建设精品孵化器，着力扶持发展巢生科技、博将资本+孵化器等新型孵化器，努力打造更多的高产出专业孵化器。

3.高标准引进“研发平台”。要聚焦开发区主导产业的细分领域，持续加大新型研发机构的引进和建设力度，发挥研发平台的引领示范效应。要引进重量级研发机构。进一步加大高端科研院所和研发中心的引进力度，加快推进复旦大学杭州创新中心等一批高端项目签约落户，力争在引进专业性国际组织上实现零的突破，确保全年引进高端创新平台10个以上，全面提升区域创新竞争力。要加快现有平台落地见效。推进2017年新引进的搜狗研究院等高端平台项目加快落地运营，推动奥克兰大学中国创新研究院等10余个已落地项目在吸引高端人才、孵化科技企业、促进成果转化等方面早见成效、多出成果。同时，要鼓励引导现有平台进一步提高运营管理水平，切实提升平台创新能级。

（四）突出重点难点，坚决打赢空间大整合硬仗。要按照"总体谋划、区域突破、多点开花、强势推进"的工作思路，综合运用法律、经济、行政等多种方法手段，加大空间资源整合力度，提高存量空间使用效率。

1.加强重点区块整治。按照"产城融合、退二优二、退二进三"的要求，成立专班、多措并举、综合施策，启动实施华春等区块的集中整治，通过"整片推进、整体提升"方式，确保腾出土地资源500亩以上，为推动整个区块产业转型、城市更新、环境提升奠定基础。

2.深化"五无"企业整治。坚持节约集约用地理念，深入推进"五无"企业集中整治，严格规范现有企业厂房出租和创新园区管理，清理整治"五无"企业1000家以上，腾出可利用厂房空间15万方以上。同时，继续开展工业企业综合效益评价，倒逼低效企业实施"零地技改"，加快向创新园区转型，重点完成对中高发动机、南部九阳、杭州电缆等7家企业的整治盘活，全年盘活土地资源600亩以上。

3.推进落后产能关停转迁。深入推进"腾笼换鸟"，持续加大环保执法力度，鼓励企业兼并重组、优化产业结构，推动纺织、化纤等传统行业调整产能，加快橡胶企业和5家剩余化工企业关停转迁的进程，为开发区转型发展腾出更多空间。

4.用好社区留用地。坚持"合作共赢、共建精品"的原则，出台留用地管理实施意见，加快编制留用地产业业态规划，推进社区与国资公司或优质品牌开发商合作开发，推行专业项目管理建设单位代建机制，探索推动社区"以指标置换物业"、指标货币化的方式加快留用地开发，进一步整合和优化剩余650多亩留用地资源。

（五）突出优质优美，坚决打赢环境大提升硬仗。要坚持环境就是竞争力，全面开展生态环境、市容环境、社会环境大提升专项行动，进一步改善城市环境品质。

1.提升生态环境品质。坚持全民共治、源头防治，不断加大生态环境治理力度，坚决打好污染防治攻坚战。要深化"五水共治"。启动开展高教园区水环境综合提升工程，打造新建河等一批精品示范河道，稳步推进海绵城市建设，全面落实街道河长制，继续深化"污水零直排区"建设，实现全域水质达到Ⅴ类水以上，彻底消灭黑臭河现象，确保治水成果经得起检验。要深化"五气共治"。全面落实新一轮大气污染防治计划，认真做好中央环保督察和省环保厅环境监察稽查"回头看"工作，重点推进顶正包材等5家工业企业废气治理，确保全年VOCs减排1500吨，促使空气质量持续改善，切实打好蓝天保卫战。要深化"五废共治"。推进生活垃圾"三化四分"，开工建设城东分选减量综合体，规划建设固废循环产业园，垃圾分类小区实现全域覆盖，智能化垃圾分类第三方服务小区达到55个，全面完成市下达的控量任务。实施土壤污染防治行动计划，强化土壤污染场地监管和修复。

2.提升市容环境品质。要坚持"三分建七分管"，以更大的努力管理好城市，打造干净、整洁、靓丽、有序的市容环境。要纵深推进"三改一拆"。启动实施智格等5个老小区综合整治，深入开展违法建筑和用地集中清理，全年完成7万平方米拆违任务，创建"基本无违建开发区"。要全力规范城市秩序。巩固提升环境综合大整治成果，继续深入开展出租房、工程渣土、空地、户外广告、共享单车、瓶装燃气、废品回收等重点领域的专项整治，积极抓好"厕所革命"、缓解"停车难"等关键小事，认真做好国卫复评迎检工作，进一步提升城市序化管理水平。

3.提升社会环境品质。要抓住群众最关心最直接最现实的利益问题，持续加强民生保障和法治平安建设，切实提升社会治理水平，不断增强群众获得感安全感幸福感。要强化法治建设。全面推进政务公开和依法行政，继续深化以审判为中心的司法体制改革，积极完善法律顾问和公职律师等队伍建设，持续加强普法宣传教育，进一步营造尊法学法守法用法的良好氛围。要提升民生保障水平。谋划实施新一轮十大民生工程，深入推进"名校名师名校长"战略和集团化办学模式，积极开展“文体利民”系列活动，有序推进高水平医联体建设和智慧医疗优化升级，统筹做好养老、帮扶救济、慈善等民政工作，全面建设“教育现代化区”“文化下沙”“健康下沙”。要积极推动基础配套、公共服务与国际接轨，启动教育国际化三年行动计划，稳步推进国际医院、国际社区建设，加快国际化标识改造，着力构建国际化的营商环境、生活环境。要加强风险防控。深化基层治理“四个平台”建设，加强和提升信访维稳工作，依法妥善处理五大市场等重大涉稳问题。全面织密社会治安防控体系，深入开展扫黑除恶专项行动，全力做好改革开放40周年纪念活动等重点时段安保工作，依法打击和惩治各类违法犯罪活动，确保社会安全。严格落实安全生产责任制，继续加强生产、消防、交通、环境、食品药品安全管理，有效防范重特大安全事故发生。要深化文明建设。严格落实意识形态主体责任，健全网络综合治理体系，巩固和加强舆论阵地建设，牢牢把握意识形态领域工作的领导权。要继续高标准做好文明城市测评迎检，推动基层文明创建和“志愿服务”建设，扎实开展“五项文明”行动和净网净边净刊专项整治，持续强化“最美系列”舆论宣传引导，着力构建一流的城市文明体系。

（六）突出大破大立，坚决打赢改革大深化硬仗。要发挥“最多跑一次”改革的牵引作用，进一步撬动各领域改革，坚决打破制约开发区转型发展的坛坛罐罐。

1.深化“最多跑一次”改革。要按照“认识再深化、内涵再丰富、外延再拓展、质量再提升”的要求，继续推进“最多跑一次”改革，全力打造“移动办事之区”。要聚焦改革重点。坚持在深化“一窗受理、集成服务”上持续发力，大力推进“两集中、两到位”改革，建立完善区、街道、社区三级便民服务体系，加快构建网上网下融合的政务服务体系，尽快实现全区通办、就近能办。要疏通改革堵点。依托智管平台建设，集中开展“百川汇海”数据归集工作，推动信息系统全面整合和公共数据共享开放，加快打破信息孤岛，全面升级“互联网+政务网服务”，全力推进政务服务事项“网上办”“移动办”，力争实现“最多跑一次”改革事项全覆盖。要打造改革亮点。全面推行不动产登记“60分钟办结”，积极创建全市“证照分离”改革试点单位，继续优化投资项目审批流程，实现企业投资项目开工前审批“最多100天”，力争在不动产登记、商事登记、投资项目审批等重要领域打出品牌、做出亮点。

2.推进城市管理体制改革。要按照“以绣花的功夫管理好城市”的要求，着力打造条块结合、执法重心下移、规建管有效协同的“大城管”体制机制，持续提升城市管理的精细化管理水平。要加强力量整合。统筹推进综合行政执法改革和街道行政体制改革，加快推动执法力量下沉街道，整合跨部门、跨行业力量，建强城管基层网格，最大限度整合优化城管资源。要加强机制创新。优化工程项目建管移交机制、城管经费预算管理机制、养护管理机制，理顺规划、建设、管理、执法部门之间的职责边界，强化源头治理和长效闭环监管，进一步提高城市管理工作效率。要加强智慧应用。推进智管平台建设与“最多跑一次”改革、基层治理“四个平台”建设等领域深度融合，建成投用智慧安防、智慧城管、智慧交通、智慧执法等一批智慧应用项目，加强智慧手段在突发事件全过程的应用，加快打造开发区城市管理智慧中枢，不断提升城市管理的智慧化水平。

3.统筹谋划各领域改革。制定下达2018年全面深化改革重点任务清单，以“最多跑一次”改革为牵引带动，发挥各领域相关领导小组的论证、协调作用，全面推动国有企业改革、投融资体制改革、项目建设机制改革、平台建设体制改革、机构编制改革、基层治理“四个平台”建设、司法改革、群团组织改革等重点领域的改革创新，不断提高改革的系统性、整体性、协同性，以全面深化改革来促进难点问题破解和重点工作推进。

四、践行新要求，充分展现铁军形象

事业成败，关键在党，关键在人。要牢固树立“全面从严治党永远在路上”的意识，认真落实新时代党的建设总要求，以党的政治建设为统领，统筹推进党的各项建设，不断提高党的建设质量，为打造“下沙科技城”和“下沙新城”提供坚强保证。

1.以党的先进理论为指引，着力抓好政治建设。党的政治建设是党的根本性建设，必须始终把政治建设摆在首位。要强化理论武装。把学习宣传贯彻党的十九大精神作为当前和今后一个时期的重大政治任务，深入推进“两学一做”学习教育常态化制度化，抓实“不忘初心、牢记使命”主题教育，深化“百千万”蹲点调研活动，不断推动学习宣传贯彻工作往深里走、往心里走、往实里走，引领带动广大党员干部坚定理想信念、牢记党的宗旨，更加自觉地投身开发区“三次创业”。要坚持对党忠诚。始终高举习近平新时代中国特色社会主义思想伟大旗帜，不断增强“四个意识”，坚定“四个自信”，坚决维护以习近平同志为核心的党中央权威和集中统一领导，坚定执行党的政治路线，做到言行一致、表里如一、知行合一，在政治立场、政治方向、政治原则、政治道路上同党中央保持高度一致。要严肃纪律规矩。深入学习党章党规党纪，坚决贯彻《准则》《条例》，自觉遵守“四个服从”要求，认真落实民主集中制，按时、依规向组织请示报告重大问题、重要事项，树立正确的价值观、政绩观，严肃各类党内政治生活，不搞两面派、不做两面人，永葆共产党人政治本色。

2.以提升组织力为重点，着力抓好组织建设。坚持“大党建”工作思路，统筹推进各领域党的建设，实现基层党建“全域提升、全面提质”。要建优组织体系。深化街道“大工委”、社区“大党委”建设，深化国企、教育、医疗、建筑、物业、民个等行业系统党建，深化特色平台和人才科技领域党建，健全完善区街社三级联动、三级党组织书记例会、区校党建共建等区域共建机制，不断扩大党的组织覆盖和工作覆盖，着力构建“区域统领、行业引领、两新融合、街社兜底”的基层党建协同发展格局。要发挥党建的引领作用，推动党建带工建带团建，全面抓好统战、群团等工作，不断夯实基层基础。要建强基层支部。牢固树立“一切工作到支部”鲜明导向，突出政治功能，严格落实党支部工作条例，巩固深化基层党组织活动“123”基本规范，探索开展“集中+自主”“组织+党员”组织生活新模式，着力打造支部班子强、运行机制强、组织生活强、党员队伍强、作用发挥强的“五强党支部”，切实推动党支部担负好直接教育党员、管理党员、监督党员和组织群众、宣传群众、凝聚群众、服务群众的职责。要建硬党员队伍。坚持“三会一课”、固定主题党日等制度，探索推进党员分类管理工作，增强党员教育管理的针对性和有效性，稳妥处置不合格党员。要围绕“争做四个人、争当排头兵”要求，大力实施“支部书记培养工程”“雏雁成长工程”，选好育好用好基层组织带头人队伍。

3.以高素质专业化为目标，着力抓好队伍建设。坚持好干部标准，注重培养专业能力和专业精神，着力建设政治过硬、本领高强、作风严实的高素质专业化干部队伍。要让能力素质强起来。党员干部既要政治过硬，也要本领高强。要按照党的十九大提出的增强“八种本领”要求，坚持通过教育培训、外派学习、一线练兵等多种形式培养锻炼干部，继续举办“下沙学堂”、金沙湖畔论坛以及各类专业化培训班，加强与北上广深等国际化程度较高城市的干部培养合作，选派干部到海外创新中心和人才驿站挂职学习，不断提升干部专业水平和国际化视野。要加大力度选派新进人员、年轻干部到基层一线学习实践，抽调党员骨干到“六大硬仗”重点工作岗位挂职锻炼，不断提升干部的担当意识和破难能力。要让精气神提起来。组织开展争做好干部、争创新业绩、争当排头兵“三争”主题实践，大力推进“赛场赛马”等五大专项行动，持续深化“大比武、大督查、大考核”活动，全面强化年度考核、任前考核、日常考核、专项考核，激励和鞭策广大干部在比学赶超中推动工作落实。要坚持严管和厚爱结合、约束和激励并重，健全干部能上能下机制、激励机制、容错免责和关怀机制，为敢于担当、踏实做事、不谋私利的干部撑腰鼓劲，推动形成心无旁骛、干事创业的浓厚氛围。要让队伍结构优起来。按照“梯队式架构、滚动式保持、竞争式择优”的原则，进一步调优充实委管干部、科级干部、年轻干部队伍，保持动态常量；推动各单位定期开展岗位交流，改革创新雇员招聘、使用办法，有计划、有针对性地加大紧缺党政人才引进力度，不断充实“后备军”“熟练工”，实现干部队伍结构的逐步优化。

4.以全面始终从严为要求，着力抓好党风廉政建设。牢固树立“党风廉政建设永远在路上”意识，全面落实党风廉政建设责任制，着力打造“清廉开发区”。要从严抓“两个责任”。紧紧扭住责任制这个龙头，各级党组织要切实担负起主体责任，书记要担起第一责任，班子成员要担好“一岗双责”，完善落实责任清单、全程记实、廉情抄告等制度机制，层层压实主体责任。各级纪检组织要不断改进方式方法，深化履职报告、检查考核等工作，做到失责必问、问责必严，更加有力地扛起监督责任，倒逼“两个责任”落地生根。要从严抓作风建设。认真贯彻落实习近平总书记关于进一步纠正“四风”、加强作风建设的重要批示精神，严格落实中央“八项规定”实施细则精神，及时开展“回头看”，特别是紧盯“四风”新动向，聚焦十个方面新表现，紧抓不放、一抓到底，严肃查处和曝光顶风违纪问题，持续巩固深化“四风”整治成果。要严格执行新修订的《杭州市机关工作人员作风和效能问责办法》，持续深化“三不”问题专项整治，对群众集中反映的问题和各类效能投诉问题，加强跟踪督查、重点督办、问责问效，推进机关作风持续转变。要从严抓监督执纪。坚持把纪律和规矩挺在前面，继续开展“以案说纪、以案促廉”警示教育主题活动，深化“廉洁好家风”教育，综合运用监督执纪“四种形态”，充分用好用足“第一种形态”，抓早抓小、防微杜渐。要以区属部门（单位）、撤村建居社区为重点，紧盯重点环节、重点问题，开展“点穴式”“机动式”“回访式”巡察，不断提高巡察工作实效。要加大对工程建设、公共资源交易、国有集体资产管理、资金管理等重点领域和关键环节的监督检查力度，坚持做到有案必查。要紧盯“小微权力”和“小微腐败”问题，严肃查处发生在群众身边的不正之风和腐败现象，严肃查处党员干部涉黑涉恶问题，切实营造风清气正的良好生态。

同志们，新思想引领新时代，新作为开启新征程。让我们以改革创新的精神、勤政务实的作风，进一步解放思想、锐意进取，克难攻坚、真抓实干，朝着打造“下沙科技城”和“下沙新城”的目标奋勇前进。

名词解释

五大“双百”工程：2017年1月，开发区首届人才科技创新大会正式提出要大力实施“平台建设、人才集聚、企业培育、资金助推、协同创新”五个“双百”培育工程。

“五无”企业：是指无证无照、无安全保障、无合法场所、无环保措施、无贡献的企业（作坊）。

两个高水平：是指高水平全面建成小康社会，高水平推进社会主义现代化建设。

四个强省：是指改革强省、创新强省、开放强省、人才强省。

四大建设：是指大湾区、大花园、大通道、大都市区建设。

三个阶段：是指到2020年高水平全面建成小康社会；从2020年到2035年，高水平完成基本实现社会主义现代化的目标；从2035年到21世纪中叶，在我国建成富强民主文明和谐美丽的社会主义现代化强国的新征程中继续走在前列、勇立潮头。

六个坚定不移：市委十二届三次全会提出，2018年要坚定不移推进城市国际化、坚定不移推进拥江发展、坚定不移推进创新驱动发展、坚定不移推进城市治理体系和治理能力现代化、坚定不移全面深化改革、坚定不移全面从严治党。

六个新突破：市委十二届三次全会提出，2018年要在加快城市国际化上实现新突破；在推进拥江发展上实现新突破；在推动高质量发展上实现新突破；在争创体制机制新优势上实现新突破；在打造文化文明高地上实现新突破；在富民惠民安民上实现新突破。

产学研用金、才政介美云：2018年浙江省政府工作报告提出，要把产业、学术界、科研、成果转化、金融、人才、政策、中介、环境、服务等十方面因素融合提升，打造全新的创新创业生态系统。

三个有利于：是指有利于空间资源集约集聚发展，有利于占据未来产业制高点，有利于推动开发区转型升级、促进科技人才等高端要素集聚。

城市双修：是指生态修复、城市修补。

凤凰行动计划：浙江省政府提出，到2020年全省上市公司达到700家、重点拟上市企业达到300家、通过资本市场融资累计达到2万亿元，打造若干以上市公司为龙头、产值超千亿元的现代产业集群。

五水共治：是指治污水、防洪水、排涝水、保供水、抓节水。

五气共治：是指治理燃煤烟气、工业废气、汽车尾气、油烟废气、扬尘灰气。

五废共治：是指治理生活固废、建筑固废、污泥固废、有害固废、再生固废。

三化四分：是指垃圾的减量化、资源化、无害化处理和垃圾分类投放、分类收集、分类运输、分类处理。

三改一拆：是指改造旧住宅区、旧厂区、城中村和拆除违法建筑。

两集中、两到位：是指推进一个行政机关的审批事项向一个处室集中、行政审批处室向行政审批服务中心集中，保障进驻行政审批服务中心的审批事项到位、审批权限到位。

“123”基本规范：“1”是指每月一次的固定主题党日，“2”是指“两学一做”专题学习教育，“3”是指“三会一课”基本制度。

八种本领：习近平总书记在十九大报告中指出，新时代党员领导干部应具备八种本领，即学习本领、政治领导本领、改革创新本领、科学发展本领、依法执政本领、群众工作本领、狠抓落实本领和驾驭风险本领。

监督执纪“四种形态”：是指让咬耳朵、扯袖子，红红脸、出出汗成为常态；党纪轻处分、组织调整成为大多数；重处分、重大职务调整的是少数；严重违纪涉嫌违法立案审查的只能是极少数。

全面从严治党　深化铁军建设
以一流状态全力打造下沙科技城和下沙新城
——在开发区 2018 年廉政作风建设大会上的讲话

（2018 年 2 月 24 日）

党工委书记、管委会主任 邵立春

这次会议的主要任务是：深入学习贯彻中央、省市纪委全会以及全市深化作风建设大会精神，根据年度工作会议确定的工作思路和目标任务，动员各级各部门以更加严明的纪律、更加优良的作风，坚定实施“三大战略”，坚决打赢“六大硬仗”，以一流的状态全力打造下沙科技城和下沙新城。刚才，我们观看了《正风肃纪永远在路上》视频短片，其中曝光的4个方面问题、7个典型案件值得每个部门深刻反思、举一反三、坚决整改。社发局和城管办两个部门作了表态发言，提出了整改措施，希望从严从实抓好落实。李栋同志代表纪检监察组作了工作报告，回顾总结了去年廉政作风建设工作，全面部署了今年的具体任务，我都赞同，希望各级各部门认真抓好贯彻落实，确保取得实实在在的成效。下面，我代表党工委、管委会再讲三点意见：

一、强化严实要求，责任落实更加到位

2017年，在市委、市政府的正确领导下，党工委、管委会以学习贯彻落实党的十九大精神以及习近平新时代中国特色社会主义思想为指引，以“两学一做”学习教育常态化制度化为抓手，切实担负管党治党政治责任，全力打造清廉开发区。一年来，廉政作风建设取得了新成绩，有力保障了“三大目标”“三大战略”“三次创业”的全面实施推进。一是严明纪律有新成效。党工委和纪检监察组通过多种形式组织各级党组织和党员深入学习贯彻党的十九大精神、习近平新时代中国特色社会主义思想以及党章、《条例》、《准则》等党规党纪，进一步强化了党员干部的“四个意识”“四个自信”。特别是各级各部门坚持围绕中心、服务大局，坚决贯彻执行党工委、管委会决策部署，确保了金沙湖拆迁及蓄水、农居回迁安置、部队全面停偿、环境综合大整治、高端人才项目引进等重难点工作高效推进、取得实效。二是落实责任有新提升。党工委牢牢把主体责任抓在手上，定期听取汇报、提出要求。各级各部门及班子成员严格落实全面从严治党要求，对照责任清单，进一步压紧压实主体责任和“一岗双责”。全年党工委共研究部署党风廉政和反腐败工作17次，解决重要事项65次，对落实主体责任不力的6名党员领导干部实施“一案双查”，有效推进了责任落实。三是教育监督有新作为。坚持关口前移，抓早抓小，开展教育提醒，紧盯重点人、重点事、重点问题，进一步深化巡察工作，完善资产管理、工程建设等领域制度，规范权力运行。全年共开展谈话沟通、教育提醒779人次，完成对21个区属部门（单位）的巡察，发现问题132个，提出意见建议121条，制定完善制度25个，切实强化了有效监督。四是执纪问责有新加强。坚持把纪律规矩挺在前面，认真落实监督执纪“四种形态”，紧盯“不担当、不作为、不落实”问题，强化监督检查，坚决查处违纪问题，形成了有力震慑。全年共办理信访举报36件，立案18件，党纪政务处分18人，查处“三不”问题4起10人，对瞒报、漏报个人有关事项的5名干部作出组织处理，进一步营造了良好的政治生态。五是作风建设有新气象。紧紧围绕重难点工作推进落实，加强明察暗访、跟踪监督和效能问责，引导党员干部在关键时刻冲在前、在攻坚克难中干在前，确保年度各项目标任务顺利完成，展现了开发区党员干部敢抓敢管、善作善成的新面貌新气象。

总的来说，2017年各级党组织和党员干部更加重视廉政作风建设，目标明确，措施有力，成效明显。这些成绩的取得，是各级党组织和班子成员进一步夯实主体责任、履行“一岗双责”的结果，是纪检监察组和全体纪检干部进一步落实监督责任、抓好监督执纪的结果，也是广大干部职工进一步严于律己、自觉践行的结果，值得充分肯定。

二、正视问题短板，做到立行立整立改

在肯定成绩的同时，我们也要清醒地看到，开发区廉政作风建设仍然存在一些问题和短板，特别是对照习近平总书记关于进一步纠正“四风”、加强作

风建设的重要批示精神，对照中央和省市委的有关要求，对照开发区打造“双城”的目标，对照人民群众的期待，个别部门和少数同志身上还存在廉政作风问题，概括起来讲就是“十种表现”：一是在贯彻执行方面，有些干部不讲政治、不守纪律、不懂规矩、不讲正气，在贯彻落实党工委、管委会决策部署时表态多、调门高，耍要小聪明、做选择、打折扣，合意的就执行，不合意的就不动，有的甚至拿了好处才办事，没有好处就不办事；有些干部抓工作落实的主动性不够，当起了“算盘珠子”，不推不动、不催不办，只有等到领导过问了、督查部门督办了才“动一动”，习惯于被动应付。二是在担当负责方面，有的领导干部该决策的不决策，该拍板的不拍板，凡事都请示汇报，希望领导多“挑担”、自己少“担责”，总习惯于通过领导批示、会议纪要、简复单形式明确有关问题，想方设法为自己“解套”“降低风险”；有的部门站位不高，只对直接上级负责、不对全局负责，没有大格局、大视野、大担当、大情怀，在面对一些难事、烦事时，相互“踢皮球”，打起了“太极拳”，刚才视频中播放的小区屋顶阳光房、回迁安置房渗水漏水等有关现象就暴露了这方面的问题。三是在克难攻坚方面，有的干部以“规定”为挡箭牌，对于工作中遇到的新情况、新问题，总希望由领导来答题、其他部门来解题，自己不去研究、不去解决，没有树立“以工作推进为导向、以问题解决为目的”的意识，都是提提建议、擅长分解任务，不去真抓真管，导致任务落不了地、工作推不下去；有的干部有职责没担当，缺少处理复杂问题的能力，存在遇到问题绕着走、碰到矛盾躲着走、看见难点低头走“三走”现象，避重就轻，怕麻烦、怕付出，影响了重难点工作的有效推进。四是在抓推进落实方面，有的干部工作作风不够实，做事浮于面上，习惯于当“二传手”“甩手掌柜”，存在以会议落实会议、以文件落实文件现象，没有沉下心来抓工作，没有树立“干一件成一件、要抓就必须抓好”的决心，没有一抓到底、持续做好跟踪、督促工作，导致很多事情只说不做，或者“雷声大、雨点小”“虎头蛇尾”。五是在干事激情方面，有的干部缺乏在新时代干在实处走在前列勇立潮头的决心和勇气，觉得规矩制度多了、奖金福利少了、提拔机会小了，就出现得过且过的思想，存在开展工作“只要不出事，宁愿不做事”“不求过得硬，只求过得去”的现象；有的干部在领导、同事忙于工作时，自己却置身事外，当起了“旁观者”，导致出现“看的人比干的人还多”“劣币驱逐良币”的不正常现象，影响了干事氛围。六是在创先争优方面，有的干部对开发区发展没有清醒认识，存在守摊思想，缺乏奋勇争先的进取意识，取得了一点成绩就沾沾自喜，自我感觉良好，但实际上我们在区域竞争中的跟跑角色没有得到质的改变、在省市的地位作用没有得到质的提升、工业园区的发展模式和固有印象没有得到质的扭转，事实证明，我们跟先进城区的差距不仅没有缩小，反而在拉大，如果不加倍努力，我们就将被边缘化。七是在服务基层方面，有的单位表面上推进“最多跑一次”改革和服务型政府建设，“门好进、脸好看”，但没有真正践行以人民为中心发展思想，只从本部门利益考虑，不管企业和群众的难处，还是“事难办、办事拖”，存在办事消极应付，甚至推诿扯皮的现象，企业和群众对此反响较大。有些干部缺乏“走出去都是办法，坐在办公室都是问题”的意识，深入基层、调查研究不够，对下面情况一知半解甚至不了解，更谈不上帮助基层群众办实事、解难题。八是在团结协作方面，有的部门存在本位主义思想，缺乏全局观念和整体意识，经常当“局外人”，在实际工作中，有些任务尽管明确了牵头和配合部门的职责，但在推进落实中，往往工作就落到牵头部门身上，配合部门没有角色意识，能少做就少做，能不做就不做，反正板子打不到自己。九是在履行“一岗双责”方面，有些部门和干部存在“重业务、轻管理”的问题，没有处理好抓工作落实与抓队伍建设的关系，履行主体责任、“一岗双责”流于形式，该管的没管，该抓的没抓，对眼皮底下问题麻木不仁，特别是在公共资金、国有资产资源、集体资产等方面还存在流失和被侵占的风险漏洞。刚才视频中播放的管委会收回的170余亩土地被倾倒30多万立方的渣土问题，这样的情况真是触目惊心，有关部门一定要认真反思，其他部门也要举一反三。十是在廉洁自律方面，有些干部对越往后执纪越严的形势认识不清，对于中央和省市委关于廉政建设的要求仍然存在侥幸心理、观望态度，个别干部还内外勾结、乱作为，甚至发生了顶风违规违纪的问题；有的党员干部涉黑涉恶，充当“保护伞”；有的干部没有处理好“亲”“清”的新型政商关系，将管理与服务混为一谈，与服务对象不清不楚，比如我们有些科级干部长期待在一个岗位，工作中既当“裁判员”又当“运动员”，手中权力有了，胆子也大了，逐步放松了对自己的约束，简单认为拿点、要点问题不大，最终触碰了廉政的“高压线”。刚才视频中曝光的一些因为违纪被查处的人员，很多都是利用自己的岗位之便以身试法、触犯底线，我们必须深刻吸取教训、时刻保持警醒。

上述这些现象，虽然发生在少数部门和部分党员干部身上，但损害的却是开发区干部队伍的整体形象，与打造铁军的要求极不相符，与打好“六大硬仗”、打造“双城”的目标任务很不相称。对此，我们进行了深入分析，概括起来讲主要反映出“四个方面”问题：一是反映出我们的干部思想认识还不够到位。有的干部对中央、省市委关于全面从严治党的部署要求认识不够到位，对党风廉政建设和反腐败斗争的长期性、艰巨性和复杂性认识仍有不足，对于落实廉政作风建设有关规定要求存在侥幸心理、观望态度，没有严格把好思想这个“总开关”。二是反映出我们的部门规范管理还不够有力。一些部门在干部队伍监管方面的思想不够重视、力度有待加大，一些党员干部在“八小时内”仍然存在迟到、早退、干工作无关事的现象，更谈不上对“八小时外”的监管，有些领导干部简单认为自己教育过了、提醒过了，就完成任务了，没有从干部思想上、源头上做好监督管理，对少数党员干部苗头性、倾向性问题不了解、不掌握，管理存在失职和漏洞。三是反映出我们的组织监督执纪还不够严格。一些党组织和纪检监察组织的干部存在好人主义思想，不会用、不善用、不敢用纪律这把尺子，甚至存在监督执纪缺位、空位、失位的现象，乐当“泥瓦匠”和稀泥，不敢当“铁匠”硬碰硬，失之于宽，失之于软，使得少数干部仍然心存侥幸、顶风违纪，致使到最后不是在爱干部，而是在害干部。比如，有的部门担心干部被处理很“丢面子”，等出了问题有的甚至专门来说情，这说明部门根本没有真正领会“严是爱，宽是害”的道理，也没有切实做到真管真严、敢管敢严、长管长严。四是反映出我们对制度贯彻执行还不够坚决。有的部门工作制度、内部管理制度不够健全完善，特别是在一些重点领域、关键环节的制度方面仍然存在漏洞，制度的“笼子”没有真正扎紧扎密；有的部门对于上级出台的有关制度文件学习、消化不够，对于部门自身出台的管理制度执行不够坚决有力，缺乏刚性约束，紧一阵、松一阵，甚至“挂在墙上、喊在口上”，制度执行缺乏连续性，落实没有实效性。比如，最近几年我们在工程建设领域出台了一系列制度，应该说制度体系更加完善、管理更加规范，但在实际中还是出现了这样那样的问题，这显然说明我们的制度还有漏洞，执行得也还不到位。总体上看，开发区的廉政作风建设形势依然严峻、任务依然艰巨，各级各部门要引起高度重视，自觉对照检查，认真加以解决。

三、坚持挺纪在前，展现铁军过硬形象

党的十八大以来，以习近平同志为核心的党中央将全面从严治党纳入“四个全面”战略布局，坚持思想从严、管党从严、执纪从严、治吏从严、作风从严、反腐从严，反腐败斗争压倒性态势已经形成并巩固发展，取得了全面从严治党新成就，形成了弥足珍贵的经验。全面从严治党是一场攻坚战，也是一场持久战，必须坚持常抓不懈、久久为功。党的十九大报告指出，全面从严治党永远在路上，要坚持问题导向，保持战略定力，推动全面从严治党向纵深发展。前段时间，中央、省市纪委相继召开有关会议，对深入推进党风廉政和作风建设作出了重要部署，提出了明确要求，习近平总书记在中纪委十九届二次全会上强调，要全面贯彻党的十九大精神，重整行装再出发，以永远在路上的执着把全面从严治党引向深入，开创全面从严治党新局面，这充分体现了党中央持之以恒抓好党风廉政和作风建设的坚定决心，为我们在新时代深入推进廉政作风建设指明了方向、增添了动力。我们要认真学习、深刻领会中央及省市纪委关于党风廉政建设和反腐败工作的重要会议精神，以习近平新时代中国特色社会主义思想为指导，进一步深化廉政作风建设，为开发区全力打造“下沙科技城”和“下沙新城”提供坚强纪律保障。下面，我再强调五点意见，具体来说，就是“五个坚持、五个强化”：

1.坚持不忘初心，强化政治建设。落实新时代党的建设的总要求，必须坚决扛起管党治党的主体责任，以党的政治建设为统领统筹推进党的各项建设。一要突出政治意识。党的政治建设是党的根本性建设，决定党的建设方向和效果。我们要始终高举习近平新时代中国特色社会主义思想伟大旗帜，深入学习宣传贯彻党的十九大精神，抓实“不忘初心、牢记使命”主题教育，不断增强“四个意识”，坚定“四个自信”，坚决维护以习近平同志为核心的党中央权威和集中统一领导，坚定执行党的政治路线，做到言行一致、表里如一、知行合一，引领带动广大党员干部

坚定理想信念、牢记党的宗旨，更加自觉投身开发区“双城”建设。二要突出纪律意识。没有铁的纪律，就没有党的团结统一，党的凝聚力和战斗力就会大大削弱。我们要深入学习党章党规党纪，坚决贯彻《准则》《条例》，自觉遵守“四个服从”要求，从小纪律到大纪律，都要不折不扣遵守，以严和实的纪律规矩，更好带动廉洁纪律、群众纪律、工作纪律和生活纪律严起来。特别是要认真落实民主集中制，按时依规向组织请示报告重大问题、重要事项，对“七个有之”问题高度警觉，不搞两面派、不做两面人，永葆共产党人政治本色。三要突出监督意识。增强党自我净化能力，根本靠强化党的自我监督和群众监督。各级党组织要坚持严字当头，在加强对党员干部教育管理的同时，要突出自上而下的组织监督，改进自下而上的民主监督，发挥同级之间的相互监督，运用好巡察监督、群众监督、舆论监督，加强对权力运行的制约和监督，确保监督全覆盖、无死角。

2.坚持守土有责，强化“两个责任”。责任是推进全面从严治党的“牛鼻子”，必须抓牢不放、压紧压实，各级党组织和纪检监察组织必须进一步提高思想认识，落实有力举措，切实推动全面从严治党各项工作落地落实。一要狠抓责任落实。主体责任是政治责任，是刚性之责。各级党组织要切实种好“责任田”，坚持一级抓一级，层层传导压力、级级落实责任，通过“考核检查全过程、责任汇报全覆盖、履责过程全留痕、廉政抄告全方位”的“四全”机制，破解主体责任层层递减的问题。部门“一把手”要真正成为管党治党的第一责任人，牢固树立“不抓党风廉政建设就是失职”的意识，把党风廉政建设与各项业务工作紧密结合起来，认真落实“四个亲自”，切实做到“四个同步”；班子成员要履行好“一岗双责”，严格加强对分管干部的日常监督管理，加强风险防范，及时堵塞漏洞。二要狠抓监督检查。各级纪检监察组织要切实履行监督责任，坚持问题导向，将组织巡察与日常督查、重点检查相结合，采取全覆盖巡察监督、专项性问题督查、信息化实时监督等多种手段，切实加强对主体责任落实情况、重大决策部署贯彻情况以及重点工作推进情况的监督检查，督促各级各部门把责任落到实处。同时，要将“两个责任”落实情况纳入监督检查的重要内容，健全完善跟踪督查、问题反馈、整改落实等机制，推动“两个责任”取得实效。三要狠抓问责追究。问责是落实“两个责任”的重要利器。各级各部门要牢牢扭住责任制这个龙头，加大责任追究力度，做到失责必问、问责必严，特别是对“四风”问题突出、发生严重违纪违法问题的部门，坚持“一案双查”，既要严肃处理违纪者本人，又要追究违纪者所在部门责任；对失职失责的典型问题，要紧盯不放、严肃问责，推动失责必问成为常态，使“两个责任”落实由“软约束”变成“硬任务”。

3.坚持一抓到底，强化反腐倡廉。各级各部门和广大党员要深刻认识反腐败斗争压倒性态势已形成的重大判断，坚持高标准和守底线相结合，牢牢构筑“不想腐、不能腐、不敢腐”三道防线，努力营造风清气正的良好政治生态。一是思想要紧起来。事实证明，只有思想上警钟长鸣，才能不迷失方向，才能保证行动步调一致。面对全面从严治党的新形势新要求，我们不能以“老常态”来认识问题，思想总停留在过去，而要清醒看到“越往后执纪越严”的强烈信号，一些过去可以做的事情，现在要求严了、规矩明了，规定不能做的，就绝不能去做。我们不能以“老标准”来看待问题，新常态下违纪违规的标准与过去是不能相提并论的，现在如果不收敛、不收手，只要被发现，即使是小事也要被处理。实践证明，党员领导干部要从思想上警醒起来，做到严修身、勤立德，树好家风、管好身边人，切实做到自身正、身边清。二是管理要强起来。坚持“破”“立”并举，结合深化重点领域改革和法治下沙建设，扎实推进体制机制改革和制度创新，补全短板漏洞，扎紧制度笼子，进一步压缩不正之风和腐败现象的生存空间，防止“牛栏关猫”。同时，强化制度执行的刚性，紧盯重点环节、重点问题，开展点穴式、回访式巡察，不断加大对工程建设、国有集体资产管理、公共资源交易等重点领域和关键环节的监督检查力度，真正用制度管权、按制度办事、靠制度管人。三是惩治要严起来。按照无禁区、全覆盖、零容忍的要求，对于腐败行为要及时发现、严厉惩处，重点盯牢往往成为寻租者“围猎”的对象，坚持有案必查、有贪必肃、有腐必惩，以永远在路上的执着推进腐败惩治，让心存侥幸、还想搞腐败的人心存畏惧，形成强大的震慑作用。同时，我们要把惩治基层腐败同扫黑除恶专项行动结合起来，紧盯“小微权力”和“小微腐败”问题，严肃查处发生在群众身边的不正之风和腐败现象，推动全面从严治党覆盖到“最后一公里”。

4.坚持严抓严管，强化正风肃纪。牢固树立“作风建设只有进行时、没有完成时”的意识，锲而不舍、驰而不息，持续推动作风建设成为一种常态、一种自觉、一种习惯。一要从严从实抓作风。抓作风，重点是聚焦“四风”问题。我们要发扬钉钉子精神，严格落实中央“八项规定”实施细则精神，及时开展“回头看”，特别是紧扣“四风”新动向，聚焦十个方面新表现，建章立制扎紧笼子、收紧扣子，严查整改实打实、硬碰硬，坚决防止“四风”反弹回潮。同时，深入开展“三不”问题专项整治，加大对重点工作难点问题推进情况的督查和曝光力度，做到问责一个、警醒一片，推动工作有效落实。二要亲力亲为带好头。广大党员干部要不忘初心、牢记使命，以更高的标准、更严的要求约束自己，要求别人做到的自己首先做到，要求别人不做的自己坚决不做，特别是作为“关键少数”的领导干部要以身作则、做好表率，带头做到去不正确价值观、去不正常关系、去不良作风、降个人欲望、补精神之钙，用良好党风政风带动社风民风。同时，领导干部要把作风建设成效体现在服务群众的“最后一纳米”，深入开展“百千万”蹲点调研、“三服务四融入”等活动，不断深化“最多跑一次”改革，全力打造“移动办事之区”，继续做好为民办实事工程，让人民群众有更多的获得感和幸福感。三要持之以恒抓经常。我们干工作，重在坚持、难在坚持。要坚持抓早抓小抓苗头，有效运用监督执纪“四种形态”，积极采取批评教育、诫勉谈话等多种方式，防止小错酿成大错、违纪走向违法，争取在最早的环节、以最低的成本解决好问题，真正体现党组织对党员干部的关心和爱护。要坚持惩前毖后、治病救人，经常性开展纪律教育，特别是用好身边人身边事和典型案例进行警示教育，使广大党员干部抛弃“看戏”心态，真正从别人身上吸取教训。

5.坚持干字当头，强化效能建设。新时代要有新气象新作为。赵一德书记在去年的市委十二届二次全会上发出“六问”，强调要保持清醒头脑、保持一流状态。昨天的全市深化作风建设大会上，赵一德书记又围绕在新时代如何展现新气象新作为再发“六问”，要求我们用实际行动对“六问”作出有力回答。今年，我们的目标方向已经明确，接下去要做的就是把全部精力投入到打好“六大硬仗”、推进“双城”建设当中，用行动来展现作风，用业绩来体现担当，推动各项工作落到实处、取得实效。关键是做到“五个干”：一要大干，就是大破大立、大干一场。大干成大事，大干促大变。我们要深刻领会、坚决落实中央关于高质量发展、“三大变革”的新要求，省委关于“四个强省”“四个大建设”的新部署，市委关于加快城市国际化、拥江发展、创新驱动发展的新战略，以“此时不干、更待何时”的紧迫感，以甩开膀子大干一场的精气神，以争做“拥江发展”排头兵的姿态，全面打响“六大硬仗”，奋力打造“下沙科技城”和“下沙新城”。在开发区“三次创业”的征程中，我们每一位干部都要有大干一番的激情和干劲，拿出“不破不立、大破大立”的胆识，勇于摒弃不合时宜的理念观念，坚决破除制约发展的体制机制障碍，以改革的精神、创新的思维干出一番事业、闯出一片天地。二要快干，就是只争朝夕、马上就干。春节长假一结束，我们就召开廉政作风大会，目的就是要大家收心归位、进入工作状态。今年，市委市政府已经明确了新“六场硬仗”和“六个新突破”的目标任务，党工委、管委会也在节前的年度工作会议上对开发区全局工作作了部署，各级各部门和党员干部要切实增强时不我待的紧迫感，从马上要做的事情抓起，快速进入战斗状态，全力抓好开年各项工作，力争能早则早、能快则快、又好又快抓推进，奋力夺取开门红、季度红、全年红。三要实干，就是脚踏实地、务求实效。实事需实干，实干见实效。今年工作的目标、思路和方向都已经很明确，就是要打好“六大硬仗”，接下来关键是怎么干，具体来讲，就要在“三个必须”上动真格、出实招、求实效：必须立足于打赢“六大硬仗”，以切实可行的举措、层层落实的责任、坚定有力的行动，加快推进“双城”建设；必须树立干事导向，深化“大比武、大督查、大考核”，赛出千里马、赛出精气神，真正营造真抓实干、奋勇争先的浓厚氛围；必须聚焦重点、疏通堵点、打造亮点，拆除各类“弹簧门”和“玻璃门”，营造良好政务环境。四要苦干，就是克难攻坚、勇于担当。开发区打造“双城”，不经过一番苦干是不会有成就的。当前开发区发展机遇难得、态势良好，但也存在不少困难和问题，特别是在“两镇两区一基地”建设、国际化人才建设、城市功能配套、招商引资引智、深化重点改革、平安维稳等方面还面临不少压力与挑战。我们要牢记干事创业的本质就是破解难题，如果什么事情都顺顺当当、一帆风顺，那我们这批干部还有什么价值？为此，我们必须把吃苦耐劳、攻坚克难作为使用干部的关键指标，让敢闯敢干、动真碰硬的干部得到尊重，让扎根基层、埋头苦干的干部得到激励，让德才兼备、业绩突出的干部得到重用，为敢于担当、不谋私利的干部撑腰鼓劲，努力形成干事创业的良好氛围。五要巧干，就是讲究方法、接续奋干。巧干是能力的反映，巧干能收到事半功倍的效果。打造“下沙科技城”和“下沙新城”使命光荣、任务艰巨，如果干事不讲究方法，就会心中没“底”，手中没“法”，脚下没“力”，想真抓也抓不了，想实干也干不好。为此，我们做工作、干事业，必须转变观念、创新思路，突出有问题改问题、缺什么补什么，用改革的思路、创新的办法去直面困难、化解矛盾，做到得心应手、游刃有余；必须把握重点、找准切入点，充分调动一切积极因素，抓实工作推进、抓好任务落实，做到借势发力、顺势而为；必须系统谋划、通盘考虑，用好统筹兼顾这个根本方法，一仗一仗打、一步一步进，把握好工作的节奏和力度，处理好方方面面的关系，把看准的事情、定下来的工作一件一件抓落实、一项一项抓推进，切实做到干一件成一件。

同志们，新时代要有新气象，新征程要有新作为。让我们在市委、市政府的坚强领导下，深入学习贯彻党的十九大精神，以高度的政治自觉扛起全面从严治党主体责任，以一流的作风、一流的精神、一流的状态，坚决打赢“六大硬仗”，全力打造下沙科技城和下沙新城。

责任编辑 张红丹

开发区金沙湖风景 （朱伟锋 摄）

·“两镇两区一基地”平台建设·

【杭州医药港小镇集聚效应显现】 杭州医药港小镇位于开发区核心位置，东至文渊北路、北至新建河，西南至规划支路六、纬三路、海达北路、德胜路之间的合围区域，规划面积约3.4平方千米。小镇以“一心、两轴、三廊、五区”（综合服务中心、融合景观与功能的服务轴、景观廊道、特色片区）为基本布局，重点围绕生物技术制药、生物医学工程、高端医疗器械三大领域进行产业培育和发展，按照“生产、生活、生态”融合的发展理念，构筑起符合生物医药产业发展特点的综合生态体系。小镇旨在打造中国领先的生物医药创新创业团队和高级人才集聚区、国内产业技术领先的生物医药产业引领区、全球先进医药技术进入中国的首要承载区。2017年，小镇引进中国药科大学（杭州）创新药物研究院、杭州生物医药协同创新中心等重点平台，推进生物医药加速器建设。小镇于8月列入浙江省第三批省级特色小镇创建名单，11月入选首批省级高新技术小镇（建设类）名单。

至年末，小镇已开发建设面积2.02平方千米，建成投产（使用）面积0.07平方千米，使用建设用地面积56.8公顷。全年完成固定资产投资额（不包括商品住宅和商业综合体项目）19.8亿元，其中特色产业投资额12.3亿元。工业企业主营业务收入11.3亿元。新产品总产值 8.6亿元。全年新入驻企业317个，其中国家高新技术企业数6个。至年末，累计入驻企业1051个。新引入中国民营企业500强企业浙江华海药业股份有限公司；引入国家“千人计划”人才3人、省级“千人计划”人才1人。 （罗　锐）

【杭州大创小镇影响力增强】 2017年5月10日，杭州大创小镇入选第二批市级特色小镇创建名单。10月10日，小镇被浙江省科技厅确定为省级国际科技合作基地。小镇以新加坡（杭州）科技园和杭州市高科技孵化器园区为核心，东至25号大街、南至10号大街、西至9号大街—文溯路连线、北至2号大街，总规划面积3.7平方千米，按“核心圈—腹地圈—辐射圈”三个圈层格局，形成“一镇、一街、十六社区”的空间布局。其中，核心区约1平方千米，包括新加坡国际社区、和达高科社区、休斯顿社区、孵化器社区、中自加速器等9个社区环绕拇指路创业街区，形成孵化创新的核心平台。小镇主导产业面向新一代信息技术，重点发展IT研发、IC设计、虚拟视觉、移动互联网、服务外包、新型显示技术等领域。

2017年，小镇核心区内开工建设和达海聚中心、大创小镇国际创博中心、佳宝项目、中自科技园三期等一批重点平台项目，新加坡（杭州）科技园二期、和达海拓中心等项目建成投用，全年完成固定资产投资14.7亿元，其中特色产业投资占比80.9%，政府投资占比5.3%。完成规模以上企业特色产业营业收入105亿元，实现税收收入18.3亿元，比上年增长20%以上。全年引进落地特色产业企业249个，增长37%，小镇累计集聚企业4000个，其中信息经济类企业2220多个、高新技术企业90个。小镇引入省高校产学研合作联盟下沙中心、省高校创新创业实践基地2个机构，启用小镇管理服务办公室。小镇在全市特色小镇2017年度考核中获得优秀等次。

（于坚栋）

【金沙湖商务区形象提升】 2017年12月28日，位于金沙湖商务区核心区的金沙湖蓄水完成，蓄水后的金沙湖湖体面积30.93公顷，蓄水量130万立方米。金沙湖项目东至海达南路，西至乔下线，南至天城东路，北至金沙大道，规划总面积64.67公顷，2010年5月启动建设。2017年2月和3月，金沙湖公园工程（二期、三期）先后开工建设，至年末累计开挖外运土方79万立方米，铺设防水毯8.2万平方米，砌筑挡墙1712米，铺摊黏土17万平方米。随着金沙湖项目的推进，以及湖区周边杭州东部国际商务中心、杭州和达希尔顿逸林酒店、开发区市民中心、邵逸夫医院下沙院区、下沙文化中心、龙湖时代天街、银泰城下沙工厂店相继建成，金沙湖商务区的形象进一步提升。

开发区大创小镇 （开发区管委会办公室 供稿）

【出口加工区转型升级加快】 2017年，浙江杭州出口加工区综合管理局以推进出口加工区转型升级、提升跨境贸易综合试验区（下沙园区）绩效为工作重心，做好综合保税区申报和进口肉类指定查验场建设等重点工作。其中，按照“边申报、边规划”要求，申报综合保税区；按照“高起点规划、高标准建设、市场化运营、智慧化管理”要求，加快建设进口肉类查验场；按照“建设一批，改造一批”要求，加快落后产能淘汰和园区空地开发利用，推进园区新一轮建设发展。根据国家检验检疫总局《进口肉类指定口岸（查验场）基础能力建设要求》标准，借鉴学习大连、武汉、郑州等进口肉类指定查验场建设运营经验，结合加工区升级综合保税区的工作实际，按照“一次规划、分步实施”的总体规划，采取政府搭建平台、市场化建设运营的方式进行建设运营。

【东部湾总部大楼项目有序推进】 2017年，杭州东部城市建设投资集团有限公司（简称东部城投集团）对杭州东部湾总部大楼项目功能定位进行调整，有序推进项目建设。6月8日，与傲领酒店管理（上海）有限公司签约合作意向协议书；11月30日，完成工程总承包EPC招标；12月18日开始桩基施工。其中EPC总承包项目建筑体量大，工程招标最高限价难度大。东部城投集团深入现场，将现场勘测情况反映在招标文件及控制价编制中；通过各渠道进行设备材料市场调查和询价，根据项目定位匹配材料品牌；针对大型设备做专项调查，深入厂家调查摸底，剔除中间环节费用，使成本接近实际价格，确定最高限价后保证项目顺利完成开标。

（黎洪正）

·环境综合大整治行动·

【环境综合大整治推进会】 2017年2月10日，开发区环境综合大整治推进会召开。辖区28条河渠一级、二级、三级河长、管委会相关部门、街道、直属单位、进区直属管理服务机构和企业代表等400人参加会议。会议明确环境整治目标与任务，动员全区上下咬定目标、凝心聚力，以推进十大专项行动为抓手，以解决重难点问题为突破口，全力做好“拆治归”，全面提升开发区环境品质。整治任务主要包括剿灭劣V类水体、大气整治、城中村改造、违法建筑拆除、“五无”（无证无照、无安全保障、无合法场所、无环保措施、无贡献）企业（作坊）整治、居住房屋治安隐患整治、空地环境提升、道路畅美、户外广告及招牌整治、再生资源回收行业整治等内容。

【城市环境品质提升】 2017年，开发区围绕环境综合大整治行动，实行挂图作战、挂牌督战、销号管理、报结制度，城市环境品质全面提升。通过城中村改造攻坚专项行动，完成金沙湖区块遗留户征迁和东方社区、湾南社区回迁安置。通过违法建筑拆除攻坚战专项行动，加大存量违建清理力度，全年拆除违法建筑262处，拆除违法建筑14.21万平方米。通过“五无”企业（作坊）集中整治攻坚战行动，取缔低小散乱企业（作坊）1174个，消除环保隐患448处，消除安全隐患442处。通过居住房屋治安隐患专项整治行动，拆除排查发现的3414套违规分隔出租房。通过道路畅美专项行动，完成10条道路的有机更新和21.5万平方米遗留规划绿化带的有效整治。通过剿灭劣V类水专项行动，实现区内河道劣V类水成功“摘帽”。通过大气环境整治专项行动，推动12个工业企业挥发性有机化合物整治项目完成，关停茂宇电子、杭华油墨化学有限公司化学合成工段生产，国际香精香料（浙江）有限公司、杭州朝阳橡胶有限公司等一批企业明确关停转迁时间表。通过空地环境提升专项行动，清理已纳入空地管理区域内乱堆乱放、乱搭乱建、垃圾乱倒和教练场、停车场等整治清退工作，空地环境得到改善。通过户外广告专项整治行动，拆除屋顶广告招牌2254块，拆除面积1.73万平方米，制定《户外招牌长效管理办法（试行）》，将户外广告招牌纳入数字城管、序化管理考核内容。通过废品回收行业专项整治行动，实行区、街道、社区三级联动，整治非法回收点51个。

【金沙湖区块遗留户拆除】 2017年，开发区以金沙湖征地拆迁为突破口，开展金沙湖区块遗留户征地拆迁“清零”工作。启动下沙集镇区块的遗留户拆除集中行动，同步推动周边区域遗留户的签约和拆除。通过开展危房集中抢险、“大约谈”等专项行动，完成98户拆迁遗留户的签约和拆除，使困扰开发区发展近10年的历史遗留问题得到解决，实现“全区征迁清零”目标，为金沙湖等区域全面开发建设创造条件。

【街道实施环境综合整治】 2017年，下沙街道、白杨街道根据开发区统一部署，全面开展环境综合整治工作，拆除违法建筑，清理空地垃圾，提升辖区整体环境。下沙街道对新元社区空地实施清理，包括位于乔新路左右两侧3块空地、新元老小区西侧空地及海达北路与银海街交叉口一带。清理拆除违建点5个，拆建面积3000平方米，整治集装箱30多个，完成垃圾、废品及堆物清理工作。白杨街道召开环境综合大整治工作会议，加快辖区环境整治，拆除原下沙新城客运站、文海停车场地块、大学城北便民服务点等多处违法建筑，拆除明显侵占公共空间阳光房（棚）13处、信访投诉违法建筑31处，拆除违法建筑面积合计4.5万平方米。

【违规出租房屋整治】 2017年3月，按照开发区环境综合大整治行动统一部署，开发区公安分局以治安消防安全隐患突出的违规分隔出租房作为切入点，对老旧小区、违规分隔租房、违建出租房、空地内违建棚户及拆迁遗留户摸排整治，清理治安隐患，完成一批重点小区门禁系统建设。完善长效管理机制，推进流动人口规范性管理。整治行动中，开发区公安分局20多名处级以上干部分片包干工作难度较大的社区，全面负责社区整合，多次召开整治工作推进会，全警动员、落实责任；加强信息流转，牵头房产监察、城管行政执法等部门开展联合执法，并联合街道、社区开展整治，收到良好成效。整治行动中开发区公安分局组织警力5000多人次，开展集中清查行动50多次，发放责令整改通知单2480份，拆除、整治违规分隔出租房3414套，查处、处罚违法房屋承租人、出租人857人。（黎洪正）

2017年2—6月，开发区公安分局开展居住出租房屋集中排查整治专项行动。图为下沙街道元成社区居民拆除违规分割出租房墙壁（余世民 供稿）

·落实中央环境保护督察工作·

【开发区完成中央环境保护督察工作】 2017年8月11日，中央环保督察第二工作组进驻浙江。此前6月，开发区党工委、管委会贯彻落实省、市委部署要求，成立迎接中央环保督察工作领导小组，由开发区党工委书记、管委会主任邵立春任组长，期间设立综合协调组、文件资料组、信访处置组、督查巡查组、宣传舆情组、督办监察组6个专项组，从有关职能部门和下沙街道、白杨街道抽调22名干部到各专项工作组集中办公，编制中央环境保护督察保障方案，制定工作专班制度。

中央环境保护督察工作期间，开发区收到中央环保督察组信访件43件，投诉集中在3个领域，主要有橡胶气味、化工企业异味等工业废气问题，海宁市省农科院养猪场异味跨区域污染问题，餐饮油烟、施工噪声等小微环境污染问题。开发区借助中央环保督察契机，破解难题，开发区党工委、管委会主要领导多次约谈企业和现场督查，强调从严从实落实整改。其中：中策橡胶集团有限公司、杭州朝阳橡胶有限公司明确了企业搬迁时间表；国际香精香料（浙江）有限公司等4个化工企业明确了关停转迁计划；海宁市正式启动省农科院养猪场搬迁，大学城北居住区长期臭气扰民问题得以解决；地铁施工噪音扰民、多蓝水岸小区餐饮油烟扰民等小微环境污染，在整改中一一解决，环保督察工作取得实效。环保督察组信访办结率100%，办结质量和效率排全市前列。

【环保督察信访案件处置】 2017年，开发区对中央环保督察组移交的各类信访件，落实"第一时间赶到现场，第一时间查清问题，第一时间整改处理，第一时间问清责任"工作要求。制定领导包案制度，重点信访件由开发区党工委书记、管委会主任包案领办，其他信访件由开发区党工委副书记、管委会副主任包案领办。形成规范的案件处置流程，确立"登记受理、分析研判、交办转办、核实督办、办理回复、审核反馈、跟踪落实"7个流程。确立部门联动机制，健全信访工作网络、联席会议、协商会办等工作机制，形成党工委、管委会统一领导、信访处置组牵头协调、职能部门（街道）各司其职的工作体系，以及严格的督查督办机制、通报约谈和责任追究机制。

在中央环保督察期间，开发区收到中央环保督察组信访件22批次、43件，其中主办42件、协办1件。信访件中涉及大气信访20件、噪声信访12件、餐饮油烟信访8件、垃圾信访1件，涉水信访9件，重金属信访1件，扬尘信访1件（1个交办件涉及多项信访内容）。开发区累计出动2067人次、检查企业885个，其中责令整改企业37个，管控企业3个，停业企业20个，立案处罚27起，罚款66.91万元。

【环保督察督办工作】 2017年，围绕中央环保督察，开发区督办监察组牵头，坚持问题导向，严格落实巡查机制，开展自查自纠，特别是加强道路河面、河道排污口、餐饮油烟、工地扬尘及噪声、汽车修理店噪声及污水、垃圾秸秆焚烧等社会面环境管控，及时反映面上环境问题，协调信访件的办理进度。在中央环保督察期间，出动巡查人次210余人次，下单督办任务单9份，督查处置垃圾、秸秆焚烧13起，垃圾偷倒12起，噪音扰民18起，油烟扰民14起，污水满溢应急事件1起。对辖区内的餐饮企业开展全面检查，检查餐饮企业308个，发现存在问题企业157个，约谈企业157个，停业整改企业22个，关停无证无照餐饮企业55个。

【环保督察舆论引导】 2017年，开发区加强环保督察舆论引导，利用报纸、微信、网络、电视等各类媒体，每天报道开发区生态环保工作，重点反映信访件边督边改内容，营造良好的迎检氛围。8月14日，发布《中策橡胶集团下沙基地部分产能转移》报道，第一时间向公众发布中策橡胶集团有限公司、杭州朝阳橡胶有限公司搬迁计划，及时回应群众关切，有效缓解厂居矛盾。在中央环保督察期间，开发区发布环保类新闻宣传报道49次（篇），其中浙江电视台报道1次，杭州电视台报道5次，《浙江日报》报1篇，《杭州日报》报刊登2篇，《今日下沙》报刊登40篇。

（张红丹）

·开发区配合驻地部队停止有偿服务工作·

【开发区配合驻区部队开展停偿工作】 2017年，开发区配合驻区部队全面停止有偿服务（简称停偿工作）涉及省军区和武警部队，其中省军区农副业基地土地面积353.33公顷；省武警后勤基地（包括省武警杭州支队）土地面积126.67公顷。两大区域的实际企业经营户（个体户）较多，是杭州市范围内部队停偿工作体量规模最大的区域，任务复杂艰巨。8月24日，开发区召开省军区农副业基地停偿工作暨环境大整治专班进驻动员部署大会，成立开发区停偿工作领导小组，由开发区党工委副书记、管委会副主任陈金生为组长，下沙街道党工委书记高云坤为第一副组长。设置“一办七组”，从下沙街道及各职能部门抽调干部70多人进驻省军区农副业基地现场办公。9月27日，建立停偿工作军地协调领导小组，由开发区党工委书记、管委会主任邵立春任组长，开发区党工委副书记、管委会副主任陈金生任副组长，下沙街道及各相关职能部门、省军区农副业基地、武警浙江省总队后勤保障部等主要负责人为成员，加强军地双方对停偿工作统一指挥。至年末，驻区部队的111个停偿项目中，完成停偿项目106个，停偿率95.5%。

【停偿思路确立和举措落实】 2017年8月，开发区停偿工作正式启动，坚持“四个整体”原则，落实“四大举措”，确保停偿工作平稳高效推进。“四个整体”即整体停偿，对所有承租户实施停偿，一户不剩、一家不留、一步到位；整体腾退，对停偿范围内的人员、物资和经营户全部腾空；整体拆除，对不符合城市规划的建筑一律拆除，对存在安全隐患的建筑一律拆除，对影响城市形象的破旧建筑一律拆除；整体提升，以停偿为契机，彻底解决各类治安、消防及脏乱差等问题，切实提升区域环境品质。“四大举措”包括建立一个运转高效的指挥部。在部队现场设置停偿指挥部，下设1个办公室和丈量评估、谈判签约、房屋腾空、房屋拆除、综合保障、信访维稳、宣传舆情7个工作组。组建专项清查工作组，对基地经营户现状开展全面调查，摸清协议签订、手续办理、转租经营等各类重要信息。走访约谈一级承租户、实际经营户、合作生产人，宣讲上级决策，合理设置补偿条款，做到一个政策、一个标准、一视同仁、一以贯之。坚持停偿、维稳“两手抓”，建立专门的维稳队伍，设立信访咨询接待点，受理现场及网上各类投诉咨询，召开各类沟通协调会议，依法有效疏导停偿经营户。

【首批停偿项目签约】 2017年9月7日，省军区农副业基地涉及停偿的首批项目签约，签约项目40个，涉及仓储、生产加工等行业，建筑物面积76万平方米，占地面积90.67公顷。开发区制定专项实施方案，派驻专项工作组全面调查摸底农副业基地范围内的合作单位，掌握承租户合作生产协议签订、审批手续办理、转租经营和各级承租人、地面建筑物、现场安全隐患等重要基础信息，做好商户约谈、政策解读、房屋评估、协议核对、现场维稳，用9天时间完成40个大体量项目的签约任务。

【武警浙江省总队停偿项目启动】 2017年10月18日，武警浙江省总队司令员白海滨带队与开发区党工委、管委会领导邵立春等开展工作对接，确定停偿工作总体思路和原则。军地双方在“依法依规、公平公正”原则基础上，明确停偿操作方案，双方抽调专班人员进入省武警后勤基地现场办公，按照既定时间完成武警部队15个项目的停偿工作。11月6日，省武警后勤基地首批9个停偿项目完成停偿签约，占地总面积44公顷、房屋总面积29万平方米，其中包括省内规模最大的浙江省石材市场。

【武警杭州市支队停偿项目签约】 2017年11月20日，武警杭州市支队所有停偿项目完成签约。武警部队杭州市支队在开发区境内有停偿项目3个，其中省停偿办单列的重点项目1个。3个项目占地面积26.67公顷，涉及建筑物面积25万平方米，在前期大量工作的基础上，用时7天，完成3个项目建筑物面积丈量、停偿签约，武警部队杭州市支队停偿项目实现“清零”。

【浙江省石材市场完成停偿工作】 2017年11月，浙江省石材市场完成停偿签约。浙江省石材市场是开发区内规模最大的停偿项目之一，实际经营户1000多个。开发区停偿组做好前期工作，市场方成立停偿工作专班，按区域划分4个工作小组负责动员、督促。市场方在搬迁费用补贴等方面给予经营户奖励，主动向经营户退还剩余租金，向经营户推荐其他区域经营场所信息，协调运输车辆，提供搬迁工具，有效加速搬迁进度。所有实际经营户解约任务用时30天。拆除占地13.3公顷、30多万平方米建筑物用时80天，做到彻底停偿。除浙江省石材市场外，驻区部队范围还有旧货市场、城东家电市场、闽发石材市场、木材市场等多个专业市场，在停偿工作中，现场工作组扎实开展前期排摸、协议研究、走访约谈、政策解答、纠纷协调、物资腾空，确保停偿工作平稳有序推进。

【驻区部队停偿建筑物腾空拆除】 自2017年9月起，开发区驻区部队停偿现场工作组根据网格划分4个工作小组、30多名工作人员开展实际经营户腾空清退工作。通过搭建协商平台，处置上下游承租户经济纠纷，为经营户按时腾空搬迁解决后顾之忧。在房屋建筑物腾空移交后，对不符合城市规划、存在安全隐患、影响城市形象的破旧建筑统一予以拆除。其间，签订文明施工及扬尘污染防治协议16份，开展各类安全教育培训5次、专项安全教育2次。全年完成63个停偿项目的拆除任务，安全拆除房屋建筑物面积133万平方米，实现“即签、即腾、即拆”“以拆促腾”工作目标。

2017年10月13日，开发区党工委书记、管委会主任邵立春（右一）检查停偿工作进展情况　（下沙街道办事处 供稿）

【金沙大道便道建设启动】 2017年，开发区利用停偿工作契机，军地双方迅速统一思想，将影响金沙大道建设的项目列入第一批停偿范围，在完成项目签约、腾退清空后，将项目列入第一批拆除范围。武警部队专门落实人员，保障开发区开展现场踏勘、丈量测绘、项目审批、项目建设等工作，12月20日，金沙大道便道建设工程开工，全长960米，这条连接杭州主城、东湖高架的东西向主干道正式启用后，将改善开发区的交通环境，为辖区居民的出行带来便利。

【停偿信访维稳工作】 2017年，开发区停偿工作严守稳定底线，在省军区农副业基地和省武警后勤基地现场分别设立信访接待点，安排专人24小时接受政策咨询、信访投诉。每天安排委管处级干部现场值班，做好到访人员的接待和劝导工作，听取、疏导各级经营户诉求，将矛盾纠纷解决在一线。全年共受理网上信访投诉咨询130多件，现场接待来访商户（企业）400多人次，约谈相关公司负责人22人次，教育告诫20多人，搭建沟通平台18次，未发生商户（企业）到省市有关部门聚集群访的情况。密切关注网上舆论信息，成立舆情监测小组，实行网络舆情每日监测和报送制度。加大工作信息及停偿工作宣传力度，向市委、市政府报送停偿专项工作信息7条；编辑《开发区停偿工作简报》17期，及时发布节点性重要工作动态；策划系列宣传报道，在《今日下沙》报发表10多篇专题报道；在“下沙发布”平台设置“直击摸排现场”“湖西大会战”两个专栏，发表专题报道7篇。

【开发区停偿工作获肯定】 2017年，开发区停偿工作坚持“依法依规、公平公正、严肃严格、平安平稳”原则，强化部门合力、展现政治担当。9月23日，浙江省委常委、杭州市委书记赵一德对开发区停偿工作做出批示肯定。9月8日、11月27日，杭州市委常委、常务副市长戴建平两次到开发区检查停偿工作。9月20日，全省停偿工作推进会上播放开发区停偿工作经验交流宣传片，全面介绍开发区停偿工作经验与成效。10月12日，开发区党工委书记、管委会主任邵立春在全市停偿工作推进会上做题为“坚持四个整体、强化四大举措，坚决打赢停偿工作攻坚战”经验交流发言。11月15日，新华社记者对开发区停偿工作进行专访。全年，广西军区、台州、拱墅区、大江东产业集聚区等地领导分别到开发区学习停偿工作经验做法。

（沈杭军）

·“最多跑一次”改革推进·

【“最多跑一次”改革推进】 2017年，开发区管委会贯彻省、市委全会精神，深化“简政放权、放管结合、优化服务”改革，落实省市“最多跑一次”改革相关会议精神和要求，推进“最多跑一次”改革各项工作。开发区建立实施责任落实机制、信息沟通机制和督查考核机制，开展事项清单梳理、“一窗受理、集成服务”改革、“互联网+政务服务”、投资项目审批优化等工作。至年末，开发区梳理群众和企业到政府办事事项425项，“最多跑一次”改革事项406项，群众和企业到政府申请办理事项“最多跑一次”实现率95.5%，完成各项改革目标。

【事项清单梳理】 2017年2月28日，开发区公布第一批“最多跑一次”改革事项318项，并根据省“最多跑一次”改革办公室《关于进一步规范群众和企业到政府办事“最多跑一次”改革事项梳理公布工作的通知》，以浙江政务服务网省市县三级目录权力样本为基础，对31个条线、8369项行政权力和公共服务事项进行逐项分类梳理。6月20日，公布调整后的“最多跑一次”改革事项426项。开发区根据省市下发的《群众和企业到政府办事事项指导目录》，对开发区“最多跑一次”改革事项进行比对确认，实行动态调整。至年末，开发区群众和企业到政府办事事项425项，其中“最多跑一次”改革事项占406项。

【“一窗受理、集成服务”改革】 2017年，开发区推进落实行政服务中心办事大厅“一窗受理、集成服务”改革，设立投资项目审批、商事登记、房屋交易与不动产登记、经济管理（经发、商务服务事项）、社会管理（文教、卫计、财会、残联服务事项）、城市管理（城市大型户外广告设置，建筑物、设施上张挂、张贴宣传品，设置其他户外广告和招牌、指示牌备案等审批事项）及养老医疗、人才就业管理等进件窗口，涉及事项均实现一窗受理；投资项目审批综合进件，参照“滨江模式”，改造审批区域，将产业投资项目备案至开工时间控制在4个月内；商事登记综合进件，启用名称自主申报系统，实现“企业自主申报、系统自动核定”，设立内资及外资、食药质监综合进件窗口，实现企业主体登记、食品医药监管事项一窗受理；房屋交易与不动产登记综合进件，将国土、房产、地税三部门业务由串联调整为并联，实现房屋交易与不动产登记在60分钟内完成全过程办理；社会管理综合进件，整合社发、财政、卫计、残联等部门业务，设立社会管理综合窗口，一窗受理文化、教育、卫生、财会、残联等服务事项；养老医疗综合进件，整合社会保险、医疗保险两大类综合窗口，合并为养老医疗综合进件窗口，成为杭州首家养老医疗综合窗口；城管执法综合进件，将涉及城管、行政执法、交警等部门的渣土证业务办事事项作为“一件事”整合，再造审批流程，实现一窗办件。

【“互联网+政务服务”工作推进】 2017年，开发区推进“互联网+政务服务”工作，组织开发区各职能部门、入驻开发区政务服务中心的市垂直管理服务机构开展政务服务权力事项库梳理、信息更新和字段维护。至年末，除涉密事项和上级部门统一开通的特殊事项，开发区所有办理事项开通网上申请功能，将政务网延伸到下沙街道和白杨街道，并完成测试件流程。开发区同步启动公共数据对接工作，其中行政服务中心自7月1日起逐步取消浙江省社会保险参保证明等书面材料。至年末，有200多种证明材料不再要求提供书面材料。

【投资项目审批优化】 2017年，开发区多次召开专题会议研究落实投资项目审批优化事宜。优化完善投资项目综合进件窗口设置，提升改造审批区域，整合优化行政服务中心二楼投资项目审批区域，设置综合窗口3个（综合进件窗口2个，代办服务窗口1个），增加后台办公室3间。涉及投资项目审批事项全部由综合进件窗口一窗受理，后台协调、审批并解决相关问题。全程代办服务，基本实现事项应纳尽纳。开发区对投资项目涉及8个部门的88个事项按标准化、规范化要求进行再次梳理，汇编《开发区投资项目“一窗受理”报件指南》，出台《开发区关于进一步优化投资项目审批流程的实施意见》，通过创新审批机制、分类优化审批流程、推广应用“模拟审批”“二合一联合审批”等方式提升服务效能。

【便民服务升级】 2017年4月起，开发区以群众需求为导向，邮政EMS速递、机动车违章处理（城管执法、高速公路）、契税征收等4类业务陆续进驻办事大厅窗口。在原有预约服务、午间值班服务基础上，推出交警、公积金窗口预约服务，交通违法处理实现浙A号牌车辆在全国地面道路、高速公路及本省铁路、机场公安交警管辖区内的监控记录交通违法行为的“一窗式”处理。9月起，行政服务中心办事大厅社保医保服务、市民卡服务、不动产登记服务、公积金服务、交通违法、城管违停处理、出入境服务7大类、70多项个人办理便民服务事项，实行双休日对外开放。

【“一把手办事体验”工作】 2017年，开发区组织委机关各部门、各街道、委直属各单位负责人开展“一把手办事体验”工作，检验和巩固“最多跑一次”改革成效。根据《关于开展“一把手办事体验”工作》要求，相关部门主要负责人实地体验办事流程、服务质量、办事效率，掌握“最多跑一次”改革公布事项实施情况，了解审批服务中存在的问题，加快推进“最多跑一次”改革。至年末，共组织21个部门和2个街道负责人进行办事体验。

【“最多跑一次”改革督查】 2017年，开发区“最多跑一次”改革专题组办公室联合行政服务中心开展公民个人办事事项督查工作，全年开展督查32次，督查事项180多项，督促各部门对实体大厅和浙江政务服务网上业务流程和办事指南进行规范化调整。开发区纪检监察组围绕“四个一”（单位“一把手”到滨江区对口学习一次、班子开展一次专题研究、制定一个事项入驻和集中审批实施方案、提交一份原因说明）工作落实情况，开展专项督查，促进各相关办理事项向行政服务中心集中。（王芳 吴灏）

·开发区荣誉·

【开发区入选国家双创示范基地】 2017年6月21日，国务院办公厅发布《关于建设第二批大众创业万众创新示范基地的实施意见》（简称实施意见），公布第二批92个国家双创示范基地名单，其中区域示范基地45个、高校和科研院所示范基地26个、创新型企业示范基地21个，开发区入选全国45个区域示范基地之一，成为继杭州未来科技城之后，杭州第二个区域示范基地。国家双创示范基地认定的总体目标是通过支持建设一批“双创”示范基地，强化支撑能力，放大标杆效应，提升社会影响，形成新的创新创业经验并在全社会复制推广，推动大中小企业融通发展，拓展就业空间，为培育壮大发展新动能、促进新旧动能接续转换提供支撑。围绕第二批“双创”示范基地建设，实施意见提出深化“放管服”改革、优化营商环境、支持新兴业态发展、加强知识产权保护、加快科技成果转化应用、完善人才激励政策、支持建设“双创”支撑平台等12项举措。

8月，开发区制定《大众创业万众创新示范基地建设工作方案（2017—2019年）》，分“基础条件、总体思路、主要任务、政策举措、‘双百’工程与专项行动、保障措施”6个方面，发展目标为至2019年，基本建成以区校合作、成果加速产业化等为特色的双创示范基地，为全国在推动区校合作、建设创新平台、培育双创人才、营造双创氛围、推动产业升级等领域提供可复制、可推广的经验和模式。

【开发区被评为省级两化深度融合国家示范区】 2017年11月30日，浙江省经信委、浙江省财政厅联合印发《关于公布2018年度工业和信息化重点工作分领域（行业）推进实施名单的通知》，开发区入围省级两化深度融合国家示范区名单。“两化融合”指以信息化带动工业化、以工业化促进信息化，走新型工业化道路，激发经济增长潜力、推动产业调整，成为企业战略调整、业务转型、组织变革、培育新型能力的重要途径。开发区在新常态下顺应“互联网+”发展趋势，对接“中国制造2025”，两化融合发展基础扎实，两化融合总指数79.64，位于全省第一梯队。9月，开发区制定《两化深度融合示范区创建实施方案（2017—2019年）》，创建目标是通过两化深度融合综合性示范区建设，提升企业信息化水平，增强信息技术在企业自主创新和产业结构优化升级中的作用，改善工业发展质量和效益，发展数字经济，到2019年两化融合发展指数在80以上，基本形成两化深度融合的服务体系、产业环境、发展氛围，两化融合对工业经济转型升级、提质增效的作用持续增强，整体水平进入全省前列。（张红丹）

责任编辑 黎洪正

·2017年开发区大事记·

1月

1日 位于开发区下沙大桥北岸至20号大街之间的杭州绕城高速公路东线下沙南互通出口通车。

3日 浙江省扩大有效投资重大项目开工活动杭州分会场在开发区的杭州地铁1号线机场延伸线工程项目现场举行。开发区3个大项目集中开工，总投资8.9亿元。

6日 开发区党工委书记、管委会主任邵立春率党政代表团赴杭州未来科技城（海创园）考察，学习借鉴杭州未来科技城在招才引智、产业培育、创新创业生态系统营造、基础及配套设施建设等方面的经验。

9日 开发区党工委（扩大）会议召开，传达学习中共杭州市委十一届十三次全体（扩大）会议精神。

11日 杭州市教育局公布杭州市首批49所“美丽学校”和97所“美丽学校”重点项目学校，开发区文海实验学校被评为杭州市“美丽学校”，下沙第一小学、下沙第二小学、江湾小学、杭州实验外国语学校被评为杭州市“美丽学校”重点项目学校。

12日 开发区召开主题为“智汇大学城，创响东部湾”的首届人才科技创新大会。

13日 开发区党工委召开务虚会，讨论开发区2017年及未来更长远时期的发展目标、发展战略、理念思路和任务重点。

16日 开发区江湾幼儿园被浙江省教育厅认定为省一级幼儿园，这是开发区继学正幼儿园和星河幼儿园后的第3所省一级幼儿园。

18日 杭州市督违办副主任罗关明带队的市考评验收组到白杨街道对“基本无违建”街道创建工作进行验收。

△ 开发区党工委召开2016年度基层党（工）委书记抓基层党建工作专项述职评议会。

19日 开发区管委会与国家开发银行浙江省分行签订开发性金融合作协议。

22日 杭州市委副书记、市长张鸿铭到浙江大学医学院附属邵逸夫医院下沙院区调研，并慰问一线医务工作者。

△ 由杭州市代理记账行业协会主办、“启迪之星”（杭州·We-Link）协办的2017年杭州市代理记账行业协会（下沙）峰会在开发区举办。

24日 开发区2017年度工作会议召开。

2月

3日 杭州市副市长谢双成到开发区开展新春下基层调研活动。

4日 中国药科大学校长来茂德一行到开发区考察，与开发区管委会就生物医药产业发展以及科研成果转化、公共服务平台搭建等方面进行交流。

6—9日 在2017年亚洲自行车锦标赛暨2017年亚洲青年自行车锦标赛中，开发区文海自行车队的两名运动员分别在团体赛中获得男子成年团体竞速赛金牌，女子青年团体竞速赛金牌。

8日 开发区廉政作风建设大会召开。

△ 开发区党工委书记、管委会主任邵立春会见正泰集团董事长南存辉、浙江民营企业联合投资股份

有限公司总裁陈耿一行，交流未来合作方向与前景。

9日 开发区全区固定资产投资会议召开。

△ 辽宁省委组织部信息管理处一行到开发区调研智慧党建工作。

10日 湖南省委书记杜家毫一行到开发区考察调研娃哈哈集团公司。

△ 开发区2017年环境综合大整治工作会议召开。

△ 由杭州市综治办联合杭州市公安局、杭州市住房保障和房产管理局公布的杭州最新小区安全“红黑榜”中，白杨街道云水社区阳光华城景园和大北社区华顺公寓3年“零发案”，被列入杭州小区安全红榜。

13日 开发区党工委书记、管委会主任邵立春带队走访慰问康师傅集团、九阳集团、三花集团等辖区企业。

△ 长三角绿色制药协同创新中心首个产业化项目——“美测药品科技”落户开发区。

15日 开发区“创新驱动促转型、高校博士进企业”专题活动启动。

△ 开发区文海实验学校入选2017年全国“小小志愿者”活动试点学校。

17日 开发区企业浙江浪潮精密机械有限公司的硬质合金铣刀系列产品、杭州金鱼电器集团有限公司的“金松牌”冰箱被认定为2016年度“杭州名牌产品”。

21日 开发区企业浙江诺倍威生物技术有限公司与法国诗华动物保健公司并购项目签约，公司更名为浙江诗华诺倍威生物技术有限公司。

△ 开发区企业杭州阿诺生物医药科技股份有限公司在全国中小企业股份转让系统（“新三板”）挂牌上市，简称“阿诺医药”。

△ 浙江省医疗器械行业协会第六届第一次全体会员大会暨医疗器械创新创业发展论坛在开发区召开。

22日 开发区委管领导干部学习贯彻党的十八届六中全会精神集中轮训班开班。

24日 中共杭州市第十二次代表大会开幕，开发区各单位组织党员观看开幕式。

28日 开发区群众和企业到政府办事“最多跑一次”改革事项第一批清单（318项）公布。

2月 开发区企业杭州巨星科技有限公司入选由浙江省商务厅组织评选的首批“品质浙货”出口领军企业。

3月

1日 开发区党工委书记、管委会主任邵立春走访调研杭州顾家家居有限公司、杭州立昂微电子股份有限公司、杭州加多宝饮料有限公司、泰尔茂医疗产品杭州有限公司等区内重点企业。

△ 开发区纪检系统会议召开，专题传达学习贯彻中共杭州市第十二次代表大会精神。

△ “启迪之星”（杭州·We-Link）孵化服务联盟落地仪式在开发区举行。

△ 开发区行政服务中心网站新域名psc.heda.gov.cn启用。

2日 海关总署副署长邹志武、杭州市委常委佟桂莉一行到开发区调研中国（杭州）跨境贸易电子商务产业园（下沙园区）运作情况。

6日 党工委书记、管委会主任邵立春会见礼来亚洲基金创始合伙人施毅一行，双方就加强交流合作进行会谈。

7日 浙江省综治办副主任谢小云一行到开发区考核2016年度平安综治工作。

8日 杭州市江干区政协主席黄爱芳一行到下沙街道走访调研。

9日 开发区2017年组织宣传群团工作会议召开。

15日 开发区学正中学、白杨街道海天社区等9个单位获2016年度杭州市级平安创建示范单位。

18日 第二届“中国微天使节”（全球资本和本土创业项目）在开发区开幕。

20日 开发区群众和企业到政府办事“最多跑一次”改革事项第二批清单（74项）公布。

△ 杭州绕城高速公路下沙南互通工程获评杭州市“交通西湖杯”先进项目。

21日 开发区环境综合大整治现场会召开。

△ 杭州市环保局领导一行到开发区指导区内化工企业关停转迁等产业结构调整工作。

22日 开发区市场监管分局被评为浙江省放心农贸市场建设工作先进集体。

23日 开发区党工委书记、管委会主任邵立春走访调研杭州默沙东制药有限公司、杭州益维汽车工业有限公司、统合电子（杭州）有限公司3个区内重点企业，协调解决企业发展中的实际困难。

△ 开发区总工会（团工委、妇工委）、开发区文

明办联合举办开发区青年志愿服务项目合作推选会。

24日 开发区召开下沙副城分区规划战略研讨会。浙江省政协委员、杭州市规划局局长张勤，开发区党工委书记、管委会主任邵立春等领导参加会议。

△ 由京东众筹、和达高科联合主办的“京东众筹2017招商会杭州站”活动在开发区杭州市高科技企业孵化器园区举行，杭州市100多名创业者参加。

27日 开发区2017年度政法信访工作会议召开。

△ 开发区在2015—2016年度质量工作考核中获评A级。

28日 位于下沙湿地单元的金保小学开工建设。

29日 杭州市委副书记、代市长徐立毅到开发区调研。

30日 杭州市市场监督管理局党委书记、局长陈祥荣带队到开发区调研小餐饮和网络订餐整治试点工作开展情况。

△ 2017年度开发区卫生计生工作会议召开。

31日 开发区群众和企业到政府办事“最多跑一次”改革事项第三批清单（122项）公布。

3月 开发区企业杭州奕安济世生物药业有限公司和美国G-CON公司宣布开展全球战略合作。

△ 浙江名牌战略推进委员会公布2016年浙江名牌评选结果，开发区新增浙江名牌1项，为杭州德邦货运代理有限公司的“物流服务”。开发区复评通过6项名牌产品。

△ 开发区市场监管分局被评为全市药械不良反应监测工作先进集体。这是市场监管分局成立以来连续四年被市局评为先进集体。

△ 开发区企业杭州约行新能源汽车服务有限公司（“电蚂蚁”）获2016年度“杭州市汽车租赁企业服务质量信用考核AAA企业”称号，“电蚂蚁”生活馆获“2016年度汽车租赁优秀营业门店”称号。

4月

1日 开发区行政服务中心开设第三车辆监测站违章停车处理窗口，开始受理城管违停业务。

△ 开发区召开2017年重点产业项目汇报会。

△ 白杨街道第六届文化艺术节开幕式暨毅行大会在钱塘江边举行。

5日 开发区党工委书记、管委会主任邵立春带队走访调研浙江巴泰医疗科技有限公司、杭州联川生物医药技术股份有限公司、阿诺生物医药科技股份有限公司3个区内企业。

6日 下沙街道18个社区党组织和白杨街道18个社区党组织换届选举工作完成。

7日 《开发区关于全面推进安全生产领域改革发展的实施意见》印发出台。

△ 开发区疫苗专用冷库建成并投入使用。

8日 浙江省技术市场促进会、开发区人才科技局、中国计量大学国家大学科技园联合德国Connected Industry协会，在开发区举办对接德国工业4.0先进技术合作交流会。

12日 杭州市委组织部副部长陈键一行调研开发区。

13日 开发区管委会与上海益诺思生物技术有限公司签订战略合作框架协议。公司挂牌设立益诺思公司浙江安评中心，入驻开发区杭州医药港小镇。

14日 共青团杭州市委副书记、党组副书记、市青联副主席吴洁静参加“市青联走进下沙”主题活动。

15日 第二届中国高校计算机大赛团体程序设计天梯赛（GPLT）决赛在开发区高校杭州电子科技大学举行。

15日 开发区少工委被杭州市少先队工作委员会评为2016年度杭州市少先队工作先进单位。

17日 国务院安委会巡查组到开发区检查安全生产工作。

△ 开发区领导干部会议召开，传达学习杭州市“两会”精神，研究部署下阶段重点工作。

△ 由开发区总工会（团工委、妇工委）主办、杭州顶益食品有限公司承办，在区内企业中开展“三次创业之我是最美叉车工”技能比武活动。

△ 白杨街道朗琴社区换届选举居民代表，来自迪拜的Yossef（中文名又又）作为社区外籍友人代表，受聘参与居委会选举事务。

18日 开发区武术协会成立大会在城建文化馆召开。

19日 杭州市发改委主任李玲一行调研开发区内生物医药企业。

△ 新西兰驻华大使馆科技创新、教育参赞一行到开发区考察。

20日 杭州市委副书记、政法委书记马晓晖到开发区调研基层治理体系“四个平台”建设工作。

△ 浙江省首单跨境电商模式销售进口活海鲜在下沙跨贸园顺利运作。

△ 开发区党工委书记、管委会主任邵立春接待中国国投高新产业投资公司总经理、国投创合（北京）基金管理有限公司董事长祁榕一行。

△ 开发区举办人才科技项目资本精准对接会。

△ 开发区高校浙江水利水电学院志愿服务实践基地在白杨街道江滨花园社区挂牌。

22日 全国大学生“互联网+”创新大奖赛暨第四届“发现杯”全国大学生互联网软件设计大奖赛总决赛在开发区高校杭州电子科技大学举行。

24日 开发区企业杭州天雷动漫有限公司获第十三届中国国际动漫节的“漫创中国·2017创新创业大赛”冠军。

25日 “杭电—斯帕克实践基地”（杭州电子科技大学与杭州斯帕克工业设计有限公司合作项目）授牌仪式暨创客工坊开营式在开发区和达创意园区举行。

26日 开发区管委会与美国加州大学洛杉矶分校（简称UCLA）科学商业化中心签约，就UCLA科学商业化中心中国中心在开发区落户达成合作。

△ “中国文创下的杭州启示·数字文创产业发展”论坛在开发区的“启迪之星”（杭州·We-Link）基地举办。

△ 由国家食品安全示范城市创建办副主任、国家食药总局规财司副司长王天宇带队的“双安双创”现场会考察组，调研开发区食品安全智慧监管平台和杭州味全食品有限公司。

△ 开发区首批由国有资产投建的4个大型电动车快充站在下沙学正中学举办启动运营仪式。

27日 贵州凯里经济技术开发区一行到开发区开展招商推介活动，并与开发区签订意向性招商协议。

27—28日 第三届国际数学建模挑战赛决赛在香港科技大学举行，开发区文海实验学校中学部三支队伍参赛，成为浙江省一等奖以上获奖数量最多的学校。

30日 开发区首个海绵城市建设示范项目——沿江景观东区公园海绵试验段项目通过验收。

4月 在2015—2016年杭州市志愿服务先进集体评比中，开发区教育党工委、下沙街道志愿服务工作委员会被评为“杭州市优秀志愿服务集体”，白杨街道被评为“杭州市志愿服务先进街道（乡镇）”，下沙街道铭和社区志愿服务站、白杨街道江滨花园社区志愿服务站被评为“杭州市示范社区志愿服务站”。

△ 开发区首个高端汽车4S店——杭州东星行汽车维修服务有限公司下沙分公司正式营业。该公司位于开发区3号大街与10号大街交叉口，总用地面3500平方米。

5月

4日 开发区2017年五四青年节座谈会在城建文化馆举行，纪念五四运动98周年并对共青团优秀集体及个人进行表彰。

5日 开发区固定资产投资和项目建设工作会议召开。

△ 开发区女大学生创业基地暨杭州市妇联伊创荟下沙基地成立。

6日 2017年度“二十国集团智库会议（T20）创新研讨会”在开发区举行，会议主题为“新供给、新动力、新合作，科技创新引领支撑未来”。

△ 开发区企业杭州顾家家居有限公司举办2017年顾家床垫“床上运动会”，活动现场一张长22米、宽20米的巨型床垫刷新吉尼斯世界纪录。

10日 开发区大创小镇入选第二批市级特色小镇创建名单。

△ “创in下沙”资本对接会海归人才专场在开发区的杭州和达希尔顿逸林酒店举行。

11日 浙江科技企业投融资常态化路演（第一期）生物医药挂牌企业专场在开发区举行。

13日 白杨街道18个社区“两委”（共产党员支部委员会、居民委员会）换届选举工作完成。

15日 杭州联川生物技术股份有限公司在在全国中小企业股份转让系统（“新三板”）挂牌上市。

△ 开发区南北向主干道文海南路（6号大街至学源街），完成平路并恢复通车。这是道路畅美专项整治的首条道路。

△ 开发区婚姻登记处联合东湾社区，成立开发区首个“社区婚姻家庭驿站”，并开展首次婚姻家庭辅导员培训。

△ 在2017年杭州市“5·15”国际家庭日主题宣传活动中，下沙街道松合社区周妙奎一家被评为“杭州市幸福家庭”。

16日 开发区在杭州市2016年度城市管理目标考核中获评优胜单位。

18日 落户开发区的奥克兰大学中国创新研究院开园，这是奥克兰大学在中国落地的第一个研究院。

△ 开发区“智慧门禁”建设推进动员会召开。

18—19日 全国“更新教学管理理念，构建生物学拔尖创新人才培养体系”主题研讨会在开发区高校浙江理工大学举办。

18—20日 开发区联合国家“千人计划”指定杂志《千人》杂志共同发起的“2017（第二届）精准医疗与未来医学大会”在开发区举行。

19日 杭州市小餐饮和网络订餐整治试点现场会在开发区召开。

22日 开发区残疾人联合会第二届主席团第三次全体会议召开。

23—28日 开发区文海实验学校“ADD玩创社”6名学生作为中国代表队之一参加在美国田纳西州州立大学举行的2017年DI（头脑创新思维竞赛）全球赛，其作品“中国龙”获小学组科技类项目亚洲第一。文海实验学校成为浙江参赛队中唯一连续四年进全球赛并获奖的学校。

25日 杭州市委常委、常务副市长戴建平到开发区调研特色小镇建设工作。

△ “纯电动汽车空调与热管理系统技术国家地方联合工程研究中心”授牌仪式在开发区举行。该研究中心2016年10月经国家发改委批准设立，是以企业为依托的国家地方工程研究中心。

26日 和达高科海聚中心项目在开发区科技园路举行开工仪式。该项目是杭州市首个地铁上盖国际化创新创业服务中心。

△ 杭州市人大代表江干区团第三小组人大代表考察开发区“剿灭劣V类水”工作。

27日 英国圣·欧莱文斯文法学校校长艾丁·欧耐克一行到开发区参观交流。

31日 杭州市副市长陈新华一行到开发区调研工业经济发展情况。

5月 由浙江省中医院下沙院区实施完成的首例半相合异基因造血干细胞移植术病人康复出院。

6月

1日 中国生物技术发展中心公示2017年度国家重点研发计划5个重点专项项目，开发区企业杭州捷诺飞生物科技公司申报的“面向活体器械的功能材料与高通量集成化生物3D打印技术”项目入选“生物医用材料研发与组织器官修复替代”重点专项项目。

△ 开发区市民中心就业窗口、人才窗口合并，设立就业人才综合进件窗口。

2日 2017年全国职业院校技能大赛在开发区高校浙江金融职业学院举行。

5日 浙江省发展改革委公布6个首批浙江省大众创业万众创新示范基地，开发区获批首批省级“双创”示范基地，为杭州市唯一区域类省级双创示范基地。

△ 中央电视台《匠心智造》纪录片在开发区的杭州东方科技城举行开机仪式，开发区企业浙江东方百富袜业有限公司成为中国袜业唯一一个入选《匠心智造》栏目的企业。

6日 落户开发区的“和而泰长三角基地项目”奠基。该项目将建设成为一个集研发设计、智能制造于一体的高科技智能园区。

△ 杭州市治水办、杭州市节水办、开发区治水办、开发区海达绿色发展促进会等单位在白杨街道高教社区清雅苑小区开展“剿灭劣V类水”暨纪念“6·5”世界环境日活动。

8日 杭州东部湾总部基地建设有限公司与泰国ONYX集团就杭州东部湾总部大楼Amari酒店项目举行签约仪式。该项目位于开发区湿地单元。

△ 浙江丝路产业投资基金签约落户开发区东部国际商务中心金融产业园，标志着浙江省内首个专业从事海外业务的投资平台成立。

△ 世界著名运动纤维品牌COOLMAX运动袜举行全球发布会。开发区企业浙江东方百富袜业有限公司与COOLMAX品牌所属美国英威达公司合作，获独家授权7年，用于袜品的制造、营销、广告、推广和销售。

10—11日 开发区第四届操舞大赛暨浙江省学生体育舞蹈公开赛在开发区高校浙江传媒学院举行。

13日 开发区新一代智能终端研发中心及产业化项目——“耕德电子银海科技园”正式开工建设。

14日 开发区养老服务业改革创新工作会议召开。

19日 开发区召开党工委（扩大）会议，传达学习中共浙江省第十四次代表大会精神。

20日 杭州市人大常委会主任于跃敏一行到开发区专项督查第十三届全国学生运动会服务保障工

作，并调研开发区拆迁安置、跨境电商等工作。

△ 杭州市委督查组组长、杭州市建委副主任裘新谷，对开发区落实经济工作责任和重点项目建设情况开展督查。

△ 开发区群众和企业到政府办事“最多跑一次”改革事项第四批清单（426项）公布。

21日 开发区入选第二批国家大众创业、万众创新示范基地，是杭州市唯一一个入选的区域示范基地。

23日 中国海关总署党组书记、署长倪岳峰到开发区调研跨境贸易运作情况。

25日 杭州长三角大数据研究院Fintech沙龙第一期暨揭牌仪式在开发区举行。

△ 首届“浙江制造”高峰论坛在开发区召开。

26日 开发区高校浙江理工大学的“尚+众创空间”和“汇梦空间”入选2017年第一批杭州市众创空间。

27日 开发区党工委书记、管委会主任邵立春带队专题调研开发区科创平台。

28—29日 第四届中国IVD产业投资与并购CEO论坛暨第二届中国IVD及精准医疗独角兽创业大赛在开发区举行。

△ 浙江省委维稳办到开发区调研社会稳定风险评估工作。

29日 杭州市人大常委会副主任罗卫红一行到开发区调研创新发展情况。

△ 开发区召开基层治理体系“四个平台”建设推进会。

△ 开发区学林街小学入选教育部公布的2017年全国青少年校园足球特色学校及试点县（区）名单。

30日 开发区海达绿色发展促进会暨环保志愿者协会成立大会在开发区城建中心举行。

△ 杭州市建委组织全市建设主管部门及建设工程质量安全监督站负责人到开发区参观在建项目辉瑞生物制药（杭州）工业厂房工程。

6月 杭州市首例地中海贫血患儿行异基因造血干细胞移植术在浙江省中医院下沙院区成功完成。

7月

1日 “潮行钱塘”2017年毅行大会在下沙钱塘江边举行。

3—5日 开发区“杭州医药港小镇”项目参展第十届中国生物产业大会。

4日 中央党校原副校长徐伟新带队中国人才科学研究院调研组，到开发区调研创新平台及高层次人才项目。

△ 开发区高校中国计量大学入选全国第二批创新创业50强高校，是2017年浙江省唯一入选的本科高校。

7日 杭州经济技术开发区与石嘴山经济技术开发区合作发展签约仪式在宁夏石嘴山经济技术开发区举行。

△ 第二届国际“互联网+”创新产业交流（杭州）峰会在开发区的杭州希尔顿逸林酒店召开。

11日 开发区召开党工委理论学习中心组（扩大）学习会，浙江省委组织部人才办主任张旭明做专题讲座。

12日 开发区在德国杜塞尔多夫举办经贸推介会，杭州市副市长谢双成出席并讲话。

△ 金华经济技术开发区管委会副主任程长生一行到开发区考察交流。

△ 开发区召开进出口生物医药（生物制品）质量安全示范区建设动员大会。

15日 2017年国际精准医疗（杭州）产业发展论坛在开发区举行。

20日 杭州市安全生产委员会巡查督查组到开发区检查安全生产工作。

23日 浙江大学副校长严建华一行到开发区考察浙江大学（杭州）创新医药研究院建设情况。

24日 杭州市市场监管局副局长陈魁一行到开发区检查“最多跑一次”改革相关工作。

25日 开发区管委会与美国Silicon Catalyst孵化器、“博将资本”签约。该项目是开发区引进落地的第一个海外孵化器、第一个“基金+孵化器”创新平台、第一个以机器智能为特色的专业孵化器项目。

△ 开发区召开2017年全国文明城市复评迎检暨安全生产工作部署会议。

26日 阿里巴巴跨境电商下沙服务中心成立，地址位于开发区的杭州东方科技城。

27日 杭州市人大常委会副主任罗卫红一行到开发区考察国际化社区建设工作。

△ 杭州市委政法委委员、纪检组组长孙明义带队到开发区督查下沙街道推进基层治理体系“四个

平台”建设工作。

28日 下沙街道湾南社区开展回迁安置工作，465户居民家庭完成回迁安置房抽签。

△ 开发区召开创建浙江省食品安全示范区推进会暨2017年半年度食品安全工作会议。

29日 “中伊藏红花”及天然产物研究高峰论坛暨“中伊藏红花”国际联合研究中心授牌仪式在开发区举行。

31日 在“火炬杯”中国创新创业大赛电子信息行业总决赛中，开发区和达高科孵化器选送的杭州左蓝微电子技术有限公司和杭州东尚光电科技有限公司，分别获初创组冠军和成长组冠军，晋级第四届浙江省“火炬杯”创新创业大赛总决赛。

7月 开发区企业杭州世宝汽车方向机有限公司获2016年度杭州市企业社会责任建设成果工作A级先进企业。

8月

1日 浙江省人大常委会办公厅副巡视员杜方文带队的省专项督查组到开发区督查2017年度第二轮“三改一拆”和“五水共治”工作。

△ 开发区高校杭州电子科技大学申报的“信息物理系统感知与控制学科创新引智基地”入选国家外国专家局和教育部公布的2017年度地方高校“高等学校学科创新引智计划”（即“111计划”）新建基地立项名单。

△ 开发区开设的海外人才子女夏令营举行开营仪式。首批来自美国、日本、印度、马里等国家和地区的15个孩子参加了为期15天的夏令营。

2日 开发区杭州医药港小镇入选第三批浙江省级特色小镇创建名单。

3日 开发区2017年半年度工作会议召开。

△ 开发区党工委书记、管委会主任邵立春带队到杭州萧山区钱江世纪城、高新区（滨江区）学习考察。

4日 2017年制造业与互联网融合创新高峰论坛在开发区举行。论坛上，开发区CIO（首席信息官）俱乐部成立。

5日 《杭州经济技术开发区年鉴（2016）》获全国地方志优秀成果专业类年鉴一等奖。

7日 西藏自治区公务员局一行到开发区调研公务员日常考核工作。

8日 开发区举办文化创意产业高端对话与2017年首届钱塘文化艺术展览会。

△ 第六届中国创新创业大赛浙江赛区暨第四届浙江省“火炬杯”创新创业大赛生物医药行业总决赛在开发区杭州市高科技企业孵化园区举行。

△ 开发区高校浙江传媒学院学生尹思懿、俞熙雯在第五届“未来金话筒”大学组广电类全国总决赛中分别获亚军、季军。

9日 杭州市政协副主席陈永良到开发区调研浙商杭商回归重点项目推进情况。

△ 浙江巴泰医疗科技有限公司、杭州云书网络科技有限公司、杭州橙创信息技术有限公司等63个开发区企业入选2017年第一批市级高新技术企业名单。

11日 中央第二环境保护督察组进驻浙江，对绿色发展理念、生态文明建设、环境综合治理开展为期一个月的全面督察。开发区成立专班工作组，实行24小时值班制，配合督察工作。

15日 杭州市政协主席潘家玮一行到开发区调研“城东智造大走廊”建设发展情况。

16日 浙江省疾控中心和杭州市疾控中心到下沙街道社区卫生服务中心中沙预防接种分点开展现场联合督导工作。

△ 开发区企业杭州孔凤春化妆品股份有限公司在全国中小企业股份转让系统（“新三板”）挂牌上市。

17日 杭州市副市长陈新华一行到开发区检查食品安全工作。

△ 开发区社发局举办公共文献服务体系建设基础服务点培训会。全区22个已建服务点和2017年4个新建点社区的文体委员及图书管理人员参加培训。

18日 美国普洛斯集团和开发区管委会签订战略合作框架协议，协议规定双方共同构建国际化标准的环普科技产业园。

19日 开发区出台《杭州经济技术开发区土壤污染防治工作方案》，全面推进土壤污染防治工作。

23日 开发区“最多跑一次”改革工作推进会召开。

24日 浙江省科技厅厅长周国辉一行到开发区调研高新产业发展情况。

△ 开发区党工委书记、管委会主任邵立春带队到浙江传媒学院和杭州电子科技大学走访调研。邵立春强调要加强区校合作，建立长效机制。

△ 由开发区市场监管分局组织，在浙江财经大

学等6所高校的运动会保障食堂进行综合实战演练，确保第十三届全国学生运动会召开时的用餐安全。

28日 开发区联合驻地相关部队单位，召开全面停止有偿服务工作暨环境大整治部署会。会议传达习近平总书记关于军队和武警部队全面停止有偿服务的重要指示精神，通报开发区金沙湖以西区域环境综合大整治行动要求，介绍全面“停偿”工作的相关政策。

29日 开发区召开高层次人才座谈交流会。

△ 阿里巴巴创新中心（杭州下沙）成立，地址位于开发区1号大街华媒科创园。

31日 开发区企业杭州奥普卫厨科技有限公司起草的浙江制造标准T/ZZB 0201-2017《浴室多功能取暖器（风扇式浴霸）》正式发布并实施。

9月

1日 开发区市民中心开设社保医保、市民卡、不动产登记、公积金等业务窗口的双休日服务。

2日 开发区企业杭州路格科技有限公司在2017年浙江省民企“双对接”活动月中，获2017年浙江省“小微企业成长之星”奖。

4日 全国文明城市复评市督查组进驻开发区开展迎检督查工作。

4—16日 第十三届全国学生运动会在杭州举行，开发区6所大学、1所高中承担运动会赛事和住宿保障任务。

6日 中国检验检疫研究科学院卫生检疫科技成果转化基地揭牌仪式暨病毒富集监测研讨会在开发区举行。

7日 国家发改委法规司巡视员郝雅风、浙江省发改委稽查特派员陶国胜一行到开发区企业东芝信息机器（杭州）有限公司，调研制造业企业运营环境现状工作。

△ 开发区党工委书记、管委会主任邵立春带队到浙江理工大学和杭州职业技术学院两所区内高校走访调研。

8日 华海药业生物制药及研发中心落户开发区的杭州医药港小镇。

△ 杭州市委常委、常务副市长戴建平带队到位于开发区的浙江省军区农副业基地，调研停止有偿服务及环境整治工作推进情况。

9日 杭州市副市长陈红英一行到开发区高校杭州电子科技大学、浙江理工大学、浙江工商大学等高校的比赛场馆，了解第十三届全国学生运动会赛事服务保障情况。

11—12日 开发区企业杭州顾家家居有限公司设计的沙发“由榻”获“2017美国尖峰设计亚太奖客厅家具类优胜奖”，沙发“山水间”在第四届中国“好沙发·好面料·好材料”评选赛中获“好沙发”奖项。

12日 浙江省食药局副局长卢永福一行到开发区高校浙江财经大学文华餐厅检查指导全国学生运动会食品安全保障监管工作。

△ 开发区“扫黄打非”工作领导小组召开保障党的十九大深化“扫黄打非”专项行动推进会。

△ 杭州宝明新材料科技有限公司、杭州莱普晟医疗科技有限公司、杭州美仪自动化有限公司等7个开发区企业入选2017年杭州市科技型初创企业培育工程企业名单。

14日 浙江省委书记车俊到开发区企业杭州立昂东芯微电子股份有限公司调研。

△ 开发区杭州医药港小镇入选浙江省重点培育特色小镇名单。

△ 开发区资产经营集团有限公司完成发行5年期中期票据4亿元和3年期中期票据2亿元。

15日 2017年“浙江省双创活动周暨首届创业创新博览会”启动仪式在开发区举行。

△ 开发区大创小镇会展中心——国际创博中心正式开工。

15—17日 APCC（射箭运动推广理事会）2017年“兴证资管”杯室外射箭冠军联赛第四站（杭州站）暨2017年第五届华东射箭大联赛在下沙中学和景苑中学举行。

16日 在德国汉堡举行“创客天下·2017杭州市海外高层次人才创新创业大赛”欧洲赛区决赛，开发区人才科技局对接参与比赛的医疗器械项目2个、智能制造项目3个。

18日 国家卫生计生委考核组到下沙街道社区卫生服务中心考核“全国优质服务示范社区卫生服务中心”工作。

20日 浙江省科技厅副厅长章一文一行到开发区调研指导特色小镇建设工作。

△ 开发区企业杭州微控节能科技有限公司在第二届中国航空创新创业大赛总决赛中获得三等奖。

21日 杭州市委副书记、市长徐立毅带队到开发区开展“安全大督查、护航十九大”专项行动。

21—22日 2017年国际生物医药创新（杭州）峰会在开发区举行。

22日 杭州市教育工委委员、巡视员熊群峰带队到开发区调研督查开学工作。

24日 2017年国际自行车TT公开赛在开发区之江东路举行。

25日 杭州市委常委刘德生一行到开发区调研杭州跨境电商综试区下沙园区、浙江三花汽车零部件有限公司、杭州多禧生物科技有限公司，并参观开发区规划展示馆。

26日 杭州市委常委、副市长刘国洪到开发区调研国土资源工作。

△ 开发区的华润万家生活超市金沙大道店获浙江省“放心肉菜示范超市”称号。

27日 开发区高校杭州职业技术学院与康迪电动汽车集团合作共建的“康迪新能源汽车学院”暨“康迪新能源汽车协同创新中心”揭牌成立。

△ 浙江省中医院下沙院区（东方医院）新高压氧舱治疗中心正式启用，该高压氧舱设备是按最新国家标准建设，是华东地区最大的高压氧治疗设备。

9月 开发区沿江湿地东公园竣工并对市民开放。该公园位于13号大街以东、19号大街以西，占地面积52.3万平方米。

10月

10日 开发区举办中国—新西兰创新合作沙龙，新西兰基金和孵化器代表团20多名代表参加活动。

△ 开发区大创小镇被列入浙江科技厅确定的9个省级国际科技合作基地之一。

11日 杭州市委书记赵一德走访开发区企业杭州九阳欧南多小家电有限公司和杭州朝阳橡胶有限公司，为企业发展解决困难和问题。

△ 杭州市副市长谢双成走访开发区企业，协调解决浙江康莱特药业有限公司等5个企业在发展中遇到的困难和问题。

△ “创响中国·杭州站”活动在开发区大创小镇启动，该活动由国家发改委、中国科技协会、浙江省政府主办，浙江省发改委、杭州市政府承办。

12日 2017年中央地方创新创业部分联合研究课题研讨会在开发区召开。

16日 杭州市副市长陈新华一行到开发区调研生物医药产业发展情况。

17日 丽水经济技术开发区党工委副书记蓝金水一行到开发区考察交流。

△ 开发区高校中国计量大学计量博物馆开馆，该馆总面积1700平方米，分古代计量和近代计量两个展厅，藏品700多件。工作日免费向市民开放。

23日 杭州大江东产业集聚区管委会副主任李国梅一行到开发区考察交流教育规划、发展等问题。

26日 开发区召开2018年度项目建设谋划专题汇报会。

△ 开发区行政执法大队被评为浙江省综合行政执法工作先进集体。

28日 开发区高校浙江理工大学举行120周年校庆活动。

29日 开发区召开全区领导干部会议，传达学习党的十九大精神，围绕省市相关要求，研究贯彻落实工作。

30日 杭州市副市长陈新华在开发区企业杭州奕真生物科技有限公司会见全球遗传学领军人物乔治·丘奇（George Church）一行，开发区党工委书记、管委会主任邵立春陪同会见。乔治·丘奇受邀担任开发区杭州医药港小镇荣誉镇长。

31日 开发区企业泰瑞机器股份有限公司在上海证券交易所A股主板上市，这是开发区继杭州达内科技有限公司、杭州电缆股份有限公司、杭州顾家家居有限公司后的第4个上市公司。

11月

5日 “移动4G+杯”浙江省高校电子竞技联赛（简称ZUEL）秋季赛杭州站决赛在开发区福雷德广场举行，开发区高校杭州电子科技大学all star战队获得冠军。

8日 第三届中国（杭州）大数据科学家论坛在开发区举行。

△ 开发区城镇环境卫生协会成立。

9日 “智汇下沙科技城”创新创业推介会在开发区举行，会上开发区管委会发布“金沙英才”人才新政。

△ 开发区机关工会会员代表大会召开，选举产

生新一届机关工会委员。

10日 开发区新增6所幼儿园通过浙江省二级幼儿园评审，至此，开发区所有公办幼儿园均为省二级及以上幼儿园。

13日 石油烃微生物降解技术交流研讨会在开发区举行，40多名微生物领域的专家学者参会。

13—14日 由下沙高教园区管委会、开发区交警大队、开发区文明办主办，下沙各高校联合承办的“共创安全文明交通·共建美丽和谐杭州”大学生辩论赛举行。

14日 童富勇浙派名师工作站暨浙派名师研究院成立仪式在开发区文海实验学校举行并正式落户开发区。

△ 开发区杭州医药港小镇入选首批浙江省级建设类高新技术特色小镇名单。

15日 第三届食品安全科普创新公益大赛杭州站在开发区举行。

16日 杭州市副市长陈新华，开发区党工委书记、管委会主任邵立春会见复旦大学副校长、中国科学院院士金力一行，双方就加强交流合作，建设高端创新型平台进行洽谈。

△ 白杨街道邻里社区被评为2017年流动人口社会融合示范社区，入选国家卫生计生委公布的第一批流动人口社会融合示范社区名单。

△ 开发区企业杭州巨星科技股份有限公司获杭州海关颁发的“海关高级认证企业证书”，可享受最优级别的海关通关便利措施。

△ 开发区企业杭州东尚光电科技有限公司在第六届中国创新创业大赛电子信息行业总决赛中获得成长组企业二等奖。

18日 开发区浙江传媒学院学生和学林街小学学生的“大手拉小手·共护高沙渠”志愿项目获杭州市十佳志愿项目第一名。

21日 2017年浙江国际协同创新峰会在开发区开幕。中国科学院院士、浙江国际协同创新研究院理事长张泽，杭州市委常委、副市长刘国洪，浙江省科学技术厅等领导参加浙江国际协同创新研究院揭牌仪式。

△ 2017年中国全球投资峰会客商代表到开发区参观考察，寻求投资兴业合作机会。

22日 杭州市人大代表江干团第三小组10多名市人大代表考察开发区创新创业工作。

23日 “十三五”时期国家重点研发计划——“面向活体器械的功能材料与高通量集成化生物3D打印技术开发”重点专项启动会在开发区举行。

△ 浙江省治水办主任助理韩志福、市治水办常务副主任徐青山到开发区检查“五水共治”工作。

△ 浙江省开发区协会会长钱水凤一行到开发区调研。

24日 科技外交官浙江（杭州）行活动在开发区举行，5名驻以色列、波兰、纽约、休斯敦、爱尔兰国家（地区）的科技外交官与开发区约20个企业和科研院所进行面对面交流。

△ 开发区企业杭州联川生物技术有限公司和杭州睿凯生物科技有限公司分别获“i创中国·2017年浙商创新创业大赛”银奖和铜奖。

25日 第三届全国中小学心理健康教育课堂教学观摩研讨活动在开发区举行。

27日 杭州市委常委、常务副市长戴建平到开发区专题调研和指导部队停偿工作。

28日 开发区召开党工委理论学习中心组（扩大）学习会暨市委宣讲团党的十九大精神报告会。市委宣讲团成员、杭州市委党校教育长高国舫到开发区宣讲党的十九大精神。

△ 开发区管委会与浙江工商大学区校战略合作签约暨“浙商大学生创业园”开园仪式举行。

△ 下沙街道头格社区598户居民家庭完成回迁安置房抽签，该社区是开发区最后一个回迁安置社区。

△ 开发区金沙湖蓄水工作启动。

29日 德国杜塞尔多夫市经济促进局受邀在开发区举行德国投资推介会，为有兴趣及计划在德国投资者提供平台。

30日 开发区获评浙江省级“两化”深度融合国家示范区。

△ 开发区赴深圳举办杭州市暨开发区投资环境招商推介会，开发区管委会副主任王永芳在会上推介开发区整体投资环境及下沙科技城和生物医药发展情况。

△ 在2017年第十二届DI创新思维大赛全国总决赛中，开发区文海实验学校中学组“松果体队”获科技类一等奖，在12月7日比赛中，该校小学组“又双叒叕队”获艺术类二等奖。

11月 开发区企业奥明（杭州）基因科技有限

公司与浙大创新医药研究院签订战略合作协议，双方将在抗肿瘤新药研发领域展开合作。

△ 开发区高校杭州电子科技大学参赛队在第四十二届ACM国际大学生程序设计竞赛亚洲区中国各赛区比赛中获金牌4枚、银牌7枚、铜牌5枚。

△ 开发区文海实验学校教师陈良阳在全国中小学理科实验教学说课比赛中获金奖。

12月

1日 开发区高校浙江工商大学、浙江理工大学、浙江育英职业技术学院被授予“在杭高校艾滋病健康教育示范基地”称号。

3日 “玫琳凯怡日健·2017年杭州国际女子马拉松”开幕式在开发区沿江大道举行。

6日 开发区2018年政府投资项目推进工作汇报会召开。

△ 浙江省级“双百”创建考评验收组到开发区现场评定和验收省级精品示范道路创建工作。

△ 开发区组织召开全区投资企业协会党建工作推进会，会上成立开发区投资企业协会党委。

7日 国务院安委会巡查组到开发区检查安全生产工作。

△ 开发区企业金卡智能集团股份有限公司、中粮集团有限公司、拜耳（中国）有限公司获2017年中国年度“最具发展潜力雇主”奖项。

9—10日 “2017悍将杭州超级马拉松24小时金杯赛”在开发区举行。

12—14日 首届中国—新西兰国际技术创新高峰论坛“Ideas to life”在下沙科技城举行。该论坛由新西兰奥克兰大学创新研究院与开发区管委会、浙江大学联合举办。

13日 开发区法律援助中心浙江经济职业技术学院工作站挂牌成立，该工作站是杭州首个在高校设立的法律援助工作站。

△ 2017年浙江下沙医疗健康产业联盟第一期企业交流会在开发区和达高科孵化器举办。

18日 开发区杭州东部湾总部基地大楼项目开工建设。该项目位于沿江区块24号大街与规划支路二交叉口，是浙江省重点工程。

18—19日 杭州市纪委党风政风监督室主任朱春根带队的杭州环境保护督察组到开发区开展环境保护专项督察工作。

21日 首届“海外学子下沙行暨聚智金沙·医健创业大赛”在开发区和达孵化器举办。

22日 浙江省教育厅与开发区共建浙江省高校创新创业教育实践基地——杭州大创小镇签约仪式暨领导小组第一次座谈会在下沙科技城高科技孵化器举行。

△ 杭州市安委会考核小组一行到开发区考评安全生产责任制落实情况。

△ 开发区青年联合会第三届委员会第一次全体会议在城建文化馆召开。

△ 开发区召开特邀监察员聘任会议，为10名特邀监察员颁发聘任证书。

23日 首届浙江药学大会在下沙科技城召开。会上，浙江省药学会生物医药创新服务中心项目正式签约，落户开发区杭州医药港小镇。

25日 开发区残疾人联合会召开第三届主席团第二次会议。

26日 杭州市委常委、统战部部长佟桂莉到开发区考察跨境电商和统战工作。

△ 开发区与中国药科大学共建中国药科大学（杭州）创新药物研究院举行签约仪式。

27日 浙江省教育厅厅长郭华巍到下沙高教园区调研高教园区转型升级工作。

△ 杭州出入境检验检疫局副局长王志刚一行到开发区进行国家级进出口生物医药（生物制品）产品质量安全示范区阶段考核。

29日 杭州市政协主席潘家玮到下沙街道人大代表联络站接待群众、征集民意。

△ 开发区被评为2016年度杭州市科技进步目标责任考核优秀单位。

△ 下沙中学教育集团举行挂牌仪式。

△ 开发区杭州医药港小镇加速器三期项目开工，该项目总投资8.8亿元。

12月 开发区文海实验学校被评为浙江省第二批“千校结好特色学校”。

△ 开发区文海实验学校被评为浙江省示范性教师发展学校建设学校。

△ 下沙街道滟澜社区被评为杭州市第二批国际化示范社区。

责任编辑　富敏超

·区域总情·

【地域沿革】 杭州经济技术开发区（简称开发区）所在地下沙，原为钱塘江故道。唐至清初，以钱塘江江滩为主要地貌。清末，称北沙。民国初年，开始有人开发垦殖。20世纪30年代，称杭州市皋塘区北沙村。中华人民共和国成立后，划属杭县，称乔司区下沙乡。1958年4月，杭县撤销，下沙乡归杭州市临平区管辖。1961年划归余杭县，建立下沙人民公社。20世纪50—70年代，为防御钱塘江洪潮灾害，该地沿钱塘江抛石构筑防洪大堤，形成3号大堤以西围垦滩地，称老围垦区。1971—1980年，余杭县组织下沙、乔司等地3万余人，围垦钱塘江江涂，形成钱塘江堤岸和3号大堤以东围垦区域，称新围垦区。1983年10月，余杭县恢复乡镇建制，下沙人民公社改称下沙乡。1994年4月，余杭县撤县建市，下沙乡属余杭市管辖。1996年12月，下沙乡成建制划归杭州市江干区。1998年10月，下沙乡撤乡建镇。1999年8月，下沙镇行政区域范围（包括围垦区和部分钱塘江水域，总面积104.7平方千米）成建制委托开发区管理。

【建区经过】 1984—1989年，杭州对开发钱塘江北岸下沙区块进行规划设计。1990年初，杭州市委、市政府根据浙江省委、省政府关于建立“钱江经济技术开发区”“钱江出口工业区”等设想，组织有关部门调查论证，形成建立杭州钱江投资区的意见。6月8日，浙江省委常委会听取杭州市建立钱江投资区情况汇报，同意建立投资区并确定建设投资区的方针、开发范围、开发形式和领导管理体制；11日和16日，杭州市委先后召开常委扩大会议和六届五次全会扩大会议，传达省委常委会关于建立杭州钱江投资区的精神，并做动员和工作部署。8月15日，浙江省人民政府批准建立杭州钱江外商台商投资区。投资区以钱塘江为轴线，设江南、江北两个区块。江北区块面积30平方千米，分下沙（27平方千米）、滨江（3平方千米）两个区块（滨江区块后移交杭州市城乡建委负责开发）。1992年5月23日，钱江投资区下沙区块开发建设启动。1993年4月4日，国务院在钱江投资区下沙区块范围内批准成立杭州经济技术开发区，批准开发面积10平方千米，首期开发面积5平方千米。

【扩容拓展】 1994年4月，浙江省第八届人大常委会第十次会议批准颁发《杭州经济技术开发区条例》，明确杭州经济技术开发区管理范围为首期开发面积10平方千米，外围规划控制面积17平方千米。1999年8月，开发区委托管理下沙镇行政区域范围后，行政管辖面积由27平方千米扩大至104.7平方千米。2000年4月，国务院在开发区东部地块批准设立浙江杭州出口加工区，面积2.92平方千米。同年8月，浙江省政府在开发区北部地块批准建设杭州下沙高教园区，面积10.91平方千米。2002年7月，杭州市委、市政府在萧山区江东围垦区域设立市本级区块江东工业园区，面积20平方千米，由开发区管委会负责该区块开发建设。2003年6月，江东工业园区面积调整至40平方千米。2009年8月，江东工业园区更名为前进工业园区。2014年8月，杭州市委、市政府对大江东区域开发体制做出调整，原属开发区负责开发建设的前进工业园区转由杭州大江东产业集聚区管委会统一开发管理。

【管理机构】 杭州经济技术开发区批准成立之前，由1990年7月经杭州市机构编制委员会批准建立的杭州钱江外商台商投资区江北管理委员会对江北区块开发建设实行统一管理。1993年4月，国务院批准设立杭州经济技术开发区后，杭州钱江外商台商投资区江北管理委员会更名为杭州经济技术开发区管理委员会（简称开发区管委会）。作为杭州市政府派驻机构，开发区管委会对开发区开发建设实施统一管理，履行政府各项行政管理职能。国土、规划、海关、出入境检验检疫、市场监督管理、税务、道路运输等工作，由杭州市有关部门在开发区设立分支机构予以配套管理。开发区管委会内设若干职能机构，行使招商引资、经济发展、建设管理、人事劳动保障、城市管理、社会事业、财政审计等相关行政职权。2001年3月，杭州市机构编制委员会批复杭州经济技术开发区管委会，增挂“浙江杭州出口加工区管理委员会”牌子。浙江杭州出口加工区管理委员会设综合管理局，负责出口加工区日常工作。（年鉴编辑部）

·地理　气候　人口·

【区位地理】 开发区位于杭州市东部、钱塘江下游北岸，东南面与钱塘江相接，江岸线长13.5千米。地理位置为北纬30° 15′ 14″ ~30° 23′ 13″ 与东经120° 17′ 35″ ~120° 24′ 25″ 之间，东北部与嘉兴海宁接壤，东南以钱塘江江心线为界，与萧山隔江相望，西面与杭州市江干区九堡镇交接，北至余杭区乔司地块，行政管辖面积104.7平方千米。与杭州市中心相距19.5千米，经下沙路、之江东路、德胜快速路与杭州主城相接，杭州轨道交通地铁1号线将杭州主城与开发区连为一体。地理位置优越，西邻杭州火车东站，东穿钱塘江与杭州大江东产业集聚区相接，东北部邻近上海港，东南部邻近宁波港，距上海港170千米、宁波港160千米，距杭州萧山国际机场15千米，离京杭大运河杭州货运码头20千米，距杭州乔司编组站8千米。区位交通便利，建有高速公路枢纽中心，东北通沪杭高速公路，西北通杭宁高速公路，南面通杭金衢高速公路，东南通杭甬高速公路。

【地质水文】 开发区地貌属钱塘江淤积平原，地势平坦，地面自然标高5.1米~5.8米（黄海高程）。土壤多为泥沙，系沙壤土，以粗粉沙为主。沉积70米~80米厚的第四纪地层，基岩为白垩系砂岩、砂粒岩。中更新世形成的陆相地层覆盖于基岩之上，顶板起伏及厚度变化大，物理力学性质较好。上更新统岩性为可塑状亚黏和密实状粗砂、砂砾石。全新世以海陆过渡相为主，分布整个区块，厚度较稳定，岩性为粉砂，亚黏土。全新统粉砂、粉细砂，物理力学性质较好，直接出露地表或埋藏较浅，厚度5米~14米，承载力10吨~12吨/平方米。大地构造单元完整，新构造运动不明显，地震活动微弱，属地壳较稳定地区，地震基本烈度为6度。钱塘江自西向东由辖区东、南边界流过，年均流量1020立方米/秒。域内人工河渠成网，向南、东流经排水闸后注入钱塘江，河水含盐量2‰~3‰。地下水有第四系孔隙水，分松散类孔隙水和基岩裂隙水，水量贫乏。浅表水位随区内河道水位变迁而升降，水位标高2.6米，无侵蚀性。

【气候特征】 开发区属亚热带季风气候，四季分明。春季温凉多雨，盛行风向以东风为主；夏季炎热湿润，以东及东南风为主；秋季先湿后干，以北及西北风为主；冬季寒冷干燥，以西北风为主。年平均气温15.9℃~17.0℃，极端最高气温39.8℃~42.9℃，极端最低气温-7.1℃~-15.0℃。年平均相对湿度63%~68%，年平均降雨量730毫米~1685毫米。2017年，开发区年平均气温偏高，降水量与历史平均值基本持平，年内月际间多寡变化剧烈，与多年平均分布差异较大。雨日略偏少，日照时数略偏多；6月9日入梅，7月5日出梅，梅期26天，较常年偏长2天，梅雨量偏多50.5%。夏季高温特征较为明显，高温日数46天，较常年明显偏多，极端最高温度41.3℃。

（年鉴编辑部）

【辖区人口】 2017年，全区总人口48.18万人，其中户籍人口11.79万人、暂住人口36.4万人。户籍人口中，下沙街道3.96万人，白杨街道7.83万人；暂住人口中，下沙街道17.91万人，白杨街道18.49万人。全年出生人数3071人，死亡人数218人，人口自然增长数11549人；出生率27.4‰，死亡率1.9‰，人口自然增长率25.4‰。

（陈　琪）

·经济与社会发展·

【经济指标平稳增长】 2017年，开发区实现地区生产总值652.31亿元，比上年增长6.5%；实现规模以上工业增加值433.7亿元，增长6.3%，服务业增加值192.3亿元，增长6.3%。财政总收入134.37亿元，其中地方财政收入70.3亿元，增长6.6%；一般公共预算支出50.04亿元，增长4.8%。实到外资5.79亿美元、实到内资50.64亿元、浙商回归资金37.81亿元，全面完成目标任务。固定资产投资154.54亿元，增长13.7%，其中工业投资增长41.7%。社会消费品零售总额99.3亿元，增长12.4%；外贸出口总额331.37亿元；跨境进口总额11.1亿美元、出口总额5.39亿美元，经济运行呈现"稳中有进、稳中向好"态势。

【工业与信息化经济】 2017年，开发区完成工业总产值1561.41亿元，比上年增长10.8%；工业销售产值1567.93亿元，增长9.3%；新产品产值460.42亿元，下降4.3%。全年完成信息经济增加值94.6亿元，增长8.6%；主营业务收入452.35亿元，增长18.2%。装备制造、电子通信、食品饮料、生物医药四大主导产业全年工业销售产值完成1010.68亿元，下降17.1%，占全区规模以上工业销售产值比重64.5%。全区规模以上工业企业296个，其中销售产值1亿元以上企业187个，全年实现销售产值1512.3亿元，占总量96.5%，其中东芝开利空调（中国）有限公司、奥普家居股份有限公司、史陶比尔（杭州）精密机械电子有限公司等22个大企业增速15%以上，引领全区工业经济发展。（郑　炜）

【服务业发展】 2017年，开发区实现服务业增加值192.3亿元，比上年增长6.3%，服务业增加值占GDP比重29.5%，与上年基本持平。实现社会消费品零售总额99.3亿元，增长12.4%，完成服务业固定资产投资额57.9亿元，增长52.2%；完成服务业产业类投资22.7亿元，增长21.9%。（俞淑婷）

【农业经济下降】 2017年，开发区农业经济呈下降趋势，全年农林牧渔业总产值6624万元，比上年下降16.6%。其中：农业产值3675万元，增长9.4%；畜牧业产值1688万元，下降44.4%；渔业产值1261万元，下降18.5%。（陶晓兵）

【电子商务发展】 2017年开发区限额以上贸易企业通过互联网实现商品零售额43.5亿元，比上年增长52.7%，占全区社会消费品零售额总额比重43.8%。其中，浙江问问网络科技有限公司等7个重点电子商务企业实现网络零售额42.3亿元，增长1.5倍。开发区跨境贸易电子商务产业园业务规模持续增长，全年实现进口业务3655万单，交易金额73.6亿元。

（胡霖浙）

【创新能力提升】 2017年，开发区增加国家高新技术企业39个，比上年增长34.5%，新增杭州市级高新技术企业103个，增长33.8%。新增杭州市级以上企业研发机构30个，累计296个。全年发明专利授权量1742件，增长14.2%。新增省级孵化器2个、市级孵化器3个，新增省级众创空间6个，其中2个纳入国家级众创空间管理体系。全区高新技术产业增加值244.4亿元，增长27.4%，高新技术产业增加值占工业增加值比重56.4%，增加8.9个百分点。高新技术产业投资额30.2亿元，增长54.9%。规模以上新产品产值766.2亿元，新产品产值率39.8%。

（于坚栋）

【社会保障】 2017年，开发区基本养老保险参保人数18.68万人，比上年增加2.17万人；工伤保险参保19.67万人，增加2678人；生育保险参保人数18.39万人，净增2.19万人。全面落实人社领域"最多跑一次"改革，89个业务事项实现"最多跑一次"并实行网上申请。全年开发区城镇新增就业人数9804人，失业人员实现再就业1269人，就业困难人员实现再就业425人，城镇登记失业率控制在2%以内。开发区内用人单位2000个次，开发就业岗位3万余个。全年养老保险审核85人次，落实财政补助资金363万元；医疗保险累计审核485人次，发放补助金307万余元。

（柏惠瑛）

【社会组织管理】 至2017年末，全区共有社会组织121个，其中社会团体35个，民办非企业单位86个。2017年，依据《开发区社会组织培育发展扶持办法》安排50万元专项资金用于社会组织扶持。开展社会组织公益创投活动，对区内20个社会组织的21个公益创投项目提供1万~3万元不等的项目扶持资金，促进社会组织良性发展。

【慈善事业发展】 2017年，慈善总会非限定性捐赠收入140.9万元，限定性捐赠收入72.5万元，利息收入6548.87元，合计收入214.1万元；非限定性支出97.7万元，限定性支出122.3万元，其他费用支出4016元，合计支出220.4万元。全年救助673人。开展《中华人民共和国慈善法》宣传“五进”活动，向机关、街道、社区、学校、企业发放《中华人民共和国慈善法知识宣传册》等宣传品2000多册。（严　萍）

·辖地园区·

【浙江杭州出口加工区】 浙江杭州出口加工区（简称出口加工区）位于开发区东南部，北起12号、14号大街，南至20号大街，西起11号、15号大街，东至21号大街，面积2.92平方千米。2000年4月，经国务院批准成立。同年8月，首期开发2.007平方千米开工建设。2001年3月，首期封闭区域围网等硬件建设完成；5月18日，通过海关总署等国家八部委的联合验收；5月25日，出口加工区封关运作。2001年3月和5月，开发区海关和浙江省出入境检验检疫局先后入驻设立办事机构，履行海关监管和出入境检疫管理。2017年，出口加工区完成工业总产值98.94亿元，比上年增长4.4%；工业销售产值98.64亿元，增长5.4%；固定资产投资1.86亿元，增长68.8%；进出口总值26.57亿美元，增长22.3%。全年跨境贸易电子商务进口累计验放包裹3655万单、交易金额73.62亿元，其中网购保税交易金额64.15亿元、直邮交易金额9.47亿元。

（杨　俊）

【下沙高教园区】 下沙高教园区位于开发区东北部，北邻德胜东路，南至2号大街（部分至学正街），西起文渊路，东至钱塘江岸线，总面积10.91平方千米，以杭州绕城高速公路东线为界，分东、西两个区块，东区6.88平方千米，西区4.03平方千米。2000年8月经浙江省人民政府批准启动建设，2005年园区建设基本完成，是浙江省内规模最大的高教园区。园区共入驻高校14所，东区入驻浙江工商大学、浙江财经大学、杭州师范大学、浙江水利水电学院、浙江金融职业学院、浙江经贸职业技术学院、浙江经济职业技术学院7所高校，西区入驻浙江理工大学、杭州电子科技大学、中国计量大学、浙江传媒学院、浙江警官职业学院、杭州职业技术学院、浙江育英职业技术学院7所高校。园区高校的行政管理和业务指导按隶属关系，分别由浙江省政府、杭州市政府以及省教育厅等省级有关部门负责；园区建设规划和社会管理，根据属地管理原则，由开发区管委会负责。2003年，省委省政府批准成立下沙高教园区管委会，下设办公室，负责园区综合协调和日常管理工作。2017年，园区14所高校总建筑面积603万平方米，全日制在校学生18.25万人，在编教职工1.86万人；拥有博士培养单位5个、硕士培养单位2个，省部级重点学科77个，硕士学位一级学科授予点76个、博士学位一级学科授予点10个，国家级和省部级重点实验室38个。

·街道　社区·

【带街道管理体制】 根据杭州市委、市政府的委托，开发区实行带街道的管理体制，管理江干区下沙街道和白杨街道。作为杭州市委、市政府的派出机构，开发区党工委、管委会对行政管辖范围104.7平方千米内的各项工作实施统一领导和管理。按照《杭州经济技术开发区条例》有关管理职责的规定，开发区党工委、管委会依法行使管理区域内的党、政管理职能，涉及人大、政协方面工作依据有关法律、法规办理。开发区党工委代表中共杭州市委在管理区域内实施党的领导和监督；开发区管委会代表杭州市人民政府，负责区域内经济和社会发展的管理职能，依法行使区域内的行政管理权和经济管理权。

【下沙街道】 2004年7月，经杭州市人民政府批准，在原下沙镇行政区域内建立。批准行政区域面积95.3平方千米，除去该区域内白杨街道管辖的9.4平方千米，全境地域面积85.9平方千米。街道办事处驻开发区海达南路555号。2017年，下沙街道辖社区18个，户籍人口3.96万人（不含企业集体户）。全年完成工业销售产值28.81亿元，完成固定资产投资13.58亿元，社会消费品零售总额31.17亿元；实到内资8.6亿元，实际利用外资4992万美元；完成财政总收入7.53亿元，其中地方财政收入4.13亿元；完成个体税收收入4397万元；“撤村建居”社区集体经济可支配收入2.96亿元，居民人均可支配收入3.92万元。

【白杨街道】 2002年4月，经杭州市人民政府批准，在原下沙镇行政区域范围内切块设立。批准行政区域面积9.4平方千米，受委托管辖开发区东南部至沿江及其他未建制区域面积31.8平方千米，行政总管辖面积41.2平方千米。街道办事处驻开发区4号大街（浙江育英职业技术学院对面）。2017年，白杨街道辖社区20个，户籍人口7.83万人（不含大学生和企业集体户）。全年完成财政总收入8.1亿元，比上年增长28.7%；地方财政收入3.9亿元，增长16.2%；完成固定资产投资5.3亿元，引进内资8.97亿元，浙商回归到位资金6.04亿元，实际利用外资7005万美元。

（葛燕青　彭　爽）

·政务建设·

【纪检监察】 2017年，开发区纪检监察组紧抓党风廉政建设主体责任和监督责任，完善责任清单，全面开展履职报告，全覆盖检查考核，严格责任追究，逐级压实“两个责任”。全年围绕上级党委政府和开发区党工委、管委会重大决策部署，开展各类督查126次，推动问题整改96个，问责处理21人，其中查处“不担当、不作为、不落实”问题4起、10人。严明换届纪律，开展社区组织换届风气专项督查，查处违法违纪案件3起，处理5人，通报2次。高标准落实中央“八项规定”精神和省市委有关规定，持续加大正风肃纪力度，严肃查处3起违反中央“八项规定”精神问题。加强执纪审查工作，全年办理信访举报36件，处置问题线索31件，立案18件，给予党纪政务处分18人。加强巡察监督，完成21个区属部门（单位）、撤村建居社区、学校的巡察，发现问题132个，提出意见建议121条。（黄治飞）

【依法行政】 2017年，开发区审查行政规范性文件13件，其中通过并报市政府备案8件。清理行政规范性文件85件，其中继续有效55件，需要修改12件，失效4件，废止14件。全面清理2016—2017年以开发区管委会名义签订的协议合同197份，排查合同履行及风险情况。依法公开行政执法主体资格，梳理完善行政许可73项，行政处罚147项。加强依申请公开法制审查，全年共审查依申请公开45件。开发区开展全委行政执法案卷评查，抽查各部门行政许可和行政处罚案卷42份。在审查行政处罚执行案件中，退回存在违反法定程序、适用法律错误的案件2件，要求修改完善证据材料及相关记录的案卷13件。（常　佳）

【行政服务】 2017年，开发区推行“前台综合进件、后台分类审批、流程提速优化、统一窗口出件”的行政审批新模式，实现政务服务事项由多窗受理向一窗受理、单一部门独立收件向跨部门综合收件转变。至年末，行政服务中心进驻部门（单位）30个，办理行政审批与服务事项800多项。2017年开发区行政服务中心窗口办理业务量200.4万件，比上年增长20%，办结率99%以上，服务参评率86%，满意率99.5%。公共资源交易中心完成招投标项目382个，预算金额45.22亿元，招标成交金额41.75亿元，核减率7.7%。

（朱　芸）

·城市生态环境建设·

【生态考核监督落实】 2017年，开发区管委会做好生态文明建设暨美丽东部湾建设的综合考评，更新生态文明建设领导小组成员，反馈省、市生态目标征集意见并分解落实，对接职能部门和属地街道，下达区级生态考核任务，完善考核实施办法。加强对区级部门和街道的考核，督促区级生态环保工作落实；贯彻国家、省、市党政领导干部生态环境损害责任追究的文件要求，建立“党政同责、一岗双责、终身追究”的责任追究机制，推进环境质量报告制度。完善街道生态环保工作报告制度，推进环保工作网格化。街道组织落实相关工作，向街道人大或开发区管委会汇报属地生态阶段性环境质量状况和生态环保完成情况，并开展生态环保满意度和相关问题意见建议的调查。街道人大加强环境保护的监督检查，对相关工作做出制度化安排。鼓励企业主动参与环保提升改造，修订出台《开发区生态文明暨美丽东部湾建设专项资金使用管理实施细则》，对企业的在线设施监控建设、改造、运维，污染治理设施的提升改造，以及企业ISO 14000体系认证等工作进行补助和奖励。

【水生态修复治理】 2017年，开发区实施治水项目40多个，投入资金约4亿元。全年完成零星截污纳管工程32个，前期47个排污口的截污纳管整治完成；省军区农副业基地截污纳管二期工程建设完成并投入使用，新增雨水管网8000米、污水管网6000米。实施畅河工程，消除河道阻点。围垦河西延伸段工程建设、福雷德广场箱涵弃流井截污纳管工程完工，投入运行；文泽渠—高教西公园—高教西渠一线打通，文泽渠至高教西渠全线通水；五一河河道阻点工程完工通水，乔司农场区域防汛安全。新修建的纬一闸、纬三闸、幸福新闸全面竣工试运行；3座节制闸建成完工，北部区块东西方向河道的配水条件改善。建设水清岸美的城市河道生态系统，围绕文泽渠、银沙渠、21号渠、11号渠开展河道水生态修复工程，种植亲水植物，恢复河道生态多样性；结合医药港小镇等北部区块景观建设，实施河道综合整治工程，3号大堤护塘河综合整治完工，恢复通水；新建河综合整治工程驳坎施工完成，东段、西段完成整治并通水。4月，开发区"智慧河道"一期工程建成投用，通过节制闸远程控制、视频监控以及河道水质的实时监控，配水效率大为提高。

【工业废气污染整治】 2017年，开发区加快推进化工企业关停转迁，明确国际香料香精（浙江）有限公司等7个化工企业关停转迁的时间节点，建立工作制度，强化过程跟踪。年内，杭州茂宇电子化学有限公司和杭华油墨化学有限公司关停转迁基本完成；其余5个企业关停转迁时间节点确定。加强特征废气执法监管，编制开发区特征废气重点排放企业整治方案，针对杭州中策橡胶有限公司等9个重点废气企业和沿江两个跨界废气区域，制定"一企一案"和"一区一案"，通过强化监测、执法、信息公开等措施，对居民重点关注的排污单位开展特征废气专项执法监管，严控废气污染物排放，削减废气排放总量。开展挥发性有机废气的提标整治，通过摸清排查，确定73个企业挥发性有机化合物排放底数，16个企业年内完成挥发性有机化合物治理设备安装或环保型原材料替代，年可减排挥发性有机化合物1200吨。督促国际香料香精（浙江）有限公司、杭州朝阳橡胶有限公司、杭州中策橡胶有限公司完成24小时现场自动监测设施安装，实时监控有机废气排放情况；开展挥发性有机化合物整治企业"回头看"，对22个企业进行检测，对不符合排放要求的企业下达"一企一案"治理任务，实施对症治理。

（潘传信）

·文明开发区·

【精神文明建设推进】 2017年，开发区精神文明建设委员会办公室（简称开发区文明办）组织机关、街道开展社会主义核心价值观、家风家训、"党的十九大报告精神解读"等主题宣讲和教育44次，受众1.27万人次。围绕"社会主义核心价值观""讲文明树新风""中国梦、我的梦"等主题教育宣传，投入65.5万元，在区内主次干道、主要商业大街设置公益广告牌1250个，在各社区设置"遵德守礼"花草提示牌1500个、印发"杭州市民公约""文明礼仪手册"等市民宣传教育资料7.6万份，发动各文明单位、商场、企业、高校，利用宣传橱窗、楼宇电视、LED电子屏播发公益广告2500条。制作文化墙景3500平方米，其中"加强党风廉政建设"文化墙景被杭州市文明办评为优秀创意作品。

【市民素质提升工程】 2017年，开发区继续推进市民素质工程大提升工程。"树"模范，推荐全国、省、市好人16人，省、市道德模范2人，施金、冯国强获"杭州好人"称号，郑春微、张月红、杨闽华获"杭州市好邻居"称号，徐淑微、蔡钻丽等10人获开发区第三届"最美下沙人"称号。"扶"模范，利用传统节日走访慰问市、区级道德模范2人，落实社区与2名生活困难道德模范开展结对帮扶活动。"学"模范，通过《今日下沙》报、下沙网、"文明下沙"微信公众号等平台，刊载播放先进典型人物事迹10期，组织"最美下沙人"进社区、学校巡讲6场次，在主要道路、大型商场周边的公交站点制作最美人物宣传图文30块。

【关爱志愿服务行动】 2017年，开发区文明办开展关爱志愿服务行动。为困难家庭、空巢老人和残疾人送饺子、包粽子、送医送药，提供帮扶资金70万元。为残疾人家庭子女开展助学帮扶活动，帮扶人数156人，提供帮扶资金22.48万元。开展关爱外来务工人员志愿服务活动，为外来务工人员开展职业技能培训6期。

全年坚持每月开展公益街区志愿服务活动，免费为群众提供法律咨询、健康义诊、环保行动、家电维修、便民理发、修鞋补衣等志愿服务项目30项，发放法律政策、安全知识指南等宣传资料6500份，维护维修各类小家电、用品1300件。开展关爱志愿服务活动，组织学校共青团员、少先队员结合开发区"五水共治""五气共治"等主题，开展"小红帽扮靓小红车""争当河小二"等志愿活动2300人次，"大

手拉小手 、争做河小二”知行课堂志愿者实践活动获得市十佳志愿项目第一名。组织机关党员干部开展“保护环境做文明市民”的墙绘涂鸦活动，新增环保、植树、低碳等主题墙景600平方米，义务种植苗木1200棵。

【文明城市“三级”指数测评】 2017年，开发区在全国文明城市指数复评中，对全国、省、市三级测评项目23类、285个实地测评指标进行督查、整改、提升，收集、整改和归档124个软件指标，协调解决测评工作困难和问题900个。开发区成立全国文明城市测评迎检领导小组，召开复评迎检工作动员会、部署会、专题会26次。从机关各部门抽调14名骨干至文明办办公，成立迎检工作办公室，实施“每日一督查、每日一通报”制度，开展工作督查220次，发放督查整改通知书36份，印发《迎检督查专报》15期。按照“谁主管、谁负责、谁失分、谁担责”责任制，落实机关和街道干部带头下沉各考察点，做到所有项目有部门牵头、有领导负责，靠前指挥，定人定位。完成56个区级文明单位、文明社区复评，推荐申报市级文明单位1个，完成中央、省、市三级测评工作。

【打造“国内最清洁开发区”】 2017年，开发区文明办利用节假日，组织机关、街道和各社区开展环境清洁大行动17次，在沿江大道、社区街巷、建筑工地、公园河道等参与环境清洁活动者1500人次，清理各类垃圾160吨、楼道840处、绿化带9.8万平方米，清除卫生死角1200处，清扫大街小巷126条，清洗“城市家具”770件，清除“牛皮癣”2300处，清理河道32.5千米，发放宣传资料6800份。评选区级“垃圾分类”示范社区2个。

【“四项文明”行动】 2017年，开发区文明办组织机关、学校、社区、高校志愿者在主要地铁站、交通路口开展地铁文明引导、交通文明劝导、平安志愿巡防等文明交通志愿服务4500人次，制作悬挂文明出行宣传标语、礼让斑马线提示牌1200幅，发放文明交通指南等宣传资料4300份。协助开展各类交通违法整治114次，协助查处各类交通违法行为1.8万起，协助排查道路交通隐患39处。开展“礼让斑马线、文明下沙人”等交通安全劝导活动17次，整治不按规定停放的“共享单车”4万辆，设置“共享单车”文明停放示范点4处。开展“楼道文明”行动，组织街道、社区开展楼道杂物清理、楼道墙面洁化等活动1300次，评选街道“最美楼道”38个，评选区级“最具特色楼道”3个。组织开展“最美家庭”“廉洁好家庭”等评选活动，王国强等10户家庭获得区级2017年度“最美家庭”称号，朱鑫莹、陶张根家庭被评为杭州市“廉洁好家庭”称号。开展“廉洁好家风”“我的家风家教故事”等征文活动，参与人数500人次，收集优秀征文43篇。组织学校开展“家风化雨——我的家教故事”征集评选和演讲比赛活动，参与学生900人次，评选优秀家教故事37篇。开展第十三届美德少年评选活动，100名学生获区级“美德少年”称号，陈语笑、金星宇等10名学生获杭州市“美德少年”提名奖。17所学校获评区级“文明校园”称号。

【未成年人思想道德建设】 2017年，开发区组织学生开展“网上祭英烈”“童心向党”“向国旗敬礼”等网上签名寄语活动，全区95%以上的学生参与活动，收集各类优秀寄语300条，开展祭扫活动17场。开展“中国梦”“节日小报”“中华经典诵读”等活动133场，组织朗诵、演讲、画展、文艺等主题活动30场。组织举办“放飞童心、点亮梦想——天堂儿歌”演唱比赛20场，参加比赛学生2500人。结合文明城市复评迎检，规范校园周边经营秩序，对辖区内网吧、娱乐场所、零售摊点集中执法检查160次，检查场所900个次，出动执法人员800人次，发出责令整改文书300份，消除重难点问题清单40项，整改消防隐患112处。开展社区青少年俱乐部业务培训与活动输送，组建“学校辅导员+社区辅导员+专业辅导员”的校内外辅导员队伍，全年组织开展艺术类活动6次，青少年参与活动2800人次。开展流动少年宫专项活动12场，组织少先队各项主题、实践、评选等活动30次。开展开发区第六批第二课堂基地评选，开发区邻里社区被评为杭州市第三批社区青少年俱乐部示范点。

（周少铭）

·组织机构及负责人·

【开发区主要机构及负责人名单（2017年1月1日至12月31日）】

中共杭州市委杭州经济技术开发区工作委员会

书　记：邵立春
副书记：陈金生
　　　　周　涛
委　员：何铨寿
　　　　王永芳
　　　　俞　斌
　　　　马佳骏（至2017年9月）
　　　　郝大龙
　　　　储志林
　　　　李　栋（2017年9月始）
　　　　史建峰
　　　　虞付月
　　　　张义久

杭州经济技术开发区管理委员会

主　任：邵立春
副主任：陈金生
　　　　何铨寿
　　　　王永芳
　　　　俞　斌（2017年9月始）
　　　　马佳骏（至2017年9月）
　　　　郝大龙

开发区纪检监察组

组　长：俞　斌（至2017年9月）
　　　　李　栋（2017年9月始）
副组长：张　娇（女）（至2017年5月）

开发区党工委、管委会办公室（信访局）

主　任：虞付月（至2017年9月）
　　　　袁　月（女）（2017年9月始）
副主任：杨朝辉
　　　　解长安
　　　　钟建荣
　　　　陆贤超
　　　　范悦诚
　　　　金如森
信访局局长：解长安
信访局副局长：李军纪
行政服务中心常务副主任：钟建荣
纪检组组长：钟建荣

开发区党工委组织部（人才办）、人社局

部长、局长：张义久
副部长：刘晓平（至2017年9月）
　　　　李路宁（女）（2017年9月始）
　　　　汤丽玉（女）
　　　　施正森
　　　　戎婷蓉（女）
副局长：吴丽华（女）
人才办主任：汤丽玉（女）
人才办副主任：朱　政

开发区党工委政法委（综治办、维稳办、司法局）

书　记：周　涛
副书记：储志林
　　　　郭　强
委　员：刘　波
　　　　吕金芳（至2017年5月）
　　　　钱　铖（2017年5月始）
　　　　解长安（2017年5月始）
　　　　林建军（2017年5月始）
　　　　白明跃
　　　　盛　斌（2017年5月始）
　　　　芮智全
主任、局长：郭　强
副主任：林建军
　　　　白明跃
　　　　盛　斌
　　　　芮智全
副局长：芮智全

开发区管委会机关党委（文明办）

书　记：周　涛
专职副书记：刘晓平（至2017年9月）
　　　　　　李路宁（女）（2017年9月始）
副书记：周阿寿
纪委书记：周阿寿

开发区法院

党组书记：刘　波
党组副书记：余莲娟（女）
党组成员：吴文峰
　　　　　许　俊
　　　　　吴跃明
　　　　　邱　彤（女）
院　长：刘　波
常务副院长：余莲娟（女）
副院长：吴文峰

政治处主任：许　俊
执行局局长：吴跃明
审判委员会专职委员：邱　彤（女）

开发区检察院

党组书记：钱　铖
党组成员：李征宇（女）
　　　　　刘国建
　　　　　胡葵阳（女）
检察长：钱　铖
副检察长：李征宇（女）
　　　　　胡葵阳（女）
政治处主任：刘国建
纪检组组长：刘国建

开发区经发局（安监局、统计局、物价局、农发局）

局　长：李军民（至2017年5月）
　　　　陈其松（2017年5月始）
副局长：余　军
　　　　卢建军
　　　　余庆锋
　　　　陈财生
　　　　邵勤华（女）
纪检组组长：卢建军

开发区人才科技局

局　长：汤丽玉（女）
副局长：朱　政

开发区社发局（文化执法大队）

局　长：袁　月（女）（至2017年9月）
　　　　钱晓华（2017年9月始）
副局长：郑建国
　　　　钱晓华（至2017年9月）
　　　　庄加棒
纪检组组长：庄加棒

开发区公安分局

党委书记：储志林
党委副书记：金跃平
　　　　　　徐国宏（至2017年5月）
　　　　　　陈宪章（2017年5月始）
党委委员：俞　婷（女）
　　　　　董　杰
　　　　　孙　琦（至2017年9月）
　　　　　汪建平
　　　　　余忠明
　　　　　顾时金（2017年6月始）
　　　　　王　伟（2017年6月始）
局　长：储志林
政　委：金跃平
常务副局长：徐国宏（至2017年5月）
　　　　　　陈宪章（2017年5月始）
纪委书记：俞　婷（女）
副局长：董　杰
　　　　汪建平
政治处主任：余忠明
督察长：储志林
第一副督察长：俞　婷（女）
巡特警大队大队长：孙　琦（至2017年9月）
教导员：陈家梁
刑事侦查大队大队长：朱　建
教导员：刘　芳（女）
经侦（禁毒）大队大队长：顾时金
教导员：曹　明
开发区人口流动管理委员会办公室副主任：盛　斌
下沙派出所所长：沈雄飞
白杨派出所所长：王　旭（至2017年7月）
　　　　　　　　刘　鑫（2017年7月始）
闻潮派出所所长：蒋　坚
金沙湖派出所所长：王　伟（至2017年7月）
　　　　　　　　　刘　芳（2017年7月始）

开发区财政局（审计局）

局　长：张雨秋
副局长：傅　权
　　　　肖新宏

开发区国土分局

局　长：盛春灵
副局长：忻　苏（女）（2017年2月始）

开发区规划分局

副局长：蔡百金（主持工作）
　　　　彭公进（正处长级）（2017年9月始）
　　　　徐　强

开发区建设局（房管局、环保局）

局　长：李路宁（女）（至2017年9月）
　　　　沈建立（2017年9月始）
副局长：张国平
　　　　阮顺良
　　　　邵　明
　　　　徐红亮
　　　　王　罡
　　　　李冰涛（2017年9月始）
纪检组组长：朱明亮（至2017年5月）

建设工程质量安全监督站站长：徐红亮

开发区商务局

局　长：陶　峰

副局长：张立溧（女）

　　　　宣黎芳（女）

纪检组组长：张立溧（女）

开发区卫生计生分局

局　长：汪新君

副局长：朱志俊（女）

　　　　俞光辉

纪检组组长：朱志俊（女）

开发区市场监管分局（工商分局、质监分局、食药分局）

局　长：陈其松（至2017年9月）

　　　　黄　斌（2017年9月始）

副局长：莫祖明

　　　　黄　斌（至2017年9月）

　　　　李　征

纪检组组长：李　征

开发区城管办

主　任：彭公进（至2017年9月）

　　　　孙　琦（2017年9月始）

副主任：徐　臻

　　　　李　强

　　　　杨　峰

江堤河道监管中心主任：李　强

出口加工区综管局

局　长：吴中荣

副局长：李宗凯

　　　　柴　明

开发区总工会（团工委、妇工委）

主　席：周　涛（至2017年9月）

　　　　虞付月（2017年9月始）

常务副主席（正处长级）：郎　斌（至2017年9月）

副主席：章国民

副主席、企业党工委副书记：徐志成

团工委副书记：金灵华

妇工委副主任：郁　力（女）

开发区残疾人联合会

理事长：童华清

副理事长：黄功胜

下沙街道

党工委书记：高云坤

党工委副书记：麻　华

　　　　　　叶萧红

党工委委员：韩新港

　　　　　　施慧烽

　　　　　　刘志豪

　　　　　　郑洲峰

　　　　　　王　伟

　　　　　　陆建华

纪工委书记：刘志豪

办事处主任：麻　华

办事处副主任：施慧烽

　　　　　　　陆建华

　　　　　　　张　颖（女）

人大工委主任：张　志

人大工委副主任：王伟民

人武部部长：韩新港

组织委员：郑洲峰

白杨街道

党工委书记：李跃清

党工委副书记：贺学兵

　　　　　　　陈　雨

党工委委员：徐伟英（女）

　　　　　　梅广勤

　　　　　　翟敏卫

　　　　　　余旭辉

　　　　　　王　旭

　　　　　　胡雪锋

纪工委书记：徐伟英（女）

办事处主任：贺学兵

办事处副主任：丁松法

　　　　　　　余旭辉

人大工委主任：胡瑞祥

人大工委副主任：王荣祥

人武部部长：梅广勤

组织委员：胡雪锋

宣传委员：翟敏卫

开发区城管执法大队

大队长：吴　波

副大队长：孔铁林

　　　　　俞春传

开发区城建中心

主　任：张国平

副主任：郑　郁

　　　　方启军

　　　　李建明

李冰涛（2017年9月始）

开发区资产经营集团公司

董事长：姚晨蓬

董　事：盛　开

秦广怡

曹知白

党委书记：姚晨蓬

党委副书记：齐爱芳（女）

党委委员：秦广怡

盛　开

曹知白

总经理：姚晨蓬

副总经理：盛　开

秦广怡

曹知白

纪委书记：齐爱芳（女）

开发区东部城投公司

董事长：沈军玉（2017年9月始）

董　事：沈军玉（2017年9月止）

陈　冰（女）

总经理：沈军玉（2017年9月始）

副总经理：沈军玉（2017年9月止）

陈　冰（女）

（魏代龙）

【进区直属管理服务机构及负责人名单（2017年1月1日至12月31日）】

开发区海关

关　长：傅　敏

检验检疫开发区办事处

主　任：俞仁贤

开发区交警大队

大队长：虞晓平（至2017年8月）

教导员：帅昌林

开发区消防大队

大队长：单　超

开发区国税局

局　长：林　晖

开发区地税分局

局　长：叶　莉（女）

开发区运管处

处　长：陈利平

市水务机关城东分公司

总经理：吴再腾（至2017年6月）

江永伟（2017年6月始）

下沙供电营业部

主　任：赵志新

杭州公交下沙公司

总经理：李　超

邮政下沙支局

局　长：程水才（至2017年8月）

李　欣（2017年8月始）

电信下沙分局

局　长：冯海东

移动下沙分公司

总经理：边恩炯（至2017年10月）

周正阳（2017年10月始）

联通下沙分公司

总经理：徐　洁（至2017年12月）

马其峰（2017年12月始）

钱江燃气公司

总经理：郑基鹏

（年鉴编辑部）

【进开发区金融机构及负责人名单（2017年1月1日至12月31日）】

中国银行开发区支行

行　长：张若平

中国工商银行开发区支行

行　长：陈　迪

中国建设银行开发区支行

行　长：杨　杰

中国农业银行下沙支行

行　长：朱永杰

交通银行下沙支行

行　长：孙　云

杭州银行开发区支行

行　长：应有春（至2017年10月）

宁建萍（女）（2017年10月始）

兴业银行开发区支行

行　长：周　琴（女）

中国民生银行下沙支行

行　长：高清峰

中信银行开发区支行

行　长：凌　昕

杭州联合农村商业银行下沙支行

行　长：葛国峰（至2017年5月）

蒋坤连（2017年5月始）

中国邮政储蓄银行下沙支行
行　长：沈　科
北京银行杭州钱江支行
行　长：丁建英（女）
上海银行下沙支行
副行长（主持工作）：王方东
渤海银行开发区小微企业专营支行
副行长（主持工作）：张　政
浙江泰隆商业银行下沙小微企业专营支行
行　长：黄　维
浙商银行下沙支行
行　长：鲍仕松
招商银行下沙小微企业专营支行
行　长：林秉良
宁波银行开发区小微企业专营支行
行　长：刘锦萍（女）
中国人民财产保险开发区支公司
总经理：杨建良
中国大地财产保险开发区支公司
总经理：孙易凡
方正证券下沙营业部
总经理：潘学冬
银河证券天城东路证券营业部
总经理：李继华（至2017年4月）
　　　　金新建（2017年4月始）

（年鉴编辑部）

【下沙高教园区高校及负责人名单（2017年1月1日至12月31日）】

下沙高教园区管委会办公室
主　任：胡惠华
浙江理工大学
党委书记：吴锋民
校　　长：陈文兴
杭州电子科技大学
党委书记：王兴杰
校　　长：薛安克（至2017年4月）
　　　　　朱泽飞（2017年4月始）
浙江工商大学
党委书记：金一斌
校　　长：陈寿灿
中国计量大学
党委书记：张土乔
校　　长：林建忠（至2017年4月）
　　　　　宋明顺（2017年4月始）
浙江财经大学
党委书记：李金昌
校　　长：钟晓敏
浙江传媒学院
党委书记：彭少健（至2017年2月）
　　　　　杨立平（2017年2月始）
院　　长：项仲平（至2017年7月）
杭州师范大学
党委书记：陈新华（至2017年2月）
　　　　　陈春雷（2017年2月始）
校　　长：杜　卫（至2017年12月）
浙江水利水电学院
党委书记：符宁平
院　　长：叶　舟
杭州职业技术学院
党委书记：安蓉泉（至2017年11月）
　　　　　金　波（2017年11月始）
院　　长：贾文胜
浙江金融职业学院
党委书记：周建松
院　　长：郑亚莉
浙江警官职业学院
党委书记：顾金法（2017年10月始）
院　　长：黄兴瑞（至2017年11月）
　　　　　张福成（2017年11月始）
浙江经贸职业技术学院
党委书记：劳赐铭
院　　长：陈德泉
浙江经济职业技术学院
党委书记：俞步松
院　　长：陈丽能（至2017年11月）
　　　　　邵庆祥（2017年11月始）
浙江育英职业技术学院
党委书记：王锡耀
院　　长：盛　健

（吴少鹏）

责任编辑　张红丹

·工业综述·

【工业与信息化经济指标】 2017年，开发区完成工业总产值1561.41亿元，比上年增长10.8%；完成工业销售产值1567.93亿元，增长9.3%；完成新产品产值460.42亿元，下降4.3%；全年完成信息经济增加值94.6亿元，增长8.6%；完成主营业务收入452.35亿元，增长18.2%。

装备制造、电子通信、食品饮料、生物医药四大主导产业全年工业销售产值完成1010.68亿元，下降17.1%，占全区规模以上工业企业销售产值比重64.5%。其中：装备制造业销售产值406.48亿元，下降3.3%；电子通信业销售产值251.76亿元，增长18.7%；食品饮料业销售产值141.75亿元，下降18.1%；生物医药业销售产值210.69亿元，下降4.8%；四大优势产业分别占全区规模以上工业企业销售产值比重25.9%、16.1%、9%、13.4%。

全区规模以上工业企业296个，其中销售产值1亿元以上企业187个，全年实现销售产值1512.3亿元，占总量96.5%，其中东芝开利空调（中国）有限公司、杭州奥普卫厨科技有限公司、史陶比尔（杭州）精密机械电子有限公司、顾家家居股份有限公司、杭州安费诺飞凤通信部品有限公司、杭州士兰集成电路有限公司，杭州顶正包材有限公司等22个大企业增速15%以上，引领全区工业经济发展。

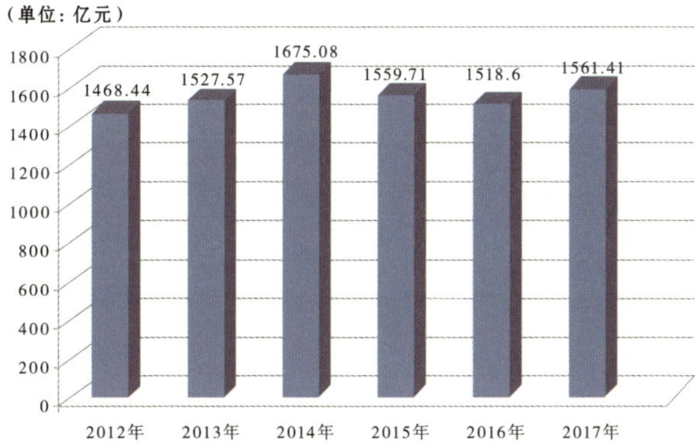

图1　2012～2017年开发区工业总产值

【兑现企业经济发展奖励1.13亿元】 2017年，开发区加强企业经济政策宣传引导，加大工业企业奖励和扶持力度。根据《关于加快工业经济发展的若干政策（2014年度）》文件精神组织申报兑现。8月11日，开发区出台奖励文件，对符合2016年度奖励政策的88个工业企业及单位进行奖励，兑现奖励资金4872.5万元。12月18日，根据《开发区技术改造项目绩效评价管理细则 》文件精神，对符合条件的28个企业兑现2015年技术改造剩余资金6405.6万元。年度合计兑现奖励（补助）1.13亿元。

【制造业与互联网融合创新高峰论坛】 2017年8月4日，2017年制造业和互联网融合创新高峰论坛在开发区召开。论坛以“如何应对制造业与互联网融合的新趋势，打造基于互联网的制造业‘双创’平台，积极推进企业转型升级”为主题。省经信委副主任吴君青，开发区党工委书记、管委会主任邵立春，市经信委副主任杨晓勇出席会议并致辞。开发区企业、全市重点工业企业负责人、企业信息化领域从业人员等300多人参加会议。中国工程院院士、浙江省企业信息化促进会会长谭建荣做题为“制造业与互联网

表1

2017年开发区工业主要经济指标完成情况

指标名称	计量单位	2017年	比上年增长(%)
工业总产值	亿元	1 561.41	10.8
其中：外商投资企业	亿元	853.62	5.1
港澳台商投资企业	亿元	292.53	1.2
新产品产值	亿元	460.42	-4.3
工业销售产值	亿元	1 567.93	8.9
其中：外商投资企业	亿元	851.78	5.4
港澳台商投资企业	亿元	316.74	6.0
高新技术企业	亿元	721.29	3.3
工业产品产销率	%	100.42	—
工业营业收入	亿元	1 682.06	8.3
其中：外商投资企业	亿元	911.52	9.3
港澳台商投资企业	亿元	332.80	14.6
高新技术企业	亿元	766.79	5.7
工业利润总额	亿元	136.76	2.5
其中：外商投资企业	亿元	83.02	-3.6
港澳台商投资企业	亿元	13.80	10.1
高新技术企业	亿元	70.02	7.6
工业增加值	亿元	433.71	6.3
其中：高新技术产业	亿元	244.40	7.7
战略性新兴产业	亿元	117.65	12.0
工业综合能效消费量	万吨标煤	120.90	4.1
万元工业增加值能耗下降率	%	2.03	—
工业用电量	亿千瓦时	29.30	6.2
工业企业从业人员	万人	12.82	4.4

表2

2017年开发区主要工业产品产量产值情况

产品名称	计量单位	2017年	比上年增长(%)
软饮料	万吨	315	-6.0
其中：碳酸饮料	万吨	55	3.7
含乳饮料	万吨	22	1.3
饮用水	万吨	55	3.7
化妆品	亿元	87	-5.6
高压开关	台	1 022	-23.9
电力线缆	千米	76 289	-1.9
发电量	万千瓦时	61 948	12.9
化学纤维	吨	33 666	-9.6
轮胎外胎	万条	5 965	11.0
方便主食品	万吨	21	-14.3
笔记本电脑	万台	143	8.1
集成电路圆片	万片	230	11.2
电工仪器仪表	万台	130	-4.6
电饭锅	万个	751	-2.1
中成药	吨	2 185	-81.5
汽车	辆	28 604	-41.6

融合的趋势和实践”的报告。CIO（Chief Information Officer首席信息官）时代学院院长、中国新一代IT产业推进联盟秘书长姚乐做“新一代IT与‘互联网+’制造”主题演讲。杭州九阳欧南多小家电有限公司、浙江三花汽车零部件有限公司、顾家家居股份有限公司、杭州味全食品有限公司、怡得乐电子（杭州）有限公司首席信息官大会发言。论坛期间，开发区CIO（首席信息官）俱乐部宣布成立。

【实施企业技术改造项目113个】 2017年，开发区实施企业技改项目113个，完成技术改造投资额32.4亿元。其中杭州安费诺飞凤通信部品有限公司年产1000万片Logo镜片和600万片蓝宝石镜片项目，杭州士兰集成电路有限公司年产2.26亿颗MEMS传感器模块技改项目等32个项目被列入杭州市“机器换人”重点项目。

【新增省市级企业技术（研发）中心21个】 2017年，开发区新增省级企业设计中心1个、市级企业技术中心2个，新增省级企业研发中心10个、市级企业研发中心9个。至年末，开发区累计有省级企业技术中心（研发中心）81个、省级工业设计中心7个、市级企业技术中心（研发中心）215个、市级工业设计中心8个。

【开发区节能减排】 2017年，开发区企（事）业单位实施节水技改项目5个，年节水7.2万吨；实施节能改造项目30个，节原煤6.41万吨，节蒸汽6.24万吨，节电1622万千瓦时，累计折标煤5.7万吨。全区节能减排累计创造综合经济效益5000多万元，完成节能减排目标任务，为推进生态文明建设，打造国家低碳工业园区做出贡献。

【5个企业被授予“省绿色企业”称号】 2017年7月17日，省经信委依据《浙江省创建绿色企业（清洁生产先进企业）办法》，授予全省78个企业为“2016年度浙江省绿色企业”称号，开发区企业玫琳凯（中国）化妆品有限公司、杭州默沙东制药有限公司、硕维科技（杭州）有限公司、杭州普罗星淀粉有限公司和浙江杭康药业有限公司5个企业名列其中。5个企业均注重节能减排，重视企业工艺节能、技术节能和管理节能，产品单耗控制在全国领先水平，在清洁生产审核中均得90分以上。至年末，开发区累计有28个企业被授予“省级绿色企业”称号。

【“五无”企业整治】 2017年，开发区对全区“五无”（无证无照、无合法场所、无安全保障、无环保措施、无贡献）企业开展集中整治。2月14日，召开“五无”企业（作坊）及低小散企业专项整治行动工作部署会议，明确“五无”企业（作坊）和低小散企业专项整治行动工作计划，建立工作机制，确定工作组名单、五大专项组分工名单和十大片区分工名单，重点对低小散工业企业（作坊）、以出租为主的工业企业、物流企业和大型商业综合体开展摸查整治行动。全年整治（取缔）低小散乱企业（作坊）1591个，消除环保隐患448个，行政处罚49个，完成率100%。消除安全隐患453个，处罚企业107个，完成率100%；整改督查交办的问题28个，联合督查问题企业（作坊）10多个；新增税务征收额3.85亿元，新办理证照企业1.06万个。

【工厂物联网和工业互联网试点项目】 2017年，开发区企业智能制造发展较快，全年列入杭州市工厂物联网和工业互联网试点项目10个、示范项目1个。工厂物联网是物联网技术在制造工厂中的应用，即通过感知技术，连通生产设备和生产管理系统，实现生产过程实时感知、实时监控、实时指挥。工业互联网是在工厂物联网的基础上，整合传感网络、工控网络、宽带互联网，使制造资源、人、产品之间无缝连接和信息共享，进而支撑企业内部、企业之间、企业与用户之间更高层级、更广范围、更深程度的协作优化，实现工业全领域、全产业链的协同制造和柔性生产。

【市委督查组到开发区开展专项督查】 2017年6月20日，杭州市委第14督查组组长、市建委副主任裘新谷带领市委督查小组，对杭州医药港小镇开展督查。开发区党工委委员、管委会副主任马佳骏陪同检查。督查小组辉瑞全球生物技术中心、东部高新产业园加速器二期项目，现场查看杭州医药港小镇项目进展情况和施工进度。督查组听取开发区经济工作责任落实及重点项目推进情况汇报，要求开发区持续推进工程建设，优化开发区环境，落实经济工作责任。

【徐立毅到开发区调研】 2017年3月29日，杭州市委副书记、代市长徐立毅到开发区调研，走访杭州医药

表3 **2017年开发区列入杭州市"机器换人"重点项目情况** 单位：万元

序号	企业名称	项目名称	计划总投资
1	杭州安费诺飞凤通信部品有限公司	年产1000万片Logo 镜片 和600万片蓝宝石镜片	4 000
2	杭州国光药业有限公司	新增年产片剂5亿片、胶囊2亿粒、滴眼剂9000万瓶技术改造项目	6 615
3	杭州美卡乐光电有限公司	高可靠性小间距LED器件封装的技术改造	3 800
4	杭州士兰集成电路有限公司	年产2.26亿颗MEMS传感器模块技改项目	5 636
5	杭州士兰集成电路有限公司	年产60万颗IGBT功率模块技改项目	5 652
6	杭州士兰集成电路有限公司	8英寸芯片生产线	100 000
7	杭州泰明顿摩擦材料有限公司	新增年产150万片刹车片生产线技术改造项目	2 215
8	杭州先途电子有限公司	年产200万套高效节能变频控制器技术改造项目	11 200
9	杭州士兰明芯科技有限公司	用于照明的蓝（白）光功率高压芯片的技术改造	14 400
10	雅培眼力健（杭州）制药有限公司	年产1500万瓶隐形眼镜护理液产品线及GMP厂房改造技术改造项目	5 950
11	浙江科泰电气有限公司	新增年产各类电气配套开关5000万套技术改造项目	10 000
12	杭州顶正包材有限公司	包材生产自动化及厂区现代化技术改造项目	2 200
13	杭州味全食品有限公司	新增年产1.4万吨酸奶饮品自动化生产线技术改造项目	4 100
14	中肽生化有限公司	多肽产能扩建技术改造项目	15 000
15	田中电子（杭州）有限公司	新增年产镀钯铜线9600万米铝线2400万米技术改造项目	670
16	杭州秋光科技有限公司	新增年产2600万片智能手机摄像头油光学元件生产线技术改造	2 300
17	杭州联发纤维有限公司	年产18000吨高性能纤维加弹丝技术改造项目	9 500
18	艾博生物医药（杭州）有限公司	体外诊断试剂生产线技术改造项目	4 000
19	杭州澳医保灵药业有限公司	新增年产2亿片固体制剂技术改造项目	893
20	杭州三花微通道换热器有限公司	新增年产10万套热水器换热器技术改造项目	2 398
21	杭州益维汽车工业有限公司	年产一万台A12新车型开发焊装新增工装设备及生产线改造项目	5 633
22	杭州万艺建材有限公司	新增年产40万方预拌混凝土技术改造项目	1 060.75
23	杭州中策电缆有限公司	新增年产4000公里电线电缆生产线技术改造项目	2 200
24	杭州耕德电子有限公司	年产150万套手机部件CNC技术改造项目	4 300
25	泰尔茂医疗产品（杭州）有限公司	新增年产800万支定制化高精度安全型医疗耗材设备自动化技术改造项目	5 500
26	美町宝植物科技（中国）有限公司	新增年产1500吨速溶茶提取物技术改造项目	7 175
27	杭州世宝汽车方向机有限公司	新增年产120万台套汽车智能转向总成技术改造项目	81 142
28	普思信（杭州）机械部件有限公司	新增年产200万套感应淬火热处理汽车零部件技术改造项目	700
29	浙江三花汽车零部件有限公司	新增年产200万套新能源汽车电池换热器技术改造项目	5 064
30	杭州谷卡智能系统有限公司	新增年产无线远传膜式燃气表 40万台技术改造项目	2 100
31	杭州富通电工有限公司	新增年产2万套高压电力电缆附件项目技术改造项目	4 810.50
32	杭州雅士迪电子有限公司	新增年产50万台各类印刷电路控制板生产线技术改造项目	1 300

表4

2017年开发区新增市级企业技术中心情况

序号	企业名称	技术中心级别
1	杭州奥泰生物技术有限公司	市级
2	杭州金鱼家电有限公司	市级

表5

2017年开发区新增市级、省级企业研发中心情况

序号	研发中心名称	研发中心级别
1	浙江巴泰医疗高新技术企业研发中心	市级研发中心
2	杭州联川基因诊断高新技术企业研发中心	市级研发中心
3	杭州造品科技环境微生物土壤修复高新技术企业研发中心	市级研发中心
4	英格斯热流道系统高新技术研发中心	市级研发中心
5	杭州耕德电子高新技术研究开发中心	市级研发中心
6	杭州佐帕斯安全高效电加热元件新技术研究开发中心	市级研发中心
7	华测环境检高新技术研究开发中心	市级研发中心
8	浙江中自庆安动设备智能检测系统高新技术研究开发中心	市级研发中心
9	激光显示研究开发中心	市级研发中心
10	浙江炬泰特种有机氟硅材料高新技术研究开发中心	省级研发中心
11	捷诺飞生物三维打印技术省级高新技术企业研究开发中心	省级研发中心
12	藤仓新型橡胶功能材料省级高新技术企业研究开发中心	省级研发中心
13	东方百富高端多功能运动袜省级高新技术企业研究开发中心	省级研发中心
14	杭州专汽车辆装备省级高新技术企业研究开发中心	省级研发中心
15	杭州联川基因诊断省级高新技术企业研究开发中心	省级研发中心
16	杭州耕德电子智能终端精密结构件省级高新技术企业研究开发中心	省级研发中心
17	杭州雪中炭数码制冷量控制高能效快温变气候环境调控系统及环境试验装置人工气候环境技术省级高新技术企业研究开发中心	省级研发中心
18	龙焱高效碲化镉薄膜太阳能电池技术省级高新技术企业研究开发中心	省级研发中心
19	英格斯热流道系统省级高新技术企业研究开发中心	省级研发中心

表6

2017年企业列入杭州市及开发区工厂物联网和工业互联网试点项目情况

序号	项目单位	项目名称	级别
1	杭州金鱼电器集团有限公司	基于互联网的家用电器个性化定制生产项目	市级
2	杭州中科极光科技有限公司	中科极光智能工厂（一期工程）	市级
3	杭州秉信环保包装有限公司	高效物联系统	市级
4	杭州士兰集昕微电子有限公司	8英寸集成电路芯片生产线MES系统	市级
5	杭州士兰明芯科技有限公司	士兰明芯制造协同平台系统	市级
6	浙江华人数码印刷有限公司	基于移动互联的智慧包装智能制造技术改造	市级
7	杭州安费诺飞凤通信部品有限公司	安费诺飞Infor LN管理系统项目	市级
8	浙江浪潮精密机械有限公司	浪潮超硬精密刀具数字智能制造车间建设	市级
9	浙江炬泰新材料科技有限公司	炬泰新材料柔性制造系统	市级
10	杭州富尔顿热能设备有限公司	富尔顿物联网售后管理平台	市级
11	杭州金鱼电器集团有限公司	基于互联网的家用电器个性化定制生产项目	开发区

港小镇、杭州松下家用电器有限公司、杭州奕真生物科技有限公司、中科极光科技有限公司和开发区规划展示馆，了解平台建设、制造业转型、高端产业发展等情况。开发区党工委书记、管委会主任邵立春等领导陪同调研或参加座谈会。他指出，开发区是杭州改革开放的重大战略平台，为全市发展做出了重要贡献。要主动适应经济转型对开发区建设带来的新变化，围绕发展从中低端向中高端转变，推进环境、产业和城市有机更新，再造产业发展新优势。要把经济发展作为第一要务，突出开发区特色，聚焦战略性新兴产业，精准开展项目招引工作。要坚持开放、共享、发展理念，发挥招商资源优势，放大开发区辐射带动效应。要按照需求导向，强化要素与服务支撑，解决时间成本、商务成本和政府办事效率等问题，推进治理能力和治理体系现代化，创造宜居宜业的发展环境。他强调，要坚定信心、保持定力、拉高标杆，把经济发展作为首要任务，高起点做好规划建设，高质量做好环境整治，高水平做好招商引资，坚定不移地走产业兴区之路，充分发挥大平台在推动转型升级、动力转换、产城融合等方面作用，为全市经济社会发展做出更大贡献。

【戴建平到开发区专题调研特色小镇建设】 2017年5月25日，杭州市委常委、常务副市长戴建平到开发区专题调研特色小镇建设工作。开发区党工委书记、管委会主任邵立春，党工委委员、管委会副主任王永芳陪同。戴建平走访杭州医药港小镇、大创小镇，以及辉瑞全球生物技术中心项目、杭州医药港小镇加速器项目、奥克兰大学中国创新研究院及杭州市高科技孵化器园区，现场听取项目介绍，询问建设进度、企业遇到的问题以及未来发展规划。座谈会上，戴建平肯定开发区特色小镇建设成绩，认为特色小镇与产业化结合紧密，经济效益、社会效益潜力大。他指出，要明确特色小镇“双创新空间、发展新亮点、城市新名片”三大定位，推进杭州特色小镇发展。他强调，发展特色小镇是大众创业、万众创新的需求，是转型升级、动能转换的倒逼，是增强后劲、壮大实力的需要。在后续的特色小镇建设中，要发挥比较优势，突出特色亮点、优胜劣汰、加大支持力度。

【陈新华到开发区调研工业经济发展情况】 2017年5月31日，杭州市副市长陈新华到开发区调研工业经济发展情况。开发区党工委书记、管委会主任邵立春陪同调研。陈新华到史陶比尔（杭州）精密机械电子有限公司、杭州华新电缆有限公司、杭州华春化纤染织有限公司3个企业的车间一线，询问企业经营管理、技术创新等情况汇报。座谈会上，陈新华听取开发区经济运行情况，肯定开发区经济发展成效，并对下一步工作提出要求。他强调，开发区以推进“三次创业”、实施“三大战略”、实现“三大目标”作为未来发展的规划，整体定位、思路和举措清晰明确，实现由传统国家级开发区、产业园区向高新工业区、创新园区的转变。要持续推进落后产能“腾笼换鸟”工作，提前做好谋划，制定工作计划和目标，不断优化产业结构，以创新驱动推动转型升级；做好科技与金融的结合，搭建企业与基金融合对接平台，助推优秀企业上市。

【潘家玮到开发区调研“城东智造大走廊”建设发展情况】 2017年8月15日，杭州市政协主席潘家玮到开发区调研“城东智造大走廊”建设发展情况。开发区党工委、管委会领导邵立春等领导陪同调研或参加座谈。潘家玮先后到杭州士兰集成电路有限公司、史陶比尔（杭州）精密机械电子有限公司，深入车间参观生产线及产品，与企业负责人、技术人员交谈，询问企业运行情况，了解企业发展情形，鼓励企业开发新产品，开拓新市场，提高核心竞争力。座谈会上，潘家玮指出，在整个杭州发展中，开发区表现突出，发展势头好，产业集聚优势明显，科技创新成效明显，城市功能配套完善。他强调，要按照“拥江发展”的思路和理念，认真谋划开发区今后发展。要着眼企业，提升高端产业，创新驱动，集聚人才、科技等创新要素，打造国际一流的智造基地。要在环境建设方面继续努力，硬件上提高标准，创造宜居宜业的人居环境，软件上优化审批流程。要围绕打造“城东智造大走廊引领区、国家级开发区转型升级示范区、一流的现代化国际化新城区”目标，扎扎实实做好工作。

【刘德生到开发区调研】 2017年9月25日，杭州市委常委刘德生到开发区调研，先后到杭州跨境电商综试区下沙园区、浙江三花汽车零部件有限公司、杭州多禧生物科技有限公司以及开发区规划展示馆，现场听取项目介绍及未来发展规划。座谈会上，刘德生听取开发区发展情况以及下阶段的工作思路汇报，认为开发区所实施的转型与升级相结合的战略，思路清晰、成效显著，经验值得总结、借鉴。刘德生表示，在推进开发区发展过程中，要坚定信心、开拓创新，尤其要加大对于生物医药等高质企业的支持力度。

【谢双成走访服务开发区重点企业】 2017年10月11日，杭州市副市长谢双成率队到开发区走访重点企业，协调解决企业在发展中遇到的困难和问题。开发区党工委书记、管委会主任邵立春陪同走访。谢双成到浙江康莱特药业有限公司参观企业实验室，了解产业研发情况。座谈会上，听取玫琳凯（中国）有限公司、浙江康莱特药业有限公司、杭州默沙东制药有限公司、史陶比尔（杭州）精密机械电子有限公司、怡得乐电子（杭州）有限公司5个重点企业情况介绍，以及企业在政策扶持、城市公共设施配套、员工住宿、子女教育等方面的问题和困难。谢双成要求相关部门及时梳理、协调解决，做到“事事有交代，件件有回音”。谢双成要求各部门按照中共中央国务院《关于营造企业家健康成长环境弘扬优秀企业家精神更好发挥企业家作用的意见》的要求，以深化“最多跑一次”改革为突破口，简政放权，激发市场活力，为企业健康成长和发展营造良好的环境；增强服务意识，建立走访服务企业成长的长效机制，为企业做好精细化、针对性的服务，帮助企业解决生产中遇到的困难和问题。谢双成鼓励企业主动同各级党委和政府相关部门沟通交流、解决问题，依法维护自身合法权益。（郑 炜）

·装备制造产业·

【装备制造产业概况】 2017年，开发区装备制造业发展势头总体平稳，完成工业销售产值634.04亿元，比上年下降2.3%，占全区工业销售产值比重40.6%；完成出口交货值142.72亿元，增长0.4%。至年末，全区装备制造业有规模以上企业99个，涉及汽车零部件制造、家用器械制造、专用设备制造等领域。其中汽车零部件制造代表企业有浙江三花汽车零部件有限公司、杭州世宝汽车方向机有限公司、杭州泰明顿摩擦材料有限公司，电气机械和家用器械代表企业有杭州九阳欧南多小家电有限公司、杭州松下家用电器有限公司、奥普家居股份有限公司；专用设备代表企业有杭州三花微通道换热器有限公司、泰瑞机器股份有限公司等。

【杭州术创机器人有限公司全球会议】 2017年5月4日，杭州术创机器人有限公司（SS Innovations China Co. Ltd.）在开发区希尔顿逸林酒店举行首次全球大会。来自杭州术创机器人有限公司的技术团队100多人参加会议。杭州术创机器人有限公司是2017年新入驻开发区的国际级创新企业，公司主要成员均为外籍人员，公司的创始人及董事长Srivastava是机器人心胸外科手术专家，累计有45年临床实践经验，特别是在国际领先的机器人心脏外科手术技术方面有深入研究与实践。杭州术创机器人有限公司主要研发新一代模块化、轻量、智能且更具成本效益的医疗外科机器人系统。

【纯电动汽车研究中心成立】 2017年5月25日，纯电动汽车空调与热管理系统技术国家地方联合工程研究中心（简称研究中心）授牌仪式在开发区举行。研究中心是2016年10月被国家发改委批准设立，研究中心实施“创新型、专业化、精干化、合作化”发展战略，致力于开展车用新型热泵空调和热管理循环系统、低温热泵电动空调系统、新型电池电机冷却和加热系统、自动控制系统、高效低噪音电动压缩机、高效换热器组件、关键自控阀件、空调和热管理系统组装和自动检测一体化生产线8个方面技术研究，着力建设该领域的系统与关键核心智控部件创新平台，突破低温热泵空调系统关键技术，加快形成纯电动汽车空调和热管理系统及关键部件的产业化能力。研究中心主要依托单位为杭州三花研究院有限公司，联合建设单位有清华大学汽车工程系、浙江清华长三角研究院、中国科学院理化技术研究所、北京新能源汽车股份有限公司等。

【泰瑞机器股份有限公司上市】 2017年10月31日，泰瑞机器股份有限公司在上海证券交易所A股主板上市，这是开发区继杭州达内科技有限公司、杭州电缆股份有限公司、顾家家居股份有限公司后的第4个上市公司。泰瑞机器股份有限公司，股票简称“泰瑞机器”，代码603289，首次公开发行股票数量为5100万股，占发行后公司总股本的比例25%，发行后总股本2.04亿股，发行价格为7.83元/股，发行市盈率22.98

2017年6月25日，品字标"浙江制造"系列产业投资基金启动仪式在开发区举行　（童志忠　摄）

倍，募集资金总额3.99亿元。该公司于2006年8月在开发区成立，2012年6月完成股份制改造。该公司为客户提供专业的注塑整体解决方案，产品线涵盖物流、药品（食品）包装、地下管廊（地上管件）、汽配（家电）、工民业用品、电子产品（办公自动化）6个领域。

【"浙江制造"高峰论坛】 2017年6月25日，由"浙江制造"品牌建设促进会主办的首届"浙江制造"高峰论坛暨品字标"浙江制造"系列产业投资基金启动仪式在开发区举行，论坛旨在商议制造企业品牌建设路径方向，探讨经济政策、形势与制造业技术趋势，为"浙江制造"的品牌建设和浙江企业实体经济转型提供新思路。2014年，中国提出"中国制造2025"后，浙江发布"浙江制造"品牌培育计划。"浙江制造"品牌即以"品"字图形为标识，对符合高标准、高质量要求的浙江企业、产品进行第三方认证，将高端"浙货"共同打造成市场与社会公认的高端区域公共品牌。论坛会现场，举行品字标"浙江制造"系列产业投资基金启动仪式，同时挂牌成立浙江制造产融结合委员会和浙江制造产业运营委员会。

【对接德国工业4.0先进技术合作交流会】 2017年4月8日，对接德国工业4.0先进技术合作交流会在开发区举行，交流会由浙江省技术市场促进会、开发区管委会、中国计量大学国家大学科技园联合德国Connected Industry协会举办，30个企业代表出席。会上，德国Connected Industry协会会长Benjamin Aunkofer与北京高威科电器技术公司张昊分别做题为"德国工业4.0——智能制造中的核心要素及管件技术"和"工业4.0与数字化工厂的应用案例"的主题演讲，分享工业4.0视角下的创新流程、业务转型、智能生产及数据分析方面经验，为企业发展中面临的创新难题提供全新的解决思路。德国Connected Industry协会，主要致力于将数字化和工业4.0转化为企业实际运用，在德国工业4.0领域具有一定的影响。开发区将与德国Connected Industry协会开展深度合作，帮助开发区企业进一步对接德国先进技术，牵线商业伙伴和投资项目，依靠创新驱动，推广"智能制造"，做大"互联网+"模式，争取实现从"下沙制造"向"下沙智造"的新突破，加快形成开发区竞争新优势。

【开发区新增杭州名牌产品2个】 2017年2月17日，杭州市名牌战略推进委员会发布《2016年度杭州名牌产品公告》，认定130个产品（新增93个、复评37个）为2016年度杭州名牌产品。开发区2个企业的主导产品获"杭州名牌产品"认定，分别是浙江浪潮精密机械有限公司的硬质合金铣刀系列产品、杭州金鱼电器集团有限公司的"金松牌"冰箱。至年末，开发区有效期内的名牌产品认定28个，其中"浙江名牌产品"认定17个，"杭州名牌产品"认定11个。

【奥普家居公司起草制定省级标准】 2017年8月31日，奥普家居股份有限公司起草的浙江制造标准《浴室多功能取暖器（风扇式浴霸）》（T/ZZB 0201—2017）发布实施。浴霸标准规定排风量和噪音等方面比国家标准提出了更高要求，在换气能效等级、浴霸LED照明做了新的提升。奥普公司作为参与单位制定家用和类似用途多功能吊顶装置、空气净化器等5项国家标准，并作为第一起草单位制定灯用玻壳R型玻璃尺寸系列的行业标准。

【顾家床垫"床上运动会"】 2017年5月6日，顾家家居股份有限公司举办顾家床垫"床上运动会"。"床上运动会"意在让更多人关注睡眠问题，通过趣

表7

2017年开发区装备制造企业情况

序号	企业名称	2017年工业总产值（亿元）	比上年增长（%）	2017年工业利润（亿元）	比上年增长（%）
1	中策橡胶集团有限公司	203.80	–0.4	3.42	23.4
2	杭州九阳欧南多小家电有限公司	40.41	-8.0	4.72	-4.7
3	杭州松下家用电器有限公司	38.72	1.6	1.03	-33.6
4	杭州电缆股份有限公司	34.18	6.5	0.76	-48.3
5	奥普家居股份有限公司	17.39	26.9	3.18	9.9
6	史陶比尔（杭州）精密机械电子有限公司	16.74	31.8	0.92	173.1
7	杭州矢崎配件有限公司	16.36	4.3	0.92	21.3
8	湖南江南汽车制造有限公司浙江分公司	15.24	–54.6	0.42	–76.1
9	杭州松下马达有限公司	15.23	–0.1	1.51	–18.3
10	杭州神钢建设机械有限公司	13.71	120.4	1.45	782.8
11	杭州优科豪马轮胎有限公司	13.54	15.3	0.51	7.9
12	杭州朝阳橡胶有限公司	13.17	5 .0	0.56	-43.3
13	松下家电（中国）有限公司	12.75	–2.2	1.24	-7.0
14	东芝开利空调（中国）有限公司	11.58	31.0	1.10	36.2
15	浙江三花汽车零部件有限公司	8.91	4.5	1.76	–0.8
16	杭州九阳小家电有限公司	8.82	–32.6	1.78	14.9
17	杭州松下住宅电器设备（出口加工区）有限公司	8.37	5.1	0.28	39.7
18	杭州中能汽轮动力有限公司	8.03	–3.1	0.21	407.5
19	杭州三花微通道换热器有限公司	8.00	–15.9	1.98	29.7
20	杭州华新电力线缆有限公司	7.92	19.3	0.00	-100.7

味化的运动会形式，提升消费者对好床垫的认知。活动现场展示一张长22米、宽20米的巨型床垫，冲击吉尼斯世界纪录，刷新世界上最大的床垫纪录。

【顾家家居产品获奖】 2017年9月11—12日，第四十届中国（上海）国际家具博览会和第二十三届中国国际家居展览会相继开幕，由顾家家居股份有限公司设计的产品“由榻”在第四十届家博会上获得“2017年美国尖峰设计亚太奖客厅家具类优胜奖”；在第二十三届中国国际家具展上，顾家家居股份有限公司设计的产品“山水间”获“中国好沙发·好面料·好材料”奖。“由榻”采用磨砂皮、胡桃木、大理石等天然材料，配合简洁的模块化设计，营造东方的现代禅意。“山水间”用胡桃木勾勒出产品简洁流畅的曲线轮廓，再配以素雅的真皮和布艺，符合人们的审美需求。

【装备制造产业部分企业】 **杭州中策橡胶有限公司** 2017年，杭州中策橡胶有限公司完成工业总产值203.8亿元，比上年下降0.4%；工业销售产值230.16亿元，增长18.2%。杭州中策橡胶有限公司是中国较大的轮胎生产企业，在中国企业500强名单中列第349位，在中国制造业名单中列第182位，在世界轮胎企业中列第

奥普家居股份有限公司生产的产品　　（余世民 摄）

史陶比尔（杭州）精密机械电子有限公司产品展示（陈咏红 摄）

11位。该公司有员工2.5万人、工程技术人员1000多人。公司采用国际先进生产技术及国际先进轮胎制造和检测设备，形成年产4050万套、1000多个品种规格汽车轮胎的生产能力。杭州中策橡胶有限公司通过ISO 9001∶2000质量管理体系认证，ISO 14001∶2004环境体系管理认证，ISO/TS 16949汽车工业质量管理体系认证，获中国轮胎产业强制性认证（CCC），轮胎出口获欧欧盟ECE认证，获出口美国的DOT确认，获“中国驰名商标”和“中国名牌产品”称号。

杭州九阳欧南多小家电有限公司 2017年，杭州九阳欧南多小家电有限公司完成工业总产值40.4亿元，比上年下降8%；工业销售产值40.4亿元，增长13.5%。该公司主要生产、经营榨汁机、料理机、电磁炉、开水煲、电压力煲的销售、研发及技术咨询，其中公司的料理机、榨汁机系列产品的国内市场占有率在50%以上；电磁炉、电饭煲、电压力煲、开水煲等产品的国内市场占有率连续多年位居行业前三。公司拥有专利技术74项，其中发明专利19项。公司获国家高新技术企业、省级企业技术中心、省级研发中心、2016年度浙江省高新技术企业100强、省制造业网络营销示范企业等荣誉。

杭州松下家用电器有限公司 2017年，杭州松下家用电器有限公司完成工业总产值38.72亿元，比上年增长1.6%；工业销售产值39.24亿元，增长3.1%。杭州松下家用电器有限公司由杭州金鱼电器集团有限公司和日本松下电器产业株式会社共同投资组建，成立于1992年4月1日，注册资金30亿日元，投资总额53.65亿日元，有员工2300多人。该公司主要生产、经营洗衣机、干衣机及其零部件，洗衣机年生产能力500万台，成为日本松下电器产业株式会社在全球最大的洗衣机生产基地。

东芝开利空调（中国）有限公司 2017年，东芝开利空调（中国）有限公司完成工业总产值11.58亿元，比上年增长31%；利润1.1亿元，增长36.2%。东芝开利空调（中国）有限公司成立于2013年9月17日，注册资金3.6亿元，主要生产空调产品及其备件和维修工具、空调产品的零部件及组件等。

杭州电缆股份有限公司 2017年，杭州电缆股份有限公司完成工业总产值34.18亿元，比上年增长6.5%；工业销售产值35.12亿元，增长10.8%。杭州电缆股份有限公司是浙江富春江通信集团有限公司旗下子公司，公司注册资本6.87亿元，其“永通”牌商标是国家工商总局认定的“中国驰名商标”，公司导线和缆线两大主导产品均为“浙江省名牌产品”和“全国机械工业用户满意产品”。

杭州松下马达有限公司 2017年，杭州松下马达有限公司完成工业总产值15.23亿元，比上年下降0.1%；工业销售产值15.13亿元，下降1.6%。杭州松下马达有限公司成立于1994年11月16日，由日本松下电器产业株式会社、松下电器（中国）有限公司、浙江省二轻集团公司和杭州金鱼电器集团有限公司共同经营、管理的中日合资企业。公司投资总额60亿日元，注册资本32亿日元，主要生产、销售交流和直流空调马达、洗衣机马达及其零部件产品。

松下家电（中国）有限公司 2017年，松下家电（中国）有限公司完成工业总产值12.75亿元，比上年下降2.2%；工业销售产值13.66亿元，增长1.3%。该公司成立于2004年9月，位于开发区松下工业园，由松下电器（中国）有限公司独资设立，投资总额262亿日元，注册资本212亿日元，有员工700多人，主要生产智能马桶盖、吸尘器等产品。

史陶比尔（杭州）精密机械电子有限公司 2017年，史陶比尔（杭州）精密机械电子有限公司完成工业总产值16.74亿元，比上年增长31.8%；工业销售产值16.64亿元，增长31.6%。史陶比尔集团总部位于瑞士，1997年建立亚洲地区的首家制造工厂——史陶比尔（杭州）精密机械电子有限公司，总部设在开发区，注册资金1707万欧元，占地面积4.2万平方米，建筑面积2.3万平方米，员工430多人。该公司专业从事设计、制造和销售高技术的精密机电设备，设有新产品研究开发中心和技术应用中心。公司分别被省外经贸厅和省科技厅确认为外商投资先进技术企业和国家高新技术企业。

杭州三花微通道换热器有限公司 2017年，杭州三花微通道换热器有限公司完成工业总产值8亿元，比上年下降15.9%；工业销售产值7.6亿元，下降16.8%。该公司是三花控股集团的子公司，成立于2007年，有员工200多人。主要生产微通道冷凝器、微通道蒸发器，微通道热泵用换热器。自2008年以来，公司先后承担国家发改委资源节约与环境保护中央预算项目、浙江省科技厅重大科技专项，以及杭州市经信委、市发改委、市科委的相关项目。

奥普家居股份有限公司 2017年，奥普家居股份有限公司（原名杭州奥普卫厨科技有限公司，2017年6月更名为奥普家居股份有限公司）完成工业总产值17.39亿元，比上年增长26.9%；工业销售产值15.81亿元，增长25.1%。该公司创建于2004年9月，投资总额2500万美元，注册资本2208万美元，是集奥普浴霸、集成吊顶、集成环保灶、晾衣机、集成墙面、新风系统、照明灯具、通风扇等家居产品的研发、生产、销售为一体的科技型企业。该公司拥有国家发明专利34项、实用新型专利147项、外观专利237项，产品获“浙江省名牌产品”“浙江省著名商标”“浙江省知名商号”“中国驰名商标”。通过中国CCC认证、UL认证、SAA国际安全认证、ISO 9001国际质量管理体系认证、ISO 14001国际环境管理体系认证、18001职业健康安全管理体系认证等多项认证。2017年通过国家高新技术企业复审。（章陈凌）

·电子信息产业·

【电子信息产业概况】 2017年，开发区电子信息产业实现工业销售产值251.76亿元，比上年增长18.7%，实现利润17.62亿元，增长33.9%。至年末，全区有规模以上电子信息企业49个，集聚东芝信息（杭州）有限公司、杭州安费诺飞凤通信部品有限公司、杭州和利时自动化有限公司、乐金（杭州）记录媒体有限公司、田中电子（杭州）有限公司、杭州士兰集成电路有限公司、杭州立昂微电子股份有限公司、杭州耕德电子有限公司等知名企业，形成笔记本电脑、移动通信、集成电路、记录媒体、控制系统为主的产品结构。

【东尚光电科技公司获奖】 2017年11月16日，第六届中国创新创业大赛电子信息行业总决赛及颁奖仪式在深圳举行。大赛由科技部、财政部、教育部、国家网信办和中华全国工商业联合会共同举办。电子信息行业入围项目260多个，18个项目进入总决赛，评选出成长企业组一等奖1名、二等奖2名、三等奖3名，开发区企业杭州东尚光电科技有限公司获得二等奖。

【耕德电子银海科技园开工】 2017年6月13日，耕德电子银海科技园开工建设。银海科技园是开发区新一代智能终端研发中心及产业化项目，位于银海街和长空路交叉路口，总占地面积4.06万平方米，总建筑面积8.59万平方米，项目总投资5.4亿元。该项目由杭州耕德电子有限公司投资建设，科技园将引进先进技术和设备，为国内外企业进行产品设计、开发和自动化生产，形成年生产量1800万套高中端手机零部件的生产能力。

【胸部影像人工智能诊断平台合作共建】 2017年11月27日，杭州健培科技有限公司与河南省胸科医院举行胸部影像人工智能诊断平台合作签字仪式。双方将共同建设胸部影像人工智能诊断平台，提高人工智能技术对胸部影像诊断水平。胸部影像人工智能诊断平台将实现胸部专科影像的远程会诊、医学影像的大数据分析、病例检索、影像诊断等功能，能较好解决上述因地域、技术及设备的局限，促进“大病进医院、小病进社区”等分级诊疗的医改政策有效实施。胸部影像人工智能诊断平台的使用，能减少医生读片时间，降低基层医院的误诊、漏诊概率。

【电子信息产业部分企业】 **东芝信息机器（杭州）有限公司** 2017年，东芝信息机器（杭州）有限公司完成工业销售产值57.22亿元，比上年增长8.3%。东芝信息机器（杭州）有限公司成立于2002年6月，位于出口加工区内，投资额7100万美元，注册资金3400万美元，有职工1600多人。该公司主要生产东芝笔记本电脑产品、外围机器和零部件、车载电子产品，销售自产产品及提供售后服务，月生产能力笔记本电

表8

2017年开发区重点电子信息产业企业情况

序号	企业名称	2017年销售产值（亿元）	比上年增长（%）	2017年工业利润（亿元）	比上年增长（%）
1	东芝信息机器（杭州）有限公司	57.22	8.3	0.65	-18.7
2	杭州安费诺飞凤通信部品有限公司	23.22	23.1	4.79	16.2
3	统合电子（杭州）有限公司	17.17	2.8	0.43	-4 430.8
4	杭州耕德电子有限公司	16.82	30.5	0.58	-2.5
5	怡得乐电子（杭州）有限公司	12.47	12.2	1.41	1.2
6	杭州士兰集成电路有限公司	11.94	14.9	1.15	68.9
7	杭州和利时自动化有限公司	9.40	-5.8	1.89	73.5
8	乐金电子（杭州）有限公司	9.51	-2.1	0.16	36.1
9	宏讯电子工业（杭州）有限公司	17.24	109.2	0.89	9.7
10	田中电子（杭州）有限公司	10.18	30.6	0.26	-11.5
11	杭州佐帕斯工业有限公司	6.67	16.2	0.52	-37.1
12	杭州神林电子有限公司	5.09	14.0	0.41	-21.6
13	杭州雅士迪电子有限公司	3.68	14.6	0.08	-72.2
14	杭州谷卡智能系统有限公司	4.29	42.5	0.00	-94.7
15	中日龙电器制品（杭州）有限公司	2.56	-11.4	0.12	-56.3
16	杭州士兰明芯科技有限公司	3.66	29.5	0.27	-137.3
17	杭州立昂微电子股份有限公司	4.35	59.0	0.89	35.0
18	杭州铭赫科技有限公司	4.03	71.2	0.83	650.1
19	杭州东芝家电技术电子有限公司	2.89	24.5	0.05	139.9
20	杭州百富电子技术有限公司	2.17	-2.2	0.01	-80.3

脑30万台，获ISO 9001国际质量管理体系认证和ISO 14001国际环境管理体系认证。

杭州安费诺飞凤通信部品有限公司 2017年，杭州安费诺飞凤通信部品有限公司完成工业销售产值23.22亿元，比上年增长23.1%。该公司成立于2001年10月，2002年1月正式投入生产运营，注册资本590万美元，投资总额1475万美元，员工2000多人，厂区面积3万平方米。公司是中美合资设立的高新技术企业，主要生产经营通信消费电子产品转轴铰链、键盘、热转移印注塑零件、显示屏镜片、触摸屏镜片、触摸屏模组、MIM部件、极细同轴电缆线、机械结构件及精密模具的设计和制造。企业被认定为浙江省高新技术企业、省级手机铰链研发中心。

杭州耕德电子有限公司 2017年，杭州耕德电子有限公司工业销售产值16.82亿元，比上年增长30.5%。该公司成立于2009年11月，主要生产便携式微型计算机及构件、新型手机配件、数字放声设备及构件、精密冲压模具及产品零配件、电子产品的设计及模具的技术开发，产品涵盖智能穿戴设备、医疗器械、汽车部件、安防设备部件等领域。

田中电子（杭州）有限公司 2017年，田中电子（杭州）有限公司完成工业销售产值10.18亿元，比上年增长30.6%。公司成立于2001年12月，2003年4月建厂开业，投资总额5118.6万美元，注册资本1984.8万美元。公司主要制造、销售半导体用金线等电子材料及其他相关产品。公司已通过TS 16949/ISO 9001质量体系认证、ISO 14001环境体系认证和ISO 18001职业健康安全体系认证。

怡得乐电子（杭州）有限公司 2017年，怡得乐电子（杭州）有限公司完成工业销售产值12.47亿元，比上年增长12.2%。该公司成立于1996年，是集产品研发、精密模具设计制造、精密金属件冲压、精密镶嵌式及卷至卷注塑、卷至卷电镀、阳极、蚀刻、真空镀等表面处理，以及特殊组包装等综合生产能力的技术型企业，产品运用于通讯、汽车零部件、连接器和电子消费品、医疗器械等众多专业领域。

杭州和利时自动化有限公司 2017年，杭州和利时自动化有限公司完成工业销售产值9.4亿元，比上年下降5.8%。该公司成立于2003年9月，是和利时从事过程自动化的业务单元。该公司以自主技术为基础，提供高品质、自动化平台及解决方案，在国内率先应用于核电站、大型火电机组、铁路提速和城市轨道交通等多种关键装备及重要工程。公司在核电、电力、石油化工、轨道交通、环保、建材、冶金、造纸、制药、机械制造10多个行业中实施的项目超过6000个。 （朱 伟）

·食品饮料产业·

【食品饮料产业概况】 2017年，开发区食品饮料产业实现销售产值141.75亿元，比上年下降18.1%。利润总额11.25亿元，下降19.9%。至年末，全区有食品饮料规模以上工业企业27个，主要有康师傅（控股）有限公司、杭州娃哈哈集团有限公司、杭州中萃食品有限公司、杭州加多宝饮料有限公司、浙江五丰冷食有限公司等重点企业，形成以软饮料（碳酸饮料、饮用水和茶饮料）、方便食品、凉茶和速冻食品等为主的产品结构。

【娃哈哈集团获“四个强省”领军企业奖】 2017年11月29日，第四届世界浙商大会在杭州国际博览中心开幕。浙江省委书记、省人大常委会主任车俊，中央统战部副部长、中华全国工商业联合会党组书记徐乐江出席大会，浙江省省长袁家军主持开幕仪式。大会以“聚力拥抱新时代，开放创新立潮头”为主题，展现浙江特色、浙江优势、浙江元素和浙江发展新蓝图。大会颁布“四个强省”领军企业奖及2017年全球浙商金奖名单，娃哈哈集团有限公司获“四个强省”领军企业奖。

【味全公司发布品牌升级策略】 2017年7月14日，杭州味全食品有限公司2017年品牌升级发布会在上海举办，演员陆毅作为味全优酪乳首席品鉴官参加发布会。发布会发布优酸乳2017年品牌升级策略，全面升级优化工艺配方。生产中采用9小时发酵工艺，将菌的发酵交给自然与时间，还原最纯真的味道。公司重点推出“放肆点”与“满足点”两个新系列产品，完善味全酸奶的产品线布局。

【娃哈哈集团与湖南省签署全面战略合作协议】 2017年2月10日，湖南省委书记、省人大常委会主任杜家毫率队到开发区考察杭州娃哈哈集团有限公司。杜家毫考察第二生产基地和乐维生产基地，听取企业负责人介绍。杜家毫肯定娃哈哈集团坚持创新、转型升级取得的成绩。他指出，娃哈哈集团坚持多元化发展理念，与湖南创新引领、开放崛起的战略思路，以及推进融合发展、建设制造强省等目标契合。他希望娃哈哈集团帮助湖南推进农业供给侧结构性改革，推进农业现代化，提高湖南农产品附加值，促进湖南本土食品企业转型升级。随后，杭州娃哈哈集团有限公司与湖南省考察团代表签署全面战略合作协议。

【食品饮料产业部分企业】 **杭州顶益食品有限公司** 2017年，杭州顶益食品有限公司完成工业总产值34.42亿元，比上年下降14.7%；工业销售产值34.84亿元，下降13.2%。该公司成立于1994年7月，主要从事生产、销售方便面、饮料、调理加工食品、食用油脂、面粉、淀粉等综合食品及相关包装材料的经营活动。有24条方便面生产线及配套的粉包、菜包及包装材料的生产车间，年生产16亿包方便面，并具备完整的以方便面为主轴，包括容器面、袋面、干脆面及挂面的方便面产品生产系列。

浙江太古可口可乐饮料有限公司 2017年，浙江太古可口可乐饮料有限公司完成工业总产值20.87亿元，比上年增长6.4%；工业销售产值19.36亿元，下降0.3%。该公司于1989年10月8日开业，注册资本2000万美元，主要生产、销售可口可乐系列饮料、美汁源果汁系列饮料、冰露水系列产品等。公司连续位居浙江省饮料行业经济效益榜首，并入选全国工业企业500强。

杭州加多宝饮料有限公司 2017年，杭州加多宝饮料有限公司完成工业总产值6.14亿元，比上年下降35.8%；工业销售产值5.37亿元，下降45.2%。该公司成立于2006年12月，是加多宝集团旗下专业生产饮料的港资大型企业，总投资5463万美元，注册资本4850万美元，主要产品为“加多宝”饮料。

浙江五丰冷食有限公司 2017年，浙江五丰冷食有限公司完成工业总产值4.83亿元，比上年增长3.8%；工业销售产值4.83亿元，增长3.9%。该公司于1993年由华润集团香港五丰行食品有限公司、杭州商业资产经营公司、浙江省粮油食品进出口股份有限公司合资成立。公司有员工2000多人，总资产 2.75亿元，累计实现销售额40亿元，实现利润总额3亿元。公司在杭州、嘉兴、湖州设立三大生产基地，在华东

表9

2017年开发区重点食品饮料企业情况

序号	企业名称	2017年销售产值（亿元）	比上年增长（%）	2017年工业利润（亿元）	比上年增长（%）
1	杭州娃哈哈百立食品有限公司	2.70	-14.2	0.37	-43.5
2	杭州娃哈哈乐维食品有限公司	0.70	-6.3	0.00	-99.7
3	杭州娃哈哈非常可乐饮料有限公司	0.14	-93.5	0.43	-13.6
4	杭州娃哈哈营养食品有限公司	1.23	5.7	0.15	1.4
5	杭州娃哈哈饮料有限公司	7.03	1.8	0.38	-57.0
6	浙江娃哈哈实业股份有限公司	0.93	7.7	0.45	21.7
7	杭州下沙酒厂	0.34	4.6	0.02	467.3
8	浙江省杭江牛奶公司乳品厂	2.28	-5.0	0.28	-7.8
9	杭州玫隆食品有限公司	1.81	9.2	0.07	36.0
10	美町宝植物科技（中国）有限公司	1.37	-4.0	0.29	-26.1
11	杭州顶可食品有限公司	0.56	1.1	-0.04	-1 058.5
12	可口可乐装瓶商生产（杭州）有限公司	0.90	1.3	0.03	38.4
13	杭州顶津食品有限公司	1.45	-92.8	-0.15	-88.2
14	杭州顶园食品有限公司	3.89	-0.3	-0.29	-31.8
15	杭州娃哈哈启力营养食品有限公司	2.34	13.9	0.06	-66.9
16	浙江浮力森林食品股份有限公司	0.76	7.3	-0.08	-15.1
17	杭州丘比食品有限公司	6.46	91.9	1.01	47.7
18	杭州顶生食品有限公司	0.35	3.7	0.05	51.4
19	杭州味全食品有限公司	20.56	8.7	1.01	171.7
20	杭州味全生技食品有限公司	1.39	-16.4	0.05	-244.3
21	康师傅（杭州）饮品有限公司	7.79	-43.4	0.31	-31.9
22	杭州百事可乐饮料有限公司	5.27	6.7	0.60	-22.1
23	杭州普罗星淀粉有限公司	5.69	1.8	0.50	-2.1
24	浙江五丰冷食有限公司	4.83	3.9	0.82	5.1
25	杭州加多宝饮料有限公司	5.37	-45.2	-1.59	247.4
26	浙江太古可口可乐饮料有限公司	19.36	-0.3	1.57	26.8
27	杭州顶益食品有限公司	34.84	-13.2	2.58	-16.9

区域成立12个销售分公司、120多个直属经营部，年产4.5万吨冷冻食品。公司被认为“浙江省著名商标”“浙江省名牌产品”“中国名牌商品”，被评为全国轻工业企业信息化先进单位和中国商业科技创新企业。

（沈建鹏）

·生物医药产业·

【生物医药产业概况】 2017年，开发区生物医药产业完成销售产值210.69亿元，比上年增长2.5%，占全区工业销售产值总量13.4%；完成出口交货值25.91亿元，增长0.6%。至年末，开发区已集聚生物医药规模以上企业29个，销售产值超1亿元企业19个、超5亿元企业5个、超10亿元企业1个。形成以辉瑞生物制药（杭州）有限公司、杭州九源基因工程有限公司、中肽生化有限公司等为代表的生物制药；以杭州默沙东制药有限公司、杭州澳亚生物技术有限公司等为代表的化学制药；以浙江康莱特药业有限公司、浙江惠松制药有限公司等为代表的现代中药；以泰尔茂医疗产品（杭州）有限公司、旭化成医疗器械（杭州）有限公司等为代表的医疗器械企业的生物医药产业集群。

【华海药业项目签约】 2017年9月8日，华海药业生物制药及研发中心项目签约落户杭州医药港小镇。项目主要生产生物类似药和新药产品，总投资8亿元，占地6.33公顷。浙江华海药业股份有限公司成立于1989年，主要从事药物制剂的研发、生产和销售，获美国FDA（美国食品药品管理局）认证、美国FDA药品制剂文号，药品在美国大规模上市，该公司1类生物新药HB-002M获得IND（新药研究申请）临床批件。浙江华海药业股份有限公司计划，在开发区设立全资子公司——浙江华海生物制药科技有限公司，专业从事生物药研发和生产。

杭州术创机器人有限公司组建的国际化研发团队（郑体兵 摄）

【捷诺飞生物3D打印项目落户医药港小镇】 2017年6月30日，捷诺飞生物3D打印与生物材料器械产业园项目签约落户杭州医药港小镇。产业园总建设面积约3万平方米，总投资1.5亿元，设有细胞与组织生产研发中心、生物材料与医疗器械生产研发中心、生物3D打印系统装备生产研发中心及综合中心4个中心。杭州捷诺飞生物科技有限公司是国家高新技术企业，专业提供生物医学领域3D打印技术综合解决方案，开发的3D打印设备占全球市场份额60%。

【康霖生物项目入驻杭州医药港小镇】 2017年8月14日，康霖生物科技（杭州）有限公司项目入驻杭州医药港小镇生物医药加速器一期。康霖生物科技（杭州）有限公司专注于基因治疗、细胞治疗技术的研发，该公司“艾滋病的功能性治愈”项目获国家“十三五”时期计划“艾滋病和病毒性肝炎等重大传染病防治”科技重大专项支持。公司在慢病毒载体制备、T细胞转导和T细胞基因编辑等方面拥有领先技术，擅长大规模临床级慢病毒载体的制备。

【术创机器人项目入驻杭州医药港小镇】 2017年11月1日，术创机器人项目入驻生物医药加速器一期，项目着重研发新一代模块化、轻量、智能且具成本效益的医疗外科手术机器人系统。杭州术创机器人有限公司组建国际化的研发团队，将开发单臂和多臂机器人系统，单臂机器人系统可用于内外科诊断、靶向治疗等临床应用，多臂手术机器人可应用于除神经外科之外的各种外科手术。

【凌科药业项目入驻杭州医药港小镇】 2017年12月1日，凌科药业（杭州）有限公司项目入驻入驻杭州医药港小镇生物医药加速器一期。凌科药业（杭州）有限公司从事肿瘤与自身免疫疾病小分子药物研发，并进行药物销售、专利授权、专利转让等业务。凌科药业创始团队积累丰富的研发及产业化经验，其新药创新能力与技术体系在逐步提高和完善，该项目旨在研制具有自主知识产权和市场竞争力的创新药，建立具有先进水平的技术平台。

【开发区与中国药科大学共建研究院】 2017年12月26日，开发区与中国药科大学共建中国药科大学（杭州）创新药物研究院签约仪式举行。该研究院落户杭州医药港小镇和达药谷，面积2700平方米。研究院以“优势互补、资源共享、协同创新、共同发展”为原则，推进双方在技术成果转化、产业公共服务平台建设、人才创业的合作，促进高校科技研发能力转化，推动开发区生物医药集聚领先、创新发展。根据合作协议，研究院将建设高端长效药物制剂研发服务平台、仿制药物一致性评价中心、药学研究服务平台、生物医药产业育成中心。在五年内，引进孵化生物医药类研发或服务型企业20个。建立适应创新服务的专业化人才定制培养服务机制，五年内引进培育国家和省级“千人计划”、杭州市“521”人才计划、开发区“百人计划”等高层次人才20人以上。

【奥明科技公司与浙大研究院签定战略合作协议】 2017年11月，奥明（杭州）基因科技有限公司与浙江大学（杭州）创新医药研究院签定战略合作协议。根据协议，双方将在抗肿瘤新药研发领域展开全方

表10

2017年开发区部分规模以上生物医药工业企业情况

序号	企业名称	2017年销售产值(亿元)	比上年增长(%)
1	杭州默沙东制药有限公司	70.12	13.4
2	泰尔茂医疗产品(杭州)有限公司	9.34	6.9
3	艾博生物医药(杭州)有限公司	6.76	3.3
4	浙江康莱特药业有限公司	6.60	11.7
5	博世包装技术(杭州)有限公司	5.58	–5.5
6	杭州九源基因工程有限公司	4.85	16.8
7	浙江惠松制药有限公司	4.31	21.4
8	杭州贝瑞和康基因诊断技术有限公司	3.78	39.9
9	雅培眼力健(杭州)制药有限公司	3.04	–15.4
10	中肽生化有限公司	2.87	20.3
11	旭化成医疗器械(杭州)有限公司	2.76	0.7
12	浙江爱生药业有限公司	2.08	3.7
13	杭州澳医保灵药业有限公司	1.56	–2.1
14	杭州协合医疗用品有限公司	1.54	36.2
15	浙江诗华诺倍威生物技术有限公司	1.37	–5.6
16	杭州奥泰生物技术有限公司	1.27	106.9
17	杭州下沙生物科技有限公司	1.20	–55.8
18	杭州澳亚生物技术有限公司	1.08	–10.0
19	浙江史密斯医学仪器有限公司	1.01	2.9
20	浙江杭康药业有限公司	0.94	21.8

位战略合作。奥明(杭州)基因科技有限公司位于杭州高科技企业孵化园区内,专注于运用二代测序(NGS)以及相关液体活检技术(Liquid Biopsy)监测肿瘤进化,辅助临床前、临床的创新抗癌药物及其相关生物标记物(Biomarker)研发,新靶点和新抗原发现,辅助新药临床设计和临床试验病人筛选,以及最终为病人确定治疗方案,确立"让天下没有难治的癌症"目标。浙江大学(杭州)创新医药研究院由开发区和浙江大学联合创办,主要从事创新药物的转化研究,拥有覆盖从新药设计到非临床研究全链条的研究基地,重点研发First–in–Class的创新药物,并提供新药创制的技术服务。

【2个企业获浙商创新创业奖项】 2017年11月24日,浙商创新创业大赛在杭州滨江全景网路演中心举行,10个企业项目入围总决赛,涵盖云计算、3D打印、生物科技、网络安全、人工智能等多个领域。经现场路演,开发区企业杭州联川生物技术有限公司创业项目"临床NGS生态链构建及液态活检"产品开发获"最具人气奖"及"i创中国·2017年浙商创新创业大赛"银奖。杭州睿凯生物科技有限公司的"全化学合成干细胞培养相关产品"项目获铜奖。

【诺倍威公司与法国诗华公司合并】 2017年2月21日,开发区企业浙江诺倍威生物技术有限公司与法国诗华动物保健公司的并购项目签约,公司更名为"浙江诗华诺倍威生物技术有限公司"。浙江诺倍威生物技术有限公司于2005年4月在开发区成立,是国家重点支持的高新技术企业,主要从事生物制品的研发、生产销售,生物技术开发、转让、技术咨询服务,经营进出口业务。法国诗华动物保健公司在全球动物保健行业中排名第6位,全球收购20多个公司,在42个国家设有机构,有研发中心13个、生产基地21个、员工3500多人。

【阿诺生物医药公司"新三板"挂牌】 2017年2月21日,开发区企业杭州阿诺生物医药科技股份有限公司在全国中小企业股份转让系统("新三板")挂牌,简称"阿诺医药",代码870946。杭州阿诺生物医药科技股份有限公司是一个以新药创新为主导的现代

杭州奕安济世生物药业有限公司 （童志忠 摄）

2017 年 4 月 13 日，上海益诺思生物科技有限公司浙江分公司在开发区设立 （开发区经发局 供稿）

生物医药企业，成立于2004年，已在新药研发方面形成“多样化分子库制备和筛选技术”“Protnex生物高表达平台”2个核心技术。公司获得国内授权专利11项，并拥有正在申请中的专利25项，其中国际PCT（Patent Cooperation Treaty专利合作条约）专利5项。

【捷诺飞科技公司项目入选国家重点研发项目】 2017年6月1日，中国生物技术发展中心公示2017年度国家重点研发计划5个重点专项项目，开发区企业杭州捷诺飞生物科技公司申报的“面向活体器械的功能材料与高通量集成化生物3D打印技术”项目入选“生物医用材料研发与组织器官修复替代”重点专项项目，获得资助1428万元。5个重点专项收到782份有效申请，最终确定167个项目获得国家重点研发计划重点专项的资助，国家拨付经费24亿元。其中，“生物医用材料研发与组织器官修复替代”重点专项立项18项，国拨经费2.5亿元。杭州捷诺飞生物科技公司专业研究生物3D打印技术，其研发的生物3D打印机，成功打印出人类肝脏单元、脂肪组织，其细胞存活率90%。

【奕安济世公司和美国G-CON开展合作】 2017年3月，杭州奕安济世生物药业有限公司和美国G-CON开展全球战略合作，推进奕安济世生物药研发中心和制造基地建设。该基地位于杭州医药港小镇生物医药加速器内，基地的设计、建设和运营均采用新一代的先进智能生物制造平台，符合中国、美国和欧盟GMP（药品生产质量管理规范）等标准，预计2018年投入运营。美国G-CON的POD技术有助于奕安济世推动重要生物药的全球普及，运用高度集约和高效的设计，整合分子技术和工艺技术，降低成本，实现灵活制造。

【奕真生物实验室通过美国认证】 2017年2月10日，开发区企业杭州奕真生物科技有限公司的临床检验实验室通过美国CAP和CLIA认证的现场考核。CAP认证是美国病理家协会举办的国际认证，是世界各国公认最适合医疗检验室使用的国际级实验室标准，通过CAP认证的检验室代表其检验室品质达到世界顶尖水准，并获得国际各相关机构认同。CLIA认证是由美国临床实验室委员会颁发实验室资质证书，表明该实验室达到优质实验室标准，是国际认可的权威认证标准之一。奕真生物实验室位于开发区新加坡杭州科技园区内，实验室及办公区域面积2600平方米，研发中心配备国际先进的Illumina HiseqX10系列测序平台，拥有包括来自哈佛大学医学院、贝勒医学院等学府和机构的海外专家组成的本地基因分析、解读和咨询团队，负责为医生和大众提供精准、高效的检测分析。实验室获得美国CAP和CLIA认证，可提供包括全基因组、全外显子组和有针对性基因检测服务。

【益诺思公司浙江分中心落户开发区】 2017年4月13日，开发区管委会与上海益诺思生物技术有限公司签订战略合作框架协议，在开发区设立益诺思公司浙江分中心。上海益诺思生物技术有限公司是临床前安全性评价研究机构，为客户完成高品质的安全评价研究，是全国首批通过国家GLP认证的新药非临床研究机构。总公司将派出有关业务专家前往浙江分中心，对开发区医药港小镇及重点企业提供业务指导及技术支持，促进开发区医药研发和产业进步，推动完善开发区生物医药产业的研发公共服务。

【生物医药挂牌企业项目路演中心落户开发区】 2017年5月11日，浙江科技企业投融资常态化路演（第一期）生物医药挂牌企业专场在开发区举行。活动中，浙江股权交易中心和开发区签署战略合作协议，浙江省科技金融“现场+网上”路演活动——生物医药挂牌企业项目路演中心落户开发区，浙江股权交易中心将与开发区管委会联合举办投融资对接与资本市场培训等活动，以促进优秀科技型中小企业与创投机构、上市公司等投资机构之间的投融资信息对接，为开发区更多（拟）挂牌企业提供低成本、高效率的融资服务。签约仪式后，涉及创新型吸入药物研发生产、全化学合成干细胞培养、家用移动医疗系统、医学影像阅片机器人等领域的7个项目进行路演。

【生物医药与生命科学专业委员会年会】 2017年11月11—12日，国家“千人计划”专家联谊会生物医药与生命科学专业委员会2017年年会在开发区举办，来自全国的国家“千人计划”专家、行业领军人才、优秀生物医药企业代表300人参加。生物医药与生命科学专业委员会是国家“千人计划”专家联谊会下设规模最大的专业委员会，在生物医药产业领域有较大的号召力和影响力。国家自然科学基金委员会主任杨卫，浙江省委组织部副部长、人才办主任姚志文，教育部科技司司长雷朝滋，卫生计生委科教司监察专员刘登峰，杭州市政府副市长谢双成，以及开发区党工委、管委会领导邵立春、周涛、王永芳等出席年会。与会专家围绕生物医药产业发展机遇和挑战、生命科学研究热点等多项议题展开讨论。

【国际生物医药创新（杭州）峰会】 2017年9月21—22日，2017年国际生物医药创新（杭州）峰会在开发区举行。峰会聚焦生物医药领域，设置“前沿热点、产业合作、从发现到成药、未来精准医疗、发现生物药明星品种”5个主题，帮助企业应对机遇与挑战，加强生物制药研发、引进项目、缩短研发周期、开展短期或长期的商务合作。峰会邀请的创新企业及创新项目涵盖肿瘤、自身免疫抗体药物、新型疫苗、细胞治疗、小分子靶向药物、创新剂型及组合等最前沿热点领域。中国科学院院士陈凯先，中国药科大学校长、德国科学院院士来茂德，国家卫生计生委医药卫生科技发展研究中心副主任代涛等业内专家及政府代表出席会议，并做专题报告。会议邀请国际专家法国圣路易斯医院多塞实验室副主任Sami Djoulah，做题为“免疫系统：一种用于诊断和治疗指导的新型精密医疗工具”主题演讲。

【浙江省医疗器械行业协会会员大会】 2017年2月21—22日，浙江省医疗器械行业协会会员大会暨医疗器械创新创业发展论坛在开发区举行，省内200多个医疗器械企业参会。开发区党工委委员、管委会副主任王永芳以“构建三生融合的大健康产业生态”为主题，重点介绍杭州医药港小镇的整体概况、发展空间、科创平台、服务平台、重点项目、政策支持、环境配套等内容。会议加强浙江省医疗器械行业协会与会员之间的交流沟通，做好协会对会员的服务工作。

【海邦投资健康医疗创新之路论坛】 2017年5月5日，海邦投资健康医疗创新之路论坛在开发区举行，并启动海邦医疗二期基金募集仪式。来自省海外高层次人才联谊会生物医药分会“千人计划”专家代表、省医疗器械检验院、省癌症中心、浙江大学药学院专家，以及40多个生物医药企业代表、海邦投资合伙人、创投机构代表200多名嘉宾出席论坛。参会嘉宾通过分享报告和圆桌论坛讨论，围绕检测与诊断、药品研发、医疗器械、数字医疗、海外投资5个主题展开探讨与交流。海邦投资将借由生物医疗（二期）基金的成立，与更多医疗机构、高校、医院、上市企业合作，加速海邦投资在医疗大健康生态系统的构建。

【IVD产业投资与并购CEO论坛】 2017年6月28—29日，第四届中国IVD产业投资与并购CEO论坛暨第二届中国IVD及精准医疗独角兽创业大赛在开发区举办。“IVD”即英文in vitro diagnostic缩写，即体外诊断，指将血液、体液、组织等样本从人体中取出，使用体外检测试剂、试剂盒、校准物、质控物等对样本进行检测与校验，以便对疾病实施预防、诊断、治疗检测、后期观察、健康评价、遗传疾病预测等过程。论坛就生化免疫、精准医疗、POCT、独立医学实验室4个领域展开讨论，设有7场行业主题演讲、5场圆桌论坛。6月29日，第二届中国IVD及精准医疗独角兽创业大赛上，12个创业项目进行路演。

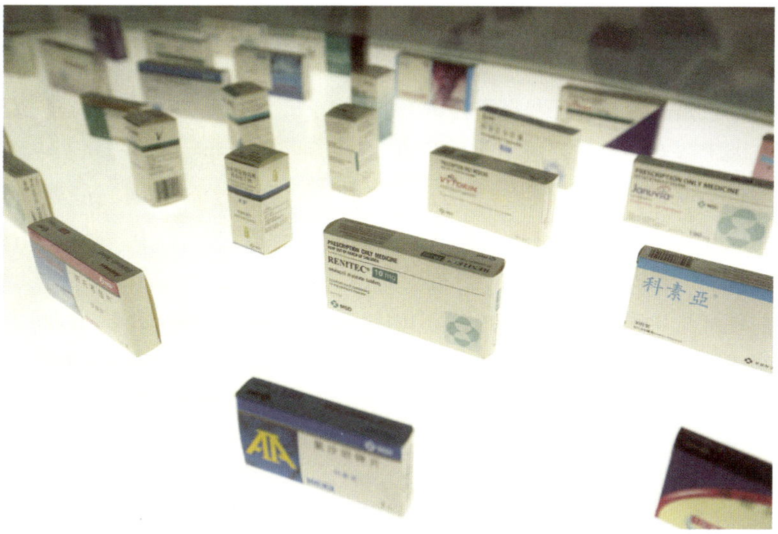
杭州默沙东制药有限公司生产的医药产品 （童志忠 摄）

【国际精准医疗（杭州）产业发展论坛】 2017年7月15日，2017年国际精准医疗（杭州）产业发展论坛在开发区举行。论坛设主题论坛和2个分论坛。主题论坛由开发区管委会副主任王永芳致开幕辞。分论坛以“准医药研发与细胞免疫治疗、分子诊断与大数据”主题，探讨并促进以精准医疗为中心的中国医疗产业发展之道。中国工程院院士丁健、国家上海新药安全评价研究中心主任马璟、浙江大学医学院附属第一医院院长王伟林、浙江大学药学院院长杨波等40多名专家做演讲，300多名海内外嘉宾参加。精准医疗是指应用现代遗传技术、分子影像技术、生物信息技术，结合患者生活环境和临床数据，实现精准的疾病分类和诊断，制定具有个性化的预防、治疗方案。精准医疗相关产业是开发区发展方向之一，区内拥有艾博生物医药（杭州）有限公司、杭州联川生物技术有限公司等10多个精准诊断和靶向药物相关企业。

【中肽全球多肽新药研发会议】 2017年10月11—13日，浙江省首届创业创新博览会系列活动之一的第五届中肽全球多肽新药研发会议在开发区举行。中肽生化有限公司自2010年起，每年定期举办全球多肽新药研发会议，第五届会议为期3天，设有27项专题演讲、2场圆桌讨论会和专业实验室参观活动。会议期间，全球知名多肽药物研发企业代表、美国前FDA（美国食品药物管理局）官员、全球生物医药领域天使投资人及投资机构代表参加会议，讨论国际多肽行业最新研发态势，展现全球最前端多肽临床药物进展。

【生物医药产业部分企业】 **杭州默沙东制药有限公司** 2017年，杭州默沙东制药有限公司完成工业总产值83.4亿元，比上年增长18.7%；工业销售产值70.12亿元，增长13.4%。该公司主要为中国市场供应固体药品制剂，以及无菌药品的生产和包装；临床研究、固体药品制剂、无菌药品和疫苗产品等新产品，以及向其他国家出口委托生产和包装的默沙东药品。该公司可向国内外提供以治疗高血压药物、心血管系统药物、神经系统类药物、抗感染类药物、泌尿类药物、骨质疏松药物、呼吸系统药物、治疗男性脱发药物为主导的各类创新产品。

泰尔茂医疗产品（杭州）有限公司 2017年，泰尔茂医疗产品（杭州）有限公司完成工业总产值9.21亿元，比上年增长6.09%；工业销售产值9.34亿元，增长6.93%。该公司是日本泰尔茂株式会社在中国设立的全资子公司，成立于1995年12月，1997年4月正式投产。该公司主要从事医疗器械的生产和销售，现有医用导管、输液配套器械、IVH输液袋、真空采血管、电子体温计、血压计等15类产品、 500余个品种。公司获得国际ISO 9001质量体系、欧洲CE、美国FDA等多项认证。

艾博生物医药（杭州）有限公司 2017年，艾博生物医药（杭州）有限公司完成工业总产值7.24亿元，比上年增长8.1%；工业销售产值6.76亿元，增长3.3%。该公司主要从事研究、开发、生产体外诊断试剂。已获美国FDA注册和欧洲CE注册，主导产品为快速诊断产品，包括妇女健康、传染病、毒品、肿瘤、心血管五大系列，公司有科研开发和技术创新能力。在胶体金、乳胶等标记技术，单克隆抗体、多克隆抗体、基因重组抗原、合成抗原等生物原料技术以及免疫层析技术等前沿生物领域的研究方面处于国内领先水平。

杭州九源基因工程有限公司 2017年，杭州九源基因工程有限公司完成工业总产值5.03亿元，比上年增长5.5%；工业销售产值4.85亿元，增长16.8%。该公司成立于1993年12月，是专业从事基因工程药品、生化药品、化学药品以及医疗器械的研发、生产和销售的现代化生物制药企业。1996年10月，在国内率先研制成功升白细胞特效药—吉粒芬（rhG-CSF）并实现产业化，打破了美国、日本厂家垄断市场的局面，获得"中国第一针"的美誉。公司相继推出吉粒芬、吉派林、吉巨芬、亿喏佳、吉欧停以及骨优导等系列产品。同时不断提升生物制药的研发水平，致力于作用机理明确的新一代长效重组蛋白药物、单克隆抗体药物、多组分生化药物及多肽药物的开发。

杭州贝瑞和康基因诊断技术有限公司 2017年，杭州贝瑞和康基因诊断技术有限公司完成工业总产值3.52亿元，比上年增长19.57%；工业销售产值3.78亿元，增长39.96%。该公司成立于2011年9月，是北京贝瑞和康生物技术股份有限公司的全资子公司，致力于应用高通量基因测序技术，为临床医学疾病筛查和诊断提供"无创式"整体解决方案。2015年，公司被认定为国家高新技术企业。2016年7月，杭州贝瑞和康研发中心被认定为杭州市级高新技术企业研发中心。

浙江惠松制药有限公司 2017年，浙江惠松制药有限公司完成工业总产值4.98亿元，比上年增长59.7%；工业销售产值4.31亿元，增长21.4%。该公司是国家高新技术企业、省级高新技术研发中心。拥有国家药品新版GMP（中国FDA）认证、韩国官方KFDA（韩国FDA）认证、日本厚生劳动省医药品外国制造者认定证（日本FDA）、美国FDA审计。该公司每年使用各类天然植物中药材1万余吨，为国内外客户提供约5000吨中药饮片和2000吨以上的中药提取物。根据中国医药保健品进出口商会的统计，公司持续位列于中国中药类出口10强企业。

（罗 锐）

·新能源新材料产业·

【新能源新材料产业概况】 2017年，开发区新能源新材料产业销售产值35.91亿元，比上年增长12.5%。利润总额3.86亿元，增长73.8%。至年末，新能源新材料产业有规模以上工业企业12个，主要有杭州士兰集成电路有限公司、杭州士兰明芯科技有限公司、杭州天裕光能科技有限公司、龙焱能源科技（杭州）有限公司等重点企业，形成以电路芯片、光伏太阳能电池为核心的领域。

【龙焱能源公司入选中国绿色能源贡献企业】 2017年8月17日，由新华网主办的2017年第七届中国能源高层对话在北京召开，会议以"中国能源变革与合作"为主题。广大网友推选和大会评委会评定，推选出2017年度"中国绿色能源贡献企业""中国绿色环

表11 **2017年开发区重点新能源新材料企业情况**

序号	企业名称	2017年销售产值（亿元）	比上年增长（%）	2017年工业利润（亿元）	比上年增长（%）
1	杭州福膜新材料科技股份有限公司	3.62	63.2	0.44	28.5
2	浙江炬泰新材料科技有限公司	0.40	77.7	-0.02	-711.9
3	杭华油墨股份有限公司	7.44	2.8	0.75	-10.5
4	杭州捷敏高分子材料有限公司	0.63	11.6	0.03	79.5
5	杭州天裕光能科技有限公司	0.20	-87.4	-0.02	-1 154.8
6	龙焱能源科技（杭州）有限公司	0.46	1.0	0.25	88.7
7	杭州金州高分子科技有限公司	0.64	29 .0	0.00	-101.5
8	杭州士兰集成电路有限公司	11.93	14.9	1.08	75.4
9	杭州泰谷诺石英有限公司	1.68	38.3	0.17	13.4
10	杭州立昂微电子股份有限公司	4.34	59.0	0.87	36.1
11	杭州士兰明芯科技有限公司	3.66	29.5	0.25	-136.6
12	旭化成分离膜装置（杭州）有限公司	0.91	79.0	0.04	-35.2

保企业”“中国产业创新企业”“中国‘一带一路’杰出贡献企业”“中国能源影响力人物”。开发区企业龙焱能源科技（杭州）有限公司入选“中国绿色能源贡献企业”。

杭州福膜新材料科技股份有限公司生产车间　　（郑体兵　摄）

【高兴夫调研士兰集成电路公司】 2017年9月19日，浙江省副省长高兴夫调研杭州士兰集成电路有限公司。公司董事长陈向东、副总经理黄丽珍和士兰半导体制造事业总部副总裁李明德接待调研活动。陈向东向高兴夫汇报公司发展情况，并着重对8英寸芯片项目及后续发展项目的建设情况进行汇报。

【新能源新材料产业部分企业】 **龙焱能源科技（杭州）有限公司**　2017年，龙焱能源科技（杭州）有限公司完成工业总产值4363万元，比上年增长4.8%；完成工业销售产值4620万元，增长1%。该公司由国际光伏专家吴选之等人创建，成立于2008年5月，致力于在中国国内实现高效CdTe薄膜太阳电池技术的产业化。从2011年10月至2017年末，通过对生产工艺、设备和管理方面的优化，生产线实现稳定量产目标。组件平均效率超过12.5%，平均输出功率超过80W。公司研发出5类标准系列产品：S1、S2、S4、ST1和ST2；通过欧洲TUV、美国UL、澳洲CEC和中国“金太阳”等认证以及通过ISO 9001管理体系认证。

杭州天裕光能有限公司　2017年，杭州天裕光能有限公司完成工业总产值2185.4万元，比上年下降86.9%；完成工业销售产值2052.8万元，下降87.4%，杭州天裕光能有限公司专业从事非晶硅以及微晶硅薄膜太阳能电池组件的研发、生产、销售及服务。公司成立于2008年，项目总投资22亿元，建有4条生产线。其中薄膜太阳能电池生产线全套引进于日本，年产25兆瓦，建成4万平方米的现代化工厂并投产，具有较高的生产效能和自动化程度。

杭州士兰集成电路有限公司　2017年，杭州士兰集成电路有限公司完成工业总产值11.93亿元，比上年增长14.9%；完成工业销售产值11.93亿元，增长14.9%。公司成立于2001年1月，注册资本金4亿元，总投资超过8亿元，为士兰微电子公司投资的芯片制造企业。第一条芯片生产线建于2001年4月，净化面积约3600平方米，运行一条线宽2微米—5微米、圆片尺寸为5英寸的双极型集成电路芯片生产线，月产量7.7万片。第二条芯片生产线建于2003年3月，净化面积7000平方米，加工线宽0.8微米或更高，圆片尺寸5英寸、6英寸兼容，月产量2.5万片。士兰集成电路有限公司的芯片生产线将致力于特殊工艺和特殊器件结构的研发。

杭州立昂微电子股份有限公司　2017年，杭州立昂微电子股份有限公司完成工业总产值3.76亿元，比上年增长28%；工业销售产值4.34亿元，增长58%。杭州立昂微电子股份有限公司成立于2002年3月，原名杭州立昂电子有限公司，2011年11月完成股改，变更为杭州立昂微电子股份有限公司。该公司专注于半导体功率芯片的设计、开发、制造和销售，有全套6英寸功率半导体芯片生产线和专业的科研技术力量，通过国际半导体器件晶片标准ISO 9001：2000和ISO/TS 16949：2002论证，获得2项半导体国家发明专利。

（沈建鹏）

责任编辑　张红丹

服务业

·服务业综述·

【服务业全面发展】 2017年，开发区抢抓城市国际化和拥江发展战略机遇，促进开发区创业创新发展和产业转型升级，服务业各项指标保持平稳健康发展。全年实现服务业增加值192.3亿元，比上年增长6.3%，服务业增加值占GDP比重29.5%，与上年基本持平。实现社会消费品零售总额99.3亿元，增长12.4%；完成服务业固定资产投资额57.9亿元，增长52.2%，完成服务业产业类投资22.7亿元，增长21.9%。

【楼宇经济集聚发展】 至2017年末，开发区累计投用商业商务楼宇（含园区）75个，投用面积550多万平方米，其中税收1000万元以上规模楼宇21个。全区楼宇合计总税收10.7亿元。单位商务面积地方财政贡献850元/平方米。开发区楼宇入住企业1.6万个，入驻率85%以上，业态涵盖电子商务、商务服务、现代商贸、金融服务、文化创意等领域。至年末，开发区有市级现代服务业集聚区4个，分别为新加坡杭州科技园、杭州和达创意设计园、下沙电子商务园、杭州高技术企业孵化园，其中新加坡杭州科技园被列为省现代服务业集聚示范区。

【新加坡杭州科技园在全省现代服务业集聚示范区综合评价中位列全省前十】 2017年12月，根据省政府《关于进一步加快法齐奥站服务业的若干政策意见》的文件精神，省发改委联合省财政厅、省统计局对全省100个现代服务业集聚示范区进行综合评价，新加坡杭州科技园首次位列全省前十名，杭州区域第二名，并获省级奖励资金60万元。新加坡杭州科技园通过积极建设和重大项目招引，提升发展质量，并力争将示范园区打造成全市现代服务业集聚区发展新高地、开发区城市功能的新载体、三次创业发展的示范区。

2017年，新加坡杭州科技园被列为省现代服务业集聚示范区
（开发区经发局 供稿）

【高科技企业孵化器园区被评为省级示范园】 2017年12月19日，省经信委公布28个浙江省小微企业创业创新示范园名单，杭州市高科技企业孵化园区名列其中。该园区是国家级科技企业孵化器，位于开发区6号大

表12

2017年开发区服务业主要经济指标情况

指标名称	计量单位	完成数	比上年增长（%）
服务业增加值	亿元	192.3	6.3
占GDP比重	%	29.5	—
服务业税收	亿元	33.1	22.6
占财政收入比重	%	25.3	—
社会消费品零售总额	万元	993 236	12.4
服务业固定资产投资额	万元	578 615	52.2
重点服务业企业营业收入			
现代商贸企业			
好易购家庭购物有限公司	万元	155 725	6.0
下沙五丰冷食经营部	万元	82 417	7.3
杭州物美乐沙超市有限公司	万元	49 247	–16.7
杭州顶全便利店有限公司	万元	48 410	47.6
杭州下沙银泰购物中心有限公司	万元	26 706	36.3
杭州可莎蜜兒食品有限公司	万元	28 862	36.3
杭州元通宝通汽车有限公司	万元	27 901	4.2
下沙世纪联华超市	万元	13 408	–10.7
杭州中蔓实业有限公司	万元	14 666	82.5
开发区浙石加油站有限公司	万元	13 709	9.2
杭州德克士食品有限公司	万元	11 791	29.1
希尔顿逸林酒店	万元	8 693	13.2
盛泰开元名都酒店	万元	7 716	17.9
电子商务企业			
浙江问问网络科技有限公司	万元	153 156	105.5
杭州优买科技有限公司	万元	139 046	54.1
浙江速网电子商务有限公司	万元	49 917	11.2
杭州网阔电子商务有限公司	万元	58 931	10.6
浙江米标信息科技有限公司	万元	12 924	41.7
杭州宝都服饰有限公司	万元	3 047	0.6
杭州简品食品股份有限公司	万元	5 903	4.9
天翼阅读文化传播有限公司	万元	48 995	21.6
百世店加科技（杭州）有限公司	万元	209 053	157.4
现代物流企业			
杭州苏宁云商物流有限公司	万元	96 189	–22.8
浙江八方物流有限公司	万元	33 290	23.8
杭州口岸国际物流有限公司	万元	19 199	40.5
杭州华商物流股份有限公司	万元	14 640	–2.5
杭州德邦货运代理有限公司	万元	52 728	2.0
上海佳吉快运有限公司杭州分公司	万元	14 307	–8.8
华东医药供应链管理（杭州）有限公司	万元	12 063	11.4

续表12

指标名称	计量单位	完成数	比上年增长(%)
科技及文创企业			
松下家电研究开发(杭州)有限公司	万元	17 062	27.1
信雅达(杭州)计算机服务有限公司	万元	15 268	10.3
杭州英华技术服务有限公司	万元	7 649	7.0
达内软件技术(杭州)有限公司	万元	15 137	25.1
杭州世纪互联信息技术有限公司	万元	7 629	10.1
杭州捷群广告有限公司	万元	9 316	0.9
浙江米奥兰特商务会展股份有限公司	万元	26 737	32.7

表13

2017年开发区税收1000万元以上楼宇税收情况

单位：万元

编号	楼宇名称	税收金额
1	新加坡杭州科技园	16 472.76
2	保利天地中心11幢	13 906.62
3	杭州下沙电子商务园	8 963.24
4	和茂大厦	7 933.82
5	浙江省海外留学人员创业园(下沙)	6 498.04
6	云通电商园大楼	6 233.19
7	福雷德广场	4 436.51
8	和达创意设计园	4 262.26
9	高科技企业孵化器1号楼	3 595.91
10	杭州东部国际商务中心	3 407.45
11	服务外包大楼	3 018.71
12	高科技企业孵化器2号楼	2 608.86
13	七格商业大楼	2 203.44
14	中沙金座商业楼	2 092.92
15	龙湖天街商业楼	2 088.91
16	财通中心	1 884.14
17	万亚名城	1 840.84
18	下沙文化中心(金沙大厦)	1 791.81
19	华元十六街区	1 102.44
20	东沙铭城	1 091.92
21	之江铭楼	1 027.55

表14

2017年开发区社会消费品零售额贡献前10位的商贸企业情况

单位：亿元

序号	企业名称	经营范围	零售额
1	好易购家庭购物有限公司	百货日用	15.57
2	浙江同同网络科技有限公司	通信设备	15.32
3	杭州优买科技有限公司	综合百货	13.90
4	杭州网阔电子商务有限公司	化妆品	5.89
5	浙江速网电子商务有限公司	家电电器	4.99
6	杭州物美乐沙超市有限公司	日用百货	4.92
7	杭州顶全便利店有限公司	日用百货	4.84
8	杭州五丰冷食有限公司下沙经营部	冷食	3.30
9	杭州元通宝通汽车有限公司	汽车	2.79
10	杭州下沙银泰城购物中心有限公司	日用百货	2.67

街452号，与下沙大学城、出口加工区、保税物流区相邻，处于开发区科技产业核心地带，总建筑面积15.5万平方米，总投资6亿元。重点聚焦电子信息、生物医药等主导产业，培育科技型企业1000多个，是开发区创新创业的引领者与示范区。

【服务业培训活动】 2017年3—9月，开发区经发局举办多场"创新创业，助力梦想"系列活动，加强企业服务。与杭州市中小企业服务业中心联合举办"创业企业股权结构调整策略""解读企业三张财务报表""企业股权设计之道"3项活动；与海通证券股份有限公司联合举办"新三板"董事会秘书培训，活动邀请财务、金融、会计师事务所、投行券商等行业专家讲授经验，现场答疑，帮助企业分析上市过程中的常见问题。（冯　青　吕国娟　俞淑婷）

·商贸服务业·

【商贸服务业概况】 2017年，开发区实现社会消费品零售总额99.3亿元，比上年增长12.4%。全年实现商品销售总额388.03亿元，增长6.6%。区内汇集龙湖金沙天街、银泰百货杭州下沙工厂店、宝龙城市广场、杭州华东下沙家居商城等集购物、餐饮、休闲、娱乐为一体的大型商业载体和民生消费平台，带动辖区商贸流通业发展，满足居民消费需求。

【社会消费品零售额稳步增长】 2017年，开发区全年累计完成社会消费品零售额99.3亿元，比上年增长12.4%，增速位列全市第3位。其中：批发零售业完成零售额87.8亿元，增长11.9%，占全部社会消费品零售额比重88.4%；住宿餐饮业实现零售额11.5亿元，增长16.9%，占全部社会消费品零售额比重11.6%。限额以上贸易企业完成零售额89亿元，增长24.9%，占全部社会消费品零售额比重89.6%。

【华商公司列为市实体商业转型升级试点】 2017年6月2日，杭州华商物流股份有限公司被确定为杭州市实体商业转型升级"城市共同配送"试点项目。该公司整合同业客户资源，搭建快速消费品配送中心，服务上游厂商，整合仓库资源。更新信息系统，满足上游货主订单的实时接收与信息共享，利用GPS与司机APP端口开发，实现数据实时查询。

【再生资源回收行业专项整治】 2017年，开发区开展再生资源回收行业专项整治行动，按照"属地管理、条块结合、部门协作、联合执法"的原则，由开发区商务局牵头，实行开发区管委会、街道、社区三级联动，取缔无证无照非法再生资源回收点48处，整顿有证有照但存在违法违规行为的再生资源回收企业4个，规范合法经营的再生资源回收企业3个。（胡霖浙）

·现代物流业·

【现代物流业概况】 2017年，开发区现代物流业实现平稳发展。全年完成增加值7亿元，比上年增长6.1%。全区有物流企业200多个，其中限额以上企业30个，有AAAA级物流企业2个、AAA级物流企业4个、AA物流企业1个，物流总仓储面积260多万平方米，车辆2000多辆，运作类型主要以运输、仓储、货运代理及第三方仓储物流为主。

区内现代物流发展逐渐汇聚成两个集聚区域，其中出口加工区及周边区域以国际物流业务为主，物流企业包括浙江八方物流有限公司、杭州口岸国际物流有限公司、东芝物流（杭州）有限公司、杭州和达物流有限公司、浙江苏宁物流有限公司等，仓储面积约100万平方米，主要针对跨境贸易运输服务；普洛斯物流园位于北部区域，以城市配送业务为主，仓储面积60万平方米，客户群主要是开发区内有高端物流需求的企业。

【八方物流通过著名商标、名牌产品复评】 2017年2月25日，浙江八方物流有限公司经浙江省著名商标评审委员会评审，通过浙江省著名商标、浙江服务业名牌产品复评。浙江八方物流有限公司是浙江省第一个正式登记注册的第三方物流公司，是全省第一家从单一的运输企业成功地向综合物流企业转型的AAAA级物流企业，持续走"物流标准化"建设之路，推进企业信息化及物流网络化建设，2017年企业实现营业收入3.3亿元。

【德邦物流被评为全国先进物流企业】 2017年7月15日，杭州德邦货运代理有限公司被中国交通企业管理协会评为2016年全国交通运输先进物流企业。该公司的"德邦物流"品牌被浙江名牌战略推进委员会评为“浙江名牌”。杭州德邦货运代理有限公司是国家AAAA级综合物流企业，有营业网点210个，配送车辆336辆，主要经营零担（货物不足一车）、快递、跨境电商、仓储供应链，为客户提供综合性物流服务，仓储面积3.2万平方米，从业人员2600多人，2017年主营业务收入超过5亿元。

【汉达物流获阿里巴巴菜鸟网络“金鸿奖”】 2017年12月20日，杭州汉达国际货运代理有限公司获2017年度阿里巴巴菜鸟网络“金鸿奖”。“金鸿奖”是阿里巴巴菜鸟网络授予合作单位的最高荣誉，作为菜鸟网络战略合作伙伴，2017年“双十一”期间，该公司超计划单量完成菜鸟网络各项指标，得到菜鸟联盟以及客户认可。（冯　青）

·文化创意业·

【文化创意产业概况】 2017年，按照市政府打造“全国文化创意中心”部署，开发区对文化创意产业加强政策扶持力度，推动重点项目建设和文创产业发展。至年末，开发区有文化创意限额以上企业19个，实现文创产业增加值65.8亿元，比上年增长9.1%，初步形成以创意设计为核心，涵盖电子商务、教育培训、出版印刷、涉外会展、信息服务、影视传媒等多行业的文化创意产业体系。其中，电子商务产业不断壮大，借助杭州跨境电子商务综合试验区下沙园区，培育和集聚杭州优买科技有限公司等一批具有国际竞争力的电商企业；工业设计具备一定发展基础，主要体现在工业产品、外观、包装和商标设计等，培育斯帕克工业设计有限公司等一批知名企业；服装设计形成一定特色，浙江理工大学服装设计专业优势持续，区内企业卓尚服饰（杭州）有限公司、浙江蔓哈顿有限公司等企业设有设计中心；影视传媒产业形成一定规模，浙江传媒学院的优势资源逐步体现，影视拍摄、动漫设计、音像制作、广播电视和文化娱乐作品数量和层次逐步提升，孵化出杭州进击文化传媒有限公司等影视传媒企业；教育培训呈现品牌效应，以达内软件技术（杭州）有限公司等为代表的企业，在发展职业技能培训、行业技术和运营人员培养等方面，发挥出关键的作用。

【文化创意产业高端对话】 2017年8月8日，开发区文化创意产业高端对话暨2017年首届钱塘文化艺术展览会在杭州下沙钱塘文化交流展示中心举办。活动邀请高校学者教授、国内外艺术家代表、文化创意产业界代表等出席，专家邓辉华、杨静龙、韩斯做主题演讲。活动展出名家书画展和非遗文化展，为文化艺术与创意产业交流合作搭建平台，推动区域文化与创意产业的融合发展。

【文创企业参展杭州市文博会】 2017年9月21—25日，第十一届杭州文化创意产业博览会在杭州滨江白马湖国际会展中心举办。开发区展位设于主会场A馆二楼，展馆以“文创‘心’生活”为主题，7个企业分别有一个带“心”的关键词。其中：“王的手创”工作室关键词“匠心”，主打非物质文化遗产的纯手工绣品；贺绍伦戏曲音乐工作室关键词“初心”，致力于为戏曲表演艺术家录制现场节目，为国家级院团、学术机构制作高水准的录音及影像节目；卡赛科技有限公司关键词“新心”，主要从事产品和企业在新媒体的推广合作。麦扑文化创意有限公司、杭州迪赛包装科技有限公司、杭州宝田文化创意有限公司等一起参展文博会，共同搭建文化创意企业之间的交流平台，加强区内企业的横向联系与纵深合作。

2017年9月21—25日，开发区文创企业参展第十一届杭州文化创意产业博览会（开发区经发局 供稿）

【米奥兰特国际会展入选“杭商品牌案例”】 2017年11月17日，第五届“品质杭商”和第二届“杭商品牌案例”颁奖活动在杭州举行，开发区企业浙江米奥兰特商务会展股份有限公司的“走出去定制化会展服务平台”被评为“杭商品牌案例”。浙江米奥兰特商务会展股份有限公司以境外自主办展为核心业务，有Homelife（中国家居贸易博览会）、Machinex（中国工业贸易博览会）、Silk Expo（中国国际丝绸博览会）3个全球系列的品牌展会。2017年，米奥全球性展会涉及12个国家、14个行业。在迪拜、安曼、北京、上海、杭州、深圳、广州、嘉兴、厦门等地设立专业的服务团队，提供中国本土品牌境外推广、海外行业媒体、国际品牌展代理等多项服务，每年为超过1万个中国本土制造企业提供境外商机对接。

2017年春节期间，海马体照相馆在杭州火车东站开出“幸福照相馆”，为群众免费拍摄幸福照片　　（开发区经发局 供稿）

【天翼文化公司获得中国数字阅读奖项】 2017年4月14日，中国数字阅读大会在杭州举行。大会以“新阅听·新梦想”为主题，公布年度“十大数字阅读城市”“十大数字阅读作品”“十大数字阅读活动”获奖名单。开发区企业天翼阅读文化传播有限公司的“听见杭州之美”项目入选“2016年十大数字阅读活动”。“听见杭州之美”项目是在G20杭州峰会期间，在“氧气听书”App首页重点推广的特色栏目，栏目共60集，以杭州的历史进程、文化底蕴、老街、传说、名人、美景、美食等为主要内容，通过采访、对话、讲故事等形式，用高保真音频传递杭州之美。

【杰拉“智慧网咖”App发布会召开】 2017年3月19日，浙江杰拉网络技术有限公司“智慧网咖”新品暨加盟商大会在开发区举办。发布会上，该公司“杰拉网咖”品牌推出的“智慧网咖”App软件是一款集任务模块、运营模块、监控模块、营销模块等功能于一体的智慧网咖管理系统，具备大数据分析能力，通过不同的模块可以实现门店经营状况评估、运营方案提供等不同的管理服务，为消费者和门店人员提供技术支持。

【天翼文化公司参展宁波书展】 2017年11月3日，天翼阅读文化传播有限公司参加第三届浙江全民阅读节暨宁波书展。该公司携“书香浙江”“天翼阅读”“氧气听书”“智慧云书院”“阿尔法文学”等数字阅读产品，为市民提供1万册免费电子书。“书香浙江”是全名阅读项目，由天翼阅读文化传播有限公司承建，旨在推动浙江省“全民阅读”发展，已吸引70多万市民前往注册并阅读书籍。“书香浙江”除正版精品书籍外，还提供要闻、财经、健康等内容的实时新闻。

【海马体照相馆全国门店超过80个】 至2017年末，海马体照相馆覆盖全国56个城市，门店数量超过80个，营业额1亿元。海马体照相馆是开发区企业杭州缦图摄影有限公司“精致证件照”的全国摄影连锁品牌，成立于2014年11月，主营证件照、职业形象照、文艺照、全家福等照片拍摄业务。春节期间，海马体照相馆在杭州火车东站开出“幸福照相馆”，免费为回家过年的人们拍摄幸福照片，中央电视台、浙江卫视等媒体均予以报道。　　（吕国娟）

·旅游业·

【旅行社服务网点建设】 2017年，开发区新增杭州和誉旅行社，至年末，已注册成立杭州好易购旅行社有限公司等旅行社10个。旅游公司在开发区内经营旅行社分社有3个，分别为浙江文华国际旅行社有限公司杭州分公司、卓越国际旅行社有限公司浙江

2017年4月17日，开发区可口可乐博物馆被评为杭州市市民体验日“最具品质体验点”

（开发区经发局 供稿）

开发区康师傅梦想探索乐园接待参观访客

（开发区经发局 供稿）

分公司和吉林省环球国际旅行社杭州分公司。浙江省中国旅行社、杭州市中国旅行社、杭州东方海外旅行社等在开发区设立服务网点15个。旅游产品主要以国内旅游为主，全年开发区旅行社行业总收入2000万元，累计接待国内游客2.5万人次，国内出游4万人次。

【工业旅游点建设】 至2017年末，开发区有工业旅游点6个，其中全市工业旅游性质的访问集中在开发区，开发区获市级社会资源访问点授牌5个。全年，区内工业旅游点接待参访7万余人次，其中外籍人员5000多人次。10月，开发区娃哈哈集团下沙工业园和康师傅顶益食品有限公司的康师傅梦想探索乐园被评为社会资源国际旅游市级示范访问点，杭州味全食品有限公司的味全品牌体验馆被评为推荐访问点。

【区级工业旅游示范基地评选】 2017年11月3日，开发区出台《工业旅游示范基地评定办法（试行）》，评选九阳健康厨房家电工业旅游示范基地、可口可乐博物馆、东方百富袜业旅游基地、卓尚服饰工厂店及尚+众创空间、杭州娃哈哈下沙工业园、杭州味全品牌体验馆、康师傅梦想探索乐园、玫琳凯工业旅游基地、万事利丝绸工业园为开发区工业旅游示范基地。工业旅游示范基地评选有助于推动开发区旅游产业融合发展，培育新消费热点，拓展工业旅游市场。

【可口可乐博物馆被评为最具品质体验点】 2017年4月17日，浙江太古可口可乐饮料有限公司可口可乐博物馆被杭州市城市品牌促进会评为杭州市市民体验日“最具品质体验点”，连续7年获得该项荣誉。可口可乐博物馆位于开发区10号大街，面积600平方米，年均接待访客2.5万人次。博物馆参观内容包括可口可乐历史故事介绍、可口可乐生产线卡通片介绍、生产线参观走廊介绍、企业PPT介绍、有奖问答、卡路里认知游戏、饮料体重秤等互动游戏等。开放时间为每周一至周五9时至11时、13时至16时，预约电话：0571-86878219。

【康师傅梦想探索乐园接待访客超5万人次】 2017年，康师傅梦想探索乐园接待访客2000场次、5.4万人次，举办“中国航天梦，红牛来助力！”“美味痛快吃，杭马尽情跑！”等主题活动21场，邀请中国儿童少年基金会成员考察杭州康师傅梦想探索乐园。康师傅梦想探索乐园以“探索梦想”为主题，于2016年6月1日开园，开放时间为周一至周日9时至10时、13时至15时，预约电话：0571-56230066。

【味全品牌体验馆接待访客超2.7万人次】 2017年，味全品牌体验馆接待访客600多场、2.7万人次，参访者遍及88个国家和25个地区。2017年被评为省级工业旅游示范基地、中国透明工厂、杭州最具品质体验点、杭州市青少年科普教育基地。体验馆与各社区工疗站合作，让小朋友感受与正常孩子同等的乐趣与体验。体验馆位于开发区银海街468号，开放时间每周一到周六9时30分至16时30分，预约电话：0571-28833951。

（吕国娟）

·电子商务·

【电子商务概况】 2017年，开发区持续推进电子商务的发展，有下沙电子商务园、新加坡杭州科技园、海外留学人员创业园、跨境电子商务产业园等园区。电商企业类型涵盖网络销售、电商服务、电商平台、电商产业链条等。全年开发区限额以上贸易企业通过互联网完成商品零售额43.5亿元，比上年增长52.7%，占全区社会消费品零售额总额比重43.8%。其中，浙江问问网络科技有限公司等7个重点电子商务企业实现网络零售额42.3亿元，增长150%。

【跨境电商业务持续增长】 2017年，开发区跨境贸易电子商务产业园业务规模持续增长，全年实现进口业务3655万单，交易金额73.7亿元。其中网购保税3381万单，交易金额64.2亿元；直邮274万单，交易金额9.5亿元。开发区组织区内企业参加各类跨境电商交流活动，开发区企业与"阿里巴巴""敦煌网""亚马逊"等大型电商平台建立沟通渠道。至年末，开发区有60个企业开通阿里巴巴国际站业务，尝试跨境电商业务。

【阿里巴巴跨境电商服务中心落户开发区】 2017年7月26日，阿里巴巴跨境电商（下沙）服务中心落户开发区。该中心负责阿里巴巴国际站卖家的平台招商、企业培训、人才输送等服务，由阿里巴巴全国五星拍档——嗨帮（杭州）网络科技有限公司负责经营。至年末，服务中心举办跨境电商培训30多场、大型跨境电商峰会3场，参加人数5000多人次。

（胡霖浙　姜　元）

·专业市场·

【专业市场概况】 2017年，开发区有专业市场10个，总经营面积141万平方米，摊位总数1.7万个。全

表15

2017年开发区专业市场情况

序号	专业市场	地址	主营业务
1	杭州下沙商贸城	4号大街1号	家用电器、百货、化妆品、工艺饰品、办公用品、数码产品
2	杭州恒大国际建材家居博览中心	德胜东路2888号	陶瓷品、建筑材料、装饰材料、家具、厨具、灯具、家装饰品
3	杭州经济技术开发区金沙数码港	学正街386号	电子计算机软件、电子计算机及配件、办公自动化设备、电子元件、通信设备、数码产品
4	杭州瑞纺联合轻纺城	金沙大道1808号	纺织品、针织品及原料、服装、服装辅料、工艺品
5	杭州木材交易市场	德胜东路2539号	木材及制品、装饰材料、建筑材料
6	杭州金茂家居市场	德胜东路2777号	家具、室内装修设计、五金用品、纺织用品及日用品、家用电器
7	杭州下沙物流市场	文津北路28号	冷冻品的物流信息交易及仓储
8	杭州万品汽配城	德胜东路2666号	汽车摩托车配件及附属用油、汽车装潢用品、五金机电、工程机械配件
9	杭州长城机电市场	金沙大道1045号	机械设备、五金交电及电子产品、消防器材、劳保用品、橡胶制品、金属材料、装饰材料
10	杭州华东下沙家居商城	下沙路619号	家具、室内装修材料、家用电器

表16

2017年开发区农贸市场情况

序号	市场名称	地址	面积（平方米）	备注
1	金隅农贸市场	秋潮弄9号	3 200	—
2	海天农贸市场	听涛路203号	2 940	三星农贸市场
3	下沙农副产品综合市场	天城东路189号	4 300	—
4	高沙农贸市场	高沙社区丰乐商业街	4 000	三星农贸市场
5	七格农贸市场	七格社区综合楼底层	2 500	二星农贸市场
6	智格农贸市场	智格社区石材市场商业街	3 500	—
7	湾南农贸市场	松元路南侧	2 500	—
8	头格农贸市场	海通街月雅路交叉口头格月雅城底层	2 780	—

表17　**2017年开发区城市商业综合体情况**

序号	商贸综合体名称	地址	商业建筑面积（万平方米）	入驻商家（户）
1	龙湖杭州金沙天街	金沙大道560号	9.00	332
2	和达城	2号大街5号大街交叉口	1.30	54
3	银泰百货下沙工厂店	海达南路397号	6.60	235
4	宝龙城市广场	2号大街25号大街交叉口	6.47	241
5	和达东东城	沿江大道与10号大街交叉口	2.00	40
6	福雷德广场	文泽路99号	5.90	430

年全区搬迁专业市场1个（浙江石材市场），转型专业市场1个（杭州东沙商业中心）。

【开发区农贸市场】 至2017年末，开发区已建成并投入使用农贸市场8个，农贸市场经营总面积2.6万平方米，经营摊位910个，覆盖下沙街道、白杨街道10个社区，基本满足开发区居民日常生活需求。　（胡霖浙）

·商业综合体·

【商业综合体概况】 至2017年末，开发区建成并投入经营的大型商业综合体有龙湖杭州金沙天街、银泰百货杭州下沙工厂店、和达东东城、和达城、福雷德广场、下沙宝龙城市广场6个项目，总计商业营业面积32万平方米，涵盖餐饮、娱乐、零售、休闲、影视娱乐等多个业态。其中部分商业综合体引进上影海上国际影城、世纪星真冰滑冰场、星巴克咖啡、时代电影大世界、大地影城、威尔士健身会所等商业品牌。

·社会信用体系建设·

【社会信用体系建设概况】 2017年，开发区以国务院《社会信用体系建设规划纲要（2014—2020）》为指导，贯彻落实国家、省、市关于社会信用体系建设精神，围绕《开发区关于加快推进社会信用体系建设的实施意见》，制定《公用信用信息分类登记管理目录》《关于加快推进社会信用体系建设的实施意见》《信用红黑名单发布制度》等，推动开发区社会信用体系建设，在信用信息归集、红黑名单发布、守信联合激励、失信联合奖惩取得进展。

【开发区信用信息归集】 2017年，开发区出台《公用信用信息分类登记管理目录》。开发区根据目录、按照标准，提高信息归集质量，促进信用信息归集的常态、连续和高效，其中以企业基本信息为标识，归集各部门在依法行政过程中产生的涉信监管信息；以社保机关及公安机关个人身份信息为基础，加强重点人群信用建设，逐步建立重点人群信用档案。开发区信息管理主要涉及8个政府职能部门及4个事业单位，累计向杭州市公共信用信息平台归集公共信用信息超过6000条。

【信用红黑名单发布】 2017年，开发区制定《关于加快推进社会信用体系建设的实施意见》《信用红黑名单发布制度》等文件，定期评选开发区信用红黑名单企业，并在“信用下沙”网上公示。至年末，累计公示“统计诚信企业”“年度重点服务业企业”等红名单6批，公示“社会组织失信黑名单”“企业异常经营名录”“企业环境行为失信黑名单”“物价领域失信黑名单”等黑名单10批。

【守信激励和失信惩戒】 2017年，开发区推动实施各项联合奖惩备忘录，落实守信联合激励和失信联合惩戒。6月，开发区出台《关于贯彻落实国家守信联合激励和失信联合惩戒的6个合作备忘录的通知》，扩大信用联合奖惩范围，在交通文明、消防安全、生产安全、青年信用等30多个领域建立守信联合激励和失信联合惩戒的工作机制，落实奖惩事项和奖惩办法。向全区征集信用联合奖惩典型案例，择优录用并在开发区政府门户网站、“信用下沙”网站公示，其中“信用助力新能源汽车——‘电蚂蚁’稳步成长”“良好的纳税记录为企业‘增信’”两起典型案例被浙江省信用办采用并发布于“信用浙江”网站。

（俞淑婷）

责任编辑　张红丹

农 业

·农业综述·

【农业经济呈下降趋势】 2017年，开发区农业经济呈下降趋势，全年农林牧渔业总产值6624万元，比上年下降16.6%，其中，农业产值3675万元，增长9.4%；畜牧业产值1688万元，下降44.4%；渔业产值1261万元，下降18.5%。由于实施养殖污染整治关停和水产养殖土地回收，导致畜牧业和渔业产值下降较大。

2016—2017年开发区农林牧渔业总产值情况

表18　　　　单位：万元

指标名称	2016年	2017年	比上年增长（%）
农林牧渔业总产值	7 945	6 624	-16.6
农业产值	3 360	3 675	9.4
牧业产值	3 038	1 688	-44.4
渔业产值	1 547	1 261	-18.5

·种植业·

【种植业概况】 开发区种植业主要集中在浙江省乔司农场，以蔬菜为主，粮食、瓜果（草莓）、苗木为副。2017年，开发区农作物播种总面积1164公顷，比上年下降10.6%，其中粮食作物337公顷、蔬菜瓜果657公顷、其他作物170公顷。粮食作物以种植水稻和小麦为主，年产粮食2386吨；蔬菜种植以叶菜、茄果、葱蒜、豆类为主，年产无公害蔬菜1.21万吨；饲料草种植以青玉米为主，主要用于喂养奶牛。

【农产品质量安全抽检】 2017年，按照开发区农产品质量安全监督抽检计划，开发区经发局（农发局）开展全区农产品质量安全监督抽检，农产品抽检对象包括农产品生产基地、专业合作社和部分种植户，抽检种类包括蔬菜、草莓、生鲜乳和南美白对虾等，累计完成农产品质量安全监督抽检153批次，合格率100%。各基地自行开展上市蔬菜快速定性动态检测，累计完成蔬菜快速定性检测2200多批次。同时继续免费对外开放湾南农贸市场快速检测室，确保正常运行。

【农产品质量“百日攻坚”行动】 2017年3月1日至6月10日，开发区经发局（农发局）开展“农产品质量安全排雷百日攻坚”行动。落实源头严防、过程严管、风险严控，打击各类农产品安全违法犯罪行为，解决农产品生产领域存在的各种风险隐患和突出问题，确保不发生区域性、系统性农产品质量安全事件。活动期间，累计出动巡查人员80多人次，发放行动公告150多份，抽检蔬菜50多批次。

【农产品安全培训】 2017年4月21日，开发区经发局（农发局）召开全区农产品质量安全管理培训会，区内规模以上生产主体100多个种养殖场（户）负责人参会。培训会组织种养殖场（户）负责人学习《浙江省农产品质量安全规定》，强调对“规范使用投入品、农产品生产记录、产品自检、农产品合格证”四项法律责任，并就“三品一标”（无公害农产品、绿色食品、有机农产品和农产品地理标志）监管要求及食用农产品合格证管理工作进行现场授课。会议印发《农产品质量安全监管工作资料汇编》，要求参会单位学习落实。

2016~2017年开发区农作物播种面积和产量情况

表19

年份	2016年			2017年		
指标名称	播种面积	每公顷产量	总产量	播种面积	每公顷产量	总产量
单位	公顷	千克	吨	公顷	千克	吨
农作物播种面积总计	1 302	—	—	1 164	—	—
粮食（谷物）	396	5 647	2 236	373	6 397	2 386
蔬菜瓜果	817	18 869	15 416	657	18 351	12 057

【食用农产品“持证”上市】 自2017年5月1日起，《浙江省农产品质量安全规定》正式实施，开发区规模农产品生产单位均纳入监管。根据规定，规模农产品生产者对检测合格的农产品，应当开具农产品合格证，并在销售农产品时出具农产品合格证。农产品合格证包括无公害农产品、绿色食品、有机农产品质量认证标识、农产品地理标志、农产品质量安全追溯标签和检验检疫合格证明。自办法实施以来，开发区共出具农产品合格证3万余张。

【美丽农牧渔场建设】 2017年，开发区开展美丽农牧渔场建设。全年完成5个美丽农牧渔场建设目标任务，评选浙江乔禾农业开发有限公司为市级示范美丽农牧渔场，浙江省乔司农场、杭州新州生态农业开发区有限公司、杭江奶牛场和浙江省边防总队农场为区级美丽农牧渔场。

【植物疫情防控】 2017年，开发区经发局（农发局）开展重大农业植物疫情防控工作，针对区内植物“加拿大一枝黄花”开展防控工作。按照“因地制宜、分类指导、突出重点、化防为主”原则，与下沙、白杨两个街道签订防控责任状，印发“加拿大一枝黄花”防控宣传页至防控单位和区内各企事业单位。人工清除道路两侧1.3公顷绿化带内“加拿大一枝黄花”，全区农业植物疫情得到有效控制。

·养殖业·

【养殖业概况】 2017年，开发区环境大整治不断推进，区内养殖规模持续缩小。开发区畜禽养殖品种有奶牛、生猪、家禽和羊，至年末，奶牛存栏数1200头、生猪存栏数45头、家禽存栏500多羽、羊存栏数300多只。全年肉类产量105吨，比上年下降73.7%；生产牛奶5129吨，下降30.6%。水产养殖面积大幅减少，至年末，全区淡水养殖面积147公顷，养殖品种以南美白对虾、湖蟹为主，淡水产品总产量549吨，下降31.9%。

2016~2017年开发区主要农副产品及水产品产量

表20 单位：吨

指标名称	2016年	2017年	比上年增长（%）
肉类产量	399	105	-73.7
其中：猪牛羊肉	391	99	-74.7
牛奶产量	7 390	5 129	-30.6
水产品产量	806	549	-31.9
其中：淡水产量	806	549	-31.9

【动物疫病防控】 2017年，开发区经发局（农发局）部署养殖场（户）开展春、秋两季动物集中免疫，对所有畜禽按免疫程序进行常规免疫，全年使用牛口蹄疫疫苗6000毫升、猪口蹄疫疫苗6500毫升、猪蓝耳病疫苗6800毫升、猪瘟疫苗2.25万毫升和禽流感疫苗3500毫升，建立健全疫苗建领用、发放、使用台账记录。结合集中免疫的有利时机，采购消毒药水发放给养殖场（户），组织养殖场（户）做好消毒灭源工作。

【动物卫生监督执法】 2017年，杭州市畜牧兽医局开发区分局全面负责开发区内的动物和动物产品的检疫监管以及监督执法，全年检疫奶牛300多头、犬猫100多只，完善和规范动物检疫和监督执法工作，保障开发区畜产品质量安全。

【畜产品安全工作】 2017年，开发区经发局（农发局）按照杭州市农业局和开发区食安办要求，开展生鲜乳违禁物质检测、“绿剑”执法行动和“农产品质量安全排雷百日攻坚”专项行动，对区内使用兽药和饲料养殖企业以及生鲜乳收购站开展监督检查。累计走访检查养殖场（户）和生鲜乳奶站80多个次，出动督查人员90多人次，省市区三级抽检生鲜牛奶30多批次、饲料样品4批次，未发现有违法添加各类违禁药物的行为，检测合格率100%。

杭州东部湾沿江湿地入围2017年度“杭州最美湿地”前二十名

（陶晓兵　供稿）

【养殖场水环境治理】 2017年，开发区经发局（农发局）开展畜禽养殖业水环境治理工作。继2016年全面关停和治理养殖场生态基础上，对浙江省边防总队农场和杭江奶牛场安装养殖场智能在线监控系统，实时监测养殖场污染排放情况；推进乔司农场水产养殖场地回收工作，收回鱼塘133.3公顷，减少水产养殖污染。

【渔船安全生产管理】 2017年，开发区经发局（农发局）调查摸底区内现有渔船及其从业人员情况，与渔民签订安全生产承诺书，及时了解区内渔船动向及进出港情况。全年开展渔业安全生产检查12次，对钱塘江捕捞从业人员进行渔业安全生产培训。联合江干区农业局举办鳗苗船捕捞安全培训班，配合市渔政站对每条鳗苗捕捞船进行审验，与船主签订鳗苗捕捞渔船安全生产承诺书，办理发放7张鳗苗专项捕捞许可证书。配合市渔政站对7艘常年渔船开展检验工作，为每条渔船安装信息卡，所有渔船顺利完成年检办证，并完成7艘渔船的船员证更换。全年对确定7艘在册机动捕捞渔船发放渔业油价补助补贴总额2.9万元。

·林　业·

【林地资源二类调查】 2017年，开发区经发局（农发局）委托国家林业局华东林业调查规划设计院开展森林资源二类调查。据调查，全区土地总面积10647.73公顷，其中：林地面积1699.4公顷，占土地总面积15.96%；非林地面积8948.33公顷，占土地总面积84%。林木绿化率17%，森林覆盖率15.7%，其中白杨街道21.4%，下沙街道9.4%。全区活立木总蓄积量9.02万立方米，其中：乔木林蓄积8.42万立方米，占93.4%；丝旁树蓄积5989立方米，占6.6%。

【东部湾湿地建设】 2017年，开发区报送杭州东部湾沿江湿地参加杭州市林业水利局举办的“杭州最美湿地”评选活动。杭州东部湾沿江湿地是以钱塘江沿岸和沿江护塘河为中心形成的湿地带，总面积5.2平方千米。通过网络投票和专家评选，杭州东部湾沿江湿地入围“杭州最美湿地”前二十名。

【森林杭州建设】 2017年，开发区管委会与下沙街道、白杨街道签订《森林杭州建设目标责任书》，落实森林建设目标管理责任。开发区管委会安排29.5万元专项经费用于开展森林资源二类调查，投入6800多万元用于绿化日常养护、绿化景观工程、义务植树等，全年扩大开发区沿江景观公园、银海街（经四支路—翁盘路）北侧工程、开发区入城口综合整治工程、银海街（海达北路—福城路）工程等绿化面积30.86万平方米。

【野生动物保护管理】 2017年，开发区经发局（农发局）开展“爱鸟周”和野生动物保护宣传活动，开展宣传教育，加强日常保护管理。印发“爱鸟周”宣传册500多份，修复钱塘江边两块大型电子宣传牌，刷新江堤边野生动物保护警示标语30多条。设立开发区野生动物临时救助点，租用区内农场对受伤的野生动物开展临时安置和康复，治疗康复后及时放生，对救治无效的进行无害化处理，全年开展野生动物收救10多次。对野生动物经营采取疏堵结合的方式，严格审核把关，新发野生动物经营利用许可证2张、驯养繁殖许可证1张。巡查捕鸟、贩卖野生动物违法行为，处理群众举报案件10多起。　（陶晓兵）

责任编辑　张红丹

内外经济贸易

·招商引资·

【招商引资任务完成】 2017年，开发区拓展招商引资路径，优化招商引资方式，完成实到外资5.79亿美元、实到内资50.64亿元、“浙商回归”到位资金37.81亿元，完成年度招商引资目标任务。全年引进实到外资1000万美元以上大项目15个，到位资金3.38亿美元；新引进“吉立亚医药”、“雅培眼力健”（美国强生医药投资）、“杭州富通电工”（住友电气投资）3个世界500强项目。引进实到内资5000万元以上项目14个，到位资金44.46亿元。引进第三产业项目44个。引进中国民营500强项目3个，分别是“三花汽零募投”增资项目（民营500强）、“万杭仓储”（万科集团中国500强）、“奕安济世”（泰康人寿民营500强）。引进“浙商回归”1亿元以上的项目10个，到位资金27亿元。引进固定资产投资项目31个，到位资金16.65亿元；资本项目22个，到位资金21.16亿元。完成杭州立昂微电子公司投资衢州金瑞泓科技项目等山海协作产业项目，协议资金到位1亿元。

【住友电气并购富通电工股权】 2017年11月，日本住友电气工业株式会社并购杭州华新电力线缆有限公司拥有的杭州富通电工有限公司49%股权（注册资本4900万元）。杭州富通电工有限公司变更为中外合资企业。新公司综合双方优势，采用先进且实用的高新技术和生产模式，向市场提供高质量产品和服务，杭州富通电工有限公司于2016年经开发区商务局批准成立，经营年限自2016年6月2日至2036年6月1日。企业地址位于开发区16号大街22号2幢。投资总额3亿元，注册资本1亿元，实缴注册资本1亿元。投资方为杭州华新电力线缆有限公司，出资额1亿元。经营生产500千伏及以下电力电缆附件。

2017年5月25日，由开发区管委会承办的杭州生物医药产业专题推介会在上海召开　　（开发区管委会办公室　供稿）

【东芝开利空调增资】 2017年6月，日本东芝总部对位于开发区的东芝开利空调（中国）有限公司增资3000万美元、新受让5.33公顷土地，实施空调生产基地扩产及增设研发功能。东芝开利空调（中国）有限公司是日本东芝出资在中国建设的首个商用空调生产基地，为浙江省第一

表21

2017年开发区实到外资1000万美元以上项目情况

单位：万美元

项目名称	实到外资	项目名称	实到外资
吉立亚（杭州）医药有限公司	1 985.00	辉瑞生物制药（杭州）有限公司	6 400.00
达内软件技术（杭州）有限公司	2 000.00	百世店加科技（杭州）有限公司	4 992.48
浙江中畅融资租赁有限公司	1 016.48	奥普家居股份有限公司	2 685.43
美町宝植物科技（中国）有限公司	1 302.00	东芝开利空调（中国）有限公司	1 545.93
浙江诗华诺倍威生物技术有限公司	3 042.51	杭州天钰企业管理咨询有限公司	1 560.37
中商（浙江）融资租赁有限公司	1 089.09	杭州奕安济世生物药业有限公司	1 947.00
杭州优科豪马轮胎有限公司	1 820.00	杭州乐音仓储有限公司	1 276.00
昕章（杭州）融资租赁有限公司	1 135.70	合 计	33 797.99

表22

2017年开发区实到内资5000万元以上项目情况

单位：万元

项目名称	实到内资	项目名称	实到内资
杭州茂宇电子化学有限公司	7 000	杭州奕安济世生物药业有限公司	6 538
杭州万杭仓储有限公司	5 560	逅爱（杭州）进出口有限公司	6 666
顾家家居股份有限公司上市项目	195 679	浙江三花汽车零部件有限公司增资项目	130 131
浙江理工大学固定资产投资	6 710	浙江华海生物科技有限公司	10 000
浙江海亮融资租赁有限公司	5 340	昕章（杭州）融资租赁有限公司	22 500
中商（浙江）融资租赁有限公司	22 500	杭州拉戈姆控股有限公司	6 000
杭州中科极光科技有限公司	10 000	合 计	444 244
杭州象阳新能源科技有限公司	10 000		

个专业大型商用空调生产企业。2013年8月，东芝开利空调（中国）有限公司批准设立，总投资4亿元，注册资金1.5亿元。公司租用杭州三花东汽车轿有限公司厂房，建筑面积1.64万平方米，主营空调机、热交换器、空调用通风机及其零部件的设计、生产、批发、销售、服务、技术咨询等业务。项目投资方为东芝开利株式会社（占51%）和开利亚洲有限公司（占49%），合资双方均为世界500强企业。至年末，该公司销售额超过12亿元。

【诗华诺倍威股权转让】 2017年1月，法国诗华动物保健公司与浙江诺倍威生物技术有限公司原18个自然人股东签署股权转让协议，首期以2.37亿元（约3400万美元）获得浙江诺倍威生物技术有限公司64%的股权，成为公司第一大股东。2月，法国诗华动物保健公司与青岛易邦生物工程有限公司、中国动物卫生与流行病学中心签署合资经营合同，共同成立浙江诗华诺倍威生物技术有限公司。浙江诗华诺倍威生物技术有限公司（原名浙江诺倍威生物技术有限公司）位于开发区23号大街401号，是国家重点支持的高新技术企业。2005年4月批准成立，注册资金3000万元，主要从事生物制品的研发、生产销售，生物技术开发、转让、技术咨询服务，经营进出口业务。2016年销售收入1.4亿元，实现净利润2300万元。

【华海药业签署投资协议】 2017年，浙江华海药业股份有限公司在开发区设立全资子公司浙江华海生物制药科技有限公司，专门从事生物药研发和生产。项目一期用地6.33公顷，总建筑面积9万余平方米，建设生物药研发中心及制剂工厂。项目于2017年9月签署投资协议，计划2018年开工建设。浙江华海药业股份有限公司成立于1989年，2003年在上海证券交易所上市，主要从事药物制剂的研发、生产和销售。公司在美国及中国的上海、江苏、杭州等地设有分（子）公司15个，是国家重点高新技术企业、国家创新型企业、中国民营500强企业、浙江省医药工业十强企业，设有国家级企业技术中心和博士后科研工作站。

【奥普卫厨项目增资】 2017年，杭州奥普卫厨科技有限公司以增资方式投入奥普智能家电项目，公司更名为奥普家居股份有限公司。公司注册资本增加1.9亿元，资金于6月前到位。新项目受让土地3公顷。杭州奥普卫厨科技有限公司创建于2004年，隶属于奥普集团控股有限公司。2006年12月，奥普集团控股有限公司在香港主板挂牌上市。2011年8月，公司总部迁入开发区。公司注册资本2061万美元，主要生产销售包括浴霸、通风扇、电热毛巾架、厨房电器等家电系列产品。公司获国家专利150多项和多项国际认证，是家用电器领域的知名品牌。

【乐音仓储公司成立】 2017年10月，杭州乐音仓储有限公司在开发区注册成立。该公司由南京音飞存储设备（集团）有限公司和乐歌香港公司共同投资组建，总投资4889万美元，注册资本2300万美元。项目用地3.13公顷，主要承担建设杭州进口肉类指定口岸公共服务的职能。项目总投资3.08亿元，规划建筑面积5万平方米。建成投入运作后，可满足同时查验660吨货物的查验仓库、1.41万吨库容量的储存冷库、一年20万吨的进口肉类业务量。

【捷诺飞公司融资5500万元】 2017年6月，杭州捷诺飞生物科技股份有限公司融资5500万元，新受让土地1公顷，实施生物3D打印与医疗器械产业园建设。公司由多名大学教授、海归创业人士、世界500强医药公司市场总监等于2013年1月共同创建成立。公司建有浙江省高新技术企业研究开发中心，2017年牵头主持科技部国家重点研发计划专项项目。在开发区内拥有2个控股子公司，租用杭州市高科技企业孵化器有限公司及浙江正泰中自企业管理有限公司办公用房总计3800平方米。公司投资3500万元，构建从生物3D打印装备、生物3D打印材料合成制备、医疗器械产品的完整研发和生产体系。公司开发的系列生物3D打印机占据国内约50%的市场并销往海外。

（郭　允）

【赴外招商与宣传推介】 2017年3月，开发区驻沪招商处参加由上海科众集团主办的CFO行业（医疗行业、零售行业、制造行业）峰会，现场布置展位并推介开发区。4月，开发区管委会副主任郝大龙率队赴日本参加浙江省·静冈县建立友好关系35周年庆典，拜访东芝开利东京总部、东芝开利富士工厂、矢崎汽车零部件静冈总部、爱知工程崎玉总部、横滨轮胎东京总部、田中控股东京总部等企业，促进日方在开发区加大投资力度。5月，开发区管委会联合杭州市国内经济合作办公室在上海承办2017年杭州生物医药产业专题推介会，80多家在沪生物医药企业参会。6月，开发区组团参加在宁波举办的第十九届浙江投资贸易洽谈会，就项目签约、洽谈与对接开展系列活动。7月，开发区管委会副主任何铨寿组队随杭州百人政商代表团赴德国、波兰开展招商引资、经贸考察活动，推介开发区投资环境。9月，每年一次的国际投资贸易洽谈会在福建厦门举行，开发区商务局组织招商分队参会，对接医疗器械、智能装备制造、新能源新材料、高端服务业领域内的优质客商，积累潜在投资商资源。

2017年6月28日，第四届中国IVD产业投资与并购CEO论坛在开发区举办　　（开发区管委会办公室　供稿）

【驻点招商网络建设】 2017年，开发区商务局牵头制定《开发区国内招商引资、招才引智信息网络建设实施办法》，对驻点招商处主要工作职责、人员选派、工作保障、考核管理等做出明确。加强驻处招商信息网络建设，恢复开发区驻北京招商处。更替驻外招商处人员，配优配强招商人员，全年开发区驻外招商处与当地中介机构开展项目信息交流200次，搜集项目信息63条，入库有效项目信息45条，完成落地项目6个。与浙江省商务厅开展海外商务处的省区共建模式，参与入驻浙江省驻德国商务代表处。代表处设

在德国杜塞尔多夫，开发区选派干部驻德招商，每届任期两年。（高　萍）

·对外贸易·

【对外贸易概况】 2017年，开发区外贸经济平稳增长，全年实现进出口总额642.06亿元，比上年增长20.7%。其中：实现出口总额331.37亿元，增长9.9%；实现进口总额310.69亿元，增长34.7%。全年出口额实现10亿元的企业有5个，分别为杭州中策橡胶有限公司、东芝信息机器（杭州）有限公司、顾家家居股份有限公司、杭州矢崎配件有限公司和杭州默沙东制药有限公司。

【外贸预警与监测】 2017年，开发区按照“预警在先，实时监测，服务并进”原则，实施对外贸易预警示范点和商务运行调查监测点建设。全年58个外贸企业申请加入预警示范点，80个外贸企业申请加入监测点。开展预警政策学习培训，组织专题会议，建立和维护预警网站，全年发布预警信息350多条，针对生化医药行业编制行业出口统计分析4期。监测点开展机构建设、制度建设并组织培训，全年组织培训会议和配合省商务厅调研相关工作4次。加强外贸运行分析，全年开发区商务局撰写外贸运行调查监测分析12篇、外贸出口调研分析报告4篇。年末，开发区外贸预警示范点和商务运行调查监测点顺利通过市商务委的年度考核，商务运行调查监测点被评为杭州市商务运行调查监测点优秀分点。

【出口信用保险扶持】 2017年，开发区鼓励企业参与出口信用保险，全年参与出口信用保险企业23个，投保金额15.1亿美元。做好出口信用保险报损与赔付，全年累计受理企业报损案件24起，报损金额2400万元，通过信用保险公司追偿和赔付，帮助企业挽回损失2000万元。帮助企业合理评估海外交易风险，全年为外贸企业拓展海外市场提供海外买家资信调查报告95件次。

【组织企业开拓外贸市场】 2017年，开发区商务局借助中国国际贸易促进委员会、浙江米奥兰特商务会展股份有限公司等机构提供的平台，鼓励企业参加国外专业博览会、展销会，扩大对外交流。利用中小企业国际市场开拓资金、杭州市重点展会补助及区内企业境外参展补助，鼓励有条件的企业在境外建立营销网络、生产基地，扩大国外市场占有率。全年组织顾家家居股份有限公司、浙江福发纺织有限公司、泰瑞机器股份有限公司、杭州维丽杰旅行用品有限公司等29个企业参加2017年中国（上海）国际家具展览会、第121届中国出口商品交易会、第六届中国（波兰）贸易博览会、第四届中国（土耳其）贸易博览会、2017年美国拉斯维加斯国际日用消费品展览会、2017年第十四届中国（约旦）贸易博览会等30多个境内外重点展会。（蓝　丽）

·服务贸易·

【服务贸易概况】 2017年，开发区完成服务贸易出口77.5亿元，占杭州市服务贸易出口总额的7.13%，其中离岸服务外包合同执行额71.2亿元，比上年增长46.1%。全年开发区进入浙江省国际服务贸易统计监测系统的企业27个，进入商务部服务外包业务管理系统备案的企业84个，培训服务外包人才2921人。开展服务贸易培训，整理确认2016年有服务贸易出口的企业188个；组织企业参加服务贸易业务培训会，挖掘重点领域数据。开发区服务贸易以国际服务外包业务为主，离岸市场集聚、业务层次较高，美国、日本和中国台湾、香港、澳门地区为开发区承接发包主要市场。开发区获2017年杭州市服务贸易综合考评二等奖。

【服务贸易市场开拓】 2017年，开发区商务局组织区内企业参加展会和博览会，鼓励企业开展投资和经贸合作。3月，杭州美仪自动化有限公司参加德国汉诺威消费电子、信息及通信博览会。4月，组织区内企业参加第五届中国（上海）国际技术进出口交易会。9月，组织松下家电研究开发（杭州）有限公司等多个企业参与第八届中国国际服务外包交易博览会。组织中国（杭州）跨境贸易电子商务综合试验区下沙园区、东方科技城跨境电商产业园区参加第八届中国浙江商务服务交易博览会，现场搭建合作交流平台，促进境内外平台企业、商务服务机构与中小微企业之间的合作。全年支持米奥兰特服务贸易营销展示公共信息服务平台发挥展览、会议、咨询、服务为一体的优势，帮扶区内服务贸易企业实现出口额逐年增长。

2017年12月6日，开发区党工委书记、管委会主任邵立春（中）调研开发区跨境电子商务　（朱　斌 供稿）

【服务贸易政策兑现】 开发区加快服务贸易发展，扶持符合条件的服务贸易（服务外包）企业和培训机构，兑现2017年度中央外经贸发展专项资金（国际服务外包）738.28万元，兑现中央外经贸发展专项服务外包示范城市资金101.72万元，兑现2017年度杭州市服务外包专项资助资金26.13万元，兑现中央外经贸发展专项（服务贸易创新发展试点）资金1.93万元。（徐怡然）

·对外投资合作·

【对外投资合作概况】 2017年，开发区企业对外投资合作步伐加快，11个企业通过新设、并购、增资等方式在境外开展合作，对外投资总额4231.49万美元，比上年下降40.8%。新设境外企业7个，投资总额471.62万美元；增资企业2个，投资总额1729.87万美元；并购企业2个，投资总额2030万美元。对外投资主体以跨境电子商务和生物医药企业居多，投资需求较为旺盛。

【索元生物医药公司增资1000万美元】 2017年10月，索元生物医药（杭州）有限公司向索元生物医药（美国）有限公司增资1000万美元，用于抗肿瘤新药全球多中心临床试验三期研发。索元生物医药（杭州）有限公司于2012年2月登记成立，是以快速有效模式开发一类新药的生物医药科技公司，在美国加州圣地亚哥设有全资子公司。公司创始人罗文系美国印第安纳大学分子生物学博士、加州大学旧金山医院博士后。公司利用其独创专有的生物标记物平台技术，以较低的成本、较快的时间开发新药，至年末已拥有3个首创新药，成为中国拥有较多创新药且有全球权利的创新药物企业之一。

【跨境电商企业国际化经营加快】 2017年，中国（杭州）跨境电子商务综合试验区下沙园区跨境电商企业通过实施“走出去”战略，对接整合国内外资源，企业国际化经营步伐加快。7月，阿里巴巴集团在开发区成立跨境电商（下沙）服务中心，建设外贸电商城市服务站。9月，中国（杭州）跨境电子商务综合试验区下沙园区扩园，增设东方科技城产业园，全力推进跨境出口业务发展。全年有5个电商企业利用海外优质货源、成熟渠道赴外投资，对外投资总额828.69万美元。（蓝　丽）

·项目促开工·

【10个工业项目开工】 2017年，开发区商务局把加快项目落地开工、促进固定资产投资提升作为重点，通过与企业及相关审批部门加强沟通、协调、对接，与企业管理层形成定期对接、协同配合的工作机制，确保项目开工推进。全年促成“和而泰”“飞越机电”“耕德电子”等10个工业项目按期开工，总用地面积21公顷，投资总额22.7亿元。推动后续项目用地指标组件、挂牌前期审批等工作，完成“圣石科技”“东芝开利”“娃哈哈宏振”“捷诺飞”4个项目的土地摘牌，合计出让土地面积10.07公顷。

【美町宝植物科技二期项目开工】 2017年1月，美町宝植物科技（中国）有限公司二期项目开工建设。该项目位于开发区19号大街与12号大街交叉口附近，项目占地7000平方米，建筑面积1.1万平方米，总投资1.3亿元。项目工艺由公司控股股东——德国植物提取公司美町宝集团设计，依托控股股东全球的销售网络，采用德国先进的提取分离设备及技术，建设除德国本部之外最大的速溶茶、冷冻茶浓缩液产品的生产加工基地。

【精信电子(二期)项目开工】 2017年2月，杭州精信电子科技有限公司工业厂房工程二期项目开工建设。该项目位于开发区15号大街22号，占地面积1.09万平方米，建筑面积1.91万平方米。新建面积1.15万平方米，总投资3000万元。该公司主要业务是技术开发、技术服务、技术咨询、成果转让；生产电子产品、计算机、计量设备、水利水电设备、半导体集成电路、自动化仪器仪表及系统；承包电子技术机联网工程等。

【浙江九然服饰项目开工】 2017年3月，浙江九然服饰有限公司工业厂房扩建工程新建项目开工建设。该项目位于开发区4号大街30号，为浙江九然服饰有限公司工业厂房工程扩建项目。项目占地面积1.65万平方米，总建筑面积3.51万平方米，新建高层生产厂房1幢，建筑面积1.8万平方米，其中地上面积1.52万平方米、地下面积2827.7平方米。

【天元电缆改扩建项目开工】 2017年3月，杭州天元电力电缆有限公司工业厂房改扩建项目开工建设。该项目位于开发区 18号大街17号，占地面积8660平方米，建筑面积1.65万平方米，厂房改建项目总投资1900万元。杭州天元电力电缆有限公司主要生产及销售各种规格的全塑电力电缆、控制电缆、阻燃电缆、耐火电缆、聚乙烯电缆、各种规格铜塑线、铝塑线、钢芯铝绞线。

【耕德电子项目开工】 2017年6月，杭州耕德电子有限公司项目开工建设。该项目位于开发区银海街和长空路交叉口西侧 ，占地面积4.06万平方米，建筑面积8.59万平方米，总投资5.4亿元。杭州耕德电子有限公司主要从事研发及生产便携式微型计算机及构件、新型手机配件、数字放声设备及构件、精密电子产品模具及零配件。

【和而泰智能项目开工】 2017年6月，浙江和而泰智能科技有限公司项目开工建设。该项目位于开发区围垦街与海达北路交叉口，占地面积2.4万平方米，建筑面积7万平方米，总投资4.9亿元。浙江和而泰智能科技有限公司为深圳和而泰智能控制股份有限公司的全资子公司，主要从事家电智能控制器和智能硬件的技术开发、产品设计、软件服务、产品制造与销售，是中国规模较大的智能控制整体解决方案供应商之一。开工项目为“和而泰”长江三角洲总部建设项目，预计建成后年销售额20亿元。

【中策电缆项目开工】 2017年7月，杭州中策电缆有限公司项目开工建设。该项目位于开发区10号大街（东）675号，占地面积9775.17平方米，建筑面积2.02万平方米，总投资1亿元。杭州中策电缆有限公司是一个具有高新技术的电缆生产企业，曾获“浙江省著名商标”“浙江省知名商号”“浙江省工商企业信用AA级”等称号，主要生产电力电缆、控制电缆、架空绞线、架空绝缘电缆、橡套电缆、矿物电缆、预分支电缆，阻燃、耐火、低烟无卤，低压电器、开关、插座及相关配套产品。

【新界泵业项目开工】 2017年8月，新界泵业（杭州）有限公司年产7600套自动给水设备及智能控制系统项目开工建设。该项目位于开发区22号大街22号，占地面积4万平方米，总建筑面积8.7万平方米，建设总投资3.99亿元。新界泵业（杭州）有限公司主要从事泵及控制设备、供水设备、排污设备、消防设备、净水设备、水务软件系统、物联网系统生产、销售、安装和保养，以及提供“泵及控制设备、供水设备、水务软件系统、物联网系统”技术开发、技术服务、技术咨询和成果转让。

【飞越真空科技项目开工】 2017年11月，飞越真空科技（杭州）有限公司项目开工建设。该项目位于开发区福城路与元北路交叉口，占地面积1.93万平方米，建筑面积 4.11万平方米，总投资2.8亿元。飞越真空科技（杭州）有限公司主要生产、研发和销售真空泵、真空机组、真空应用设备、真空配件、制冷维护设备、制冷维修工具、工具包等产品。

（汪桠楠）

责任编辑 黎洪正

口 岸

·出口加工区·

【出口加工区概况】 2017年，浙江杭州出口加工区（简称出口加工区）完成工业总产值98.94亿元，比上年增长4.4%；工业销售产值98.64亿元，增长5.4%；固定资产投资1.86亿元，增长68.8%；进出口总值26.57亿美元，增长22.3%，其中进口额12.6亿美元、出口额13.97亿美元。全年跨境贸易电子商务进口累计验放包裹3655万单、交易金额73.62亿元，其中网购保税交易金额64.15亿元、直邮交易金额9.47亿元。围绕建立“产业国际化、建设现代化、管理智慧化”复合型综合保税区目标，加快推进出口加工区转型升级。按照“边申报、边规划”的原则推进建设，完成综合保税区意见征询和会签工作，制定物流作业区（卡口）建设初步方案，明确综合保税区基本组织架构。加强园区安全生产管理，开展消防整治、特种设备整治，组建安全生产联防中队与安保联防队，全年召开安全生产工作会议7次，检查企业297个次，印发整改通知单96份，查出安全隐患288处，完成隐患整改285处，推动7个业主单位投入2000多万元实施消防整改。

【加快升级综合保税区】 2017年，开发区管委会会同省、市相关部门多次赴北京与相关部委开展沟通对接，加快推进升级综合保税区工作。6—8月，完成第二轮意见征询；12月，完成海关总署、国家发改委等十部委的会签。同时，按照“边申报、边规划”工作要求，开发区管委会领导带队赴苏州、上海、郑州等综合保税区学习考察，委托专业公司编制监管作业区设计方案，拟定杭州综合保税区建设方案。经与海关、出入境检验检疫等部门多次研究讨论，确定综合保税区组织架构和新建物流作业区（卡口）建设方案。结合综合保税区“保税+”的发展设想，加快推进主体建设，明确物流作业区的业态、功能和规模，推进控制性规划调整等后续设计工作的开展。

【进口肉类指定查验场建设】 2017年，出口加工区综管局按照“一次规划、分步实施”的原则，依据国家质检总局关于进口肉类指定查验场的建设验收标准，拟定杭州进口肉类指定查验场建设方案，采取“模拟审查”“桩基先行”等方式，加快推进建设进度。确定南京音飞储存设备股份有限公司为建设主体，完成建设项目公司注册、投资款到资等前期工作。启动拟出让地块前期选址论证等审批流程，完成土地摘牌公告。

【园区秩序管理与违章整治】 2017年，出口加工区综管局加大广场通关秩序管理力度，研究制定《出口加工区行政卡口管理规定》，增派保安力量，增设交通指示牌，实行行政车辆与报关车辆车道分离并加装人闸、车闸系统，确保加工区广场通关车辆进出有序。印发《出口加工区停车管理办法》，通过会议部署宣传、增派保安力量、安装交通标识标牌等举措，解决区内机动车无序停放现象。推进企业及其周边秩序管理，开展疑似违章建筑整治，排查企业24个，查出疑似违章建筑243处，面积1.92万平方米，落实拆除总面积1.08万平方米，整治规范构筑物1.35万平方米，建筑物新建申报立项4025平方米。（杨 俊）

·开发区海关·

【开发区海关概况】 2017年，开发区海关监管进出口货物24.77万吨，货值42.45亿美元，比上年分别增长3.6%、18.6%；全年受理并审结报关单9.75万份，增长3.3%；征收关税和代征增值税31.46亿元，增长27.6%；监管集装箱3.9万箱，增长6.2%；监管运输工具6万辆，增长13.1%；监管加工贸易货物14.5万吨，货值26.6亿美元；审批减免税项目4个，征免税证明228份，减免两税（关税和进口环节税）3297.6万元；审批辖区备案企业1028个，其中高级认证企业5个。全年稽核查企业93个，立案调查4起。验放跨境电商进口包裹3655.5万件、总货值73.6亿元，分别增长42%、54.6%，约占杭州跨境综试区进口业务量90%，占比提高10个百分点；中国（杭州）跨境电子商务综合试验区下沙园区（简称下沙跨贸园）备案跨境商品SKU（库存量单位）2万余种，涉及约60个海外原产地国家、地区，累计入区电商平台92个、电商企业143个、申报企业17个、仓储企业31个。

【跨境电商海关监管应对】 2017年，开发区海关联合杭州海关、电子口岸等部门，开发应用特殊区域辅助管理系统、跨境电子商务海关智能关锁和移动手持式单兵设备，实现对跨境电商业务单证流、物流、信息流的智能监管。开发跨境电子商务监控分析系统，对跨境电商商品备货、包裹出区、账册使用、清单信息申报等环节进行综合风险研判，为跨境商品监管提供有效监管。联合义乌海关，加强与平台企业、场地运营方的沟通联络，为通过中欧班列自欧洲铁路运输至义乌的奶粉等跨境商品提供查验、转关等通关服务。复制推广“先进区后报关”等监管创新制度，采用“简化随附单证”“卡口智能化验放”等便捷通关作业模式，保障跨境电商货物快速通关。面对“6·18”“双十一”等电商促销高峰期，抽调人员组成党员突击队、应急小组、先锋工作队，提前了解备货情况，预估跨境电商货量和高峰时段，制定海关监管方案；开展监管场所消防安全巡查，规范仓储货物堆放储存和车辆运行管理，做好突发情况应急处理；统筹优化人力资源，增加高峰期查验、卡口验放、视频监控等岗位人员，确保商品通关顺畅。

【跨境电商安全监管与知识产权保护】 2017年，开发区海关加强跨境电子商务零售进口业务安全监管。实施“一线管住、二线优出”监管，加强“大货入区”环节随机布控。建立动态调整信用管理体系，根据企业信用等级实施差别化布控，对可能涉及安全问题的敏感性商品，加强实物抽核及仓库安全存放巡查；实行验收准入制度，明确企业向海关传输数据标准，实现与企业的联网监管，确保海关实时掌握企业入库、仓储、出货等动态；实行全时段、多覆盖视频云监控，将仓储企业近1000个监控视频接入海关监控中心，对卸货、理货、货架、打包、出货等作业区域加强监控。加强跨境电商知识产权保护，联合杭州海关法规处，与网易集团、浙江物产集团公司、杭州多拉供应链有限公司、杭州贝友电子商务有限公司、杭州银淘泰淘科技有限公司、浙江达缘供应链管理有限公司、北京同仁堂国际（杭州）网络技术有限公司7个跨境电子商务企业签署知识产权保护合作备忘录，在知识产权风险防范、海关执法协查、跨部门协作及教育培训等方面与企业开展合作。

【货物通关时间压缩】 2017年，开发区海关强化措施，压缩货物通关时间，提升通关效率。召开专题会议，建立部门联动作业、通关时效定期通报制度，完善通关时间统计、评估、监控机制；实施“一次申报、分步处置”模式，简化现场海关作业内容，向企业推广“自报自缴”作业模式，推进税单无纸化进程，实现海关通关作业系统凭银行电子数据自动进行核销，提高税费核销速度；与口岸海关加强联系协作，推进口岸清关、一体化通关、直转和移位监管等多种业务类型，引导企业选择最优物流模式，缩短通关时间；开展下厂调研和政策宣传，提高企业对海关政策和业务流程的熟悉程度，安排节假日预约通关，缩短报关单申报后的等待时间，对企业申报过程中易发生问题进行事先指导，对已发现问题及时处理，加快问题解决进度。

【企业设备和跨境海鲜验放通关】 2017年2月22日至3月9日，开发区海关分批次完成辉瑞生物制药（杭州）有限公司进口“生物制药模块化整体厂房”的验放通关。该模块化整体厂房有集装箱108个，总金额3.23亿元。这是浙江省首次、全国第二次进口生物医药模块化整体厂房。组装完成投入生产后，将用于单克隆抗体制剂原液的生产优化。4月19日，来自美国旧金山、货值3.7万元的15箱野生活珍宝蟹由浙江达缘供应链管理有限公司空运至杭州萧山国际机场。该批珍宝蟹是浙江省内首次以跨境保税模式进口鲜活食用水生动物。杭州萧山国际机场海关办理转关手续，由杭州出入境检验检疫局全程监管，于4月20日晚22时运达下沙跨贸园。开发区海关、出入境检验检疫局开发区办事处对该批货物联合实施快速查验，指导企业完成报关、入园手续。4月21日，浙江达缘供应链管理有限公司通过跨境保税进口模式进口一批鲜活波士顿龙虾，为保障产品鲜活，开发区海关第一时间在下沙跨贸园对货物进行验放。

【特殊监管区域监管核批】 2017年，开发区海关对出口加工区等特殊监管区域开展专项安全检查，查出7处安全隐患并要求整改。查出下沙跨贸园20万平方米仓库存在消防安全验收问题，督促出口加工区管委会协调解决；联合开发区环保、检验检疫等部门，对滞留危险固体废品进行出区无害化处置，处置强腐蚀性废酸等存储废料，消除安全隐患；比照国务院发布的《涉及危险化学品安全风险的行业品种目录》，建立“杭州出口加工区危化品行业品种目录台账”，内容涵盖进出总量、危险程度、存储方式等信息，将10个生产型企业、101种危险化学品，以及强酸、硫黄等5类危险化学品货物确定为重点监控对象。将特殊监管区域保税核批业务化繁为简，完善出口加工区区域场所辅助管理系统，将进出区单证审核由以往的逐票人工审核，转变为对企业备案信息的24小时自动核批；简化核批程序，梳理精简60多类需递交核批的保税业务单证，其中24类业务单证实现系统联网上传，40多类业务允许企业自存备查；推行无纸化联网申报，8项保税业务实现“最多跑一次”，在出口加工区内实现保税业务单证自动核批4500多份。

【“探班跨境商品通关现场”网络直播】 2017年11月12日，开发区海关联合杭州海关，通过海关总署官方微信“海关发布”，开展“海关带你探班跨境商品通关现场”网络直播活动。直播节目以“海关保障‘双十一’跨境商品通关顺畅”为主题，通过现场拍摄、采访关员、跟踪邮包通关流程的方式，科普跨境保税进口模式、海关保障“双十一”跨境商品通关顺畅所采取的措施，以及开发区海关推进跨境电子商务发展的成果。“海关发布微博”“微信公众号”“人民直播”“新浪微博”“今日头条”“网易浙江”“腾讯政务”等直播平台同步直播。（李　晗）

·出入境检验检疫·

【出入境检验检疫概况】 2017年，杭州出入境检验检疫局开发区办事处（简称检验检疫开发区办事处）检验检疫出入境货物5.71万批次，货值25.45亿美元，分别比上年增长43.8%和35.6%。其中：出境货物3.72万批次、货值13.65亿美元，增长35.3%和30.3%；入境货物1.99万批次、货值11.8亿美元，增长63.1%和42.3%。融入开发区发展，开展“支持重点项目建设、服务成套设备进口”专项服务活动，跟踪辉瑞生物制药（杭州）有限公司等重点招商引资项目。服务企业发展，帮助杭州丘比食品有限公司等企业进驻超市“三同”（同线、同标、同质）柜台和食品防伪溯源平台，“丘比沙拉酱”产品销售增长15%，成为浙江省“三同”示范企业。试行“边检边放”模式改革，加快核放速度，降低企业仓储物流成本。推行信用签证等便利措施，新增原产地证签证业务点，承担杭州市贸促会撤离开发区后的原产地签证工作，全年签发量增长32.3%，为企业节省关税2755万美元。减轻企业负担，为企业减免费用1700万元。推进杭州进口肉类指定查验场、进出口生物医药制品质量安全示范区、出口加工区升级综合保税区等公共服务平台建设。实行“一窗受理、一次办结”，落实跟进“最多跑一次”改革。

【跨境电商检验监管】 2017年，检验检疫开发区办事处结合跨境电商发展趋势和存在问题，制定入境产品质量安全风险监控等10项操作规程，规范跨境电子商务检验检疫监管。探索综合保税区B2C（企业针对个人开展的电子商务活动的总称）出口监管模式，11月6—7日，下沙跨贸园两批跨境B2C出口业务试单成功，分别为杭州电小二电子商务有限公司经销的透明胶带和天猫平台销售的国产美容仪，这是“天猫出海”项目首次以保税零售方式出口。开展与电商平台的质量共治，开展相关产品国际互认、国际认可、国际预检、国际追溯实践等工作。继牛肉、水果后，水生动物、宠物食品等跨境电商全国首单再次在下沙跨贸园产生。全年监管入境巴氏奶27批、5994瓶，宠物食品50批、22.72万包，波士顿龙虾7批、1万千克，珍宝蟹12批、7705.24千克。开展跨境电商产品风险监测和评估，监管跨境出区包裹3651万个、货值73.5亿元，监测跨境进口产品1054批，查获不合格53批，截获禁止入境物15批，监督销毁73批、59.39万件。开展相关产品真伪调查，应对跨境电商纸尿裤“致癌门”事件和“3·15”日本核辐射地区食品进口事件，因质量问题约谈日本山本汉方制药株式会社和澳大利亚澳佳宝等品牌商。

【油橄榄实蝇首次截获】 2017年9月28日，检验检疫开发区办事处工作人员在对一批西班牙进口的装载果汁产品的集装箱实施检验检疫时，截获一种蝇类。经浙江省检科院鉴定为橄榄实蝇，属检疫性有害生物，为浙江口岸首次截获。橄榄实蝇又称油橄榄实蝇，主要寄生在橄榄和野生橄榄。橄榄实蝇对橄榄的危害严重，当果体受害比例较高时，生产出的橄榄油中过氧化物、饱和脂肪酸的含量均有所增加，果实产卵孔损伤处凸出部位所含酸度也会显著增加，造成感官和品质下降，同时被害果的产油量将大大减少，严重影响寄主植物产量及商业价值。该虫在中国大陆尚未见分布报道。为防止有害生物传入，危害中国生态环境安全，检验检疫开发区办事处按规定对上述集装箱及木质包装实施检疫处理。

【检验检疫成效明显】 2017年，检验检疫开发区办事处截获有害生物210批次，其中1种为浙江口岸首次截获、4种为杭州口岸首次截获。检疫性有害生物2种类、4种次。退运销毁进口货物109批，货值562.68万美元，在2017年度浙江省系统检验检疫“不合格检出奖”评比中获一等奖1项、二等奖5项、三等奖2项。首次销毁日本进口医疗器材（滤血用聚砜制中空丝）1327箱、12.19万束，货值15.8万美元，首次销毁来自日本的无3C标志进口机电产品（按钮开关）。开展危险货物安全事故应急演练，开展出口化工企业质量体系现场考核，指导企业提高自检自控能力和安全防护水平。开展检疫性实蝇监测，在辖区内设立5个监测点区、8个监测点，重点监测地中海实蝇、桔小实蝇和瓜实蝇3种检疫性有害生物。

▶▶ 资料：检疫性实蝇

检疫性实蝇是果蔬的主要害虫，具有寄主范围广、传播快、危害大等特点，被公认为果蔬杀手，世界上许多国家将其列为检疫性有害生物。浙江省地处沿海地区，气候环境及果蔬种植结构适合实蝇生长发育，货物进出口易潜伏检疫性实蝇传播隐患。开展实蝇监测对摸清实蝇发生规律，防止疫情发生和传播，保护农业生产安全和生态环境，推动水果、蔬菜等农产品扩大出口具有重要意义。

【生物医药制品质量安全示范区创建】 为推动生物医药产业规模化、集聚化、持续健康发展，开发区谋划创建全国首个进出口生物医药制品质量安全示范区。2016年12月，开发区管委会与杭州检验检疫局签署合作备忘录，成立示范区建设领导小组和办公室。2017年，杭州检验检疫局和开发区管委会分别出台关于支持进出口生物医药（生物制品）产品质量安全示范区建设的意见；领导小组办公室制定进出口生物医药产品风险管理、产业发展推进等工作制度并开展联合检查，推动成立杭州检验检疫协会生物制品行业分会。召开进出口生物医药（生物制品）质量安全示范区建设动员大会，参会企业代表签订质量安全诚信备忘录（承诺书）。一年内，具有杭州特色的示范区“三体系、四机制”初步建成，公共检测、查验监管、技贸评议、跨境销售、公共展示五大平台建设有序推进。12月，进出口生物医药产品质量安全示范区建设通过杭州检验检疫局的阶段性考核。 （韩春江）

·下沙跨贸园·

【跨境电商实现新发展】 2017年，下沙跨贸园完成跨境电子商务出口额5.39亿美元，比上年增长139.9%；完成跨境电子商进口额11.07亿美元，增长53.3%；新招引跨境电商68个，新增有实绩电商40个。创新跨境保税B2C出口模式，完成跨境电子商务特殊区域出口业务及技术实施方案，在海关跨境管理平台、通关服务平台和特殊区域辅助系统完成信息化系统支持出口业务的开发，完成杭州口岸国际物流有限公司、杭州缔联客跨境科技有限公司按状态分类监管下的首单出口测试，实现保税出口B2C业务模

2017年8月25日，出入境检验检疫开发区办事处工作人员对进口婴幼儿用品开展查验 （韩春江 供稿）

式。推动园区企业创新探索，引入美国原产鲜活珍宝蟹进入跨境平台销售。2017年是下沙跨贸园投入“双十一”网络购物狂欢第4年，“双十一”当天实现跨境单量338万单，总金额6.58亿元，为2016年“双十一”销售额的2.5倍。

【跨贸生态体系完善】 2017年，开发区调整跨境贸易电子商务产业发展领导小组及办公室的职能和工作目标，跨贸电商生态体系不断完善。结合开发区大创小镇建设，以前期与杭州电子科技大学、浙江经贸职业技术学院、杭州师范大学等合作为基础，举行跨境创新创业相关活动；组织区内企业参加跨境B2B推介会、亚马逊培训等跨境电子商务培训活动，鼓励适合企业上线；与开发区创新平台联合举办对接活动，加快招商入驻，逐步形成产业集群。重视进口肉类指定查验场建设，采用全国首个市场化招引方式建设进口肉类查验场。年内，进口肉类指定查验场项目进展顺利，进入公示阶段。 （朱 斌）

【下沙跨贸园增设东方科技城产业园】 2017年9月8日，中国（杭州）跨境电子商务综合试验区建设领导小组办公室（简称杭州市综试办）批复同意下沙跨贸园扩园，增设东方科技城产业园。东方科技城产业园一期计划引进200个以上跨境B2B、B2C出口电商、跨境电商服务平台、跨境电商信息技术开发、跨境电商专业服务、跨境电商教育培训等跨境出口产业链企业；二期重点培育跨境出口营销总部、研发基地、仓储物流、跨境产品展示等功能，建设杭州具有规模和示范效应的跨境出口电商基地。 （姜 元）

【下沙跨贸园被评为跨境电商标杆产业园】 2017年，下沙跨贸园借助杭州唯一由海关特殊监管的政策优势，鼓励企业拓展业务类型，园区业务呈多元化发展。4月，首次运送鲜活珍宝蟹，实现浙江省首批跨境保税B2C鲜活水产品项目。8月，完成澳洲鲜奶跨境全程质量追溯项目，实现从厂商备案、产品海外起运到国内配送的区块链化监管服务。11月，探索叠加保税B2C新业务模式，以国际物流、缔联客企业为试点，利用按状态分类监管等政策，完成跨境电商保税B2C首单出口测试，实现跨境电商保税出口B2B和B2C业务全覆盖。年内，下沙跨贸园被杭州市综试办评为杭州跨境电子商务标杆产业园。 （杨 俊）

【邹志武调研跨贸园下沙园区运作情况】 2017年3月2日，海关总署副署长邹志武到开发区调研下沙跨贸园运作情况，杭州市委常委佟桂莉陪同调研。邹志武听取园区发展现状和发展规划，并进入监管仓库内，参观海外商品在保税仓库内流转、包装、查验、发货的全过程，询问电商企业和业务运作的相关细节和操作流程。他对下沙跨贸园的创新模式给予肯定，表示园区要结合自身实际，继续摸索和创新，对跨境电商产业发展增强信心，希望下沙园区既要管得住、又要做得大，始终为全国跨境电子商务其他试点区域做好示范和引领。

（张红丹）

责任编辑 黎洪正

人才科技

·人才科技综述·

【创新能力提升】 2017年，开发区新增国家高新技术企业39个，比上年增长34.5%。新增杭州市级高新技术企业103个，增长33.8%。新增杭州市级以上企业研发机构30个，至年末累计296个。全年发明专利授权量1742件，增长14.2%。新增省级孵化器2个、市级孵化器3个，新增省级众创空间6个，其中2个纳入国家级众创空间管理体系。全区高新技术产业增加值244.4亿元，增长27.4%，高新技术产业增加值占工业增加值比重56.4%，增长8.9个百分点。高新技术产业投资额30.2亿元，增长54.9%。规模以上工业企业新产品产值766.2亿元，新产品产值率39.8%。5月10日，开发区大创小镇入选第二批市级特色小镇创建名单。6月15日，开发区入选国家双创示范基地，成为继杭州未来科技城之后，杭州第2个区域示范基地。10月10日，大创小镇被浙江科技厅确定为省级国际科技合作基地。6月，杭州市公布2016年区县（市）创新发展专项考核，开发区位列全市第三名，获优秀等次。

【周国辉到开发区调研高新产业】 2017年8月24日，浙江省科技厅厅长周国辉到开发区调研高新产业发展情况。周国辉调研杭州医药港小镇、史陶比尔（杭州）精密机械电子有限公司、杭州电缆股份有限公司和澳大利亚新南威尔士大学联合成立的石墨烯研究院、大创小镇、向上创业总部及术创手术机器人公司，参观实验室和企业车间，了解项目发展、企业发展和科技创新等情况。他表示要大力支持技术创新的企业和研究机构，鼓励企业加大研发力度，希望企业在浙江经济转型升级、“机器换人”和传统产业改造提升上发挥更大作用，期望开发区再接再厉，成为创新高地和创新创业人才的首选地。（周小珍）

·人才政策·

【人才政策概况】 2017年，开发区出台多项人才政策，推出《关于实施“金沙英才”计划加快推进下沙科技城建设的意见（试行）》《关于进一步推进区校合作的若干意见》《关于推进科技创新创业的若干政策》3项政策，多位一体鼓励支持高层次人才在开发区发展，建设国家级双创示范基地。其中：“黄金八条”人才政策设立人才和科技专项资金9亿元，保障人才新政的兑现落实；区校合作专项政策设立平台共建、产业共兴等5个方面、18条细则；科技创新创业政策加快设立科创平台建设、鼓励创新能力提升等6个方面。

【金沙英才“黄金八条”人才政策推出】 2017年11月9日，“智汇下沙科技城”创新创业推介会在开发区举行，开发区管委会发布金沙英才“黄金八条”人才政策。政策包括人才引进鼓励、人才创业扶持、人才金融支持、人才团队激励、人才校企共享、人才表彰奖励、人才安居资助、人才服务保障8个方面。其中：人才引进鼓励政策，对新引进的世界前100所高校、国内“双一流”高校、“985”和“211”高校以及开发区内高校的应届和非应届全日制本科、硕士、博士毕业生，分别给予一次性生活补助和三年租金补助4万元、6万元、10万元；对企业引进的高端海外工程师，按年薪的30%给予最长两年、每年最高30万元的资助；人才创业扶持政策，对项目认定实行即报即评、注册落地即给予最高100万元启动资金、50万元创业券、20万元场地补助；人才金融支持政策，对符合条件的各类高层次人才创业给予个人1000万元授信、5000万元的创业贷款、1亿元专项产业基金；人才团队激励政策，对区内企业人才申报各级领军型人才计划和人才培养工程，入选的给予奖励；人才表彰奖励政策，每两年开展一次“金沙杰出英才”评选工作，对入选“突出贡献杰出人才奖”“创新创业杰出人才奖”“优秀青年杰出人才奖”的，分别给予50万元、20万元、10万元奖励；人才安居资助，提供首期1500套人才公寓，对企业申报入选的高层次人才按购房款的30%给予购房补助；人才服务保障政策，开通人才子女入学绿色通道，设立人才就医绿色通道等。

【区校合作专项政策出台】 2017年12月18日，开发区管委会出台《关于进一步推进区校合作的若干意见》，主要包括平台共建、产业共兴、人才共育、资源共享、氛围共创5个方面、18条细则。其中：鼓励高层次人才创业，高校高层次人才进区创业，符合高层次人才认定条件的，经评审后给予最高1000万元启动资助（含人才创业券和研发经费补助）、最高1000平方米3年租金补贴和最高1000万元贷款额度贴息支持；鼓励毕业生服务本地，全日制本科毕业生新引进区内企业工作的，给予1万元的一次性生活补助和连续3年最高800元/月的租房补助；全日制硕士、全日制博士新引进到开发区企业工作的，分别给予2万元、3万元的一次性生活补助和连续3年最高1200元/月、2000元/月的租房补助。

【科技创新创业政策出台】 2017年12月18日，开发区修订出台《关于推进科技创新创业的若干政策》，政策包括加快科创平台建设、鼓励创新能力提升、鼓励区校（院）协作创新、支持知识产权培育等6个方面内容。其中激励创新创业人才，符合开发区主导产业，新引进或新认定的国家高新技术企业、年纳税在500万元以上的科技型企业、经开发区研究确定的重点企业，3年内给予薪酬贡献奖励。工资薪金收入在30万元以上且正常纳税的企业高管人员，按其个人所得税对区贡献的50%额度给予企业奖励。

（王　祎）

·人才引进·

【人才引进概况】 2017年，开发区引进本科以上人才1万余人，其中留学回国人才256人，比上年增长28.6%。新增国家“千人计划”、省“千人计划”等领军型人才27人，增长26.5%，其中自主培养国家“千人计划”2人、省“千人计划”5人、市“521”人才14人。开发区自主培养的市“521”人才增长量位列全市第一。

【院士专家工作站】 2017年，开发区有6个院士专家工作站，分别是杭州景杰生物科技有限公司院士工作站、中国计量大学国家大学科技园院士工作站、杭州三花研究院院士工作站、杭州沃镭智能科技股份有限公司院士工作站、杭州九源基因工程有限公司院士工作站、开发区院士专家工作站。其中杭州三花研究院院士工作站获得优秀省级建站单位，中国计量大学国家大学科技园院士工作站被评为省级院士工作站。

【开发区增加2名国家领军型人才】 2017年5月11日，开发区2名人才入选国家领军型人才，其中杭州东尚光电科技有限公司创始人田克汉入选创业类人才，杭州奕安济世生物药业有限公司副总裁叶峰入选创新类人才。田克汉系美国麻省理工学院光学专业博士，2014年获得开发区“双百计划”A类资助，归国后创立杭州东尚光电科技有限公司，2016年入选浙江省领军型创新创业团队。叶峰系美国北卡罗来纳大学生物统计专业博士，2016年加入杭州奕安济世生物药业有限公司，负责在开发区建立生物药全球研发及生产中心。

【“创in下沙”资本对接会海归人才专场】 2017年5月10日，“创in下沙”资本对接会海归人才专场在开发区举行。3月，活动开始对外征集创业项目，收到各渠道项目100多个，涉及移动互联网、医疗大健康、大数据、智能硬件等多个领域，其中手术机器人、车载硬件终端及数据引擎服务、内容管理和大数据分析等10个海归创业项目参加路演，杭州联川基因诊断技术有限公司、杭州凯珥医疗科技有限公司等5个路演企业获前5名。

【人才科技项目资本对接会】 2017年4月20日，开发区举办人才科技项目资本精准对接会，加快人才科技项目产业化，推进“项目+资本”的有机结合。

"巴泰医疗""中科极光""东尚光电""多禧生物"等人才科技项目负责人，杭州银行、中国建设银行等银行代表，以及"赛伯乐""鼎晖"等投资机构参加对接会。会上，开发区管委会领导介绍开发区创新创业生态环境，各项目负责人介绍项目发展情况及融资需求，并与各投资机构的资本代表进行沟通交流。

2017 年 11 月 8 日，开发区参展浙江·杭州国际人才交流与合作大会
（童志忠 摄）

【中国（杭州）精准医疗与未来医学大会】 2017年5月18—20日，中国（杭州）精准医疗与未来医学大会在开发区举行。大会以"打造精准医疗产业发展的交流平台，促进地方与产业共融发展"为目标，举办"精准医学与未来大健康产业"宏观论坛、"精准诊断前沿进展"高峰论坛、"细胞自噬与转化医学"高峰论坛、"精准医疗临床应用"高峰论坛及项目路演对接会，益善生物股份有限公司董事长许嘉森，美国贝勒医学院分子发现研究中心主任秦钧，北京大学生命科学学院博导、研究员魏文胜等30多名精准医疗领域专家做演讲和现场分享。"海邦基金""树兰基金""软银中国""深创投""华睿投资"等8个创投金融机构参加大会。

【首个海外孵化器引进】 2017年7月25日，开发区管委会、上海博将投资管理有限公司、美国Silicon Catalyst孵化器合作仪式暨项目对接会在开发区举办。开发区党工委、管委会领导，上海博将投资管理有限公司首席执行官罗阗和美国Silicon Catalyst创始人、首席执行官Richard Lazansky等代表参加会议。会上，签订机器智能产业基金合作协议和共建机器智能孵化器合作协议。机器智能孵化器是开发区引进的第一个以机器智能为特色的专业海外孵化器，是第一个"基金+孵化器"创新平台。开发区计划与"博将资本"共建首期1亿元机器智能产业基金，打造以机器智能为特色的Silicon Catalyst（中国）跨境孵化器，通过"基金+孵化器"合作带动境内外项目落户。该项目已入选杭州市钱塘江金融港湾建设2017年重点项目。

【开发区高层次人才座谈交流会】 2017年8月29日，开发区召开高层次人才座谈交流会。国家"千人计划"、省"千人计划"、市"521"人才和国家"万人计划"等15名国内外领军型人才代表参加交流。会议围绕人才政策、人才引进、人才培养、人才服务等方面，征求高层次人才的意见和建议，高层次人才结合创业项目和经历，从人才引进措施、如何留住人才、营造良好的创业环境等方面献言献策，并对项目推进中的问题提出意见和建议。

【浙江·杭州国际人才交流与合作大会】 2017年11月8日，浙江·杭州国际人才交流与合作大会在杭州国际博览中心举行，27个国家和地区、3000多名海内外人士参加。开发区党工委书记、管委会主任郜立春率队参加会议，现场洽谈300多人，达成合作意向数101人，签约资金6亿元、项目21个，涉及生物医药、新一代信息技术、新能源新材料等产业领域。

【"智汇下沙科技城"创新创业推介会】 2017年11月9日，浙江·杭州国际人才交流与项目合作大会的分会场活动——"智汇下沙科技城"创新创业推介会在开发区举行，来自企业、高校、科技园区、风险投资机构等单位的300多名代表参会。会议期间，开发区发布"金沙英才"人才新政，举行海邦人才基金二期启动仪式和开发区科技人才金融服务中心揭牌仪式。会上，"术创机器人"创始人苏迪尔·斯利瓦斯塔瓦分享在开发区的创业经历，巢生国际孵化器创始人卢冠达介绍生物医药领域最新趋势，Silicon Catalyst（中国）机器智能孵化器创

2017年8月，开发区举办海外高层次人才子女暑期夏令营。图为孩子们参加手工制作活动 （开发区人才科技局 供稿）

始合伙人任成明介绍机器智能领域最新趋势，生物医药、新材料、电子信息等领域6个项目（企业）进行路演。

【首届中新国际技术创新高峰论坛】 2017年12月12日，首届中新国际技术创新高峰论坛在开发区举行，论坛设创投交流会、海外优质项目路演、中新国际技术创新高峰论坛、中新教育分享交流会、中新座谈会、合作伙伴交流会等10项主题活动，250多名专家、学者参与。论坛由新西兰奥克兰大学中国创新研究院（简称研究院）与开发区管委会、浙江大学联合举办。开幕式上举行授牌及项目签约仪式，研究院聘请5名奥克兰大学皇家院士及奥克兰大学副校长作为研究院特聘顾问，研究院与PPC泛太平洋基金、Pilvax多肽抗原疫苗研发、西南交通大学材料科学与工程学院、北京嘉林药业有限公司等5个单位的高新项目进行签约。 （许晓庆）

·人才服务·

【人才服务概况】 2017年，开发区做好人才服务工作，建立管委会领导联系人才及团队制度、定点联系企业服务制度。通过制度落实了解人才项目企业发展情况，实现精准服务。开发区管委会关注国际人才需求，与浙江大学邵逸夫医院（下沙院区）合作建立外籍人才预约式和定制式医疗保障机制，举办外籍人才子女夏令营等。

【定点联系企业制度】 2017年6月16日，开发区管委会制定《关于定点联系人才企业的通知》，建立定点联系制、定期走访制、信息反馈制并完善企业宣传。开发区重视人才项目企业发展，为人才企业提供有针对性和有效性的服务。2017年，开发区管委会每月走访企业10个，及时收集问题，针对企业发展问题提供“点对点”的服务。

【委领导联系高层次人才制度】 2017年12月5日，开发区管委会制定《委领导联系高层次人才制度》，根据制度，开发区每名委领导联系2~3名高层次人才（团队），每半年走访调研人才（团队）创办企业1次，并建立相应联络人，对于走访情况不定期召开人才工作联席会议，协调解决人才创办企业发展问题。全年开发区党工委书记、管委会主任邵立春等委领导践行制度，联系高层次人才13人。

【外籍人才服务】 2017年，开发区与浙江大学邵逸夫医院（下沙院区）合作建立预约式和定制式医疗保障机制，为56名外籍人才办理邵逸夫医院就诊卡，帮助外籍人才解决看病预约问题。8月1日，开发区举办海外高层次人才子女暑期夏令营，来自美国、日本、印度、马里等国家和地区的15个孩子参加为期15天的夏令营活动，学习国学、国画、传统手工制作，参观开发区企业儿童科普基地等，为海外人才子女提供交流互动平台，了解中国文化。 （王 祎）

·创新政策扶持·

【创新政策扶持概况】 2017年，开发区管委会设立科技专项资金6亿元，用于支持开发区企业科技创新工作。全年全区科技支出总额5.9亿元，比上年增长33.6%，科技支出占地方财政支出比重11.9%。开展两批科技政策兑现工作，累计兑现政策资金1.03亿元，增长28.8%。给予高新技术企业奖励和办公场地租金补助3493.5万元；给予企业研发投入资助5724.5万元，引导企业加大研发投入。全年加计扣除 2016年度开发区企业研发费用额12.8亿元，增长41%。

【年度科技创新政策出台】 2017年12月18日，开发区管委会修订出台《关于推进科技创新创业的若干政策（2017）》，新增鼓励科技企业集聚、支持创新创业活动、支持高校（院所）师生创业、鼓励建立产业技术联盟、鼓励设立技术转移机构等内容，增强关于企业加大研发投入、引进创新创业人才、设立研发机构、争创科技奖项和创新园区发展等工作的资助力度，全面强化企业创新、人才引进和创业创新。

2017年，浙江海外留学人员创业园（下沙）被认定为浙江省级科技企业孵化器。图为园区内景 （郑体兵 摄）

【科技型初创企业培育】 2017年，开发区根据《关于市级科技型初创企业培育工程经费的使用分配方案》，对列入市级科技型初创企业培育工程企业，在获得市科技型初创企业切块资金的基础上，开发区财政安排1∶1配套用于支持开发区科技型初创企业发展的专项资金，两年内给予最高60万元的项目资助。全年给予47个市级科技型初创企业822.1万元的项目资助，比上年增长94.1%。

【科技创新券实施】 2017年，开发区修订《开发区科技创新券实施管理办法》，办法对科技创新券在补助对象、区级载体和补助范围三方面进行优化修订。其中，补助对象由原中小微企业扩大到全部企业，区级载体中明确载体认定条件，补助范围新增技术开发、研发投入、区内载体方、区内高校补助。至年末，开发区135个次企业累计使用创新券65.8万元。

（周小珍 傅淑娟）

·创新平台建设·

【创新载体建设】 2017年，开发区加快创新载体建设，推进创智天地、中自科技园三期、加速器二期等66万平方米的载体平台建设，全年新投用创新平台面积32.4万平方米，至年末建成投用面积134万平方米。全区累计建设创新载体（含在建和投用）34个，面积184万平方米。加快项目投用，加速器一期、新加坡杭州科技园二期等项目竣工投用，浙江经济职业学院创新创业大楼完成装修投用；浙江工商大学浙商大学生创业园改建完工，正式开园；海弘微科技园与杭州和达科技服务有限公司达成合作，打造智造产业园。

【创新园区和创新企业培育】 2017年，开发区各类创新平台引进科技型企业352个，创新平台新增国家高新技术企业16个、杭州市级高新技术企业53个。浙江省海外留学人员创业园（下沙）、下沙电子商务园被认定为浙江省级科技企业孵化器，华媒科创园、大安智慧谷被新认定为市级科技企业孵化器。尚+众创空间、“We-Link”加号空间等4个众创空间被认定为杭州市级众创空间，“星普乐士”众创空间、“We-Link”之1024创新基地被评为浙江省级优秀众创空间，“创巢”创业园、汇梦空间被列入国家级孵化器管理体系管理。至年末，开发区高科技企业孵化器园区、新加坡杭州科技园、和达创意设计园、浙商大学生创业园、下沙电子商务园等20个创新载体累计获得60多个市级以上园区称号，其中和达高科园区的杭州宝明新材料科技有限公司、杭州莱普晟医疗科技有限公司、杭州美仪自动化有限公司等7个企业入选2017年度杭州市科技型初创企业培育工程。

【创新平台集聚】 2017年，开发区签约博将资本“基金+孵化器”项目、浙江国际协同创新研究院、巢生生物医药平台、UCLA科学商业化中心中国中心、杭州市

表23

2017年开发区主要创新园区基本情况

创新园区名称	建成面积(万平方米)	入驻企业(个)
高科技企业孵化器园区	15.6	508
新加坡杭州科技园	13.5	240
大学科创园(12个)	6.2	245
浙商大学生创业园	2.0	451
和达创意设计园	3.8	232
下沙电子商务园	2.8	289
服务外包大楼	5.0	63
浙江海外留学人员创业园(下沙)	8.7	359
中自科技园	3.1	25
上正时尚文化产业园	2.0	33
杭州华亚互联网时尚产业园	1.4	16
生命科技中心	5.1	49
大安·智慧谷	2.9	93
国脉电商产业平台	2.0	55
华媒科创园	3.1	101
总 计	**77.2**	**2 759**

表24

2017年开发区创新园区功能定位情况

创新园区名称	功能定位	建园模式
高科技企业孵化器园区	孵化科技型中小企业	政府投资
新加坡杭州科技园	培育服务外包、信息软件、研发企业、总部经济	政府与企业共建
大学科创园(12个)	推进科技成果转化、鼓励和支持大学师生创业,支持大学学科建设	政府与高校共建
和达创意设计园	集聚以工业设计为主的文化创意企业	政府投资
浙商大学生创业园	集聚大创、文创企业	社会投资
下沙电子商务园	集聚电子商务企业	社会投资
服务外包大楼	软件与服务外包	政府投资
浙江海外留学人员创业园(下沙)	留学人员创业	社会投资
正泰中自科技园	自动化设备、新能源信息化	社会投资
国脉电商产业平台	集聚电子商务企业	社会投资
生命科技中心	智慧医疗	政府投资
大安·智慧谷	移动互联网	社会投资
华媒科创园	文化创意、跨境贸易	社会投资

表25

开发区创新园区历年所获荣誉情况

创新园区名称	所获得的奖励、荣誉
高科技企业孵化器园区	2007年、2009年、2011年先后被认定为杭州市、浙江省、国家级科技企业孵化器。 2012年被认定为杭州市创新十佳科技企业孵化器。 2015年被评为中国生物医药最具特色园区、“We-Link”创新基地被认定为杭州市级众创空间,并被科技部列入国家级孵化器管理体系 2017年被评为浙江省级优秀众创空间
开发区高职科技创业园	2009年、2011年先后被认定为杭州市、浙江省级科技企业孵化器 2009年被评为杭州市文化创意产业大学生创业孵化基地 2010年被评为国家级大学生科技创业见习基地

续表25

创新园区名称	所获得的奖励、荣誉
中国计量大学国家大学科技园	2010年、2011年、2014年先后被认定为杭州市、浙江省、国家级科技企业孵化器 2014年被认定为国家大学科技园 2010年被评为杭州市文化创意产业大学生创业孵化基地 2011年被评为杭州市青蓝计划首批试点基地 2012年被认定为杭州市十佳大学生就业创业服务示范点 2012年获浙江省级孵化器公共技术服务平台项目资助 2013年被评为国家级高校学生科技创业实习基地 2015年“嘉禾地带”众创空间被认定为杭州市级众创空间、2016年被科技部列入国家级孵化器管理体系
传媒文化创意产业园	2011年被认定为杭州市科技企业孵化器
新加坡杭州科技园	2009年被认定为首批杭州市特色软件园 2010年被评为中国服务外包基地示范城市拓展区 2012年被评为浙江省开发区特色品牌园区
和达创意设计园	2010年被评为杭州市特色工业设计园 2010年被认定为杭州市文化创意产业特色楼宇 2011年获国家发改委的生产性服务业试点项目资助 2012年被评为杭州市现代服务业培育类集聚区 2013年被评为杭州市市级工业设计中心、浙江省浙江省级工业设计中心、杭州市科技企业孵化器、杭州市国家级文化和科技融合示范基地 2015年被评为中国（杭州）旅游创客基地、浙江省级科技企业孵化器 2016年被评为国家级科技企业孵化器
下沙电子商务园	2010年被认定为杭州市文化创意产业特色楼宇 2010年被评为杭州市文化创意产业大学生创业孵化基地 2011年被认定为杭州市科技企业孵化器 2017年被认定为浙江省级科技企业孵化器
浙商大学生创业园	2011年、2014年、2015年先后获得杭州市、浙江省、国家级科技企业孵化器
浙江省海外留学生创业园（下沙）	2014年被评为杭州市科技企业孵化器 2017年被评为浙江省级科技企业孵化器
正泰中自科技园	2016年 被认定为杭州市科技企业孵化器
国脉科技园	2016年 被认定为杭州市科技企业孵化器
华媒科创园	2017年被认定为杭州市科技企业孵化器
大安·智慧谷	2017年被认定为杭州市科技企业孵化器
启迪之星（杭州）孵化器	2017年被认定为杭州市科技企业孵化器
“星普乐士”众创空间	2016年被认定为杭州市级众创空间 2017年被认定为浙江省级优秀众创空间
“创巢”孵化园	2016年被认定为杭州市级众创空间 2017年被认定为浙江省级、国家级众创空间
汇梦空间	2017年被认定为杭州市级、浙江省级、国家级众创空间
尚+众创空间	2017年被认定为杭州市级、浙江省级众创空间
“We-Link”加号空间	2017年被认定为杭州市级、浙江省级众创空间
“零距离”创客营	2017年被认定为杭州市级、浙江省级众创空间

生物医药创新研究中心、中国医学科学院创业创新中心、中国药科大学（杭州）创新药物研究院、浙大创新医药研究院——新生源联合研究中心、阿里巴巴创新中心等10个高端平台项目。筹建杭州硅谷协同创新中心，对接海外产业创新资源，加快研发资源全球化布局。加快签约项目的落地，阿里巴巴创新中心正式运

营；奥克兰大学中国创新研究院开园，特聘5名新西兰皇家院士为研究院顾问，落实5个创新项目。

【UCLA科学商业化中心落户开发区】 2017年4月26日，开发区管委会与美国加州大学洛杉矶分校（简称UCLA）科学商业化中心举行签约仪式。根据协议，合作将依托UCLA的科研、人才优势和产业化能力，聚焦生物医药等开发区主导产业，采取海内外联合投资引进项目落地的创新模式，按照"一中心三平台"即UCLA科学商业化中心中国中心、项目投资及产业化平台、联合科研创新平台、高端人才引进平台的模式运营。双方计划3年内共同投资项目10个以上，引进海外博士以上高层次人才领衔的高端产业化项目10个以上，引进科研平台3个以上。签约仪式后，双方就首批拟落实的高端健康产业人才等项目进行对接。

【阿里巴巴创新中心设立】 2017年8月29日，阿里巴巴创新中心（杭州下沙）设立，落户开发区1号大街华媒科创园。阿里巴巴创新中心（杭州下沙）是由开发区管委会、阿里巴巴集团、良仓加速器三方打造的创业平台和众创空间。根据规划，阿里巴巴创新中心（杭州下沙）主导方向为智能制造、文化创意、科技创新和电子商务产业，主要为创业公司提供创业投资服务。该中心有1支"阿里系"高管团队、规模超过5亿元的2个自有基金和18名创业导师，为创业团队提供"1对1"专项辅导；有40多个战略合作创投机构，支持创业团队多样化需求。开园当日，阿里巴巴创新中心举办阿里巴巴全球创客大赛诸神之战杭州赛区预赛暨第三届华媒控股创新创业大赛决赛，200多名创业者参加，北京果毅科技有限公司的"擎话"项目获一等奖。

【普洛斯集团和开发区管委会战略合作】 2017年8月18日，美国普洛斯集团和开发区管委会签订战略合作框架协议，共同建设国际化标准的环普科技产业园。开发区党工委、管委会领导邵立春出席签约仪式。是日，美国普洛斯集团与康师傅控股有限公司签订框架协议，根据协议，普洛斯集团计划在康师傅控股有限公司位于开发区的空余厂房及配套物业设施原址上，重新规划及开发，打造适用于研发、办公、孵化、总部等业态的环普科技产业园。美国普洛斯集团计划利用医药、汽车、IT、高端装备制造、软件研发等领域的客户资源，在环普科技产业园快速形成产

表26

2017年开发区新增国家高新技术企业情况

序号	企业名称	序号	企业名称
1	浙江碧源环保科技有限公司	21	浙江钢信检测技术有限公司
2	杭州歌本软件股份有限公司	22	杭州欢创科技有限公司
3	杭州戴雷科技有限公司	23	哈天科技有限公司
4	杭州和泽医药科技有限公司	24	杭州都凌汽车研发有限公司
5	杭州中衡包装机械有限公司	25	浙江安控科技有限公司
6	杭州邦维流体技术有限公司	26	浙江巴泰医疗科技有限公司
7	杭州汉安半导体有限公司	27	杭州金株环境科技有限公司
8	杭州秀沃农业科技有限公司	28	龙焱能源科技（杭州）有限公司
9	杭州飘哲电子科技有限公司	29	杭州联投能源科技有限公司
10	杭州真气环保科技有限公司	30	杭州固拓生物科技有限公司
11	杭州巴洛特生物科技有限公司	31	浙江保尔曼生物科技有限公司
12	杭州东尚光电科技有限公司	32	杭州美巴科技有限公司
13	杭州向扬科技有限公司	33	杭州纽龙日尚生物制品有限公司
14	浙江标博士信息科技有限公司	34	杭州高锦科技有限公司
15	杭州海仓科技有限公司	35	杭州若恒信息科技有限公司
16	杭州造品科技有限公司	36	浙江雅购网络科技有限公司
17	杭州健培科技有限公司	37	杭州铭赫科技有限公司
18	杭州能匠信息技术有限公司	38	杭州福达除湿设备有限公司
19	浙江葫芦娃网络技术有限公司	39	杭州朱养心药业有限公司
20	杭州盈辉医疗科技有限公司		

表27

2017年开发区企业建立省级研究院情况

序号	企业名称	级别
1	杭州九阳小家电有限公司	省级企业研究院
2		省级重点企业研究院
3	中肽生化有限公司	省级企业研究院
4	杭州和利时自动化有限公司	省级企业研究院
5		省级重点企业研究院
6	中高柴油机重工有限公司	省级重点企业研究院
7	杭州三花研究院有限公司	省级企业研究院
8		省级重点企业研究院
9	杭州纸友科技有限公司	省级企业研究院
10	艾博生物医药（杭州）有限公司	省级企业研究院
11	杭州沃镭智能科技股份有限公司	省级企业研究院
12	杭州娃哈哈精密机械有限公司	省级企业研究院
13	杭州立昂微电子股份有限公司	省级重点企业研究院
14		省级企业研究院
15	杭州电缆股份有限公司	省级企业研究院
16	杭华油墨股份有限公司	省级企业研究院
17	杭州澳医保灵药业有限公司	省级企业研究院
18	杭州天明环保工程有限公司	省级企业研究院
19	杭州天宽科技有限公司	省级企业研究院
20	顾家家居股份有限公司	省级企业研究院
21	杭州奥普卫厨科技有限公司	省级企业研究院
22	杭州协合医疗用品有限公司	省级企业研究院
23	杭州安费诺飞凤通信部品有限公司	省级企业研究院
24	泰瑞机器股份有限公司	省级企业研究院
25	杭州世宝汽车方向机有限公司	省级企业研究院

业集聚，助力开发区产业升级发展。双方通过战略合作，发挥各自资源优势，优化升级开发区资源配置，提高土地利用效率，实现互利共赢。 （孙幸立）

·企业技术创新·

【高新技术企业培育】 2017年，开发区新增国家高新技术企业39个，比上年增长34.5%，高新技术企业累计200个。全年新培育市级高新技术企业103个，增长33.8%，市级高新技术企业累计587个。

【科技型中小企业培育】 2017年，开发区新认定省科技型中小企业142个，至年末，全区有省科技型中小企业752个。新增市级科技型初创企业31个，其中“雏鹰企业”27个，“青蓝企业”4个。2013—2017年，开发区新增市级科技型初创企业134个，其中“雏鹰企业”79个、“青蓝企业”55个。

【企业研发机构培育】 2017年，开发区新增市级以上企业研发机构30个，其中省级企业研究院6个、省级博士后工作站1个、省级企业研发中心10个、市级企业研发中心11个、市级企业技术中心2个。至年末，开发区有市级以上各类企业研发机构296个。顾家家居股份有限公司、奥普家居股份有限公司、杭州协合医疗用品有限公司、杭州安费诺飞凤通信部品有限公司、泰瑞机器股份有限公司、杭州世宝汽车方向机有限公司6个企业获批省级企业研究院。至年末，开发区已建设省级企业研究院25个。

【科技项目申报】 2017年，开发区鼓励企业申报国家级、省级、市级各类科技计划项目，全年累计申报各类科技计划项目170多项，包括国家重点研发计划、省级重点研发计划项目、省级引进培育领军型创新创业团队项目、市级科技初创型企业工程、市科技进步奖等科技项目。其中：杭州捷诺飞生物科技股份有限公司的“生物医用材料研发与组织器官修复替代”项目获2017年国家重点研发计划重点转项目；杭州立昂微电子股份有限公司、杭州和泽医药科技有限公司、杭州和正医药有限公司、杭州九源基因工程有限公司、浙江巴泰医疗科技有限公司、杭州九阳瓯南多小家电有限公司6个企业获2017年度省级重点研发计划立项项目；杭州健培科技有限公司、浙江中自庆安新能源技术有限公司、杭州新世宝电动转向系统有限公司、杭州和利时自动化有限公司、杭州领业医药科技有限公司、浙江巴泰医疗科技有限公司、杭州捷诺飞生物科技股份有限公司7个企业获2017年市级重大科技创新项目计划。

·产学研合作·

【产学研合作概况】 2017年，开发区促成产学研合作项目31个，其中立项杭州市网上技术交易成果转化项目10个、区级产学研项目（以科技创新券形式）11个。全年举办产学研对接活动10场，浙江工商大学、杭州职业技术学院和浙江经贸职业技术学院各1名教师挂职担任产学研中心副主任。杭州东部创新创业资源共享服务平台完成中期验收，大创小镇入选浙江省国际科技合作基地。1月12日，开发区管委会与省教育厅签署新一轮全面合作协议，从共建新型科创载体和平台、开展博士（教授）进企业等协作活动、联合促进高校科技成果产业化、实施人才联合培养、开展国际交流合作5个方面开展合作。12月，开发区与主要高校、“邦实资本”等机构共建“大创天使基金”，基金总规模1亿元。

【创新创业教育实践基地】 2017年12月22日，开发区与省教育厅签署《共建浙江省高校创新创业教育实践基地（杭州大创小镇）协议》。基地建设以“优势互补、资源共享、协同创新、共同发展”为原则，旨在深化区校协作，推进高校创新创业教育改革，以培育大学生创新精神、创业意识和创新创业能力为重点，推进校内外联动的创新创业实践基地建设，构建全链条式创新创业人才培养体系。合作协议规定，基地（杭州大创小镇）将为高校大学生创业项目与资金对接提供渠道和平台等一站式服务；举办高校创新创业赛事、创业学院院长论坛、创业教育学术会议及论坛；开展大学生创客营活动，以创客营为载体建立“创新项目+创新团队+创新基地”新模式。

【省产学研合作联盟下沙分中心运作】 2017年9月1日，浙江省高校产学研联盟杭州下沙中心启动实体运行，该中心由省教育厅与开发区管委会合作共建，首批团队由浙江理工大学、杭州电子科技大学、中国计量大学、浙江工商大学等高校的5名教师组成，主要职能是实施产学研横向合作、推进高校科技成果在开发区内转化。中心制定工作规章和年度重点计划，征集LOGO标志，开展高校“十佳双创”代表人物评选，走访重点科技型企业，征集技术需求，开展博士进企业的对接等工作。

2017年5月18日，奥克兰大学中国创新研究院与浙江大学签订工业技术转化研究合作协议　　（郑体兵　摄）

【奥克兰大学中国创新研究院开园】 2017年5月18日，奥克兰大学中国创新研究院在开发区开园。新西兰科技和创新部及高等教育部内阁部长Paul Goldsmith，奥克兰大学校长Stuart McCutcheon，杭州市委常委姚峰及开发区党工委书记、管委会主任邵立春参加活动。奥克兰大学始建于1883年，在QS2016—2017世界大学排行榜中排名全球第81位。奥克兰大学中国创新研究院是该校在中国的第一个研究院，位于开发区大创小镇内，办公面积2800平方米，由奥克兰UniServices有限公司出资运作。奥克兰大学中国创新研究院负责奥克兰大学及Uniservices在中国的学术交流、委托研发、专利授权、项目产业化等。研究院将分领域承接国际公司研发项目。开园当日，研究院与浙江大学工业技术转化研究院签订工业技术转化研究合作协议。

【杭州长三角大数据研究院Fintech沙龙】 2017年6月25日，杭州长三角大数据研究院Fintech（金融科技）沙龙第一期暨成立仪式在开发区举行。沙龙以“量化投资和智能投顾助力未来金融”为主题，探讨金融科技生长环境的变化趋势，探求金融市场的阶段性难题、共性问题、热点事件，为金融科技发展道路

表28

2017年开发区产学研合作项目情况

序号	项目名称	委托单位	合作院校
1	生物检测用重组蛋白开发与应用	杭州快格科技有限公司	中国计量大学
2	植保无人机喷洒系统开发	杭州启飞智能科技有限公司	中国计量大学
3	6203轴承自动包装流水线	杭州宇恩科技有限公司	中国计量大学
4	环保清洁资源化洁具的研发	艾迪机器（杭州）有限公司	中国计量大学
5	基于FDM的新型3D打印机的研发	杭州缤果信息科技有限公司	中国计量大学
6	移液器自动校准系统开发	杭州量通测控技术有限公司	中国计量大学
7	基于健康关爱的医药化工行业员工身体素质检测系统开发	杭州乐敦科技有限公司	浙江工商大学
8	药物中间体结构鉴定	杭州领业医药科技有限公司	浙江工商大学
9	杭州味全全履历追溯平台规划与实施服务	杭州味全食品有限公司	浙江工商大学
10	两性淀粉、新型干湿强剂等	杭州纸友科技有限公司	中国科学院长春应用化学所
11	新型全智能化软胶囊转笼配套转笼除湿机组的研发	杭州福达除湿设备有限公司	中国计量大学
12	中小企业智能制造管理SaaS平台软件开发	杭州盈格信息技术有限公司	杭州电子科技大学
13	齿轮齿条方向机性能评估与性能优化技术研究	杭州世宝汽车方向机有限公司	杭州电子科技大学
14	基于GPU的屏幕内容可伸缩视频编解码软件开发	杭州码全信息科技有限公司	杭州电子科技大学
15	Android版血糖血酮测试仪蓝牙及扫码集成系统开发	艾康生物技术（杭州）有限公司	杭州电子科技大学
16	医用几丁糖药物开发	杭州协合医疗用品有限公司	杭州电子科技大学
17	公文交换平台开发及安全技术研究	杭州阳明信息科技有限公司	杭州电子科技大学
18	兼容4G TD-LTE射频前端设计技术	杭州迦美信芯通讯技术有限公司	杭州电子科技大学
19	基于LoRa技术的定位软件系统开发	杭州齐联信息技术有限公司	杭州电子科技大学
20	“一种仿骨骼微观结构的汽车侧门防撞梁的制造方法”发明专利的转让	杭州夏尔电子科技有限公司	杭州电子科技大学
21	面向行业应用的大数据与电子服务	杭州若恒信息科技有限公司	浙江大学城市学院
22	结直肠癌个体化治疗靶标发现与新技术研发	中肽生化有限公司	北京大学
23	物联网云平台系统的研发及应用	杭州凌适信息技术有限公司	西安工业大学
24	物联网云平台系统的研发及应用	杭州言实科技有限公司	杭州电子科技大学
25	物联网云平台系统的研发及应用	浙江伽奈维医疗科技有限公司	清华大学
26	物联网云平台系统的研发及应用	杭州朝阳橡胶有限公司	青岛科技大学
27	物联网云平台系统的研发及应用	杭州言实科教设备有限公司	杭州电子科技大学
28	物联网云平台系统的研发及应用	杭州众能光电科技有限公司	华中科技大学
29	物联网云平台系统的研发及应用	杭州百富电子技术有限公司	浙江大学
30	智慧社区管理系统	杭州沃迩夫信息科技有限公司	浙江大学城市学院
31	基于LED的环境智能交互全息投影展示系统开发及其产业化推广	杭州宇隆科技有限公司	中国计量大学

上的各种问题寻找解决途径。来自北京大学、香港宽策略金融科技有限公司、大隐网络科技有限公司以及高校和企业的金融学科专家、金融业企业负责人等80多人参加。杭州长三角大数据研究院依托开发区及其辖区内高校联合成立的政产学研平台，与金融机构和金融科技团队对接洽谈，与3个大数据金融企业签约，与20个企业达成合作意向。

【高校博士进驻企业活动】 2017年，开发区举行“创新驱动促转型、高校博士进企业”活动，首批组织11名博士入驻区内11个科技型企业。博士入驻是校企合作、推动科研成果转化的一项创新举措。高校青年博士入驻企业服务期1年，每月服务时间不少于12天，结合高校创新元素与企业需求，解决企业提出的技术需求和技术难题，为企业在研发方向、新产品开发、专利申报等方面出谋划策，帮助进驻企业对接新技术、新工艺、新设备等先进实用技术和科技成果。全省高校产学研合作联盟杭州下沙中心将对入驻博士的工作进行综合考核，开发区管委会根据考核意见给予相应政策激励，入驻博士在所驻企业组织实施的产学研项目，在同等条件下给予优先立项和资金支持。浙江理工大学博士桂宁协助杭州和利时自动化有限公司申请工信部项目《基于工业大数据的精馏塔设备控制试验平台》，获得1220万元补助；杭州电子科技大学博士许静雅协助艾迪机器（杭州）有限公司申报30项发明专利。

【区校对接交流】 2017年1月23日，开发区管委会与区内14所高校召开合作座谈会，在科创平台共建、产学研互动、人才联合培养、国际交流合作等重点领域开展新一轮全面合作，加强开发区与区内高校资源共享、深度融合、共谋发展。开发区党工委书记、管委会主任邵立春带队走访浙江传媒学院、杭州电子科技大学、浙江理工大学、杭州职业技术学院、中国计量大学和浙江经贸职业技术学院6所高校，共同商讨2018年签约事宜；开发区管委会副主任王永芳带队走访浙江工商大学、浙江财经大学、杭州师范大学3所高校，商讨区校合作事宜。11月28日，开发区管委会与浙江工商大学签署战略合作协议。

【校企合作项目】 2017年，开发区依托高教园区智力及研发优势，鼓励校企开展科研合作，促成产学研合作项目31个。其中：杭州凌适信息技术有限公司、杭州码全信息科技有限公司、浙江伽奈维医疗科技有限公司、杭州朝阳橡胶有限公司、杭州言实科教设备有限公司、杭州众能光电科技有限公司、杭州百富电子技术有限公司、杭州沃迩夫信息科技有限公司、杭州宇隆科技有限公司和杭州言实科技有限公司10个企业获杭州市网上技术交易成果转化项目立项；杭州福达除湿设备有限公司、杭州轨物科技有限公司、杭州协合医疗用品有限公司、杭州全盛机电科技有限公司、杭州齐联信息技术有限公司、浙江和证医药有限公司、顾家家居股份有限公司、杭州娃哈哈科技有限公司、浙江大果生物医药科技有限公司、杭州盈格信息技术有限公司10个企业获区级产学研项目资金资助（以科技创新券形式）。

（傅淑娟）

·知识产权保护·

【知识产权保护概况】 2017年，开发区推动企业知识产权创造，全年新增杭州市专利试点企业4个，开发区专利试点企业10个。全年实现专利申请8955件，比上年增长7.3%。其中：发明专利申请3618件，增长10%；企业专利申请3554件，增长11.1%。全年专利授权5103件，增长4.6%，其中发明专利授权1742件，增长14.2%。万人发明专利授权量149件。

【开发区列入国家知识产权试点】 2017年12月21日，国家知识产权局、工业和信息化部联合发布《关于确定中小企业知识产权战略推进工程试点城市的通知》，确定20个试点城市，开发区列入其中。试点时间为2017年12月至2020年12月，试点期间，国家知识产权局与工业和信息化部将对试点城市进行工作指导和跟踪管理。

【专利企业培育】 2017年，开发区加大专利企业培育力度，全年新增杭州市专利试点企业4个，分别为众泰新能源汽车有限公司、杭州藤仓橡胶有限公司、杭州富尔顿热能设备有限公司、硕维科技（杭州）有限公司；新增区级专利试点企业10个，分别为杭州耐雅德净水科技有限公司、杭州金州高分子科技有限公司、杭州精效家具制造有限公司、杭州司迈特水处理工程有限公司、杭州捷诺飞生物科技股份有限公司、杭州金宇电子有限公司、杭州高锦科技有限公司限公司、浙江硕维新能源技术有限公司、怡得乐电子（杭州）有限公司、杭州茂葳科技有限公司。至年末，开发区累计培育区级以上专利试点（示范）企业133个。

【专利质押融资】 2017年，开发区通过银企点对点专场对接，推进“专利+”的组合贷款模式，区别于传统的以不动产作为抵押物向金融机构申请贷款方式，“专利+”组合贷款模式是指企业以合法拥有专利权的财产权经评估后，作为不动产补充抵押物向银行申请更大金额的贷款融资。全年完成专利融资质押金额2.15亿元。知识产权质押融资对于拓宽企业融资渠道，促进创新成果运用发挥出积极作用，促进企业创新发展。

【知识产权综合服务平台运行】 2017年5月15日，开发区与杭州电子科技大学签订知识产权综合服务合作协议，借助杭州电子科技大学专业团队，加强知识产权服务，实施“企业知识产权运用能力提升计划”。通过开发区东部创新创业资源共享平台知识产权综合服务模块运营，建立知识产权专家库，为企业提供专家咨询；收集开发区高校科技成果，及时进行科技成果发布，推进科技成果转化；组建专门团队，开展企业日常联系和走访，上门送政策、送服务，做好企业需求对接等，推进知识产权工作。全年开发区联合杭州电子科技大学开展“知识产权质押融资”“企业知识产权管理”“知识产权投资入股模式与法税问题”等培训会10多场，累计培训600多人次，宣传知识产权有关法规政策以及相关专利知识，帮助企业提高专利申请水平，提升知识产权保护意识。

（赵　利）

·科普科协·

【科普基地建设】 2017年，杭州味全食品有限公司味全品牌体验馆、杭州九阳欧南多小家电有限公司九阳Cooking体验剧场2个科普基地被评为市级科普基地。康师傅梦想探索乐园青少年科普教育基地新申报市级科普基地，2017年该基地举办特色主题活动24场，其中科普类活动8场，参与少年儿童2000多人。至年末，全区有浙江理工大学理学院青少年科普教育基地等6个市级科普基地。开发区江潮社区陆冰被评为2017年度市级优秀社区科普工作者。

【科普培训与活动】 2017年，开发区组织垃圾分类宣传活动、“消防安全无小事”等普讲座59场，累计培训1600多人次。其中，6月7—8日，开发区人才科技局（科协）联合开发区经发局和区内生物医药公司举办新药安评系列讲座，邀请上海益诺思生物技术有限公司常艳做“新药的发育及生殖毒性评价”专题报告。杭州多禧生物科技有限公司、杭州阿诺生物医药科技股份有限公司等多个生物医药企业负责人和研发人员及高校部分大学生参加。

【开发区中小学生科技节】 2017年4月1日，开发区中小学生科技节在启源小学举行开幕式，各中小学负责人与师生800多人参加开幕式和体验活动。该届科技节设橡筋动力滑翔机比赛、电动纸飞机比赛、风力车直线竞速赛、直升机障碍赛、四旋翼无人机飞行比赛、趣味实验微视频比赛、脑力大爆炸比赛、Scratch趣味编程挑战赛等20多个比赛，60多名中小学生获评单项比赛一等奖、二等奖、三等奖和优秀奖。

（王迎军）

·创新创业活动·

【创新创业活动概况】 2017年，开发区举办和承办各类高层次创新会议，营造创新创业氛围。以平均每周举办一个大型创新活动的频率，举办首届人才科技创新大会、二十国集团智库会议（T20）、浙江省首届创业创新博览会、“创响中国·杭州站”启动仪式、中新国际技术创新高峰论坛等约50个有影响力的论坛和活动。

【开发区首届人才科技创新大会】 2017年1月12日，开发区召开“智汇大学城，创响东部湾”首届人才科技创新大会。大会表彰杭州九阳瓯南多小家电有限公司等10个卓越创新企业、李湘等10名杰出人才、浙江多禧生物科技有限公司等6个领军型创新创业团队。发布《大创小镇共建宣言》，宣告由开发区管委会和区内高校共建的“大创小镇”成立。会上，浙江省教育厅与开发区签订全面合作协议，高层次人才、科创平台、新兴产业、区校合作等40个项目现场签约。首届

2017年9月15日，开发区举行大创小镇国际创博中心开工奠基仪式
（童志忠 摄）

发区管委会承办，30个生物医药领域企业角逐总决赛奖项。最终产生生物医药领域的初创企业组5强企业和成长企业组10强企业。开发区企业觅瑞（杭州）生物科技有限公司、杭州术康医疗科技有限公司位列初创企业组5强企业，浙江巴泰医疗科技有限公司、杭州普望生物技术有限公司、杭州健培科技有限公司位列成长企业组10强企业。在省"火炬杯"创新创业大赛电子信息行业总决赛中，开发区杭州左蓝微电子技术有限公司、杭州东尚光电科技有限公司分别获得初创组和成长组冠军。

人才科技创新大会旨在通过政企协同、区校合力，推进开发区转型发展。

【二十国集团智库会议创新研讨会】 2017年5月6日，二十国集团智库会议（T20）创新研讨会在开发区举行。来自中国、阿根廷、澳大利亚等18个G20成员，泰国、孟加拉、巴基斯坦、匈牙利、立陶宛等9个非G20成员国，以及联合国大学和世界知识产权组织共100多名专家学者出席研讨会。全国政协副主席、科技部部长万钢发来贺信，2017年度T20峰会主席代表罗尔夫·朗海曼尔、墨西哥总统科技创新首席顾问埃利亚斯·米查、埃及高教科研部副部长埃萨姆·哈米斯、浙江省科技厅厅长周国辉出席研讨会开幕式并致辞。T20峰会是G20峰会的重要配套会议之一，会议旨在落实《2016年二十国集团创新行动计划》和G20科技创新部长级会议声明精神，为T20峰会和G20峰会创新议题。会议以"新供给、新动力、新合作，科技创新引领支撑未来"为主题，与会者围绕"可持续发展及最佳经验分享""数字经济""创新能力建设及人文交流"等议题进行讨论和交流，形成"2017年T20创新研讨会成果文件"。

【省"火炬杯"创新创业大赛】 2017年8月8日，第六届中国创新创业大赛浙江赛区暨第四届浙江省"火炬杯"创新创业大赛生物医药行业总决赛在开发区举行，大赛由浙江省科技厅和科技部火炬中心主办，开

【浙江省首届创业创新博览会】 2017年9月15—21日，全国大众创业万众创新活动周在全国各地同步举行。9月15日，浙江省分会场启动仪式在开发区大创小镇国际创博中心举行，并同步启动浙江省首届创业创新博览会（简称创博会）。浙江省副省长高兴夫宣布双创活动周暨首届创博会启动，杭州市副市长谢双成致辞。创博会设"挥洒青春·创业下沙""奔竞不息·追梦中国""生命健康·智汇东部"等10个主题、100场活动，其中包括"创响中国"巡回接力赛杭州站活动、国际生物医药创新（杭州）峰会、2017年杭州女子国际马拉松等，活动时间从9月15日至12月30日。启动仪式上，举行大创小镇国际创博中心开工奠基仪式，国际创博中心是开发区的"创客客厅"，建成后将发挥规划展示、双创活动举办和项目路演、创新指数发布、企业接待和环境推介、双创综合服务等功能。

【杭州创新创业大赛欧洲赛区决赛】 2017年 9月16日，"创客天下·2017杭州市海外高层次人才创新创业大赛"欧洲赛区决赛在德国汉堡举行。大赛征集到来自20多个国家和地区的628个项目，17个项目进入欧洲赛区决赛。开发区派员参加欧洲决赛环节，对接参加决赛的医疗器械项目2个、智能制造项目3个，邀请项目团队到开发区实地考察和洽谈。

【"创响中国·杭州站"启动仪式】 2017年10月11日，"创响中国·杭州站"活动在开发区新加坡杭州科技园启动。开发区作为浙江省双创基地代表发言，中

国计量大学和杭州海邦投资管理有限公司作为双创代表发言，浙江省高校创新创业教育实践基地（杭州大创小镇）揭牌成立。开发区展示高层次创新项目团队、十大高校教师创客、十大学生创客、星普乐士众创空间、跨境电商综试区、下沙智能制造、重点双创平台、向上创业国家级孵化器等创业创新成果。仪式后，举办双创示范基地（浙江省）经验交流会。国家发改委高技术产业司、浙江省发改委、杭州市相关部门领导，阿里巴巴集团、万向集团、浙江大学等省内双创企业、基地、高校和科研院所代表，共同交流国家双创示范基地建设情况、典型做法和经验成果。

【中央地方创新创业部分联合研究课题研讨会】 2017年10月12日，国家发展改革委高技术产业司结合“创响中国·杭州站”活动，在开发区组织召开2017年中央地方创新创业部分联合研究课题研讨会。国家发展改革委高技术产业司相关人员、创新创业领域专家，以及12个课题组研究人员参加研讨会。会后，副司长沈竹林调研开发区创新创业工作，开发区党工委委员、管委会副主任王永芳陪同调研。沈竹林一行考察浙江大学（杭州）创新医药研究院和三花中央研究院等重点双创平台，了解平台建设和研发情况，希望开发区通过创新驱动战略的实施，加快创新载体和平台建设，优化完善政策服务体系，通过双创示范基地建设，深化区校协作，发挥高校院所人才创新资源要素集聚和开发区产业集聚发展优势，激发创新活力、提升创新能力。

【浙江国际协同创新峰会】 2017年11月21日，浙江国际协同创新峰会在开发区举行，峰会以“未来产业·创造未来”为主题，探讨科技全球化背景下协同创新的发展方向、合作框架和合作机制，推广成功经验和先进模式，来自科研、金融、产业领域的嘉宾做演讲和现场分享。峰会期间，浙江国际协同创新研究院落户开发区，并与浙江伟星新型建材股份有限公司、深圳海云天控股集团签约，分别建立创新中心。

【聚智金沙·医健创业大赛】 2017年12月21日，开发区和达孵化器举办首届海外学子下沙行暨聚智金沙·医健创业大赛，来自全球知名高校的海外学子、投资人、孵化器负责人等100多人参加项目路演推介，加拿大多伦多大学倪劲松团队带来的“美国临床二期治疗眼睛翼状胬肉的新药研发”项目获医健创业大赛第一名。其间，华园控股有限公司分别与日本株式会社代表道纪忠华签订共建中日大健康产业化平台，与美国硅谷海纳百川孵化器签订共建大健康国际项目路演中心，与美国硅谷高创会签订共建中美医疗健康合作中心的战略合作协议。（周小珍　王迎军）

·大学生创新创业·

【大学生创新创业概况】 2017年，开发区落实杭州市“就业创业新政27条”，制定《大众创业促进就业的实施意见》，全年新增大学生创办企业346个，累计1853个，实现创业带动就业人数1931人。全年获市级大学生创业资助项目38个，获资助资金228万元。杭州市创业大赛项目落地转化12个，资助金额76万元。获得租房补贴、用工补贴等政策补贴企业421个，补助金额658万元。全区有营业收入100万元以上大学生创办企业52个、1000万元以上大学生创办企业8个、1亿元以上大学生创办企业1个。

【《大众创业促进就业的实施意见》出台】 2017年7月15日，开发区管委会出台实施《大众创业促进就业的实施意见》。文件在贯彻国务院、省市政府政策的基础上，梳理整合开发区现有就业创业政策，制定推进创业带动就业、加强创业平台建设、提高素质促进就业、强化创业就业服务5个方面、23条政策内容，旨在实施就业优先战略，激发大众创业活力，促进创业就业工作。

【中国杭州大学生创业大赛开发区分赛区决赛】 2017年 5月21—22日，第五届中国杭州大学生创业大赛开发区分赛区决赛在曙江大酒店举行。开发区承办电子商务、健康医疗、旅游时尚3个赛组的决赛。经过角逐，开发区赛组选拔的武汉中地水石环保科技有限公司、“‘环球梦游记’全媒体旅游IP制作栏目”和“基于柔性供应链的电商平台母婴服务商”——杭州贝越贸易有限公司进入总决赛，均获总决赛一等奖。开发区结合大赛赛程，组织举办开发区创业环境推介会、项目对接会等活动，宣传开发区创业政策及创业创新环境，吸引优质创业项目在开发区落地转化。（朱晓兰）

责任编辑　张红丹

城市规划建设

·城市规划建设综述·

【城建项目协调推进】 2017年，开发区开展多方面协调、对接工作，加快推进城市重大项目建设。1月，杭州地铁1号线三期项目开工建设；地铁8号线工程落实浙江工商大学、浙江水利水电学院借地工作，协调管线和绿化迁移，12月开工建设。艮山东路延伸工程完成可行性研究、选址论证，进入前期工作；每两周召开一次例会，推进3个污水干管迁改和自来水泵站迁移等协调工作。集中协调金沙湖湖体工程的城市管理、土方外运、环境整治、安保、建设时序等问题，3月湖体一期工程竣工，10月湖体二期、三期工程同时竣工，年末湖体注水完成。协调金沙湖源水预处理厂改造，研究讨论金沙湖景观方案和地下空间开发方案。1—6月，组织3轮景观设计会议，结合金沙湖地下空间的开发和利用，进行5轮专题汇报，11月确认地下空间开发方案。金沙湖大剧院项目经多次对接和讨论研究，设计方案、建筑咨询和运营方案基本完成。对文化体育中心项目、东部湾总部基地项目进行策划研究，完成大学城北体育中心的规划方案，进入施工图设计阶段。

【海绵城市规划建设行动】 2017年，开发区制定《开发区2017年度政府投资项目海绵城市建设计划》《2018—2020年开发区海绵城市建设三年行动计划》，跟踪推进项目进展，加快海绵城市建设。全年完成沿江湿地单元2平方千米建设任务，以临江护塘河为中心，完成沿江景观东公园、沿线之江路及两侧绿化带建设。位于开发区中心区块的金沙湖公园湖体完成注水，与已开放的金沙湖一期公园连接成一个总占地64.67公顷的大型景观公园，成为开发区海绵城市建设的示范区域。6月，开发区沿江景观东区公园海绵样板试验段项目（透水铺装和雨水收集回用系统工程）获杭州市海绵城市建设良好项目奖。7月，杭州市城乡建委牵头组织各城区海绵城市建设办公室和相关部门，对沿江景观东区公园海绵样板试验段项目进行参观考察。年内，由开发区建设局、开发区规划分局联合组织编制的《开发区海绵城市

2017年，开发区城市建设新貌　　（开发区管委会办公室 供稿）

专项规划》获杭州市优秀规划二等奖，编制的《开发区海绵城市重点建设实施方案》获市城乡建委及有关专家好评。（田 钰）

2017年11月28日，头格社区拆迁安置房头格江景家园小区内景
（开发区城建中心 供稿）

【湾南、头格社区回迁安置】 2017年7月28日，下沙街道湾南社区回迁安置房实施选房抽签，468户居民家庭当日完成安置房抽签。湾南社区回迁安置房小区为德盛东苑，位于开发区海达北路以东、松乔街以北，总建筑面积21.93万平方米，住宅面积15.02万平方米，共17幢、28个单元，住宅套数1696套、机动车位1294个。11月28日，下沙街道头格社区598户居民家庭完成安置抽签。回迁安置房小区为江景家园，地块东至聚首路、南至下沙路、西至月雅路、北至海通街，规划用地面积11.54万平方米，总建筑面积27.17万平方米，拥有住房2245套，机动车位1029个。

【开发区拆迁安置"双清零"】 2017年7月，借助杭州"城中村"改造和城市国际化建设推进的有利时机，开发区98户征迁遗留户完成拆除，成功实现全域"征迁清零"目标。11月，头格社区作为下沙街道最后一个回迁社区回迁安置完成，全区"回迁清零"任务完成。至此，开发区在杭州市范围内率先实现拆迁安置"双清零"（"征迁清零"和"回迁清零"）。围绕加快下沙新城建设的目标，开发区于2005年启动撤村建居，2011年实施回迁安置，通过采取"整村拆迁、统一回迁"的方式，对下沙街道12个自然村实施城中村改造。至2017年末，全区累计建成安置房1.3万套、面积184万平方米，回迁安置3670户、2.19万人。

【下沙南互通被评为建设工程先进项目】 2017年4月，杭州市建设工程"交通西湖杯"先进项目名单公布，由开发区城建中心承建的杭州绕城高速公路东线下沙南互通工程项目名列其中。下沙南互通位于下沙大桥北岸至20号大街之间，2014年3月开工建设，2016年6月建设完成，总投资3.95亿元。工程新建进出口匝道各1个，为开发区新增1个与绕城高速公路连接的出入口。全线设主线拼宽桥2座，总长617.5米；匝道桥7座，设匝道收费站2处。2017年1月1日，经浙江省公路局批准，杭州绕城高速公路下沙南互通进出口开通。（尹若章）

·城市规划设计·

【城市规划设计概况】 2017年，开发区组织开展《下沙副城转型提升战略规划》《下沙副城产业发展与引导专项规划》2项课题研究，编制完成《下沙副城分区规划》。围绕城中村生活环境品质提升，完成《开发区城中村改造"一区一规划"专项规划》；美化钱塘江沿岸，完善钱江新城及扩容区至下沙段景观通廊，完成《美丽东部湾——下沙新城西入城口景观规划研究》《开发区2号大街亮灯景观照明工程详细规划》；梳理下沙交通系统存在的问题，编制完成《开发区公共交通专项规划》《金沙湖湖区周边道路交通问题研究》《艮山东路快速路（下沙至大江东段）规划选址论证》；完善专项规划及重点区块规划设计，完成《开发区教育设施布局专项规划修编》《东部湾总部基地地块控制性规划》《新建河绿化带控制性规划》《金沙湖中央商务区东区控制性规划》等重点区块的调整及《医药港小镇控制性规划》等工作。

加强城市规划管理，全年核发建设用地规划许可证45件，新增用地面积143.4万平方米；核发工程规划许可证39件，新增建筑面积92.4万平方米；42个项目办理竣工规划核实确认书，合计建筑面积145.9万平方米。对七格区块规划小学、七格区块规划幼儿园、松合小学、大学城东单元规划小学、湿地单元规划幼儿园、中心区单元规划幼儿园、大学城北规划幼儿园等9个学校项目核发选址意见书，对景苑中学、听涛幼儿园二期、湾南幼儿园3个学校项目实施竣工规划核实。对特色小镇规划加大指导，加快大创小镇建设，核发大创小镇配套文化服务用房项目工程规划许可证。

【规划审批优化】 2017年，开发区规划分局以“最多跑一次”改革为指引，梳理完成办事事项9项，实现“最多跑一次”改革事项7项，实现网上申请办事事项12项。撤销规划分局驻开发区行政服务中心窗口，由投资项目综合进件窗口统一进件。优化部门内部审批流程，缩短办结时间，出让项目用地证由原8个工作日缩短至1个工作日，政府投资项目选址意见书由原15个工作日缩短至8个工作日，用地证由原8个工作日缩短至5个工作日。实行建设工程规划许可告知承诺制，对列入杭州市建设工程告知承诺许可项目名录的工程实施告知承诺，使审批时间由12个工作日缩短至3个工作日。（葛航菁）

【下沙副城分区规划】 2017年，为解决开发区在空间发展格局、土地效益水平、人口素质、公共服务、基础设施配套与未来杭州“东部核心”定位不匹配的问题，开发区规划分局重点推进下沙副城分区规划编制工作。3月，召开下沙副城分区规划战略研讨会，杭州市规划局领导参加研讨。12月，完成《下沙副城分区规划》报批稿并报杭州市政府。开展《下沙副城转型提升战略和路径研究》《下沙副城产业发展与规划专项规划》配套课题研究，分析开发区转型升级中遇到的问题，提出因地制宜的解决之策，为下沙副城分区规划发展战略制定、用地布局优化提供支持与保障。

【金沙湖区块规划设计深化】 2017年，围绕金沙湖湖区周地空间布局优化、重点区块建筑空间形态细化、湖区道路交通体系规划强化，开发区组织展开《金沙湖中央商务区深化设计》《杭州下沙金沙湖周边地区整体提升设计》《下沙金沙湖中央商务区交通系统优化研究》编制工作。8月，《杭州下沙金沙湖周边地区整体提升设计》《下沙金沙湖中央商务区交通系统优化研究》两项成果稿完成。整体提升的设计成果稿立足前期控制性详细规划、城市设计、景观设计等研究成果，对较为突出的问题进行比较研究，为金沙湖区块建设提供依据和建议。交通系统优化成果稿通过建立交通模型对金沙湖周边道路进行系统分析，论证中央商务区各组团支路网密度与交通疏解能力，同时针对慢行交通绕行、公交服务欠缺等提出优化建议。12月，完成《金沙湖中央商务区深化设计》送审稿。该送审稿延续金沙湖中央商务区空间形态塑造，针对金沙湖中央商务区重点地块的用地功能、交通组织及空间形态进行优化提升，引导金沙湖周边用地开发建设。

【医药港小镇规划】 2017年，《杭州医药港小镇城市设计》成果稿完成。该成果稿结合开发区土地瓶颈制约明显的背景，按照特色小镇建设要求及发展特点，从用地功能组织、空间特色塑造、道路交通健全、产业发展体系、智能生态体系5个方面进行重点研究，明确小镇发展定位将小镇建设成为水绿延展的生态小镇、高新活力的乐居小镇、引领产业的服务小镇。

【2号大街照明工程详细规划】 2017年6月，《开发区2号大街（1号大街至沿江大道）亮灯景观照明工程详细规划》送审稿完成。该规划送审稿从宏观、中观、微观3个层面分析开发区2号大街亮灯存在的问题，运用情境手段、城市美学基准，从用地属性、建筑层高、区域色彩、规划结构等方面提出营造对策。将亮灯景观照明设计与开发区整体景观体系协调，突出功能性、景观性、文化性的统一，对重点城市景观节点进行细化景观照明设计。

【城中村改造“一区一规划”】 2016年起，根据《关于开展杭州市主城区城中村改造五年攻坚行动（2016—2020）年的实施意见》及杭州市规划局《关于进一步做好城中村改造规划管理工作通知》要求，开发区启动城中村改造五年攻坚行动，编制完成《开发区城中村改造“一区一规划”》。2017年10月，《开发区城中村改造“一区一规划”》获市规划局批复。该规划稿通过社区调研、大数据分析，了解掌握配套服务需求，从配套设施、景观绿化、地下空间、产业规划等方面对城中村进行系统规划，对头格、东方、湾南3个社区公告服务设施、道路交通、市政基础设施进行剖析并落实用地，同时对城中村改造成本进行测算。

【教育设施布点规划修编】 2017年12月，《开发区教育设施布点规划修编》送审稿完成。该送审稿对规划范围内教育设施规划建设情况进行分析和评估，结合已编制的控制性详细规划、专项规划，总结教育设施规划与建设的成效以及存在的问题。在此基础上，根据教育设施规划标准，预测开发区不同教育设施类型的规模诉求。结合开发区现状用地情况、融合相关规划，依据就近入学的原则，确定教育设施空间分布，同时制定开发建设时序及实施策略。

（周　文）

·交通基础设施建设·

【之江东路至聆涛路连接段道路通车】 2017年9月29日，开发区之江东路（下沙）至聆涛路（海宁）连接段道路通车。该连接段道路为开发区与海宁之间的重要通道，全长147米、宽45米，南起沿江大道跨2850河桥梁，北连海宁界聆涛路，道路设计双向4车道，由杭州和达市政园林绿化建设有限公司施工。为推进开发区与海宁两地融合发展，开发区城建中心多次与海宁方面进行对接，克服用地红线、土地性质及范围面积等问题，于2017年6月开工建设该道路，9月道路主体及相关路灯等配套工程完成。该道路通车后，开发区范围内的沿江大道全面开通，沿江居民往海宁方向出行更加方便，江东大桥西连接线工程建设对开发区造成的交通压力得到缓解。

【幸福北路下穿金沙湖隧道装修工程启动】 2017年10月16日，开发区幸福北路下穿金沙湖隧道装修工程启动。为让幸福北路南北交通顺畅，同时更好体现金沙湖景观效果，开发区决定将原先跨湖而建的幸福北路（金沙大道至天城东路段）改成穿湖隧道。经过前期建设，项目主体建设竣工。开发区城建中心召开装修工程专题部署会，由安装单位、装修单位和供电单位对设计图纸进行会审，全面启动隧道装修工程。幸福北路下穿金沙湖隧道沿幸福河东岸布置，呈南北向穿越规划金沙湖，沟通幸福北路，全长835米，具有双向4车道规模。项目分两期实施，一期工程南起中心路横大街，北至金沙大道北侧，长260米；二期工程南起天城东路南侧，北至中心路横大街，与一期工程相接。

【九沙大道跨运河二通道桥开通】 2017年12月30日，开发区九沙大道跨运河二通道桥开通。该二通道桥于2016年4月竣工验收，后因该路段开通涉及东湖高架九沙立交东匝道同时开通，交通情况复杂且涉及江干区，协调难度较大而停滞。鉴于周边市场商户对该路段开通要求强烈，开发区管委会2017年加大协调力度，主动与杭州市城乡建委联系，对接杭州市交警大队、江干区政府等部门，组织城建、城管、交警等部门多次召开协调会，最后促成九沙大道跨运河二通道桥及东湖高架路九沙立交东匝道开通。该段道路开通后，有效缓解因下沙路施工带来的交通压力，同时为金沙大道全线贯通奠定基础。

【下沙路综合改造工程前期启动】 2017年11月9日，开发区下沙路与12号大街提升改造及附属配套工程前期工作启动。该工程项目西与艮山东路高架九堡段相接，东至开发区23号大街西（向东穿钱塘江至杭州大江东产业集聚区），全长7.65千米，主线双向六车道，工程可行性方案编制单位为杭州市综合交通研究中心、浙江省交通规划设计研究院。11月13日，七格南路整治工程开工。该道路南至1号大街，北至下沙路，全长2100米，标准段宽24米。整治内容包括道路、桥梁、道路管线及附属设施、绿化景观等。路面整修面积3.71万平方米、人行道修复面积8400平方米、雨水管道改造长1590米，新建电力管网长1120米，给水管道改造长860米。（尹若章）

【地铁1号线三期建设推进】 2017年，开发区就杭州地铁1号线三期（机场延伸线）工程多次召开现场专题会议，协调解决工程施工涉及的绿化迁移、管线迁改、小区借地等相关问题，完成世茂江滨花园二期约300平方米的借地、铁塔迁移等。1月3日，杭州地铁1号线三期工程正式开工。该工程建设进展顺利，至年末累计完成投资7452万元。同时，按照杭州地铁8号线一期工程年末开工的目标，开发区做好该工程下沙段前期工作，就工程施工涉及的绿化迁移、管线迁改召开

2017年1月3日，杭州市地铁三期建设项目1号线机场延伸线工程开工。图为开工活动现场 （开发区管委会办公室 供稿）

专题协调会议。至年末，该工程前期实现开工，管线迁改施工单位进场施工。

【艮山东路延伸段前期工程启动】 2017年，艮山东路快速路东延伸段建设前期启动。艮山东路快速路东延工程是杭州市“四纵五横”快速路系统的重要组成部分，为大江东产业集聚区重要门户性通道。其中，艮山东路（下沙段）工程西起运河二通道东，与艮山东路高架江干段相接，东至钱塘江中心线，全长10.25千米。全线主要采取“高架（接艮山东路高架江干段）+隧道（聚首路西侧进入隧道）+地面（预留与绕城高速互通）+隧道”的快速路形式，设置7对匝道，总体设计车速每小时80千米，其中地面采用双向六车道主干路，设计车速每小时50千米，标准断面宽50米。23号大街至大江东滨江二路段（即过江通道段）由开发区管委会和杭州大江东产业集聚区管委会共同成立的过江通道建设指挥部建设，运河二通道东至23号大街段由开发区负责建设。

（田　钰）

·城市公共设施建设·

【幼儿园项目建设】 2017年7月15日，开发区湾南幼儿园项目竣工。湾南幼儿园位于海达路以东、新南路以南、元西路以西、金乔街以北，总投资2721万元，建筑面积6900平方米，办学规模18个教学班。7月26日，听涛幼儿园二期项目竣工。听涛幼儿园位于18号大街以北、23号大街以西，总投资1700万元，建筑面积3960平方米，办学规模12个教学班。12月15日，开发区启源幼儿园二期工程开工。启源幼儿园地处开发区大学城北区块内，位于云水街以南、海涛路以西。项目建设规模9个班级，用地面积3999平方米，总建筑面积3460平方米。

【金保小学项目开工】 2017年3月28日，开发区金保小学项目开工。金保小学位于开发区湿地单元区块，南临22号大街、西至19号大街，东北侧为城市规划支路，总用地面积2.72万平方米，总建筑面积3.27万平方米。分体育馆、教学楼及食堂、行政楼3个建设单体，办学规模36个教学班，建成后为开发区配套教育设施齐全的六年制小学。

【景苑中学项目竣工投用】 2017年9月，开发区景苑中学建设项目竣工投用。景苑中学位于上沙路以东、北苑路以南、银沙路以西、南苑路以北，用地面积4.07万平方米，建筑面积4.52万平方米，分行政楼、普通教学楼、实验楼、图书馆、操场、食堂、地下室、垃圾房和围墙9个建设单体，办学规模36个教学班。建有机动车停车位442个，项目总投资1.74亿元。

【秀水街绿地及停车场工程开工】 2017年12月30日，开发区秀水街北侧公共绿地及地下停车场工程开工。该工程地处大学城北区块，位于秀水街以北、凌云路以南、云涛路以西、春垦路以东。建设内容主要有园路绿化、场地铺装、游览、休憩、公共建设、公共自行车停放点及地下停车库等。项目总用地1.17万平方米，其中绿化用地9283平方米。项目总建筑面积9384平方米，设停车位250个。

【士兰微110千伏电力专线通电】 2017年1月13日，杭州士兰微电子有限公司下沙生产基地110千伏变电站供电专线工程通电。该供电工程专线分南、北两条通电线路。南线起于白洋变电站到杭州士兰微电子股份有限公司厂区，北线起于文津路变电站到杭州士兰微电子股份有限公司厂区。电力专线工程于2016年

7月开工，通过苗木迁移、沟体施工、土建验收、电线铺设、通电验收等系列工作，项目如期完工。

（尹若章）

【地下空间和停车场库建设】2017年，开发区加快地下空间利用和停车场库建设。年内，完成地下空间竣工备案18.69万平方米，竣工停车泊位608个，新开工及续建公共停车泊位累计2160个。推进完成130个充电桩的建设，完成配建泊位2000个，1块公共停车场项目用地完成公开出让。（田　钰）

·河渠建设·

【新建河河道及南侧绿化带整治】2017年4月10日，开发区新建河（文渊北路至文津北路）河道及南侧绿化带整治工程启动施工。该河道整治工程位于开发区与乔司农场交界处，建设单位为开发区城建中心，施工单位为高运控股集团有限公司。新建河全长3.2千米，东至文津北路，西起文渊北路，河道宽约30米、堤岸标高1.5米。2016年12月，开发区城建中心与高运控股集团有限公司签订新建河整治工程合同协议，工程造价2048万元，施工范围主要包括河道两侧堤岸绿化、河内清淤、挡墙驳坎等。

【3号大堤护塘河整治完工】2017年，开发区3号大堤护塘河（德胜东路至新建河）河道及西侧绿化带整治工程完工。该工程为开发区"五水共治"项目，位于元成东单元的文津北路以东，南起德胜东路，自南向北依次与德胜河、围垦路桥、2850护塘河及规划银海街相交，最终与新建河相汇。该河道全长2300米，河道宽度30米～45米，河道东侧有宽4.5米~30米的绿地及堤路，河道西侧以松乔街为界，南段为已建成河道驳坎，紧邻文津北路东侧人行道，北段宽9米～40米的绿化带。3号大堤护塘河是开发区防洪排涝主要通道。原先，河道为自然护坡，整治后为浆砌块石二级挡墙，上级挡墙与下级挡墙之间种植水生植物。（尹若章）

·金沙湖项目建设·

【金沙湖蓄水完成】2017年12月，开发区金沙湖蓄水完成。金沙湖项目东至海达南路，西至乔下线，南至天城东路，北到金沙大道，总占地面积64.67公顷，湖体面积30.93公顷，蓄水量130万立方米。整个项目分三期建设。2010年5月金沙湖开挖奠基，2013年5月湖西部分建成对外开放。2016年3月，原开发区五联农贸市场地块移交，金沙湖公园一期工程开工建设，期间因中沙农贸市场拆迁进度和G20杭州峰会停工等因素影响，经建设各方统筹协调后，2017年3月完成竣工。工程主要涉及植物入水湖岸驳坎、砌石直立式驳坎、松木桩湖岸驳坎、湖中岛松木桩湖岸驳坎、湖中岛植物入水湖岸驳坎、沙滩湖岸、南北两侧出水口工程和人工湖开挖、周边建筑拆除等，土方开挖总

2017年12月28日，金沙湖30.93公顷的湖面完成蓄水　　（开发区管委会办公室　供稿）

2017年2月27日，开发区开展居住出租房屋集中排查整治专项行动
（开发区公安分局 供稿）

量30万立方米。2017年2月，金沙湖开挖二期、三期工程同时开工，至10月末工程竣工。两期工程累计开挖外运土方79万立方米，铺设防水毯8.2万平方米，砌筑挡墙1712米，铺摊黏土17万平方米。

【金沙湖源水预处理厂升级改造】 2017年8—10月，金沙湖源水预处理厂进行提升改造。水厂预处理提升改造工程主要是对常规水处理结构物及排泥水处理系统进行深化改造，包括对原有设备的拆除、新工艺设备的安装调试、自控系统的整体版本升级以及防腐、加药工艺的改造等。改造完成后，金沙湖源水预处理厂的水处理能力和水质调节精细化程度大为提高。金沙湖源水预处理厂是金沙湖项目三大主体工程之一，2010年10月25日开工建设，2011年11月2日投入使用，承担着向金沙湖输送优质水源以及金沙湖水质科研等重要任务，用地面积约1万平方米，建筑面积1500平方米，日供水量5万吨，主要由一级泵房、二级泵房、清水调节池、污水调剂池、絮凝沉淀池、科学实验室、无菌操作室等组成，主要工艺包括加药系统、自控系统、检测系统、离心脱泥系统等。（楼志英）

·违法建筑拆除·

【违法建筑拆除概况】 2017年，开发区拆违部门严控新增违法建筑，开展老旧厂房违法建筑专项整治行动，对杭州市通报的16个点位逐一现场踏勘，规定时间内完成整改并通过验收。结合开发区环境综合大整治，拆除金沙湖周边、湾南钢模站、七格社区个别宅基地、医药港小镇、白杨街道便民服务点、盛昌废品回收站、湾南教会非法集会点等重点难点违法建筑。全年拆除违法建筑261处，合计拆除面积14.1万平方米。创建“无违建开发区”，全年多次召开“无违建”创建成员单位工作部署推进会，深入社区逐个检查指导，对不符合创建标准的社区提出整改意见，按期进行复查复验。年内，开发区管委会被评为杭州“无违建”创建先进单位。

【违法建筑专项整治】 2017年，开发区拆违办牵头开展违法建筑克难攻坚专项整治行动。2月初，通过前期摸排，梳理明确专项整治内容为重点区域、“五无企业”、出租房、违法占用及新旧违建五大类违法建筑拆除整治，制定拆违攻坚专项行动整治方案及推进任务计划表，组织职能部门对重点违法建筑现场逐一踏勘、调研，对违法建筑当事人进行约谈。经协调联动，上半年完成金沙湖周边、医药港小镇、白杨街道便民服务点、盛昌废品回收站、湾南钢模站、七格社区个别宅基地等重难点违法建筑拆除工作，11月对湾南教会非法集会点进行拆除。

（程　凯）

【重难点存量违建拆除】 2017年，针对历史遗留的重难点存量违法建筑，开发区拆违职能部门和属地街道联合行动，组织开展集中拆违，完成七格红房子、金牛临时客运站等一批历史遗留重难点违法建筑拆除。开展环境整治，全年整治环境问题点341处（含省、市两级交办问题点112处），完成旧厂区改造18.33万平方米，整治“五无”企业（作坊）1948个（含市级交办的“四无”企业和低小散乱企业36个），拆除老旧厂房违法建筑18处，整治群租房屋3414套，取缔和整治废品回收点51处，拆除农村危房9幢。

（田　钰）

责任编辑　黎洪正

·国土资源管理·

【国土资源管理概况】 2017年，杭州市国土资源局经济技术开发区分局（简称开发区国土分局）完成1548公顷永久基本农田划定，设立保护碑和保护牌各2块、界桩2个。开展耕地占补平衡指标外购，赴衢州、丽水、金华等地洽谈对接，签订耕地占补指标外购协议66.67公顷，与丽水等地区达成5年合作意向，逐步推进指标外购落实。规范完善10%留用地开发流程，出台《开发区10%留用地项目成本收取方案》，拟定《关于进一步加强开发区留用地管理的实施意见（试行）》。推进工业用地收购收储，制定《开发区规范工业用地收回储备工作实施细则》，成立收储收购办公室。加强土地执法监察，全年开展巡查260多次，巡查发现违法用地6起，发放责令停止土地违法行为通知书6份。推进网上审批和“最多跑一次”改革，结合开发区下放权限实际，确定8个主项、21个子项的“最多跑一次”改革事项，先后完成线上、线下服务事项统一工作，实现服务清单标准化。完善综合进件窗口职能，梳理审批事项（含子类）33项，均进驻行政服务窗口受理。全年不动产登记窗口受理不动产登记业务2.19万件，比上年增长72%，发放不动产权证书1.19万本、不动产登记证明1.15份；完成权籍调查50件，增长38.7%；用地复核验收16宗，出让土地首次转让审查3宗。

【土地利用管理】 2017年，开发区国土分局完成11个建设项目用地预审；划拨供地11宗、面积16.13公顷；持牌出让工业用地项目7个、面积26.73公顷；零星低效工业用地协议出让审批1宗、面积1166.67平方米。推进经营性用地做地储备出让，完成经营性用地出让3宗、9.49公顷；完成可供地块1宗、面积6.93公顷；完成储备地块4宗、面积15.07公顷。推进“盘活存量三块地”工作，完成批而未供消化利用土地50.07公顷、供而未用土地122.33公顷、城镇低效用地再开发土地66.73公顷。规范完善10%留用地管理，出台《开发区10%留用地项目成本收取方案》，拟定《关于进一步加强开发区留用地管理的实施意见（试行）》。推进工业用地收购收储，制定《开发区规范工业用地收回储备工作实施细则》，完成收储签约企业1个、土地面积16.98公顷。

【国土助力征地拆迁】 2017年，开发区国土分局协助下沙街道完成金沙湖中央商务区59户房屋（套房）、华沙公寓8户营业用房、下沙街道17户遗留农居签约，完成湾南、头格2个社区回迁安置，开发区集体土地上农居搬迁安置实现“清零”。推进企业搬迁补偿，完成浙江省农科院、景芳社区等6个单位土地收回，为农垦路、新建河绿化带、2号坝路等项目建设创造条件。西元M-1地块等4个项目的征地补偿协议签订完成，计划征收集体土地15.47公顷。完成下沙街道12个社区373.33公顷土地的流转和移交。配合浙江省军区、武警浙江总队开展停止有偿服务工作，指导并制定停止有偿服务方案，浙江省军区副食品基地年内完成丈量评估企业68个、签约拆除面积128.71万平方米。浙江省武警总队及杭州武警支队后勤基地丈量评估企业12个、签约拆除面积54.37万平方米。全年安全拆除项目建筑41处，面积10.5万平方米。

【土地执法监察】 2017年，开发区国土分局加大土地执法监察力度，对重点区域开展土地动态巡查，完成巡查任务260多次，巡查发现违法用地6起，发放责令停止土地违法行为通知书6份。助力开发区环境综合大整治，全年认定集体土地上违法建筑92处，配合参与违法建筑拆除行动117天，拆除违法建筑面积13万平方米。坚持标准，完善程序，组织街道、社区干部专题宣传推介10%留用地与开竣工处置政策，全年接受企业咨询200多次，接待企业20多个，完成6个项目延期开竣工处置，收取延期违约金2860多万元。加强年租金征收管理，完成58宗土地226.9万元年租金的收取。

【刘国洪到开发区调研国土资源工作】 2017年9月26日，杭州市委常委、副市长刘国洪到开发区调研国土资源工作。开发区党工委副书记、管委会副主任陈金生陪同调研。刘国洪先后走访辉瑞全球生物技术中心项目、杭州医药港小镇加速器项目和史陶比尔（杭州）精密机械电子有限公司，听取项目介绍，询问建设进度、企业遇到的问题以及发展规划。在座谈会上，刘国洪听取开发区国土资源管理工作情况汇报。他指出，近年来开发区国土资源管理按照优用增量、盘活存量总思路，挖潜土地空间，提高土地利用效率，在有限的空间推动经济发展，各项工作取得新成效，下一步要围绕中心、服务大局，继续扎实推进各项重点工作，为杭州市“拥江发展”做出新的贡献。（孙　丽）

·工程建设管理·

【工程建设管理概况】 2017年，开发区在建房屋建筑工程项目86个，总建筑面积435万平方米；在建市政项目21个，总投资3.8亿元。新开工建筑项目40个，建筑面积129万平方米；新开工市政工程12个，总投资1.8亿元。竣工验收房屋建筑工程40个，竣工面积145万平方米，竣工市政项目5个、造价1.3亿元。年内，东海柠檬郡13号楼、14号楼等4个项目获杭州市建设工程“西湖杯”优质工程奖，杭州第四中学下沙校区三期体艺楼等7个项目获杭州市建设工程“西湖杯”结构优质奖，商业金融用房等7个工地被评为杭州市标准化样板工地。

加强项目人员管理，全年受理项目经理和总监变更备案51件。加强工程管理，做好分层主体结构验收和分单体竣工验收。针对高层、超高层房建工程工期长的实际情况，同意按主体结构竣工进行验收；针对工业项目，分生产车间、辅助用房等多个单体，同意按单体进行竣工验收，为企业加快投产创造条件。在建项目和新开工项目全面落实现场人员实名制管理，监理定期对实名制管理情况进行抽查。建立现场管理人员人脸识别考勤制度，5月起对在建项目质量安全管理人员进行人脸识别考勤，对考勤不合格的予以通报并给予企业信用记分。通过人脸识别考勤和信用记分，督促企业主要质量安全管理人员到岗履职，落实企业主体责任。

【工程安全隐患检查】 2017年，开发区建设局加大安全社会化服务力度，在浙江省范围内率先委托行业协会专家对建筑工地进行安全风险评价。安全风险评价重点是深基坑、高大支模架等超危工程，参与安全风险评价的是浙江省、杭州市建筑施工行业专家论证库专家，多为教授级高级工程师，拥有较为丰富的建筑施工安全管理经验。围绕超危工程隐患检查，全年开展安全风险评价深基坑工程9个、高大支模架工程4个。通过查看现场和台账，翻阅基坑围护设计方案、论证方案、基坑监测方案和报告、检查验收记录、材料抽样复试报告、安全技术交底记录等资料，着重检查实际施工、搭设与方案和规范符合对应情况，全年累计出动专家20人次，发现消除安全隐患86条。

【建筑起重机械管理】 2017年9月起，针对建筑起重机械出厂年限超过5年安全隐患多、维保管理落实不到位、起重机械安装单位资质外挂等问题，开发区建设局（工程质量安全监督站）提出并实施针对性监管举措：新安装的建筑起重机械，严格落实租赁（产权备案）、安拆、维保“三位一体化”管理；建设工程总包和监理单位在安拆维保前，审查安拆维保单位资质、安拆维保人员上岗证和社保缴费证明，确保安拆维保人员社保缴费单位与安拆维保单位一致；严格按照施工升降设备安全技术规范，做好日常检查保养记录，防止挂靠维保安拆行为；对使用中的出厂使用年限超过5年建筑施工升降设备，实施每月两次检查保养，同时要求增加日常检查保养频率，降低事故风险。

【建筑市场监督管理】 2017年，开发区建设局加强工程质量治理，打击建筑工程施工转包、违法分包等行为，规范建筑市场秩序，开展为期6个月的建筑市场“暴风行动”专项执法。开展施工现场管理人员影像识别考勤，结合建筑市场专项执法检查，整治现场管理人员与备案人员不一致或备案人员实际到位率低的问题；贯彻执行杭州市建筑市场“黑名单”制度，对存在恶意欠薪行为的13个企业撤销政府投资项目投标资格，对在招标代理服务中出现严重错误的1家招标代理机构暂停开发区政府投资项目代理资格。强化施工现场作业人员实名制管理，对33个项目进行专项检查，建筑业劳资纠纷明显减少。加强招标代理机构管理，对7家代理机构的10个招标控制价编制成果开展事中、事后抽查复核。 （田 钰）

·房产与物业管理·

【房产管理概况】 2017年，开发区新批准新建商品房1968套，面积16.43万平方米；新建商品房签5659套，面积47.63万平方米；二手存量房签6578套，成交面积62.79万平方米。全年对93个实施专业化物业管理的物管项目进行考核，发出整改通知单86份，完成整改问题374个；约谈项目经理和企业主要负责人15人次；对4个物管项目进行5~20分不等的扣分处理。针对物业企业和业委会开展“开发区物业大讲堂”活动4期，举办“物业知识竞赛”“最具人气物业企业”“最美物业人”“物业消防技能大比武”等活动。年内，和茂大厦、保利湾天地、朗诗国际小区3个物管项目被评为市级优秀住宅小区和大厦，文汇苑小区通过市级优秀住宅小区的复评。加强危旧房治理，组织街道开展农村危旧房排查，通过征迁拆除方式治理D级危房11幢、38户，建筑面积6856平方米。

【物业行业消防技能比武】 2017年11月26日，开发区首届物业行业消防技能比武大赛在浙江育英职业技术学院举行，16支物业企业代表队参加比赛。比赛分为原地着装作业服、一人两带水带抛接、灭火器油盆灭火等项目，检验企业员工处置险情时的熟练程度及技巧。根据单位参赛过程中出现的问题，开发区消防大队消防官兵现场传授如何加快水带连接、如何提高灭火器灭火效果等技巧。为确保比赛结果公平、公正，由开发区消防大队组成专业裁判组，对各企业参赛队伍进行专业裁定，对各项目计时打分。经综合评定，龙湖物业获团体一等奖；野风物业和绿城物业获团体二等奖；和达物业、碧桂园物业和保利物业获团体三等奖。龙湖物业员工黄涛获个人一等奖；野风物业员工高国文和保利物业员工许佩佩获个人二等奖；和达物业员工尹志涛、绿城物业员工周明和孔营强获个人三等奖。

【物业服务企业评优】 2017年，开发区建设局（房管局）组织开展首届“下沙物业服务企业人气评选”活动。经网络投票和资质评分，和达物业、久悦物业、广厦物业和世茂天成物业获得名次。11月15日，开发区首届“最美物业人”活动启动，经公众投票和筛选评定，龙湖物业秩序维护员杨雪彦等10名物业人获开发区物业服务行业“最美物业人”称号。《下沙物业》刊物第四期刊登10名“最美物业人”事迹，物业年度大会对“最美物业人”进行奖励和表彰。

（田 钰）

·城市管理维护·

【城市管理维护概况】 2017年，开发区城市管理办公室（简称开发区城管办）围绕城市管理维护，完善基础管线设置，新增雨水管网6.58千米、污水管网3.55千米，河道清淤疏浚55.6万立方米，河道配水1.14亿立方米。开展河道巡查，37处小微水体（含2处沟渠）通过验收，水质均达到V类水以上。做好道路洁化，全区道路清洁度93.8%。推进垃圾分类，覆盖居民小区73个、机关事业单位77个，推进率88%。开展道路绿化，新增绿化面积30.86万平方米。加强数字化城市管理，全年上报数字城管案卷8.02万件，其中区级案卷7.63万件，及时解决率98.8%。落实城管民生实事，发展城市公共交通，优化公交线路10条，新增公共自行车服务点10个，投入运营公共自行车7000辆，服务点均升级为24小时服务点。实施道路“暗区盲点”增亮工程和道路畅美工程，38条道路增设路灯149套，学源街、围垦街、高沙路、松乔街、乔下线等20条道路路面更新完成。推进“厕所革命”，提升改造公厕4座，增设卫生间等设施。推进城管“最多跑一次”“四张清单一张网”改革，实现“最多跑一次”的办事事项占比93%，全年办理行政许可审批724件。

2017 年，开发区 6 号大街被评为省级“绿化美化示范路”
（姜圣多美 摄）

【城市基础设施管养】 2017年，开发区城管办制定《开发区城市公共基础设施养护标准提升方案》，提高城市公共基础设施养护标准。养护标准提高的具体范围为纳入开发区公共财政养护的道路保洁、公厕、市政设施、绿化、数字城管信息采集5个方面，保序道路增至110条。围绕城市基础设施管养，全年受理无证摊贩、出店经营、户外促销等序化类投诉327件，开展整治流动摊贩580多次，取缔387起，查处序化案件98件。结合杭州市城市管理考核工作要求，提升巡查频次和密度，强化重点区域、重点时段、重点项目的清洁度监管，实现清洁度93.8%，环卫市场化率40%，新增道路综合养护一体化100%，公厕市场化管理率50%。做好绿地基础设施测绘，全年完成测绘300多万平方米，12条道路、3条河渠和4座公园参与市级“双最”绿地系列评比。实施道路“暗区盲点”路灯增设工程，对38条道路28处点位的路灯缺亮情况实施路灯补装，增设路灯149套。完成上沙路、学源街、高沙路等20条道路的平路整治，整治面积92万余平方米。

【劣五类水治理】 2017年，根据省、市“剿灭劣V类水”行动部署，开发区围绕治水目标全面开展劣V类水治理。完善基础管线，完成零星截污纳管工程32个；完成省军区农副业基地截污纳管二期工程建设并投入使用，新增雨水管网8千米，污水管网6千米。实施河道畅通工程，消除河道阻点，打通文泽渠—高教西公园—高教西渠一线，实现文泽渠—高教西渠全线通水；五一河河道阻点工程完工通水，保障乔司监狱区域防汛安全。开展河道综保提升水岸景观，结合生物医药小镇、娃哈哈科创小镇的开发，实施新建河河道综合整治工程，3号大堤护塘河综合整治工程完工，恢复通水。开展智慧管理，提升治水效率，开发区智慧河道一期工程建成投用。开工建设雨污水泵站实时监管系统与地下雨污水管线地理信息系统二期工程，提高污水输送效率。落实河长制，设置河长制办公室，与“五水共治”工作领导小组合署办公，在下沙、白杨两个街道分别设置河长制办公室，建立健全河长工作组织体系，制定《开发区河长制工作方案（2017—2020年）》，明确河长工作职责。结合开发区地域特点，与民间“河长”“小河长”及“河小二”等社会力量开展公众参与活动，针对11号渠组建“小河长巡河队”，与14所高校一起组建“河小二”护河队。完成市级剿劣河道验收复核，37处小微水体（含2处沟渠）验收通过，水质均达V类水以上。

【市政设施提升改造】 2017年，开发区用于市政设施改造提升项目投资额1000多万元，实施完成道路、管道、桥梁、泵站等提升改造项目16个。修复破损的水泥砼路面7860平方米、沥青路面8.16万平方米、人行道4.9万平方米；利用清淤机械疏浚雨污水管道552千米，其中雨水管道360千米、污水管道192千米。加强市政设施安全管理，开展桥梁专业化检测及提升改造；更换东部3号泵站等5座永久性污水泵站水泵，完成东部2号等5座污水泵站新格栅采购；完成云涛北路跨宏达河桥、七格小区跨七格渠桥（北）桥梁维修，完成围垦街跨3号大堤护塘河桥、沿江景观5号桥维修施工。全年做好排水许可证、道路挖掘、临时占道、道口开设等行政审批238件。加强第十三届全国学生运动会场馆周边及杭州国际女子马拉松赛道市政设施的巡查和整治提升，全年修复道路破损面积7.28万平方米。

【城管参与环境大整治】 2017年，开发区城管办成立组织机构，采取行动举措，参与开发区环境综合大整治。全年拆除违法建筑889处、面积227.79万平方米。医药港小镇内空地、七格小区中石化加油站西侧红房子、百江燃气站、湾南钢模站、金牛客运站、文海停车场、杭州杭联热电有限公司南侧废品回收站、开发区资产经营集团所属空地废品回收站点等重点难点违法建筑均完成拆除；开展户外广告、招牌整治专项行动，拆除屋顶广告招牌385处、2330块，拆除面积1.8万平方米。实施天城东路、学林街、学正街3条主干道路421处户外招牌整改。加大渣土整治力度，开展整治136次，暂扣及查处违法车辆125辆，处罚金额176.2万元。实施道路“畅美工程”，完成涉及道路问题整改55项、293处，24号大街等10条道路路面修复完成。加强道路保洁养护，清除垃圾1.33万吨、“牛皮癣”广告1640多处，覆绿面积2.83万平方米，砌筑围墙2375米、实施墙绘326米。对下沙街道七格、新元、松合、智格、高沙5个被列入提升改造的小区启动“城中村”改造计划，针对小区存在的违法建筑、餐饮业态、消防安全、房屋失修等问题，邀请电力、燃气、华数、移动、电信等相关单位研究改造方案，完成5个小区相应设施提升改造方案设计。

【景观绿化工程获省市奖项】 2017年，开发区城管办实施绿化精品工程，海达南路、学林街和花境作品“青春旋律”等多个景观绿化项目在省市评比中获得奖项。建设特色“名片”，海达南路获市级“最美紫薇大道”称号，学林街获杭州市“最美秋色景观道路”和省级“街容示范街”称号，6号大街获省级“绿化美化示范路”称号，高教西公园经美化改造提升后成为开发区又一处美景。配合在杭州举办的第十三届全国学生运动会，开发区自然花境、立体花坛及应季花卉布置作品在“杭州城区绿化环境彩化评比”中全部获奖，应季环境彩化类作品获一等奖，立体花坛类作品“青春旋律”获二等奖，自然花境类作品“花之韵”和时花花坛类作品获三等奖。

【文明城市复评与中央环保督察迎检】 2017年，开发区城管办制定全国文明城市复评迎检方案，在中央、省、市3次实地检查期间，对主干道、地铁站、社区街面加大序化管控。中央环保督察组进驻浙江杭州期间，开发区城管办主抓噪音扰民、餐饮油烟、扬尘污染等重点领域，会同街道落实专人实施定期巡查。督查期间，抽调人员组建专案组完成中央环保督察组信访督办件的办理，立案查处环保案件31件，涉及环保问题21个，其中涉及大气问题5个、油烟问题7个、噪声问题4个、水问题5个。街道、城管、行政执法、市场监督管理、环保等职能部门组成整治组，开展现场调查处置，同时做好中央环保督察工作信访件办理回复、上门走访、协调处置等工作。

（柯　荣）

【江堤河道中心机构撤并】 2017年1月，根据开发区机构编制委员会办公室印发的《关于调整开发区城市管理办公室和江堤河道监管中心机构设置的通知》，开发区城管办和开发区江堤河道监管中心完成职能整合和机构设置调整，原中心内设机构职责并入城管办相关科室，原中心相关人员划转至城管办，在原城

2017年5月5日，开发区城管办开展防汛演练
（开发区城管办　供稿）

2017年12月1日，开发区抗雪防冻应急抢险与气象防灾减灾演练在浙江警官职业学院举行
（开发区管委会办公室　供稿）

管办6个内设机构和中心5个内设机构的基础上调整划分为9个内设机构，分别是综合管理科、市容环卫科、市政管理科、绿化管理科、河道管理科、防汛排灌科、公共事业科、数字城管科、工程管理科。

【河道管理养护】 2017年，开发区城管办结合河道保洁、设施养护、水生植物管理、河道排污巡查4个方面实施河道养护长效管理。全年河道保洁自查自改问题1520个，打捞清理漂浮物垃圾600吨；开展河道护栏、警示牌、驳坎、挡墙等设施普查，修复相关设施204处；落实2号渠、5号渠、文泽渠、高沙渠、银沙渠等河道水生植物和设施的日常管理，修剪补种水生植物面积3.86万平方米，清除杂草面积3102平方米；开展河道排污口巡查，实施身份证式管理，建立一口一档、一河一档；实施生态治理，在文泽渠、银沙渠、21号渠实施生态治理工程，改善河道水质；开展河道灭蚊，对建成区内28条河道进行集中灭鼠2次；开展河、湖、库塘清淤，对6号渠、12号渠、新建河、3号大堤护塘河、金沙湖等实施清淤，累计清淤55.6万立方米。

【堤塘维护管理】 2017年，开发区投入120多万元用于堤塘安全设施日常维护、完善，投入12.9万元用于堤塘丁字坝加固，投入24.5万元维修堤顶路面200米、路标313个、伸缩缝2736米、砼护坡及护坦342平方米，更换防护网195平方米，修复雨淋沟53立方米。委托白蚁防治机构对堤塘进行白蚁防治，委托省第一地质大队对开发区标准堤塘开展沉降、临水滩地、裂缝等观测，堤塘总体运行良好。实施钱塘江（下沙段）河道管理范围划界和7000米钱塘江下沙段“无违建河道”创建。（柯　荣）

·智慧城市建设·

【智慧城市建设概况】 2017年4月，经杭州市机构编制委员会办公室批准，开发区智慧城市综合管理中心成立。该中心为副处级事业单位，核定编制数10人，设数据管理科、受理协同科、电子政务科3个科室。7月，开发区智慧城市综合管理中心增挂“开发区综合信息指挥中心”牌子，与开发区推进基层治理的“综治工作、市场监管、综合执法、便民服务”4个平台建设实现衔接，同时实现与4个平台信息系统的融合应用和区级指挥体系工作人员的共享通用。通过“两块牌子、一支队伍、一套系统”的联合应用，建设完成统一指挥体系、统一信息系统、全科网格上图、两级考核落实等工作，并在浙江省范围内率先完成与省协同平台对接。建立大数据上报平台，加快智慧城市建设。3月，建立开发区大数据上报平台，出台《大数据采集考核制度》《大数据采集时效管理制度》；同月，开发区管委会与中国电信杭州分公司签订战略合作深化协议，共同推进开发区智慧城市二期建设。6月，开发区“智慧安防”项目获第七届中国智慧城市技术与应用产品博览会“浙江省智慧城市成果展优秀项目奖”。

2017 年 9 月，开发区智慧城市综合管理平台竣工并投入试运行
（开发区管委会办公室　供稿）

【智慧城市综合管理平台试运行】 2017年9月，开发区智慧城市综合管理平台竣工并投入试运行。管理平台场地总面积838.76平方米，总层高6米，分为指挥受理大厅、视频会议室、参观接待区、大屏展示区、网络机房等区域，可实现视频会议、热线受理、数据分析、模块开发、应急指挥、参观接待等综合功能。年初，由开发区智慧城市综合管理平台建设工作领导小组同意，确定管委会办公楼东6楼平台作为智慧城市建设项目二期场地。6月，智慧城市综合管理平台二期开工建设。开发区智慧城市综合管理中心克服施工难、要

求高、建设紧的困难，保障工程质量和建设安全，用时3个月完成二期平台项目建设。

【"智慧下沙"App开发完成】 2017年12月，"智慧下沙"App开发完成。该应用平台涵盖"民情连线""智慧服务""下沙视角"三大模块，市民通过"民情连线"模块可进行问题举报或查看群众咨询投诉的热点问题；"智慧服务"模块整合开发区热点关注的政务服务及特色服务，对接开发区经发局"商贸查询"和开发区行政服务中心"办事预约""一键挪车"事项；"下沙视角"模块通过对接区内媒体，整合开发区新闻资讯，市民通过该模块可实时了解开发区发展动态。（潘　俊）

·城管综合执法·

【城管综合执法概况】 2017年，开发区城市管理行政执法大队（简称开发区城管执法大队）贯彻落实开发区环境综合大整治行动部署，全面推进环境整治，严格执法办案，加强队伍建设，执法能力与服务水平有提升。推进广告整治，实现全区范围违法屋顶广告招牌"清零"目标；整治建设工程渣土，出台《开发区建设工程渣土（泥浆）管理工作实施意见（试行）》；深化违法建筑查处，查处违法建筑535处。严格执法办案，受理信访投诉6576件，查处案件1.96万件，处罚金额421.1万元；推进序化管理，将保序道路由102条增至110条，序化管理内容从2项拓展至7项；做好共享单车管理，通过集中约谈、督促指导4个运营企业签订自律公约，对1.5万辆自行车实施搬移保管，对4个单车企业违法行为实施处罚。加强队伍自身建设，推进综合执法体制改革和街道综合执法平台建设，理顺体制机制；加强推进智慧执法平台建设，开发以"门前三包"、违停管控、渣土预警等为主要内容的专项应用，初步实现24小时可视化管理。深化"正风肃纪"专项行动，加强内部监督检查，累计开展督查212次，出动检查执法队员1476人次。

【城管执法推进环境整治】 2017年，开发区城管执法大队牵头开展户外招牌、广告专项整治，通过普法先行、分步实施、合力推进等举措，累计拆除屋顶广告招牌385处、2330块，拆除面积1.8万平方米，实现全区范围违法屋顶广告招牌"清零"目标。实施天城东路、学林街、学正街3条主干道路户外招牌整改提升。制定《开发区户外招牌长效管理办法（试行）》，将备案办结时间从14个工作日缩短至10个工作日。整治"渣土乱象"，加强审批和监管力，牵头制定出台《开发区建设工程渣土（泥浆）管理工作实施意见（试行）》，针对源头、运输、处置实施全过程监管；优化备案审批制度，由开发区渣土管理办公室集中受理、牵头协调渣土领域相关审批事宜，缩短备案审批时间；加大整治力度，累计开展整治140次，暂扣及查处违法车辆170辆，处罚金额209万元。深化违法建筑查处，全年查处违法建筑535处，涉违面积200.47万平方米，配合拆除违法建筑258处，总计面积13.69万平方米。完成部分农居违建拆除和经营户违建认定，为推进金沙湖中央商务区建设和军地园区环境整治奠定基础。推行住宅小区违法建筑物业发现报告制度，严控住宅小区新增违法建设。

【城管投诉与执法处罚】 2017年，开发区城管执法大队受理信访投诉6576件，查处案件1.96万件，处罚金额421.1万元。推进序化管理，修改完善《开发区街面保序检查考核办法》，道路考核长度由82.32千米延长至85.51千米，序化管理内容拓展至7项，保序时间调整为全天24小时不间断。两个街道依据职责，加强对街面序化工作的管控。严格管理共享单车，通过集中约谈，督促指导4个运营企业签订自律公约；对地铁口、商业综合体等重点区域实施视频巡查管控和现场管控，启动共享单车管理志愿服务活动，推动社会共管共治。

【城管执法重点任务保障】 2017年，开发区城管执法大队围绕文明城市复评迎检，排出任务书，明确责任人。检查期间，大队定人定岗做好主干道、地铁站、社区街面序化管控，累计出动执法队员680人次，安排加班340人次。做好中央环保督察迎检，排查执法领域的环保问题，重点关注并解决噪音扰民、餐饮油烟、扬尘污染等问题，会同街道落实专人实施定期巡查。督查的一个月时间内，抽调人员组建专案组，完成中央环保督察组14件信访督办件的办理，立案查处环保案件31件。做好第十三届全国学生运动会保障，落实城市管理"721"（七成服务、两成管理、一成执法）工作法，推进7个比赛承办学校周边和主要道路、重要窗口的环境秩序整治。（陈树坚）

·道路运输管理·

【道路运输管理概况】 2017年，杭州市道路运输管理局经济技术开发区管理处（简称开发区运管处）组织开展"巡游出租车服务质量提升年活动""两非车辆综合整治"等专项行动，联合公安、交警等部门打击无证营运、站外组客等违章行为，重点加强对出租车行业整治和无证营运整治。全年对辖区工程车企业、危化品企业和客运企业进行现场检查40多次，召开行业安全例会、专题教育会等14次；联合交警、安监等部门组织的大型工程车安全教育整顿大会3次，危险化学品和易燃易爆物品安全专项整治6次，联合交警、安监等部门开展危运企业安全应急事故联合演练2次，对从业人员进行安全培训。加强与辖区内企业联系，形成企业与运管部门的定向联系机制，对部分未严格落实企业安全生产主体责任的企业进行专项约谈，开具安全隐患整改通知书35份，行政处罚4起。落实危货企业资质复查和重点企业联系人制度，开展重点企业联系9次。查处客运违规违章33件、无证营运机动车45件、出租车违章52件、其他（非机动车）违章34件、危险品运输违章5件、货运车辆违章6件，处罚案件罚款总金额39.48万元。

【道路运输行业安全检查】 2017年，开发区运管处先后开展"安全生产月""安全生产万里行""打非治违"等多项整治行动，加大对危险化学品运输和工程车运输、班车客运、包车客运等企业的安全监管。对辖区工程车企业、危化品企业和客运企业开展多次现场大检查，联合交警、安监等部门开展安全教育整顿大会。全年整改、处罚安全隐患企业35个，其中危险货物运输企业杭州百达铁路物资有限公司因整改不力、安全管理缺失，被吊销危险货物运输资质。实施客运车辆动态监管，开展道路客运行业专项检查，发现问题立即整改。联合开展安全应急演练2次，检验道路运输企业及相关职能部门安全应急机制。对辖区内2个客运企业实施专项检查12次，隐患排查整改率100%。

【出租车服务质量提升】 2017年，围绕杭州市道路运输管理局开展的出租车服务质量提升年活动，开发区运管处强化出租车运输市场监管，严厉打击出租车违章行为，重点查处无正当理由拒载、强行拼载、不按规定使用计价器、故意绕道、途中甩客、侵占乘客遗失物品等违章行为。加大重点区域监管力度，多次与相关部门开展联合执法。将落实企业主体责任与加强路面监管相结合，强化市场监管和投诉处理，安排稽查力量对违章高发区域实行重点布控，利用非现场执法相结合等方式，借助后台轨迹追踪、营运数据分析、视频监控调取等手段，分步骤、理层次、定证据，对出租车处置形成系统管理，提高对出租车投诉的处理效率。全年开发区运管处受理出租车投诉件387件，对341辆出租车实行服务质量信誉考核刷分处理，共刷分967分，行政处罚2.62万元。

【学生运动会期间道路运输保障】 2017年9月4—16日，第十三届全国学生运动会在杭州举行，游泳、足球、篮球等7个项目比赛场地和3个参与保障的酒店位于开发区。为保障运动会期间辖区道路运输市场有序，开发区运管处针对赛程安排召开稽查工作部署会议，就重点时段管控进行说明，排出工作值班表，实行24小时值班等工作机制。研判道路运输市场管控重点和学运会期间可能出现的情况，制定对策措施及应急方案。加大辖区内稽查，运用视频监控系统，专人查看监控，以监控带动稽查，打击违法违章行为。针对比赛区域人流量大的情况，与杭州公交下沙公司进行协调，通过增派公交车辆对比赛场馆、重点区域、重要地铁口等做好接驳运输、疏散人流。同时重点稽查运动会比赛场馆和地铁站周边地区。稽查队每日巡查7个比赛场地、酒店周边和地铁站沿线，重点查处非法营运电动车、网约车、出租车和大客车的违法违章行为。运动会期间，开发区运管处累计出动人员800人次、车辆200多车次，检查网约车150辆次，查获网约车非法营运3辆次；检查出租车200多辆次，查获违章车辆5辆次；查获非法营运电动车2辆次、违章大客车3辆次；处理投诉18件。

（李海迪）

·交通管理·

【交通管理概况】 2017年，开发区交警大队围绕"抓队伍、促稳定、防事故、保平安"，开展电动车长效管理和工程运输车交通安全综合治理，组织"创交通文明、治秩序乱象""两治一整"（治理超限超载、治理"黑车"、整治交通乱象）等专项整治行动，完成第十三届全国学生运动会、首届杭州国际女子马拉松赛事等交通安全保卫任务。加强道路交通安全管理，全年开展常态整治行动210多次，出动警力4000多人次，查获酒驾484起，其中酒后驾驶419人、醉酒驾驶65人；查扣无牌无证电动车1340辆，查处电动车违法行为3.24万起，查处机动车违章停车19.18万起。

【体育赛事交通安保】 2017年9月4—16日，第十三届全国学生运动会部分赛事在下沙高教园区高校举行。运动会期间，开发区交警大队以保障通勤线路的安全畅通为目标，累计投入交通改造资金1200多万元，新增隔离设施6800米、交通标志标牌等566块，漆画标线面积7.1万平方米，提升改造15个路口信号灯智能系统，完成保障任务686批次，保障接送车辆750辆次，护送运动员、裁判员1.2万人。12月3日，首届杭州国际女子马拉松比赛在开发区举行，来自多个国家及地区的6800多名马拉松爱好者参加比赛。开发区交警大队投入警力283人，增设交通标志牌66块、隔离锥桶450个、隔离护栏2550多米，保障马拉松比赛道路交通安全。

【交警助力环境综合治理】 2017年，根据开发区环境综合大整治专项行动部署，开发区交警大队针对群众反映强烈的交通顽疾和交通难点问题展开专项治理。按照网格化管理方式实施常态化管控，对热点区域实施定点治理；压缩车辆违法停放空间，新增和完善交通设施123处；结合文海北路、文海南路、2号大街、艮山东路地下管廊工程改造，开展交通整改路段施工问题的交通影响评估，协助施工方制定改进措施；不间断巡查施工区域的交通标志、标线、设施、围挡，发现问题及时通报整改；为满足金沙湖禁止货运车辆通行和大学城北区块智能交通需求，新增改造单点远程信号机13个，通过完善后台配时，优化配置早晚通行高峰的"绿波方案"，减轻辖区重要路段、路口的通行压力。

【高校电动车专项整治】 2017年，开发区交警大队创新思路，对下沙高教园区高校交通违法违规电动车展开专项整治行动。校园"122"警组联动高校交通护卫队，每天早晚通行高峰开展整治，敦促违规电动车遵守交通法规；对被查处的交通违法学生进行登记，通过高校学生管理机制加以约束。整治行动出动警力800多人次，查处电动车交通违法行为5000多起，查扣无牌无证的违规电动车600多辆，出示警告教育4200多人次，发放宣传资料10万份。

【工程运输车源头管理】 2017年，开发区交警大队按照《杭州市加强工程运输车交通安全综合治理方案》，对辖区建设工地进行排查，掌握工地建设工期、建筑材料运输等情况，约谈在建工程项目负责人，督促施工方配合并落实工程车辆的主体监管责任。对工程车驾驶员开展集中教育，学习交通法律法规，组织工程车"礼让斑马线""工程车百日安全竞赛"等宣传教育活动，提高驾驶员安全文明素质。联合安全生产监管、道路运输管理、城管行政执法等部门实施错时整治，对进入金沙湖区域的工程车违法行为展开重点整治。全年查处工程车辆违法行为800多起，责令工程车辆停车整顿85辆次，发出整改通知书12份。（陈　涛）

·消　防·

【消防概况】 2017年，杭州市公安消防支队经济技术开发区大队（简称开发区消防大队）所属中队接处警589起，出动车辆1343车次，消防官兵8301人次，抢救疏散被困群众208人，抢救保护财产损失约1亿元。开展消防实战训练，全年完成实战化熟悉294次、实战化演练260次。加大消防配备，开发区财政拨款3200多万元建设的新下沙中心消防站（下沙中队）投入执勤备战，下沙城北消防站纳入开发区管委会2017年建设规划；落实消防公开承诺服务，结合"最多跑一次"改革，制定"创人民满意消防队伍"承诺措施，受理信访213件，完成建设工程消防设计审核（备案）项目143个、验收（备案）项目161个、开业前消防安全检查182个。开展消防服务实践，与浙江省中医院下沙院区签订警民共建协议；与杭州师范大学联合组建社会实践队；与开发区金沙学校签订帮扶协议，对17名困难学生开展帮扶；与盈康敬老院签订帮扶协议，定期组织官兵开展帮扶活动。保障第十三届全国学生运动会期间辖区消防安全，开展消防安全检查，形成条块结合、协作互助、群防群治的消防工作机制。

【火灾隐患整改】 2017年，开发区消防大队开展火灾隐患排查，将高层建筑、人员密集场所、居住出租房、合用场所、老旧小区等领域作为整治重点和难点，确保火灾隐患整治到位。加大整合力度，将派出所、街道、社区等部门纳入专项整治力量，全年联合开发区商务、社发、安监、综管、建设等职能部门开展检查20多次。加强行动部署，全年行业部门召开部署和培训会议11次；主要领导、分管领导深入基层开展督导检查50多次，发出互通函件20多次。发动基层网格、治安巡防等力量，实行“一人一栋一表”巡查，开展“定人、定幢、定责”式整治，推进落实高层建筑消防经理人和楼长制度。全年检查单位1.37万个，发现隐患1.07万处，完成整改1.04万处，处罚1322件，临时查封107件，强制执行46件，处以“三停”（停止施工、停止使用、停产停业）100件。

【“消防代言人”海选】 2017年9月19日，开发区消防大队在《今日下沙》报发布海选“消防公益代言人”公告，要求全区每个社区推选1名“消防代言人”，并将社区代言人形象制作成海报，集中开展消防宣传。同时邀请全国模范教师、省人大代表沈小玲和中国企业创新十大年度人物、奥普电器有限公司创始人方杰担任“全民消防代言人”。

【消防跨区域无预案实战演练】 2017年10月9日，浙江公安消防总队司令部在开发区龙湖金沙天街举行灭火救援无预案跨区域实战拉动演练。来自杭州、嘉兴两地消防支队33辆消防车、166名官兵，以及演练单位和邻近500米范围内微型消防站及公安、电力、医疗等社会联动力量参加演练。现场实施火情侦察、疏散警戒、内攻搜救、登高灭火、紧急避险、车辆排故、信息报送等9个实战科目和8个随机设定科目，检验部队灭火救援实战能力和应急联动单位协同作战水平。

【消防安全教育】 2017年，开发区消防大队扩大消防宣传覆盖面，结合消防监督错时检查、日常检查等工作，以官方微信、微博、手机短信，提醒辖区重点单位、重点对象加大重大节点期间的值班巡查，提醒各单位做好用电、用气的管理，确保消防安全不留隐患。全年大队利用微博累计推送消防安全提醒信息1450条、微信推送534条，每天推送短信950多条。党的十九大安保期间，各媒体平台发送消防动态信息20多条，借助东沙商业中心、龙湖天街购物中心、世纪联华购物中心等重点区域的LED大屏，滚动播放消防专题片1万余次；借助辖区电影院，在电影开场前统一播放消防安全宣传教育片。全年开展消防安全培训教育活动500多次，受益群众4万余名；走访入户2万余户，发放消防安全宣传资料8万余份。11月9日，在杭州电子科技大学举办“119”消防宣传月活动启动仪式，现场进行消防快速出水操法、灭火操法表演，讲解灭火器使用、报警、初期火灾扑救、常见安全隐患等消防知识，增强群众消防安全意识。（周雅芬）

·防灾减灾·

【防汛防台防潮】 2017年，开发区城管办加大防汛安全管理力度，全面检修水利设施设备，对35条河道上的23个节制闸（泵）站和下沙闸、四格闸、850闸3个外江门闸进行安全工况检查，对1号渠南闸、6号渠闸、3号大堤南闸、七格闸等节制闸进行钢丝绳更换、防腐处理等，对四格闸清污机进行检修，对四格闸与下沙闸电气设备进行改造。加强市政管网日常养护，疏通雨水管网6.58千米、污水管网3.55千米，提升改造银沙路金沙大道北段雨水管道。组织协调全区防汛安排，落实防汛措施和涉河工程安全管理，制作社区防汛形势图。加强台风预防管理，快速处置险情。应对“纳沙”“泰利”2次台风和14次强降雨天气，出动应急抢险人员1252人次、车辆281台次、水泵393台次。加强钱塘江防潮安全，增设防翻越堤坝铁刺网6300米。做好防潮安全宣传，落实潮前潮后一小时“喊潮”制度，劝导下堤嬉水、垂钓等人员2000多人，印发宣传资料8万份，设置宣传展架130个。

【防灾减灾预警与科普宣传】 2017年，开发区城管办着力建设防灾减灾预警体系，推进防灾减灾能力建设，指导白杨街道海天社区、下沙街道滟澜社区成功创建防灾减灾省级示范社区，白杨街道晨光社区、下沙街道早城社区和杭州士兰集成电路有限公司、液化空气（浙江）有限公司通过气象灾害应急准备工作认证。做好气象防灾减灾科普宣传，在“3·23”世界气象日、“5·12”防灾减灾日开展防灾减灾科普宣传活动，增强公众防灾减灾意识，普及推广防灾减灾知识，提高避灾自救能力。（柯　荣）

责任编辑　黎洪正

·供　水·

【供水概况】 2017年，承担开发区供水服务的杭州市水务控股集团有限公司城东分公司（简称市水务集团城东分公司）售水总量9037.54万吨，比上年增长11%。加强管网运行管理，做好供水辖区范围内573千米管网（直径10厘米以上）、8284只供水阀门的抢修与维保，以及2.5万只水表的抄表收费。做好供水服务“最后一公里”，协助开发区城管办就辖区存量二次供水小区进行排查整改，完善二次供水监管和验收备案、定期检查维护、水质化验等制度。对接开发商和物业公司，制定已接手的高层小区供水方案和应急预案，做好小区24小时不间断供水服务。

【供水保障与服务】 2017年，为保障第十三届全国学生运动会召开，市水务集团城东分公司与辖区内7所学校展开对接，了解用水需求，改造老旧管线，提供延伸服务，累计巡查管线1253.94千米、阀门井1226处。党的十九大召开期间，制定保障计划，对辖区内供水设施及分公司内部消防加强管理，累计巡查管线825千米、阀门井652处，并制定应急预案和“一点一方案”，加强应急演练。开展志愿服务进社区活动，“阿力”便民服务队多次上门为用户提供服务，帮助用户处理用水管道问题、维修损坏小家电等。宣传“五水共治”理念，倡导用户节约水资源，提供水费收缴、“一户一表”受理等便捷服务。延伸服务半径，开展走访学校、医院、单位用户活动，为辖区多个单位提供内部检漏、维修等服务，减少单位用户损失。

（姜佳佳）

·供　电·

【供电概况】 2017年，承担开发区用电保障任务的国网杭州供电公司下沙供电营业部（简称下沙供电营业部）新建10千伏供电线路27条、公用环网线路27条，增设10千伏线路193.59千米、0.4千伏线路80.34千米；新建10千伏开关站185座；新增公用变压器153台，增加配变容量12.8万千伏安。至年末，供电区域内有220千伏变电站5座、110千伏变电站14座、35千伏变电站2座；有10千伏线路286条、10千伏公用环网线路243条，10千伏公用线路总长度2499.71千米，0.4千伏线路总长度2138.96千米；有10千伏开关站2297座，配电变压器3718台，配变总容量397.06万千伏安。供电区域内用户19.99万户，全年总售电量52.89亿千瓦时，比上年增长7.6%；开发区售电量45.61亿千瓦时，增长11.2%。下沙供电营业部于2015年7月成立，2017年12月由江干区九环路搬迁至开发区5号大街8号路口，主要服务对象及供电区域为下沙街道、白杨街道及江干区所属九堡街道、彭埠街道大部分区域，供电营业面积152平方千米。营业部在江干区九环路6号设营业厅1处，在开发区公共资源交易中心设有供电业务窗口。

【电网改造提升】 2017年，下沙供电营业部落实电网发展“十三五”时期规划，调整区域内网架结构，围绕新投运的沿江变电所新出线路，分流开发区东南沿江区块的重载线路负荷，解决辖区省军区农场、省武警农场及智格变电所供区内大分支线路（用户）接入公网所带来的线路重载问题。投运用户综合站，完成下沙变电所、智格变电所供区内大容量用户线路改接，提高变电所备用间隔资源利用率，分流无新建变电所投运区域公用环网负荷。提高配电网供电能力及用电可靠性，2017年迎峰度夏期间区域内高载线路条数同比减少74.3%，全年故障工单总量下降28.1%。开展新技术应用，建设新一代自动化主站，完成10千伏单相接地故障定位试验。开展路桥分线等大分支线路的停电集中检修和通道清理，实施综合管廊、地铁及500千伏钱江变电所建设。

【供电服务创新】 2017年，下沙供电营业部对金沙湖扩建、之江路改造、下沙路及艮山东路改造等政府重点项目，实行全程跟踪服务，提高流程透明度。开展迎峰度夏有序用电，编制有序用电方案，在110千伏下沙变电所10千伏母线检修、110千伏智格变电所10千伏母线检修、乔司供区限电和110千伏下沙变电所电源故障等限电时期，压减用户负荷，缩减拉闸限电次数。做好保电供电，完成头格社区等回迁房工程公建设施通电任务，完成第十三届全国学生运动会、党的十九大、杭州市政府回迁房主会场和高考等多项保障任务。开展违约用电治理，对辖区部分住宅小区临街商铺超合同容量用电、影响周边用户供电质量的现象进行整治。对接商业综合体、产业园、科技创新中心和高校园区等大型客户，邀请杭州万海投资管理有限公司、杭州优科豪马轮胎有限公司等大客户洽谈远期用电需求；结合电费调价工作和金融保险申请，协助用户开展保险理赔证明材料的核实，为22个用户开具保险理赔证明材料；开展“互联网+”营销服务应用，运用电子服务渠道，推广“掌上电力”线上办电业务，实行营业厅“一证受理”，方便客户办理用电业务。开展节能评估及清洁能源推广业务，编写《开发区电能代瓶装燃气调研报告》。配合开发区瓶装燃气改电政策，在下沙街道元成社区农居点加强公用变压器布点，解决“气改电”之后民众对用电负荷的需求。加快电动汽车充电设施建设及政府倡导的“多表合一”采集试点建设，全年抢建快速充电站4座、慢速充电桩80个，完成928户水表、电表的“多表合一”安装调试。（曾　雷）

·供　热·

【供热概况】 2017年，负责向开发区企事业单位提供能源服务的杭州杭联热电有限公司售热528.8吉焦，比上年增长3.4%；发电1.96亿千瓦时，下降13.3%。全年新开通辉瑞生物制药（杭州）有限公司、杭州精效家具制造有限公司2户热用户，停用杭州德特高压电气设备有限公司、上正服饰（杭州）有限公司2户热用户，在用热用户114户。杭州杭联热电有限公司是开发区热电联产、集中供热的能源供应基础企业，生产销售电力、蒸汽及灰渣综合利用，压缩空气集中供气，总装机容量5.7万千瓦，供热能力550吨/小时。热能应用于食品、电子、印染、医药、化工等行业，同时为医院、宾馆、高校、办公写字楼和工业厂房等用户提供采暖、制冷等用能服务，其产生的电能通过下沙变电所并至国家电网。

2017年9月6日，浙江大学热工与动力系统研究所与杭州杭联热电有限公司合作组建“智慧低碳多能互补能源网协同创新技术研发中心”（林　玲　供稿）

【供热管网建设】 2017年2月，杭州杭联热电有限公司完成18号大街管网接口至杭州精效家具制造有限公司热网管线建设，管口直径15厘米，总长170米。5月，完成沿文渊北路、围垦路、乔新路、银海街至辉瑞生物制药（杭州）有限公司的热网管线建设，管口直径50厘米，总长2800米。根据开发区整体规划要求，实施热网管道改造工程。2月，完成14号大街北侧与凌浩路交叉口热网管道改造，总长70米。8月，完成旭化成医疗器械（杭州）有限公司与美町宝植物科技（中国）有限公司分隔围墙上的热网管道建设，总长300米。

2017年8月24日，杭州钱江燃气有限公司开展第十三届全国学生运动会燃气保障应急抢险演练 （张晓延 供稿）

【助推环保与能源创新】 2017年6月30日，开发区海达绿色发展促进会暨环保志愿者协会成立。促进会由杭州杭联热电有限公司、杭州优科豪马轮胎有限公司、浙江三花汽车零部件有限公司发起，杭州杭联热电公司总经理闵伟为首任会长。促进会为从事生态文明和环境保护方面的公益性非政府组织，旨在促进企业、高校、居民之间沟通交流合作，共建和谐生态家园。9月6日，由杭州杭联热电公司与浙江大学热工与动力系统研究所共同组建的“智慧低碳多能互补能源网协同创新技术研发中心”合作签约并揭牌。中国工程院院士、中国能源环境工程专家、浙江大学教授岑可法和开发区管委会领导等参加揭牌仪式。组建能源网协同创新技术研发中心，建设以先进智慧能源系统、城镇能源互联网技术、多能互补梯级利用能源研发的示范基地，打造智慧低碳多能互补能源网。 （林 玲）

·供 气·

【供气概况】 2017年，杭州钱江燃气有限公司（简称钱江燃气公司）销售天然气7249万立方米，比上年增长13.8%。居民用户售气量1010万立方米，工业、锅炉用户售气量3749万立方米，向海宁连杭经济区售天然气1509万立方米。全年新增居民用户点火6970户，累计7.7万户；新增工业、公建用户点火118户，累计411户；新建中压和低压管线6.58千米，新通气管线36.33千米，通气管线累计517.84千米；新增调压站31座，累计420座。年内，钱江燃气公司从单一的管道天然气销售延伸至天然气相关产品的销售与服务。5月，推出分户式供暖“三宝+X”产品即家庭地暖（宝）、墙暖（宝）、浴暖（宝）定制化服务。9月，推出杭州市燃气集团自有品牌“杭燃优家”热水器、油烟机、灶具及锅炉系列产品销售。

【燃气工程建设】 2017年，钱江燃气公司完成开发区新业北路、元成区块经八A路、八堡路、幸福北路等市政配套道路工程。联合杭州城乡建设设计院编制“两镇两区一基地”天然气发展规划，完成杭州东部湾总部基地规划三路、四路、五路、六路燃气工程建设。推进小区通气工程，完成湾南农转居小区、头格农转居小区、福苑国际等小区配套通气4个；配合开发区“城中村”改造，完成白杨街道景园农转居小区整治工程，158户居民用上天然气。采取集中营销模式先后完成丽泽苑7户、邻里中心27户瓶装燃气餐饮用户的集中改造，完成四季广场20个餐饮店的集中营销与配套，全年新增非居民用户点火逾100户。重点营销工业大用户，4个工业大用户年内开工。

【燃气供应保障】 2017年，钱江燃气公司围绕燃气隐患检查，完成非居民用户一年一次安全检查及居民用户两年一次入户安检。排查燃气设施，完成埋地钢管防腐层缺陷检测54.34千米，修复一类和二类破损点8处，调查整改5个小区登高管腐蚀，激光巡检97个小区，抢修管道泄漏点40个，对7所高校33处燃气隐患实施整改。8月，在浙江财经大学组织开展全国学生运动会保障应急演练及新闻发布，提升应急技能。9月，开展燃气管道树木占压整治，至年末完成二标、三标段整治累计5000多米。完善生产运行系统，以科技手段支撑燃气安全保障，综合管理系统实现巡检样板网格化管理，对燃气管网压力远传系统增设小区低压管压力监测点10个，完成维护压力远传装置20个。

【燃气服务创新】 2017年，钱江燃气公司推出非居民用户“一站式”服务，实现从用户接待、项目受理、设计委托、合同签订、工程施工、竣工验收、工程结算、点火通气的全流程管理。建设“绿色能源之旅”体验点，完成月雅苑小区体验点美化建设，组织“绿色能源之旅”主题体验活动6次。推出尊老专项服务，对4个老年食堂免费安检、维修保养4次。开展进社区、进广场现场服务，党团员志愿者为用户办理开户、上门安检、预约换管等便民服务，全年累计服务30次，公司驻开发区行政服务中心窗口负责人莫群霞获2017年度“公益街区志愿服务”优秀志愿者奖。

（张晓延）

·城市公共交通·

【城市公共交通概况】 2017年，开发区推出地铁接驳公交线2条，优化公交线路10条，开通学生特约服务线路2条。至年末，全区城市公共交通营运车辆677辆，其中公交车277辆、出租车400辆；公交营业线路28条、公交站点333个（不含重复站点），线路总长458千米，线网辐射开发区69条主次干道，公交覆盖率79.1%，公交出行分担率34.8%，提供出行服务3782.58万人次。规范公交服务和成本管控，制定《开发区公共汽车成本规制办法》，明确成本费用节约激励和公交服务质量监督考核机制，经开发区管委会主任办公会议通过后试行1年。加强公交安全管理，组织安全生产检查57次，查处存在问题和隐患95条，开展实点演练23次，通过信息发布平台推送特殊天气驾驶技巧、安全预警等信息461条。

【公交线网优化】 2017年，开发区优化完善公交线网，对接轨道交通，实现公交与地铁站点线路对接。3月27日，沿江商住区至江滨地铁站地铁接驳线384B路开通。3月29日，延长448路、174路公交线路服务时间，对外承诺377路、378路公交线路发车时间。4月1日，杭州师范大学仁和社区至文海地铁站高峰接驳线370路试运营；高教文津站至文清小学、下沙商贸城至文海实验学校的2条学生特约服务线路开通。

【公交长效监管】 2017年，开发区城管办加强公交长效监管，受理“12345”市长公开信箱（电话）、开发区管委会信访件、杭州市公交集团热线办理单、来信等信访件461件，被定性为有责件62件、有责投诉率1.3%。9—12月，组织开展城市公交检查，检查公交场站24次、车辆439辆次，场站整洁率99.2%，收到抄告单4张。开展城市公交满意度调查，通过对回收满意度调查问卷分析，被调查人对开发区公交环境及服务满意度93%。综合各部门意见，2017年度开发区公交服务质量考核得分93分，考核评价为优秀。

（王世刚　徐　方）

·邮　政·

【邮政概况】 2017年7月，中国邮政集团公司杭州市分公司开发区局更名为中国邮政集团公司杭州市分公司下沙支局（简称邮政下沙支局），归属中国邮政集团公司杭州市分公司江干区局管理。年内，邮政下沙支局完成业务收入4273万元，比上年下降8%，人均劳动生产率80.62万元。其中：函件收入331.59万元，下降12%；包裹快递业务收入3198.81万元，下降7%；报刊业务收入84.58万元，增长36%；储蓄业务收入321.99万元，增长2%；保险业务收入71.17万元，增长16%；集邮业务收入156.3万元，增长12%；代理信息业务收入34.25万元，下降17%；其他业务收入74.31万元，下降20%。6月，邮政下沙支局办公室和业务经营部整体从22号大街78号（杭州钱江弹簧有限公司内）搬至5号大街16号（浙江新大实业有限公司内）作业办公。11月，浙江工商大学邮政所从学林街439号搬至学正街18号浙江工商大学收发室内。

【邮政业务拓展维护】 2017年6月，邮政下沙支局作业办公地组建仓储新大仓，实行仓储一体化运作，开展收、寄、运一条龙服务。办公一楼、三楼以国内小包电子商务客户为主；二楼、四楼以国际小包电子商务客户为主。至年末，收寄国内小包39.21万件，完成业务收入159.8万元；国际小包22.8万件，完成业务收入670.6万元。加强客户开发与日常维护，走访客户形成每周建档机制，对老客户进行梳理维护，客服人员对客户实行专属服务，开创“管家式服务”模式，前移服务重心、延伸服务链条，建立“事前、事中、事后”主动应答机制，实现内部处理“专业化、全程化、一

体化”。全年国内小包新增建档客户数约350户，日均揽收5260件。（王惠芬）

·通　信·

【电信运营与业务发展】 2017年，中国电信杭州分公司下沙分局（简称电信下沙分局）发展“翼支付”商户电信业务，完成“翼支付”商户1026户，商户翼支付业务活跃率69%，吸引超市入营业厅商户22户，“翼支付”累计实现交易额461万元。发展宽带与移动业务，组织开拓政企市场、公众市场、校园市场营销，新增移动用户2.8万户，移动、宽带及套餐综合完成率116.1%。加快光网与无线网建设，建设800兆基站站点，完成施工点位148个，开通点位139个。推进电信室内分布系统建设，完成11个住宅小区室内分布系统建设，优化整治室内分布系统28个，商务楼宇新建点位25个。优化FTTH（光纤到户）网络，完成服务辖区22个网格的FTTH网络深度优化；提升楼宇光网覆盖，完成16幢楼宇光纤宽带改造。建设区域标杆网格，选定6家标杆目标网格，承担电子渠道销售任务。提升销售团队业务能力，组织专线产品经理带队到支局实行点对点支撑，帮助落实标准化运营自查，“以店包片、营维一体”的标准化基础运营有明显提升。加快营业网点建设，新增营业销售网点32个，其中自建他营天翼卖场3个、他建他营卖场（专营店）29个。年末，电信下沙分局内设两部（网运部、销售部）、一室（综合办公室）、两个中心（政企客户中心、信息和通信技术拓展中心），有自建自营营业厅1个、实业代理营业厅1个、自建他营营业厅16个、他建代理天翼卖场（专营店）58个、天翼校园直营店13个。

【电信转型业务拓展】 2017年，电信下沙分局围绕“企业上云”及物联网业务，加快拓展转型业务市场。5月，就“企业上云”推广与开发区经发局签订战略合作协议。细化制造类、科技类、电商类三大行业类别，制定“宽带（提速）+云服务”打包销售专项营销策略，定期开展业务介绍推荐会；实施“企业上云”行动，走访1000多家客户商洽合作计划，完成“企业上云”业务客户658家和“企业上云”标准化产品（VCPU）226核。发展物联网业务，整合合作伙伴资源，协同内外部渠道，推进物联网业务规模发展；围绕“智慧城市”项目平台，开发以物联网模块为基础的智慧化应用模块，提升政府管理水平；打造物联网标杆项目，做好网络覆盖优化和技术支撑保障，促进物联网业务发展，全年物联网累计开卡5.15万张。

【智慧城市项目建设】 2017年，由电信下沙分局与开发区管委会合作共建的智慧城市二期项目经整合多个部门智慧化应用需求，进入智慧城市综合管理平台的主平台升级及智慧河道、智慧管网、智慧助残等一批智慧化模块的开发建设。至年末，二期项目主平台升级完成，智慧河道、智慧管网等模块投入应用。通过智慧城市综合管理平台及其应用，增收ICT（信息和通信技术）集成服务收入500多万元；通过智慧交通建设，新增“全球眼”点位200个、交警电子卡口100个，月增收额32万元。对接智慧城市建设，参与覆盖住宅小区的智慧小区项目建设，完成86个小区智慧门禁安装，累计安装大门4647扇，58个小区门禁发卡运行。（郑　佳）

【移动通信运营态势良好】 2017年，中国移动通信集团浙江有限公司下沙分公司（简称移动下沙分公司）完成通信服务收入5.72亿元，比上年增长4.7%。新增语音放号19.3万个，增长29%；通话用户累计62.5万户，增长7.6%；家庭宽带净增1.29万户，50兆宽带净增3.05万户，家庭电视净增1.17万户；4G网络活跃用户净增6.6万户，年末累计55.5万户。推进光宽带广覆盖工程，全年完成14个小区宽带新建，覆盖小区累计158个，覆盖信息点19.48万个。开展宽带疑难小区攻坚行动，通过专项督办、每周通报等方式，转变以往由第三方协调为主的模式，完成疑难小区攻坚协调5个，其中3个建设完成。改进安装维护时效，利用移动“智慧装维”App，实现自动化派单，装机及时率和装机满意度提升。建立立体营销团队，线下打造千人直销团队，建设社区型宽带服务点；线上启动闪推项目，实现精准营销。全年宽带净增1.39万户，宽带用户累计5万户。普及高宽带融合产品，加大“优家”计划推广力度，实现家庭产品规模发展，全年宽带电视净增1.17万户，净增完成103.8%。定制推广地铁流量包、假日流量包、“任我看”流量包、咪咕爱看流量包等场景化流量产品，激发用户大流量消费需求。至年末，上网用户63.7万户，DOU（平均每户每月上网流量）7.4G，DOU增长2.8倍，总流量全年累计增长1.3倍。流量增收明显，实行“飞享套餐升舱”“流量满就送渗透体验”等政策，推动资费结构向上拉升，不限量产品用户4.9万户。

【移动通信ICT项目合作】 2017年，移动下沙分公司依托互联网开放数据和集团成员挖掘模型，围绕政府智慧经济、信息经济、科技强区战略，利用移动通信网络优势，推广ICT（信息、通信和技术）项目合作。开展智慧校园建设，在景苑中学试点开展智慧校园合作项目，完成开发区电子政务视联网项目、开发区食品药品生产视频监控平台（一期、二期）、开发区人民法院执法执勤车载终端服务项目。拓展NB（蜂窝数据连接）项目，在消防、道路、防汛等方面进行探索实践，取得良好成效。

【移动渠道构建与站点建设】 2017年，移动下沙分公司新建网点41个，其中新建加盟厅5个，渠道网点累计165个。构建移动渠道商圈，在金沙湖、4号大街、10号大街等商圈开展渠道布点。年内，完成美达晓城天地商城200多平方米的综合卖场建设；在上沙路新建手机卖场2个、专卖店2个。加快移动“4G+1号工程”建设，全年新增2G、4G入网站点304个，4G+改造站点开通891个，NB开通52个，完成8条管道建设，覆盖面积10平方千米。开展动力普查整治，完成9个节点机房和1个汇聚层同路由整治，实现无线网络强覆盖。保障第十三届全国学生运动会7个场馆的网络运行，新建和改造校园网项目183个、一级保障站点26个，开通校园网站点93个。（邵　烨）

【联通基站建设与网络改造】 2017年，根据中国联通“光宽带+”品牌战略，联通下沙分公司着力光宽带覆盖与全网光宽带的架设改造，全光网络改造及网络基础建设总投资1200多万元。至年末，联通下沙分公司有线互联网出口总带宽100G，宽带接入端口容量5.6万个。FTTH覆盖各新建小区和楼盘，实现全网100兆以上光宽带用户体验。开展基站建设与网络改造，基本完成4G+网络的全网改造。年末，联通下沙分公司有4G基站700多个，完成开发区整体4G网络全覆盖，在下沙高教园区内进行4G网络容量的重点覆盖。加强信息网络覆盖，结合光宽带战略的管网覆盖，基本实现高速宽带“天地一体化”的通信网络。

【联通通信业务拓展】 2017年，联通下沙分公司强化引入终端型代理商，新建销售渠道66个，其中在核心商圈与空白商圈新建终端销售型渠道4个。重点扶持4个优质渠道，建立样板店，提升实体渠道综合运营能力。聚焦4G终端，开启终端众筹5.0，完成终端预购2900台，完成率93%，涉及渠道15个。推进“企业上云”，与杭州金鱼电器集团有限公司签订合作协议，完成该公司旗下13个企业的云平台整转。保证业务存量，完成康师傅控股有限公司、杭州金松优诺电器有限公司等重要大客户合约续约，其中续约康师傅控股有限公司，可实现年存量收入260万元。推进物联网等新型业务，拟定专门物联网解决方案，聚焦大客户需求，进入测试阶段。25个消防单位涉及的通信和设备总收入年均约7万元。与代驾公司建立长期合作关系，发展中高端用户1000多个。

【联通网络运营能力提升】 2017年，联通下沙分公司围绕下沙大网基站建设指标，开通基站24个、网络室分16个。加强基础管理，梳理网运成本，完成接入机房、基站、室分机房年均网运成本梳理。推进总部“光改检查”专项工作，分别对“光改工程”“铜缆核查”“终端检查”3条线进行专人专岗工作安排。重点针对原先薄弱的光猫管理环节做专项布置，制定光猫、机顶盒领取、使用规章与细则，完备台账。配合总部专项检查，对历史固网终端使用情况做全量稽核和自查。借助外部力量，利用联通网络资源，缩小与竞争对手覆盖上的差距，加快小区深度覆盖的网络建设。（赵玉环）

责任编辑　黎洪正

综合经济管理

·发展规划与综合调控·

【年度经济发展指标安排】 2017年1月24日，开发区2017年度工作会议召开。会议明确年度经济社会发展主要目标：要求地区生产总值增长6%以上，工业增加值增长3%以上，服务业增加值增长18%以上；固定资产投资增长15%以上；财政总收入增长5%以上，地方财政收入增长10%以上；社会消费品零售总额增长12%以上；实到外资、实到内资、浙商回归、外贸出口完成杭州市下达的目标任务。

【固定资产投资计划编制】 2017年初，开发区经发局对开发区全社会固定资产投资计划进行分解，增加出口加工区综合管理局和杭州东部城市建设投资集团有限公司两个责任主体。2017年开发区下达全社会固定资产投资指标任务为168亿元。按责任主体分解指标，开发区城建中心完成投资39亿元，占指标任务23%；开发区经发局完成投资32亿元（含技术改造），占指标任务19%。辉瑞全球生物技术中心、东部创智天地、生物医药加速器一期等15个项目纳入杭州市重点实施类项目（包括3个省重点项目），全年计划完成总投资14.7亿元。

【固定资产投资完成154.5亿元】 2017年，开发区完成全社会固定资产投资154.5亿元，比上年增长13.7%，提高11.9个百分点。工业投资完成48.6亿元，增长41.7%；技术改造投资完成32.4亿元，增长22.3%。开发区建设局完成投资56.7亿元，占比36.7%；开发区经发局完成投资32.4亿元，占比21%。辉瑞全球生物技术中心项目等15个杭州市重点实施类项目完成投资20.7亿元。（辛　杰）

·市场监督管理·

【市场监督管理概况】 2017年，杭州市市场监督管理局经济技术开发区分局（简称开发区市场监管分局）全面履行市场监督管理职能，助力环境整治，强化食品安全保障，深化商事制度改革，加快推进事中、事后监管，保障辖区市场健康有序发展。助力环境综合大整治，开展“五无”（无证无照、无安全保障、无合法场所、无环保措施、无财政贡献）企业和“低小散”企业整治，出动执法人员3100多人次，检查企业3500多个次。保障食品安全，制定食品安全“百日攻坚”行动方案，出动人员1347人次，检查重点食品生产经营单位826个次；加强特种设备安全监管，开展联合执法6次，出动人员596人次、检查企业179个；强化药品药械监管，全年检查药品医疗器械监管服务单位292个次，整改183个次，移送药械稽查案2件、行政警告2件；做好保健食品、化妆品监管，开展保健品抽检10批次，建立69个化妆品电商企业监管档案，开展国产非特殊用途化妆品备案后检查1217件次。

服务经济发展，围绕商事登记制度改革和“最多跑一次”改革，推行“容缺受理”、快递送达、全程电子化登记等举措，营造宽松便捷的准入环境。分3批整理并对外公布窗口“最多跑一次”改革事项，涵盖窗口办理事项。至年末，有150个办事项目实现“最多跑一次”。做好市场主体登记和注销，全年办理新设内资企业4691个、新设外资企业73个、新设个体工商户5794户；办理注销内资企业845个、注销外资企业18个、注销个体工商户2172个。至年末，开发区有市场主体3.68万个，其中在册内资企业2.02万个、外资企业671个、个体工商户1.59万个。推进“小微企业三年成长计划”和“个转企”工作，全年新增小微企业2376个，其中新增信息、环保、健康、旅游、时尚、金融、高端装备制造、文化八大类重点产业小微企业1021个，在浙江股权交易中心挂牌企业16个，实现“个转企”企业97个。

【市场环境整治】 2017年，开发区市场监管分局成立环境大整治执法大队，下设3个中队，对“五无”企业和“低小散”企业开展整治取缔工作。全年出动执法人员3100多人次，检查企业3500多个次，对问题企业下发责令整改通知书或予以取缔。推进其他环境整治专项行动，配合牵头部门对下沙军地园区和武警基地开展专项整治，配合部队停止有偿服务，牵头推进腾退工作；开展玫琳凯（中国）化妆品有限公司西侧环境整治、军环路仓储业突查行动、辖区内仓储、物流排摸行动等，联合相关部门拆除重点区域、重点道路沿线违法户外广告招牌300多处，整顿非法废品回收站、垃圾堆放点；制定和实施“提升车用油品”专项工作方案，对油品及加油站开展抽检，抽检汽油、柴油27批次。通过大规模清理整治，有效整顿区内环境，为开发区招商引资和经济健康有序发展创造条件。

【市场秩序维护】 2017年，开发区市场监管分局加强市场秩序维护，要求农贸市场、医疗卫生、加油站等单位的计量器具开展强制检定，周检率、一次检定合格率均为98%以上。完善农贸市场快速检测体系建设，全年检测6.02万批次，发现不合格20批次，监督销毁不合格农副产品79千克。落实杭州市区禁止活禽交易的有关规定，严格索证索票管理，严禁宰杀白禽上市销售；开展生产领域食品抽检140批次、流通领域食品抽检300批次，推进华润万家超市金沙大道店创建“品质食品示范超市”；对车用品油、电动自行车、食品用纸、塑料制品等产品开展抽检等质量监督。妥善受理投诉举报，全年受理投诉、举报、信访9449件，比上年增长1.3倍，处置率100%。打击违法行为，开展“五无”企业整治、美容美发联合整治、“蓝剑”专项行动、网络专项执法整治行动等。围绕市场秩序维护与监管，全年结案267件、罚没款360.85万元，大案、要案89件、罚没款323.78万元，案件类型涉及食品安全、认证认可、商标侵权、虚假宣传、侵犯商业秘密、非法传销等。推进宣传培训，面向企业、群众和机关事业单位，开展法律法规、食品药品、商事登记、消费维权等宣传培训活动，全年举办培训25期，发放宣传资料9800多份，培训从业人员2400多人次。

【企业信用和品牌培育】 2017年，开发区市场监管分局发挥企业信用公示平台的作用，依照杭州市企业信用信息公示系统，归集公示开发区市场主体许可、年报信息、列入经营异常名录企业、列入信用限制企业和失信被执行人等信息。推进“守合同重信用”企业信用标准建设，指导企业完成2017年“守合同重信用”申报，全年申报AAA级企业4个、AA级企业17个、A级企业7个，杭州路格科技有限公司获“成长之星”称号。履行动产抵押登记，全年办理动产抵押登记19件，被担保主债权数额11亿元，办理抵押注销登记6件、涉及金额3亿元，审查格式合同条款备案8件。推进企业年报工作，完成年报率87.7%。实施品牌战略，通过分行业培育品牌，引导小微企业申请商标注册等方式，新增有效注册商标2433件，培育驰名商标1件。完善商标培育库，新建跨境电商动态商标培育库。组织商标专项保护，开展集中性专项行动和重大案件查办，全年查处商标侵权案件31起，罚没款57.19万元。

（张　筱）

·质量技术监督·

【质量工作取得成效】 2017年，开发区市场监管分局牵头开发区“质量强区”成员单位，通过政府质量工作考核。加快“浙江制造”认证，杭州电缆股份有限公司取得区内首张“浙江制造”认证证书，浙江中财型材有限责任公司、松下电化住宅设备机器（杭州）有限公司、杭州奥普卫厨科技有限公司开展认证工作，全年新确定培育“浙江制造”企业15个。组织申报政府质量奖和名牌产品评选，推荐杭州富尔顿热能设备有限公司等2个企业申报2017年市政府质量奖，泰瑞机器股份有限公司的“TEDERiC”注塑机、杭州电缆股份有限公司的“永通”220千伏及以下电力电缆和圆线同心绞架空导线、杭州富尔顿热能设备有限公司的“富尔顿”锅炉、杭州玫隆食品有限公司的“玫隆食品”糕点、浙江八方物流有限公司的“八方”物流服务被评为2017年浙江省名牌产品，杭州普罗星淀粉有限公司的“普罗星”增稠剂、杭州九源基因工程有限公司的“骨优导”骨修复材料、泰瑞机器股份有限公司的“TEDERiC”注塑机、杭州天宽科技有限公司的“天宽”信息软件被评为2017年杭州市名牌产品。

2017年6月25日，由开发区管委会承办的2017年首届“浙江制造”高峰论坛在杭州举行　　（开发区管委会办公室　供稿）

【产品技术标准制修订及试点】2017年，开发区市场监管分局推动企业开展先进标准制修订，完成区级技术标准研制奖励37个，其中国际标准1个、国家标准24个、行业标准5个、“浙江制造”标准7个，实施CNAS（中国合格评定国家认可委员会）认证6个，规模以上企业采标率68.9%。年内，松下电化住宅设备机器（杭州）有限公司承担的杭州市工业标准化项目——“制定和实施电子坐便盖浙江制造标准规范”、中国计量大学和开发区市场监管分局承担的杭州市服务业标准化试点项目——“食品安全监管平台公共服务标准化试点项目”通过验收。7月3日，由开发区市场监管分局参与编制的省地方标准《跨境电子商务产业园服务规范》（DB33/T 2040—2017）获批发布，填补浙江省跨境电子商务产业园服务标准方面的空白。7月31日，杭州奥普卫厨科技有限公司起草的浙江制造标准T/ZZB 0201—2017《浴室多功能取暖器（风扇式浴霸）》获批准发布实施。

【特种设备安全监管】2017年，开发区市场监管分局围绕特种设备安全监察，制定印发检验整治方案13个，组织召开专题会议3次，开展安全教育9次，举办叉车、电梯专题培训4次，组织电梯等特种设备宣传活动6次，发放电梯等特种设备宣传资料2500多份，培训从业人员3600多人次，核发、复审作业人员资格证4279本。受理127个施工单位特种设备告知2877台，现场核查特种设施施工单位69个，办理特种设备使用登记证2.17万本。出动执法人员596人次，检查企业179个，发现一般问题和隐患459项，隐患整改完成453项；对存在重大问题和隐患的43个单位开出安全监察指令书71份，责令限期整改隐患45个，隐患整改完成42个；开具查封决定书12份，查封叉车、电梯等不合格设备14台。协调职能部门、行业主管部门和下沙军地园区联合执法6次，协调技术机构为企业上门服务8次；受理特种设备咨询1132起，处置电梯、叉车、压力容器等投诉举报456起。对发生特种设备事故的2个企业单位和个人行政罚款40.3万余元。

（张　筱）

·食品药品监督管理·

【食品安全监管】2017年，开发区市场监管分局就小餐饮和网络订餐整治展开试点，通过创新监管理念、监管手段和监管机制，依托餐饮动态信息管理采集系统和食品安全二维码，开展企业自查、三级巡查和扫码监管，构建起以小餐饮、网络订餐、无证无照餐饮为整治主体，线上、线下联动式监管的“三位一体、双线联动”小餐饮长效监管体系。5月19日，杭州市在开发区召开小餐饮和网络订餐整治试点现场会，推动该项工作在全市范围内施行。开展食品安全“百日攻坚”行动，出动人员1347人次，检查重点食品生产经营单位826个次，排查上报隐患15个。做好第十三届全国学生运动会食品安全保障，组织浙江财经大学等6所高校开展食堂综合实战演练，确保全国学生运动会用餐安全。其间，检查食品经营单位3360多个，保障赛事运动员、教练员等7.09万人次安全用餐。推进食品药品安全智慧监管平台（二期）项目建设，获国家“双安双创”（食品安全示范城市创建和农产品质量安全县创建）考察组肯定。发挥群众参与食品安全监督的作用，出台《开发区加强食品安全社会共治工作实施方案》，完善区、街道、社区三级监管网络。构建食品安全社会共治格局，开展扫码监管、食品安全大讲堂、“你点我检”等活动15次，抽检86批次。开展学校食堂及周边餐饮服务单位、企业食堂、中央厨房和集体用餐配送单位等食品安全专项检查，完成2017年中考、高考、省公务员招考、二十国集团智库会议科技创新研讨会等多项大型活动食品安全保障。全年抽检重点食品和食品相关产品2020件，合格1988件。加大食品生产企业源头监管，查处食品生产企业违法行为3起。

【药品和医疗器械监管】 2017年，开发区市场监管分局检查药品医疗器械监管服务单位296个次，责令整改183个次，移送药械稽查案2件，行政警告2件，收回药品GSP（产品经营管理规范）证书6份。抽验药品55批次、药包材1批次、医疗器械15批次，结果均为合格。开展生化药品、中药提取等7类专项整治行动，对检查发现的问题提出整改并督促落实。开展药械风险隐患排查，更新和完善监管档案，新增行业风险点13处，制定防控措施11条。完成药店变更、新开办检查等35个次；医疗器械经营企业新开办、生产地址变更、换证检查等30个次；协助医疗器械生产企业许可检查8个次，质量体系考核20个次。推进药品及医疗器械生产经营企业诚信体系建设，评出药品零售企业A级单位107个、B级单位59个，授予A级单位为开发区“诚信药店”称号，其中6个药店被授予杭州市“诚信示范药店”称号；评出医疗机构“规范化药房”9个；在12个药品生产企业中评出AA级单位8个、A级单位1个、B级单位3个；在26个医疗器械生产企业中评出诚信单位15个、守信单位11个，其中泰尔茂医疗产品（杭州）有限公司获浙江省食品药品监督管理局授予的“医疗器械生产质量管理规范实施示范企业”称号。

【保健食品和化妆品监管】 2017年，开发区市场监管分局以中老年人保健食品为重点，开展市场专项整治，走访宾馆、酒店、社区42个次，出动310人次，打击非法营销活动。开展保健品抽检，抽检铁皮石斛西洋参颗粒、洋参含片、蜂胶胶囊等保健食品10批次，合格率100%。完善区内9个化妆品生产企业“一企一档”的建立和归档承诺书签订，建立69个化妆品电商企业监管档案。开展化妆品生产企业风险隐患排查，联合开发区经发局（物价）局、开发区公安分局、开发区卫生计生分局等部门，对13个美容美发行业经营单位开展整治检查和执法查处。开展非特殊用途化妆品备案后检查1217件次，针对问题要求企业落实整改。开展开发区化妆品“呵护美丽消费”示范点创建，示范创建工作通过市级验收。

2017年6月29日，走进可口可乐暨杭州市食品安全大讲堂在开发区举行（开发区管委会办公室 供稿）

【食品药品安全宣传】 2017年，开发区市场监管分局与《今日下沙》报合作设立食品安全宣传专栏，发布宣传稿件95篇。开展食品安全宣传周、科普一条街、创建全国食品安全示范城市等宣传活动，组织食品安全知识宣传进社区活动9次、进校园5次，开展食品安全知识讲座3次。汇总公布监督抽检信息，在杭州网、《杭州日报》和开发区信息公开网站公布检测信息33次。印制张贴“食品安全排雷百日攻坚行动”通告6000份、创建国家食品安全示范城市宣传海报9000份、《致家长的一封信》3万份。开展基层科普宣传站建设，在下沙、白杨两个街道设立食品安全科普宣传站，在36个社区设置食品安全宣传栏，通过摆放宣传展板、电子屏等宣传食品科普知识。召集药品生产、医疗器械生产、药品经营等企业和医疗机构开展培训工作会议4场，邀请专家授课，提供法规培训、政策宣传、技术交流等服务，引导企业规范生产。编印《药械服务单位名册》、药店便民指南、药械展板等相关宣传材料5000份。（张　筱）

·统　计·

【统计概况】 2017年，开发区经发局（统计局）围绕党工委、管委会年度重点工作和市委、市政府下达的主要经济指标任务，做好工业、服务业、贸易业、建筑业、房地产业、固定资产投资、能源、劳资、科技、核算、名录库、综合12个专业统计工作，开展园区企业循环经济调查、月度劳动力调查、工业生产者价格调查、企业生产经营景气状况调查、制造业采购经理调查、城乡住户调查、人口抽样调查、平安调查、公共交通分担率与满意率调查9个专项调查任务。编撰统计信息刊物，编纂《开发区统计年鉴（2017年）》，印发《开发区统计月报》11期。

【统计监测分析】 2017年，开发区经发局（统计局）健全完善月度重点企业监测、季度综合经济分析、阶段专项重点调研、定期统计数据发布等统计服务制度，加大各行业统计监测预警力度，及时向相关部门提供统计信息。对辖区重点企业加大检查指导服务力度，开展检查专项行动，走访服务重点企业120多个，开展重点企业调查问卷和企业发展环境调查，收集掌握企业经营状况。整合统计数据和反馈信息，撰写综合分析和专项调研材料，全年累计撰写《开发区商业综合体如何实现经济贡献的对策建议》《开发区2016年度全省开发区综合考评情况分析》《开发区信息经济运行情况分析》等分析材料42篇，编印《开发区统计信息》22期，重点课题《开发区生物医药产业现状及发展思路研究》获2017年度杭州市区县（市）统计系统优秀分析报告三等奖。

【国家级开发区综合考评】 2017年，开发区经发局（统计局）贯彻落实国家和浙江省有关国家级开发区综合评价的文件精神和工作要求，牵头开展开发区2016年度国家级开发区综合考评相关工作。举办辖区20多个行政部门和金融、电信、移动等进区配套单位参加的专门会议，进行文件传达、指标分析和业务培训，专题部署综合考评工作任务，要求部门分工有条不紊、指标解释准确无误、数据采集真实有效、关键指标应统尽统，形成各部门和相关单位的工作合力，确保综合考评工作中全面真实客观地反映开发区经济社会发展全貌。在2016年度全国219个国家级开发区综合评价中，开发区排名位列第一方阵；在2016年度全省20个国家级开发区综合考评中，开发区以482.6分的成绩获第三名。

【全国第三次农业普查完成】 2017年，按照杭州市全国第三次农业普查领导小组统一部署，开发区完成第三次农业普查工作。开发区按照入户调查、数据审核、资料开发、氛围营造、信息报道、课题研究、公告发布等流程开展普查。各级普查机构、普查人员严格遵循"社不漏户、户不漏人、项不错填"的登记原则，深入辖区2个街道、22个普查小区，开展调查登记，完成1600多个调查对象的摸底调查和入户登记。年内，开发区第三次农业普查领导小组办公室获杭州市第三次农业普查先进集体，2名指导员分别被评为浙江省和杭州市第三次农业普查先进个人；下沙街道办事处被评为浙江省第三次农业普查先进集体。开发区第三次农业普查领导小组办公室报送的调研文章《第三次农业普查"两员"队伍的建设与思考》入选杭州市第三次农业普查优秀技术业务文章。

【统计普法宣传教育】 2017年，开发区经发局（统计局）按照省、市统计局的统一部署，全面启动"七五"普法宣传教育（中央宣传部、司法部关于在公民中开展法治宣传教育的第七个五年规划2016—2020）。年初，制定印发《2017年开发区统计普法教育工作计划》《2017年开发区统计依法行政工作要点》等指导性文件。利用统计年报和日常业务培训会议，全年累计举办统计培训班18期，培训人员1200多人次。以"12·4"国家宪法日、"12·8"《中华人民共和国统计法》颁布纪念日为载体，开展以宪法和统计法为主要内容的宣传月活动，编发统计普法宣传简讯80多篇，发布统计普法信息100条，辖区两个街道制作宣传横幅10条，制作印发统计政策法规宣传手册800本。（陈　琪）

·物价监督管理·

【物价监督管理概况】 2017年，开发区经发局（物价局）全面履行价格监督管理、价格认定、价格服务等职能，受理价格咨询与投诉519起，比上年增长25%；做出行政处罚案件4起，罚款金额2.34万元。开展价格认定，全年受理认定案件210件，涉案金额175万元。

【价格服务与投诉受理】 2017年，开发区经发局（物价局）做好机动车停车收费备案，对辖区11个实行市场调节价的停车场所进行收费备案。开展价格法律政策宣传，针对停车收费、物业收费、商场消费、网络电商等投诉举报较多的状况，专门组织相关培训，发放相应价格法律法规。7月，邀请市物价局对区内大型商场70多户商户代表进行培训，要求规范明码标价，制止价格欺诈。畅通群众价格维权渠道，通过“12358”物价举报电话、“12345”热线、群众来电等，受理价格咨询与投诉519起，比上年增长25%。

【价格执法检查】 2017年，开发区经发局（物价局）开展多项价格专项整治。1月，联合开发区市场监管分局、开发区卫生计生分局对美容美发行业进行专项整治，规范查处价格违法行为。春节、五一节、中秋节、国庆节等重要节日前，对餐饮企业、商贸企业、物业管理企业等加强巡查，排查餐饮企业年夜饭菜单明码标价、超市商品标价及物业企业停车收费符合规定等方面问题。9月，开展第十三届全国学生运动会期间价格专项检查，出动价格执法人员72人次，检查单位29个。10月，开展养老机构服务价格专项检查。11月，联合开发区建设局（房产管理局）、开发区市场监管分局开展商品房销售价格行为检查，对辖区在售楼盘进行集中检查。查处网络消费类、商户明码标价等方面的价格违法行为，做出行政处罚案件4起，罚款金额2.34万元，其中1起属于网络电商案。行政处罚案件均在浙江政务服务网上进行公布。

（沈　磊）

·安全生产监督管理·

【安全生产监督管理概况】 2017年，开发区围绕安全生产监管建立健全事故预防管控机制，开展安全生产检查整治，安全生产形势总体稳定。全年开发区发生事故32起，死亡8人。其中：工商贸领域发生事故4起，死亡4人；生产经营性道路交通事故20起，死亡4人；生产经营性火灾事故8起，无人员伤亡。加强重大赛事和重要会议的安全保障，完成第十三届全国学生运动会在开发区7个赛点的安全保障、“平安护航十九大”及世界互联网大会安保等任务。健全安全生产责任体系，坚持“党政同责、一岗双责”，由开发区管委会领导签订安全生产“一岗双责”责任书，明确安全生产责任分工。实施安全生产领域改革，制定出台《全面推进安全生产领域改革发展的实施意见》，确定53项改革任务及牵头单位。开展安全生产检查，管委会主要领导带队对金沙湖以西区域开展检查，分管领导按照职责分工就沿街店铺、人员密集场所、医院、学校等重点领域开展督查检查。健全部门安全生产监管，明确部门负责人安全生产责任，要求与所属单位、监管对象签订责任书，部门负责人带队到基层开展隐患排查。辖区街道、社区依托大联动网格化管理机制，将安全生产监管事项纳入管理清单，逐级落实联动管理责任；街道安排专职安全管理人员进行业务指导，安监、消防、质监等执法单位人员协助社区开展隐患排查治理与执法联动联处。

【安全生产检查整治】 2017年，开发区安全生产监管部门按照“即查即改即见效”的要求，深入开展安全生产及消防安全大检查大整治。全年出动检查人员6968人次，检查单位（场所）9719个，发现隐患6273条，印发整改指令书1953份，复查单位5556个次。其中：工商贸企业领域检查单位4554个，整改隐患4016处，罚款82.75万元；消防安全领域检查单位1488个，整改隐患1132处，消防责令“三停”单位（停止施工、停止使用和停产停业）16个，移送公安机关拘留1人，罚款30.65万元；道路交通安全领域查处交通违法行为7.91万起，办理交通刑事案件114起，处罚货运企业1个；建筑施工领域检查建筑工程项目200多个，排查整改隐患700多处、停工整改项目25个、警示约谈企业8个。9月，开发区经发局（安全生产监督管理局）组织开展为期4个月的安全生产“扫雷一号”专项行动，针对大检查大整治行动中排查出的安全隐患和问题，逐一复查、整改，约谈隐患未完成整改的单位，曝光重大事故隐患和严重违法违规行为；重点对醇基燃料使用场所、燃气储存使用场所、粉尘和喷涂作业场所、危化品储存使用场所、其他人员密集场所进行再检查、再督促。专项行动期间，检查危险化学品生产、储存企业11个，排查隐患35处；检查危险化学品经营企业和单位39个，排查隐患38处；检查“三场所三企业”（有限空间作业场所、涉及可燃爆粉尘作业场所、喷涂作业场所、金属冶炼企业、涉氨制冷企业、船舶修造企业）73个，排查隐患204处。

2017年9月21日，杭州市委副书记、市长徐立毅（前右二）到开发区检查安全生产工作　　（开发区管委会办公室　供稿）

【安全生产执法与培训】 2017年，开发区经发局（安全生产监督管理局）围绕安全生产执法实施处罚98起，罚款82.75万元，无行政复议。加强危险化学品安全监管，完成危险化学品经营许可30件，其中受杭州市安监局委托实施的许可16件；实施安全生产许可证延期换证，会同省、市安监局实施延期换证企业现场审查3个；实施安全生产行政备案，完成行政备案198件，其中安全评价报告备案17件、应急预案备案71件、三类易制毒备案10件、二类易制毒备案审核转报6件、重大危险源重新备案5件、核销备案2件、职业病危害项目申报87件。举办安全生产管理员培训班5期，培训466人；举办安全生产负责人培训班3期，培训139人；举办安全讲座5期，培训1238人；举办电工上岗证开班1期，培训38人。

【安全生产应急演练】 2017年，开发区推动安全生产应急预案体系建设，编制区级应急预案，督促部门和企业开展应急预案制定（修订），同时指导街道和部门应对突发事故，开展以区域联动、应急逃生、应急处置为主要内容的演练活动。在伊萨卡小区进行高层电梯困人演练，在浙江传媒学院后勤大楼进行电梯困人事故救援演练，30多名后勤人员观摩演练。在浙江五丰冷食有限公司进行氨泄漏事故应急救援演练。全年区内有238个企业开展应急演练，其中消防灭火演练企业108个、消防疏散演练企业63个、受限空间救援演练企业12个、职业卫生中毒演练企业19个、危险化学品泄漏演练企业7个、救护演练企业29个。

【安全生产监管方式创新】 2017年，开发区强化改革创新，提升安全生产保障能力。试点推行安全生产责任险制度，运用市场化机制激发企业安全管理的积极性和主动性，防范安全生产事故发生。试点阶段，全区65个工业企业投保安全生产责任险，保障金额53亿元，投保员工1.5万人，保障金额50亿元、第三者责任险保障金额3亿元。创新监管机制，建立安全生产风险指数评估体系，制定出台《开发区生产经营单位安全风险指数评估细则》，通过招投标程序由具有专业资质的中介机构对全区284个企业开展评估，并将评估结果应用于日常执法检查、安全生产责任保险费率浮动和政策兑现，激发企业加强安全生产监管热情，推动企业主体责任落实。强化智慧安全建设，推广应用智慧式用电安全管理系统，10个单位安装智慧用电设备245套。与浙江省安全生产科学研究院合作研发危险化学品全周期全过程安全监管平台，运用大数据、互联网加强安全生产的实时监控，提高监管效率。（喻春华）

责任编辑　黎洪正

财政·税务

·财　政·

【财政概况】 2017年，开发区实现财政总收入134.37亿元，比上年增长5.6%；一般公共财政预算收入70.3亿元，增长6.6%；一般公共预算支出50.04亿元，增长4.8%。开发区财政支出以基础设施、公共服务、拆迁安置、环境整治为重点。保障地铁1号线机场延伸段、运河二通道、艮山快速路下沙段等项目建设，安排财政资金6.8亿元；保障教育、文体、卫生等社会事业发展，安排财政资金6.3亿元；保障拆迁安置，安排财政资金11.6亿元；保障住房安居工程，安排财政资金3.17亿元；保障环境综合整治，安排财政资金2亿元；保障城市维护管理，安排财政资金6亿元。

优化财政收支预算编制，将政府债券纳入预算管理，建设类资金计划根据项目立项和进展情况实行分批滚动编制。开展预算单位财政资金绩效自评，将预算执行绩效与下年预算编制挂钩，对执行进度较慢的项目，收回预算指标统筹使用；建立预算执行季度分析制度，强化预算单位用款主体责任意识，提升预算执行水平。试编政府财务报告，完成《开发区2016年度政府财务报告》编制试点。规范政府产业基金的运作与管理，出台《开发区产业基金管理办法》，明确开发区产业基金组建方案，构建“母基金+专项基金+子基金”的基金框架，形成政府主导、风险可控的3层运作体系，促进国内外优质资本、项目、技术、人才向开发区集聚，推进开发区创业创新和产业转型升级。

【财政支持产业发展】 2017年，开发区财政局强化政策导向，健全完善财政政策体系，支持企业转型升级、做优做强，全年落实工业、科技、服务业、电子商务、建筑业等政策资金11.7亿元。规范产业基金运作，加快推进“生物医药”“转型升级”“投资促进”“大创”等专项基金组建，全年落实产业发展基金等4.5亿元；推动产业平台建设，参与浙江大学、浙江清华长三角研究院、浙江国际协同创新研究院等创新平台谈判，全年落实科技创新平台、生物医药产业平台、金融科技平台等资金4000万元。

【政府债务管理】 开发区财政局优化地方政府债务结构，推进存量贷款置换地方债券，符合条件的债务至2017年末均置换为债券。2015—2017年，累计置换存量债务79亿元，节省利息支出3亿元。启动开发区首个政府与社会资本合作（PPP）项目——下沙路与12号大街提升改造及附属配套工程，引导社会资本参与开发区基础设施和公共服务项目建设。争取市级基金支持，做好“地铁基金”“运河二通道基金”方案的前期准备。深化与国家开发银行合作，签订开发性金融合作协议，合力推进开发区建设。

【政府投资项目资金管理】 2017年，开发区财政局健全完善政府投资项目资金管理制度，制定《开发区政府投资类财政专项资金管理办法（试行）（征求意见稿）》，细化政府投资项目专项资金的使用范围、拨付程序、预算编制、预算执行及监督检查等具体管理要求。加强非招标小型项目造价管理，出台《关于开发区政府投资非招标小型项目工程款结算有关

表29

2017年开发区财政收支预算执行情况

收入项目	2017年（万元）	增长（%）	支出项目	2017年（万元）	增长（%）
一般公共预算收入	703 084	6.6	一般公共预算支出	500 412	4.8
一、税收收入	655 484	6.1	五、科学技术	54 761	27.1
国内增值税（25%）	303 510	-1.6	六、文化体育与传媒	69	19.0
改征增值税	54 148	53.3	七、社会保障和就业	25 095	-4.4
营业税	796	-95.7	八、医疗卫生与计划生育	75 603	26.9
企业所得税（40%）	146 821	14.3	九、节能环保	20 000	—
个人所得税（40%）	38 150	22.4	十、城乡社区	59 433	33.6
城市维护建设税	57 816	8.0	十一、农林水	776	-19.8
房产税	23 107	-11.8	十二、交通运输	19 721	248.1
城镇土地使用税	3 037	-38.2	十三、资源勘探信息等	5 810	30.6
土地增值税	18 113	387.0	十四、商业服务业等	37 035	1 993.6
其他税收	9 986	26.7	十五、金融支出	126 650	-23.6
二、非税收入	47 600	15.0	十六、援助其他地区	3 001	-77.8
教育费附加	20 958	7.8	十七、国土海洋气象等	—	—
地方教育附加收入	13 969	7.7	十八、住房保障	56 855	86.2
残疾人就业保障金	5 443	21.1	十九、粮油物资储备	9 047	15.2
行政事业性收费收入	758	348.5	二十、债务付息和发行费用支出	159	-67.1
罚没收入	1 770	123.5	二十一、其他	2 436	-58.4
国有资本经营收入	852	—	二十二、新增债券支出	3 440	225.1
国有资源（资产）有偿使用	3 900	187.4	附：政府性基金支出	5 142	100.0
其他收入	9	350.0	十八、住房保障	—	—
上划中央“四税”小计	640 665	4.4	十九、粮油物资储备	5 379	43.7
消费税	4 754	-60.6	二十、债务付息和发行费用支出	—	—
国内增值税	303 510	-1.6	二十一、其他	10 000	-83.3
企业所得税	220 232	14.3	附：政府性基金支出	150 235	124.6
个人所得税	57 225	22.4	—	—	—
改征增值税	54 148	53.3	—	—	—
营业税	796	-95.7	—	—	—
财政总收入	1 343 749	5.6	—	—	—
附：政府性基金收入	176 279	133.4	—	—	—

说明：根据财政部《关于完善政府预算体系有关问题的通知》（财预〔2014〕368号）文件规定，自2015年起，原纳入政府性基金预算管理的11项基金转列一般公共预算

事项的通知》；加强项目过程造价管理，完成绿城代建学校项目、大创小镇国博中心等概算审查；开展2015—2016年开发区公交线路营运收支情况分析，制定2017年公交政策性亏损补助方案；完成开发区首次建设类财政存量资金清查，收缴建设类存量资金1亿元。推进湾南社区、头格社区安置房项目的结算审价和维修工程跟踪评审，确保社区回迁安置按时完成。严格规范评审程序，落实政府项目评审相关规定，全年完成政府投资项目结算350个，审定金额6.59亿元，核减金额8500万元，预算送审32个，审定金额6.86亿元。

【审计监督与政府采购】 2017年，开发区财政局组织实施下沙街道办事处、开发区城建中心、开发区商务局、开发区经发局等单位6名领导干部经济责任审计，完成基础设施养护经费、公交线路运营收支、户外广告成本、开发区人才项目、基金项目5个专项审计。做好审计问题整改，督促被审计单位落实整改措施。严肃财经纪律，开展政法经费、地方政府债券、“三公经费”及会议培训费预算执行、中小学幼儿园水电费、浙商回归和“小微两创”专项资金及代理记账机构执业质量等检查。加强政府采购监管，规范政府采购流程，启用政府采购云服务平台，采购项目均通过开发

区综合办公平台、网上商城和云服务平台实行线上申报、审批、备案和合同公开。全年政府采购预算金额1.7亿元，合同金额1.5亿元，资金节约率11%。

【国有资产管理】 2017年，开发区财政局加大国有资产监管力度，制定《开发区国有企业负责人年度经营业绩考核实施细则》《开发区国有企业负责人任期经营业绩考核实施细则》，通过合理确定薪酬结构和水平、完善综合考核评价办法、规范薪酬支付和管理等方式，推进国有企业负责人薪酬制度改革。落实国企业绩目标考核，完成开发区资产经营集团有限公司2015—2016年度经营情况综合考评，核定2017年经营业绩目标。规范国有企业财务管理，做好国有、集体企业财务会计决算报表的布置、收集、审核、汇报及上报，掌握区内国有、集体企业的生产、经营及效益情况。加强行政事业单位资产管理，开展行政事业单位资产年度清查与核对。深化国有房建资产清查，重点调查农居商铺、空置房、剩余车库和市民中心地下空间等资产运营情况，规范资产管理，提高资产效益。

【审批服务优化提升】 2017年，开发区财政局对照"最多跑一次"改革要求，加快推进行政征收、行政给付等领域改革，推进政府非税收入接入浙江政务服务网统一公共支付平台，完善"互联网+政务服务"网上支付功能，实现出入境、户籍、学校教育收费等业务线上线下一体化收费模式。优化审批服务，梳理群众和企业办事事项，实现会计从业资格审批、代理记账机构审批、代理记账机构年度备案等事项"网上申请、网上受理、网上审批、快递送达"，全年受理申请办理会计从业资格证书450人次；办理会计从业资格证的注册登记、变更、调转等手续796人次，换发新证348人次；组织6987人报考参加会计专业资格考试，11人参加高级会计师评审。规范代理记账行业管理，办理会计代理记账申请许可25个，完成备案34个。

（王小丹）

·国家税务·

【国家税务概况】 2017年，开发区国税局累计组织税收收入109.15亿元，比上年增长6.3%；办理税收优惠31.08亿元，增长24.3%。落实税收优惠政策，办理出口退税11.49亿元，落实软件、集成电路产品退税1.7亿元，支持高新技术企业发展政策减免8.43亿元，鼓励资源综合利用退税3500万元，符合条件的小微企业减免税收9700万元，享受税收协定待遇减免1.2亿元。落实支持金融资本市场、文化教育事业等减免6.94亿元。落实税收改革，开展"营改增"政策辅导，全年辅导企业1282个次，举办行业座谈3次，集中专题辅导培训6次，编印《营改增大辅导手册》供纳税人在线下载学习，在线点击逾1200人次；发放"营改增"调查问卷600余份，收集、解决问题30个，征集纳税人意见建议17条。简化工作流程，与开发区地税、工商等部门加强合作，推进"五证合一、一照一码"及个体工商户"两证整合"登记制度改革，至年末累计新增市场主体1.75万户。

【国税征收管理】 2017年，开发区国税局加强非居民企业及跨境税源管理，对3个企业开展非居民日常监控管理，补缴税款3160多万元、滞纳金336万元。完成对1225个企业的风险管理，入库税款7.26亿元，完成对7个批次46个企业增值税发票风险管理，调整补税624.93万元；对34个企业开展纳税评估，直接补税9297.69万元。全年增值税一般纳税人零申报专项核查入库税款1613.84万元；企业所得税汇算清缴预缴率99.43%，后续审核补税5472万元，调减亏损1418万元，加收滞纳金2641万元。开展反避税调查，完成反避税结案1件，补缴税款及利息797.34万元，拟结案2件、拟立案1件；调整5户企业特别纳税，补缴税款4800多万元。规范纳税行为，对2000多户"零税负"的经营户进行企业所得税核定征收，对10个无税收贡献房地产企业征缴补税4000多万元；对1130个综合市场商场经营户实现登记。配合下沙军地园区开展"五无"企业整治和国税地税联合检查，17个企业查明存在隐匿收入、未按规定纳税等问题，1个企业涉嫌偷逃税款、虚开虚受发票，移送公安处理。

【国税纳税服务优化】 2017年，开发区国税局试点推出"互联网+便捷退税"系统，实现出口退税全程网络化管理、"一站式"办结，企业办税平均减少审批资料报送35份，退税资金到账时间提前5天。开展"刷脸"实名办税服务，采用人脸生物识别比对技术，系统自动比对留存身份信息与现场拍摄人脸图像，无须再提交证明材料核验身份，实现“刷脸”即可取号办税，有效防范打击借用他人身份信息骗购发票、虚开发票、恶意篡改申报数据等违法行为。按照浙江省国家税务局公布的3批“最多跑一次”改革清单，试行“容缺受理”机制。涉税事项40大项、134小项，其中133个小项实现“最多跑一次”改革事项、102个小项通过电子税务局等方式实现“零次跑”。联合开发区地税分局对15425户企业和个体工商户进行纳税信用等级评定，评出A级纳税人882户并给予优先叫号、排队“零等候”等服务。推进落实“银税互动”机制，帮助缓解中小企业融资难，为34个纳税信用良好企业发放贷款1129.5万元。推广杭州电子税务局，基本实现即办事项网上“一站式”服务及非即办事项的网上受理与流转。（陈　方）

2017年9月21日，开发区国税局采用人脸生物识别比对技术开展实名办税服务，开启“刷脸办税”新模式　　（陈　方　供稿）

·地方税务·

【地方税务概况】 2017年，开发区地方财政收入70.31亿元，比上年增长10.7%。开发区片区组织各项收入95.53亿元，增长6.0%。其中：税收收入24.11亿元，增长1.6%；非税收入71.42亿元，增长7.6%。加强规费收入征收，社会保险费入库66.59亿元，增长9.2%；教育费附加和地方教育费附加入库4.11亿元，增长7.9%；残疾人就业保障金入库7257.1万元，增长29.2%；工会经费收入4784.35万元，下降8.8%。落实税费优惠政策，全年批准减免房产税3928.29万元、城镇土地使用税2841.51万元；860个次企业享受所得税优惠，优惠总额3.46亿元；落实小型微利企业优惠政策，减免企业所得税522.68万元；落实高新技术企业优惠政策，减免企业所得税7700.39万元；落实研究开发费加计扣除优惠政策，减免企业所得税2.64亿元。培植涵养优质税源，助力实体经济发展。梳理分析辖区高新技术企业、上市企业及拟上市企业和浙商回归企业，整理需支持培育优质税源企业名单，开展专项走访调研，收集意见建议30多条；落实“征减减免”税费优惠，实现征前减免优惠项目20个，优惠金额2.62亿元；梳理应享受税收优惠政策的企业名单，释放减税红利，推动实体经济降低成本，增加发展后劲。优化纳税服务，开展“宣传政策到一线、征求意见到一线、解决问题到一线”活动，到企业、社区、校园开展纳税志愿服务6场、税收政策宣讲会16场。

【重点税源监管】 2017年，开发区地税分局加强重点税源监控，通过税源调研、税源分析、税源跟踪、税源规范机制等措施，131个重点税源企业完成入库13.94亿元，占开发区片区税收总量57.8%。开展域内经济税源调研，选取跨境电商、汽车零配件制造、医药制造等行业进行专项调研，为涵养培植税源打基础。加强村级经济管理，规范下沙军地园区企业税收管理。加强税源预测，实施三级税源预测分析管理办法；推进行业税收管理制度化，依托房地产业、制造业、餐饮业等行业协作组织召开税源分析会，税源管理更加制度化和可控化；建立重点税源专人管理机制，对年度纳税500万元以上的纳税人实行专人跟踪。开展涉税专业服务基础调研，提取涉税专业服务机构数据，确定涉税专业服务机构拟调查名单。加强对涉税专业服务机构的监管，全年完成涉税专业服务机构调查108户，其中会计师事务所8户、税务师事务所5户、代理记账机构49户、财税类咨询公司46户。开展税收课题研究，撰写完成《外籍人员个人所得税征收管理分析》《“互联网+”背景下优化办税服务研究》等论文。

2017年5月24日，由开发区地税分局承办的“杭州财税直通车”文创旅游发展财税论坛在浙江美术馆举行（杨睦龠 供稿）

2017年4月5日，开发区行政服务中心地税受理窗口为纳税人开出“新政”启动后首张契税完税单（杨睦龠 供稿）

【地税“最多跑一次”改革】 2017年，开发区地税分局落实推进“最多跑一次”改革，召开专题会议并将督导工作纳入党委会每月议事日程。落实国税代开发票的附征税代征、一窗式办理，推广省电子税务局、浙江政务网站、支付宝浙江地税App的个人所得税查询、证明开具及年所得12万元个税申报。设置股权转让专窗，开通税务专邮。4月，结合杭州市不动产交易环节“最多跑一次”改革，启用开发区行政服务中心不动产交易“三证联办”受理点，为纳税人开出“新政”启动后首张契税完税单，实现商品房（含经济适用房）、二手房全类别契税申报缴纳。利用媒介、平台对外公布和更新地税“最多跑一次”改革指导清单，扩大政策宣传覆盖面。开展“问需求”活动，举办房地产行业座谈会，听取企业对地税改革工作的意见建议，助力“最多跑一次”改革。

【地税征收政策宣传】 2017年，开发区地税分局开展税法宣传与培训辅导，为纳税人提供新办企业辅导、政策宣传、问题解答等服务，全年举办新办企业培训、企业所得税汇算清缴等培训18场次，参加培训纳税人2200多人次。围绕“深化税收改革、助力企业发展”主题，举办第26个税收宣传月特色活动，宣传依法治税、和谐财税理念。5月4日，联合开发区国税局举办服务志愿者活动，走进新加坡杭州科技园，为园区孵化器电商企业、青年创客企业展开税收政策辅导与咨询服务。5月24日，由开发区地税分局承办的“杭州财税直通车—魅力区县行”文创旅游发展财税论坛在浙江美术馆举行，31个企业代表参加论坛。

【环境保护税开征准备】 根据全国人大常委会制定的《中华人民共和国环境保护税法》的规定，2018年1月1日起开征环境保护税，同时不再征收排污费。按照市地税局开展的全市环保税纳税人识别工作的结果，杭州主城区（不含萧山、余杭、富阳、临安区）确定环保税纳税人1800多户，其中600多户集中在开发区，约占主城区环保税纳税人总量的三分之一。2017年9—12月，开发区地税分局做好环保税开征应对工作。建立环保税税源数据库，通过整理省、市地税局印发的环保税纳税人数据，和开发区、西湖风景名胜区环保部门交换数据，比对税源，摸清情况；同环保部门建立工作联系机制，落实上级部门要求，沟通存在的问题；走访重点环保税税源企业，了解企业实情，宣传有关政策。（杨睦龠）

责任编辑 黎洪正

金　融

·银　行·

【金融服务业概况】 2017年，开发区实现金融产业增加值30.67亿元，比上年增长6.7%。至年末，开发区有各类金融机构35个，其中银行20个（小微支行5个）、保险机构12个、证券营业部3个。有担保公司7个、融资租赁公司17个、投资类企业500多个，其他类金融企业70多个。

【资本市场助力企业发展】 2017年，开发区增加上市企业1个——泰瑞机器股份有限公司（股票代码：603289），增加在全国中小企业股份转让系统（“新三板”）挂牌企业4个，分别为杭州阿诺生物医药科技股份有限公司、杭州昆汀科技股份有限公司、杭州联川生物技术股份有限公司、杭州孔凤春化妆品股份有限公司。至年末，开发区有境内外主要证券市场上市企业4个，累计在“新三板”挂牌企业15个，在浙江股权交易中心挂牌企业300个。在开发区重点拟上市企业中，首发上市申请获受理企业3个，处于辅导期企业3个，列入上市培育企业30多个。

【产业基金推进】 2017年，开发区设立50亿元产业母基金。至年末，开发区产业母基金参股12个基金项目，基金规模223.98亿元，其中开发区产业母基金认缴出资额11.24亿元，实际出资6.1亿元。设立政策性产业子基金，开发区和达生物医药产业基金出台《开发区和达生物医药产业基金管理办法》，发挥财政资金引导作用，重点打造以医药研发、生物制药、医疗器械为主导的生物医药产业集群，引导全球先进技术、优秀人才、优质项目资源集聚开发区。发挥产业母基金的引导和放大作用，开发区建立国家级、省级基金，产业基金、创投基金，国内基金、海外基金、跨境基金等多元层级协同发展的产业基金体系，初步形成以银行为主体的传统金融业态和以私募股权投资、融资租赁为主体的新兴金融业态互为促进、互为补充的多元化金融服务体系。

【金融服务活动】 2017年，开发区举办多场金融服务活动，举办“创业企业股权结构调整策略”“企业

2017年11月10日，开发区举办第三届中国“新三板”并购高峰论坛
（童志忠　摄）

表30

开发区2017年各类金融机构分布情况

序号	银行名称	经营地址
1	中国银行开发区支行	开发区3号大街17号
	中国银行下沙支行	开发区学林街1254号、1256号
	中国银行杭州出口加工区支行	开发区12号大街海关大楼广场西侧管理用房
	中国银行杭州大学城支行	开发区文泽路99号福雷德广场5幢1层108号
2	中国工商银行开发区支行	开发区6号大街5号
	中国工商银行杭州大学城支行	开发区学林街（北）2-8号4幢1楼2号
	中国工商银行杭州金沙湖支行	开发区杭州东部国际商务中心1幢103（商铺）室
3	中国建设银行开发区支行	开发区裕园公寓9幢（西）
	中国建设银行杭州金沙湖支行	开发区上沙路550-554号、华景街316-320号
4	中国农业银行下沙支行	开发区3号大街
	中国农业银行杭州钱塘支行	开发区学林街1258-1260号
	中国农业银行杭州科技园支行	开发区科技园路2号新加坡科技园5幢1层17（1）、18-22单元
	中国农业银行杭州金沙湖支行	开发区天城东路177号杭州东沙商业中心16号商铺
5	交通银行下沙支行	开发区6号大街6号
6	杭州银行开发区支行	开发区3号大街800号
	杭州银行下沙街道上沙社区支行	开发区上沙路220-113号
	杭州银行金沙小微企业专营支行	开发区金沙大道1800号
7	兴业银行开发区支行	开发区天城东路230号
8	中国民生银行下沙支行	开发区3号大街7-2号文汇苑裙房
9	中信银行开发区支行	开发区科技园路2号新加坡杭州科技园2号楼（1-2层）
10	杭州联合农村商业银行下沙支行	开发区海达南路555号金沙大厦3幢一楼01-06室
	杭州联合农村商业银行下沙支行高沙分理处	开发区文渊路181号、183号、185号
	杭州联合农村商业银行下沙支行七格分理处	下沙街道七格综合大楼一楼
	杭州联合农村商业银行下沙支行湾南分理处	开发区松乔街元成东盛家园5幢商铺1号
	杭州联合农村商业银行开发区支行	开发区4号大街12-1号
	杭州联合农村商业银行下沙支行10号大街分理处	开发区10号大街（东）13号
	杭州联合农村商业银行文教支行	开发区银沙路565号
	杭州联合农村商业银行迎宾支行	杭州市德胜东路2777号杭州金茂家居市场1A区-1508号商铺
11	北京银行股份有限公司杭州钱江支行	开发区幸福南路268号
12	中国邮政储蓄银行下沙支行	开发区学林街1378-1384号
13	上海银行下沙支行	开发区天城东路254-112号、256-212号
14	渤海银行开发区小微企业专营支行	开发区天城东路252号上沙永裕大厦一至二层
15	浙江泰隆商业银行下沙小微企业专营支行	开发区德胜东路2888号杭州恒大陶瓷建材交易市场A-2226号
16	宁波银行开发区小微企业专营支行	开发区天城东路246-129号
17	浙商银行下沙支行	开发区上沙路226-203号（中沙金座11幢）
18	招商银行下沙小微企业专营支行	开发区天城东路248号111-116室（上沙永裕大厦5幢）
19	中国人民财产保险开发区支公司	开发区天城东路246-117号、246-118号（上沙永裕大厦1幢）
20	中国大地财产保险开发区支公司	开发区铭和苑桂雨坊11幢商铺3号
21	方正证券下沙证券营业部	开发区4号大街15号西子阳光星城2幢5楼
22	中国银河证券杭州天城东路证券营业部	开发区天城东路246-234号（上沙永裕大厦1幢）

财务——解读三张报表”等6场活动，区内150个企业代表参加。开展“创业创新·助力梦想启航”系列活动，搭建金融机构、中介服务机构对接平台，鼓励企业挂牌上市。举办第三届“新三板”并购高峰论坛，发布“新三板”并购蓝皮书，解读年度十大并购案例，探讨“新三板”并购重组新趋势，1000多名专业人士参加。（陶　旭）

2017年，中国建设银行开发区支行实现电子化智慧化转型
（中国建设银行开发区支行　供稿）

【中国银行开发区支行】 2017年，中国银行开发区支行围绕“担当社会责任，做最好的银行”目标，全年实现各项存款时点余额71.89亿元，比上年增长8.3%。其中：公司存款48.93亿元，新增对公有效户26户；个人存款22.96亿元，新增个人有效户及中高端客户4666户。各项贷款余额56.51亿元。其中：公司贷款27.42亿元，新增公司贷款13户；个人贷款29.09亿元，新增个人贷款671人。全年中间业务收入5286.55万元，不良贷款余额3123.43万元，不良率4%。全年上门办理公积金及个人信用贷款555单，投放金额5387万元。全年累计实现国际结算业务量15.36亿美元，跨境人民币业务量27.16亿元，结售汇业务量6.67亿元，二级市场福费廷业务量2.92亿元，其中贸易金融条线业务量增长1倍。9月8日，中国银行开发区支行营业部财富中心揭牌成立，将为广大个人客户提供更加专业的服务体验。全年开展各项活动34场，参与浙江省防范和打击非法校园贷主题月宣传活动，宣传校园理性消费观念，呼吁远离非法金融。（罗润哲）

【工商银行开发区支行】 2017年，中国工商银行开发区支行全年实现本外币拨备前利润1.67亿元，比上年增长15.9%，中间业务收入6800万元，增长9.7%。各项存款日均余额56.23亿元，增长9.1%。其中，对公日均存款27.8亿元，新增对公账户515户；个人日均存款25.19亿元。各项贷款日均余额39.29亿元（含票据贴现），增长12.6%。其中，公司贷款日均余额11.56亿元，增长12%；个人贷款27.4亿元，增长15.1%。不良贷款余额2017.96万元，不良率0.5%。中国工商银行开发区支行强化建章立制，持续提升服务体验，开拓优质客户群体，深化与开发区管委会、高校及企业的合作，坚决防范堵截外部欺诈，为维持区域内金融稳定做出贡献。（顾吉星）

【建设银行开发区支行】 2017年，中国建设银行开发区支行围绕“转型发展”战略，推进全省“晋升二类行”建设目标。全年实现日均人行口径一般性存款39.47亿元，比年初增加8.2亿元，增长26.2%。其中，对公日均存款15.9亿元，比年初增加6.47亿元，增长68.6%；个人日均存款23.57亿，比年初增加1.73亿元，增长7.9%。全年各项贷款余额47.7亿元，比年初增加12.92亿元，增长37.2%。其中，对公贷款余额19.51亿元，比年初增加5.87亿元，增长42.9%；个人贷款余额23.57亿元，比年初增加2.44亿元，增长11.5%。全年实现中间业务净收入4029.25万元，其中对公389.02万元，个人3640.23万元。全年不良贷款余额、不良贷款率实现“双降”，处置个人不良贷款26户，处置金额3220万元，对公不良贷款实现现金回收已核销不良资产1901.93万元。支行从区域源头、产品组合等方面进行转型创新，与开发区管委会共同搭建科技助保贷平台，优先支持开发区优质科技型企业。整合“党费专用户”“工商注册通”等创新产品，为科技型企业提供一揽子服务方案，满足客户多方面的金融需求。（张　怡）

【农业银行下沙支行】 2017年，中国农业银行下沙支行围绕“打造区域内一流商业银行”目标，全年实

现各项存款余额78.55亿元，比上年增加11.78亿元。其中：公司存款51.4亿元，新增对公账户532户；个人存款27.15亿元，新增个人I类卡账户2.57万户。全年实现各项贷款余额73.89亿元，增加1.95亿元。其中，公司贷款余额11.09亿元，新增公司贷款6户；个人贷款62.8亿元，办理个人住房按揭业务886笔，发放贷款金额14.45亿元。全年中间业务收入5331万元，不良贷款余额680万元，不良率0.09%。支行开展"进学校、进企业、进社区"金融服务活动30多次，做好反假币、反洗钱、防诈骗等宣传，提供优质上门服务，年末被评为全国农行文明单位和省级治安安全单位。

（王易达）

【交通银行下沙支行】 2017年，交通银行下沙支行围绕"利润稳健增长、质量基本稳定、案件防控取得新成绩"三大目标，以"增利润、拓客户、控风险、提服务"为主线，保持依法合规经营和稳健发展。全年实现各项人民币存款余额28.94亿元，比上年增长33.4%。其中，公司存款22.69亿元，新增对公账户120多户；个人存款6.25亿元。各项贷款余额6.14亿元，增长33%，其中公司贷款1.64亿元。全年中间业务收入761.3万元，无不良贷款。开展企业行、校园行活动，全年增加代发有效户670户，新增贷记卡活户486张，交叉销售借记卡780户，新增手机银行用户6009户。

（黄莹莹）

【杭州银行开发区支行】 2017年，杭州银行开发区支行以打造"开发区主流银行"为目标，坚持效益优先、创新优先、服务优先，提前完成主要指标三年翻番目标。全年实现各项存款29.67亿元，比年初增加5.8亿元，完成年度预算的110.91%；各项贷款余额18.06亿元，比年初增加4.75亿元，完成年度预算115.14%；风险贷款余额1394万元，比年初减少657万元，风险率0.77%。全年实现中间业务收入401.66万元，不良贷款余额1367.68万元，不良贷款率0.76%。支行加强与开发区行政事业单位、企业、高校合作，推广"公鸡贷""银企贷""牛管家"等特色产品，提升服务质量，加快金融产品转型升级。（沈律易）

【兴业银行开发区支行】 2017年，兴业银行开发区支行围绕"增存款、促效益"目标，全年实现各项存款余额16.44亿元，比上年增长2.15%。其中：公司存款12.78亿元，新增对公账户20户；个人存款3.66亿元，新增个人账户1500户。各项贷款余额16.6亿元，增长22%，其中，公司贷款2.08亿元，新增公司贷款4户。个人贷款14.52亿元，新增个人贷款850人。全年中间业务收入3150万元，不良贷款余额177万元，不良率0.1%。全年开展各项活动30场，高校信用贷拓展50多笔、1500多万元。

（柏　桦）

【民生银行下沙支行】 2017年，中国民生银行下沙支行重点围绕"科技引领、互联互通、创新发展"的发展思路，促进经营业绩稳步提升。全年实现各项存款余额24.84亿元，比上年增长3.6%。其中公司存款22.43亿元、个人存款2.4亿元。各项贷款余额5.83亿元，其中公司贷款1.81亿元、个人贷款4.02亿元。全年实现中间业务收入153.33万元，不良贷款余额265万元。

（马似骋）

【中信银行开发区支行】 2017年，中信银行开发区支行围绕建设"最佳综合融资服务银行"目标，全年实现各项存款余额36.82亿元，比上年增长5.5%。其中：公司存款29.4亿元，新增对公账户282户；个人存款5.12亿元。各项贷款余额14.79亿元，下降8.7%，其中：公司贷款8.4亿元，新增公司贷款7户；个人贷款6.39亿元，新增个人贷款458人。支行保持无预警、无不良、无问题贷款，2017年被中信银行杭州分行评为"风险管理优秀行"。

（范一璐）

【杭州联合银行下沙支行】 2017年，杭州联合农村商业银行下沙支行围绕"坚持深耕本地网格市场，坚定不移走社区银行路线"目标，全年实现各项存款余额56.41亿元，比年初增加5.04亿元，比上年增长9.8%。其中：公司存款余额24.42亿元，新增对公账户2490户；个人存款余额31.99亿元，新增个人账户9.47万户。各项贷款余额32.54亿元，比年初增加2.58亿元，增长8.4%。其中：贷款13.95亿元，新增公司贷款19户，500万以下小微企业贷款增量4300万元；个人贷款18.59亿元，新增个人贷款户数547户。全年中间业务收入347万元。11月9日，杭州联合银行下沙支行与开发区管委会签订全面战略合作协议，设立人才科技金融服务中心，服务开发区各类高层次人才型、创新型科技项目，全年新增授信国家"千人计划"人才2户、省"千人计划"人才2户，新

增科技型企业授信16户，授信金额4440万元。 （陆丹凤）

【北京银行杭州钱江支行】 2017年，北京银行杭州钱江支行实施“大投行”策略，完善并扩大支行投行业务发展体系，综合运用银团、并购、产业基金、理财管理计划等产品，实现消费金融、保险、基金等领域拓展，通过资产配置与财富管理，多元化满足客户金融需求。至年末，实现中间业务收入2311万元，拨备前利润6300万元。累积服务各类系统客户、中小企业400多户，零售客户4万余户，支行存款余额16.9亿元，贷款余额29.2亿元，其中个人贷款约10.5亿元。人均创利300万元，连续6年保持公司与零售授信“零不良”。 （唐 博）

2017年11月9日，杭州联合银行下沙支行与开发区管委会签订全面战略合作协议，设立人才科技金融服务中心

（杭州联合银行下沙支行 供稿）

【邮储银行下沙支行】 2017年，中国邮政储蓄银行下沙支行围绕建设“杭州分行东部的金融中心”目标，全年实现各项存款余额15.66亿元，比上年增长7.2%。其中：公司存款余额8.39亿元，新增公司账户45户；个人存款余额7.27亿元，新增个人账户5400户。各项贷款余额108.9亿元，增长15.8%。其中：公司贷款余额67.8亿元，新增公司贷款5户；个人贷款41.1亿元，新增个人贷款1200人。全年中间业务收入453万元，不良贷款余额1201万元，不良率0.2%。全年开展各项活动48场。 （陈 洪）

【上海银行下沙支行】 2017年，上海银行下沙支行围绕“核心客户与核心业务”目标，以负债、中间业务收入、利润、有效户等指标为重点，推进全行业务发展。全年实现各项存款余额20.86亿元，比上年增长15.4%，其中公司存款20.56亿元、个人存款3000万元。各项贷款余额15.86亿元，下降35.2%，其中公司贷款12.7亿元、个人贷款3.13亿元。全年中间业务收入1048万元，不良贷款余额48万元，不良率0.03%。全年支行信用贷规模稳步提升，专项分期发展迅速。开展进上沙社区宣传金融安全知识、进杭州电子科技大学开展防范和打击非法校园贷等主题活动。 （周银燕）

【渤海银行开发区小微企业专营支行】 2017年，渤海银行开发区小微企业专营支行围绕“严守风险底线，创新转型发展”目标，全年实现各项存款余额6600万元。其中：公司存款3900万元，新增对公账户22户；个人存款2700万元，新增个人账户1422户。各项贷款余额1.1亿元，比上年增长2%，新增个人贷款112人。全年中间业务收入5.03万元。 （张 巍）

【泰隆银行下沙小微企业专营支行】 2017年，浙江泰隆商业银行股份有限公司杭州九堡小微企业专营支行更名为浙江泰隆商业银行股份有限公司杭州下沙小微企业专营支行。支行围绕“服务小微、服务大众”目标，注重社区村居，推动普惠金融。全年实现各项存款余额2.25亿元（含保证金存款），比上年增长37.1%。其中：公司存款1.07亿元，新增对公账户161户；个人存款1.09亿元，新增个人账户2569户。各项贷款余额2.51亿元，增长10.77%。其中：公司贷款800万元，新增公司贷款2户；个人贷款2.35亿元，新增个人贷款249户。全年不良贷款余额566.03万元，不良率2.25%。专注服务小微企业，践行普惠金融模式，自主开发全流程移动信贷服务平台PAD金融移动服务站，客户经理通过PAD上门作业，节省客户往返银行时间。11月，泰隆银行新一代信息系统上线，优化信息系统，提升服务质量。 （夏将将）

【宁波银行开发区小微企业专营支行】 2017年，宁波银行开发区小微企业专营支行秉承“诚信敬业、合

规高效、融合创新”的企业文化，以“支持实体，服务中小”为经营宗旨，全年实现各项存款余额11.74亿元，增加对公账户49户；个人存款1.06亿元，新增个人账户2819户。各项贷款余额6.26亿元，比上年增长138%，其中公司贷款1.07亿元，新增公司贷款户5户。全年中间业务收入4.38万元，无不良贷款余额。参加浙江省防范和打击非法校园贷主题宣传月活动、杭州聋人学校“小小银行家”主题活动，开展“提升服务实体经济，普及金融知识万里行”活动。（汪 勤）

【浙商银行下沙支行】 2017年9月18日，浙商银行下沙支行搬迁至上沙路226-203号（中沙金座11幢），办公面积1300平方米，升级新开业的营业网点，成为综合性一级支行。浙商银行杭州下沙支行围绕“成为最具竞争力全国股份制商业银行和浙江省最重要的金融平台”目标，全年实现各项存款年日均余额15.28亿元，比上年增长57.7%。其中：公司存款15.09亿元，新增对公账户15户；个人存款1900万元，新增个人账户1277户。各项贷款余额5.36亿元，其中公司贷款5.25亿元，新增公司贷款户3户。全年中间业务收入130.08万元，未发生逾期不良贷款。（邵玲琳）

【招商银行下沙小微支行】 2017年，招商银行下沙小微支行围绕“因您而变”目标，全年实现各项存款余额1.76亿元，比上年增长63.7%。其中，公司存款5500万元，新增对公账户148户；个人存款1.21亿元，新增个人账户7068户。各项贷款余额 8.9亿元，增长0.2%。全年中间业务收入953万元，无不良贷款余额。（潘 昊）

·保 险·

【人保财险开发区支公司】 2017年，中国人民财产保险开发区支公司经营财产损失保险、责任保险、信用保险、农业保险等财产保险业务，以及意外伤害保险业务、短期健康保险业务等。全年实现保费收入2.1亿元，发生各类赔款损失8935万元，为5.3万个客户提供风险保障。公司为旭化成医疗器械（杭州）有限公司、杭州得力纺织有限公司等区内80%企业提供保险服务，为新能源网约车“曹操专车”“弹个车”提供保险服务。公司注重涉外保险业务开拓，是杭州市人保险种开设最为齐全的支公司之一，并与国外众多保险公司、经纪人建立合作关系。与开发区内各大专院校建立合作关系，为各院校及师生提供全方位的保险服务。挖掘网络保险平台业务，开拓“七天无理由退货”“租车责任保险”“物流基地货运保险”等新型险种，实现保费收入9900万元。以市分公司在全市开展“服务365活动”为契机，开展服务示范窗口创建，组织开展出单员技能比武，全力改善理赔服务，提高服务品质，打造“金牌服务工程”。（周哲哲）

【大地财险开发区支公司】 2017年，中国大地财产保险开发区支公司实现保费总收入5600万元。大地保险经营多元化险种，满足各类客户需求。公司承保浙江省外事集团、杭州市外事集团、杭州电信等企业，与“奥迪”“日产”“比亚迪”“中华”等汽车品牌4S店建立合作，承保和达集团及其下属公司、浙江福发纺织有限公司、德帕姆（杭州）泵业有限公司、杭州口岸国际物流有限公司等多个开发区企业。公司建有专业的管理队伍、精算队伍，致力于公司产品创新与风险管控。（方清洁）

·证 券·

【方正证券下沙营业部】 2017年，方正证券下沙营业部业务涵盖证券承销、证券经纪、资产管理、研究咨询、融资融券、私募PB业务、机构业务等领域。营业部秉承公司“客户至上、专业稳健、勤奋坚持、追求卓越”的企业精神，坚持客户导向，为辖区广大投资者和企业提供专业的金融产品和服务。营业部全年代理各类证券买卖交易量342.05亿元，其中A股275.98亿元，融资融券余额5.73亿元。营业部年度营业收入1636.08万 元，营业利润610.37万元，全国经纪业务代买收份额0.2%，客户数量超过3万户。营业部实施向财富管理转型，线下与线上互补，打造先进的财富管理体系和互联网金融平台。（胡 永）

【银河证券天城东路证券营业部】 2017年，中国银河证券杭州天城东路证券营业部坚持“与客户共成长”的经营理念。全年代理各类证券买卖交易量312.93亿元，年度营业收入1000万元，实现考核利润450万元，客户数量6800多户。营业部汇集一批高水平、高净值客户，全国代买交易量份额比上年增长30%。（陈天盼）

责任编辑 张红丹

环境保护

·环境保护综述·

【区域环境质量改善】 2017年，开发区围绕“美丽东部湾”建设目标，全力推进“五水共治”（治污水、防洪水、排涝水、保供水、抓节水）和“五气共治”（治理燃煤烟气、有机废气、汽车尾气、餐饮油烟、工地扬尘），强化环境综合大整治，区域环境质量改善。全区河道平均综合污染指数0.41，比上年下降39%；氨氮平均浓度1.04毫克/升，下降49.3%；总磷平均浓度0.18毫克/升，下降37.1%；高锰酸盐指数平均浓度4.41毫克/升，下降5.4%；河道透明度平均值73厘米，增长19.7%；2017年开发区市级河道断面考核为优秀，顺利通过市级剿劣验收复核。全区空气质量优良天数230天，优良天数增加7天，优良率63.4%；二氧化硫平均浓度11.4微克/立方米，下降19.1%；二氧化氮平均浓度48.5微克/立方米，下降2.8%；PM10（空气动力学当量直径≤10微米的颗粒物）平均浓度72.9微克/立方米，下降9.3%；PM2.5（空气动力学当量直径≤2.5微米的颗粒物）平均浓度50.5微克/立方米，下降0.6%；一氧化碳平均浓度0.80毫克/立方米，上升14.3%；臭氧最大8小时平均浓度110微克/立方米，上升4.8%。

【中央环保督察收官】 2017年，为做好中央环保督察工作，开发区成立迎接中央环保督察工作领导小组，编制保障方案，落实工作专班制度。在中央环保督察期间，开发区收到中央环保督察组信访主办件42件，全部办结，办结的质量和效率排全市前列。开展现场检查，责令企业整改37个、管控生产3个、停业20个，立案处罚27起，罚款66.91万元。借助中央环保督察，开发区破解中策橡胶集团有限公司、杭州朝阳橡胶有限公司废气扰民的历史遗留问题，明确两个企业搬迁的产能转移计划。推动区域产业转型升级，国际香精香料（浙江）有限公司等4个化工企业明确在2019年末完成关停转迁，杭州旭化成氨纶有限公司、杭州顶正包材有限公司等企业加快实施环保整改提升。解决跨界污染问题，海宁市正式明确启动省农科院养猪场搬迁，将彻底解决大学城北居住区长期臭气扰民问题。化解群众身边小事，落实处置地铁施工

2017年5月12日，开发区建设局（环保局）在杭州顶正包材有限公司进行现场执法检查（开发区建设局 供稿）

2017年6月30日，杭州经济技术开发区海达绿色发展促进会成立大会在开发区召开　　（开发区建设局　供稿）

噪音扰民、龙湖天街商场空调噪音扰民、多蓝水岸小区餐饮油烟扰民等一批居民反映较为强烈的小微环保问题。

【两个橡胶企业搬迁计划启动】 2017年8月，中策橡胶集团有限公司、杭州朝阳橡胶有限公司排定企业搬迁时间表。根据计划，杭州朝阳橡胶有限公司2017年关停炼胶B区生产，预计2020年完全关停炼胶工序，2021年末前关停全部生产；中策橡胶集团有限公司将把非子午胎系列生产产能进行转移，计划2017年转移约6%总产能，2020年末前完成30%总产能搬迁。两个橡胶企业同属于中策橡胶集团，在开发区发展约20年，随着开发区城市国际化步伐加快，两个企业的生产经营已影响到环境品质的提升，周边居民亦有环保方面的投诉。为破解难题，开发区多次约谈企业和现场督察，最终促使企业排定搬迁计划。在企业搬迁过程中，开发区督促企业全面落实过渡期内废气整治措施，并加大环境监管力度，严查超标排放问题。

【海达绿色发展促进会成立】 2017年6月30日，杭州经济技术开发区海达绿色发展促进会（以下简称促进会）暨环保志愿者协会成立大会召开，杭州市环保局、开发区建设局（环保局）、开发区社发局、企业和高校代表出席会议。会议一致通过促进会章程（草案），选举产生第一届会长、副会长、理事、秘书长及专家委员会成员。该促进会由杭州杭联热电有限公司、杭州优科豪马轮胎有限公司、浙江三花汽车零部件有限公司3个企业发起，各出资捐赠1万元作为启动资金，同时向社会招募会员单位，30多个企业和8所高校院系自愿申请加入，是开发区人数最多、组织架构最全的环保志愿者组织。促进会是经政府民政部门核准的非政府公益组织，致力于环保公益事业，搭建企邻和谐共处、环保信息沟通共享、校企绿色技术创新推广、校园及社会环保志愿者服务、生态环保培训讲座、公益募捐及环保诉讼等平台。

【环保主题活动宣传】 2017年6月5日，围绕第46个世界环境日“绿水青山就是金山银山”主题，开发区建设局（环保局）联合开发区治水办（河长办）、开发区团工委、浙江理工大学经济管理学院举行开发区生态文明和环境保护系列宣传活动。开幕式上，杭州杭联热电有限公司等28个企业认养开发区28条河道，承诺杜绝乱排污水入河道等违法行为，采取建设中水回用系统节水等措施，保护开发区的生态环境；启动优秀“河小二”评比活动，通过征集优秀治水笔记、治水金点子、治水课题等形式助力开发区环境品质提升。邀请浙江生态文明研究中心副教授张蕾做题为《美丽浙江建设的内涵、实践和展望》的生态环保讲座，宣传生态文明和环境保护的理念。6月6日，开发区治水办联合杭州市治水办等部门在白杨街道清雅苑小区举办“剿灭劣五类水”宣传活动，高教社区、浙江五丰冷食有限公司、中国计量大学、浙江旅游职业学院参与活动。活动以文艺表演与环保知识问答相结合的方式，动员引导开发区社会各界为“剿灭劣五类水”，共建生态家园贡献智慧和力量。7月25日和8月9日，开发区建设局（环保局）联合浙江传化艺术团、杭州新青年歌舞团分别在下沙街道、白杨街道推出两场环保公益演出。

·环境整治与减排·

【环境整治与减排概况】 2017年，开发区建设局（环保局）围绕大气环境、污染减排、危废和土壤污染等问题展开治理。推进大气环境整治专项行动，编制完成《开发区2017年大气整治专项行动方案》等文件，多次召开推进会议部署落实，任务基本完成。推进化工企业转型升级，明确国际香料香精（浙江）有限公司等7个化工企业关停转迁的时间节点。其中：杭州茂宇电子化学有限公司已关停氟化、氯化合成工艺生产线；杭华油墨化学有限公司已完成溶剂型油墨和松香改性酚醛树脂产能的外迁；国际香料香精（浙江）有限公司、杭州下沙生物科技有限公司、浙江蓝天环保高科技股份有限公司、浙江禾田化工有限公司4个企业计划于2019年末完成化学合成生产线关停；拜耳作物科学（中国）有限公司2021年末关停合成工艺。推进工业废气治理，完成73个企业VOCs（挥发性有机化合物）排放底数调查，首次完成VOCs总量分配，并为企业提供VOCs业务培训、废气治理技术名库录、专家上门问诊等多形式服务，完成16个VOCs排放企业治理设备安装或环保型原材料替代，年可减排VOCs约1200吨；完成国际香料香精（浙江）有限公司、杭州朝阳橡胶有限公司、中策橡胶集团有限公司3个企业24小时现场VOCs自动监测设施安装，实时监控有机废气排放情况；开展VOCs整治企业“回头看”，对22个企业进行检测，对不达标的企业继续下达“一厂一案”治理任务，实施精准治理。推进危险废物精细化管理，编制完成《开发区2017年固体废物环境管理专项检查工作方案》和《“十三五”杭州经济技术开发区危险废物规范化管理考核工作实施计划》，完成危险废物存量“清零”专项整治、规范化考核自查和抽查工作。组织两场危险废物管理培训，按照“最多跑一次”改革要求落实危险废物转移的备案、审批等工作。开展土壤污染防治，编制完成《开发区土壤污染防治工作方案》，明确部门职责分工。完成区内土壤污染潜在风险名单梳理，并调查确定污染因子；完成14个企业土壤污染防治目标责任书的签订。联合开发区国土分局、开发区经发局等部门完成农用地土壤初步筛查工作。完成国际香料香精（浙江）有限公司等26个企业土壤污染初步调查，并对国际香料香精（浙江）有限公司的土壤进行初步检测和评估。

2017年3月9日，杭州市VOCs（挥发性有机物）污染治理工作现场会在开发区举行（开发区建设局 供稿）

【杭州市VOCs治理工作现场会召开】 2017年3月9日，杭州市VOCs（挥发性有机物）污染治理工作现场会在开发区拜耳作物科学（中国）有限公司（简称拜耳作物）召开，杭州市环保局、各区县环保部门以及杭州市重点企业的40人参加现场会。参会人员参观拜耳作物实验室、合成控制室、原料仓库和安瓿车间，并就先进的仓库管理系统、废气排放处理措施等问题进行提问与交流。拜耳作物管理人员详细介绍VOCs控制处理措施和技术，交流储罐氮封设置、焚烧炉安全控制等技术问题。拜耳作物分享的经验使环保管理部门和同行企业学习到治理废气的路径和方法，通过前期预防、中期治理、后期管理达到全过程监管废气排放的目标，减少废气排放总量。

【环境行为信用等级评价】 2017年，开发区建设局（环保局）开展2016年度环境行为信用等级评价工作，区内91个企业受评，其中43个企业获得绿牌、42个企业获得蓝牌、6个企业获得黄牌。黄牌警示企业为中策橡胶集团有限公司、杭州朝阳橡胶有限公司、杭州旭化成氨纶有限公司、浙江福发纺织有限公司、杭州皇冠制罐有限公司、杭州岛文机械有限公司。对企业环境行为进行信用等级评价是环保部门每年开展的一项常规工作，根据企业在遵守环保法律法规、执行污染物排放标准、环境质量管理、履行环保社会责任等方面的实际表现确定信用等级，分为环保诚信企业、环保良好企业、环保警示企业、环保不良企业四个等级，依次以绿牌、蓝牌、黄牌、红牌表示。等级评价会对企业在银行信贷、资金补助、评优评先等方面带来一定影响，目的是促进企业持续改进环境行为，自觉履行环境保护法定义务和社会责任，约束和惩戒企业环境失信行为，发挥社会监督在环境管理中的作用。

·环境监测·

【环境监测概况】 2017年，开发区环境监测站根据新实施的《检验检测机构资质认定管理办法》及相关文件要求，完成新版作业指导书、质量记录表式编制及仪器操作维护规程更新。开展体系认证工作，完成体系内审及管理评审，完成人员上岗证考核。通过浙江省质量技术监督局组织的计量认证复评审工作，取得水、气、声共52项检测业务资质证书。检定校准仪器设备47台次，完成11台常用仪器设备期间核查和日常维护保养。开展监测人员培训20次，参加人员102人次，取得实验室内审员等证书6本。3月，参加国家环境监测网实验室水中高锰酸盐指数能力验证考核，两个样品测试结果通过能力考核，在全国398个参评监测实验室中表现优异。6月，参加杭州市质量技术监督局举办的杭州市环境检验机构能力比武活动，在57个检验机构中名列前茅。同月，参加杭州市质量技术监督局组织的杭州市环境检验检测机构能力比对活动，环境空气中甲醛测定项目取得检测能力状况"满意"的成绩。7月，根据环保部《关于推进环境监测服务社会化的指导意见》，有序开放公益性、监督性监测领域，采取委托、承包、采购和名录管理等方式，利用社会环境监测机构弥补自身监测能力不足，组织第三方环境检测机构入围招投标，浙江聚光检测技术服务有限公司、杭州格临检测有限公司、浙江省环境监测工程公司3个企业入围。

【水环境监测】 2017年，开发区环境监测站对3个闸站（四格排灌站、下沙闸、850闸）、1个湖（金沙湖）、28条河道的32个断面水质进行监测，采样分析24次，获得监测数据1.6万个。监测项目为水温、溶解氧、pH（酸碱度）、高锰酸盐指数、氨氮、总磷、透明度。根据《地表水环境质量标准》和32个测点的全年污染物平均浓度计算，金沙湖、金沙渠、新华河、月雅河、聚首河5个断面水质符合Ⅱ类水标准；5号渠、12号渠、11号渠、20号渠、下沙公路渠、临江护塘河、幸福河、1号渠、6号渠、四格排灌站10个断面水质符合Ⅲ类水标准；高教西渠、21号渠、下沙闸、850排灌站、高教东渠、宏达河、3号大堤护塘河、松乔河、高沙渠、上沙渠、七格渠11个断面水质符合Ⅳ类水质标准，2号渠、2号坝河、围垦河3个断面水质符合Ⅴ类水质标准；文泽渠、新建河、银沙渠3个断面水质劣于Ⅴ类水质标准。全年地表水（除四格排灌站外）水质按可比断面比较，平均综合指数0.41，比上年下降39%，氮平均浓度1.04毫克/升，下降49.3%，总磷平均浓度0.18毫克/升，下降37.1%，高锰酸盐指数平均浓度4.41毫克/升，下降5.4%，河道透明度平均值73厘米，提升19.7%。河道水质总体变好，32个监测断面水质中25个好转，3个水质无明显变化，4个水质变差。

【环境空气监测】 2017年，根据杭州市环境空气质量综合监测系统提供的数据，开发区环境空气有效监测天数363天。全区空气质量优良天数230天，优良天数增加7天，优良率63.4%；二氧化硫平均浓度11.4微克/立方米，下降19.1%；二氧化氮平均浓度48.5微克/立方米，下降2.8%；PM10平均浓度72.9微克/立方米，下降9.3%；PM2.5平均浓度50.5微克/立方米，下降0.6%；一氧化碳平均浓度0.80毫克/立方米，上升14.3%；臭氧最大8小时平均浓度110微克/立方米，上升4.8%。造成开发区优良天数较低的主要因素为PM2.5和8小时臭氧浓度。臭氧超标天数73天，PM2.5超标天数62天。

【噪声环境监测】 2017年，开发区环境监测站委托第三方检测单位对辖区约70平方千米内的135个噪声监测点（网格区域大小为720米×720米）进行昼间检测。检测数据显示，昼间区域噪声平均等效声级为51.2分贝，比上年下降2.0分贝，达标率98.5%，增加2.2个百分点，总体水平等级评价为二级（较好）。按功能区划分，全年一类区昼间平均等效声级为51.9分贝，达标率92.0%，增加8个百分点；二类区昼间平均等效声级为50.7分贝，达标率100%，增加1.3个百分点；三类区昼间平均等效声级为52.1分贝，达标率100%，与上年持平。根据第三方检测单位对辖区内18条主要道路的交通噪声测点检测数据，全年道路交通噪声加权平均等效声级为65.5分贝，增加0.9分贝，达标率100%，交通噪声强度等级评价为一级（好）。检测时段大车平均180辆/小时，增加94辆/小时；小车平均702辆/小时，减少6辆/小时。

【开发区环境监测站复评审通过】 2017年1月，浙江省质量技术监督局组织专家评审组，对开发区环境监测站检验检测机构资质认定开展为期3天的复评审。评审组采取会议座谈、人员考核、台账检查等方式，对监测站体系运行和业务能力进行全面复查。专家一致认为开发区环境监测站符合《检验检测机构资质认定评审准则》要求，需改进质量手册中管理体系职能分工、实习生安全教育培训、仪器设备档案管理等方面。监测站落实整改措施，于2月下旬完成问题整改。3月，开发区环境监测站顺利通过计量认证监督复评审，获得浙江省质量技术监督局颁发的新资质认定计量认证证书，包括水、气、声等检测领域52项检测业务资质。

·环境管理执法·

【环境管理执法概况】 2017年，开发区建设局（环保局）强化环境执法力度，全年组织现场执法检查1670人次，检查企业929个次，立案查处企业24个，处罚金额354.88万元，查封扣押企业6个，停产整治企业8个。加强环境应急管理，全年未发生突发环境事件。开展环境安全隐患排查整改，完成14个涉危企业突发环境应急预案备案。建成3个环境应急物资点，建立环境专家库。落实重大活动应急值守管理，完成党的十九大、世界互联网大会等重大活动期间环境安全目标。推进排污费改革，完成印刷包装行业6个企业VOCs排污费试点工作。启动重点行业排污许可证核发工作，完成杭州华电下沙热电有限公司等12个重点企业新版排污证核发，完成排污申报登记企业317个，缴纳排污费约617万元。加强环境信访调解处理，全年受理环境信访件1164件，比上年下降30.7%，信访回复综合满意率93%。梳理排查矛盾突出8类信访件，组织开展化解工作。落实建筑工地夜间施工管理，全年出具夜间作业证明285件。完成学生中考、高考“绿色护考”专项行动。

【环保专项执法行动】 2017年，开发区环境监察大队开展“铁拳”系列专项执法行动，组织开展“铁拳1号”剿劣护水、“铁拳2号”夏季治废、“铁拳3号”秋季执法、“铁拳4号”冬季治霾4次大规模专项执法行动，倒逼企业提升环境管理水平，落实改造老旧管网，排查整改不正常排水口，更新老旧设备，加强废气排放日常管理。开展废气污染源执法整治，梳理出中策橡胶集团有限公司、杭州朝阳橡胶有限公司等9个企业以及沿江和大学城北2个区域作为开发区特征废气污染源主要对象，通过摸底调查和第三方核查，采取特别监管、约谈、查处、信息公开等多种执法监督手段，严控废气污染物排放。开展“五无”（无证无照、无安全保障、无合法场所、无环保措施、无财政贡献）企业专项整治，对8个重点网格片区进行摸底排查，发现问题企业66个，督促整改64个，对严重违法排污的3个企业立案查处。印发环境监察意见书55份，完成手续补办企业49个。开展污染源日常监管“双随机”抽查，确定32个重点污染源、40个一般污染源、12个环境风险等级较高企业作为“双随机”抽查对象，累计抽查企业115个次。

【特征废气监测系统引进】 2017年，开发区建设局（环保局）引入特征废气监测分析系统，推进大气异味监管和治理工作。通过在企业厂界等地安装该套系统，实现对企业废气排放第一时间采样、第一时间监测、第一时间预警。国际香料香精（浙江）有限公司、杭州朝阳橡胶有限公司、中策橡胶集团有限公司3个废气重点监管企业完成该系统安装。大气异味投诉发生具有瞬时性和不确定性，传统的环保执法采取人工采样和嗅辨员嗅辨等方式开展，居民投诉与现场执法存在时间差，难以采集有效数据。特征废气监测分析系统可实时监测异味源排放情况，实现24小时连续采样，帮助环保执法人员快速锁定排放源。设备稳定运行后，所有监测数据会进行物质图谱分析，通过数据积累和分析，找到企业废气排放的异味组分，为精准治气指明方向，从污染源控制入手推进全区大气环境提升。（潘传信）

责任编辑 周 丹

国有资产经营

·国有资产经营综述·

【国有资产经营服务】 2017年，开发区资产经营集团有限公司（简称开发区资产经营集团公司）实现主营业务收入22.03亿元，上缴税款1.7亿元，完成固定资产投资20亿元，招商引资实到内资2.8亿元、实到外资1.17亿美元、实到浙商回归资金5亿元。助力环境整治，排查所属产业平台、商业物业企业及商户500多个，整治邻里中心、新雁公寓等群租房，完成641套智慧门禁系统建设。服务科技创新，成立杭州和达科技服务有限公司，将原先园区运营平台转为中小微企业服务商；吸引海外创新资源，选址美国旧金山湾区的硅谷，出资组建杭州海外创新中心。服务城市建设，实施项目11个，其中新开工项目4个、续建项目5个、竣工项目2个；建设智慧城市，与浙江大学共建智慧低碳多能互补技术研发中心，提升区域能源供给和智慧化水平。推进金融投资服务，通过创业大赛路演、项目交流会、行业沙龙等途径发掘优质项目，全年进入投资库项目133个。开发区资产经营集团公司为隶属于开发区管委会的国有独资企业，注册资本22亿元，总资产118.38亿元，拥有下属全资子公司12个、二级集团公司2个、三级子公司22个、控股公司2个、对外参股公司13个、子公司参股企业9个、财政出资公司2个，产业涉足科技创新、城市开发、城市服务、金融服务四大板块，业务包含产业平台开发运营、房地产开发、商业地产、市政园林、环卫物业、保税物流、保安服务、交通投资、能源开发、生物医药、创业投资、金融服务等行业领域。

2017年，杭州东部城市建设投资集团有限公司（简称东部城投集团）从开发区国有资产经营集团有限公司析出，开始独立运作。3月，东部城投集团组建后成立工作推进领导小组，分设综合、财务和工程3个工作组，保证日常管理工作及业务开展。针对项目建设管理需要，加强和完善建设项目招投标管理及工程变更管理，调整招投标领导小组和工程变更领导小组成员；根据实际运营管理及集团业务发展需要，对组织架构进行讨论研究并报方案至开发区管委会。12月，经开发区机构编制委员会核定，集团本级设置办公室、人力资源部（党群工作部）、财务审计部、投资发展部、资产运营部、成本管理部6个部门。梳理完善公司法人治理结构，完成集团本级法定代表人、董事会成员、公司章程，以及集团下属4个子公司的执行董事和公司章程的调整变更。

【国有资产运营管理】 2017年，开发区资产经营集团公司为挖掘资产附加值，强化资产盈利能力，提升国有资产运营效率，委托咨询机构对集团系统资产运营情况进行“问诊”，按照战略型、战术型、配套型对资产进行分类并提出具体处置方案。年内，社区型商业项目整体运营稳定，东东城项目完成商户续约和调整，项目整体品质提升；和达城项目进行整体招商调整，经营压力和风险降低；IBC（杭州东部国际商务中心）项目内交通管理模式优化，机场大巴落户园区，商业配套完善；水云和达城项目招商全面启动，主力店超市及影院客户储备完成；希尔顿逸林酒店及莎玛公寓监管加大，经营效益上升。资产运营稳定，全年集团系统完成租金收入3.07亿元。

【国有企业治理机制完善】 2017年，开发区资产经营集团公司印发“十三五”时期发展战略规划，成立宣讲团在系统内组织开展5次全员宣讲会。年初，以坚持“集约化、扁平化、专业化”为方向，提升“效率、效益”为原则，完成集团本级职能机构优化调整，杭州和达高科技发展集团有限公司、和达投资集团（杭州）有限公司2个二级集团公司运营进入正轨，分别完成“十三五”时期发展战略规划的制定及组织架构的优化调整。规范企业运营，完善制度建设，新制（修）定规章管理制度25个。对内组织开展集团本级岗位竞聘，人才流动更趋合理；对外拓展招聘渠道，加大高端人才招引。调整绩效考核导向，完善考核办法，引入动态化管理机制，实现组织考核与个人考核有机结合，引导并激励干部职工为开发区“三次创业”创造业绩。（楼志英）

·科技创新服务·

【科技服务体系完善】 2017年，开发区资产经营集团公司依托杭州医药港小镇及大创小镇整体建设规划，加快平台项目建设，完善科技服务体系。年内，和达药谷一期项目开园交付使用，海拓中心具备交付使用条件，和达药谷二期项目完成主体结构70%，海聚中心项目动工开建，全年新投用创新平台面积17万平方米。加快海外创新平台建设，实现创新资源和高层次人才的集聚发展，杭州硅谷协同创新中心前期设立工作推进。加大科技和人才招引，全年引进国家级高新技术企业8个、培育市级高新技术企业38个，引进或培育国家“千人计划”人才4人、省“千人计划”人才4人、市“521”计划人才8人。提升众创空间运营能力，新引进创业团队或企业52个，We-Link众创联盟“1024”创新基地被评为省级优秀众创空间、杭州市双创示范基地。搭建交流平台，举办国际生物医药创新峰会、国际精准医疗（杭州）产业发展论坛、二十国集团智库会议（T20）创新研讨会等大型品牌活动，品牌区域影响力逐渐集聚。

【中小企业专业化服务】 2017年，开发区资产经营集团公司下属子公司杭州和达高科技发展集团有限公司调整业务结构，将杭州和达文化创意产业园管理有限公司更名为杭州和达科技服务有限公司，由原先园区运营平台转型为中小微企业专业化服务商，重点打造人才科技服务体系。业务架构包括基础事项（工商税务、法律咨询、知识产权）、项目申报（人才评审、企业政策、荣誉申报）、创业辅导、金融产品、投资融资等服务。全年杭州和达科技服务有限公司累计为190个企业提供科技服务，签约服务企业合同81个；帮助企业申报科技项目27个，其中省科技中小企业项目18个、市产学研项目3个、市高新技术企业项目4个、杭州“雏鹰计划”项目2个；自主人才项目申报18项，成功认定16项，落地和达创业园区16个；对接投融资服务项目5个，基础服务55项。

【出资组建杭州硅谷中心】 2017年12月，为吸引海外创新资源，杭州和达高科技发展集团有限公司与杭州市高科技投资有限公司合资组建杭州海外创新中心有限公司，共同推进杭州硅谷中心的建设与运营。杭州硅谷中心选址美国旧金山湾区的硅谷，重点考虑以圣克拉拉为中心的南湾地区。该中心以引进国际化创新创业资源为发展定位，服务浙商杭商“走出去”战略，设立海外研发中心和合作研发平台；引进高端智力，发展成为海外高层次人才创新创业项目跨境孵化平台；帮助浙商杭商对接海外创新研发团队，整合海外科技研发服务外包资源；发挥海外投资优势，成为全球500强企业和海外华商产业中国布局的招商选资平台和浙商杭商进行海外产业科技生态体系并购的金融服务平台。

【海弘微智造产业园成立】 2017年9月，杭州和达科技服务有限公司与杭州海弘微电子有限公司达成合作意向，宣布成立海弘微智造产业园。产业园由杭州海弘微电子有限公司投资建设，由杭州和达科技服务有限公司进行管理运营，双方在智能制造产业链和产业园建设及运营方面发挥各自优势。新项目位于开发区18号大街与11号大街交叉口，项目一期总建筑面积5.23万平方米。区内定位企业以智慧应用技术研发、智慧装备制造、物联网、集成电路、新型显示、应用电子及云计算产业为主。根据产业规划，海弘微智造产业园将对区内项目定位进行逐步改造，引进智能制造领域的优质企业和团队，通过3～4年的运营，申报认定国家级科技企业孵化器。

（楼志英）

·城市开发运营·

【城市国际化开发运营】 2017年，开发区资产经营集团公司围绕开发区"城市国际化"发展目标，提升在建项目管理，把控项目建设进度，城市国际化开发能力得以提升。年内，计划实施项目11个，其中新开工项目4个、续建项目5个、竣工项目2个。对照目标任务，加快项目建设。至年末，金沙湖畔中心项目总包工程基本完成；大学城北公共服务中心项目完成总包工程，具备竣工验收条件；养正学校项目进入装修施工，创博中心项目开工建设，残疾人服务中心工程基本完成装修工程预埋；金沙湖公园工程完成竣工验收，湖区蓄水于12月完成。

【海聚中心项目开工】 2017年5月，由杭州和达高科技发展集团有限公司开发建设的海聚中心项目开工。海聚中心项目位于开发区"大创小镇"核心圈，占地面积3.5万平方米，规划建筑面积16万平方米。项目将以智能化、智慧化、信息化为产业特色，重点引进培育包括工业4.0系统开发设计、生物医药信息化、智慧城市、软件外包等领域，致力于产业、产品前段研发与设计，构建创新链、产业链、服务链高度融合的特色产业体系，将培育发展成为开发区智能制造产业高端服务项目集聚区和新一代信息技术产业"独角兽"总部集聚区。同时，项目构建完善、多元的服务配套，满足创新创业人群产业办公和配套需求，打造成为杭州首个地铁上盖国际化创新创业服务中心。

【大创小镇国博中心开工】 2017年9月，开发区大创小镇国博中心工程开工建设。该项目位于开发区东单元西北部，东至拇指路、南邻科研工业兼容用地，西、北靠规划支路，地块用地面积9709平方米。项目内设会议、文化展览、文化服务等用房，可满足举办各类中大型公共活动的基本需求，为落户"大创小镇"的企业提供便利。

【海拓商务大厦竣工】 2017年10月，海拓商务大厦主体工程竣工验收通过。该项目即商业金融业兼容社会停车场库工程，位于开发区23号大街与6号大街交叉口，占地面积1.33万平方米，建筑面积4.37万平方米，主要包括1幢高层办公楼、3幢独栋办公楼、2幢多层商业楼及相关配套工程。

【医药港小镇加速器三期项目开工】 2017年12月，由开发区资产经营集团公司三级子公司杭州万海投资管理有限公司开发、杭州万豪房地产开发有限公司代建的杭州医药港小镇加速器三期项目开工。该项目即工业厂房（标准厂房）工程，位于开发区银海街以北、新建河以南、福成路以东，用地面积9.6万平方米，总建设面积20.6万平方米，总投资8.8亿元。项目建成后，杭州医药港小镇加速器三期将与加速器一期、加速器二期、生命科技中心等生物医药专业园区，联合打造成一条具有研发、检测、生产及其他配套服务功能的生物医药产业链，实现开发区生物医药产业的整体提升。（楼志英）

【东部湾总部大楼项目有序推进】 2017年，东部城投集团针对杭州东部湾总部大楼项目的实际情况，综合考虑项目后期运营，调整项目功能定位，保障项目建设有序推进。6月，该项目与傲领酒店管理（上海）有限公司签订合作意向协议书。11月，完成工程总承包EPC招标。12月7日完成场地平整，18日开始桩基施工。因EPC总承包项目建筑体量大，包含专业工程及设备，工程招标最高限价难度大。东部城投集团到现场开展勘测，并将情况反映在招标文件及控制价编制中，通过各渠道展开设备材料市场调查、询价，根据项目定位匹配材料品牌，针对大型设备做专项调查，深入厂家调查摸底，剔除中间环节费用，使成本接近实际价格，定位最高限价后保证项目顺利开标。

【总部大楼Amari酒店项目签约】 2017年6月8日，杭州东部湾总部基地建设有限公司与泰国ONYX集团就杭州东部湾总部大楼Amari酒店项目举行签约仪式。杭州东部湾总部大楼位于杭州绕城高速公路下沙南互通出入口，周边为50多公顷湿地景观公园，处于钱塘江一线江景位置。泰国ONYX集团经营酒店及服务式公寓管理有50多年历史，管理经验丰富。签约入驻杭州东部湾总部大楼的Amari酒店项目将现代商务与泰式风格相融合，结合ONYX集团特色水疗SPA及高端泰式餐饮，计划建成有特色的高端商务酒店。（郑　骑）

·城市服务·

【城市服务水平提升】 2017年，开发区资产经营集团公司下属杭州和达市政园林建设有限公司、开发区和达物业管理有限公司、开发区保安服务有限公司、杭州和达交通投资有限公司、杭州和达物流有限公司等城市服务类全资子公司和集团公司控股企业杭州杭联热电有限公司围绕开发区“城市国际化和智慧化”工作目标，加快推进智慧城市建设，提升城市服务水平。杭州和达市政园林建设有限公司助力开发区环境综合大整治行动，服务保障城市建设，做好第十三届全国学生运动会在开发区赛事、文明城市复评、防汛抗台、防雪抗冻等应急保障。开发区和达物业管理有限公司加大市场拓展，以和茂大厦、和达城为标杆管理项目，提升物业服务品质，被杭州市劳动和社会保障局列为第21批大学生见习训练基地。开发区保安服务有限公司做优区内人防和技防业务，拓展区外市场业务，以“智慧安防”为特色的司法矫正系统业务取得进展。杭州和达交通投资有限公司与上汽安悦充电科技有限公司合作开发建设，停车场库智能化基础设备一期投入运营。杭州和达物流有限公司跨境业务专业化操作提升，客户结构优化；冷链业务投入与资源导入扩大，二期面积6000平方米的仓库投入使用。杭州杭联热电有限公司加速器能源中心项目推进，完成生物医药综合供热管线建设；与浙江大学共建智慧低碳多能互补技术研发中心，区域能源供给方式和智慧化水平全面提升。

【市政园林管理养护】 2017年，杭州和达市政园林建设有限公司加大管养范围内市政设施设备巡查和整改，增加养护成本投入，对2号大街、15号大街、学林街、学源街、文泽路、文溯路等路面进行维修。加强日常道路养护，全年修复沥青路面3.6万平方米、花岗岩道板1.5万平方米、普通道板7721平方米、砼路面2016平方米，完成沥青勾缝7.6万米、疏浚雨污水管道16.7万米、边井疏浚3915只、安装防坠网578只、更换夜间雨污水井盖116只。做好泵站改造提升，完成规划1号污水泵站、东部2号污水泵站、东部3号污水泵站、文渊北路污水泵站及农垦路污水泵站格栅系统改造提升，以及东部3号、东部4号污水泵站等7个泵站水泵改造提升。保障第十三届全国学生运动会在开发区赛事，对重要出入口公共绿地进行花卉布置，花事评比中获一等奖1项、三等奖2项。围绕文明城市复评，补种地被2400平方米、时花150平方米，修剪灌木1万平方米，冲洗铺砖路面7000平方米。开发区3号大街获“杭州市优胜道路绿地”称号，6号大街获“杭州市示范道路绿地”称号，怡乐园公园获“杭州市优胜公园（景区）”称号，下沙高教西公园入选浙江“优质综合公园”。

【和达市容保洁与养护】 2017年，由开发区和达物业管理有限公司负责的道路保洁面积305万平方米、绿化保洁面积250万平方米。市容保洁完成38座公厕和18座道班房管理，公厕管理移交36座。服务开发区环境综合大整治、全国学生运动会有关赛事、文明城市测评等任务，累计清理建筑垃圾5689吨，涉及户数3414户。拆除违章广告3200多块，拆除违章建筑30多间。每日机扫里程630千米、洒水里程510千米，每周清洗里程540千米。

【和达安保执勤服务】 2017年，开发区保安服务有限公司人防服务单位190个，新增人防执勤点28个，技防服务单位1084个，新增技防合同单位282个。3月，中标杭州市北郊监狱和浙江省女子监狱安保服务项目。9月，承接第十三届全国学生运动会赛点安全保卫，抽调170名保安人员组成安保队伍，投入1.4万特勤工时。12月，与浙江理工大学理学院签订战略合作协议，成立“和达安防—浙江理工大学信息与计算科学合作研究中心”。建设“智慧安防”，推广司法矫正监测系统，将811名矫正人员监管接入公司“智慧安防”中心平台。

【冷链物流项目优化提升】 2017年，杭州和达物流有限公司旗下杭州和达冷链物流有限公司调整仓库内部组织架构，出台优化改善方案，提升库内操作效率。优化升级客户结构，引进中小平台入驻，清退库内不良商户。4月，冷链物流二期项目冷库改造工程开工，8月竣工投入使用。冷链物流二期改造面积6000平方米，分冷冻和冷藏2个区域，主要业务为直接面向消费者销售产品和服务商业零售。库内存储区域分储存区、分拣区及流通加工区3个区域，预计日处理平均单量8000单。

【首批国有投资电动汽车快充站投入运营】 2017年4月，开发区首批由国有资产投建的4个大型电动汽车快充站投入运营。首批电动汽车快充站由杭州和达交通投资有限公司与上海汽车集团股份有限公司旗下上汽安悦充电科技有限公司合作开发建设。该项目主要利用新能源快充技术集合车联网、桩联网、物联网、互联网资源，为新能源电动汽车消费群体提供快速、便捷的充电服务。4个电动汽车快充站分布在邵逸夫医院下沙院区南停车场、下沙路沿线乘用车站、学正中学乘用车站和25号大街乘用车站。（楼志英）

·金融投资·

【金融投资服务能力显现】 2017年，开发区资产经营集团公司旗下金融服务类企业投资服务能力凸显。年内，开发区创业投资有限公司与杭州和达金融服务有限公司实现差异化定位发展，业务结构渐趋合理。开展科技投资业务，与管委会相关职能部门加强联动，对园区企业加大走访力度，通过创业大赛路演、项目交流会、行业沙龙等途径，发掘优质项目，全年进入投资库项目133个，实现项目直接投资9个。提升政府引导基金管理能力，国内引导基金良性运转，加快推进开发区城建基金的设立并完成首期3.77亿元银行资金的募集，完成和达生物医药基金的设立及浙江丝路基金的落户。加快海外科技基金运转频率，项目招引与直接投资业务同时进行，全年完成项目对接300多个，实现6个项目投资。发挥开发区资产经营集团公司内部资金池作用，内部金融体系建设初见成效。

【和达投资公司获私募管理人资质】 2017年1月，开发区资产经营集团公司子公司参股企业杭州和达投资管理有限公司通过中国证券投资基金业协会审核，登记成为具有开展私募股权投资、私募证券投资资质的私募投资基金管理人。杭州和达投资管理有限公司为杭州和达金融服务有限公司与杭州礼瀚投资管理有限公司共同出资成立的专业基金管理公司。获私募股权投资、私募证券投资资质后，杭州和达投资管理有限公司作为开发区城建基金、生物医药基金的普通合伙人，正式开展基金管理工作。

【浙江丝路产业基金签约落户】 2017年6月，杭州和达金融服务有限公司与浙江丝路产业基金签约，落户开发区东部国际商务中心金融产业园，浙江省内首个专业从事海外业务的投资平台成立。浙江丝路产业基金由浙江民营企业联合投资股份有限公司作为牵头方，由开发区资产经营集团公司全资子公司杭州和达金融服务有限公司、浙江省交通投资集团、杭州锦江集团、浙江省产业基金有限公司等共同发起，经省政府批准后创立的股权投资基金。浙江丝路产业基金设立2个平行基金，其中浙江丝路基金总规模20亿元，杭州和达金融服务有限公司作为有限合伙人出资认缴3亿元。

【城建基金与产业基金启动】 2017年6月，杭州和达金融服务有限公司完成首笔开发区城市基础设施建设的基金投资，金额599.33万元。城市基础设施建设基金重点支持纳入开发区财政预算的基础设施项目投资，鼓励社会资本参与开发区基础设施重点项目建设。8月，开发区设立规模10亿元的生物医药产业基金，杭州和达投资管理有限公司作为基金管理人，负责基金发起设立与经营管理。生物医药产业基金以政府为主导进行市场化运作，不以营利为主要目的，为生物医药健康企业让利，解决企业阶段性融资需求。基金由开发区产业母基金出资2亿元，合作银行出资8亿元，为生物医药、医疗器械、医疗服务等大健康行业中具备市场前景、技术先进、成长价值的项目提供相关融资服务。

【“和达金融”转让中科极光10%股权】 2017年9月，杭州和达金融服务有限公司与杭州中科极光半导体有限公司（原为杭州虹视科技有限公司）就10%国有股权转让签署协议。杭州中科极光半导体有限公司主要致力于研发、生产激光家庭影院、激光电影放映机等，属科技型企业。2016年2月，杭州和达金融服务有限公司对杭州中科极光半导体有限公司出资6000万元，占股28%。同年6月，杭州中科极光半导体有限公司收购苏州纳睿广电项目，增资完成后整体估值3亿元，杭州和达金融服务有限公司持有该公司股权比例为23.8%。2017年2月，委托杭州产权交易所有限责任公司对10%股权进行公开挂牌转让。经挂牌，10%股权转让实现成交价4000万元，溢价50%。股权转让后，杭州和达金融服务有限公司公司仍持有杭州中科极光半导体有限公司13.8%的股权，实现国有资产“降险”与“增值”。（楼志英　孙　钱）

责任编辑　黎洪正

党务

·党工委重要决策和会议·

【产城融合发展三年行动计划】 2017年5月10日，开发区党工委、管委会印发《全面深化产城融合提升城市发展水平三年行动计划（2017—2019）》，要求认真贯彻国家关于促进开发区改革和创新发展的意见，遵循城市发展思路，围绕市委市政府关于"加快城市国际化，建设独特韵味别样精彩的世界名城"的决策部署，实施"创新驱动、转型升级、产城融合"三大战略，肩负开发区"三次创业"的新使命，以实施创新强区、产业升级、开放合作、品质新城建设、人文特色塑造、治理水平提升"六大工程"为抓手，打造一流创新创业港湾、高端智造基地、开放合作高地"三大特色"，加快构筑一流生态宜居环境、特色人文景观风貌、现代城市治理体系"三大支撑"，以重点突破带动发展全局，走出一条"产业高端化、城市品质化、空间集约化、治理现代化"的可持续发展之路，为早日建成"杭州城东智造大走廊的引领区、国家级开发区转型升级示范区和一流的现代化国际化新城区"奠定坚实基础。

【年度工作会议】 2017年1月24日，开发区召开2017年度工作会议，学习贯彻党的十八届六中全会、中央经济工作会议、省委十三届十次全会和市委十一届十三次全会精神，回顾总结2016年工作，研究部署2017年重点任务，开发区党工委书记、管委会主任邵立春做题为"坚定三大目标、实施三大战略、推进三次创业，努力构建开发区转型发展新格局"的报告，动员各级各部门坚定目标，抢抓城市国际化和拥江发展战略机遇，加快构建开发区转型发展新格局。

【廉政作风建设大会】 2017年2月8日，开发区党工委、管委会召开廉政作风建设大会，贯彻落实中央、省市纪委全会和全市深化作风建设大会精神，回顾总结2016年廉政作风建设工作，部署2017年廉政作风建设任务，开发区党工委书记、管委会主任邵立春做题为"突出从严治党、深化铁军建设，为推进开发区'三次创业'提供坚强保障"的讲话，动员各级

2017年2月8日，开发区党工委、管委会召开廉政作风建设大会
（开发区管委会办公室 供稿）

表31

2017年开发区党工委会议主要议题一览

时间 会议	参会人员	会议情况
1月4日 一次会议	邵立春主持会议，陈金生、何铨寿、王永芳、俞斌、马佳骏、郝大龙、虞付月、张义久参加会议，王勇、赵青威列席会议	会议研究党的十九大和省第十四次党代会代表候选人初步人选推荐事宜
1月22日 二次会议	邵立春主持会议，陈金生、周涛、何铨寿、王永芳、俞斌、马佳骏、郝大龙、虞付月、张义久参加会议，王勇、赵青威列席会议	会议研究党工委扩大会议相关事项
2月6日 三次会议	邵立春主持会议，陈金生、周涛、何铨寿、王永芳、俞斌、马佳骏、郝大龙、储志林、虞付月、张义久参加会议，王勇、李路宁列席会议	会议研究环境综合大整治行动方案，研究廉政作风建设大会相关事项，研究2017年党风廉政建设有关工作，听取班子成员履行“一岗双责”和党风廉政工作汇报
3月14日 四次会议	邵立春主持会议，周涛、何铨寿、王永芳、俞斌、马佳骏、郝大龙、储志林、虞付月、张义久参加会议，王勇、施正森、解长安、郭强、余莲娟、李征宇、李军民、袁月、徐国宏、张雨秋、郎斌、高云坤、李跃清列席会议	会议研究社区换届相关事项
4月18日 五次会议	邵立春主持会议，陈金生、周涛、何铨寿、俞斌、马佳骏、郝大龙、虞付月、张义久参加会议，王勇、赵青威列席会议	会议研究2017年开发区劳动模范评选有关事项，研究党员处理事项
4月27日 六次会议	邵立春主持会议，陈金生、周涛、何铨寿、王永芳、俞斌、储志林、虞付月参加会议，王勇、赵青威列席会议	会议研究履行党风廉政建设主体责任意见书整改方案，研究基层党风廉政巡察工作有关事项，研究一季度党风廉政建设工作总结和二季度工作思路
5月11日 七次会议	邵立春主持会议，陈金生、何铨寿、王永芳、俞斌、虞付月、张义久参加会议	会议研究干部人事工作
5月26日 八次会议	邵立春主持会议，陈金生、周涛、何铨寿、王永芳、俞斌、马佳骏、郝大龙、储志林、虞付月参加会议，王勇、赵青威列席会议	会议研究“两学一做”教育常态化制度化工作方案，研究加强干部队伍建设打造下沙铁军有关事项，研究调整不适宜担任现职干部实施办法，研究开展“双争”活动有关事项，研究委管领导班子和领导干部2016年度考核有关事项
6月8日 九次会议	邵立春主持会议，陈金生、周涛、何铨寿、王永芳、俞斌、马佳骏、储志林、虞付月、张义久参加会议，王勇、赵青威列席会议	会议研究部门（街道）综合考评有关事项
7月6日 十次会议	邵立春主持会议，陈金生、周涛、何铨寿、王永芳、俞斌、马佳骏、郝大龙、储志林、虞付月、张义久参加会议，王勇列席会议	会议研究国企薪资改革事项，研究干部处理事宜
8月1日 十一次会议	邵立春主持会议，陈金生、周涛、何铨寿、俞斌、马佳骏、虞付月、张义久参加会议，王勇、娄域峰列席会议	会议传达市委全会精神，研究开发区半年度工作会议有关事项，部署中央环保督察迎检工作
8月16日 十二次会议	邵立春主持会议，陈金生、周涛、何铨寿、王永芳、俞斌、郝大龙、储志林、虞付月参加会议，委机关各部门、各街道、部分进区直属管理服务机构、高教办主要负责人以及迎接中央环保督察各工作组组长列席会议	会议传达省委书记车俊在杭州接待群众来访时的重要讲话精神，并对做好中央环保督察迎检工作进行再部署再落实
9月7日 十三次会议	邵立春主持会议，陈金生、周涛、何铨寿、俞斌、储志林、虞付月、张义久参加会议，王勇、娄域峰列席会议	会议研究信访有关工作，研究党员处理事项
9月15日 十四次会议	邵立春主持会议，陈金生、周涛、何铨寿、王永芳、俞斌、郝大龙、储志林、李栋、虞付月、张义久参加会议	会议研究委属国有企业有关工作，研究非领导职务晋升有关办法，研究干部人事有关事项
9月30日 十五次会议	邵立春主持会议，陈金生、周涛、何铨寿、王永芳、俞斌、郝大龙、储志林、李栋、虞付月、张义久参加会议，王勇、娄域峰列席会议	会议研究护航党的十九大有关工作，研究2016年领导干部个人事项报告抽查核实有关情况
10月26日 十六次会议	邵立春主持会议，陈金生、周涛、何铨寿、王永芳、储志林、李栋、虞付月、张义久参加会议，王勇、娄域峰、袁月列席会议	会议学习传达《关于当前我市意识形态领域形势的通报》，研究巡察工作，研究有关案件情况
11月24日 十七次会议	邵立春主持会议，陈金生、周涛、俞斌、郝大龙、李栋、虞付月、张义久参加会议，王勇、娄域峰、袁月列席会议	会议研究军转干部安置有关工作

各部门以严明的纪律和优良的作风，推进新一年各项工作，为开发区实施“三大战略”、推进“三次创业”、全面构建转型发展新格局提供保障。开发区党工委委员、纪检监察组组长俞斌做党风廉政建设工作报告，全面部署2017年廉政作风建设工作主要任务。开发区经发局、下沙街道、开发区城建中心负责人做表态发言。

【半年度工作会议】 2017年8月3日，开发区召开半年度工作会议，学习贯彻省市党代会、市委十二届二次全会、市委城市工作会议精神，总结上半年工作，分析当前发展形势，部署下半年任务，开发区党工委书记、管委会主任邵立春做题为“抢抓拥江发展机遇、加快三次创业步伐，以优异成绩迎接党的十九大胜利召开”的报告，动员各级各部门把握机遇、提振信心、持续发力、狠抓落实，加快“三次创业”步伐，确保完成年度目标任务，以优异成绩迎接党的十九大召开。

【召开17次党工委会议】 2017年，开发区党工委召开党工委会议17次，讨论和决定事项36项。重点研究“两学一做”教育常态化制度化工作方案、环境综合大整治行动方案、中央环保督察迎检、党的十九大和省第十四次党代会代表候选人初步人选推荐、社区换届等事项；研究履行党风廉政建设主体责任意见书整改方案、基层党风廉政巡察工作等事项，全面落实党风廉政建设主体责任和监督责任。

（赵军宝 杜伊玲）

·纪检监察·

【纪检监察概况】 2017年，根据《中共杭州市委办公厅关于市纪委派驻纪检组更名为市纪委、市监委派驻纪检监察组的通知》的要求，中共杭州市纪委派驻杭州经济技术开发区管理委员会纪检组更名为中共杭州市纪委、市监委派驻杭州经济技术开发区管理委员会纪检监察组（简称开发区纪检监察组）。

开发区纪检监察组贯彻落实上级党委、纪委关于全面从严治党的决策部署，聚焦监督执纪问责主业，深入推进全区党风廉政建设和反腐败工作。开发区纪检监察组加强对各级党组织党内政治生活状况、落实“三重一大”（重大决策、重要人事任免、重大项目安排和大额度资金运作）决策等有关制度情况的监督检查，维护党内政治生活严肃性。紧抓党风廉政建设主体责任和监督责任，完善责任清单，全面开展履职报告，全覆盖检查考核，严格责任追究，逐级压实“两个责任”。全年围绕上级党委政府和开发区党工委、管委会重大决策部署，开展各类督查126次，推动问题整改96个，问责处理21人，其中查处“不担当、不作为、不落实”问题4起、10人。严明换届纪律，开展社区组织换届风气专项督查，查处违法违纪案件3起，处理5人，通报2次。落实中央“八项规定”精神和省市委有关规定，持续加大正风肃纪力度，严肃查处3起违反中央“八项规定”精神问题。加强执纪审查工作，全年办理信访举报36件，处置问题线索31件，立案18件，给予党纪政务处分18人。强化再检查、再监督职能，聚焦重点领域和突出问题，督促有关职能部门深入开展专项治理，建立完善制度25个。加强巡察监督，完成21个区属部门（单位）、撤村建居社区、学校的巡察，发现问题132个，提出意见建议121条。

【“两个责任”落实】 2017年3月15日至4月12日，开发区纪检监察组召开3次专题会议，听取17个区属部门（单位）党组织负责人报告2016年落实党风廉政建设主体责任情况，当场点评、当场反馈，提出要求。5月4日，开发区党工委制定《党风廉政建设主体责任和监督责任清单》，围绕领导班子、主要负责人及班子成员三个层面，从12个方面细化主体责任59项；围绕纪检组织及其负责人两个层面，从8个方面细化监督责任37项，理清责任边界。5月24日，开发区党工委印发《2017年党风廉政建设和反腐败工作组织领导和责任分工》，将52项具体工作细化分解到11名委领导和17个牵头部门。6月13日，开发区党风廉政建设责任制领导小组办公室印发《党风廉政建设责任制考核细则》，围绕落实党风廉政建设主体责任和监督责任，采取反向扣分方式，制定考核标准20项。12月，根据开发区大党建考核工作安排，开发区纪检监察组牵头对区属各部门（单位）2017年度党风廉政建设责任制落实情况进行全面检查考核，考核结果纳入区属各部门（单位）年度综合考评。

【主体责任反馈意见整改】 2017年3月22日，开发区党工委书记、管委会主任邵立春向杭州市纪委报告开发区党工委2016年度履行党风廉政建设主体责任情况。同日，市纪委向开发区党工委下发《履行党风廉政建设主体责任意见书》，在肯定开发区党风廉政建设工作取得成效的同时，反馈三方面意见。开发区纪检监察组第一时间会同党工委对反馈意见进行专题讨论，逐条逐项深入分析，研究制定《2016年开发区党工委履行党风廉政建设主体责任反馈意见整改方案》，细化具体工作任务30项，逐项细化分解到11名党工委班子成员和15个责任部门。在此基础上，督促各责任部门及时细化方案，制定具体整改措施143项，逐项责任到人，明确时间节点。自6月起，开发区纪检监察组要求各责任部门定期上报整改工作进展情况，逐项监督推进落实。12月，开发区纪检监察组结合2017年度党风廉政建设责任制检查考核，对各责任部门整改工作完成情况进行专项检查。

【正风肃纪专项行动】 2017年1月16—27日，开发区纪检监察组成立6个专项督查组，通过查看财务台账，明察暗访、交叉检查等方式，对元旦、春节期间贯彻落实中央“八项规定”精神开展专项督查，及时督促问题整改落实。5月16日，开发区纪检监察组对端午节期间持续贯彻落实中央“八项规定”精神、深化纠正“四风”工作进行部署，组织区属各部门（单位）开展自查自纠。7月10—14日，开发区纪检监察组成立4个专项督查组对区属各部门（单位）2017年上半年贯彻落实中央“八项规定”精神情况开展专项督查，及时查纠问题。7月20日，开发区纪检监察组对查处违反中央“八项规定”精神问题进行通报。9月20日，开发区纪检监察组印发《关于持续做好中秋国庆期间监督检查中央“八项规定”精神落实、纠正“四风”有关工作的通知》，对中秋国庆期间加强作风建设宣传教育和监督检查作出部署安排。中秋节、国庆节期间，采取查阅财务账目、借助国税平台了解开具发票情况、实地检查等多种方式开展监督检查，营造风清气正节日氛围。

【环境综合大整治专项督查】 2017年2月23日，开发区纪检监察组印发《环境综合大整治行动督查方案》，成立5个专项督查组和1个调查组，围绕开发区环境综合大整治十大专项行动开展专项督查，重点督查各项行动推进完成情况、发现问题整改情况和“不担当、不作为、不落实”问题。3月起，各专项督查组采取经常性督查与不定期抽查相结合、专项督查与限期整改相结合的方式，定时间、定进度、定标准，及时掌握动态、定期通报进度、反馈整改情况，加强跟踪问效、一督到底。对督查中发现工作不落实、执行不到位、不敢担当等问题，开发区纪检监察组采取约谈、批评、通报、责令作出书面检查、诫勉等方式，督促相关单位和个人及时整改落实，推动各项工作落到实处。据统计，全年开展专项督查120多次，推动问题整改96个，问责处理干部21人。

【纪律审查】 2017年，开发区纪检监察组认真调查核实信访举报件，定期专题研究问题线索，健全完善上下联动、多方协作、联审联查机制，不断加强和改进纪律审查工作，持续保持惩治腐败高压态势。全年办理信访举报36件，处置问题线索31件，立案18件，给予党纪政务处分18人，谈话函询9人，党员干部主动上交礼卡、礼券等合计4.14万元，收缴违纪所得10.95万元。坚持惩前毖后、治病救人，实践好监督执纪“四种形态”，综合运用谈话函询、组织调整、纪律处分等方式，做到抓早抓小，动辄则咎。全年运用监督执纪“四种形态”处理95人次。其中：第一种形态77人次，占81%；第二种形态13人次，占14%；第三种形态4人次，占4%；第四种形态1人次，占1%。

▶▶资料：监督执纪“四种形态”

第一种形态指经常开展批评和自我批评、约谈函询，让“红红脸、出出汗”成为常态。第二种形态指党纪轻处分、组织调整成为违纪处理的大多数。第三种形态指党纪重处分、重大职务调整的成为少数。第四种形态指严重违纪涉嫌违法立案审查的成为极少数。

【党风廉政巡察】 2017年5月26日，开发区纪检监察组印发《关于开展2017年第一轮巡察工作的通知》，将开发区城管办、开发区资产经营集团公司作为巡察对象，明确巡察内容、实施步骤、工作纪律等事项。6月6日，启动巡察进驻工作，2个巡察组综合运用个别谈话、查阅台账、明察暗访、受理投诉等方式，分别对巡察对象开展为期一个月巡察。6月30日，2个巡察组完成巡察工作，发现问题51个，提出意见建议31条。10月26日，开发区纪检监察组向开发区党工委会议专题汇报第一轮巡察工作情况，为党工委决策提供参考。根据党工委会议精神，2个巡察组及时向被巡察单位反馈巡察情况，提出具体整改要求，督促问题整改落实到位。11月1日，开发区纪检监察组印发《关于开展2017年第二轮巡察工作的通知》，将开发区市场监管分局、白杨街道作为巡察对象。11月7—30日，2个巡察组开展巡察工作，发现问题35个，提出意见建议32条。

【“清廉好家风，献礼十九大”演讲比赛】 2017年10月20日，由开发区纪检监察组、开发区党工委办公室、开发区党工委组织部联合主办的“清廉好家风，献礼十九大”主题演讲比赛在开发区管委会东楼报告厅举行。主题演讲比赛是开发区开展“廉洁好家风”主题教育活动的一项重要内容。开发区党工委所属10个党（工）委选拔的10名选手参加比赛，传递“好家风”蕴含的正能量。经角逐，由开发区卫生协会党委、开发区资产经营集团公司党委选送的参赛选手文芳、姜坤获一等奖。

【“以案说纪、以案促廉”警示教育】 2017年1—2月，开发区纪检监察组开展“以案说纪、以案促廉”警示教育活动。第一阶段为动员部署，向区属各部门（单位）通报城建中心部分工作人员违纪违法案件情况，对警示教育活动进行动员部署。第二阶段为学习教育，开发区纪检监察组召开区属各部门（单位）主要负责人参加的座谈会，围绕“为什么会发生违纪违法行为”进行讨论，剖析原因，吸取教训；举办科以上干部参加的工程建设领域廉政教育专题讲座，围绕反腐倡廉新形势、职务犯罪的新特点等内容，对工程建设领域廉政风险提出具体防范要求。区属各部门（单位）组织全体工作人员进行专题学习讨论、廉政风险排查和撰写心得体会。第三阶段为整改提升阶段，区属各部门（单位）围绕违纪违法案件进行对照检查，制定整改措施、明确整改时限、完善制度机制，加强内部监管。

【聘任特邀监察员】 2017年12月22日，开发区召开特邀监察员聘任会议，开发区党工委委员、纪检监察组组长李栋为新聘任的来自全市工程、规划、审计、环保、征迁、特种设备、物资回收等领域的10名特邀监察员颁发聘任证书。特邀监察员的主要职责是参与各类专项巡察、检查，反映巡察、检查中发现的问题，提出加强与改进工作的意见、建议，参与讨论有关制度建设，参与区纪检监察组委托的其他事项。开发区纪检监察组建立健全工作统筹、情况通报、对口监察、信访接待、情况反馈、教育培训等机制，最大限度发挥特邀监察员在参与巡察督查、反映社情民意及推进制度建设中的作用。

【工程建设领域廉政风险专项整治部署】 2017年12月22日，开发区纪检监察组印发《关于开展工程建设领域廉政风险专项排查整治工作的通知》，启动开发区工程建设领域廉政风险排查整治工作。专项排查整治以开发区政府投资工程建设项目为重点，主要分三个阶段实施。第一阶段为问题排查阶段，计划在2018年3月前完成，主要开展工程项目排查、资金资产排查、交易机制排查、作风效能排查；第二阶段为查纠整改阶段，在9月之前开展专项巡察、查处典型问题、督促整改落实；第三阶段为巩固深化阶段，结合专项工作发现的问题，由相关职能部门牵头，进一步健全制度机制，落实源头治理，推进工程廉洁、高效、规范建设。（黄治飞）

·组织人事·

【组织人事概况】 2017年，开发区党工委围绕开发区“三大目标”“三大战略”“三次创业”总要求，以“两学一做”学习教育常态化制度化和党的十九大精神学习贯彻为主抓手，以落实基层党建工作责任制为龙头，健全完善党建引领经济发展、基层治理、民生服务等工作机制，统领推动各领域各层面党建工作均衡提升。至年末，全区有基层党组织556个，比上年增加54个；党员9729人，增加777人。举办发展对象培训班2期，培训发展对象227人，发展党员173人。加强思想政治建设，牢固树立法治思维，选优配强各级领导班子，完善考核评价办法；加强年轻干部培养，选派年轻干部赴一线实践锻炼，加大培训力度；加强干部监督管理，规范领导干部在企业兼职（任职）、领导干部个人事项报告抽查、经济责任审计等工作机制，推进开发区干部队伍建设。

【“七一”系列党建活动】 2017年“七一”期间，开发区各级基层党组织开展主题党课、走访慰问、志

2017年5月3日，开发区公安分局开展杭州公安“万警同宣誓·迎接十九大”活动　（郑体兵　摄）

愿服务、“最多跑一次”改革等系列活动。开发区党工委领导班子成员到基层开展“两学一做”学习教育专题党课活动，走访慰问困难党员、老党员、优秀党员代表25人，送去慰问金3.6万元。开发区党工委组织部、机关党委等部门联合组织“我为七一献热血”活动，累计献血量3.74万毫升。开发区机关党委和开发区行政服务中心联合举办“最多跑一次”改革现场咨询会，全区20多个机关部门党员在行政服务中心为市民提供集中服务。教育工委下属学校党组织开展“学党史、颂党恩”系列活动，组织党员参观嘉兴南湖革命纪念馆，重温革命历史。开发区公安分局党委召开“七一”表彰大会，以先进典型为榜样，以典型促担当，带动全局形成“比学赶超”氛围。下沙街道党工委组织辖区两新党组织开展“两学一做”专题党课，30多名党员参与微党课学习，开展交流并重温入党誓词。白杨街道党工委组织党章党规党纪知识测试，街道机关、社区的51名党员参加测试。开发区资产经营集团党委举办“争当和达铁军排头兵，践行‘三次创业’助发展”朗读比赛，重温红色记忆。开发区企业党工委走访泰瑞机器有限公司、杭州优科豪马轮胎有限公司等企业党组织，开展基层党组织星级评定。6月29日至7月7日，《今日下沙》报开设“喜迎十九大，争当‘三次创业’排头兵”专栏对全区部分先进党组织和优秀共产党员事迹进行报道，号召争做优秀共产党员，争当开发区“三次创业”排头兵，营造学习先进、争当先进、赶超先进的氛围。

【“百千万”蹲点调研活动】 2017年3月，开发区结合“千名干部进社区访民情解民忧”“双争活动（争当先进党组织、争当先进党员）”“双进六服务”（进社区、进企业开展形势宣讲、现场办公、政策调研、志愿活动、组织共建、微心愿认领）等专题活动，开展“百千万”蹲点调研活动。全年组织党员干部1000多人次，入户进企8400多户，开展主题宣讲185场、便民服务716次、居民座谈交流770多次，完成蹲点调研专题报告16篇，收集、解决各类问题890多个。领办市交办问题61件，其中开发区层面协调解决问题4件、街道社区层面协调解决问题57件。

【社区组织换届】 2017年，按照省市委的部署要求，下沙街道、白杨街道36个社区进行组织换届，选优配强社区组织班子，选举产生社区“两委”班子243人，23名大学生社区工作者全部通过法定程序选进社区“两委”班子。社区党组织书记、居委会主任、“两委”成员新任比例分别为36%、78%和41%，其中党员居民代表比例较上届提高20个百分点，相关做法得到市委书记赵一德批示肯定。

【社区党组织建设】 2017年，开发区有序推进网格党建，按照“一网格一支部”标准，建立社区网格支部190个，派驻网格指导员500多人，组建特色服务团队530多个，实现支部、干部、工作“三到网格”。稳步建设社区“大党委”，吸纳共建单位180多个，组建社区“大党委”11个，深化区域党建共建，推动社区党建和治理水平提升。加强联系服务群众工作，配套社区党组织服务群众专项经费900万元，改造提升社区党群服务中心6个，培育党员服务团队40多个，资助开展服务群众主题活动200多场。推进业委会和物业服务企业党建，在10个小区业主委员会和8个物业公司试点建设党组织，加强党对业主委员会和物业企业的领导，推动区域党建和治理水平提升。

【两新组织党建】 2017年，开发区党工委组织部加强两新组织（新经济、新社会）党建基础、队伍建设和工作保障。全年新增党组织覆盖两新组织168个，新增单建党组织32个。落实两新工委成员单位工作会商、联系走访、项目领办机制，全年领办完成党建项目9个，走访联系企业1000多次。落实两新党组织补助经费，由市、区两级按每年党委2万元、总支1万元、支部3000元的标准安排党建工作经费补助，全年补助经费107.3万元。杭州易沙网络科技有限公司党支部被确定为市级互联网业党建“双强”示范培育点，杭州海仓科技有限公司等3个企业党组织被确定为区级互联网业党建“双强”（发展强、党建强）示范培育点。推荐杭州电缆股份有限公司党委为杭州市两新组织党务工作者协会新增会员。杭州粮油发展有限公司党委与玫琳凯（中国）化妆品有限公司党总支、松下家电（中国）有限公司党委与杭州市粮食收储有限公司党委分别结成“组织共建、资源共享、党建共创”党建红色联盟。推荐杭州澳医保灵药业有限公司和浙江正泰中自控制工程有限公司2名党组织书记参加杭商学堂企业党务工作者研修班，推荐杭州易沙网络科技有限公司党支部书记参加杭州市非公有制企业新生代出资人培训示范班。松下家电（中国）有限公司党员刘廷当选为十三届全国人大代表。全年，接待辽宁省委、山东省滨州市、江苏省张家港保税区等省市组织部门学习交流非公企业党建工作7次。

【党员管理和发展】 2017年，开发区做好党员先锋指数考评管理，采取“定量考核+定性考评”方式，加强党员管理。按照“控制总量、优化结构、提高质量、发挥作用”要求，从非公企业员工、社区工作者、优秀团员青年等群体培养和发展党员，分两期对227名党员发展对象开展3天的集中培训，通过上党课、看专题片、学党章和“两学一做”研讨、闭卷考试、撰写论文5项任务的完成情况，形成党员发展对象的综合评分，达到合格线以上的218人，合格率96%。全年发展党员173人，新发展的非公企业党员占总数的56.6%，35周岁以下党员占总数的63%。

【党组织管理】 2017年，开发区开展基层党组织星级评定，评选出五星级基层党组织72个，一星或无星的基层党组织10个，列为软弱落后党组织。针对软弱落后党组织，逐一研究制定精准整顿措施，明确责任人和整转时限，推动软弱落后党组织整改提高、晋位升级。对软弱落后社区党组织全面实行组团帮扶，至年末，软弱落后基层党组织均按期完成整转。

【党员远程教育终端建设】 2017年，开发区投入经费10万元，为两新组织增加远程教育终端站点6个、更新设备2套。至年末，开发区有远程教育广场4个，党员远程教育终端站点86个，其中党员远程教育终端中街道站点2个、社区站点30个、两新站点41个，机关、事业单位、国企站点13个。各站点利用远程教学资源优势，采取集中和分散相结合的形式，学习党的基础理论知识，指导实践、推进工作。

【党建示范点建设】 2017年，开发区坚持“全域覆盖、全线铺开”，综合组织活力、区位优势、行业特征等因素，在产业集聚区、非公企业、特色小镇、互联网企业、机关事业单位等领域深化党群服务中心和基层党建示范点建设。先后组织松合社区党委、卓尚服饰（杭州）有限公司党总支、易沙网络科技有限公司党支部等10个创建单位，到江干区、下城区、余杭区等优秀党建示范点实地观摩。在杭州中粮包装有限公司党委等党建示范点开展创建主题沙龙、专家答疑会等活动8次。为创建示范点单位选派创建指导员，指导做好党建载体设计、党建品牌提炼、党建阵地建设等工作。全年落实示范点和党群服务中心补助资金48.9万元，创建完成恒大国际建材家居博览会、东芝信息机器（杭州）有限公司、杭州益维汽车工业有限公司等7个党群服务中心（党建示范点）建设。

【规范党费收缴和使用】 2017年，开发区党工委按照中央和省市委的部署要求，规范党费收缴工作，细化党费使用项目，加强党费管理。全年收缴党费246.15万元。其中两新组织党员党费134.78万元，退休党员党费5.25万元，全额返还用于支部开展活动。按规定按期向市委组织部上缴党费44.55万元，补助生活困难的党员支出7.15万元。完成清理收缴党费使用工作，至年末，市委下拨的补交党费和区管补交党费共使用79.81万元，组织开展专项扶贫帮困活动支出2.5万元，支持建设区域性党群服务中心支出8万元，向基层党支部拨付活动经费69.31万元，完成补交党费使用公示。

（孙姣钗　郑昌俊　郑大伟　周冬忆）

【领导班子建设】 2017年，开发区制定《关于从严加强干部队伍建设打造下沙铁军的实施意见》，按照“好干部”标准和打造铁军排头兵要求，突出忠诚、干净、担当标准，选拔顾大局、守纪律、敢担当、善作为的干部，选拔“狮子型”“老黄牛型”“领头雁型”“专尖高型”的干部，提拔处级干部16人、轮岗交流11人。制定出台《干部能上能下的实施意见》，调整“不担当、不作为、不落实”的“三不”干部，坚持以事择人、依岗选人、人岗相适，调整不适宜担任现职领导干部5人，树立干事创业用人导向，营造风清气正的政治生态。

【干部教育培训】 2017年，开发区开展“争当下沙铁军排头兵、争做三次创业好干部”主题实践活动，加大干部教育培养力度。加强专业能力建设，拓展干部国际化视野，依托浙江大学举办城市国际化专题班，依托杭州师范大学举办雅思英语班，开展培训班次7期，培训干部220人。加强开发区专业化人才储备，打造专业化干部人才库，深化“年轻干部梯队成长工程”，组织120多名年轻干部参加“下沙学院”培训班，抽调88名年轻业务骨干到信访维稳、驻外招商、环境整治等重点领域挂职锻炼，深化上挂下派锻炼机制。

【干部监督管理】 2017年，开发区加强干部日常监督管理，专项检查27个部门（单位）的选人用人情况，深化“日考勤、周记录、月小结、半年评”监督机制，完善“月报季访”、分析研判和考核评价办法。全年完成全委179名委管干部个人有关事项报告的集中填报和抽查核实工作，对漏报、瞒报的干部进行批评教育或诫勉处理，严肃组织纪律。清理委管领导干部兼任社会团体职务情况，6名市管干部、48名委管干部在社会团体兼任职务，其中9名委管干部兼职超过规定数量，按要求进行规范清理。对开发区经发局等5个单位主要负责人和1名离职负责人开展经济责任审计。

【干部专项考核】 2017年，开发区围绕环境综合大整治十大行动、“最多跑一次”改革、剿灭劣V类水、配合驻区部队全面停止有偿服务等重点任务的推进，建立领导干部联系重点项目制度，定期召开推进重点项目座谈会364个，协商解决困难问题110多个。深化“大比武、大督查、大考核”活动，开展重点工作专项考核，了解考察领导班子和领导干部在推进重点工作中的现实表现和工作实绩，加强考核结果综合运用，组织调整3个考核居于后列的领导班子。

【老干部工作】 2017年，开发区推进退休干部党支部建设，开展“两学一做”学习教育，落实主题党日制度，加强离退休干部思想政治建设。组织开发区退休干部开展“畅谈新变化，建言党代会”走访调研活动，赴台州、临海等考察城镇综合治理、剿灭劣V类水情况。引导老干部向党的十九大、省市党代会建言献策10多条，发挥老干部独特优势和作用。

（魏代龙）

【机关人才招聘和素质提升】 2017年，开发区首次面向“985”“211”重点高校应届毕业生招聘11名高级雇员，引进建筑、园林、财政金融等专业人才。全年招录5名公务员、14名事业单位人员，启动2018年5名党政储备人才（事业编制）和15名高级雇员的校园招聘工作。开展公务员教育培训工作，启动“学法用法三年轮训行动”计划，组织200多名公务员参加网上学法用法活动。举办人事编制业务培训班4期，参训人员150多人次。举办机关事业单位新进工作人员培训班，参训人员48人。

【完善机关事业单位工作人员待遇】 2017年，开发区通过落实司法体制改革和监察体制改革要求，配合实施法官、检察官工资制度改革，完善人民警察工资制度。审批6名雇员资格晋升，审批200多名委机关事业单位人员、500多名教育卫生系统人员工资和岗位变动。完善840名科级以下人员人事信息，完善机关事业单位工作人员请销假制度。

【机构编制管理】 2017年，开发区整合人才和科技机构职能，组建开发区人才科技局，统筹人员力量，提升整体效能。健全完善开发区城市管理工作体制，理顺开发区江堤河道监管中心管理机制。调整开发区管委会相关部门内设机构，加强开发区智管中心、开发区经发局、开发区教育卫生部门内设机构配置。加大教育支持力度，按照小班化标准核增开发区内学校教师编制，批准设立7所学校和幼儿园。规范事业单位管理，完成82个事业单位法人年度报告公示。

（王芳 吴灏）

·政治学习教育·

【思想政治建设】 2017年，开发区抓好党的十九大精神和习近平总书记系列讲话精神学习，突出抓好党性教育，分层分类分批开展党员教育培训，增强党员干部思想政治素质和担当实干意识。先后在福建古田干部学院、河南兰考焦裕禄干部学院举办党性修养提升班2期，培训党员干部93人；在市委党校举办社区"两委"班子培训班2期，集中轮训社区"两委"班子全部成员249人；举办两新党组织书记培训班2期，培训两新党组织书记200多人。各党（工）委分别对所属党务工作者、新党员、机关党员、社区党员、学校党员、国企党员等进行培训。选派3名社区党组织书记参加全省村（社区）党组织书记示范培训班，36个换届社区的党组织书记参加全市社区党组织书记培训班。

【"两学一做"学习教育常态化制度化】 2017年5月27日，开发区党工委召开推进"两学一做"学习教育常态化制度化工作座谈会，党工委书记、管委会主任邵立春强调打造勇立潮头的下沙铁军，为全面推进"三次创业"、构筑开发区转型发展新格局提供坚实组织保障。强化责任意识，制定党支部、党工委班子成员、处级以上党员领导干部、普通党员"两学一做"学习教育常态化制度化四张责任清单，明确86项具体任务，其中党支部24项、党工委班子成员23项、处级以上党员领导干部22项、普通党员17项。落实情况纳入"大党建"考核和党组织书记抓基层党建工作述职重要内容。领导干部示范带动，做到开展学习、讲好党课、参加组织生活、查改问题、领办重点项目"五个率先"。至年末，党工委班子专题学习研讨8次，处级以上党员领导干部讲党课300多次。结合"百千万"蹲点调研活动，机关和街道社区干部组团分片入户进企4.4万户（个），召开座谈会370多次，解决问题890多个。

【党工委班子民主生活会召开】 2017年2月9日，开发区党工委班子召开年度民主生活会。会前，党工委通过发放征求意见表、召开座谈会、谈心谈话等多种方式，广泛征求28个部门（单位）、14个进区配套机构、38个社区、150多个企业以及区内12名省、市"两代表一委员"的意见建议，汇总梳理意见建议68条。在此基础上，党工委班子认真开展对照检查，查找问题，剖析原因，明确整改举措，确保工作实效。全区各级党组织认真开好组织生活会并开展民主评议党员工作。 （魏代龙）

·机关党建·

【机关党建概况】 2017年，开发区管委会机关党委所属党组织58个，其中党委1个、党总支7个、党支部50个。全年发展党员6人，至年末在册党员865人。推进党支部规范化建设，完善机关党员"先锋指数"评价管理体系，挖掘在开发区"三次创业"中表现突出的各类先进典型，申报获批市直机关优秀共产党员3人、市直机关优秀党务工作者1人、市直机关先进基层党组织1个。开展党组织星级评定工作，6个党组织被市直机关认定为五星级党组织。培育机关首个党群服务中心——行政服务中心"乐聚"党群服务中心，建成党建服务阵地6个，组织开展党群服务活动6场，参加党员800多人次。组织党员干部在春节和"七一"期间开展第三轮"结对帮扶"活动，送去慰问金（含物品）29.85万元。

【主题党日活动】 2017年，开发区机关党委围绕"三次创业"中心工作，推行"集中+自主"的"主题党日+"活动模式，开展主题党日活动。所属各党支部按照主题党日活动制度，在每月的5日、15日、25日3天中固定一日，累计开展100多个特色支部主题党日活动，参与党员7400多人次。

【党员教育培训】 2017年1—4月，开展党员春训工作，以基层党组织为单位对党员进行集中培训，每名党员累计集中学习时间均达到24学时要求。5月3—5日，开发区机关党委在市委党校举办机关党务干部培训示范班，对部分党支部书记、分管党建领导、党建联络员等55位党务干部进行课堂理论教学和党建示范点现场教学。12月，开展党员冬训轮训，分两批集中学习党的十九大精神，机关700多名党员干部参加学习。

【"双进六服务"党建品牌建设】 2017年，开发区机关党委按照市直机关工委"一单位一品牌"建设要求，开展"双进六服务"党建工作。全年累计进社

2017 年 12 月 22 日，机关党员在朗琴社区开展助力“最多跑一次”改革现场咨询活动　　（开发区机关党委　供稿）

区宣讲92次，进企业宣讲186次，完成调研文章17篇，现场办公237次，与结对企业、社区开展志愿服务328次，参加志愿服务活动1564人次。与结对企业、社区党支部（党小组）共同开展理论提升学习、微党课交流、互相征求意见等活动66次，认领完成微心愿458个。在党的十九大召开期间，机关党员约2000人次走进社区开展平安巡防工作。

【助力“最多跑一次”改革】 2017年，开发区机关党委于6月29日和12月22日，分别组织党员在行政服务中心和朗琴社区开展助力“最多跑一次”改革现场咨询活动，60多名机关党员参与活动，提供20多项现场咨询服务，服务居民500多人。机关各部门主要负责人带头，征集“最多跑一次”问卷约1000份，梳理“最多跑一次”改革事项427项。

【机关党纪监督】 2017年，开发区机关纪委严格落实中央“八项规定”精神，坚持信任与监督相结合，严格制度执行，运用“四种形态”从严监督执纪。加强廉政管理，组织机关各党组织书记签订党风廉政责任书，印发《关于进一步规范和完善科级干部廉政档案的通知》文件，收集整理科级干部（含非领导职务）廉政档案355份；强化监督执纪，组织“三不”（不担当、不作为、不落实）专项督查和作风效能检查60次，累计出动检查人员150人次，发现问题187个，谈话提醒教育111人次，下达抄告单和问责书38份，全年查处党员违纪案件3起。抓好思想防控，制定“三个一”制度，开展“以案说纪、以案促廉”警示教育系列活动30次，教育干部1300人次，营造风清气正的政务环境。

【文明机关创建】 2017年，开发区机关党委推进“六型机关”（学习型机关、廉洁型机关、服务型机关、创新型机关、法治型机关、效能型机关）建设，每月开展文明机关暗访，累计出动150人次，发现问题138个，下达责令问责通知书9份，下发问题抄告单29份。组织开展志愿服务活动，在机关成立3个志愿者专业服务队，开展志愿服务活动10多次，机关党员干部累计3000多人次参与，顺利通过测评，获得第五轮市级“文明机关”称号。（方　燕）

·企业党建·

【企业党建概况】 2017年，中共杭州经济技术开发区企业工作委员会（简称开发区企业党工委）以推进“两学一做”学习教育常态化制度化为契机，统筹推进企业党建工作与开发区经济社会各项事业互促共赢。全年新建、升格党组织9个。综合评定企业党工委下属227个企业党组织，评出五星党组织29个、四星党组织133个、三星党组织55个、二星党组织8个、一星党组织1个、无星党组织1个。建立示范点联络人制度，新建、提升改造19个党建示范点。

【企业党员队伍管理】 2017年，开发区企业党工委制定企业党支部、书记和党员“两学一做”学习教育常态化制度化3张责任清单、41项任务。全年企业党工委开展专题学习研讨6次，各级党组织开展专题学习1500多次。推动企业党组织落实“123”（每月一次固定主题党日、“两学一做”、“三会一课”）基本规范和支部13项经常性工作，推广固定主题党日做法，印发“三会一课”操作规程，累计开展固定主题党日活动3100多次，参与党员群众4.5万余人次。增设远教站点2个，为企业党组织订阅《共产党员》《非公有制企业党建》和《半月谈》等党刊1万余册。印发《党支部工作实务》《党内生活丛书》《党员实用手册》等学习辅导用书3000多本。实施党组织带头人轮训计划，开展2

次集中培训，轮训215人。推荐17名企业党组织书记到兰考、闽西等地开展党性教育，推荐20名企业中高层骨干参加“下沙学堂”等主体班次学习，组织企业党组织负责人到江干区、下城区、余杭区、萧山区交流学习4次。全年培训企业党员发展对象92人，发展企业新党员64人，转正企业党员79人。评议和处置企业不合格党员10人，排查和处置违纪违法企业党员6人。

【企业党组织学习党的十九大精神】 2017年，开发区企业党工委组织全体企业党员收听收看党的十九大会议开幕式，开展“我与十九大说句心里话”等活动，征集心得体会320多篇，拍摄“微岗悟”4期。召开专题宣讲会，为 124名企业党组织书记宣讲党的十九大精神。为全体党员购买《党的十九大报告学习辅导百问》等读本4700多套，推动各党组织开展专题学习 2000多次。

【企业基层党建】 2017年，开发区企业党工委推进党建工作“两个覆盖”（组织覆盖和工作覆盖），有党员的企业和规模以上企业组织覆盖率明显提升。实施党建示范引领工程，完善“五个一”（一个党建品牌、一个党建载体、一个党建阵地、一个党建线路、一个党建经验）党建示范点创建标准，建立示范点联络人制度，新建、提升泰瑞机器股份有限公司、杭州和利时自动化有限公司等党建示范点19个。推进“智慧化党建”，实现党员组织关系网上直接接转。组织订阅“西湖先锋”“杭州组工”“下沙先锋”微信公众号，开设党建电子图书库，上传电子图书5000多册，推进全媒体党员干部教育。打造外资企业党建品牌，分10个方面，编制68例外资企业党建案例，为外资企业提供学习样本。推动外资企业党组织与机关、高校、国企、社区组建“红色联盟”，通过优势互补、资源共享，发挥企业党组织作用。强化经费保障，返还2016年度企业党费80.4万元，按每年党委2万元、总支1万元、支部3000元的标准安排党建工作经费补助。落实2017年度两新组织党建工作补助经费70.8万元。（郑大伟）

·宣 传·

【宣传概况】 2017年，开发区宣传思想工作贯彻党的十九大精神和习近平总书记系列重要讲话精神，落实省市宣传思想工作部署和要求，围绕开发区“三次创业”蓝图，结合环境综合大整治专项行动，挖掘开发区在环境整治、创业创新、城市国际化、产业转型升级等方面成绩和亮点，构建资源整合、内外并重、形式多样的大宣传格局，为实施“三大战略”、实现“三大目标”提供精神动力、思想保证和舆论支持。全年在中央、省市主流媒体发稿500多篇，比上年增长30%。《今日下沙》报出刊242期、《下沙新城》杂志出刊12期，《下沙资讯》电视栏目播出149期，《美丽东部湾》电视栏目播出52期，编发《开发区简报》42期。获市信息考核分600分，获市领导批示9次，其中“杭州经济技术开发区紧紧围绕四个整体强势高速推进全面停偿工作”获市委书记赵一德批示肯定。

【思想理论武装】 2017年，开发区宣传部门制定《宣传思想工作要点》《意识形态工作责任考核评分细则》《党工委理论学习中心组学习规则》和《党工委理论学习中心组学习计划》，全年组织开展理论学习中心组学习12次，组织学习习近平总书记系列重要讲话精神和党中央治国理政新理念新思想新战略，重点做好党的十九大精神学习，印发《党工委关于认真学习宣传贯彻党的十九大精神的通知》，开发区党工委领导带头学习、带头宣讲，带动干部群众学习。在《今日下沙》报开设“学报告、谈感受”微体会、“践行十九大、创业立新功”等专题专栏，推动党的十九大精神学习贯彻在开发区取得实效。

【“金沙湖畔”论坛】 2017年，开发区开设“金沙湖畔”论坛。论坛作为开发区党工委理论学习中心组学习的重要延伸，自7月起，组织开展“未来五年杭州全面推进城市国际化的发展战略以及在‘拥江发展’战略中的下沙机遇”“新常态下的社会舆情沟通与引导”“树立廉洁好家风”“媒体意识的培养和应用”4期交流学习。通过论坛，提升干部职工服务中心工作、履行岗位职责、解决复杂问题、推动科学发展的能力和水平。

【“三次创业”大讨论】 2017年，开发区制定出台《开展“三次创业”大讨论活动实施方案》，成立“三次创业”大讨论活动领导小组，明确四个方面讨论内容、“七个一”活动载体、四个阶段实施步骤。在《今日下沙》报开设“一把手谈三次创业”“社会

2017 年 12 月 15 日，开发区举办以“媒体意识的培养和应用”为主题的金沙湖论坛　（童志忠　摄）

各界热议三次创业”“迈步从头越、三次创业大讨论”“更好的下沙，‘三次创业’这一年”等专栏系列，通过通报讨论阶段性成果，反映“三次创业”大讨论的进展和动态，促进各项工作落实，将大讨论向纵深推进。

【重点主题宣传保障】 2017年，开发区制定“环境大整治”宣传工作方案，在《今日下沙》报、“下沙发布”等媒体开设专栏进行报道，包括“环境面貌大提升，综合整治在行动”“环境曝光台”“环境整治，你说我说”等栏目，平均每天发稿1~2个整版，曝光问题68个。在“下沙网”设置“环境大整治民意调查”问卷调查，收集问卷5000多份，增强全社会环保意识，提升公众参与环境整治的自觉性和主动性。发挥基层宣传力量作用，联合开发区机关党委开展墙绘活动，营造良好氛围。为有效配合环境整治、驻区部队停偿工作的总结和回顾，做好日常跟踪拍摄环境整治各类问题和停偿工作现场行动，制作开发区环境实景问题纪录片6期，停偿工作纪录片3期，助力环境整治、停偿工作取得实效。

【创新创业宣传质效提升】 2017年，开发区宣传部门围绕“大众创业、万众创新”主题，坚持服务招商引资、招才引智，加强与国家、省、市各类媒体的沟通联系和有效合作，进一步拓展宣传阵地和渠道。全年进行10多次主题策划和宣传报道，单次活动发稿均上各类媒体头版头条，其中包括首届人才科技创新大会、二十国集团智库会议创新研讨会、奥克兰大学创新研究院开园、国家双创示范基地获批、杭州医药港小镇获批省级称号、浙江省首届创博会、“创响中国·杭州站”启动仪式、国际人才交流大会、“黄金八条”人才新政发布、浙江国际协同创新峰会、中新国际技术创新高峰论坛等系列活动，全面营造创新创业氛围，打响“下沙科技城”品牌。

【“一中心四平台”建设】 2017年，开发区宣传部门全面统筹提升区内报纸、电视栏目、杂志、网站四大宣传平台建设，《今日下沙》报围绕“三次创业”大讨论、环境综合大整治专项行动、“最多跑一次”改革等主题，设置各类专栏专题24个；《下沙新城》杂志进行整体改版，风格贴近中心工作，强化主旋律深度报道；《下沙资讯》电视栏目创新机制体制、深化区校合作，节目包装更具国际化和现代感，节目内容从传统新闻专题逐步趋向纪录片形式，展现新闻事件或热点话题；支持“下沙网”等区域性网络媒体和新媒体的发展，推动网络和新媒体传播体系共同发展。4个平台全面报道开发区经济社会建设取得的新进展和新成效，及时传达社情民意，服务百姓，服务民生，为开发区经济社会发展营造良好的舆论氛围。

【“下沙发布”平台粉丝数超25万】 2017年，开发区宣传部门改版“下沙发布”微信公众号，整合优化“下沙发布”微信公众号分栏，从选题内容、稿件标题、内容新鲜度上下功夫，丰富信息量，提高信息质量，体现特色亮点，扩大影响力。“下沙发布”微博微信平台粉丝量超过25万，其中微信平台17万、微博平台10万。（陶　青　吴　兵）

责任编辑　张红丹

政 务

·管委会重要会议·

【环境综合大整治工作会议】 2017年2月10日，开发区召开环境综合大整治工作会议，贯彻省市小城镇环境综合整治行动以及城中村改造有关会议精神，分析开发区环境整治工作面临的形势，明确阶段目标任务。开发区党工委书记、管委会主任邵立春做题为“坚持高标准、打好组合拳，努力实现开发区环境面貌大提升”的讲话，动员全区上下咬定目标、凝心聚力，以推进“十大专项行动”为主抓手，以解决重点难点问题为突破口，打好环境整治“组合拳”，加快补齐环境“短板”，全面提升开发区城市环境品质，为推进“三大战略”、实现“三大目标”奠定基础。

【召开14次管委会主任办公会议】 2017年，开发区管委会召开14次管委会主任办公会议，研究讨论大众创业促进就业实施意见、产业基金管理办法、房屋征收补偿政策修订、企业扶持政策兑现、政府投资工程建设领域风险防范及有关问题处理办法、学前教育第二轮三年行动计划等事项114项。

（赵军宝　杜伊玲）

2017年2月10日，开发区召开环境综合大整治工作会议　　（开发区管委会办公室　供稿）

表32

2017年开发区管委会主任办公会议主要议题一览

时间 会议	参会人员	会议议题
1月22日 一次会议	邵立春主持会议，陈金生、何铨寿、王永芳、马佳骏、郝大龙参加会议，周涛、俞斌、虞付月、张义久、王勇、赵青威、李军民、汤丽玉、袁月、金跃平、张雨秋、陶峰、姚晨蓬、戎婷蓉列席会议	会议研究干部处理事宜，研究公办学校调整考核奖金事宜，研究九洲药业研发中心项目，研究浙江丝路产业基金项目
1月23日 二次会议	邵立春主持会议，陈金生、何铨寿、王永芳、马佳骏、郝大龙参加会议，周涛、俞斌、虞付月、张义久、王勇、李军民、张雨秋、盛春灵、蔡百金、李路宁、麻华、吴波、张国平列席会议	会议研究原杭州下沙供销合作社地块搬迁补偿安置实施方案事宜，研究省农科院乔司科研基地土地征收事宜
3月3日 三次会议	邵立春主持会议，陈金生、王永芳、马佳骏、郝大龙参加会议，周涛、俞斌、张义久、王勇、李军民、汤丽玉、张雨秋、盛春灵、蔡百金、李路宁、陈其松、彭公进、吴中荣、童华清、麻华、贺学兵、张国平、姚晨蓬、陈财生、张立溧列席会议	会议研究绕城高速公路下沙南收费站运营管理费事宜，研究开发区城市公共基础设施养护标准提升方案，研究房屋征收补偿政策修订事宜，研究招商引资项目，研究创新平台项目，研究科技项目，研究2016年杭州市创新创业大赛总决赛项目，研究杭州市社会发展和农业科研项目专项资金竞争性分配方案，研究半导体激光器产业化项目，研究基金项目，研究浙江丝路产业基金项目，研究安全生产事宜
4月18日 四次会议	邵立春主持会议，陈金生、何铨寿、马佳骏、郝大龙参加会议，周涛、俞斌、虞付月、张义久、王勇、赵青威、汤丽玉、袁月、张雨秋、盛春灵、蔡百金、李路宁、彭公进、麻华、张国平、姚晨蓬、卢建军、张立溧列席会议	会议研究干部处理事宜，研究下沙街道各社区剩余土地移交（流转）方案事宜，研究幸福北路穿金沙湖隧道事宜，研究大学城东单元规划小学及幼儿园等项目代建事宜，研究大创小镇配套服务用房建设实施方案事宜，研究工业项目配套费征收管理及开工、竣工、投产的奖励办法，研究对口帮扶宁夏石嘴山经济技术开发区事宜，研究百奥基金管理公司事宜，研究壹网壹创公司政策扶持事宜，研究中科院上海高等研究院产业化项目事宜，研究高层次人才项目，研究2017年预算安排事宜，研究2017年十大为民办实事项目事宜
4月27日 五次会议	邵立春主持会议，陈金生、何铨寿、王永芳参加会议，周涛、俞斌、储志林、虞付月、王勇、赵青威、李军民、汤丽玉、张雨秋、陶峰、彭公进、姚晨蓬、范悦诚、吴丽华列席会议	会议研究产业、生物医药、金融政策事宜，研究人才、科技、区校合作政策事宜，研究大众创业促进就业实施意见事宜，研究下沙公交公司2016年线路亏损补贴和公交股权结构优化事宜，研究与中国电信共同建设智慧城市二期相关项目事宜
5月18日 六次会议	邵立春主持会议，陈金生、何铨寿、王永芳、马佳骏参加会议，俞斌、虞付月、王勇、陈其松、汤丽玉、张雨秋、盛春灵、蔡百金、李路宁、陶峰、麻华列席会议	会议研究招商引资项目事宜，研究瑞法康项目事宜，研究给予杭州滨江商标厂签约补贴及奖励事宜
6月8日 七次会议	邵立春主持会议，陈金生、何铨寿、王永芳、马佳骏参加会议，周涛、俞斌、储志林、虞付月、张义久、王勇、赵青威、陈其松、汤丽玉、张雨秋、盛春灵、蔡百金、李路宁、彭公进、吴波、张国平、姚晨蓬、虞晓平、宣黎芳列席会议	会议研究乔司监狱土方消纳有关事宜，研究温州大学项目事宜，研究产业基金管理办法事宜，研究设立生物医药产业专项基金事宜，研究浙江国际协同创新研究院项目事宜，研究高层次人才项目事宜，研究购买耕地占补平衡指标事宜
7月6日 八次会议	邵立春主持会议，陈金生、何铨寿、王永芳、马佳骏、郝大龙参加会议，周涛、俞斌、储志林、虞付月、张义久、王勇、陈其松、袁月、汤丽玉、张雨秋、蔡百金、李路宁、陶峰、彭公进、吴中荣、麻华、贺学兵、吴波、张国平、姚晨蓬、沈军玉、忻苏列席会议	会议研究开发区政府投资工程建设领域风险防范及有关问题处理办法（试行）事宜，研究招商引资项目事宜，研究高层次人才项目事宜，研究户外公共广告问题处置及规范管理事宜，研究房屋搬迁补偿事宜，研究民办教育发展专项资金管理暂行办法和民办学校生均经费考评细则

续表32

时间 会议	参会人员	会议议题
7月14日 九次会议	邵立春主持会议，陈金生、王永芳、马佳骏、郝大龙参加会议，周涛、俞斌、储志林、虞付月、张义久、赵青威、陈其松、汤丽玉、张雨秋、盛春灵、李路宁、陶峰、姚晨蓬、傅飞江列席会议	会议研究工业企业综合评价及推进要素资源差别化配置实施意见事宜，研究2016年度经济奖励政策兑现事宜，研究2016年度科技创新政策兑现事宜，研究巢生平台项目事宜，研究浙大（杭州）创新医药研究院—新生源联合研究中心项目事宜
9月7日 十次会议	邵立春主持会议，陈金生、何铨寿、俞斌参加会议，周涛、虞付月、张义久、王勇、娄域峰、陈其松、汤丽玉、袁月、张雨秋、盛春灵、蔡百金、李路宁、陶峰、彭公进、麻华、姚晨蓬、黄斌列席会议	会议研究开发区学前教育第二轮三年行动计划事宜，研究招商引资项目事宜，研究开发区招商信息网络建设实施办法（试行）事宜，研究与海邦资本开展生物医药基金（二期）合作事宜，研究立昂东芯射频集成电路芯片扩产技改项目投资方案事宜，研究开发区技术改造项目绩效评价管理细则事宜，研究杭州市高技术产业化项目专项资金使用分配事宜，研究省军区农副业基地全面停止有偿服务补偿实施方案事宜，研究耕地占补平衡指标购买事宜，研究下沙公交补贴方案事宜
9月30日 十一次会议	邵立春主持会议，陈金生、何铨寿、王永芳、俞斌、郝大龙参加会议，周涛、储志林、李栋、虞付月、张义久、王勇、娄域峰、袁月、陈其松、张雨秋、盛春灵、陶峰、吴中荣、傅敏、俞仁贤列席会议	会议研究东芝开利项目政策兑现事宜，研究杭州进口肉类指定查验场项目事宜，研究2016年度开发区跨境电子商务产业政策奖励兑现事宜，研究资产经营集团公司2015—2016年度考核结果及2017年经营业绩目标事宜
10月26日 十二次会议	邵立春主持会议，陈金生、何铨寿、王永芳参加会议，周涛、储志林、李栋、虞付月、张义久、王勇、娄域峰、袁月、陈其松、汤丽玉、钱晓华、张雨秋、陶峰、黄斌、姚晨蓬列席会议	会议研究2015年促进商务发展（外经贸）财政专项资金分配方案事宜，研究高层次人才项目事宜，研究国家"千人计划"专家联谊会生物医药与生命科学专委会2017年年会活动事宜，研究T20专项活动补助事宜，研究新能源制造专项基金事宜，研究设立产业基金风险池方案及风险池专户管理办法事宜，研究设立大创天使基金事宜，研究和达生物医药产业基金管理办法事宜，研究市级服务业专项切块资金使用分配方案事宜，研究工业旅游示范基地评定办法事宜，研究调整机关事业单位编外人员经费标准事宜，研究养老服务业财政补助实施细则事宜
11月24日 十三次会议	邵立春主持会议，陈金生、俞斌、郝大龙参加会议，周涛、李栋、虞付月、张义久、王勇、娄域峰、袁月、陈其松、张雨秋、盛春灵、陶峰、黄斌、姚晨蓬、沈军玉、朱政、李冰涛、章国民列席会议	会议研究娃哈哈政策兑现事宜，研究筹建杭州硅谷协同创新中心事宜，研究设立转型升级产业基金事宜，研究和达大创天使基金管理办法事宜，研究WISEMONT海外基金转为跨境基金事宜，研究增加城乡区域统筹协作资金事宜，研究调整行政划拨项目土地成本收取标准事宜，研究国际香料香精公司土地房屋收回补偿事宜，研究耕地占补平衡指标购买事宜，研究国资公司融资相互担保事宜，研究下拨2015年和2016年科技型初创企业培育工程经费事宜，研究"下沙工匠"评选事宜
12月14日 十四次会议	邵立春主持会议，陈金生、王永芳、郝大龙参加会议，储志林、李栋、娄域峰、袁月、陈其松、汤丽玉、张雨秋、盛春灵、彭公进、陶峰、麻华、张国平、盛开列席会议	会议研究下沙电信支局局房及电信设施搬迁补偿安置方案事宜，研究10%留用地项目成本收取方案事宜，研究招商引资项目事宜，研究吉立亚项目租赁协议终止及投资协议调整事宜，研究企业扶持政策兑现事宜，研究李瑞民团队肝癌新药项目事宜，研究人才、科技、区校合作政策修订事宜，研究高层次人才项目事宜，研究浙江高校校友会联盟中心项目事宜，研究2016年度人才创办企业租金补贴及贷款贴息补助兑现事宜，研究共建中国药科大学（杭州）创新药物研究院事宜，研究生物医药项目（伯克基因、太瑞生诺、诗华诺倍威）事宜，研究设立政策性担保公司事宜，研究设立中小企业转贷基金事宜，研究与浙江省股权交易中心合作事宜，研究泰美·科地国际金融中心政策支持方案事宜，研究2017年省工信发展财政专项资金使用分配事宜，研究开发区2015年技术改造资助项目绩效评价及剩余资金拨付事宜

·机关政务·

【公文办理】 2017年，开发区管委会办公室落实“应急响应、文件会审、高效流转”三个到位要求，在办文管理上下功夫、求实效。强化文件处理AB岗制度，整合应急力量，确保双休日、节假日、工作日24小时响应到位、处置到位。实行文件处置科长和经办人会审制度，正确区分办件和阅件，提高文件处置精准度。有效调整文件流转模式，由累积文件后集中流转调整为文件实时流转，提升流转效率，做到5个工作日内委领导全部流转完毕。全年通过OA系统和机要系统处理公文2000多件、省市类交办文件1772件、开发区党工委、管委会发文717件，做到普通公文“当日文件当日清”，紧急公文做到“随时办”。

【保密工作】 2017年，开发区坚持保密工作“不出事、出不起事”的工作底线，落实领导、机构、人员、工作、经费5个环节，全年未发生一起失泄密案件。全年开展一次警示教育，征订一批宣传手册活动，开展保密专项检查3次，覆盖6个重点保密单位和15个一般性单位，发现问题14个，整改率100%。开展5批次保密图片巡展，约300人次接受保密教育。

（赵军宝）

【综合考评实施办法改革】 2017年7月4日，开发区印发《2017年部门（街道）综合考评实施办法》。重点对组织领导、考评单位分类、社会评价、奖惩和考核分值分配、扣分细则和评议单位考核等方面进行改革。其中考评对象根据单位性质、职能及考核方式不同分为考评单位27个、评议单位9个、国资公司2个，其中将考评单位按工作任务不同分成3个序列，下达年度重难点任务、常规常抓工作目标742项。综合考评评分内部设重点难点工作、社会评价、领导评价、部门评价、创新创优、加扣分、委主要领导评价等方面。办法旨在发挥考核的导向和激励作用，体现“干与不干不一样、干多干少不一样、干好干坏不一样”的原则，强化目标管理，完善激励机制，提高工作效能。

【“公述民评”问政活动】 2017年11月30日，开发区举办“公述民评”面对面问政活动。活动以“环境综合大整治行动”为主题，对环境整治8个牵头部门主要负责人进行面对面问政，邀请开发区人大、政协、街道、社区、群众的民评代表80多人参加活动。活动通过15分钟整治成效视频和8分钟问题片，展示开发区“环境综合大整治行动”的成果和存在的问题，主要问政单位和配合问政单位负责人对曝光问题和评议代表提问进行现场回复。

【社会评价活动】 2017年11月24日，开发区印发《开发区部门（单位）社会评价活动方案》，向社会各界征求区属各部门（单位）在服务质量、办事效率、勤政廉洁、工作业绩、公正执法等方面的评价。2017年社会评价活动市民群众测评样本新增高校师生群体，街道测评样本删减非辖区内的服务对象，建立企业样本库，通过随机选择方式选取对象，并且“发票、收票”环节委托第三方机构。活动向开发区管委会机关、街道、进区直属管理服务机构、人大代表、政协委员、工业科技企业、三产服务业、建设施工企业、中小学、幼儿园、医院、高校、部队（农场）以及居民、大学生、外来务工人员发放选票1229张，回收1191张，回收率96.9%，征得社会各界意见建议80条。

【督查督办】 2017年，开发区督查办完成省市领导批示交办件9件、委领导批示交办件16件，督办催办机关各部门、辖区企业各类请示件274件，做好项目督查和协调。在中央环保督察组进驻期间，承担信访件的接收、交办、协调、督办、反馈及每日情况汇总上报等工作，总计办理信访件43件，推动解决废气污染、空地垃圾、河道水体、餐饮油烟扰民等问题。重点对3号大堤周边重污染企业、海达路绿植养护问题，对“耕德电子”“安控科技”“大进科技”项目，以及省市媒体曝光的中沙东岸嘉园、邻里社区煤气瓶、七格社区疏散通道、上沙锦湖家园东门油烟等问题开展督查督办。（罗毅卿　杜伊玲）

·政策研究·

【政策研究概况】 2017年，开发区政策研究部门围绕党工委、管委会中心工作，撰写各类重大材料80多篇，做好区内重要会议和上级调研的材料保障工作。围绕开发区城市发展水平提升等议题开展政策研究，起草完成《全面深化产城融合提升开发区城市发展水平三年行动计划（2017—2019）》等政策文件。全年编印《调查研究》7期，内容涉及科技创新、教育事业、城市管理等领域。

【课题调研成果】 2017年，开发区政策研究部门加大课题调研力度，完成《关于优化完善体制机制提升城市管理水平的思路建议》《发挥出口加工区政策优势，助推跨境电商综试区建设的思路研究》等调研报告。鼓励开发区管委会各部门开展调研，筛选高质量的研究成果收录于《调查研究》，其中《硅谷的创新发展对开发区的启示》《关于促进开发区工业重点骨干企业发展的若干建议》《关于挖掘钱塘江围垦历史文化，建设"钱塘江下沙围垦遗址公园"的思考建议》《关于建设浙江融资租赁资产交易中心的调研与设想》4篇调研报告获开发区党工委、管委会领导批示。 （杜霞曦）

·政府法制工作·

【规范性文件管理】 2017年，开发区加强规范性文件制发监管力度，全年审查行政规范性文件13件，其中通过并报市政府备案8件。清理行政规范性文件85件，其中继续有效55件、需要修改12件、失效4件、废止14件。对4件实施期限超过一年的规范性文件启动评估，形成行政规范性文件综合评估报告，并在开发区官网公布。

【合同评估管理】 2017年，开发区规范管理行政机关订立、履行合同行为，制定《开发区行政机关合同制定及合法性审查工作指引》《开发区管委会合同评估管理办法》，全面清理2016—2017年以开发区管委会名义签订的协议合同197份，排查合同履行及风险情况。全年审查合同120件，比上年增长90.5%。

【信息公开落实】 2017年，开发区依托省市政府服务网、开发区门户网站及行政服务中心等平台，依法公开行政执法主体资格，梳理完善行政许可73项，行政处罚147项，规范事前公示制度。制定《开发区全面推进政务公开实施细则》和《开发区社会公众代表列席政府会议制度（试行）》，印发《开发区管委会政府信息依申请公开主要文书示范文本》，统一规范依申请公开文书，优化依申请公开操作流程，加强依申请公开法制审查，全年审查依申请公开45件。

【执法队伍建设】 2017年，开发区解决行政执法证件申领难、换证难问题，提出综合执法、全员执法理念，全年注销各类执法主体20多个，统一采用开发区管理委员会名义从事行政执法活动。梳理汇总有效、失效、存在问题的行政执法证件，累计换证137件。鼓励符合报考条件的在编人员申报行政执法证件考试，在编人员70多人取得行政执法证。

【执法案卷管理】 2017年7月，开发区开展全委行政执法案卷评查，抽查各部门行政许可和行政处罚案卷42份。按照浙江省行政执法案卷评查标准进行评查，对发现的问题及时与办案人员沟通、讨论，提升行政执法人员业务水平。在审查行政处罚执法案件中，退回存在违反法定程序、适用法律错误的

表33

2017年开发区内部刊物《调查研究》刊发调研报告情况

序号	单位	撰稿人	调研报告
1	开发区人才科技局	侯正巍	硅谷的创新发展对开发区的启示
2	开发区社发局	袁月、钱晓华、汪海	开发区中小学、幼儿园生源结构调查分析及优化教育服务的思路建议
3	开发区行政执法大队	吴波、孔铁林、李永新、陈树坚	关于开发区建设工程渣土长效管理的思考与建议
4	开发区经发局（金融办）	耿中元	进一步做大做强开发区金融产业的对策建议
5	开发区经发局	毕建华	关于促进开发区工业重点骨干企业发展的若干建议
6	开发区人社局	张保灿	关于挖掘钱塘江围垦历史文化，建设"钱塘江下沙围垦遗址公园"的思考建议
7	白杨街道	俞　宙	关于建设浙江融资租赁资产交易中心的调研与设想

案件2件，要求修改完善证据材料及相关记录的案卷13件。

【ISO标准体系获得通过】 2017年，开发区管委会组织ISO 9000质量管理体系和ISO 14001环境管理体系的认证审核。4月，组织体系文件修订，修改程序文件22个，删除支持性文件3个，修改或替换文件7个，新增文件11个。5月，开发区管委会双体系的适宜性、融合性和有效性得到评审专家肯定，通过换证审核。

【法制服务保障】 2017年，开发区落实法律顾问工作规则要求，全年为合同及重大投资协议出具法律意见书153件次，提供法律咨询服务100多次，参与案卷审查108件次，参与重大项目谈判8次。组织面向委领导、部门领导、行政执法人员和法制联络员的培训、讲座4次；搭建"下沙微法治"法制宣传平台，发布法律法规、重大法治事件、开发区及各部门法治相关工作等内容；反馈省市各项征求意见17件，向市法制办报送法制信息12篇，其中被省法制办采用2篇。加强行政诉讼复议管理，加强行政首长出庭制度落实，全年处理行政复议、诉讼案件19起，组织行政机关负责人出庭4起。（王建枝）

·信访与应急管理·

【信访概况】 2017年，开发区信访和"12345"市长公开电话受理群众各类诉求1.03万件次，比上年增加40.1%。其中来信、来访387批、1173人次，"12345"（网上信访）9945件，反馈率100%、办结率99.3%、满意率92.6%。群众反映的问题主要集中在消费维权、物业管理、环境保护、城市管理等方面。

开发区应急值守信息通畅，协调处置到位，全年记录来电4250件次。处理公安、维稳、信访各类紧急信息和落实领导短信批示82件次，专题报送重大突发信息230件次，增长23.7%。发送短信8914件次，传真函件1258件次，增长5.8%。发挥"110"社会应急联动平台快速处置职能，优化联动处置流程，向30个联动单位下派警情7852起，增长153%，签收率100%，反馈率96%，办结率90.6%。加强应急救援联动协调，全年妥善完成多起突发事件处置任务，包括"8·23"强降雨和"9·13"强台风"泰利"事件、"2·20"景园小区旅馆起火事件，"4·5"景恒物流煤气瓶轰燃伤人事件、"8·20"东方水岚佳苑电梯夹人致死事件、"2·25"启源幼儿园等学校诺如病毒事件、"9·22"省医疗器械检验院员工大面积腹泻事件，"10·26"下沙第一小学员工家属醉驾撞击校门事件、"11·30"宝龙公寓业主维权事件等。

【信访突出问题化解】 2017年，开发区根据《关于在"百千万"蹲点调研和"万名干部进社区访民情解民忧"活动中着力解决信访突出问题的通知》，开发区信访局梳理上报突出问题30件，均为在活动中梳理出的疑难复杂信访事项。每个案件由开发区管委会分管领导牵头督查，明确责任单位和责任人，要求限时解决问题。经努力，30件案件年内化解25件。

【信访问题协调督办】 2017年，开发区信访局与开发区建设局、开发区城管办建立常态化的联系制度，借助城管、建设系统联席会议，提交居民反应强烈的涉及道路交通、空地管理等领域的突出问题，明确处理意见并加快落实。开发区信访局加强与街道、社区联动，对涉及小区物业管理、相邻关系等问题，发挥基层组织调解职能，化解矛盾纠纷，有效减少重复投诉。针对涉及部门多、需要现场调处的问题，信访局及时开展现场督办，明确处理意见并跟踪落实。全年信访局根据居民反映突出的餐饮店使用煤气瓶存在安全隐患、商业预付卡纠纷等问题，开展现场督办83件次，涉及问题已解决。

【谢双成到开发区督查信访工作】 2017年9月15日，杭州市副市长谢双成到开发区开展信访专项督查。开发区党工委书记、管委会主任邵立春参加督查活动。督查组调阅保利东湾小区前的沿江湿地公园违停毁绿占绿、中策橡胶集团有限公司和杭州朝阳橡胶有限公司废气排放污染等信访案件资料，检查开发区信访工作台账。在听取开发区有关汇报后，谢双成对2017年以来开发区信访工作给予肯定，强调开发区要深入贯彻国家、省、市关于信访工作一系列重大决策部署，全方位推动信访工作，解决群众反映突出的废气污染等热难点问题，维护群众的合法权益，为全市信访工作做出更大贡献。

【应急机制完善】 2017年11月，开发区修编突发事件总体应急预案，梳理总体应急预案、专项预案、部门预案以及重大活动预案，对总体应急预案开展文本分析和绩效分析，调整和完善总体应急预案框架，优化动态应急流程，实现预案框架的合理化；理顺总体应急预案、专项应急预案、部门应急预案、单位和基层组织应急预案的关系，明确各自定位以及彼此衔接，实现预案体系一体化；理顺应急管理体制机制，科学合理制定应急处置流程，兼顾预案的静态化与动态化问题，实现应急处置科学化；形成预案制定、演练、反馈、改进的常态化工作机制，实现预案管理制度化。8月，增加开发区军地园区管理中心、开发区城建中心2个成员单位，开发区“110”社会应急联动成员单位调整至32个，其中一级联动单位14个、二级联动单位7个、三级联动单位11个。

2017年9月15日，杭州市副市长谢双成（中）到开发区开展信访专项督查　（童志忠　摄）

【应急宣教】 2017年“5·12”防灾减灾日期间，开发区应急办、开发区社发局联合举办防灾减灾宣教活动，分别于5月5日和11月24日举办应急管理暨“110”社会应急联动培训，开发区应急联动成员单位及社区工作者160多人参加培训。培训内容包括突发事件紧急信息报送与处置、“110”社会应急联动工作和日常管理、突发事件应对与危机管理等，通过集中培训，增强各应急成员单位的履责意识、风险防范意识，提升各应急成员单位和社区一线人员应急处置能力。

【应急演练】 2017年 5月5日，开发区应急办联合开发区防汛办开展“防汛防台暨防灾减灾应急演练”。演练模拟三个情景，其中开发区遭遇强降雨较长时间侵袭，内河水网面临超最高警戒水位，开发区防指办立即启动预案响应，实施预排预降和强排强降内河水位，确保开发区河网安全，演练检验水利设施运行情况和泄洪排涝能力；开发区防指办接到开发区内道路受淹情况报告后，立即按照防汛抗台应急预案，实施道路封道和交通疏导，组织队伍抽排涝水和搭建便桥，检验抢险队伍响应速度；演练模拟钱塘江堤坝出现重大险情，开发区防指办迅速落实应急救援抢险队伍，赶赴险情堤段，展开抢险并做好舆情社情引导，检验防指机关处置和管控重大危急应对能力，检查抢险队伍应急响应速度和备战程度。12月1日，开发区应急办联合开发区防冻办开展“抗雪防冻应急演练”，模拟在抗雪防冻Ⅲ级响应下，保障队伍使用“山猫”扫雪车扫雪、雪天作业车辆防滑链安装、人工清雪和人工铺设草片及冲洗车进行树木冲雪等应急抢险科目，通过雨雪天气实战演练，加强开发区抗雪防冻应急抢险队伍专业技能和实战锤炼，提升应对恶劣天气的队伍处置能力。　（曹金健　汪文传）

·档案　年鉴·

【档案与年鉴概况】 2017年，开发区档案馆实施收集、整理、扫描、录入、上架等程序，形成2016年度文书档案1660件、实物档案13件、备查694件，并通过杭州市档案局执法年检。7月，杭州市档案学会公布全市优秀档案编研成果暨档案学会优秀成果评选结果，《杭州经济技术开发区年鉴（2016）》获杭州市档案编研成果三等奖。12月，《杭州经济技术开发区年鉴（2017）》出版发行。全年参与《中国商务年鉴》《中国改革年鉴》《中国投资年鉴》《浙江商务年鉴》《杭州年鉴》的组稿入刊工作。

【《杭州经济技术开发区年鉴（2016）》获全国地方志奖项】 2017年8月5日，中国地方志指导小组公布全国地方志优秀成果（年鉴类）评比结果，《杭州经济技术开发区年鉴(2016)》被评为一等专业年鉴。全国地方志优秀成果(年鉴类)评比由中国地方志指导小组、中国地方志学会组织,评比范围为全国地方志系统2015~2016年编纂并公开出版的各级各类年鉴,在省级综合年鉴、地市级综合年鉴、县区级综合年鉴、专业年鉴4个系列中,确定特等年鉴31部、一等年鉴58部、二等年鉴87部、三等年鉴114部、提名年鉴80部。获奖的《杭州经济技术开发区年鉴(2016)》全书67.6万字,设类目31个、分目166个,收录条目1037条,全面系统、翔实准确地记载了开发区2015年度深化产城融合、推进产业转型升级、加快提升城市发展水平的基本情况。

【《杭州经济技术开发区年鉴(2017)》出版】 2017年12月28日,《杭州经济技术开发区年鉴(2017)》出版发行。2017卷年鉴全书653千字,设有类目32个,收入分目175个、条目985条,随文图照221幅,表格54张,准确翔实记录开发区2016年度经济社会发展情况。2017卷开发区年鉴对封面进行改版设计,体现“大创小镇”元素,突出开发区的地域特色和年度特色。

【《杭州市江干区志(1997—2016)》开发区篇撰稿完成】 2017年,开发区启动《杭州市江干区志(1997—2016)》第十二篇杭州经济技术开发区篇的撰稿工作,该项工作由开发区区志办牵头完成。根据江干区地方志办公室要求,细化篇目大纲,收集资料长编,全篇分“概况”“经济发展”“城市发展”“社会事业”4个章节,按照“体例正、史实准、事实清”的要求编纂文稿,经多轮修改,形成文稿4万字,通过江干区地方志编纂委员会办公室审核。

【城中村改造档案收集】 2017年8月,杭州市档案局启动城中村改造中进一步加强历史文化资源保护和档案管理工作,要求各区县(市)真实、完整记录城中村改造工作历程,保护历史文脉,传承城市记忆,反映和展示城中村改造成果。9月,开发区档案馆、下沙街道、开发区建设局按照通知要求,分工落实,下沙街道落实主体责任,按照“能保即保、应保尽保”的原则,列入改造计划社区开展排查,挖掘、收集和整理历史文化资料。开发区建设局(城中村改造办)加强城中村改造相关工作统筹,开发区档案馆加强对城中村改造档案归档整理和开发利用的业务指导和检查督促。至年末,共收集下沙街道湾南社区、头格社区等12个社区照片档案286件、文书档案58件。

(张红丹)

·政务服务平台·

【政务服务平台概况】 2017年,开发区行政服务中心围绕“最多跑一次”改革工作中心,深化“简政放权、放管结合、优化服务”改革,营造高效便民的政务环境。全年窗口办理业务量200.4万件,比上年增长19.9%,办结率99%;收到锦旗38面、表扬信20封,服务评价参评率85.6%,满意率99.5%。公共资源交易中心完成招投标项目382个,预算金额45.22亿元,招标成交金额41.75亿元,核减率7.7%。

【“最多跑一次”改革事项梳理】 2017年,开发区行政服务中心在开发区编委办牵头下,按省、市要求做好“最多跑一次”改革事项梳理。2月,公布开发区第一批“最多跑一次”改革事项清单。3月,公布第二批“最多跑一次”改革清单及调整后的事项清单。6月20日,公布18个部门和两个街道426项事项。至年末,动态调整确定“最多跑一次”改革事项425项,覆盖率96.8%。

【“两集中两到位”落实】 2017年,开发区以“最多跑一次”改革为契机,落实“两集中两到位”,即各行政审批机关的行政审批职能向一个处室集中,机关行政审批部门向行政服务中心集中;各级行政审批机关行政审批事项进驻行政服务中心要落实到位,各级行政审批机关对窗口工作人员要授权到位。至年末,行政服务中心进驻部门(单位)30个,办理行政审批与服务事项800多项,包括不动产登记、社保、医保、出入境、交警(交通违法处理)、城管违停、市民卡、公积金、邮政速递、供水、供电、燃气、移动、电信、华数电视等便民服务事项和投资项目、商事登记、经贸税务、涉审中介等审批事项,形成“一站式、一条龙”服务模式。其中投资项目方面,涉及的审批事项100%入驻到位,通过综合进件窗口进行收件、出件。

【“一窗受理、集成服务”改革实施】 2017年,开发区行政服务中心推行“前台综合进件、后台分类审批、流程提速优化、统一窗口出件”的行政审批新模式，实现政务服务事项由多窗受理向一窗受理、单一部门独立收件向跨部门综合收件转变。其中对投资项目综合进件，改造审批区域，实现投资项目“一窗受理”，产业类投资项目从备案至开工控制在4个月内；对商事登记综合进件，推行名称自主申报系统，实现“企业自主申报、系统自动核定”。设立内资及外资、食药质监综合进件窗口，实现企业主体登记、食品医药监事项均可“一窗受理”；对房屋交易与不动产登记综合进件，国土、房产、地税3个部门业务由串联调整为并联，房屋交易与不动产登记全业务、全过程实现“最多跑一次”，60分钟内完成全过程办理；对社会管理综合进件，整合社发、财政、卫生计生、残联部门业务，一窗受理文教卫、财会、残联等服务事项；对城市管理综合进件，涉及多个部门的城市大型户外广告设置，建筑物及设施上张挂张贴宣传品，设置其他户外广告和招牌、指示牌备案等审批事项，实行一窗受理、内部流转、一窗出件；对养老医疗综合进件，整合社保、医保两大类综合窗口，合并为养老医疗综合进件窗口，成为区县（市）首家养老医疗综合窗口；对城管执法综合进件，将涉及城管办、行政执法大队、交警大队等部门的渣土证业务办事事项作为“一件事”整合，再造审批流程，实现一窗办件。

开发区行政服务中心工作人员接待外籍人士 （郑体兵 摄）

【省政务服务网开发区平台应用】 2017年，开发区行政服务中心进一步推进“互联网+政务服务”工作，全年组织进驻行政服务中心各部门（单位）开展政务服务权力事项库梳理、信息动态调整、字段更新维护等培训6次。外网展示“最多跑一次”改革事项700多项，除涉密事项或上级部门统一开通的事项，均开通网上申请渠道。政务网延伸至街道，下沙街道、白杨街道“最多跑一次”改革事项全部开通网上申请并完成测试件流程。落实杭州市3批、240个事项取消的174种证明材料，以及2批、296项仅凭身份证办理的事项。

【双休日对外服务推行】 2017年9月1日起，开发区行政服务中心在预约及午间值班服务的基础上，按“五统一”要求实施双休日对外服务，内容涵盖社保医保、市民卡、不动产登记、公积金、交通违法、城管违停、出入境等七大类全城通办服务事项72项。首个周末开放日，办件量2902件，居全市区县（市）第一位。

【公共资源交易平台建设】 2017年5月25日，开发区公共资源交易中心按照“规则统一、公开透明、服务高效、监督规范”要求，配合做好公共资源交易平台整合，正式更名为“杭州市公共资源交易中心经济技术开发区分中心”。开发区公共资源交易中心提升改造评标区域，按要求将卫生间纳入评标区域，新增评标室2间，增加监控、投影仪、电子干扰等设施设备，提升开评标周转场次，提高开评标效率。

（朱 芸）

·电子政务·

【电子政务概况】 2017年，按照省、市政府网站建设要求，开发区门户网站完成向省政府网站集约化平台的迁移。11月，门户网站迁移至省政府统一建设的政府网站技术平台——“浙江政务服务网集约化平台”。整合迁移后，网站实行统一运维监管、统一安全防护，集中管理信息数据，实现网站资源优化融合、数据互认共享、管理统筹规范、服务便捷高效。发挥政府网站信息发布平台作用，全年网站公开政务信息1.1万条，达标完成省、市政府组织网站普查，2017年，开发区门户网位列杭州市市直单位政府部门网站第10名。

2017年8月3日，开发区党工委书记、管委会主任邵立春（前左二）带队到滨江区、萧山区钱江世纪城参观学习

（开发区管委会办公室 供稿）

调试45个单位能源监控系统，建成开发区管委会光伏发电工程。建设公共机构能耗监控平台，提高全区公共机构节能管理智能化水平。新投入使用的开发区公安分局办公楼地下室部分区域采用集光照明系统，减少电力照明。完成开发区管委会办公楼及下属2个单位水平衡测试，对约克中央空调的江森自控系统软、硬件进行升级改造。全年开发区人均综合能耗下降2.3%，单位面积能耗下降2.1%，人均用水量下降3%，公务用车百公里油耗控制在13升以内，节约经费16万元。

（叶孝忠）

【开发区门户网站获全国奖项】 2018年1月，中国信息化研究与促进网联合中央权威机构，通过新华社、人民日报社等国家媒体通报2017年中国优秀政务平台推荐及综合影响力评估结果，“杭州经济技术开发区门户网站”在全国国家级开发区网站中表现突出，获得“2017年度中国政务网站领先奖”。（李 翔）

·机关事务管理·

【机关事务管理概况】 2017年，开发区管委会机关事务管理部门履行机关事务管理、服务、保障职能。加强机关大楼设备的精细化管理，优化餐饮服务保障，完善固定资产登记管理，做好开发区管委会重要会议的会务保障，全年提供会议服务5400多场次。加强公务公车平台管理，出车1800多次，安全行驶8万余千米。开展节约型机关建设，节约经费16万元。

【公共机构节能减排】 2017年，开发区管委会机关事务管理部门多举措落实节能降耗任务目标，安装

【接待服务保障】 2017年，开发区管委会接待各类参观、考察、会议调研、学习交流活动304批次、1.5万人次。接待服务全国政协副主席韩启德、全国人大常委会副委员长艾力更·依明巴海等国家领导人2批次，接待服务省委书记车俊、海关总署书记倪岳峰、市委书记赵一德、市长徐立毅、市人大常委会主任于跃敏、市政协主席潘家玮等国家部厅、省、市领导39批次。接待服务湖南省党政代表团、石嘴山经济开发区、西安经济技术开发区、连云港经济技术开发区等省市团组129批次，保障服务二十国集团智库会议创新研讨会、奥克兰大学创新研究院开园、浙江省首届创博会、“创响中国·杭州站”启动等大型活动15批次。保障服务开发区党工委、管委会领导赴台湾、北京、天津、宁夏石嘴山、辽宁大连、广东广州、河北秦皇岛、陕西西安、江苏苏州和昆山等地学习考察，完成开发区管委会领导学习交流、招商引资、招才引智等活动的联络、协调和服务工作。

（叶莉莉）

责任编辑 张红丹

·开发区总工会·

【开发区总工会概况】 2017年，开发区总工会有工会会员14.01万人，比上年增加1800多人；基层工会492个，新建工会22个。推进“最多跑一次”改革，简化企业建会流程，实现网上指导、现场一次性取证，工会法人资格证新办、换证155个。实施《开发区工会干部教育培训规划》，根据“3年内对基层工会干部普遍轮训一次”的工作目标，组织开展基层工会主席专题研讨培训、街道（社区）工会干部培训、基层工会经审干部培训10期，参训人员500多人次。落实《关于试行企业工会主席补贴制工作的通知》和《杭州市基层工会主席权益保障金管理使用办法》等工会激励机制，面向74个企业工会发放工会主席补贴10.89万元，评比表彰优秀工会主席25人、优秀工会工作者125人。制定完善《职工维权和防范群体性事件应急预案》，建立三本台账（劳资纠纷台账、重点跟踪台账、来访来电台账），排摸梳理21个稳控重点企业。编制《工会财务知识汇编》，发放基层工会400多本；发挥财务互助组组长的桥梁和纽带作用，定期开展交流研讨和检查指导活动，催缴审核基层企业年报358份；抓好基层工会经审工作，审查审计离任、注销企业工会24个，财务管理进一步规范，“三公”经费“零支出”。继续推进职工文体建设工作，通过文化家园、职工书屋、职工体育活动等形式，提升职工素质，丰富职工生活。

【和谐劳动关系建设】 2017年，开发区总工会做好省市两级劳动关系指数测评工作，继续推进和谐劳动关系暨企业社会责任创建和工资集体协商“集中要约”行动。新增社会责任建设A级企业1个，全区工资集体协议、集体合同新签企业22个、续签企业48个，杭州顶园食品有限公司被评为“杭州市工资集体协商典型”企业。全年接待职工来电来访330人次，参与协助调处各类劳资纠纷12起，为职工挽回经济损失150多万元。解决顶益食品有限公司与患病职工的20年工伤待遇历史遗留问题，调解高丝化妆品有限公司股权转让涉及300多名职工的潜在群体性上访事宜。开展“百日攻坚安全隐患大排查”活动，发动1.5万名职工参与查找安全生产问题，30多个企业自查发现安全隐患79个。

【第七届职工运动会】 2017年，开发区总工会举办第七届职工运动会，设有气排球、羽毛球、篮球、乒乓球、足球五大比赛项目。4月举办女职工气排球比赛，5月举办职工足球比赛，6月举办职工羽毛球比赛，10—12月举办职工篮球片区赛和总冠军赛。全年组织各类体育比赛575场，参与职工1.1万人次。顺应职工体育爱好，举行太极拳、瑜伽等六大项目免费培训，来自辖区667个单位的1229名职工参加活动。

【职工精神文化建设】 2017年，全区各级工会广泛开展“新下沙人文化家园”建设活动，创建省级职工示范书屋4个，通过复验收新下沙人文化家园32个，职工书屋7个，新建新下沙人文化家园6个，职工书屋4个，书屋升级家园1个。做好职工图书馆工作，新购图书500多册，到馆阅读人数4000人次；开展馆外服务，成立1个企业服务点，提供借还书服务，引导职工群

2017年4月28日，开发区举行五一国际劳动节暨劳动模范表彰大会。图为劳动模范合影 （开发区总工会 供稿）

体形成好学求知的良好风气。举办“匠心筑梦——宣讲十九大精神走进劳动一线大讲堂”10场。

【关爱职工活动】 2017年，开发区总工会深化“春送岗位、夏送清凉、秋送助学、冬送温暖”系列关爱职工活动。因企制策、因需施教开展29项免费技能培训和8场劳动宣讲、咨询活动，2万名职工受益；慰问高温作业企业176个，发放高温慰问款87.31万元，受益职工3.7万人次。为外来务工人员和户外一线工作人员建设2个“爱心驿站”。资助155名优秀外来务工人员业余上大学。开展困难职工家庭调查，对18户城镇持证困难职工家庭、临时困难职工家庭实现档案信息建库，区本级帮扶困难职工（劳模）38人次。出台困难帮扶细则，向117个单位、375名职工发放慰问款106.95万元。推进职工医疗互助工作，职工参保人数3.78万人，比上年增长20%，开发区总工会补助金额72.98万元。参与医疗互助职工643人，获得医疗费用报销54.47万元。安排全区先进职工免费疗休养活动，全额出资组织1452名一线职工赴舟山、宁波、嵊泗三地疗休养，组织279名特殊岗位职工疗养体检。组织春节“外来务工人员平安返乡”包车资助活动，为5000多名职工群众春节返乡提供支持。

【职工技术创新】 2017年，开发区举办区级技能大赛6场，动员企业开展岗位技能比武100场，参与职工1.1万人次，激发职工群众的劳动热情和创造力。开展“三重一新”（重大工程、重大项目、重大活动、新经济业务领域）立功竞赛、合理化建议等岗位创新创优活动，创建市级“工人先锋号”4个、市级高技能（劳模）“创新工作室”2个，培育市级职工“五小”（小发明、小创造、小革新、小设计、小建议）创新成果3个，创造经济效益约1000万元。

【劳动模范评选】 2017年4月20日，杭州市五一国际劳动节奖章（状）表彰会在省人民大会堂举行。开发区企业浙江三花汽车零部件有限公司、杭州丘比食品有限公司获得杭州市五一劳动奖状；杭州中粮制罐有限公司副总经理兼生产厂长叶祥兵、杭州九源基因工程有限公司总经理助理、生产部经理李辉、艾博生物医药（杭州）有限公司后段组装生产部经理沐俊宝、杭州立昂微电子股份有限公司副总经理咸春雷获得杭州市五一劳动奖章；杭州奥普卫厨科技有限公司获得浙江省劳动模范集体。4月28日，开发区举行五一国际劳动节暨劳动模范表彰大会，授予丁国军等20人开发区“劳动模范”称号，授予浙江康莱特药业有限公司设备动力车间等8个集体开发区“模范集体”称号。

【首届“下沙工匠”】 2017年11月28日至12月4日，为弘扬和培育工匠精神，开发区组织开展首届“下沙工匠”认定工作，经组织推荐、个人自荐等方式，共收到候选人材料694份。经初审、专家评审、媒体公示，卓尚服饰（杭州）有限公司王海霞、杭州顶园食品有限公司王旭东、浙江康莱特药业有限公司尹玉梅、浙江华人数码印刷有限公司张毅、浙江三花汽车零部件有限公司吴生奇、博世包装技术（杭州）有限公司苏小军、杭州新世宝电动转向系统有限公司林秉钧、顾家家居股份有限公司金从华、西门子（杭州）高压开关有限公司施卫刚、杭州矢崎配件有限公司童光红10人被认定为首届“下沙工匠”。

·团工委·

【开发区团工委概况】 2017年，开发区有团组织178个，比上年新增30个，新发展团员366人。开发区团工委开展青年思想教育、创业创新等系列活动。举办相亲活动，为开发区青年提供婚恋交友平台。开展志愿服务和“文明城市·青年先行”“河小二”集中行动等活动，志愿者队伍得到壮大。开发区少工委关爱青少年及其思想教育，举办公益夏令营、安全教育知识宣讲培训、青少年法治宣传等系列活动。

2017年9月10日，开发区团工委开展“文明城市·青年先行”系列活动（开发区总工会 供稿）

开发区继续认定杭州市“青年文明号”7个，分别为东芝物流管理（杭州）有限公司仓储课成套组、浙江广聚人力资源开发有限公司综合管理部、浙江育英职业技术学院工商管理系德育教研室、中日龙电器制品（杭州）有限公司金型技术部、白杨街道综合服务中心、杭州和达物流有限公司、下沙街道卫生服务中心门急诊护理组；新命名杭州市“青年文明号”3个，分别为龙弛幕墙工程有限公司工程部、浙江浙能天然气运行有限公司下沙站、松下家电（中国）有限公司财务中心。

【强化青年团建工作】 2017年7月，开发区团工委开展32个社区团组织换届工作。全年共青团组织开展团课52场、民主生活会34次，组织开发区120名团干部参加区内及团市委主办的各类培训班。开发区团工委邀请市团校校长陆桂英对开发区团干部和志愿服务骨干进行党的十九大精神学习专题授课。

【青少年成长环境优化】 2017年，开发区团工委关注开发区青年婚恋交友问题，开展10场大型相亲交友活动，先后进入10多个企业进行“微相亲”活动，参与活动的企业单身青年2000多人次。开发区团工委依托开发区青少年宫、社区青少年俱乐部等平台，开展暑期夏令营及关爱活动60多次，参与青少年1000多人。举办“情暖童心”杭州市百场公益夏令营主题活动，开展“中国梦，我的梦”“同在蓝天下，携手共成长”“红领巾助力五水共治”等主题活动。组织协办高沙社区关爱“小候鸟”暑期公益活动、七格社区暑期假日活动、下沙银泰商城“小候鸟”夏令营、铭和社区暑期夏令营体验班等，为企业员工、外来务工人员子女提供丰富生活、接受教育的平台，增强其归属感和社会融入度。开展外国友人及高层次人才子女夏令营活动，多蓝水岸社区联合浙江工商大学外语学院开展以英语短剧形式的“英行剧动”暑期夏令营；朗琴社区举办“七彩俱乐部”海外高层次人才子女暑期夏令营，来自中国、美国、日本、印度、马里等国家的15名小朋友参加。

【志愿者服务】 2017年，开发区团工委对志愿服务工作推行项目申报考评制度，并形成分类拨付机制。根据高校和社区上报的志愿服务项目特点进行初审、复评等工作，最终确定41个志愿服务项目进行现场合作意向选择，并保障其中20个重点志愿服务项目经费。学林街小学与浙江传媒学院合作的“大手拉小手，争做‘河小二’”知行课堂志愿者实践活动获得2017年“杭州市十佳志愿项目”第一名。

【助力创建文明城市】 2017年，开发区团工委开展“文明城市·青年先行”主题系列活动，累计发动1000多名青年志愿者参与。3—12月，开展交通文明劝导、共享单车整理、河道清洁保洁、食品安全监督等志愿者服务活动50多次，志愿服务时数5000多个小时；完成开发区文明城市复评各项工作任务。

【“河小二”青年突击队】 2017年，开发区团组织组建10支“河小二”青年突击队，队员 1768人，其中包括一支国际友人队伍，开发区团工委对其进行专题培训并颁发聘书。全年组织开展“河小二”集中行动

2017年4月5日，在开发区分会场举行"百万职工大行动，剿劣攻坚当先锋"开幕仪式　（开发区总工会　供稿）

10多次。举行开发区治水集中整治行动攻坚战，松下家电（中国）有限公司团委带领100多名青年团员参与助力治水攻坚志愿者行动。12月，开发区团工委联合开发区文明办、开发区治水办表彰"青春助力·剿灭劣V类水集中行动"的"河小二"先进集体13个、"河小二"先进个人121人。

·妇工委·

【妇工委概况】 2017年，开发区妇工委由11名委员组成，设副主任1人。下辖街道妇联组织2个，社区妇联组织28个，企业妇女组织301个，机关、事业单位妇女组织3个。三八国际妇女节期间，对2016年度为开发区经济、社会事业做出积极贡献的一批先进集体、家庭和个人进行表彰和命名。加强对全区125个区级"巾帼文明岗"、21个市级"巾帼文明岗"、13个省级"巾帼文明岗"和1个"全国巾帼文明岗"先进集体的指导、管理和监督。10月，开展申报和重新认定2016年度开发区"巾帼文明岗"活动。12月，召开2016年度"巾帼文明岗"创建活动推进会，做好新命名和继续认定2017年度"区级巾帼文明岗"工作。继续开展六一国际儿童节慰问。

【关爱妇女儿童】 2017年六一国际儿童节，开发区妇工委赴困难学生较多、民工子女集中的金沙学校、文博学校、金沙湖小学、阳光小学等民办小学和幼儿园，为每所学校送去价值2000元至5000元的学生课外阅读书。3月8日，在龙湖天街南广场开展"巾帼心向党，三次创业立新功"活动，组织8个大型企业推出适合女性从事的工作岗位，并进行现场招聘。组织《中华人民共和国妇女权益保障法》《中华人民共和国婚姻法》《女职工劳动保护特别规定》等法律咨询活动，营造有利于辖区妇女身心健康的工作生活环境。

【妇女节表彰】 2017年3月7日，开发区庆祝三八国际妇女节107周年座谈会在开发区城建文化馆举行，来自辖区街道社区的妇联主席、企业工会女职工委员会主任及先进代表200多人参加会议。会议表彰并命名2016年度为开发区经济、社会事业做出突出贡献的10户五好文明家庭、10户绿色家庭、5对最美婆媳、4户平安家庭、10个巾帼文明标兵岗、10名优秀巾帼文明岗岗长、52名先进女职工。会上，开发区妇工委向全区妇女及家庭发出"巾帼心向党，三次创业立新功倡议书"，发动全区妇女发扬"巾帼不让须眉"的精神，把家庭建设成为开发区发展进步、社会和谐的重要基石。

【企业家、女劳模、女干部座谈会】 2017年4月，开发区妇工委组织区内女企业家、女劳模、女干部40多人在杭州万事利丝绸文化有限公司举行"巾帼心向党，三次创业立新功"座谈会，利用女企业家、女劳模、女干部联谊会的平台，促进女企业家、女劳模、女干部自身成长，发挥示范作用，带动全区妇女在开发区"三次创业"中做出更大贡献。

【女大学生创业基地揭牌】 2017年5月5日，开发区女大学生创业基地暨杭州市妇联伊创荟下沙基地成立。杭州市妇联副主席吕芬芳、"伊扬部落"发起人谢炯为该基地揭牌。吕芬芳为"伊扬部落"颁发"杭州市伊创荟下沙基地证书"。该基地致力于打造面向女性的众创空间等创业服务平台，激发女性创造活力，培育包括女大学生在内的创新人才，带动扩大就业，打造经济发展新"发动机"，发挥妇女"半边天"作用。

（诸琪杰）

责任编辑　周　丹

·法治综述·

【政法委概况】 开发区党工委政法委为开发区党工委领导管理政法工作的工作机构，与开发区综治办合署办公，增挂开发区维稳办牌子。2017年，开发区党工委政法委做好重大涉稳问题项目化监管，推进社会管理综合治理，深化“平安下沙”建设，推进“法治下沙”进程，各项工作迈上新台阶，实现开发区社会大局总体稳定。

【党的十九大维稳安保五大机制】 2017年，开发区党工委成立“护航十九大”大会战领导小组，印发《开发区党的十九大维稳安保工作方案》，组建“一办五组”，抽调力量实行集中办公。9月20日至10月31日，人员全部在岗在位，实行专班化运作。完善五大工作机制：党的十九大维稳安保工作领导小组综合协调办公室设在政法委，统一下指令、统一出任务、统一报信息、统一抓督察，发挥牵头抓总、指挥协调、信息传递等作用，召开专题会议31次，上报每周专报5期、每日专报21期、专刊1期。从开发区党工委政法委、开发区纪检监察组、开发区公安分局、开发区市场监管分局、开发区规划分局、开发区总工会抽调6人，组成专项暗访督察组，对重点地区、重点领域、重点行业、重点人员，每日开展专项督察。其间，检查相关部门8个、企业156个、社区31个、小区42个、中小学幼儿园19个、网吧24个、快递公司32个、旅馆51个、加油站7个、医院4个、公交站点9个、沿街店面172个、出租房屋276间。从9月12日全区动员部署大会后实行每周一会商，10月11日开始实行“每日一会商”，对全区社会面重点涉稳事件、案件防控、预警性情报信息、重点人管控、公共安全等情况，做到实时掌握、及时处置，最大限度把苗头性问题消灭在萌芽状态，主动发挥集体会商处置作用。建立委领导和各部门24小时值班制度，13个重要部门（单位）实行24小时到岗值守，确保第一时间发现问题、第一时间稳控处置；督查督导机制。由11名党工委领导班子成员带队，38个相关部门（单位）负责人参加，对党的十九大维稳安保重点工作进行明察暗访，督查杭州钱江燃气公司、浙江财经大学、高沙小区等22个重点企业、学校、居民小区及重点部位存在的短板和问题，深入检查安全生产、消防安全、突发事件应急预案、矛盾纠纷排查化解、公共安全隐患排查、值班值守等工作落实情况，并召开专题座谈会听取汇报、反馈督查情况、提出工作要求，推进维稳安保重点工作落实到位。

【推进基层治理体系“四个平台”建设】 2017年5月，开发区党工委成立开发区基层治理体系“四个平台”建设领导小组，挂牌成立区级综合信息指挥中心和街道综合信息指挥室，明确分管领导和105名下派管理人员，理顺组织架构和指挥体系。优化调整211个网格，其中居民网格190个、专属网格21个，配备网格长211人、专职网格员219人、兼职网格员620人，暂定网格指导员92人，基本实现人、事、物“全覆盖、无缝隙、科学合理”目标要求。研究制定“四个平台”建设实施意见、实施方案等，制定网格化管理明细表、示意图以及相关培训机制等，印发《网格管理培训手册》《开发区基层治理体系“四个平台”建设资料汇

2017 年 3 月 27 日，开发区召开政法信访工作会议（黄佳伟 供稿）

编（一）》等，组织开发区综治办、开发区管委会办公室、开发区人社局、开发区经发局、开发区社发局、开发区公安分局等12个相关部门，对400名网格长、网格员进行业务培训，构建全科网格和“四个平台”相关体制机制。在开发区智管平台基础上，与省数据管理中心等单位对接，研究开发“四个平台”建设管理系统，新采购211部信息采集机，分批次组织开展系统PC端操作培训，促成“四个平台”建设信息系统正常运转。

▶▶ 资料：基层治理体系“四个平台”

2016年，浙江省委办公厅、省政府办公厅出台《关于加强乡镇（街道）“四个平台”建设完善基层治理体系的指导意见》，正式提出“四个平台”概念，具体指对乡镇（街道）和部门派驻机构承担的职能相近、职责交叉和协作密切的日常管理服务事项进行归类，完善相关机制，整合工作力量，形成综治工作、市场监管、综合执法、便民服务4个功能性工作平台。

【社会面治安防控】 2017年4月，开发区党工委政法委研究制定《开发区社会面防控等级响应工作实施方案（试行）》和《开发区平安巡防队伍社会面防控等级响应实施方案》，明确重大时间节点，按照要求启动等级响应，明确防控区域、防控重点、等级响应程序及力量配备等内容。全年启动社会面等级响应5次，分别是：党的十九大期间一级响应、“一带一路”国际高峰合作论坛期间二级响应、第十三届全国学生运动会期间二级响应、市“两会”期间三级响应、省十四次党代会三级响应。等级响应期间，成员单位加大平安巡防和重点管控力度，社会面总体平安稳定。特别是党的十九大一级响应期间，开发区综治办牵头组织开发区两街道、开发区公安分局、开发区行政执法大队、开发区司法局等对下属单位开展交叉互查，深入查漏补缺，有效防范和遏制风险隐患，堵塞安全漏洞，确保重点人员、重点区域、重点场所等管控到位；组织全区机关干部50%下沉社区，动员巡防队员、企业安保力量、平安志愿者深入社区网格参与平安巡防、城市序化、卫生保洁等，累计巡防4.6万人次；以网格为单位，组织开展排摸梳理，及时收集和掌握动态信息，提升社会面防控能力。

【“各行各业创平安”专项活动】 2017年，全面部署“平安企业”“平安校园”“平安金融单位”“平安家庭”等24个载体的基层创平安工作任务，在各街道和有关部门考评推荐基础上，开发区综治办（平安办）审核上报，经杭州市创建“平安杭州”领导小组决定，命名下沙街道中沙社区居民委员会、浙江水利水电学院、开发区听涛小学、杭州锦阳人力资源有限公司等12个单位为市级“平安示范单位”。

【平安“三率”宣传】 2017年，开发区党工委政法委推进平安“三率”（知晓率、参与率、满意率）宣传，完善“平安下沙”宣传折页，增加“居住证办理”“平安下沙倡议书”等内容，重点围绕如何提升“新下沙人”平安创建参与率，召开开发区人力资源公司平安宣传工作专题座谈会，讨论研究对策，并向15个较大人力资源公司发放平安宣传折页4万余份；向各社区发放志愿者马甲、喊话器、强光手电、雨衣、手套等平安巡防装备400多件，平安宣传海报100多份、指导手册800多册。

【重点地区社会治安整治】 2017年，开发区党工委政法委统筹协调街道、公安等单位，针对市级挂牌整治地区下沙街道治安环境复杂，涉黄和涉赌案件较

表34

2017年开发区市级“平安创建示范单位”

序号	单位	荣誉称号
1	杭州市江干区下沙街道中沙社区居民委员会	平安家庭创建单位
2	浙江正京元大药房连锁有限公司杭州下沙三店	平安药品安全创建单位
3	浙江水利水电学院	平安校园
4	浙江经济职业技术学院	平安校园
5	开发区听涛小学	平安校园
6	开发区景苑中学	平安校园
7	杭州聋人学校	平安校园
8	北京银行股份有限公司杭州钱江支行	平安金融单位
9	中策橡胶集团有限公司	平安企业
10	浙江锦阳人力资源有限公司	平安企业
11	杭州士兰集成电路有限公司	平安企业
12	杭州松下家用电器有限公司	平安企业

为突出、电信网格诈骗案件多发等问题，制定社会治安重点区域整治工作实施方案和工作责任明细表，明确整治重点和具体工作举措。协调下沙街道每月梳理社会治安重点地区整治工作统计月报，针对总警情、涉赌、涉黄、电信诈骗、入室盗窃案件等数据进行梳理分析，定期召开专题会议研究整治举措。协调相关部门分析评估、会商研判，梳理区级重点整治地区白杨街道月雅苑社区和江滨花园社区，督促责任单位制定整治方案，发文明确《开发区级挂牌整治社会治安重点地区验收评估标准》，通过6个月专项整治，重点地区的社会治安环境得到有效改善。刑事案件受理量比上年下降30.6%，刑事案件立案量下降25%，电信网络诈骗发案量下降32.9%。

【推进社会治理创新】 2017年，开发区党工委政法委协调矛盾纠纷化解处置工作。继续坚持和发展新时期“枫桥经验”，健全矛盾纠纷调处工作月报制度，定期开展矛盾纠纷集中排查整治行动，成立开发区“在线矛盾纠纷多元化解平台”工作领导小组，整合共享人民调解、行政调解、司法调解等组织资源和人民调解员、仲裁员等人力资源，推进“在线矛盾纠纷多元化解平台”线上线下融合运行模式。全年共计排查各类矛盾纠纷1198件，调处成功1198件，调处成功率100%。协调推进严重精神障碍患者管控，制定《关于开展全区严重精神障碍患者集中排查专项行动的工作方案》和《开发区社会心理服务体系建设的实施方案》，召开专题会议，协调开发区卫生计生分局、开发区公安分局、下沙街道、白杨街道、开发区财政局、开发区残联等职能部门，全力推动社会心理服务工作平台及相关工作机制建设，开展严重精神障碍患者的“地毯式”排查，对符合条件人员加强服务管理，落实工作人员“以奖代补”补贴政策。

【维稳项目化监管】 2017年，开发区维稳办为提升矛盾化解处置实效，全面梳理辖区不稳定因素，全年纳入项目化监管重大涉稳问题26个，其中纳入省级监管2个、区级监管17个、街道监管7个。根据“一案一领导、一案一专班”要求，明确项目化监管的责任单位，落实包案领导；研究制定责任分解表，及时跟踪化解处置情况。至年末，累计化解重大涉稳问题25个，其中省级2个、区级17个、街道6个，化解率96.2%，稳控率100%。

【维稳源头管控】 2017年，开发区维稳办为从源头上加强管控，坚持目标管理责任制，按照“属地管理”“谁主管谁负责”原则，与27个成员单位签订目标考核责任书，更新考核内容，细化考核标准，把维稳工作任务、措施落到实处。推动开展不稳定因素摸排调研活动，及时发现问题，落实稳控措施。在党的十九大等重要会议和重大活动期间建立每周、每日信息会商制度，分析研判辖区内可能影响社会稳定的重点涉稳问题，有针对性落实工作，确保社会大局稳定。

【重大工程项目涉稳风险评估】 2017年，开发区维稳办按照“谁主管、谁评估，谁决策、谁负责”原则，将涉及群众利益的重大决策、重大项目纳入风险评估范围，确保“应评尽评”。印发《关于对开发区2017年重点实施建设项目进行社会稳定风险评估的通知》，至年末，“龙湖房产”“士兰芯片”“传云物联网”“东部创智天地”“辉瑞生物”等15个重点工程项目列入风险评估并已全面完成，确保重大项目实施过程中不发生涉稳问题。

【“基本解决执行难”列全省第一】 2017年7月，开发区党工委政法委牵头制定并印发《关于支持人民法院基本解决执行难工作的通知》。通过建立“党委领导、政府支持、综治牵头、法院主办、部门配合、社会各界参与”的基本解决执行难工作大格局，健全网络查控和联合惩信机制，强化开发区政法部门之间协调配合，进一步规范法院执行行为。全年开发区法院执行标的清偿率80.6%，位列全省基层法院第一。

【民事案件专项执法检查】 2017年3月，开发区党工委政法委启动民事案件专项执法检查，采用听取法院汇报、集中核查案卷、走访案件当事人等方式，抽查开发区法院2016年以来已办结的100起民事执行案件，发现并通报问题41起，其中执行财产未查明查清3起、执行期限超期1起、送达告知不到位8起、法律文书有瑕疵18起、案卷归档不规范3起、其他问题8起。

【认罪认罚从宽制度试点】 2017年5月，开发区党工委政法委启动认罪认罚从宽制度试点工作，建立联络协调和信息沟通、重大特殊敏感案件协调、认罪认罚试点容错、认罪认罚程序激励和统一规范试点宣传报道等工作机制。建立信息共享、互联互通、数据集成的政法工作平台，便捷认罪认罚案件的送达、换押、告知、变更强制措施等程序性工作。至年末，公安机关适用认罪认罚从宽办理案件18件、18人次，占移交起诉总数的16.4%；检察院起诉13件、13人次，占起诉总数33.8%；法院审结7件、7人次，占审结总数37.1%；司法局法律帮助案件44件，其中侦查阶段34件、审查起诉阶段10件。

【司法救助】 2017年，开发区党工委政法委组织协调解决温某被陈某殴打致死案家属司法救助。被害人温某家属打赢官司，民事赔偿却一直无法执行。为解决温某家属因该案造成的生活困难，开发区党工委政法委牵头组织给予受害人司法救助，由开发区社发局帮助协调减免被害人尸体火化相关费用，由开发区卫生计生分局协调减免被害人抢救医药费，受害人家属予以接受。 （黄佳伟）

·公　安·

【公安概况】 2017年，开发区公安分局下设下沙派出所、白杨派出所（与高教园区派出所合署办公）、闻潮派出所、金沙湖派出所。设有机关科室、职能大队13个，有民警240人、协警570人。

开发区公安分局完成党的十九大安保、第四届世界互联网大会、“一带一路”国际高峰合作论坛、第十三届全国学生运动会、首届国际茶业博览会、省市“两会”、各类节日和体育赛事等一系列重要节庆时段开发区的安保工作。围绕开发区党工委、管委会中心工作，开展居住出租房屋整治工作，拆除违规出租房屋3414套，推进小区“智慧门禁”系统建设，86个重点小区4626扇单元门全部实现“智慧门禁”；配合做好“五大市场”、省军区农副业基地停偿服务和景园小区套房居民维权等稳控工作。加强打击，快侦快破重特大案件，实现重特大案件破案率100%目标，破获“校园贷”督办案件，打击“校园贷”团伙13个，抓获涉案嫌疑人128名，逮捕71人、移诉84人、取保候审39人。查破抢劫、聚众斗殴、非法拘禁、诈骗、敲诈勒索等刑事案件90多起，查扣欠条1600多份，涉及资金4000多万元。

开发区公安分局推进“最多跑一次”公安改革工作，55个事项实现“最多跑一次”，实现率87.3%。打造金沙湖派出所执法办案、案件管理、物证管理的“三位一体”执法管理机制。加强队伍建设，推进党员层级管理，开展“能力素质提升年”活动，在全市公安机关技能大比武中，总成绩列全市第二名；获全市公安机关辩论比赛冠军；《警察说》小视频在公安部、国家网信办公安网络正能量精品征集活动中被评为“十佳动漫音频作品”。开发区公安分局集体立二等功1个，集体立三等功2个、个人立三等功11个，5个集体、49名个人获嘉奖。

【开展“三位一体”执法管理机制试点】 2017年，开发区公安分局在金沙湖派出所建成执法办案、案件管理、物证管理的“三位一体”执法管理机制，全面规范日常执法活动的流程化运作，基本实现“警、案、人、物、视、卷”执法管理信息共联共享、科学运用、全程监督，实现执法、指挥、勤务、实战等融合，建成以来接待全国各地120多批次兄弟单位参观考察。8月，金沙湖派出所被评为全省公安机关执法示范基层所队。

【公安部门领导调研开发区公安工作】 2017年3月16日，公安部法制局刑事法规处处长陈敏、副处长刘澹如在省公安厅法制总队队长徐芳根、市公安局法制支队队长何华坤等陪同下，到开发区公安分局金沙湖派出所调研指导“三位一体”执法管理机制建设工作。

3月21日，省公安厅党委委员、副厅长王海仁到开发区公安分局金沙湖派出所实地考察“三位一体”执法管理机制建设情况。市公安局党委副书记、副局长金捷，开发区党工委委员、公安分局局长储志林及相关部门负责人陪同。

5月23日，省公安厅党委委员、副厅长王建到开发区公安分局金沙湖派出所调研指导“三位一体”执法管理机制建设工作。开发区党工委委员、公安分局局长储志林等陪同调研。

8月9日，浙江省委常委、政法委书记、公安厅厅长徐加爱，在省公安厅副厅长、杭州市委常委、市公安局局长叶寒冰，市公安局党委副书记、常务副局长金捷以及相关部门负责人陪同下，到开发区公安分局金沙湖派出所实地调研派出所执法功能区精细化建设和“扬旗”1号行动情况。开发区党工委委员、公安分局局长储志林及相关部门负责人陪同调研。

10月2日，浙江省公安厅副厅长、杭州市委常委、市公安局局长叶寒冰到下沙850盘头观潮点，实地检查指导钱塘江观潮安保工作。开发区党工委委员、公安分局局长储志林，副局长董杰以及相关单位负责人参加。10月30日，叶寒冰到开发区文海北路检查站督导“环嘉护城河”安保工作。

【维护社会政治稳定】 2017年，开发区公安分局以党的十九大维稳安保工作为主线，成功处置群体性事件64件，出动警力2200多人次，涉及人员1万余人、涉及金额50多亿元，刑事拘留1人、治安拘留3人，确保开发区社会大局平安稳定。全年完成党的十九大维稳安保、第十三届全国学生运动会、钱江观潮、2017年杭州国际女子马拉松赛、第四届世界互联网大会、东方社区和头格社区回迁等活动安全保卫任务19次，完成其他警卫任务14次，其中二级3次、省市级11次。依托平安综治网格化管理机制，对下沙街道治安进行全面整治。至年末，下沙街道刑事案件比上年下降30%，刑事立案下降31.1%，电信网络诈骗案件发案下降35.4%，实现“重点整治街道”摘牌目标。

【打击各类犯罪】 2017年，开发区命案发案3起、破案3起，强奸、绑架、放火、爆炸、劫持案件发案13起、破案13起，抢劫、抢夺案件发案7起、破案7起。核查涉枪涉爆线索170多条，其中刑拘网络贩枪犯罪嫌疑人1名，立治安案件3起、治安拘留2人。收缴气体动力枪支6把、火药子弹300发、铅弹199发、各类零部件20多件。

打击涉众型经济犯罪，侦破公司型平台类涉网案件团伙3个，抓获85人。破获“5·24”湖北宜昌投资理财类诈骗团伙和“冉微”“亿微”等淘宝代运营诈骗团伙。

打击侵财性犯罪，全年四类（盗窃、抢夺、诈骗以及掩饰、隐瞒犯罪所得、犯罪所得收益）侵财案件起诉242人，比上年上升37.5%，其中传统盗窃起诉172人；四类侵财移诉254人，上升5%；四类侵财案件刑拘353人，上升8.9%。四类传统侵财案件破案率51.9%，电信网络新型犯罪案件破案率37.8%，抢劫、抢夺案件破案率54.6%，入户盗窃破案率15.2%。破获跨区域团伙系列性案件5起，起诉跨省系列传统侵财案件8起。

打击涉毒犯罪，开发区全年毒品案件发案、破案101起，刑事拘留168人，破获团伙案件9起，其中公安部目标案件1起、省公安厅目标案件2起。涉毒移诉145人，强制隔离戒毒234人。查获吸毒人员776人，查获毒品冰毒3249.6克、海洛因85.35克、美沙酮2281.32克。侦破公安分局历史上首起公安部督办贩毒案件，先后抓获贩毒嫌疑人21人，缴获冰毒6.3千克，缴获毒品数为历年之最。

打击涉赌涉黄违法犯罪，行政处罚涉赌涉黄违法嫌疑人208人，采取强制措施犯罪嫌疑人61人。办理黄赌团伙案件6起，完成黄赌案件移诉14人。办理食药环案件7起，对13人采取强制措施，移诉12人。

2017年8月9日，省委常委、政法委书记、公安厅厅长徐加爱（中）到金沙湖派出所指导工作
（余世民　供稿）

2017年5月25日，市公安局副局长姚利民（中）到下沙派出所接待信访群众并到户籍窗口体验“最多跑一次”工作
（余世民　供稿）

【公安分局“最多跑一次”改革】 2017年，开发区公安分局成立“最多跑一次”改革工作领导小组，建立例会制度、督导问责制度和流动红旗评比制度，明确职能科室职责，梳理问题、责任和请示清单，稳步推进改革，55个事项实现“最多跑一次”，实现率87.3%。白杨派出所民警蒋丽霞践行“最多跑一次”改革先进事迹受到省委书记车俊批示肯定。

【群租房专项整治行动】 2017年，开发区公安分局开展群租房专项整治行动，共发动社区干部498人、党员和楼道长1800多人、小区物业部门73个，组织警力5000人次，开展全局性集中清查行动50多次，累计排查流动人口35.78万人，排查居住出租房屋3.2万间，签发责令整改通知书1865份，拆除、整治违规分隔出租房3414套，查处、处罚违法房屋承租人、出租人719人，处罚违规用工单位和中介机构2个。该项工作被《浙江警学》《公安内参》作为根治“群租房”顽疾实效性样本在全省、全国予以推广。市委书记赵一德、副市长谢双成、市公安局局长叶寒冰等领导批示肯定，省市主流媒体予以报道。

【“智慧门禁”和“智慧警务”建设】 2017年，开发区公安分局制定《关于全面推进开发区“智慧门禁”建设应用工作实施意见》，牵头成立“智慧门禁”建设领导小组，明确政府主导、社会协同、多方参与、市场运作、共建共享的建设机制，制定完善逐级考核机制，建立周工作例会制度。全区86个重点小区、4626扇单元门全部建成“智慧门禁”系统。

全年新增“全球眼”视频监控298个（68个人脸监控）、电子警察39个方向、智能卡口27个方向和交通联网信号灯控制系统48个路口。通过视频监控系统破获案件177起、发现有效案件线索1511起、上报经典案例93起。开发区交警大队通过视频监控系统发现254起交通事故案件线索，处理违章9.19万起；开发区行政执法大队、开发区运管处通过视频监控系统分别查获案件10起和252起。

【居住出租房“旅馆式”管理试点】 2017年，开发区公安分局在白杨街道的保利东湾、福雷德广场、下沙街道松合时代商城和中沙金座4个居民小区开展居住出租房屋“旅馆式”管理试点工作。以保利东湾四期为例，试点以来，整治违规出租房66间，整治消防隐患41处，小区发案数比上年下降12.2%，抓获违法嫌疑人3名，抽查小区流动人口登记率100%、出租房屋登记率100%。

【公安民警队伍建设】 2017年，开发区公安分局党委班子调整班子成员4名，提拔中层科级干部9人，其中正科实职4人、副科实职5人；交流科级干部24人，其中正科级6人、副科级18人；平调4名中层干部到派出所，交流调整民警28人，其中从机关调整到派出所民警7人。

开发区公安分局自主研发党风廉政建设层级管理网站和“民警廉政电子档案系统”，搭建公安分局“六层五级”、各支部（单位）“四层三级”管理架构，细化实施方案和管理办法，实施常态教育、加强日常监管、党员自我承诺、风险防控、落实帮扶措施、履行报告责任、做好记录7项常态措施，列明党委书记、班子成员、支部书记、中层领导、民警各层级主体责任清单，推动层级管理落地生根。2017年度全市公安机关党风廉政建设主体责任层级管理信息系统使用排名第二名。

2017 年 8 月 18 日，开发区公安分局民警在市公安局组织的辩论比赛中获冠军
（余世民 供稿）

【民警"能力素质提升年"建设】 2017年，开发区公安分局采取"送教上门"形式，服务一线岗位和实战单位，组织"送教上门"24次，发放教学小卡片2000张。采取"师带徒""老带新"方式，抓好业务骨干、军转干部和入职新警的分层分类培训，组织30名业务骨干上挂交流、跟班实训，40名军转干部执法能力小班化、封闭式培训，24名三年以内新警夜学理论、战学技能，组织开展"一案一事一议一训"活动25期，56名民警上台宣讲。自制教学视频17个，重新聘任开发区公安分局专兼职教官17名，其中8名民警被市公安局聘为市级教官，1名民警被评为全市"十佳教官"。

【全警技能大比武成绩优胜】 2017年，开发区公安分局在全警技能大比武中，4名个人、5个项目获全市第一名，2人获全省第一名、2人名列全省前六名，团队总成绩居全市第二名。在全市公安民警辩论大赛中，开发区公安分局辩论队获冠军。在全市公安机关警务辅助人员岗位技能竞赛中，1人获个人第二名、2人获个人第五名，团体获第二名。

【公安宣传工作】 2017年，开发区公安分局在国家级媒体发稿30多篇，省级媒体发稿120多篇，市级媒体发稿160多篇。开发区公安分局拍摄制作的小视频《警察说》，以群众喜闻乐见的方式开展公安宣传，网络点击量超过3000万次，得到市委书记赵一德批示，被公安部、国家网信办公安网络正能量精品征集活动评为"十佳动漫音频作品"。开发区消防大队策划拍摄的微电影《小米和她的六个爸爸》，获浙江省消防总队微电影评比三等奖、浙江省公安厅"讲述好民警故事"主题微电影大赛三等奖、公安部消防局第二届消防"三微"作品及电视公益广告作品征集评选活动三等奖。（余世民）

·检 察·

【检察概况】 2017年，开发区检察院内设机构5个，下属事业单位1个。有检察干警40人，其中政法专项编制29人、事业编制6人、编外5人。开发区检察院围绕开发区中心工作，参与社会治理，为开发区构建转型发展新格局提供有力的法治保障。

开发区检察院全年受理提请审查逮捕案件321件、420人，受理移送审查起诉案件387件、556人。强化法律监督职能，开展立案、侦查、审判、刑罚执行、行政执法等环节的法律监督，推进落实公益诉讼。推进司法体制改革，配合监察体制改革试点。关注开发区非公企业发展状况和转型升级需要，构建亲清检企关系，营造法治化营商环境。加强大学生、未成年人案件办理和预防工作，开展法治宣传活动。全年获省级荣誉1人次、市级荣誉2人次，获省级调研成果奖项论文1篇、获市级调研成果奖项论文3篇。

【刑事检察】 2017年，开发区检察院受理提请审查逮捕案件321件、420人，案件数和人数比上年分别上升21.6%和12.6%，批准逮捕363人，不批准逮捕52人；受理移送审查起诉案件387件、556人，案件数下降4.2%，人数上升0.7%；提起公诉395人，不起诉52人。重视对危害食品药品安全、生态环境安全领域犯罪的打击力度，依法批准逮捕4人，提起公诉7人。妥善办理省公安厅打黑除恶第一批挂牌督办以大学生为犯罪对象的“套路贷”系列案件，受理审查起诉22件、81人，已提起公诉3件、6人，均已被法院有罪判决。推动办案“精细化”，全面审查、细致办案，严把案件事实关、证据关，提升执法司法质效，因证据不足不逮捕36人，占不批准逮捕总人数69.2%。坚持宽严相济刑事政策和“绿色司法”理念，对初犯、偶犯、未成年犯、老年犯依法从宽处理，无逮捕必要不批准逮捕16人，因犯罪情节轻微做出相对不起诉处理51人。

【法律监督】 2017年，开发区检察院抓住执法权运行的重点环节和关键环节开展法律监督。深化派驻公安机关检察工作室机制，强化侦查监督和立案监督，依法监督侦查机关立案1件、1人，向侦查机关发出检察建议书3份，促进侦查活动规范化。强化刑事执行监督，开展对被逮捕人员的羁押必要性审查工作，办理羁押必要性审查案件15件，变更强制措施2人。开展社区矫正监督，对1名在社区矫正期间因吸食毒品被行政拘留的矫正对象，依法监督收监执行。配合开发区政法委开展民事案件执行工作专项执法检查。

【推进公益诉讼工作】 2017年，开发区检察院根据开发区党工委、管委会出台的《关于支持检察机关开展公益诉讼工作的实施意见》，建立检察机关与行政执法机关、司法机关信息共享和案件通报机制。开发区检察院在办理一起虚开发票案件过程中，发现存在偷逃税款行为，为此发送诉前检察建议1份，督促行政机关依法履行职责，由税务部门立案稽查。

2017年6月1日，开发区检察院为下沙中学师生讲题为“远离校园欺凌，共护阳光成长”的检察微课（王　晟　供稿）

【检察工作服务非公企业】 2017年，开发区检察院关注开发区非公企业经济发展安全和转型升级需要，以司法办案为基本手段，深化服务保障非公经济举措，助推营造法治化营商环境。检察长带队走访非公企业5个，了解企业经营情况和司法需求，建立检企常态化联系机制，为企业规范经营、良好发展提供检察助力。全年妥善办理侵犯非公有制企业犯罪案件9件、12人。针对办案中发现的问题，向非公企业提出预防检察建议3份，开展释法说理5次，收集意见建议4条，帮助建章立制5条。

【大学生、未成年人犯罪预防工作】 2017年，开发区检察院推动“大学生和未成年人犯罪预防”合作平台建设，构建立体化预防帮教体系。贯彻“教育、感化、挽救”方针，全阶段保持沟通，全方位跟踪帮教，受理审查起诉大学生犯罪案件6件、6人，相对不起诉4件、4人，受理未成年人犯罪案件9件、10人，相对不起诉2件、2人，封存犯罪记录8件、9人。发挥检察普法优势，以学校为主阵地，辐射社区，深入高校和中小学开展送法进校园活动14次，通过辩论赛、法制讲座、主题班会等形式开展普法宣传，提升大学生和未成年人学法、懂法、用法、守法意识。连续三年深入社区开设暑期“小候鸟”法治学堂，提高留守儿童法治意识和安全意识。开展“国家宪法日暨全国法制宣传日”活动周。与下沙中学共同开展以“青春与宪法手拉手”普法宣传公开课，与景苑中学开展以“维护宪法、法律权威，争做文明、守法公民”法律宣讲和检察官法律领读活动，与中国计量大学法学院开展“学宪法，用宪法”演讲比赛。

【参与社会综合治理】 2017年，开发区检察院参与“万名干部进村社访民情解民忧”活动，开展入户走访、蹲点调研、主题宣讲等活动，走访伊萨卡社区、观澜社区，参加社区巡防、消防演习、隐患排查、群租整治等工作。贯彻落实全省关于全面消除劣Ⅴ类水体的决策部署，深入开展环境问题大整治专项排查，了解开发区35条河道水质情况和整治方案，提出加强监督和服务的意见建议。开展检察环节矛盾纠纷化解，受理人民群众来信来访来电的控告申诉24件次，均依法妥善处理。

【检察队伍建设】 2017年，开发区检察院坚持以党建带队建，开展学习党的十九大精神专题教育活动，以党员固定活动日为载体，通过专题党课、学习研讨、民主生活会、组织生活会、党史和党的理论讲座等形式，引导干警强化宗旨意识、坚定党性观念。加强检务公开工作，提供行贿档案查询服务1745次，公开已生效检察终结性法律文书280份。稳步推进司法体制改革，配合监察体制改革试点，做好监察体制改革工作衔接，完成3名干警转隶工作。全院检察干警综合素质得到有效提升，院辩论队获杭州市检察系统辩论赛三等奖；检察监督部主任沈爱国获杭州市刑事申诉检察业务标兵称号；公诉部干警李璐获浙江省第三届检律控辩大赛优秀辩手和浙江省检察机关优秀辩手称号，被杭州市人民检察院记三等功一次；公诉部干警陈倩倩获开发区政治文化建设主题演讲比赛一等奖；干警的论文《刍议“以审判为中心”诉讼制度改革背景下的审查逮捕工作》入选浙江省检察理论调研年会论文；论文《浅谈轻微刑事案件罪犯的牵引式回归救济与管控体系的构建——从H市H区盗窃再犯问题的阶段性统计结果谈起》被评为杭州市法学会优秀调研论文；论文《认罪认罚自愿性保障路径初探》获全国副省级城市法治论坛主题征文三等奖；论文《电商销售假冒注册商标的商品犯罪实务研究》获杭州市法学会刑法学会研究会2017年年会暨“网络犯罪与公民权利保护”论坛提名奖。

（王　晟）

2017 年 12 月 7 日，省人民检察院党组书记、检察长汪瀚（右一）到开发区检察院调研检察机关服务开发区、高教园区和出口加工区工作

（王　晟　供稿）

·法　院·

【法院概况】 2017年，开发区法院新收各类案件6499件，办结5973件（含旧存），比上年分别上升4.8%和6.8%，标的金额20.38亿元，全年一线法官人均结案392.96件，是全省法院平均数的1.25倍，居全市第7名。立案庭立集体三等功，法官吕瑜岚立二等功、盛敏立三等功；在全市法院系统第十七届学术研讨会中，开发区法院获“组织奖”，法官刘承娜的论文《工伤认定民行冲突与程序》获一等奖并推荐参加省学术讨论会再获二等奖；法官助理曾祥龙的论文《实际施工人建设工程价款优先受偿权问题研究》和法官助理李良峰的论文《因标签错误引起的食品安全纠纷的裁判标准》分别获二等奖；法官助理张超的论文《嬗变：从鉴定意见到书证——论价格认定结论书的证据属性》获三等奖。法官助理张超的案例《被告人陈佳职务侵占、被告人陈佳、周晓颖等虚开增值税专用发票案》获第四届全国青年法官优秀案例优秀奖；法官助理曾祥龙的论文《教育机构侵权责任的确定》获市社科联优秀成果二等奖。法警杨森豪、执行员鲍斌寅在开发区“美丽东部湾，文明下沙人”评选活动中，分别获“最美家庭”奖和“最美下沙人”提名奖。

【刑事审判工作】 2017年，开发区法院新收刑事案件289件，审结291件（含旧存），比上年上升2.7%。打击影响群众安全感的暴力性犯罪，审结“两抢一盗”、诈骗等侵犯财产案件167件、194人，审结故意伤害、强奸等侵犯公民人身、民主权利案件35件、41人。打击影响社会治安的犯罪，审结寻衅滋事、黄赌毒等妨害社会管理秩序案件26件、63人，审结危险驾驶、交通肇事等危害公共安全案件43件、43人。贯彻宽严相济刑事政策，生效判处罪犯380人，其中判处5年以上有期徒刑15人。探索认罪认罚从宽制度的具体实施模式，对69名具有从宽情节的初犯、偶犯、从犯、未成年人犯依法适用缓刑，做到该严则严、当宽则宽、罚当其罪。

【民商事审判工作】 2017年，开发区法院新收民商事案件3769件，审结3883件（含旧存），比上年分别上升1.2%和10.5%，解决诉讼标的金额17.7亿元。民事调撤率80.5%，对不宜调解、调解不成的案件及时依法做出裁判。审结婚姻家庭、继承、赡养、扶养、抚育等家事案件206件，倡导和谐家庭关系与社会公序良俗。审结机动车交通事故责任纠纷等人身损害赔偿纠纷374件，促进社会关系和谐。审结建设工程、商品房买卖等案件362件，依法维护房地产市场健康发展。审结民间借贷、金融借款等借款合同纠纷1006件，有效维护公民合法债权和金融安全。

【破解案件执行难】 2017年，开发区法院新收各类执行案件2417件，执结1773件，执结标的金额2.48亿元，执行标的清偿率80.6%，位居全省基层法院第一。贯彻最高人民法院和省高级人民法院关于“用两到三年时间基本解决执行难问题”工作部署，自我加压提高标杆，规范执行行为，优化执行模式，强化执行措施，加强信用惩戒。推动执行机制改革，在案件繁简分流基础上，实行网上财产集约查控，提高执行效率。深化运用信息化等科技手段，加大对被执行人“人、财、物”查控力度。依托与银行、房产、国土等部门建立“点对点”网络查控系统，查获被执行人财产，压缩被执行人转移隐匿财产空间，全年累计查封账户7043个，查封房产293套，查扣机动车558辆（不含保全案件），查封股权293起。加大对涉民生类、社会公共利益类、金融类案件的执行力度，优先立案、优先保全、优先执行，有效维护金融秩序。落实24小时执行备勤制度，借助公安协控机制，查控被执行人2231人。加强曝光力度和信用联合惩戒，将1095名自然人和234个法人及其他组织身份信息录入全国失信被执行人黑名单，促进社会诚信建设。加大对逃避、抗拒执行的惩治力度，定期开展专项集中执行活动破解“骨头案”，司法拘留132人次。加强信息公开工作，运用“杭州法院公开网”、开发区法院外网和“下沙网”等网络媒体，将执行案件流程信息、失信被执行人名单信息、执行裁判文书等及时向社会公开。开通热线电话“12368”执行专线，专人专岗，设立执行服务专窗，确保群众了解执行进程、执行约谈、执行咨询、提供财产线索、举报被执行人和投诉反映等，促进依法规范执行。

【推进“大立案、大服务、大调解”机制建设】 2017年，开发区法院严格落实立案登记制度，做到有案必立、有诉必理。以建设新型诉讼服务中心为载体，构建诉讼服务大厅、诉讼服务网、“12368”诉讼服务热线的“三位一体”综合性平台，提供可感受、可互动、可持续的“一站式”综合性服务，实现线上线下诉讼服务功能互通，为群众诉讼、律师执业提供全方位服务，满足公众多元化司法需求。实行导诉制度，安排专人向群众指引办事地点，提供必要的诉

2017年3月23日，杭州市中级人民法院党组书记、代院长斯金锦（左一）到开发区法院调研。图为参观审判法庭（陈　晖　供稿）

2017年8月25日，人民法院执行指挥管理平台上线。图为开发区法院院长刘波（右二）现场指挥办公（陈　晖　供稿）

讼指引和咨询服务，拓宽导诉服务内容；设立律师服务专区，为律师提供援助接待、阅卷、更衣、休息等服务。立足信息化时代特点，开展网上立案，打通立案服务“最后一公里”。服务大厅内增设网上立案和跨域立案宣传牌；建立“下沙律师网上立案推广”微信群，并邀请开发区律师、重点银行和物业管理公司法务人员等67名相关人员入群，做好宣传推广和线上解答工作；落实省委、省政府“最多跑一次”改革要求，使用跨域立案平台立案，提高法院司法服务水平，减轻当事人诉累、负担，提升司法公信力与群众满意度，全年网上立案2130件，跨域立案63件。

【落实司法改革】 2017年，开发区法院落实省委和上级法院部署，推进司法官员额制、司法人员分类管理、司法责任制、司法雇员和司法人员职业保障等改革。坚持从实际出发，循序渐进，实行专业职务序列分类和员额制管理，促进法院队伍正规化、专业化、职业化建设。严格执行法官员额比例和法官入额标准，遴选第二批次入额法官5人，确保优质审判资源集中至审判一线。探索建立以员额法官为核心的审判团队，优化审判资源，构建“1+1+1”或“1+1”的新型审判团队。入员额的院长、庭长全部编入审判团队，办结案件1653件，占全院结案数27.7%。招录首批司法雇员9人，充实审判辅助队伍力量。建章立制，推进司法责任制改革，逐步完善以审判权为核心，权责清晰、权责统一、管理有序、监督到位、保障有力的审判权运行机制。

【繁简分流机制成效显现】 2017年，开发区法院强化案件繁简分流，提高司法资源配置质量和效率。开展刑事案件速裁工作，审理案件107件，平均用时2.66天，较普通程序缩短96%。成立两个民事速裁团队，引导适用小额诉讼程序、简易程序，快速化解民商事纠纷，简易程序适用率79.6%，缩短诉讼周期，减轻当事人诉累。设立执行快执组，对符合快执条件的345件案件快速执结。依托信息技术提升办案效率，开展庭审记录方式改革，推进诉讼档案电子化，开发裁判文书速成系统，实现裁判文书当庭生成，当庭宣判送达。

【完善阳光司法机制】 2017年，开发区法院完善审判流程、庭审活动、裁判文书和执行信息四大公开平台建设。通过触摸屏式阳光司法综合服务平台查询案件信息、LED大显示屏滚动庭审公告、法庭楼道内液晶电视机随机直播庭审、法庭门口液晶显示屏显示案件信息、官方微信公众号定期推送信息等方式，满足公众知情需求。探索在浙江法院庭审直播网开展庭审活动全程直播，接受社会各界和广大群众实时监督，全年直播案件135件，观看人数13.09万人。坚持“以公开为原则，不公开为例外”，上网公开裁判文书3633件，提高法院工作透明度。推进公开透明和“零佣金”网络司法拍卖，网拍率100%，全年成交86件，成交总额1.79亿元，平均溢价率111.1%，为当事人节省佣金534.18万元。 （陈　晖）

·司法行政·

【司法概况】 开发区司法局为开发区管委会主管司法行政工作的工作机构。开发区司法局与开发区党工委政法委、区综治办（挂开发区维稳办牌子）合署办公。2017年，司法局坚持服务中心、推进改革、法治惠民、夯实基础、建好队伍，推进普法教育依法治理、社区矫正与安置帮教、人民调解、律师和律所管理、法律援助等各项司法行政工作实现新突破。

【开发区获评市社区矫正工作一级安全单位】 2017年，杭州市社区矫正暨安置帮教工作委员会办公室对各区县2017年度社区矫正安全工作实施综合考核。开发区连续三年无社区服刑人员严重刑事犯罪案件、无社区服刑人员去京“异常访”严重事件、无社区服刑人员聚众闹事等严重群体性事件、无社区矫正工作人员严重职务违法犯罪案件、无社区服刑人员脱漏管和再犯罪，获评杭州市社区矫正工作一级安全单位。

【社区矫正工作】 2017年，开发区司法局完成党的十九大、“一带一路”国际高峰合作论坛、世界互联网大会、第十三届全国学生运动会等时期、节点的维稳安保任务。5—6月，部署开展社区矫正“翻篇归零、再找短板”专项整改活动，补齐制度短板、排查短板、管控短板。7—8月，开展模拟社区服刑人员失联、突发恶性刑事案件应急演练2次。10月，组织59名社区服刑人员到东郊监狱进行警示教育。全年开展网上信息核查8.76万次，电话抽查社区服刑人员定位信息8467次，上门走访谈心谈话276人次，个别教育谈话892人次，集中主题教育64次，组织社区服刑人员集中公益劳动5760小时。开展社区服刑人员外出管理和“两个八小时”整治，加强“人户分离”人员监管，加大违规行为惩处，全年警告6人，提请治安处罚2人，提请撤销缓刑1人。全年新接收社区服刑人员78人，解除社区矫正人员60人，居住地变更迁出5人，累计接收社区服刑人员299人，累计解除社区矫正人员238人。

【司法矫正监测平台投入使用】 2017年4月，开发区司法局为解决工作日工作时间以外社区服刑人员外管控难题，启用司法矫正监测平台。24小时不间断动态监管社区服刑人员，实时对服刑人员进行定位跟踪，掌握服刑人员活动位置和活动轨迹。实时关注辖区社区服刑人员越界、定位手机关机等异常活动情况和社区矫正突发性事件。实时对定位失败、人机分离现象进行电话核查。全年开展网上信息核查8.76万次，比上年上升2倍。

【法治宣传教育责任清单出台】 2017年7月，开发区依法治区普法教育领导小组办公室贯彻落实“七五”普法规划关于“谁执法谁普法”“谁主管谁负责”的部署要求，建立开发区法治宣传教育责任清单制度，明确开发区管委会办公室等17个部门的法治宣传教育责任。8月，制定《开发区法治宣传教育责任清单制度实施办法（试行）》，指导各成员单位落实法治宣传教育责任清单。

【校地合作共建民主法治社区】 2017年1月，开发区司法局选取浙江工商大学与柠檬社区、浙江警官职业学院与美达社区、浙江理工大学与高教社区作为结对试点单位，探索建立校地共建合作机制，为推进社区民主法治创建活动寻找创新方法。试点期间，组织高校法律志愿小分队深入结对社区和开展普法宣传活动10多次；结合“3·15”国际消费者权益日、“12·4”国家宪法日等重要节点，邀请高校法律专家、教师、法学院学生与社区共同开展法治专题讲座，受教育群众2万余人；组织高校法律志愿者和社区律师走进社区，在居民家门口解答法律问题，提供法律帮助，累计组织社区律师为居民开展现场咨询20多次，解答法律咨询500人次。社区为高校教师搭建参与基层社会民主法治实践、课题研究等实践基地10个，为高校学生提供法律志愿服务岗位30个。年末，美达社区获评“省级民主法治社区”，邻里社区等4个“省级民主法治社区”复评合格。开发区司法局撰写的《校地合作共建民主法治社区之探索》获评杭州市2017年度普法理论调研优秀成果二等奖。

【法治宣传月系列活动】 2017年12月，开发区依法治区普法工作领导小组办公室部署开展以“学习贯彻党的十九大精神，弘扬宪法精神”为主题的法治宣传月系列活动，各成员单位按照“谁执法谁普法”“谁主管谁负责”普法责任制要求，开展“我们一起学宪法”线上线下活动、法治文艺演出、法治图片巡展、媒体宣传等专项活动27场，发放普法宣传资料3万余份，开设普法讲座7场。12月3日，开发区司法局与浙江工商大学联合举办“法海迷踪”大型定向越野赛；12月4日，与白杨街道东湾社区联合举办“弘扬法治精神，共筑和谐生活”文艺会演活动；白杨街道司法所在邻里社区举办“增强宪法意识，共建法治白杨”普法进社区活动；下沙街道司法所在社区举办“弘扬宪法精神，普法进社区”活动；12月15日，开发区司法局联合杭州和达高科技发展集团有限公司举办“创业法律咨询服务日”活动，律师团为企业提供咨询、合同审查、商业秘密保护、股权收购与转让等法律服务。

【人民调解网络健全】 2017年，开发区司法局结合社区换届选举，依托街道综治网络，调整完善2个街道人民调解委员会和37个社区人民调解委员会组织。2月，建成4个驻公安派出所警民联调工作室，主要调解治安民事纠纷。6月，建成军地园区管理服务中心人民调解委员会，主要调解军地园区企业矛盾纠纷。全年各街道社区人民调解组织调处矛盾纠纷646件，涉及当事人1497人，调解成功629件，开展矛盾排查纠纷1567次，预防纠纷236件。驻法院诉调中心调解矛盾纠纷389件，涉及当事人878人，调解成功369件，涉及金额5984.6万元。

【法律援助工作】 2017年，开发区司法局落实法律援助审批“最多跑一次”改革工作，执行窗口工作人员首问责任制、一次性告知制度，实行AB岗接待群众咨询和法援案件受理。印制《法律服务指南》1000份，法律援助服务告知单500份，宣传办事流程和所需材料，助推“最多跑一次”改革工作。全年接待群众法律咨询2708批次，受理法律援助案件222件，其中民事151件、刑事71件，涉及劳资纠纷、婚姻、工伤赔偿、意外伤害、合同纠纷等多个方面，为受援人挽回经济损失213.6万元。7—9月，部署开展法律援助案件回头看工作，组织评审专家小组，按照《杭州市法律援助服务标准》，检查2015年以来受理的416件法律援助案件，查看法律援助案件受理、审批程序是否合法合规、案卷材料是否齐全、装订是否规范。10月，开展法律援助案件质量“一案一评”工作。12月，开展刑事案件律师辩护全覆盖试点工作，遴选执业两年以上、刑事案件办理经验丰富的律师为受援人提供辩护。

2017年12月，开发区法律援助中心浙江经济职业学院工作站举行授牌仪式
（黄佳伟 供稿）

【法律帮助工作】 2017年5月，开发区司法局通过前期公开招募、律师自愿报名及遴选录用等步骤，建成由25名刑事案件办理经验丰富的执业律师组成法律帮助律师资源库。邀请杭州市法律援助中心专家培训法律帮助办案要求。全年办理刑事案件认罪认罚从宽处理法律帮助案件158件，其中侦查阶段99件、审查起诉阶段59件。

【开发区法律援助中心浙江经济职业技术学院工作站成立】 2017年12月，开发区法律援助中心浙江经济职业技术学院工作站挂牌成立，该工作站是杭州首个在高校设立的法律援助工作站。工作站以周边高校学生、未成年人、职工、附近社区居民及社会弱势群体等为主要服务对象，提供无偿法律咨询服务及法律援助案件初审。至年末，开发区法律援助中心建成法律援助工作站4个、法律援助联络点10个。开发区司法局为每个社区配备社区律师，加强对社区律师关于“最多跑一次”改革有关知识培训，利用法律援助工作站点全面开展法律援助受理、初审等工作，方便群众就近办理法律援助申请。

【律所、律师发展及管理】 2017年，开发区新增律师事务所4个。至此，开发区有律师事务所13个，执业律师89人，其中中共党员律师21人。建成浙江润杭律师事务所党支部、天淳律师事务所党支部、上海邦信阳中建中汇（杭州）律师事务所党支部。全区律师担任142个企业法律顾问，办理案件2069件，业务收费2034.57万元。2月，建立律师事务所对接信访接待值班制度，由润杭律师事务所组织5名律师到开发区信访局值班，全年参与涉法、涉诉信访接待和处理案件46件，参与普通接待和处理案件113件；安排10名律师进驻白杨派出所、闻潮派出所“警民联调工作室”，全年调解治安民事纠纷调解420多件。4月，成立开发区人民调解矛盾纠纷化解应急处置指挥组，参与律师2人，为第十三届全国学生运动会、党的十九大期间的重大矛盾纠纷化解提供法律支持；组织开展“律师进社区”系列活动，包括助力社区换届选举、社区公约制定修订等活动。活动开展以来，社区律师值班1502次，帮助38个社区修订社区公约，为居民解答法律咨询789次、出具法律意见书65件，举办法律讲座76次，参与调解62次，化解矛盾纠纷90起。5月，社区律师组建“e服务微信群”，社区覆盖率100%，律师通过微信群开展法律咨询、矛盾纠纷疏导化解、法律援助和法律服务指引，实现公共法律服务“全天候、零距离”。8—10月，组织开展企业大走访专项行动，辖区律师事务所走访企业400多个，为企业提供法治宣传、法律咨询和法律风险评估等服务。开发区律师参与公益服务成效突出，鼎和律师事务所律师张建被司法部表彰为“1+1”中国法律援助志愿者行动“优秀志愿者”，润杭律师事务所律师吕善红因法律援助和社会公益工作获杭州市律师协会2017年度通报表扬，知厚律师事务所主任、律师聂瑞成因行业管理工作获杭州市律师协会2017年度嘉奖。

【法律服务监管“双随机”抽查工作】 2017年3—5月，开发区司法局开展律师事务所和律师年度检查考核，实地走访律师事务所8个，审核书面报告、案卷资料、合同文本、财务文件等资料，同时从裁判文书网随机抽查案卷96个，进行案卷倒查。10—11月，开展执业利益冲突专项监督检查活动，实地走访律师事务所6个，实地抽查率50%，书面检查率100%，促进律师事务所健全执业利益冲突审查机制，有效防范执业风险。（黄佳伟）

·案　例·

【破获十年命案积案】 2007年8月7日，开发区景园小区131号美容店发生一起故意杀人案，被害人周某被发现死在店内。2017年1月2日，犯罪嫌疑人刘某（男，河南永城人）被河南永城市公安局刑事拘留。经技术比对，确定刘某为该起命案犯罪嫌疑人。经审讯，刘某对犯罪事实供认不讳。2月9日，犯罪嫌疑人刘某从河南省永城市看守所被押回杭州。11月21日，刘某被杭州市中级人民法院判处死刑，立即执行。

【破获“5·24”诈骗案】 2017年8月24日，经两个多月侦查，开发区公安分局专案组摧毁一个以投资虚拟商品实施诈骗的犯罪团伙。在湖北宜昌、恩施两地抓获犯罪嫌疑人24名，刑事拘留犯罪嫌疑人20名，扣押作案电脑26台，冻结涉案资金21万余元。

【破获非法侵入计算机窃取公民个人信息案】 2016年12月6日，白杨派出所接网仓科技有限公司报案称：其公司计算机系统被非法侵入，被窃网购数据20多万条。经侦查，2017年2月12日，开发区公安分局专案工作组赶赴湖北武汉市汉阳区抓获犯罪嫌疑人高某。3月13日、16日，在武汉分别抓获犯罪嫌疑人何某、张某，破获该起非法侵入计算机、窃取公民个人信息案。（余世民）

【“套路贷”系列案件】 2017年4—8月，开发区检察院提前介入、引导公安机关侦查取证，并集中受理提请批准逮捕“套路贷”系列案件48件、87人，依法批准逮捕76人，罪名涉及抢劫、敲诈勒索、诈骗、聚众斗殴、非法拘禁、侵犯公民个人信息等。经审查，涉案人员以民间借贷为幌子，以在校大学生为主要目标，通过与借款学生签订双份或多份借条的方式虚增债务，并要求学生签订借贷合同，约定违反借贷合同具体情形，并设圈套让借款学生违约，使学生还款额翻倍甚至数倍，后采用暴力威胁、虚假诉讼等非法手段，胁迫学生还债，实现非法占有公私财物目的。（王　晟）

【开发区首例房地产企业破产重整案件】 开发区企业杭州金孚洋房地产开发有限公司（下文简称“金孚洋公司”）开发的“铭楼”项目位于开发区中心区块，项目总占地面积1.32万平方米，总建筑面积7.49万平方米。由于建设资金链断缺，该项目自2014年2月起被迫停工。2015年7月31日，债权人富阳久恒置业投资有限公司向开发区人民法院申请破产重整。2015年8月19日，开发区人民法院裁定受理金孚洋公司破产重整一案，并指定浙江金道律师事务所为管理人。经审核，共有477名债权人申报债权，涉及申报债权额约19亿元。金孚洋公司负债8.85亿元，涉及约500名债权人。2016年12月15日，经公开招募，确定杭州君和实业投资有限公司作为金孚洋公司重整投资意向人。2016年12月24日，金孚洋公司第二次债权人会议召开，通过重整计划草案。管理人于2017年1月26日向开发区人民法院提请批准重整计划。开发区人民法院于2017年2月20日做出民事裁定书，批准金孚洋公司重整计划。至年末，重整计划顺利执行，重整方已清偿部分优先债权，且重整楼盘已二次开盘，销售情况良好。（陈　晖）

责任编辑　富敏超

教 育

·教育综述·

【教育硬件设施保障】 2017年，开发区加大教育硬件设施保障，景苑中学、文思幼儿园、闻潮幼儿园建成投用，合计投入建设资金2.18亿元。引进知名建筑企业绿城集团，代建大学城东单元规划小学、松合小学、大学城北规划幼儿园、七格区块规划幼儿园等学校建设项目11个。做好校舍维修改造，全年累计投入3000多万元，完成文海实验学校、下沙第一小学、月雅河幼儿园等20所中小学、幼儿园的暑期维修。投入资金1600多万元，提升教育教学硬件设施，办公家具、玩具等教育设备统一委托浙江省家具检测中心进行跟踪检测，确保教育教学硬件设施符合现代化标准。年内，景苑中学成功创建浙江省义务教育标准化学校，区内公办中小学均达到浙江省义务教育标准化要求。

【教师招聘与培养】 2017年，开发区教育主管部门开展教职工公开招聘、直接考核（选调）5次，招聘引进教师278人。落实开发区教育人才领先工程，全年引进获得地（市）级以上综合荣誉的教师29人、省特级教师2人、省优秀教师1人，发放安家费94万元。加大教师培养力度，涌现首名由开发区自主培养的省级“教坛新秀”颜石珍，表彰优秀教师130多人，4人次分别被评为“最美杭州人——感动杭城十佳教师”提名教师、开发区“最美下沙人”、开发区劳动模范。组织全区副校级干部竞聘，选拔、任用副校级领导干部20人。启动区内公办学校教师交流，开展义务教育学校校长教师交流41人。

【教育现代化创建】 2017年，开发区对接省、市相关部门推进浙江省教育现代化区创建。5月，由开发区管委会致函市教育局，明确以单列形式创建教育现代化区。9月，向杭州市政府督导委员会提交单列督导评估请示。12月，浙江省政府教育督导委员会、浙江省教育厅函复同意开发区单列督导评估。同月，开发区向省政府教育督导委员会上报创建省教育基本现代化区申报材料，开发区成为省内首个申报独立创建省教育现代化区的经济技术开发区。开发区推进

2017年9月8日，开发区第33个教师节庆祝表彰暨文艺演出活动在下沙中学举行 （汪 海 供稿）

表35

2017年开发区中小学、幼儿园基本情况

项目	幼儿园	小学	初中	一贯制学校
中小学、幼儿园（所）	47	10	4	7
教学班（个）	491	317	85	278
在校生（人）	13 026	12 791	3 264	10 486
教职工（人）	1 883	810	316	808
专任教师含校长、园长（人）	1 056	786	280	676

说明：一贯制学校为贯穿小学与中学教育的一体化学校（九年制）

教育现代化“五大工程”（教育优先发展工程、标准化学校建设工程、民办教育扶持工程、教育人才领先工程、教育优质品牌工程）的举措经验，得到杭州市副市长陈红英批示肯定。

【教育服务与宣传】 2017年，开发区教育主管部门完成第十三届全国学生运动会服务保障任务，获杭州市政府颁发的集体三等功。开展“剿灭劣五类水”“关爱小候鸟”“平安护航”等志愿服务行动，开发区教育工委获“杭州市优秀志愿者服务集体”称号。落实“阳光招生”，举办开发区小学、幼儿园招生咨询现场会，累计接待家长6000多人。提升教育服务能力，全年开发区招收小学一年级新生3809人，其中进城务工人员子女1788人；落实专项资助政策，支持符合条件的445名学生享受学费减免政策。全区16所公办幼儿园新招幼儿2457人，其中小班幼儿2122人、中班幼儿179人、大班幼儿156人，比上学年新增幼儿740人。加强教育影响力宣传，开通“下沙教育发布”微信公众平台，举办“下沙教育2017年度十大新闻评选”等主题活动，围绕“党建报道”“教育国际化”“课程改革”“美丽校园”等17个大类，全年推送微信和网站稿件300多篇。

【教育国际化交流结对】 2017年，开发区接待英国圣欧莱文斯文法学校、爱德华六世国王学院、多伦多大学教育学院等名校的50多名外籍专家到访。加强教育国际交流，派遣10名优秀教师参加省市组织的研修团，赴美国、法国、希腊等国家研修。组织200多名学生赴英国、美国等国家的名校游学、参观。文海实验学校第四次作为中国区代表队，赴美国参加世界DI大赛获亚洲第一名。支持指导文海实验学校、杭州实验外国语学校等教育国际化相对领先的学校，参与教育国际化学校和重点项目创建及评选，累计培育建成省“千校结好”特色学校1所、市级教育国际化示范学校1所、市级教育国际化特色项目2个。

【心理健康教育课堂教学观摩研讨】 2017年10月24—27日，第三届全国中小学心理健康教育课堂教学观摩研讨活动在开发区举办，全国28个省、市、自治区的1400多名专家、骨干教师参加活动。课堂教学观摩活动分小学、初中、高中3个组别进行，分别在开发区学正小学、杭州市文海实验学校和杭州第四中学下沙校区3个学校举行，每个学校分两个会场同时进行。活动由中国教育学会学校教育心理学分会主办，杭州师范大学心理科学研究院、北京师范大学发展心理研究院、浙江省中小学心理健康教育指导中心等单位协办。活动旨在落实教育部2012年12月颁布的《中小学心理健康教育指导纲要（2012年修订）》的要求，交流中小学心理健康教育的实践成果，推动教师研究中小学心理健康教育。（汪　海）

·学前教育·

【学前教育概况】 2017年，开发区有幼儿园47所，其中公办幼儿园17所、民办幼儿园30所。从办园资质划分，市等级幼儿园47所，其中甲级幼儿园14所、乙级幼儿园33所；省等级幼儿园47所，其中省一级幼儿园4所、省二级幼儿园14所、省三级幼儿园29所。全区在园幼儿13026人。其中，公办幼儿园在园幼儿6456人，占在园幼儿总数49.6%；民办幼儿园在园幼儿6570人，占在园幼儿总数50.4%。辖区3岁~5岁户籍适龄儿童数6209人，杭州市户籍3岁~5岁在园儿童数6817人。全区学前三年户籍幼儿入园率99.9%，0岁~5岁儿童家长和看护人受训率99.0%；全区幼儿园专任教师（含园长）1056人，其中公办幼儿园专任教师472

人（其中在编教师281人），民办幼儿园专任教师584人；幼儿教师（含园长）学历合格率100%，大专及以上学历占比95%，教师资格证持有率98%；全区幼儿教师（含园长）已评职称人数421人，其中幼（小）教高级及以上职称人数72人、幼（小）教一级职称259人、其他级别职称90人。

【学前教育三年行动计划】 2017年，为提升开发区学前教育发展内涵，开发区教育主管部门牵头起草《开发区学前教育第二轮三年行动计划（2017—2019年）》。该计划经与开发区人社局等18个相关职能部门及管委会办公室多次讨论征求意见后，通过政务公开网征求社会各界意见，形成审议稿并提请管委会主任办公会议讨论审定。该行动计划就加快幼儿园建设、健全制度机制、深化学前教育改革、完善幼儿园评估奖励机制、加大经费投入等方面提出相应措施。

【首次民办幼儿园考核】 2017年，根据《杭州市市管民办学校生均经费补助核评细则》和《杭州市对区、县（市）民办教育专项资金补助核评细则》文件精神，结合开发区民办幼儿园教育工作实际，开发区教育主管部门牵头制定《开发区民办教育发展专项资金管理暂行办法》和《开发区民办学校生均经费核评细则（试行）》。根据两个文件，开发区教育主管部门完成全区民办幼儿园2016年度考核、民办专项资金的审核、拨付工作。通过优化民办学前教育发展政策环境，促进开发区学前教育持续健康发展，支持普惠性民办幼儿园提升档次和规模。

【幼儿文体赛事】 2017年4月，开发区幼儿园“我行·我棒”阳光宝宝讲故事比赛在月雅河幼儿园举行，全区14所公办幼儿园、20所民办幼儿园的45名幼儿参加比赛。通过区内公开选拔，江湾、观澜幼儿园2名幼儿代表开发区参加杭州市教育局举办的“我行·我棒”阳光宝宝“我爱讲故事”活动，获“小故事能手”称号。6月，由杭州市体育局、共青团杭州市委和杭州青少年活动中心共同主办的杭州市第九届幼儿健身舞操比赛暨幼儿特色体育表演大会在杭州市青少年发展中心举行。由开发区听涛幼儿园中班、大班16名幼儿组成的代表队参加比赛，代表作品《竹竿舞》获比赛一等奖。

（汪　海）

·义务教育·

【义务教育概况】 2017年，开发区有中、小学校21所，其中公办中小学校14所、民办中小学校7所。按中、小学校划分，中学11所（含十二年一贯制学校1所、九年一贯制学校6所），小学10所。全区在校中小学生2.65万人，教学班680个。13所公办学校在校学生1.8万人，占学生总人数69%。全区中小学在册教职工1934人，专任教师1742人，其中中学专任教师550人、小学专任教师1192人。义务教育阶段公办学校专任教师1242人，高于规定学历教师888人。中级和高级职称教师693人，占比55.8%。地市级及以上优秀教师206人，省级以上优秀骨干教师27人，省特级教师5人，名校长5人。

【教育改革创新推进】 2017年，开发区教育主管部门推进与教育部教育质量协同创新中心合作，研究制定《开发区中小学教育质量综合评价框架》，确定包括学生发展核心素养评价、教师专业能力评价及学校创新指数评价在内的评价指标体系。推进区域教育质量综合评价改革工作，完成改革实施方案初

2017年8月30日，开发区景苑中学开学揭牌　（汪　海　供稿）

稿，发布首轮试测报告，工作经验被《杭州日报》整版报道。推进深化课程改革工作，评选认定首批深化课堂教学改革示范校2个、首批深化课程改革学科教学示范点8个，累计建成区级精品课程37个、培育建成市级精品课程7个。推进教育创新发展项目，新评选中小学、幼儿园教育创新发展项目24项。

【素质教育成果众多】 2017年，开发区“教体结合”再出新成果，由文海实验学校和下沙中学输送的运动员分别参加自行车和射箭项目比赛，获金牌、银牌、铜牌各1枚；杭州市中学生篮球比赛中，开发区3支球队取得好成绩，文海女子篮球队获冠军、男子篮球队获第四名，下沙中学男子篮球队获第三名。组织开展区中小学生科技节、运动会、校园足球、篮球比赛等活动，培育推荐全国和省级校园足球特色学校3所。培育建成市级“美丽学校”及重点项目5个。省中小学生艺术节中，获一等奖1项、二等奖4项。推进“美丽学校”建设，文海实验学校被评定为杭州市首批“美丽学校”，下沙第一小学、下沙第二小学、江湾小学、杭州实验外国语学校被评定为杭州市首批“美丽学校”重点项目学校。

【“知行德育”品牌效应显现】 2017年，开发区“知行德育”特色体系作为区域德育改革典型样本，被教育部主管国家级核心期刊《中国德育》专题报道，典型课例入选教育部主题课程资源评选。《中国德育》期刊重点报道开发区文海实验学校、学正小学、下沙第二小学、景苑小学、下沙第一小学的“知行德育”实施案例。开发区教育形成“整合式基础型德育课程+知行合一拓展型德育课程”的课程结构，研究成果《“1234”行动：区域推进小学德育课程整合实施的实践研究》获杭州市2017年基教教研成果评比一等奖和杭州市2017年德育工作“金名片”评比二等奖。

【“浙派名师”工作站落户】 2017年11月14日，童富勇“浙派名师”工作站暨“浙派名师”研究院成立仪式在开发区文海实验学校举行。开发区管委会、浙江省教育厅教研室有关领导与杭州师范大学教育学院院长童富勇等一起为该机构揭牌。童富勇“浙派名师”工作站和“浙派名师”研究院落户开发区，对开发区基础教育发展和教师队伍整体素质的提高具有推动作用。“浙派名师”是童富勇于2005年率先提出并携众专家打造的在全国享有一定声誉的知名教师培训品牌，其经典课堂教学艺术展活动已举办100多届，全国数百名著名特级教师、名师、专家在此展示他们教学思想和教学技艺，引领中小学教师思考和争鸣。

（汪　海）

·高中教育·

【杭四中下沙校区】 2017年，杭州第四中学下沙校区有班级51个（含国际部），学生人数1996人，在职在编教职工191人，专任教师168人。加强教师队伍建设，提升教师基本素养，完成170多名教师心理C证培训考核。做好德育师徒结对，拓宽班主任工作室引导功能。推进学校青年学术小组建设，开展“三级教坛新秀选拔”“青年岗位技能大赛”和区域性教学比赛。开展学校学术委员会、学术小组和学科科研小组三级教研活动，促进名师培养。教师科研成果突出，全年约20人次在杭州市中小幼教研专题论文评比中获奖，3项省市教研课题结题，2项市名师、学科带头人专项课题结题，3项教师小课题结题，其中2项市课题获一等奖。6项省市课题、4项市教师小课题获立项。名师梯队逐步形成，教师戴树林被评为浙江省首批正高级（教授）教师，教师耿文强被评为浙江省第二批正高级教师。莫银火语文名师工作室被省教育厅评为“十佳网络名师工作室”。

建设主题教育活动长效机制，增强德育活动的仪式感。开展争做“四中形象代言人”、评选“养正之星”等活动，营造健康的育人氛围。强化学生自主管理，完善“班长联席会”制度和“年级自管会”制度，丰富学生自我管理体验。加强团委、学生会工作，校学生会获评2016年度浙江省优秀学生会。打造精品社团，校国学社被评为全国优秀中学生国学社团，校心理社获杭州市校园心理情景剧大赛二等奖。

推进教育国际化，学校被评为浙江省第二批“千校结好特色学校”，通过杭州市首批教育国际化示范校创建学校验收。国际部2017届毕业生升学成绩优异，被世界前100名校录取率85%，有多名学生被美国排名前30位、英国前5位校录取；34%的学生获2017年CIE考试均为“A”。

【新课改新高考成绩显著】 2017年，杭州第四中学下沙校区优化适应新课程改革的教学管理体系，深入开展新课程改革。结合新学考、新选考，完善2015级和2016级三年课程设置规划。结合学校实际，改进、重构2015级分层走班教学组织形式。推进综合素质评价，形成较完善的实施方案。提升选修课多样化建设，重点打造精品课程，《英语翻译入门》《色味化学》《以案说法》等课程入选杭州市精品选修课程，《走运河·品杭州》入选省级精品网络课程，学校精品选修课程增至20门。升级建设在线学习平台，满足学生个性化学习需要。以学科竞赛辅导为载体，推进学生学科特长发展，数理化生及信息学科竞赛省级以上获奖约100人，机器人竞赛获全国一等奖，英语、作文比赛获20多个国家级奖项。2017届高考成绩出色，一段线人数、上线率均排名杭州前三位，毕业学生中有70人考入九校联盟高校，150多人考入“985”高校，约300人考入“211”高校。

【体艺特长培养有特色】 2017年，杭州第四中学下沙校区作为浙江省体育特色学校和艺术特色学校，践行“普及+提高+特色”理念，提高学生生命健康素质和艺术素养。推进“阳光体育运动”，组织春季素质运动会和秋季田径运动会，坚持广播操和阳光体育长跑活动，开展系列普及型体育比赛，形成全员参与的群众性体育风气。重视艺术活动在德育教育中的作用，开展课余文娱活动，提高学生艺术涵养。规范学校合唱团、管弦乐团、田径队、篮球队、健美操队、乒乓球队的日常训练，艺术和体育比赛成绩较好。学校男子、女子篮球队获杭州市中学生篮球联赛11连冠，男子篮球队获第十四届CSBA全国高中男篮锦标赛季军，女子篮球队蝉联浙江省冠军。学校田径队获杭州市中学生阳光体育运动会男子团体第一名、团体总分第二名，获2017年浙江省中学生田径锦标赛团体第四名。运动员余金斌获全国学生运动会男子七项全能银牌。学校管弦乐团、合唱团获省、市中小学生艺术节一等奖。7月，学校交响管乐团赴荷兰参加第三十八届世界管乐大赛获金奖。

（祝建清）

·校外教育·

【校外教育规划发展】 2017年，开发区教育主管部门完善社区教育顶层设计，制定出台《开发区社区教育发展规划（2016—2020）》。吸收高教园区优质教育资源，举办第三期电子商务初级培训、首期“美丽人生”魅力女性技能培训等居民技能培训活动。加快推进“市民学习圈”建设，举行开发区全民阅读节暨“书香东部湾”系列主题活动。提升校外教育服务，全年开发区青少年宫开设七大类38个培训项目，有247个兴趣班，培训学员3701人次，服务人次比上年增长73%。暑期培训1.08万人次，服务人次增长82%。开展综合实践、专项、主题、社团四大类活动100多场，参与活动1.51万人次。加强少先队工作，注重培养少先队员的好思想、好习惯，提升学生综合素质，开展“百支红领巾假日小队在行动”“火炬银奖挑战营”等主题活动10多次，参与人员1万人次。

【“书香东部湾”主题学习】 2017年，开发区社区教育推进“书香东部湾”系列主题学习活动，先后开展“喜迎G20”知识竞赛、“文明我先行”宣传进社区和文化演出进社区活动，举办第二届全民阅读节启动仪式、“最喜爱的书籍”推荐、经典诵读演讲、“文化大讲堂”巡讲、“最美、最佳”图书室（馆）评选、百姓学习之星评选、示范社区学习共同体评选等系列活动。“书香东部湾”主题学习活动得到市民、职工、师生的响应和参与，涌现一批热爱学习的优秀集体和个人，开发区举行百姓学习之星、示范社区学习共同体和最佳、最美图书室（馆）颁奖仪式，对获2016年杭州市“百姓学习之星”的杨镇华和“浙江省职工数字阅读达人”称号的10名获奖者进行表彰。

【校外教育赛事活动】 2017年，开发区以“体验·创新·成长”为主题举办中小学科技节活动。以提高中小学生科学素养和实践创新能力为目标，先后开展科技嘉年华、趣味科普探究、科技讲堂、科技夏令营、科技流动少年宫等53项比赛和活动。其中，科普主题活动10多项，区级专项科技竞赛及活动30多项；“大教授进小课堂”科普讲座6场，科技夏令营、科技成果展示与交流活动5场。科技嘉年华活动60多项科普体验项目，受益人群1800多人次；科技流动少年宫活动进学校7场，受益学生7500多人次。举办首届“青少年宫杯”书画大赛。比赛分小学低段、中段、高段3个组别，每个组别分西画、书法、国画3个类目。比赛收到16所学校的600多幅作品，选出优异作品262幅，并对获奖学生进行表彰。（汪　海）

2017年4月17日，开发区总工会举办叉车工技能比武大赛。图为叉车工接受获奖证书现场
（诸琪杰 供稿）

2017年12月17日，开发区“玫琳凯杯”叉车职业技能大赛在玫琳凯（中国）有限公司举行。图为比赛现场
（开发区管委会办公室 供稿）

·成人职业教育·

【职工素质教育与培训】 2017年，开发区以“蓝领成才”职工素质教育为平台的成人职业教育得到辖区院校和企业职工的响应与支持，通过成人高职大专、专升本、专业培训、技能等级考试等教学科目培训，新增受教育人数2652人，年末累计受教育人数5.07万人。实施职工学历教育推进办法，入学优惠与学成报销金额最高为每人4500元。发放入学优惠补助20万元，用于减轻职工学习负担。设立技能培训专项资金，面向全区职工开展实用技能的免费培训。加强职工综合素质培训，来自546个单位1223名职工参加健美操、瑜伽、书法摄影等培训活动。提升职工专业技能，为职工普及电子商务平台建设、跨境电子商务、会计等科目的免费培训，培训参与人数逾2500人。

【培训扶持与高技能人才评选】 2017年，开发区总工会设立110万元技能培训专项资金，面向全区职工开展技能与语言、素质与素养、电子商务三大类19项免费培训。技能与语言为日语、英语、韩语、办公应用软件、计算机辅助设计工程、会计从业资格、叉车驾驶7个项目；电子商务为跨境电商、微营商、电商平台开发与运营、电子商务5个项目。素质与素养分为职业女性学堂、护理与急救、茶艺师、现代养生与自我保健、理财规划师、中式烹调师、西点咖啡烘焙7个项目。提升职工职业技能水平，鼓励职工参加工具钳工、叉车司机、客房服务员等职工技能竞赛。通过理论和技能考试，评选出一批高技能人才，审核通过高技能人才2489人。中高级工1497人、技师90人，评选产生开发区首届“下沙工匠”10人。

【新增“蓝领成才”教育参与院校5所】 2017年9月，开发区“蓝领成才”职工免费技能培训班开班。“蓝领成才”引导企业职工学历层次提升，设有业余大专、“高升专”成员院校3所，分别为浙江经济职业技术学院成人教育学院、杭州职业技术学院继续教育学院和杭州科技职业技术学院继续教育学院。“专升本”成员院校2所，为浙江理工大学继续教育学院和杭州电子科技大学继续教育学院。开发区总工会通过企业调研、职工咨询、问卷调查等方式，了解企业需求和职工想法，推出工商企业管理、市场营销、机械设计制造及其自动化、汽车检测与维修技术、会计等专业。全年“蓝领成才”素质教育工程新增受教育人数2652人，发放入学优惠补助20万元。

（诸琪杰）

责任编辑 黎洪正

·卫生综述·

【卫生事业发展概况】 2017年，开发区卫生计生分局以“打基础、抓规范、优服务、保平安”为工作目标，打造“健康开发区”，为建设“美丽东部湾”提供健康保障。至年末，开发区有医疗机构120个，其中基层公立医疗机构20个、内部办医疗机构32个、社会办医疗机构66个、疾病预防控制机构1个、卫生监督机构1个，医疗床位349张，全区注册卫生技术人员1409人，其中注册执业（助理）医师812人、注册护士597人。

【卫生机构建设】 2017年，开发区卫生计生分局加快卫生事业发展，健全“15分钟卫生服务圈”，编制《社区卫生服务设施布点规划》，推进开发区沿江区块、城北区块社区卫生服务机构建设工作。沿江区块公共服务中心医疗卫生服务项目内部装修工程完成招标；城北区块、中心区块社区卫生服务机构工程项目开工建设。实施“双下沉、两提升”（人才下沉、资源下沉，服务能力提升、服务效率提升）工程，开发区社区卫生服务中心与市级三甲医院建立紧密型医联体关系和双向转诊型医联体关系，区内两个社区卫生服务中心分别挂牌市红十字会医院下沙分院、市红十字会医院白杨分院，浙江省中医院下沙院区在白杨社区卫生服务中心成立“名（中）医工作室”。加大社会资本办医扶持力度，优化医疗机构设置审批流程，全年新设立社会办医机构16个，累计66个。

【“最多跑一次”卫生改革】 2017年，开发区卫生计生分局按照群众和企业到政府办事“最多跑一次”的理念和目标，运用“互联网+政务服务”和大数据，落实“一个窗口、集成服务”工作要求，梳理办事事项17项，实现“最多跑一次”改革事项16项，实现率94%，在开发区行政服务中心窗口入驻率100%。“一把手”带头开展电话回访，重点关注群众和企业到窗口办事是否实现“跑一次”及遇到的困难和意见建议，回访率100%、满意率97%。 （王群燕）

【“健康下沙”建设】 2017年6月21日，开发区党工委、管委会印发《关于成立开发区健康下沙建设领导小组的通知》，由开发区主要领导担任组长，部门、街道主要领导为成员，领导小组下设办公室，辖管健康环境、健康社会、健康服务、健康人群、健康产业、保障支撑、综合协调7个专项组。6月22日，开发区党工委、管委会印发《关于建立健康下沙共建体系指导意见》，从“健康下沙”总体要求、功能定位、工作职责、保障措施4个方面，提出共建体系意见。文件明确分管领导、联络科室及联络员，整合资源、健全联络，基本形成“领导小组—专项小组—部门街道”的组织管理架构。6月，开发区卫生计生分局编印《开发区健康下沙建设工作材料汇编》和《“健康下沙”建设实施意见》，将《2017年健康浙江考评指标自评表（县级）》和《2017年健康杭州建设考评体系[区、县（市）]》进行任务分解。12月，对区内27个成员单位进行2017年度“健康杭州”建设考核，考核结果纳入管委会各部门综合目标考核。

【张鸿铭调研开发区医疗卫生工作】 2017年1月22日，杭州市委副书记、市长张鸿铭到浙江大学医学院附属邵逸夫医院下沙院区调研并慰问一线医务工作者。开发区党工委书记、管委会主任邵立春陪同慰问。张鸿铭先后到医院急救中心广场停机坪了解救援直升机内部结构和运行情况，到药房、诊疗室、病房，与医护人员交谈，了解医院运行和值班安排情况。张鸿铭表示，邵逸夫医院要充分利用好医疗资源，发挥救援直升机快速、高效的作用，着力构建覆盖周边地区的立体化医疗救援体系，提高应对突发医疗事件能力及危重疾病救治能力，并要求邵逸夫医院继续发扬走在前列的精神，带动周边其他医疗单位提升硬件和服务，提升整个开发区医疗服务国际化水平。（徐艺珍）

·卫生管理·

【医疗执业管理】 2017年，开发区卫生计生分局执行医师执业注册制度，按时完成医师护士执业注册、颁证工作。全年完成执业医师注册及变更注册333人次，完成护士执业注册及变更、延续注册335人次，完成医疗机构变更（延续）69个次、医疗机构设置审批15个次、医疗机构执业登记19个次、医疗机构年度校验93个次。做好年度医师、护士资格考试报名、资料审核、现场确认工作，审核215人，确认通过212人；做好卫生专业技术人才考试现场报名、资格审核、确认工作，审核127人，确认通过119人；做好第五周期医师定期考核工作，接收申请612人，通过602人。

（冯　涛）

2017年7月23日，开发区社区卫生服务中心医护人员参加市基本公共卫生知识竞赛获一等奖　（朱　静 供稿）

【医养护签约服务推进】 2017年，开发区卫生计生分局根据市卫生计生委关于医养护签约服务的考核要求，全面做好开发区医养护签约服务工作。出台《开发区2017年医养护一体化签约服务绩效考核方案》文件，对区级签约服务的考核方式、考核结果应用和经费拨付做出规定。加强对重点人群签约覆盖率、签约居民就诊率和转诊率的考核力度。开展第三方考核，对签约医生服务团队的居民满意度和知晓率实行按季考核，年终汇总考核结果，与经费拨付直接挂钩，提升签约服务积极性。全年完成签约服务3万人，实现居民签约知晓率99%、满意率98%；签约居民社区就诊率50%、转诊率9%；设立家庭病床76张，组建签约全科医生团队24个，参与签约服务医务人员108人、全科医生46人。全年累计签约居民5.9万人，签约覆盖率30%。梳理10类签约重点人员情况，主动对接开发区残联、街道等单位，开展残疾人、精神障碍患者摸底调查，联合开展专项签约服务活动，重点人群签约2.22万人，重点人群覆盖率83.2%。为区内80岁以上老年人、残疾人和“失独”家庭开展免费签约上门服务，失独家庭和特困家庭上门签约率达到100%。开展签约医生进校入企集体签约服务，方便学生和厂区职工获得基本医疗和基本公共卫生服务。加强责任医师培训力度，组织参加杭州市卫生计生委举办的签约服务培训，提高全科医生医疗业务水平和社区护士护理能力。年末，下沙街道社区卫生服务中心吴世勇被评为浙江省“百姓信赖的签约好医生”和杭州市“百姓信赖的签约好医生”，白杨街道社区卫生服务中心李瑞被评为杭州市“百姓信赖签约好护士”。

【基本公共卫生服务】 2017年，开发区卫生计生分局加强基本公共卫生服务项目的组织实施，10月，调整基本公共卫生服务领导小组成员。结合2016年杭州市基本公共卫生服务项目考核情况，召开专题会议5次，研究制定整改方案。从培训学习、人员配备、调整考核和强化督查等方面，推进基本公共卫生服务项目落实。加大基本公共卫生在社区卫生服务中心综合目标考核中的比重，并与个人绩效考核奖挂钩。继续完善辖区居民电子健康档案，做好居民健康管理工作。开展公共卫生服务项目管理培训2次，覆盖所有从事基本公共卫生服务的工作人员。印制第四版《基本公共卫生服务规范》300多册，发放至社区卫生服务中心每个工作人员。开展条线专门业务培训6次，参训50多人次。组织社区全科医生、责任护士公共卫生专业知识考试2次，开展区级项目考核2次，邀请省、市专家对开发区进行现场督导考核2次，提高医务人员公共卫生工作能力。提升中医服务能力，辖区社区卫生服务中心可提供中医诊疗服务10项，卫生服务站点可提供中医诊疗服务4项，用中医药干预高血压、糖尿病、慢性支气管炎等慢性病。社区卫生服务机构均可开展中医诊疗和预防保健服务，满足社区居民中医诊疗服务基本需求。在杭州市组织的基本公共卫生知识竞赛中，开发区代表队获一等奖。

（朱　静）

·基层卫生·

【基层卫生概况】 2017年，开发区卫生计生分局委托上海卫生事业发展研究中心制定《社区卫生服务设施布点规划》，社区卫生服务机构布局日趋合理，服务网络不断完善。下沙街道社区卫生服务中心创建为浙江省百强社区卫生服务中心和全国优质服务示范社区卫生服务中心。拟定《开发区卫生计生人才"十三五"时期发展规划》，分析开发区卫生计生人才需求，加强人才队伍梯队建设。与开发区人社局协商制定商调、直接考核、公开招聘3种人才招录方式，通过商调和直接考核招录工作人员14人。拟定开发区社区卫生服务机构绩效补偿机制改革方案。对接开发区人社局、开发区财政局和上级业务部门，通过优化考核模式，激发基层医务人员工作主动性和积极性，提高服务质量，实现提能增效。

【"智慧医疗"平台建设】 2017年，开发区卫生计生分局加大区域卫生信息平台建设力度，优化信息平台服务功能。在市卫生计生委统一部署下，推广使用"医信付"等服务功能。全年开发区持市民卡人群诊间结算交易18.2万人次，诊间结算率37%。开展远程诊疗6956人次，预约转诊（医保备案）1.23万人次。

（朱　静）

【妇幼保健服务】 2017年，开发区卫生计生分局做好新时期计生工作转型发展，通过婚、孕、产、养、教等环节，做好妇幼保健工作，开展适龄妇女免费"两癌"筛查工作，推行母子健康手册，创建省级优生优育优教基地，提升人口素质，保障妇女权益。全年为区内880对目标对象提供国家免费孕前优生健康检查服务。至年末，孕产妇死亡率为零。　（何易雯）

【严重精神障碍患者管理和服务】 2017年，开发区卫生计生分局印发《开发区严重精神障碍患者监护责任以奖代补工作实施办法》，落实对严重精神障碍患者的监护责任。开发区签订协议41人，发放奖励扶助资金4.9万元。

落实杭州市"春风行动"精神障碍患者困难家庭慰问活动。开发区卫生计生分局为保障精神患者特殊家庭及时得到社会帮扶，组织精神障碍患者防控人员学习"春风行动"政策，完成3例符合条件的人员材料上报。落实免费服药政策，全年共审核报销精神障碍患者医药费10.62万元。落实发病报告制度，在邵逸夫医院下沙院区和省中医院下沙院区落实精神障碍患者发病报告工作，全年累计报告患者96人次。

（徐艺珍）

【下沙街道社区卫生服务中心】 2017年，下沙街道社区卫生服务中心（简称下沙卫生中心）全年门诊、急诊30万人次，预防接种7万针次，各类体检9万人次。全年总收入6370万元，其中财政基本补助收入345万元、公共卫生经费收入224万元、业务收入5421万元。业务收入中药品收入3141万元、医疗收入1894万元、体检收入386万元，药品收入占业务收入的58%。家庭医生签约人数2.84万，完成计划任务数的105.5%；10类重点人群实际签约1.33万人，签约比率83.8%。婚前医学检查975人，婚检率39.3%。户籍人口孕产妇建卡人数669人、建卡率99.7%，参加产前检查671人、产检率99.7%，产后访视657人、访视率97.6%，孕产妇系统管理人数657人、孕产妇系统管理率97.6%。流动人口孕产妇建卡886人，系统管理数821人，高危管理数418人。妇女病普查实查2981人次，普查率72.4%。高血压实际管理人数3437人，规范管理率70%；糖尿病管理人数1069人，规范管理率60.6%。在册管理精神疾病病人190人，其中重性精神障碍患者173例。通过"健康五进"（健康教育进社区、学校、企业、机关、公共场所）活动，开展健康教育70多次，举办义诊及活动19次，受益群众1700多人。

下沙卫生中心被评为全国优质服务示范社区卫生服务中心、浙江省百强社区卫生服务中心、杭州市儿童保健工作先进集体，被授予“杭州市青年文明号”，获杭州市妇女保健工作先进集体三等奖、开发区公益街区志愿服务优秀志愿者奖。（毛孝敏）

【白杨街道社区卫生服务中心】 2017年，白杨街道社区卫生服务中心（简称白杨卫生中心）服务居民26.57万人次，业务总收入2710.6万元，比上年增长21%，超额完成目标任务。全年医疗收入1394.98万元，增长11%；药品收入921.19万元，增长45%；体检收入394.41万元，增长12%。医养护一体化签约服务3.15万人，规范签约率57.6%。建立家庭病床32张。建立居民健康档案8.19万份，健康档案建档率80.3%；老年人健康档案1186份；老年人健康管理883人，老年人健康管理率74.5%；高血压患者管理876人，管理率61.9%；糖尿病患者管理357人，管理率61.6%；重性精神疾病患者管理31人，规范管理率86.1%；肺结核患者管理63人，管理率100%；按照月龄接受中医药健康管理服务的0个月～36个月儿童4216人，儿童中医药健康管理服务率92.1%；一类疫苗接种5.03万针次，二类疫苗接种3.03万针次；新生儿建立预防接种证1.97万本，建证率100%；0岁～6岁儿童管理1.64万人，管理率93.8%；新生儿访视2835人次，访视率96.9%；早孕建册2835人，建册率96.9%；孕产妇系统管理2701人，系统管理率92.3%；产后访视2850人次，访视率97.4%。辖区内城乡居民健康体检总人数2277人次。全年举办各类健康知识讲座31场次，在居民小区、街道市场及学校、人口聚集地、企业等进行健康教育宣传咨询活动34场次，总受益人数2830人次，发放宣传资料6257份，举办健康教育专栏12期。

（邹小燕）

·卫生监督·

【卫生监督概况】 2017年，杭州市卫生和计划生育监督所经济技术开发区分所（简称卫监开发区分所）提升服务意识，通过梳理涉及公共场所、放射卫生、消毒产品等卫生行政部门的行政许可事项，减少办事手续，办事流程体现“让群众少跑腿”，提高办事效率，实现卫生监督服务“零距离”，审批服务“零等待”，群众办证“零障碍”，将“最多跑一次”改革工作落到实处。工作人员结合现场审核及现场监督检查工作，送证上门，加速推进“最多跑一次”改革，以便民惠民举措，展示卫生监督服务新理念。

【卫生行政许可审核受理】 2017年，开发区卫生计生分局受理（含注销）卫生行政许可申请314件，发放各类卫生许可证274件，其中公共场所卫生许可证176件、放射诊疗许可证4件。完成工业建设项目职业预评价审查6项、施工图审查6件、竣工验收6项。开展公共场所年检及许可到期温馨提醒工作，全年年检269个，短信温馨提示269个次。

【执法监督检查】 2017年，卫监开发区分所围绕各专项整治工作，开展执法监督检查，对非法行医、依法执业、控烟、口腔科等领域开展专项监督检查与治理。通过专项整治与日常监管相结合、突击检查与全覆盖式检查相结合，加大整治力度，查处各类违法违规行为。全年实施行政处罚40起，其中简易程序处罚28起、一般程序处罚12起，罚款金额4.26万元。

【严打非法行医】 2017年，卫监开发区分所将打击非法行医工作作为重点，指派卫生监督人员开展定期专项巡查。通过每周不少于一次的日常巡查，以“城中村”、城乡接合部、群租集中区等人员密集场所为重点，开展打击非法行医专项行动。全年巡查重点区域54次，出动监督执法人员124人次，确保第一时间发现无证行医、抑制无证行医。加强美容场所医疗美容巡查检查，查处美甲店无证经营医疗美容案1件。

【民营医疗机构监督检查】 2017年，卫监开发区分所重点加强群众关注的民营医疗机构的监督检查，严查超范围执业及擅自异地执业、使用非卫生技术人员、医疗机构出租、外包科室和非执业医师单独执业等违法行为。开展动员培训，要求各医疗机构开展自查。对辖区民营门诊部及个体诊所在自查基础上进行全覆盖监督检查，对发现问题的单位责令限期整改并追踪复查，对违法行为及时立案查处。全年出动执法人员142人次，检查医疗机构224户次，责令改正26户次，追踪复查26户次，立案处罚12件，罚款2.8万元。

【医疗废物处置检查】 2017年，根据省卫生计生委《浙江省卫生计生委关于切实加强医疗废物管理工作的通知》要求，卫监开发区分所结合日常医疗卫生监督检查，开展全区医疗机构医疗废物收集处置工作专项监督检查，突出检查民营门诊部以上级别医疗机构医疗废物处理落实情况。全年出动监督执法人员102人次，监督检查医疗机构106个，对存在问题的12个医疗机构，提出书面监督意见12份，并回访督促整改落实。

2017 年 5 月 31 日，开发区卫生计生分局在浙江理工大学开展“无烟赛事、清新校园”控烟宣传活动 （王青青 供稿）

【生物实验室监管检查】 2017年，卫监开发区分所对辖区内备案的8个生物实验室进行监督检查（含企业生物实验室6个），指导各单位生物实验室做好安全管理工作，完善生物安全组织管理体系，落实病原微生物实验室各项防控措施，定期开展单位实验室工作人员生物安全培训。对2个企业实验室医疗废弃物处理不规范及未在醒目位置张贴生物安全警示标识等违规行为提出整改意见。

【生活饮用水卫生及涉水单位卫生监督】 2017年，卫监开发区分所对辖区内10个二次供水单位开展饮用水卫生监督，对5个单位提出书面卫生监督意见书并责令整改。开展月雅苑等社区居民生活饮用水水质检测，检测情况每月在社区公示。5月，联合开发区疾病预防控制中心、下沙街道社区卫生服务中心，在下沙街道智格社区开展以“五水共治保供水，健康惠及千万家”为主题的饮用水卫生安全宣传活动。现场发放饮用水卫生知识宣传册300份，解答群众有关饮用水问题，提高群众对自来水出现异常情况的处置能力和自我防护能力。

【开展校园卫生安全健康行动】 2017年，卫监开发区分所对辖区14所高校、23所中小学、21所托幼机构进行卫生监督检查。监督检查以学校传染病应急预案的建立与执行、儿童入托接种证查验、落实晨检和缺勤缺课登记制度、饮用水及环境卫生等为重点。落实学校中考、高考卫生监督应急保障，派出卫生监督执法人员16人次，通过提前介入，对考点进行全面卫生检查和指导，确保中考、高考顺利完成。对部分学校疫情报告、登记及管理制度不明确，以及少数小学黑板照度和课桌照度分别低于200LX和150LX国家卫生标准情况，提出卫生监督改进意见。

【放射防护与职业卫生监督检查】 2017年，卫监开发区分所累计处置职业健康检查报告书4204份，涉及523个用人单位、5.49万体检人次，发现职业禁忌证1273人，发现疑似职业病1例，诊断职业病1例。全年累计出动监督执法人员50多人次，对14个医疗机构进行放射卫生现场监督检查，重点检查放射诊疗单位的放射诊疗许可证和放射工作人员证持有情况、放射诊疗建设项目职业病危害评价情况、设备和场所检测情况、放射工作人员个人剂量监测及职业健康监护情况、辐射危害告知、辐射危害警示标志设置情况等。检查中发现未能及时安排进行放射诊疗设备性能检测、未能对工作场所放射防护检测等问题，对涉及的2个单位提出书面整改意见并给予行政处罚。

【控烟执法监督检查】 2017年，卫监开发区分所结合世界无烟日及杭州市控烟条例颁布七周年，依行业开展辖区公共场所单位控烟专项监督检查，检查机关事业单位、医疗机构、宾馆、美容美发场所、烟草专卖等公共场所611个。发现大部分公共场所在室内醒目位置设置“禁止吸烟”标志或警语，大中型公共场所建立控烟管理制度并配备控烟监督员；个别单位未能现场出示控烟卫生管理制度，办公场所走廊和花坛发现烟蒂情况。全年对16个违反《杭州市公共场所控制吸烟条例》的单位作出行政处罚，其中警告10个、警告并罚款6个，罚款2800元。

【公共场所卫生监督与量化分级管理】 2017年，卫监开发区分所组织卫生监督执法人员，对“双随机”（抽检数据随机、执法人员随机）抽中的约50个住宿、沐浴场所、商场超市等公共场所单位进行“双随机”监督检查，对36个住宿经营单位、38个美容美发场所、35个沐浴场所、4个商场（超市）、1个电影院进行卫生监督抽检。累计监督抽检样品158份，经检测合格率99%。全年对应该量化评级的736个公共场所单位进行量化分级，并培育住宿场所A级单位。通过监督员业务指导，新增1个宾馆住宿场所A级单位——盛泰开元名都酒店。对10个住宿场所“五常法”（常整理、常整顿、常清扫、常清洁、常自律）管理及规范化消毒间建设的实施情况进行监督，经指导，基本达到管理“五常法”标准要求。

【第十三届全国学生运动会卫生监督】 2017年9月4—16日，第十三届全国学生运动会在杭州举行，开发区卫生计生分局按照浙江省组委会的卫生监督保障要求，成立开发区应急救援队伍，落实各项防范措施，做好人员、物资和设备等的应急准备工作。实施24小时值班制度，做好“110”社会应急联动。强化对生活饮用水、住宿场所、游泳场所、美容美发等监督检查，以及场所公用物品的监督采样检测工作，累计监督抽检300多个单位，其中对86个单位生活饮用水、末梢水、二次供水、公用物品、泳池水质、空调滤网等样品进行重点监督采样与检测。赛事期间，安排人员实行24小时驻点监督，确保比赛场地与接待宾馆等单位的公共卫生与安全，保障运动会顺利举办。（何关坤）

·爱国卫生·

【爱国卫生概况】 2017年，开发区爱国卫生工作坚持“条块结合、以块为主、上下联动、齐抓共管”的运行机制，全面开展爱国卫生运动。完成第十三届全国学生运动会病媒保障任务。10月26日，经浙江省爱卫办专家实地检查，开发区病媒生物防制水平达到国家规定的C级以上标准，通过省级评估，巩固国家卫生城市创建成果，推进健康开发区建设。

【爱国卫生先进单位创建】 2017年，开发区卫生计生分局培育、复核完成各级各类爱国卫生先进单位14个，其中杭州银行股份有限公司下沙开发区支行创建为浙江省卫生先进单位。完成杭州电子科技大学、浙江警官职业学院、浙江育英职业技术学院等11个单位和下沙街道头格社区、中沙社区的省级卫生先进单位复查确认工作。

【爱国卫生月活动】 2017年4月，开发区爱卫办以围绕服务保障第十三届全国学生运动会为重点，开展以“人人动手，清洁家园”为主题的第29个爱国卫生月活动暨爱国卫生百日大行动。通过开发区管委会委领导带头义务劳动等形式，发动机关、学校、企事业单位干部职工，开展环境卫生综合整治，消除卫生死角，搞好环境卫生，消除“四害”（苍蝇、蚊子、老鼠、蟑螂）滋生地。开展环境整治，对景园社区环境改造提升，对头格农贸市场等单位开展重点区域环境卫生整治，改变脏乱差状况。全区整治楼道、屋顶、地下室580处，治理主次干道和背街小巷12千米，整治建筑工地53个，清理杂物180多吨。运用微博、微信等媒体，宣传病媒生物防制核心信息，营造爱国卫生月氛围；强化爱国卫生月活动系列报道和舆论监督，活动期间市级媒体报道1次、区级媒体报道12次，挂宣传横幅80条、电子显示屏宣传110个、发放宣传海报1000份。通过宣传，提高群众对爱国卫生月开展工作知晓率，培育健康生活方式，营造人人参与爱国卫生运动氛围。

【除“四害”活动】 2017年，开发区卫生计生分局召开春秋灭鼠工作专题督导会，并及时开展除“四害”防制培训，重点部署春、秋季统一灭鼠和消灭早春第一代蚊蝇工作。分别在3月和10月统一开展全区春秋季灭鼠行动。5—8月，开展社区宣传活动，实现38个社区除“四害”公益性宣传全覆盖，发放蟑螂缓释剂3.76万包、粘鼠板7700份。提供除“四害”上门服务家庭200多个。推进技防设施试点建设，中沙社区、东湾社区等社区技防设施建设增加毒鼠屋1350个。至年末，全区安装防蚊闸1482个、灭鼠屋5300个、捕蝇笼1214个。

2017 年 9 月，开发区卫生监督人员到第十三届全国学生运动会开发区场馆监督监测生活饮用水水质 （何关坤 供稿）

【登革热疫情防控】 2017年8月，开发区爱卫办接到辖区登革热感染病例报告后，组织街道、社区落实环境整治、应急消杀等工作，累计消杀面积380万平方米。根据市爱卫办统一部署，多次组织全区开展统一灭蚊工作。发挥组织网络功能作用，落实以科学防蚊灭蚊为重点的环境整治举措。利用宣传栏、拉挂横幅、宣传标语等方式进行宣传，发放宣传海报4000多张、宣传折页8万余份、居民告知书10万张。动员群众主动配合，提升群众自觉清理瓶、罐、缸等积水容器筒的防控意识，严防登革热疫情扩散蔓延。开发区管委会分管领导多次带队深入社区、高校督查指导，开发区爱卫办灭蚊防蚊督查小组对全区灭蚊防蚊工作进行专项督查，发现问题及时发放抄告单至相关单位，督促落实整改。

【第十三届全国学生运动会病媒生物防制】 2017年，开发区制定《第十三届全国学生运动会期间病媒生物防制实施工作方案》，强化政府职责、落实部门责任，形成有效的工作网络。开发区管委会拨付病媒生物防制专项经费65万元，成立由开发区爱卫办、开发区疾控中心和有关PCO（有害生物防治）专业队伍人员组成的病媒生物防制应急服务保障队。5月12日和5月17日，开发区爱卫办邀请病媒生物防制专家一行4人，对区内参加第十三届全国学生运动会的7个赛点学校开展病媒生物防制工作督查，检查比赛场馆9处、食堂7处、学生宿舍（宾馆）6处、周边外环境绿化带1.5万米。督查人员将发现的问题以“工作指导记录单”形式反馈赛点学校，督促落实整改，确保卫生安全。6月19日，组织高校、街道、社区爱卫人员80多人进行第十三届全国学生运动会病媒生物防制保障专项培训，提高病媒生物防制保障和监管能力，有效控制蚊、蝇、鼠、蟑螂等病媒生物密度，督促高校、街道、社区加强辖区单位的监管和培训。

（徐艺珍）

·疾病预防控制·

【疾病预防控制概况】 2017年，杭州经济技术开发区疾病预防控制中心（简称开发区疾控中心）按照疾控部门工作职责要求，结合各项业务相关规定及工作需求，开展疾病预防与控制、健康教育与促进、疫情及健康相关因素信息管理、突发公共卫生事件应急处置等工作。全年组织开展登革热防治、霍乱防控桌面演练、高校艾滋病防治、慢性病防治、免疫预防、结核病管理等各项业务知识培训13期，培训业务人员600多人次，检查指导基层单位160多个次。开展健康教育工作，全年举办“3·24”结核病日、“12·1”艾滋病日等各类卫生日宣传活动10多场，印制展板1400多块，发放杂志、墙报、小册子等资料2万余份。全年无甲类传染病报告，报告乙类传染病11种、844例，报告丙类传染病4种、963例，报告HIV感染者41例。传报卡报告及时率和审核及时率均为100%。

【传染病防治】 2017年8月，开发区疾控中心接到辖区登革热感染病例报告后，制定疫情处置方案，落实病例调查、应急监测等工作。开展流行病学调查病例38例，其中本地病例28例，应急监测核心区13个，病例收索入户调查1.17万户、4.05万人。多次对有害生物防治公司病媒消杀业务进行指导。全年调查处置手足口病、流感样病例、诺如病毒感染性腹泻等聚

2017年9月，开发区疾控中心工作人员到白杨街道江潮社区现场监测蚊媒密度　　（王青青　供稿）

集性疫情和麻疹、霍乱（均为毒力阴性）等个案疫情50多起。日常落实霍乱、禽流感、流感等重点传染病监测，掌握疫情动态。全年监测霍乱外环境水样和市售水产品238件，未检出霍乱弧菌；监测手足口病例样本72例，阳性16例，阳性率22.2%。分别于1月、4月、7月份对辖区规模养殖户和家庭散养户开展禽流感外环境监测，监测样本46份，未检出禽流感病毒；4—11月落实伊蚊布雷图指数监测工作，掌握蚊媒密度信息。

【免疫预防】 2017年，开发区疾控中心接种各类常规疫苗19.56万针次，其中一类苗11.83万针次、二类苗7.73万针次，未发生安全接种事故。对预防接种门诊一类疫苗发放补助经费45万元，保证预防接种工作顺利进行。开展预防接种疑似异常反应（AEFI）监测工作，报告AEFI病例118例，其中一般反应82例、异常反应25例、偶合反应11例。对辖区生物医学实验室开展摸底调查，共调查实验室51个，其中保存有脊灰野病毒感染性或潜在感染性材料实验室3个。推进消除麻疹工作，开展辖区初三学生和高校新生麻风疫苗接种工作，累计接种10所初中1346人次、14所高校1.16万人次。

【结核病与艾滋病防治】 2017年，开发区报告登记结核病例300例，其中涂阳肺结核40例、涂阴肺结核219例、结核性胸膜炎28例、肺外结核13例。定期开展季度和年度结核病疫情监测分析工作。规范落实结核病督导管理工作，督导管理各类肺结核病人共259例，其中接受强化期督导219例，占84.6%，全程督导40例，占15.4%，总督导管理率100%。

全年新增报告艾滋病（HIV/AIDS）41例，累计报告179例。新增艾滋病管理59例，全区现有艾滋病253例，失访9例，对其余244例按要求进行随访管理，随访管理率96.4%。完成CD4检测239人，监测完成率94.5%；配偶检测完成率91.7%（11/12）；结核检测完成率95.1%（232/243）。全年新增治疗病例60例，治疗及时率90%（确诊到治疗间隔≤60天），现治疗病人227例，治疗覆盖率89.7%（227/253），病毒载量检测66人次。

【慢性非传染性疾病防治】 2017年，开发区疾控中心定期对慢性病网报信息和死因报卡进行审核管理，全年报告糖尿病419例、肿瘤209例、脑卒中106例、冠心病14例，报告死因报卡174例。社区卫生服务机构按要求开展慢性病随访和管理工作，糖尿病初访完成率94.6%、及时率78.3%，肿瘤初访完成率98.2%、及时率85.6%，心脑血管初访完成率96.3%、及时率85.1%。高血压、糖尿病规范管理率分别为55.5%和65.5%，比上年均有所下降。落实适龄儿童窝沟封闭工作，完成16所小学和9所初中学生的窝沟封闭工作，检查适龄儿童4845人次，复查4492人次，封闭牙数1.17万颗。

【食品安全和消毒质量监测】 2017年，开发区疾控中心落实食品安全风险监测工作，规范开展食源性疾病病例报告审核工作，监测食品178件，全年任务完成率104.7%（178/170），合格率99.4%。报告食源性疾病病例53例。对自来水管网末梢水、高位水箱水等开展水质监测工作，监测水样186件，合格率100%。对辖区3个医疗机构和10个托幼机构开展消毒质量监测，监测医疗机构样品30件，合格24件，合格率80%；监测托幼机构样品100件，合格64件，合格率64%。对2个重点场所进行消毒质量监测，监测样品20件。

【病媒生物监测】 2017年，开发区疾控中心按照《杭州市病媒生物监测方案》要求，组织实施开发区病媒生物监测工作，掌握开发区病媒生物密度，每月上报监测数据。全年“四害”监测结果：鼠密度0.19%（以小家鼠为主）、蝇密度1.71只/笼（以家蝇和丝光绿蝇为主）、蚊密度1.58只/灯·夜（以中华按蚊和白纹伊蚊为主）、蟑螂密度2.47只/张（以德国小蠊为主），蚊密度布雷图指数13.06。

【职业病危害因素监测】 2017年，开发区疾控中心开展职业病危害因素监测信息网络报告与质量管理工作，审核报卡1943张，审核及时率100%。报告职业病例2例，其中苯中毒1例、中暑1例。全年开展有毒有害作业监护企业273个、职工11.98万人，接受在岗期间职业健康检查的接触重点职业病危害因素劳动者2.11万人，实检2.08万人，检查率98.7%。发现职业禁忌证人数108人，调离108人，发现疑似职业病1人。

（王青青）

·人口和计划生育·

【人口和计划生育概况】 2017年，开发区管委会与下沙街道、白杨街道及相关部门签订《计划生育目标管理责任书》。开发区完成市政府下达的年度人口计生工作目标任务，全区出生人口2219人。免费孕前优生健康监测目标人群880对，覆盖率80%。

【计生优待政策】 2017年，开发区计生办做好扶助金发放工作，发放独生子女父母奖励费1.01万元、公益金补助3.12万元、计生家庭特别扶助费28.56万元，合计发放32.69万元。落实特殊家庭结对帮扶制度，联合社区干部、责任医师，开展4次组团慰问活动，帮助解决实际困难。利用医养护签约服务平台，由责任医生团队每月一次为计生特殊家庭提供免费上门随访服务，责任医师团队全年与13户计生特殊家庭签约，开展上门服务60多次。

【计生依法行政】 2017年，开发区计生办落实依法行政执法责任制，全年办理再生育审批33件。执行计划生育“一票否决”制度，对各级评先评优事项进行审核把关，全年审核再生育816人，发现“一票否决”情况4例。全面推进计划生育审批事项“最多跑一次”改革，按照上级文件要求，根据权力清单，梳理审批流程，实现母婴保健审批工作、生育登记等事项“最多跑一次”。全年办理一孩登记1045起、二孩登记1256起，未发生投诉举报。开展打击“两非”（非医学需要的胎儿性别鉴定、非医学需要的人工终止妊娠）行动，累计出动工作人员80多人次，对老旧小区、城乡接合部组织开展打击“两非”专项行动4次。组织为期3天的计划生育工作人员培训班，60多名开发区计生工作人员参加，提高计生工作者对国家新计生政策的理解，增强新形势下计生工作执行力。

【计生宣传教育】 2017年12月1日，开发区计生办联合白杨街道、开发区计生协会、开发区卫生协会以及省中医院下沙院区、白杨街道东湾社区、观澜社区等单位，在东湾广场举办“社会融合，健康同行”暨关爱新市民义诊活动。来自开发区医疗机构的50多名专家参加活动并现场坐诊，服务群众800人次。组织全区计生干部开展全员信息平台、计生工作转型等专题培训班5期，受训人数300人次，提升计生工作人员专业能力。

【邻里社区被评为国家流动人口社会融合示范社区】 2017年11月16日，白杨街道邻里社区被国家卫生计生委评为第一批流动人口社会融合示范社区。根据国家、省、市卫生计生委流动人口社会融合创建工作部署，开发区卫生计生分局会同白杨街道深入邻里社区指导开展创建活动。创建中，引导流动人口参与社区治理，推动形成“政府主导、部门协同、社会参与、多元供给”的流动人口社会融合工作机制，营造全社会关怀关爱流动人口的良好氛围。（何易雯）

责任编辑 富敏超

文化·体育

·文化与体育综述·

【校地公共文化共建】 2017年12月，《开发区高校文化站建设服务规范》发布。该规范是开发区与高教园区新一轮战略合作启动后，为落实全国高校思想政治工作会议精神，抓好区域文化共建，繁荣区域文化的一项重要举措。高校文化站是开展校地文化共建工作的重要依托，主要由各校团委进行日常管理，开发区社发局进行业务指导。在总结校地文化共建模式基础上，开发区社发局委托中国计量大学进行开发区高校文化站建设规范研究，并形成《开发区高校文化站建设服务规范》，明确高校文化站术语和定义、组织与管理、评估体系、评估过程、监督考核等指标体系。通过实施该规范标准，促进高校文化资源与地方文化资源优势转化和相互融合。

【社区文化阵地创建】 2017年，开发区社发局开展辖区文化阵地创建工作，新建新元社区、景园社区、晨光社区3个社区图书室，新建新元社区、江潮社区、晨光社区、朗琴社区4个“一证通”基层服务点，改善大北社区公共电子阅览室1个。10月，联合开发区总工会、下沙高教办开展第四届“书香东部湾”最佳图书室（馆）评选活动，经实地考察、专家组评选，评出最佳图书室（馆）10个，分别是多蓝水岸社区图书室（书香驿站）、大北社区图书室、观澜社区图书室、海天社区舒敏爱心书屋、江滨花园社区静读小苑、邻里社区图书室、闻潮社区图书室、滟澜社区图书室、月雅苑社区图书室、云水社区图书室。

【公共体育阵地建设】 2017年，开发区社发局贯彻落实《杭州经济技术开发区文体事业发展“十三五”时期规划》，重点推进开发区文体中心、大学城北体育健身中心、开发区特色街区和沿江休闲堤塘体育项目的规划及建设工作。深入研讨大学城北体育馆、开发区文体中心两个项目的体育功能布局，启动项目前期工作。

【基层体育设施网络构建】 2017年，开发区社发局结合开发区2017年为民办实事工作要求，加强引导街道、社区全民健身设施布点工作，全年新建、改建全民健身点、体育场所13处，全民健身苑点5处、篮球场2处、羽毛球场1处、乒乓球室4处、室内健身房1处。实施《开发区中小学校体育场地设施向社会开放实施办法》，推进开发区公办中小学校体育场地对外开放工作。完成文清小学、月雅河小学室外体育场地向社会居民实施免费开放，区内有条件开放的学校场地设施向社会开放率100%。通过共建共享，加强与高校协调沟通，鼓励高校体育场地设施资源向开发区居民开放，逐步建成便捷多样的基层体育设施网络，丰富居民业余生活。

【体育市场经营行为规范】 2017年，开发区社发局配合杭州市体育局，做好开发区游泳池等高危体育项目经营场所开放的日常监管工作，组织开发区卫生计生分局、开发区安监局等职能部门开展联合检查。全年检查高危体育经营单位80多个次，开具行政指导意见书12份，关停违规经营单位2个，确保开发区游泳健身场所安全有序。年末，杭州市体育局下放行政

权力，委托开发区管委会行使区内体育经营场所的行政审批和监管权力。（沈利军）

【基层文化骨干培训】 2017年7月12日，开发区社发局在城建文化馆举办2017年社区文化教育工作者暨团队骨干培训班。社区文化专员、示范社区学习共同体、群众文化星级示范团队骨干以及历届“百姓学习之星”70多人参与培训。培训主要内容为《中华人民共和国公共文化服务保障法》和《街道30分钟市民学习圈创建工作方案》，重点培训“现代公共文化服务体系”。培训夯实社区文化干部、文化骨干理论基础，推动文化活动开展，做到文化活动经常化、规范化，为指导社区文化实践工作奠定基础。

【公共文献服务体系培训会】 2017年8月17日，开发区社发局举办公共文献服务体系建设基层服务点培训会。来自全区26个社区的文体委员及图书管理人员40多人参与培训。培训会上，专业技术人员对新“Interlib图书馆集群管理系统”借还书流通管理、借阅统计、文献查询、借阅历史、文献分类统计、日志查询、系统模块个人信息维护等内容做详细介绍和操作讲解，邀请杭州市图书馆信息技术服务部工作人员做现场答疑。培训旨在推动资源共享，提升基层服务点人员素质和服务能力，发挥文献资源优势，为群众提供优质、便捷、高效服务。

【“非遗”文化进校园活动】 2017年11月23日，开发区社发局举办非物质文化遗产进校园演出暨非物质文化遗产保护志愿者服务队授牌仪式活动。7个“非遗”教学基地、48位非物质文化遗产保护志愿者和传承人参与演出。活动以传承和保护非物质文化遗产为重点，以丰富多彩、积极向上的校园文化活动为载体，将非物质文化遗产融入学校教育和学生生活，帮助孩子们全方位、多角度参与感受非物质文化遗产的独特魅力和文化内涵。（房露婷）

·文化活动·

【10幅书画作品入选市美术书法展】 2017年12月，杭州市“翰墨抒情·喜迎十九大”美术书法作品展在杭州图书馆展览艺术中心开幕，活动历时5个月。经过评选，开发区社发局联合开发区书画协会选送美术、书法作品27幅，其中薛承峰、糜南山、江湾等人的10幅作品入选展览。

【群众文化特色活动项目申报】 2017年10月27日，开发区社发局根据《开发区群众文化特色活动项目申报管理办法（暂行）》和《关于开展开发区2017年群众文化特色活动项目申报工作的通知》要求，召开群众文化特色活动项目评审会，来自辖区22个单位的25个项目参加现场展示和评审。活动邀请有关专家组成评审组，根据群众基础、社会效益、管理机制、品牌效应等申报条件进行集中评审和综合考察，最终确定申报项目20个，并由开发区社发局进行表彰和经费扶持。

【群众文化星级示范团队评选】 2017年，开发区社发局根据《开发区群众文化艺术团队管理和评选办

2017年1月3日，白杨街道海天社区举办“暖心团圆饭·温暖聚民心”活动。图为社区居民包饺子

（房露婷 供稿）

2017年2月，白杨街道朗琴社区举办“欢乐祥和中国年，我的中国年随手拍”征集活动。图为社区居民欣赏照片展

（房露婷 供稿）

法（试行）》文件精神，开展开发区群众文化星级示范团队评选活动。6月，由开发区青少年宫组织评审辖区各中小学、幼儿园推荐的团队。9月15日，召开社区文化与学习型社团评审会。10月，完成辖区高校组评选展演工作。通过申报筛选、现场展示、实地查看和专家评审等环节，青少年宫演艺社团等39个群众文化艺术团队被评为开发区2017年度“群众文化星级示范团队”，浙江育英职业技术学院艺术团舞蹈社等15个群众文化艺术团队被评为开发区2017年度“群众文化示范团队”，并分别给予相应经费扶持。

【“我最喜爱的新春文化活动”评选】 2017年2月28日，开发区社发局对辖区34个单位组织的40项新春文化活动开展评选工作。经专家评审，下沙街道“龙狮竞辉，喜迎元宵”综艺大舞台、白杨街道邻里社区“新春邻里喜乐汇”等28个活动被评为开发区2017年“我最喜爱的新春文化活动”。评选结果分3个等级，其中A级9个、B级9个、C级10个，并分别给予经费补助。

【“三次创业”征文大赛】 2017年，开发区社发局联合开发区管委会办公室，面向辖区文学爱好者公开征集“发扬垦荒精神，推进三次创业”征文大赛。征集作品包括诗词、散文、小说、纪实文学等体裁。经大众评选和专家组评审，评出一等奖2名、二等奖4名、三等奖6名、优秀奖8名。

2017年4月22日，开发区举办第三届全民阅读节暨书香东部湾启动仪式，浙江教育报刊总社《教师周刊》主编吴志翔（右一）现场签名赠书
（房露婷　供稿）

【第三届全民阅读节暨“书香东部湾”活动】 2017年4月22日，开发区第三届全民阅读节暨“书香东部湾”系列主题活动启动仪式在龙湖时代天街广场举行。活动由开发区社发局、开发区管委会办公室、开发区机关党委（文明办）、开发区总工会、下沙高教办等联合举办。活动以“学习，让三次创业更精彩”为主题，开展“经典诵读演讲”“文化大讲堂”及各类评选活动。活动现场举行“书香家庭”颁奖仪式，浙江教育报刊总社《教师周刊》主编吴志翔被聘为“开发区全民阅读形象代言人”并现场签名赠书。下沙“E阅读联盟”向社区居民、企业职工、困难学生及民工子女赠书，营造全民阅读文化氛围。活动当天举行的创意书市展、文创类产品展等吸引开发区群众参与。该系列活动收到杭州市西湖读书节组委会的感谢信。

【第三届开发区青年歌手大赛】 2017年4—9月，开发区社发局结合开发区人口年轻化、青年人口多的特点，举办“飞扬青春，唱响下沙”第三届开发区青年歌手大赛，全区300多名选手报名，评选出14名歌手，其中来自浙江传媒学院的冷伟路和裴阳被评委直接选送到由浙江卫视主办的综艺节目《中国新歌声》参赛。青年歌手大赛群众关注度高，总决赛通过网络视频直播，数万人在线观看。

【“文化走亲，越走越亲”活动】 2017年，开发区社发局根据省文化厅开展“文化走亲，越走越亲”活动，构建市与市之间、县与县之间多层次文化交流平台的要求，组织开发区文艺团队、高校示范团队以及社区优秀节目赴浙江舟山市嵊泗县、丽水市遂昌县、杭州市建德市、杭州市富阳区开展4次文化走亲活动。11月13日，开发区社发局携诸暨市文化广电新闻出版局举办“喜庆十九大，共筑中国梦”为主题的“诸暨走进开发区——文化走亲、文艺演出”活动，观众约400多人。活动旨在展现杭州—诸暨社会文化发展交流风采。

【“学正国学公益大讲堂”系列活动】 2017年3—12月，开发区社发局联合相关单位开展10期“学正国学公益大讲堂”系列活动。公益大讲堂设在学正小学，每月举办一期，分为大型普及课程和常规兴趣课程。活动旨在培养热爱祖国、孝敬父母、尊敬师长、勤学自强等优良品质，引导社会大众亲近经典、接受经典、传承经典，树立正确的世界观、人生观、价值观。

【第三届经典诵读大赛】 2017年10月28日，开发区第三届经典诵读大赛总决赛暨颁奖典礼在中国计量大学嘉量大会堂举行。大赛由开发区社发局、下沙高教办联合主办，是开发区“书香东部湾”主题系列活动之一。5月，通过网上和现场报名方式进行作品征集，并由参赛单位组织初赛并择优推荐。9月，组织专家进行作品评审。经初赛、复赛，辖区企业、高校、社区和中小学选送的10个团队进入决赛和展演，最终浙江传媒学院《相逢如诗，梦向远方》节目获一等奖。

【书法美术主题创作作品展】 2017年12月，“翰墨抒情·喜迎十九大”——开发区书法美术主题创作作品展在开发区朗韵画廊展出，收到书画作品285幅，其中书法作品195幅、绘画作品90幅。参赛作品内容丰富，体裁表现形式多样，反映开发区群众文化生活的精神面貌。经评选、核定，最终选出书法作品一等奖5个、二等奖10个、三等奖15个；绘画作品一等奖5个、二等奖9个、三等奖11个以及优秀奖33个。

【“喜迎十九大，三次创业展风采”摄影大赛】 2017年4—8月，开发区社发局联合浙江省摄影家协会和白杨街道，举办“喜迎十九大，三次创业展风采”摄影大赛，展示开发区城市建设、环境提升、文化氛围、社会稳定等方面成果，以图片形式记录开发区人“三次创业”的拼搏精神，留下开发区人奋斗与收获的记忆。活动收到摄影作品1000多幅，评选出一等奖1名、二等奖3名、三等奖5名、优秀奖20名、人气奖50名。10月，获奖作品在开发区管委会机关大楼、白杨街道办事大厅等公共场所集中展示。

【“文化惠民季”活动】 2017年6月23日，开发区社发局在白杨街道云水社区阳光华城创富广场举行首场“文化演出进社区”活动，专业演出团队为居民带来唱歌、跳舞、杂技、滑稽小品、曲艺等节目，社区群众文化示范团队、文艺爱好者登台表演。全年“文化惠民季”活动累计举办文化演出30场、放映电影100场，丰富社区居民业余文化生活。

【钱晓颖获“花样年华”时尚选拔大赛冠军】 2017年9—11月，开发区社发局举办开发区第一届“花样年华”时尚选拔大赛，以创新赛制展现开发区年轻人青春之美。11月8日，浙江省首届“花样年华”时尚选拔总决赛（浙江省首届创新创业博览会系列活动之一），在开发区高校中国计量大学举行，比赛决出冠军、亚军、季军，以及最具活力奖、最具风尚奖、最佳台风奖等奖项。开发区高校杭州电子科技大学学生钱晓颖获冠军。 （房露婷）

·文化市场管理·

【文化市场管理概况】 2017年，开发区文化市场平稳有序发展，文化经营单位增至485个。开发区文化执法大队坚持日常检查、实现场所全覆盖，累计开展整治网吧接纳未成年人、歌舞娱乐场所播放禁播歌曲、电子游艺无证照经营、校园周边出版物市场、文化市场消防安全等专项行动20多次，全年出动检查1332人次，检查场所2173个次，查处并责令改正违规行为33起，行政处罚立案调查27件，警告企业17个次，涉罚金额14万元，没收非法所得1.45万元，没收违法物品2件。开展党的十九大保障专项行动，制定“百日攻坚”行动方案，实施全覆盖检查，打击重点领域、重要环节和关键部位的违法违规行为。深入开展“扫黄打非”专项行动，承担开发区“扫黄打非”领导小组办公室日常工作，开展“清源”“秋风”“固边”“净网”“护苗”以及春节出版物市场和网络文化环境专项整治行动。落实文化场所安全生产工作，与经营单位签署《2017年度文化市场消防安全工作目标责任书》和《场所规范经营承诺书》，开展文化场所安全隐患排查，组织文化市场应急预案演练和消防演练各2次。

【出版物市场和网络文化专项整治】 2017年，开发区文化执法大队开展出版物市场和网络文化专项整治行动8次，清除危害政治安全和社会稳定的政治性、宗教类有害出版物和宣传品，取缔无证印刷复制企业。严密监测网络，清理网上政治性有害出版物相

2017年4月24日，开发区社发局开展非法出版物集中销毁活动
（包慧敏 供稿）

关销售、推介信息，收缴非法物品300多件。全年出动检查97人次，检查场所119个次，查处未经批准擅自从事网络出版服务的违规行为1起，罚款1万元。

【“扫黄打非”专项工作】 2017年，开发区文化执法大队实施辖区文化市场“扫黄打非”和互联网低俗色情信息专项整治行动，集中整治辖区350多个场所和零售摊点销售的图书、报刊、教辅教材、光盘等出版物，维护辖区网络文化安全。全年开展联合整治行动7次，出动检查人员142人次，检查场所204个次，办结相关案件5起，收缴非法图书500多册、违法物品2个。开展“绿书签2017”系列宣传活动，引导青少年绿色阅读、文明上网，并向30多所学校发放绿书签1.5万张。

【文化场所安全监管】 2017年，开发区文化执法大队制定辖区文化场所安全监管行动计划，与辖区100多个文化场所签订《文化市场消防安全工作目标责任书》和《场所规范经营承诺书》，发放统一印制的文化经营场所《安全工作台账》。大队以日常巡查为依托，摸底排查文化经营场所全年经营基本信息，随机抽查安全生产工作重点内容，完善文化领域安全管理长效机制。（包慧敏）

·竞技体育·

【青少年“阳光体育”工作】 2017年，开发区社发局贯彻落实《国务院关于加强青少年体育增强青少年体质的意见》，以开发区传统体育项目学校创建为着力点，推进“阳光体育”工作。举办开发区青少年“阳光体育”篮球、足球、气排球联赛。在篮球联赛中，文海实验学校获中学女子组和小学男子组冠军，下沙中学获中学男子组冠军，下沙第二小学获小学女子组冠军；在足球比赛中，文海实验学校获中学和小学甲乙组冠军；在气排球比赛中，新阳光学校获中学男子组冠军，学正中学获小学女子组冠军，学正小学获小学男子组冠军，下沙第二小学获小学女子组冠军。

【体教结合获佳绩】 2017年，开发区社发局加大对文海实验学校自行车队和下沙中学射箭队“体教结合、市队联办”项目的管理和扶持。文海实验学校自行车队输送的运动员罗永佳和胡佳芳，代表中国自行车队参加在印度新德里举办的2017年亚洲自行车锦标赛暨青年自行车锦标赛，分别获男子团体竞速赛和女子青年团体竞速赛金牌，胡佳芳还获得女子青年争先赛亚军；在第十三届全国学生运动会中，文海实验学校输出的运动员罗永佳获男子团体竞速赛冠军，运动员王天琪、冯宁获男子团体竞速赛季军。5月2—8日，全国射箭重点城市射箭比赛在广西北海举办，下沙中学射箭队输出的运动员张铮、展羽翔、胡毓海获团体奥林匹克淘汰赛亚军，张铮获个人奥林匹克淘汰赛季军。7月29日至8月2日，全国射箭重点学校射箭比赛在安徽省芜湖县举办，下沙中学射箭队输出的运动员沈佳乐获女子丙组个人双轮全能冠军、丙组个人双轮25米亚军、丙组个人双轮30米季军、个人双轮40米季军等成绩。（沈利军）

·群众体育·

【群众体育赛事】 2017年，开发区社发局以“喜迎十九大”为契机，举办开发区第四届风筝节、第三届乒乓球联赛、第二届“民间棋王”争霸赛、第四届操舞大赛暨浙江省体育舞蹈公开赛、第八届篮球联赛、第六届羽毛球联赛、杭州市“体彩杯”市民射箭比赛、第五届全国射箭大联赛、2017年全国电子竞技

2017年11月15日至12月3日，开发区社发局主办第八届篮球联赛，开发区企事业单位和社区500多名运动员参赛　　（沈利军 供稿）

2017年12月9日，杭州超级马拉松24小时金杯赛在开发区举行。图为外籍参赛运动员　　（沈利军 供稿）

邀请赛、“潮行钱塘”国际毅行大会、最美下沙湾国际自行车TT公开赛、2017年杭州国际女子马拉松赛及2017年杭州超级马拉松24小时金杯赛等国际国内大型体育赛事活动，以活动为引领，宣传科学健身知识，丰富居民业余文体生活。

【群众体育人才队伍壮大】 2017年，开发区篮球协会、开发区羽毛球协会、开发区足球协会、开发区乒乓球协会、开发区武术协会、开发区体育舞蹈协会等单项体育协会举办教练员、裁判员培训，增强开发区群众体育活动能力，培养体育项目骨干人才。全年新增三级社会体育指导员37人。

【“潮行钱塘”国际毅行大会】 2017年7月1日，“潮行钱塘”国际毅行大会在钱塘江畔举办。该活动设5千米家庭组3000人、12千米4000人、25千米3000人3个项目，总规模人数1万人。25千米项目线路从江干区体育中心出发，沿钱塘江堤岸，途经开发区七格盘头、下沙大桥、6号大街，最终到达开发区文清小学操场。该活动由开发区管委会与江干区政府共同主办，是首届杭州钱塘文化节的重要组成部分。

【杭州国际女子马拉松赛】 2017年12月3日，杭州国际女子马拉松赛在钱塘江畔举办。该赛事由中国田径协会、杭州市体育总会、开发区管委会共同主办，以辖区内企业玫琳凯（中国）化妆品有限公司的“玫琳凯·怡日健”冠名，来自10多个国家和地区的7000名女性跑者报名参赛。比赛以“绿色、环保、女性健康”为主题，打造“颜值下沙、活力下沙、国际下沙”新名片，具有参赛规模大、关注程度高、国际化范围广的特点。最终来自肯尼亚的选手Serser Alice Cherotich MILGO获半程马拉松国际组冠军，用时1小时13分35秒；国际组季军选手李文杰同时获国内组冠军，用时1小时18分11秒。

【杭州超级马拉松24小时金杯赛】 2017年12月9—10日，杭州超级马拉松24小时金杯赛在开发区高校杭州电子科技大学举行。赛事经国际超级马拉松协会（IAU）认证，由中国田径协会、开发区管委会共同主办，辖区企业品牌“悍将袜业”冠名。该赛事设24小时个人赛、12小时个人赛、6小时个人赛、6小时团队接力赛和嘉宾体验5个项目，来自法国、波兰、日本、韩国等9个国家和地区的82名超级马拉松选手参加。最终，中国选手梁晶以669圈、267.701千米的成绩获24小时男子个人赛冠军，刷新超级马拉松国内纪录，取得年度世界第二的成绩；24小时超级马拉松中国女子纪录保持者、理学博士单盈以583圈、233.033千米的成绩获24小时女子个人赛冠军。24小时参赛者中，10名选手成绩达到国际级标准，其中中国籍选手6人，超过此前国内超级马拉松赛事中的国际达标选手人数。　　（沈利军）

责任编辑　富敏超

人力资源和社会保障

·就业管理服务·

【劳动就业概况】 2017年，开发区城镇新增就业人数9804人，失业人员再就业1269人，就业困难人员再就业425人。城镇登记失业率控制在2%以内。2017年城镇登记失业率1.1%。开发人社局依托开发区综合性人力资源市场，通过组团、参团等方式，开展“岗位到社区、服务到家门”、外省劳动力市场招聘对接、高层次人才专场（南京大学、同济大学、浙江大学等“211”“985”学校）和校园专场等80多场专场招聘会，服务区内用人单位2000个次，开发就业岗位3万余个。

【技能人才培养】 2017年，开发区人社局健全职业资格鉴定、专项职业技能考核、企业自主评价“三位一体”的技能人才评价体系，新增高技能人才982人，完成109%。全年举办装配钳工、加工中心操作工、中式面点师、西式面点师等岗位大练兵、技能大比武活动10场，参赛人数865人次，参加赛前训练5834人次，带动岗位练兵5.1万人次。发挥企业主体作用，全区企业累计自主评价132人。杭州电缆股份有限公司雷建土交联工技能大师工作室和杭州世宝汽车方向机有限公司吴琅平车工技能大师工作室被评为杭州市技能大师工作室。杭州司迈特水处理工程有限公司员工马秀玲入选参加杭州工匠团赴德培训班。

【就业服务活动】 2017年，开发区人社局以“就业服务月”为主题，开展“就业援助月”“外来务工人员就业服务周”“高校毕业生就业服务月”和职业指导等公共就业服务活动，累计走访失业人员、就业困难人员和“零就业”家庭313人次，联系辖区企业300个次，发放“春风卡”、《政策宣传十日谈》等宣传资料3000多份，开发就业岗位1200多个。推进就业稳定工作，累计发放促进就业专项资金745万元，稳定岗位补贴2259万元，稳定就业补贴91万元。

（朱晓兰）

·劳动监察·

【外来务工人员工资专项检查】 2017年1—2月，开发区人社局、开发区建设局等单位在全区范围内联合开展外来务工人员工资支付情况专项检查，对招用外来务工人员较多的建筑施工、加工制造、餐饮服务及其他中小型劳动密集企业、个体工商户等用人单位的工资支付情况进行专项检查。累计对212个用人单位和建设施工项目进行检查，涉及职工人数1.22万人，其中外来务工人员人数1.15万人，印发宣传资料1000份，接受咨询130次，受理处置拖欠工资案件86起，涉及131人，追发工资约130万元，妥善处理10人以上群体性欠薪案件3起，向公安部门移交涉嫌拒不支付劳动报酬案件1起。

【人力资源市场整治】 2017年3月，开发区劳动监察大队联合开发区行政执法大队、开发区公安分局、开发区市场监管分局和下沙街道、白杨街道巡防队等部门单位，在景园小区等“非法职介”密集的区域开展人力资源市场秩序专项整治活动，共检查人力资源服务机构38个，取缔未经许可和登记擅自从事人力资源服务活动的组织或者个人16个次，对7个用人单位的招工行为进行检查。

【法律援助工作】 2017年3月，开发区劳动人事争议仲裁院与开发区司法局合力建设的法律援助中心仲裁院工作站受到杭州市司法局肯定，被评为杭州市优秀法律援助工作站点。该法律援助工作站自设立以来，年均接待咨询700多次，接收法律援助案件60多起，解答劳动者法律咨询，开展劳动维权法制宣传和法律援助宣传工作，为维护劳动者合法权益提供专业帮助。

【劳动用工专项检查】 2017年6—7月，开发区劳动监察大队开展为期一个月的用人单位遵守国家工时制度情况专项检查，范围重点为劳动密集型企业、制造加工业、餐饮服务员、物业管理企业等用人单位。检查内容涵盖劳动合同签订、工作时间、工资支付、休息休假、社会保险等情况。共检查用人单位462个，其中物业企业45个，发现并处罚涉嫌违法延长工作时间企业1个。

【落实“下沙无欠薪”举措】 2017年8—9月，开发区劳动监察大队落实属地管理责任，健全工作协调机制，部署推进“下沙无欠薪”创建工作，健全落实“欠薪源头治理、联合预警监控、部门联动查处、工资争议调处、工资支付保障”五项机制。特别是对建设工程领域从源头防范抓起，落实用工实名管理、建立人工费用与其他工程款分账管理、按月足额支付工资等管理制度。

【快递物流用工专项检查】 2017年11月，开发区劳动监察大队开展为期半个月的快递物流行业用人单位劳动用工专项检查。重点检查辖区内大型物流公司、电商、发生劳动用工行为的网络平台等用人单位。共检查辖区内较大型的快递物流企业4个，涉及劳动者772人，未发现被检查单位存在未依法签订劳动合同、违反最低工资规定等违法行为。 （周　佳）

·社会保障·

【社会保障概况】 2017年，开发区人社局全面落实人社领域“最多跑一次”改革。89个业务事项实现“最多跑一次”并能网上申请。改革优化申请材料，由439份减少至317份，精简27.7%；表单由96份减少至77份，精简19.7%。基本养老保险参保人数18.68万人，比上年净增2.17万人；工伤保险参保19.67万人，净增2678人；生育保险参保人数18.39万人，净增2.19万人。

【窗口服务推进“最多跑一次”改革】 2017年3月起，开发区市民中心人社局办事窗口创新举措，与中国邮政速递物流股份有限公司（简称EMS）签订协议，引入办结结果快递送达模式。4月，推出“内部流转”机制，通过发放“流转号”解决重复排队问题。5月，社保、医保窗口设立首个社保医保联办窗口。9月2日起，与其他区县同步实现社保、医保业务双休日经办服务。9月15日，社保、医保经办窗口合并为养老医疗综合进件窗口，全市首个实现社保、医保办理事项“一窗受理、通柜办理”；新设开发区人社局行政审批窗口，实现开发区人社局“最多跑一次”改革事项100%入驻开发区行政服务中心目标。10月20日起，逐步接办退休审批相关业务，成为全市首个实现退休审批联办的城区。

【提升社保业务办理质量】 2017年，开发区人社局落实主城区社保个人事项全城通办，推出个人账户家庭共济、城乡居民医疗保险支付宝缴费等举措，零星报销时限由65个工作日缩减至20个工作日，完成全民参保登记率100%、基本养老保险参保率80%、医疗保险参保率98%的年度任务指标。

【机关事业养老保险工作】 2017年，开发区人社局开始承担区本级基金统筹工作。至10月末，开发区87个机关事业单位（包括一个改制企业）全部纳入浙江省机关事业养老保险经办综合平台开发区统筹基金。全年1轮财务清算、4轮待遇调整均提前完成。至年末，在缴参保人员2622人，其中机关单位687人、事业单位1935人；年度退休人员250人，其中机关单位85人、事业单位125人、其他单位40人。

【政府补贴惠民政策】 2017年，开发区人社局会同开发区国土分局、开发区财政局，做好开发区征地农转非人员社会保障补贴方案和预算，保障补贴审核发放工作规范、有序开展，确保补助资金准确及时发放到位，保障征地农转非人员利益。全年审核养老保

2017年6月27日，开发区举办“夕阳金韵”第二届退休人员文艺会演
（柏惠英 供稿）

险补贴85人次，落实财政补助资金363万元；审核医疗保险补贴485人次，发放补助金307万元。

【企退人员服务】 2017年纳入开发区下沙街道和白杨街道社会化管理企业退休人员8387人。其中：回杭人员36人、铁路退休36人、萧山委托代管15人、余杭委托代管60人、同城异区169人、异地居住46人；高龄人员766人、困难人员4人、伤残人员197人、独居老人7人、孤寡老人9人。37个社区成立企业退休人员自管小组107个，做到全覆盖。两街道全年探望企业退休的大病（住院）病人1017人次，探望费用14.97万元；补助孤寡、残疾、独居、特困、高龄等有特殊困难的退休老人479人，补助金额16.88万元；为91名退休死亡人员和孤寡老人支付丧事料理费2.45万元；节日累计慰问退休人员2.4万人次，慰问金额2244.24万元，其中开发区管委会承担480.68万元。6月27日，举办第二届“夕阳金韵”退休人员文艺会演。12月4日，举办首届“墨韵下沙”退休人员书画展活动。

【退休干部大学教学点】 2017年，杭州退休干部（职工）大学开发区教学点服务面向纳入开发区两街道社会化管理的企业退休人员与居住在开发区的各类老龄人员。该教学点开设民族舞、书画等5个专业、7个班级，全年30周累计225课时，有学员210人。

【劳动关系保障】 2017年，开发区人社局完成劳务派遣公司年检63个、劳务派遣经营许可13个、劳务派遣变更许可10个、劳务派遣经营延续许可6个、劳务派遣分公司经营备案5个、外地开设分公司3个。完成工资协议备案36个、集体合同备案27个、未成年工备案236人、企业裁减人员备案1件。接受日常劳动法律法规政策咨询100多件，为劳资关系变动企业提供政策建议20个次。区内企业劳务派遣用工专项检查涉及用人单位56个、用工单位35个、劳务派遣人员1.22万人。完成2017年度企业薪酬调查工作，调查区内企业211个，完成率105%。按季度定期进行2017年度制造业成本监测，监测企业37个次。

【劳动保障政策宣传】 2017年，开发区人社局多次开展政策宣传活动，政策咨询涉及养老保险、医疗保险、劳动监察等工作，发放《中华人民共和国劳动合同法》《杭州市基本医疗保障办法》《杭州市基本医疗保障办法主城区实施细则》《杭州市企业工资集体协商条例》等资料4000份。通过微信推送政策信息100多条；在新春招聘会和秋季招聘会上开展两次“双爱”（企业爱员工、员工爱企业）主题宣传活动；举办企事业单位人力资源政策培训2期，宣传人才、就业、社保、医保等相关政策，区内200多个企业的300名人事劳资干部参与并交流经验。

（沈 涛）

责任编辑 富敏超

社会民生

·民政事务·

【社区居委会换届】 2017年，开发区社发局夯实基层基础，做好全区36个社区居委会、居监会、议事协商委员会的组织换届工作。全区选出居委会班子成员145人，推选产生居务监督委员会成员167人。

【国际化社区建设】 2017年，下沙街道滟澜社区建设成为第二批市级国际化社区示范点。开发区完成社区双语标识提升改造，设立社区英语角、国际人士服务站，开展端午节、“汉语课堂”、“中秋团圆宴”等滟澜国际文化节系列活动。白杨街道朗琴社区提升国际化社区品牌内涵，在换届选举中，推动外籍人士进入议事协商委员会。白杨街道开展与九三学社、浙江工商大学的共建活动，为辖区居民提供全面、国际范的社区服务。

【社工人才队伍建设】 2017年，开发区社发局招聘社区专职工作者52人，充实基层社会工作力量。推进社区工作者职业化、专业化，完成167名社工职业资格考试报名、资格审查和培训工作。组织全区30多名社区干部赴广州、深圳学习社区治理经验与案例。举办“社区工作者节”，开展茶艺、插画等活动。（陆　晨）

【区划地名管理】 2017年，开发区社发局按照中央综治办、民政部等10部委办下发的《关于开展平安边界建设的意见》，开展平安边界创建工作。协助有关部门做好行政管辖界线的确认工作，确保不因行政区域界线实地认定不一致引发纠纷。全年完成住宅区命名申报1件（银海公寓）、道路命名申报7条，制作安装楼幢牌67块、沿街商铺门牌378块，发放门牌证521本。

【“双拥”优抚安置】 2017年，开发区社发局开展“双拥”（地方拥军优属、军队拥政爱民）系列活动。在春节、八一建军节慰问现役军人家属、重点优抚对象和共建单位。全面落实优抚政策，发放各类优待抚恤补助经费648.94万元，重点优抚对象医疗报销费1.2万元。落实安置政策，发放自主就业一次性补助费、立功奖励金295万元。发放无军籍退休职工工资10.66

2017年9月28日，白杨街道朗琴社区邀请国际友人欢度中秋节
（邱　董　供稿）

2017年7月27日，开发区党工委副书记周涛（左二）走访慰问市警卫局　（邱　董　供稿）

2017年7月31日，开发区管委会副主任何铨寿（左）慰问八一建军节优抚对象代表吴秋仁（右）（邱　董　供稿）

万元、无军籍退休职工退休活动经费2.1万元。发放病故军人一次性抚恤金57.77万元。　（吴明新）

【婚姻登记工作】 2017年，开发区婚姻登记服务中心共办理结婚登记1250对、离婚登记432对，补发婚姻证件126件，办理（无）婚姻登记记录证明1件，公安、检察院、法院系统及律师查询婚姻档案123件，合计窗口业务1932件。免费为当事人开展结婚颁证仪式和婚姻家庭辅导服务，新增有一线辅导工作经验志愿者6人，扩增婚姻家庭辅导员人数至8人，宣传婚事新办简办、调解婚姻情感矛盾，促进家庭和谐。遵照新《婚姻登记工作规范》提供婚姻登记服务，实行“最多跑一次”工作流程，促进开发区婚姻登记服务的优质品牌建设。　（邱　董）

【社会组织管理】 至2017年末，开发区有社会组织121个，其中社会团体35个、民办非企业单位86个。依据《开发区社会组织培育发展扶持办法》要求，安排50万元专项资金用于社会组织扶持。开展社会组织公益创投活动，对区内20个社会组织的21个公益创投项目分别提供1万元~3万元不等的项目扶持资金，促进社会组织良性发展。　（徐未未）

【帮扶救助】 至2017年末，开发区有低保、残保家庭82户、91人，市级困难家庭1户、2人，认定低收入家庭100多户。全年累计发放低保金98.88万元，发放水电补贴6.04万元、物价补贴11.42万元。　（钱国华）

【朗琴社区被评为防灾减灾示范社区】 2017年，白杨街道朗琴社区被民政部评为2017年度全国综合减灾示范社区。朗琴社区通过建立健全综合减灾管理体制，建立完善应急预案体系以及加强社区防灾减灾基础设施和宣传教育等措施，不断加强街道社区防灾减灾能力。　（严　萍）

·慈善事业·

【慈善财务收支情况】 2017年，开发区慈善总会非限定性捐赠收入140.95万元，限定性捐赠收入72.5万元，利息收入6548.87元，合计收入214.1万元；非限定性支出97.7万元，限定性支出122.3万元，其他费用支出4016元，合计支出220.4万元。全年救助673人。

【“春风行动”捐款和助学助困活动】 2017年1月，开发区“春风行动”领导小组办公室倡议各机关事业单位党员干部职工、社会各界积极向“春风行动”捐款，实收善款55.16万元。同月，开发区慈善总会开展第十二次“助学助困”慈善救助活动。救助对象为开发区家庭困难的在读大学、中学、小学、幼儿园学生（含杭州聋人学校学生）及患重病的困难职工，共计334人，发放救助款85.5万元。

【《中华人民共和国慈善法》宣传“五进”活动】 2017年9月1日，《中华人民共和国慈善法》颁布实施一周年，开发区社发局联合开发区慈善总会开展《中华人民共和国慈善法》宣传“五进”（进社区、进企业、进学校、进农村、进家庭）活动，向辖区机关、街道、社区、学校、企业等发放《慈善法知识宣传册》2000多册、宣传海报约100张。　（严　萍）

·老龄工作·

【养老服务工程】 2017年，开发区设有民办养老机构1个、床位372张，居家养老服务照料中心36个（含挂牌）、街道级照料中心1个、三星级照料中心22个、四星级照料中心2个、五星级照料中心1个、社会化运营的照料中心9个。提供医疗服务的照料中心21个，其中与社区卫生服务中心签署医养结合合作协议的中心18个。实施新一轮“智慧养老”服务，享受服务老年人1065人，占户籍老年人总数的13.9%。全年评估和审批符合政府购买居家养老服务条件的老人107人，享受政府购买服务优惠政策老年人401人。加大照料中心建设力度，下沙街道松合社区照料中心提升改造为街道级照料中心。全年25个照料中心正常开展养老服务工作，累计服务老人7000多人。

【老龄工作】 2017年10月，开发区社发局开展主题为“关爱老年人，欢庆十九大”的敬老月系列活动。活动期间，开展敬老慰问和《中华人民共和国老年人权益保障法》宣传工作。老年电视大学2017年春秋两季共招录学员670人，占老年人总数8.7%；购置书面教材1340本，组织收听、收看网络课程336次；18个社区教学点开展书法、绘画、音乐等课程10多门，培训120多次。开展第二届开发区“夕阳红”老年书画摄影比赛，优秀作品在区老年活动中心展出。开发区老年艺术团有舞蹈类、健身类、模特类团员100多人，培训160课时，开展艺术团街道巡演活动4场。免费为60周岁以上开发区户籍享受城乡最低生活保障人员、城镇“三无”人员（由民政部门收养的无生活来源、无劳动能力、无法定抚养义务人的公民）、重点优抚对象、60周岁以上“失独”人员、80周岁以上高龄老人购买人身保险，全年累计为1325名符合条件的老人购买人身保险。 （卢 一）

·残疾人保障·

【残疾人保障概况】 2017年，开发区残疾人联合会（简称开发区残联）围绕开发区中心工作和市残联下达的目标任务，开展残疾人动态更新调查工作，成立开发区、街道、社区三级动态更新调查领导机构，按照“区不漏户、户不漏人、人不漏项”原则，做到对辖区所有持证残疾人家庭至少走访1次，入户调查完成率100%，完成调查表数据录入工作，各项数据均符合动态更新调查数据录入规定要求。至年末，开发区持证残疾人905人，比上年增加60人。其中视力残疾76人、听力言语残疾128人、肢体残疾468人、智力残疾人79人、精神残疾130人、多重残疾24人。全年新办残疾证56人、注销7人、迁移26人。

做好基层责任医生与残疾人签约服务工作，签约率80%。残疾儿童、精神残疾人和“三瘫一截”（小儿脑瘫、中风偏瘫、脊髓截瘫以及截肢4种残疾人）等成年重度残疾人均纳入基层责任医生签约服务范围。推进家庭无障碍环境改造，投入资金15万元，为48户残疾人家庭完成无障碍改造。

【开发区残联理事会换届】 2017年5月，开发区残联召开第二届主席团第三次会议。会议调整增补开发区残疾人联合会第二届主席团委员，选举开发区残疾人联合会第二届主席团委员、主席，推举开发区残疾人联合会执行理事会副理事长。审议通过开发区残疾人联合会第二届执行理事会向主席团所做的《坚定信心，奋发有为，精准服务，加快推进开发区残疾人全面小康进程》的工作报告。12月，开发区残疾人联合会第三次代表大会召开。选举产生新一届主席团主席、副主席及出席杭州市残联第七次代表大会的代表，推举产生新一届执行理事会理事长、专（兼）职副理事长、理事、秘书长。

【残疾人综合服务中心建设】 2017年，开发区残联推进残疾人综合服务中心大楼建设，推进该中心与医疗机构的合作，与杭州健桥慈爱医院（美年健康体检中心）、杭州广益康复医院达成初步协议，以医疗体检、康复治疗和养老服务为主体内容，开展多项服务。至年末，大楼已按进度结顶，并完成基础工程中间结构验收和功能布局，进入装修阶段。

【残疾人工作城乡统筹发展】 2017年，开发区残联推进残疾人事业城乡统筹发展，完善与建德市残联的合作与交流，开展第五年城乡统筹结对工作。双方签订残疾人创业扶持项目6个，帮扶资金30万元。合作旨在增强残疾人工作辐射带动作用，缩小城乡和区域差别。

【开发区“智慧助残”平台建设】 2017年，开发区残联在结合开发区智慧城市综合管理平台数据中心基础上，构建开发区残疾人数据中心。全面掌握残疾人基本情况，发挥开发区残联在残疾人管理与服务工作中的地位，整合发挥社会优势助残支撑实力。根据实施推广进度，逐步面向残疾人提供包括可享政策申办、津贴补助申请等12项残联支撑服务内容。“重度残疾人护理补贴”和“困难残疾人生活补贴”两项工作已在开发区智慧城市综合管理平台成功运行操作。

【残疾人扶贫助困】 2017年，开发区残联发放各类残疾人补助金220.43万元。其中：发放元旦、春节、六一国际儿童节以及高温补贴等慰问金60.21万元；对905名持证残疾人给予每人每月50元的津贴，累计发放津贴52.6万元；对41名常年卧床不起生活不能自理的重度残疾人和51名重度精神、智力残疾人给予生活护理补贴，累计发放护理补助金14.4万元；对49户“一户双残”和“一户多残”的残疾人家庭发放补助金15.3万元；对符合养老保险补助发放条件的317名残疾人和符合医疗保险补助发放条件的39名残疾人，发放补助金71万元；对36辆残疾人机动轮椅车发放燃油、保险和维修费补贴6.92万元。

【残疾人就业和教育】 2017年，开发区残联依法推进残疾人按比例就业工作，对残疾人就业保障金征收实行财政代扣、地税代征。全年征收残疾人就业未达到比例的机关、团体、企事业单位8852个，征收残疾人就业保障金7859.76万元。核定按比例安排残疾人就业人数1002人。完成新增就业任务24个，其中实现按比例就业残疾人14人、实现个体就业残疾人9人、实现公益性岗位就业残疾人1人。新增电商就业7人。为20名残疾人提供技能援助。推行“随班就读”和“送教上门”政策，使就学年龄段的残疾儿童100%接受教育。全年为156名残疾人家庭子女或残疾学生开展助学帮扶行动，发放补助金22.48万元。

【残疾人康复工程】 2017年，开发区残联推进实施“复明”“助听”“助行”等残疾人康复重点工程，免费为100名白内障患者做复明手术，为8名听力残疾人验配助听器，为5名视力残疾人验配助视器，为2名肢体残疾人验配假肢和矫形器。全面完成残疾儿童抢救性康复服务年度任务和残疾儿童康复评估任务，有34名儿童纳入抢救性康复项目，其中2名听力残疾儿童实施人工耳蜗手术，累计发放补助金90多万元。落实残疾人康复需求动态调查登记、需求评估和专业机构精准服务3个关键环节，实施精准康复服务对象实名制管理，实现开发区残疾人康复服务率97%以上，年度辅具适配率92%以上。 （曹咏梅）

·区市经济扶持与协作·

【区市协作工作进展】 2017年，开发区按照第四区市协作组2017年度联席会议精神，推进与建德市区市协作工作。安排3000万元协作资金（含镇街结对资金）用于建德市协作项目建设。其中以开发区名义协作项目（含镇街结对项目）有航空小镇展示厅项目、上马小学食堂搬迁及多功能活动室项目、航头镇沿江北路与320国道交叉口节点改造工程项目。至年末，3个项目均已完成。

【“联乡结村”共建活动】 2017年10月18日，杭州市副市长谢双成召集“联乡结村”第23帮扶集团成员单位、区市协作联系单位及建德市航头镇，在建德市航头镇召开帮扶集团座谈会。市投资促进局、民进市委会、杭州市商贸旅游集团有限公司、杭州台州商会、浙江建华集团有限公司等单位参加会议。开发区管委会作为牵头单位，就第23帮扶集团新一轮帮扶资金安排建议做汇报。开发区管委会全年安排帮扶资金80万元，筹措帮扶资金255万元，实施帮扶项目6个。

【开发区拨付区市协作帮扶资金3000万元】 2017年10月19日，杭州市城乡区域统筹发展第四区市协作组2017年度联席会议在建德市召开。市委副书记马晓晖，市委常委、统战部部长佟桂莉，市委常委、萧山区委书记盛阅春，副市长谢双成、市政协主席潘家玮出席会议，开发区党工委书记、管委会主任部立春等领导参加会议。开发区管委会将帮扶资金从每年2500万元增加到每年3000万元，并现场举行资金交付仪式。

【对口支援（帮扶）贵州凯里开发区】 2017年8月11日，开发区党工委副书记、管委会副主任陈金生一行10人到贵州凯里经济开发区考察帮扶工作。根据开发区与贵州凯里经济开发区签订的补充协议，开发区提供2000万元用于协作杭州·凯里产业协作园标准厂房、基础设施等方面建设，2016年支付1100万元，2017年度按协议完成支付300万元。 （吴秀光）

责任编辑 富敏超

·下沙街道·

【下沙街道概况】 2017年，下沙街道辖社区18个，户籍人口3.96万人（不含企业集体户）。全年完成工业销售产值28.81亿元，完成固定资产投资13.58亿元，社会消费品零售总额31.17亿元；实到内资8.6亿元，实际利用外资4992万美元；完成财政总收入7.53亿元，其中地方财政收入4.13亿元，比上年分别增长42.1%和23.9%；完成个体税收收入4397万元；“撤村建居”社区集体经济可支配收入2.96亿元，居民人均可支配收入3.92万元。

加快征地拆迁和回迁安置，以金沙湖区块征地拆迁为突破口，推进该区块整体征地拆迁“清零”。通过开展“大约谈、大清查、大拆除”行动，完成金沙湖区块范围98户遗留户的签约和拆除。全年完成东方、湾南和头格3个社区共1351户的回迁安置。结合文明城市复评、“登革热”防治、环保督察、“无违建街道”创建等工作，开展环境综合整治，全年拆除违法建筑13.3万平方米，清理整治空地违法建筑87处，百江燃气站等一批重点历史违法建筑依法拆除，区域环境形象整体提升。做好回迁小区管理，对已回迁的小区实施环境绿化、配套设施等提升改造，小区整体环境日渐改善。

深化社会治理，推动“四个平台”（综合治理、市场监管、综合执法、便民服务）实体运行，实现街道综合信息指挥室一体化管理。加强流动人口管理，43个小区完成智能门禁系统建设。平安建设取得成效，下沙街道被评为2017年度杭州市平安示范乡镇（街道）。落实“最多跑一次”改革，街道本级29项办理事项均纳入改革范围。开展社区换届选举，完成18个社区党组织和社区居委会班子换届。

推进社区建设，引导社区开展公益创投项目，提升社区专业化服务。培育发展社区社会组织，全年新增备案社会组织23个，14个社区品牌成为市、区两级扶持项目，获扶持资金40万元。扩大民生保障，全年失土农民参加养老保险、医疗保险参保率98%以上，累计申请征地“农转非”人员养老保险补贴人数1.33万人，申请资金3亿元，符合浙人社发〔2011〕221号文

2017年9月27日，下沙街道滟澜社区举办“文化的魅力”国际化主题活动（下沙街道 供稿）

表36

2017年下沙街道所辖社区基本情况

社区名称	成立时间	面积（平方千米）	户数（户）	户籍人口（人）	经济总收入（万元）	居民人均收入（万元）
智 格	2002年5月	0.90	573	2 817	25 497	4.12
高 沙	2002年5月	0.90	334	1 819	18 299	3.95
七 格	2005年6月	2.50	597	2 548	14 453	4.05
下 沙	2005年12月	0.53	271	1 550	21 229	4.11
头 格	2005年12月	2.10	598	3 080	18 566	3.78
中 沙	2005年12月	2.46	563	2 937	21 043	4.02
上 沙	2005年12月	1.15	299	1 680	11 779	3.77
元 成	2005年12月	1.47	345	1 917	16 751	3.98
东 方	2005年12月	1.47	289	1 489	17 488	3.77
新 元	2005年12月	1.47	508	1 717	11 629	3.83
松 合	2005年12月	0.70	405	1 721	11 680	4.00
湾 南	2005年10月	1.55	456	2 448	18 420	3.64
新 沙	2005年12月	0.80	42	327	—	—
铭 和	2008年9月	0.60	1 076	3 973	—	—
杭 铁	2010年12月	0.55	544	989	—	—
柠 檬	2012年7月	0.48	642	1 409	—	—
滟 澜	2012年7月	0.36	1 178	2 797	—	—
早 城	2012年7月	0.12	908	2 326	—	—

件规定，可办理参保及补缴手续的参保人员2937人；城镇新增就业人数3785人，失业人员再就业810人；开发就业岗位1.36万个，职业介绍1000多人；全年申请发放补贴、补助2200多万元。开展文化惠民，累计举办文化活动100多场。滟澜社区被评为浙江省文化示范社区。

加强党的建设，建立调整“网格支部”66个，以松合社区党群服务中心示范点建设为样板，推进党群服务中心建设，使街道党群服务中心和党建共同体工程成为助推民生实事的阵地和载体。加强党风廉政建设，落实“主体责任”和“一岗双责”，完成七格、松合、中沙3个社区的巡察，发现问题60多项，提出意见建议36条。开展廉政及提醒谈话54人，立案查处违法违纪党员5人，受理并办结信访举报件10件。

【街道经济指标稳定增长】 2017年，下沙街道面对经济发展的困难和压力，挖掘楼宇、留用地项目等资源优势，使主要经济指标保持稳定增长。全年完成财政总收入7.4亿元，地方财政收入4.13亿元，分别比上年增长42.1%和23.9%；完成工业销售产值28.8亿元，增长23.4%；完成实到内资4.4亿元，实际利用外资4992万美元。扶持重点企业发展，加强中小零散税源和楼宇税收征管，培育区级及以上服务业重点企业3个，完成“个转企”企业68个，新增企业财政划片4042个、个体户财政划片5000多个。加快高技术企业培育，引进国家高新技术企业1个、省级科技型中小企业17个、市级高新技术企业14个、区级科技型企业21个，引进国家“千人计划”人才2人。

【街道征迁、回迁“双清零”】 2017年，下沙街道保持拆迁安置政策稳定，以金沙湖区块征地拆迁“清零”为突破口，该区块98户拆迁遗留户完成签约拆除。6月和11月，湾南社区465户家庭和头格社区598户家庭分别开展回迁安置抽签分房，后续房款结算、交房、验房等工作年内完成，下沙街道最后两个社区实现回迁安置。下沙街道于2005年启动撤村建居，2011年开始实施回迁安置。通过持续10多年的征迁、回迁，下沙街道累计完成安置居民3670户、2.19万人，建成安置房屋套数1.3万套，安置房建筑面积184万平方米。随着辖区12个撤村建居社区征迁、回迁“双清零”，全域城市化目标初步实现。

【社区换届与社会组织发展】 2017年3月17日至4月6日，下沙街道社区党组织换届选举完成。4月11日至6月9日，社区居委会换届选举完成。18个社区选举产生“两委”新班子成员116人，充实“两委”班子成员22人，换届参选率、得票率高于往届，信访投诉和违法违纪案件数量低于往届，实现选优配强。加快社会组织培育与发展，全年新增备案社会组织23个、公益创投项目18个。其中元成社区“琴舞飞扬”乐团、东方社区“成长心体验”亲子乐园等10个社区品牌活动成功申报区级公益创投项目，获区级社会组织项目拨款21万元；智格社区门球健身队、上沙社区“夕阳红养生”等4个项目成功申报市级社区服务业发展扶持项目，获扶持资金18万元。

2017年11月28日，下沙街道头格社区启动回迁安置房抽签。图为抽签活动现场　（开发区管委会办公室　供稿）

【街道社会治理创新】 2017年，下沙街道创新社会治理方式，推行“网格+党建”管理模式。以党建为统领、综治网格为基础，建立网格党支部或网格党小组的“一张网”工作机制。辖属社区考虑工作实情，将综治、党建网格相匹配，优化网格划分。街道18个社区和4个特殊单位划分网格98个，其中66个网格建立党组织，任命网格长98人、专职网格员118人、兼职网格员359人、网格指导员107人。根据《开发区智慧门禁建设应用工作实施意见》，实施智慧门禁系统建设。排查小区门禁现状，掌握底数，与公安、电信协作配合，按照先易后难、先试点后推广的原则推进工作。至年末，属地44个应建小区全部建成门禁系统，18个小区完成开卡启用。门禁系统采集个人身份信息进行实名制登记，实行一人一卡。

【下沙街道被评为杭州市特色文化街道】 2017年10月16日，经杭州市文化广电新闻出版局综合评定，下沙街道被评为2017年度杭州市特色文化街道。2008年起，由街道发起的“金沙杯”系列群文品牌文化先后开展腰鼓、太极、排舞、秧歌、舞龙、模特、书法、摄影、合唱等多项文化活动，参与人数众多，拥有群众文化体育团队100多支，挖掘出一批特色文化人才，获省、市、区多项比赛大奖。2017年，滟澜社区图书室被评为区级最佳图书室，杭铣社区巧手妈妈手工坊等7支团队被评为群众文化星级示范团队，街道文化站金沙“悦界”摄影俱乐部等5个俱乐部被评为群众文化特色活动项目，七格社区啦啦操队等9支团队被评为群众文化示范团队。

【滟澜社区被评为杭州市国际化示范社区】 2017年12月，滟澜社区被评为杭州市第二批国际化示范社区。滟澜社区于2013年11月批准成立，入住外籍人士130多人，占社区常住人口5%。该社区围绕国际化示范社区建设标准，借助区位优势、高层次人群聚集、商业配套完备等资源，打破地域限制，形成“社区+街道+开发区”15分钟生活圈。整合辖区单位和商家资源，建立“共建资源库”，定期开展志愿服务活动；提升公共服务设施硬件，完善社区双语指引标识和宣传栏，设立国际服务窗口、热线，发放双语《滟澜社区服务手册》；开展“外语充电”活动，提升社区工作者专业素质和语言沟通能力；招募12名文化使者志愿者，拉近社区与外籍居民的距离；打造社区“国际文化节”品牌项目，开展“小家庭大国际”“首届国际文化节”“文化的魅力”等主题活动；建立“共享E家”社区国际人士联络社，使联络社成为中外居民培训、交流、活动的固定场所。

【街道个人及单位获多项荣誉】 2017年5月，由杭州市卫生计生委、杭州市文明办等联合主办的“杭州市幸福家庭”推选出首批16个“幸福家庭”，下沙街道松合社区周妙奎一家名列其中。11月，下沙街道人大代表活动小组成员赵国其获杭州市“人大代表监督治水积极分子”称号。12月，杭州市“最美社工”评选活动揭晓，下沙街道松合社区党委书记李贤林被评为杭州市“最美社工”。下沙街道劳动人事争议调解委员会遵循“公平正义、阳光仲裁”的工作理念，全年处理劳动人事争议调解案件432起，涉及金额600多万元，调解成功372起。12月，下沙街道劳动人事争议调解委员会被浙江省劳动人事争议仲裁委员会评为2017年度全省劳动人事争议基层调解优秀单位。（葛燕青）

·白杨街道·

【白杨街道概况】 2017年，白杨街道辖社区20个，户籍人口7.83万人（不含大学生和企业集体户）。全年完成财政总收入8.1亿元，比上年增长28.7%；地方财政收入3.9亿元，增长16.2%；完成固定资产投资5.3亿元；引进内资8.97亿元，浙商回归到位资金6.04亿元，实际利用外资7005万美元。培育壮大税源经济，发展融资租赁产业，引进中商（浙江）融资租赁公司和浙江中畅融资租赁公司，注册资金分别为5000万美元和2亿元；创新招商引资方式，提升招商引资质量，引进浙江国美物流有限公司、杭州韦宝汽车销售有限公司、浙江金财共享智能科技有限公司等企业。加快推进科技创新与产业发展融合，培育国家高新技术企业19个、市级高新技术企业40个，国家高新技术企业年末累计31个、市级高新技术企业年末累计90个。

深化平安建设。推进智慧门禁建设，引导54个小区建设智慧门禁系统，智慧门禁建设覆盖率83.3%。排查路面治安监控盲点和薄弱区域，协调公安部门加装治安监控138个。开展信息排查、平安护航等专项行动，排查调解矛盾纠纷904起，受理信访投诉865起。加强安全生产监管，检查单位5730个次，整改隐患4111条。做好消防基础建设，督促12个小区完成消防控制系统维修工程。开展“平安单位”“平安社区”“平安网格”创建，平安社区创建率90%以上。

提升民生服务。举办白杨街道第六届文化艺术节，开展活动300多场，创建形成“新杭州人文化家园”“小候鸟”“聿德学堂”等特色品牌。保障劳动就业，开发就业岗位8359个，新增就业3539人，完成就业率98.9%；协调处理劳动用工投诉案件425起，帮助追讨拖欠工资535.64万元。开展困难救助，组织帮扶救助活动2100多人次，发放资金180多万

表37　**2017年白杨街道所辖社区基本情况**

社区名称	成立时间	面积（平方千米）	住宅小区/商住两用小区（个）	户数	户籍人口（人）	辖区企事业单位（个）
景　园	2003年12月	2.00	1	337	1 570	17
大　北	2013年12月	2.09	9	3 709	3 307	378
月雅苑	2003年12月	1.57	6	2 882	2 869	230
高　教	2003年12月	3.91	3	2 006	3 124	158
邻　里	2006年3月	3.30	3	2 611	230	145
闻　潮	2007年6月	2.41	2	3 459	1 313	226
云　水	2007年6月	1.82	5	3 977	4 622	798
多蓝水岸	2009年10月	0.30	2	3 249	3 625	260
朗　琴	2009年10月	0.14	2	3 499	3 178	59
海　天	2009年10月	0.48	2	3 051	4 057	25
江滨花园	2011年6月	0.28	3	4 538	2 665	11
伊萨卡	2011年6月	0.20	1	3 148	2 864	17
东　湾	2011年6月	0.50	2	6 209	2 759	13
观　澜	2011年6月	1.71	6	6 238	3 391	10
美　达	2013年12月	0.22	4	3 221	3 463	5
江　潮	2013年12月	0.37	3	5 003	2 799	24
晨　光	2015年11月	0.52	2	4 756	1 977	5
东　郡	2015年11月	0.42	3	3 488	2 196	2
云　滨	2016年11月	4.87	4	4 543	839	12
云　涛	2016年11月	0.67	2	3 127	2 524	3

说明：户籍人口数不包含大学生和企业集体户，辖区企事业单位数为在辖区经营的单位

元。推进“最多跑一次”改革，完善计生服务管理。落实征兵工作，将93名高素质、高学历人才选送到部队，白杨街道被评为杭州市先进征兵基层单位。

创新社区治理。深化朗琴社区国际化社区建设，新增双语标识，推广传统文化，发展双语服务，与九三学社结对共建，提高国际化示范社区知名度。打破原有社区分割局限，探索大学城北“大社区”管理模式，建立“大服务、大城管、大综治”机制，提高基层治理成效。开展社区换届选举，完成18个社区组织换届，将128名优秀年轻人才充实到社区领导班子中。鼓励境外居民及流动人口参与社区换届，11家省市媒体对此做了报道，社区知名度扩大。

2017年4—12月，白杨街道举行第六届文化艺术节。图为文艺会演现场
（吴美方 摄）

【街道产业升级加快】 2017年，白杨街道支柱产业带动集群发展，电子商务和融资租赁两大产业贡献值占街道财政总收入的50%。浙江海亮融资租赁有限公司和凯枫融资租赁（杭州）有限公司引领融资租赁产业发展，杭州壹网壹创科技股份有限公司和杭州悠可化妆品有限公司成为国内和国外化妆品互联网销售和代运营的龙头企业，杭州昆汀科技股份有限公司等电商企业营业额和利润率快速增长。围绕支柱产业和新兴产业，培育扶持拥有知识产权、核心技术、市场竞争力强的企业。生物3D打印公司捷诺飞生物科技股份有限公司入选国家重点计划；杭州造品科技有限公司掌握油污处理和土壤核心技术；杭州骄娇服饰有限公司（衣邦人）成为互联网成衣制定领导企业；疟疾中间体原料供应商杭州巴洛特生物科技有限公司掌握全球70%份额。科技创新促进产业升级，加快推进科技与产业相结合，杭州天宽科技有限公司、杭州铭赫科技有限公司、浙江翱翔通信科技有限公司、浙江科聪智能科技有限公司、杭州奕安济世生物药业有限公司业绩突出，科技含量高，产品销量好。扶持成长性好、竞争力强、技术优势明显的潜力型企业，鼓励企业通过多层次资本市场直接融资，助力企业快速发展。杭州沃镭智能科技股份有限公司、杭州壹网壹创科技股份有限公司、杭州昆汀科技股份有限公司在“新三板”挂牌上市。

【白杨街道参与环境大整治】 2017年，根据开发区环境综合大整治行动部署，白杨街道加快提升辖区整体环境，拆除原下沙新城客运站、文海停车场地块、大学城北便民服务点等多处违法建筑，拆除明显侵占公共空间阳光房（棚）13处、信访投诉违法建筑31处，督促中盛建筑工程有限公司等18个单位完成违建自拆，拆除违法建筑面积合计4.5万平方米。排摸辖区出租房1.98万套，开辟社区“群租房屋集中整治公告”专栏，实行清单上墙、挂图作业。加强流动人口出租房管理，全年联合辖区派出所完成2916套群租房的整治。联合推进再生资源回收行业整治、水环境整治、大气整治、户外广告整治、道路畅美等专项行动，排查“五无”（无证无照、无安全保障、无合法场所、无环保措施、无财政贡献）企业715个，整改、取缔“五无”企业600多个。开展“五水共治”，完成截污纳管工程19个，配合完成文泽渠劣V类水“脱帽”工程和伊萨卡雨污水管网修复工程，配合完成179块涉违屋顶广告拆除整治。加强食品安全整治，督促288个单位安装油烟净化器，配合取缔96个无证无照单位。做好绿化、养护、序化整治，数字城管平台案卷月均问题及时解决率99%。

【白杨街道综合信息指挥室成立】 2017年7月21日，白杨街道综合信息指挥室挂牌成立。综合信息指挥室承担信息汇总、综合研判、流转督办、绩效评估等工作职能，代表白杨街道党工委、办事处统筹协调指挥“四个平台”及区域内各条块的管理服

2017年11月3日，白杨街道大北社区"大党委"揭牌仪式在开发区怡乐园中心广场举行　　（开发区管委会办公室　供稿）

拓展服务居民的新渠道。白杨街道大学城北区块总面积4.46平方千米，该区域规划居住总人口6.58万人，总户数2万余户，计划社区规模7个。

【白杨街道被授予"浙江省文化强镇"称号】 2017年11月29日，白杨街道被浙江省政府授予"浙江省文化强镇"称号。白杨街道是一个多元文化融合的街道，自成立起即重视文化建设，多渠道整合社会资源，创建文化活动品牌，公共文化建设取得显著成效。2012年起，街道每年举办文化艺术节，先后开展"百家宴""白杨讲堂"和文艺会演、运动会等文体活动1000多场，受益群众10万人次。街道文化艺术节被评为"杭州市特色文化品牌"。加强文化载体和文化阵地建设，辖区建成社区图书室19个、"一证通"图书室基层服务点16个、公共电子阅览室8个，藏书3.5万册。通过多年的公共文化建设，街道形成公共文化服务体系，建成1个街道文化站、4个文化分站、20个社区文体活动室、14个高校文化站，以及多个企业和社会文体场地，辖区文体设施和人才资源基本实现共享。

【邻里社区被评为全国示范社区】 2017年11月16日，国家卫生和计划生育委员会办公厅公布全国首批流动人口社会融合示范社区名单，白杨街道邻里社区名列其中。邻里社区于2006年3月批准成立，居民是来自全国28个省市、服务40多个大中型企业的流动人口。为帮助流动人口融入城市生活，邻里社区实施"故乡再造计划"，开展"安居"和"乐居"工程，为社区居民创造良好生活环境。同时，引导居民树立正确的世界观、人生观、价值观，将社区打造成为他们的"第二故乡"。做好社区安全，构建便利的生活服务配套，通过管道天然气改造和智慧门禁安装，提高社区安全指数。关爱社区居民，开展邻里学苑、"小候鸟"暑期班、关爱"老漂一族"等乐居工程服务项目。开展社区自主管理，组织居民自主参与志愿服务、义务巡逻等活动，促进流动人口实现自我管理，真正融入社区自治中。　　（彭　爽）

务力量。街道实施网格化管理，指挥室年内完成辖区全科网格划分113个、社区网格96个、特殊网格17个，确定网格长113人、专职网格员113人、兼职网格员500多人。依托"四个平台"手机终端，全年累计受理、流转、处置事件1003件。其中，综治工作平台处置166件，占案卷总数16.6%；综合执法平台处置513件，占案卷总数51.1%；便民服务平台处置268件，占案卷总数26.7%；市场监管平台处置6件，占案卷总数0.6%；其他类案卷处置50件，占案卷总数5%。根据案件来源和处置情况分析，网格员信息采集上报处置734件，自结648件，上报86件；开发区指挥中心视频采集下派案件260件，热线举报9件，处置案件9件。

【东郡、云涛社区探索大社区管理】 2017年2月起，白杨街道为整合社区服务资源，结合街道区域内住宅小区组团式分布、社区工作者力量不足的实际情况，对位于大学城北区块的白杨街道东郡、云涛社区打破原有社区分割界限，探索大社区管理模式。按照"统一领导，分块治理，资源整合，服务共享"的思路，组织架构实行"大党委"领导，合并各社区部分职能，实施"大服务""大综治""大城管"服务管理模式。整合配套用房资源，合署办公，实现大学城北区块社区工作"一盘棋"；根据居民服务需求配置服务功能，做到科学规划、合理布局，实现服务功能全覆盖；按照"精简优化、合理分工"的原则，调配社区工作人员，实现服务效率提升；整合辖区单位资源，

责任编辑　黎洪正

下沙高教园区

·下沙高教园区综述·

【高教园区稳步协调发展】 2017年，下沙高教园区14所高校入学新生5.33万人，全日制普通高校在校学生18.25万人，其中：研究生1.5万人、本科生11.49万人、专科生5.13万人；另有成人继续教育学生2.19万人。在编教职工1.86万人。园区高校有博士培养单位5个、硕士培养单位7个，省部级重点学科77个，硕士学位一级学科授予点76个、博士学位一级学科授予点10个，国家级和省部级重点实验室38个。

下沙高教园区管委会办公室（简称下沙高教办）以服务保障第十三届全国学生运动会、平安护航党的十九大为重点，发挥综合协调功能，联合开发区相关部门和各高校开展校园及周边治安、消防、交通、食品安全等综合整治工作，组织园区高校安全互查，发现和消除安全隐患，化解矛盾纠纷，妥善处置突发事件。联合开发区交警大队开展高校违规电动自行车专项整治。联合开发区文明办、开发区交警大队举办“共创安全文明交通·共建美丽和谐杭州”大学生辩论赛，引导大学生关注交通安全，倡导绿色、文明交通。配合开发区卫生计生分局等部门，开展高校“防治肺结核”“防艾滋病”宣传活动，做好园区高校登革热疫情防控工作。指导高校做好学生寒假返乡和秋季开学工作。配合开发区推进高校污水管网改造。开展第12次“助学助困”慈善救助活动。

【全国学生运动会承办工作】 2017年9月4—16日，第十三届全国学生运动会在杭州举行。浙江理工大学、杭州电子科技大学、浙江工商大学、中国计量大

2017年12月1日，下沙高教办举办“共创安全文明交通·共建美丽和谐杭州”大学生辩论赛　（吴少鹏　供稿）

表38

2017年下沙高教园区高校基本情况

学校名称	总面积（万平方米）	分校区（个）	学院/系（个）	独立学院（个）	专科专业（个）	本科专业（个）	硕士专业（个）	博士专业（个）
浙江理工大学	73.51	2	17	1	32	63	57	11
杭州电子科技大学	133.28	5	20	1	—	58	41	3
浙江工商大学	165.80	3	25	1	—	67	67	12
中国计量大学	102.27	2	19	1	—	52	22	—
浙江财经大学	174.10	4	25	1	—	78	44	1
浙江传媒学院	87.00	2	16	—	2	41	1	—
杭州师范大学	198.90	3	18	1	—	71	43	3
浙江水利水电学院	27.00	—	8	—	21	22	—	—
杭州职业技术学院	67.00	—	9	—	34	—	—	—
浙江金融职业学院	27.07	—	14	—	21	—	—	—
浙江经贸职业技术学院	38.31	—	7	—	27	1	—	—
浙江育英职业技术学院	14.33	—	6	—	25	—	—	—
浙江警官职业学院	34.93	1	4	—	11	—	—	—
浙江经济职业技术学院	35.24	—	9	—	31	3	—	—

表39

2017年下沙高校园区高校教育基本情况

学校名称	招生					在校生						毕业就业率(%)	教职工		
	总数(人)	研究生(人)	本科生(人)	专科生(人)	成人本专科(人)	总数(人)	全日制普通生				成人教育生(人)		总数(人)	其中专任教师	
							研究生(人)	本科生(人)	专科生(人)	留学生(人)				总数(人)	副高级以上职称(人)
浙江理工大学	10 999	1 238	4 492	—	5 269	4.18	3 508	26 413	—	317	11 591	97.5	1 999	1 494	777
杭州电子科技大学	7 086	1 353	3 945	—	1 788	2.71	3 605	15 768	—	522	7 173	97.3	2 344	1 691	822
浙江工商大学	9 700	1 437	5 947	—	2 316	3.36	3 807	22 817	—	1 017	5 925	95.8	2 310	1 819	1 011
中国计量大学	6 862	645	5 442	—	775	2.40	1 653	20 734	—	105	1 526	97.1	1 862	1 300	765
浙江财经大学	8 647	601	6 057	—	1 992	3.07	1 780	23 189	—	307	4 797	97.0	2 053	1 415	588
浙江传媒学院	4 343	77	3 472	33	761	1.61	139	13 629	49	49	2 270	96.2	1 281	768	277
杭州师范大学	7 514	1 165	4 239	—	2 110	3.70	2 711	26 595	—	576	6 888	97.6	2 184	1 461	831
浙江水利水电学院	3 347	—	1 539	1 230	578	0.92	—	5 058	4 162	—	640	97.0	693	512	222
杭州职业技术学院	3 651	—	—	3 459	192	0.99	—	—	9 722	—	177	98.1	713	390	142
浙江金融职业学院	3 387	—	—	3 387	7	0.98	—	—	9 713	—	—	98.3	520	402	178
浙江经贸职业技术学院	3 897	—	49	3 279	520	1.06	—	98	9 343	—	1 198	97.9	526	323	152
浙江育英职业技术学院	2 396	—	—	2 396	205	0.67	—	—	6 724	30	608	97.5	386	268	73
浙江警官职业学院	1 023	—	—	1 023	—	0.29	—	—	2 865	—	—	98.9	383	158	111
浙江经济职业技术学院	3 636	—	130	3 010	496	1.02	—	340	8 670	—	1 231	98.7	571	420	149

说明：表格数据均包含各高校分校和独立学院的数据

2017年12月7日，下沙高教园区举办学习党的十九大精神知识竞赛暨演讲比赛 （吴少鹏 供稿）

学、浙江财经大学、浙江传媒学院6所开发区高校分别承担篮球、足球、羽毛球、游泳等项目的比赛场地任务。为做好运动会的服务保障工作，下沙高教办会同相关部门和园区高校，就校园及周边治安、消防、交通、食品安全、环境卫生等开展综合整治，多次组织召开园区高校安保维稳专题会议和赛事承办高校服务保障工作会议，指导相关高校落实工作要求，做好全国学生运动会的竞赛组织和安保、接待、宣传、志愿者服务等工作。运动会期间，来自全国各省、自治区、直辖市、新疆建设兵团和香港、澳门特别行政区等34个代表团的2500名运动员、教练员和400名裁判员进驻下沙高教园区参加比赛。运动会组织和各项服务保障工作得到教育部、浙江省委、省政府、各参赛代表队的肯定。

【高校学习宣传党的十九大精神】 2017年11月25日和12月11日，全国、全省优秀辅导员学习党的十九大精神“校园巡讲”和“网络巡礼”活动在开发区高校举行，来自下沙高教园区14所高校的2000多名师生分别参加6名全国优秀辅导员和5名全省优秀辅导员关于党的十九大精神宣讲会。12月5日，下沙高教园区管委会联合滨江高教园区管委会、小和山高教园区管委会在浙江传媒学院举办以“学习十九大精神·勇做时代弄潮儿”为主题的在杭高教园区大学生学习党的十九大精神知识竞赛暨演讲比赛，3个高教园区遴选出10所高校选派代表队参赛，通过主题演讲和知识竞赛，引导大学生学好党的十九大精神，投身实现中国梦的伟大实践。12月17日，嘉兴学院师生原创的红色话剧《初心》在浙江理工大学展演，该剧以“中共一大会议”为主题，激励青年学子不忘初心、牢记使命、永远跟党走。

【郭华巍调研下沙高教园区】 2017年12月27日，省教育厅厅长郭华巍一行到下沙高教园区调研转型升级工作并召开座谈会。开发区党工委书记、管委会主任邵立春及园区14所高校负责人参加座谈。郭华巍指出，当前下沙高教园区要从“大”向“强”转变，区内高校对园区转型升级的核心要义要取得共识，提高服务创新的水平，打造创新高地。高教园区的转型升级要与开发区转型升级进行联动，实现共赢发展。各高校要深入研究如何提升大学生创新创业教育水平，发挥创新创业育人作用，加强高校与开发区资源开放共享，激发高校师生创新创业活力，为高教园区及开发区集聚更多创新创业人才，推动整个区域成为创新高地。

【辅导员职业能力培训】 2017年11月29—30日，下沙高教办在浙江财经大学举办下沙高教园区高校辅导员职业能力提升专题培训班，采用理论与实践相结合的培训方式，帮助辅导员进一步提升职业能力。5月25日是全国大学生心理健康日，下沙高教办在浙江工商大学举办“525·我爱我”生命故事会活动，帮助大学生培养顽强、乐观、友爱、善良的心理品质；开展辅导员心理健康教育专题培训、心理危机预防与干预工作专题研讨会、心理健康教育课程观摩研讨会、心理健康教育专职教师小组学习研讨等活动，提高园区高校辅导员和心理健康工作者的教育水平。

（吴少鹏）

·浙江理工大学·

【浙江理工大学概况】 2017年，浙江理工大学下设学院（教研部）17个、独立学院1个。有本科专业63个，其中国家（教育部）特色专业8个、教育部综合改革项目专业1个、教育部“卓越工程师教育培养计划”试点专业6个、“教育部—欧特克公司专业综合改革项目”3个、“十三五”时期省优势专业7个、省特色专业5个。有博士学位授权一级学科2个（含博士学位授权二级学科12个）、博士后科研流动站2个、硕士学位授权一级学科17个、硕士学位授权二级学科66个，并可授予6种专业学位类别，拥有授予同等学历人员硕士学位资格。有省高校重中之重一级学科1个、省高校重中之重（一级）学科3个、省高校人文社会科学重点研究基地1个、省高校重点学科11个、省一流学科A类6个、一流学科B类7个，材料科学、化学、工程学3个学科进入ESI（基本科学指标数据库）全球排名前1%。有国家地方联合工程实验室2个、国家国际科技合作基地2个、国家级大学生校外实践教育基地1个、国家级众创空间1个、国家级实验教学示范中心3个、国家级虚拟仿真实验教学示范中心2个、国家工程实践教育中心2个，教育部重点实验室1个、教育部工程研究中心2个、文化部重点实验室1个，省“2011协同创新中心”3个、省级重点实验室（工程技术研究中心）10个、省级哲学社会科学重点研究基地2个、省级工程实验室5个、省级（技术）研究中心2个、省级院士专家工作站1个、省新型高校智库1个、省文化厅重点研究基地1个、浙江现代革命历史文化研究基地1个。有国家精品在线开放课程1门、国家精品视频公开课4门、国家精品资源共享课5门、国家精品在线开放课程1门、国家双语教学示范课2门、教育部来华留学英语授课品牌课程2门、“十二五”时期国家级规划教材7部。获国家级教学成果二等奖3项。获国家技术发明二等奖7项、国家科技进步二等奖5项，国家科技进步三等奖1项、鲁迅文学奖1项、何梁何利基金科学与技术创新奖1项。

学校有普通全日制在校学生3万余人，其中研究生3508人。有教职工约2000人，专任教师中具有副高级以上职称770多人。有教育部创新团队2个、省重点科技创新团队7个、省重点文化创新团队1个、省高等学校创新团队5个。有国家“万人计划”领军人才3人、教育部“长江学者”特聘教授1人、讲座教授1人、国家自然科学基金杰出青年科学基金获得者1人、“新世纪百千万人才工程”国家级人选5人、教育部“新世纪优秀人才支持计划”5人、国家“千人计划”3人、国家“外专千人计划”1人、国家突出贡献中青年专家1人、文化名家暨“四个一批”人才1人、教育部“新世纪优秀人才支持计划”5人、省特级专家1人、省“千人计划”5人（含海鸥计划2人），省高校“钱江学者”特聘教授10人、省突出贡献中青年专家9人、省“新世纪151人才工程”第一层次培养人员（含重点资助）27人、享受国务院政府特殊津贴教师31人。全年柔性引进院士2人、长江学者1人、外籍教授及国内知名教授4人。评聘正高级专业技术职称15人、副高级职称26人。

学校承办第十三届全国学生运动会女子篮球、女子足球项目及浙江省代表团出征仪式，获“校长杯”和组织工作突出贡献奖。承办中国高等教育学会“高校教师专业化发展及考核评价制度改革”专题报告会。

【教育教学和人才培养新成效】 2017年，浙江理工大学1门课程入选第一批国家精品在线开放课程，1门课程升级为MOOC（大型开放式网络课程）。推进新工科建设，获国家级新工科研究与实践项目1项，机械设计制造及其自动化专业通过工程教育认证。入选国家级众创空间1个，获教育部产学合作协同育人项目7项。马克思主义学院入选省重点马克思主义学院建设单位。学生在各类学科竞赛中获国家级奖24项，在第十五届“挑战杯”全国大学生课外学术科技作品竞赛中位列全国第27位，有学生团队首次获评“小平科技创新团队”。完成浙江省新高考首年录取工作，除中美合作项目和少数民族班专业外，本科生招生专业均在一段完成，平均分597分。博士、硕士研究生录取人数分别比上年增长34.3%和9.7%，2018年硕士研究生报考人数增长44%。硕士学位论文抽检优秀率位列省高校第二名，平均分省高校第四名。2017届本科生考取研究生（含出国读研）比例为18%，就业率97.4%，自主创业率2.2%。2017届毕业研究生就业率97.6%，创业率0.9%。

【学科建设有所成效】 2017年，浙江理工大学在教育部第四轮学科评估中，12个学科位次提升。根据《中国研究生教育及学科专业评价报告（2017—2018）》，学校23个学位点授权学科全国排名全部提升。8月23日，学校入选第二批浙江省重点建设高校，机械工程、纺织科学与工程2个学科入选优势特色学科。同时，学校完成省重点高校建设规划编制、资金预算、绩效考核等工作。

【科学研究取得新进展】 2017年，浙江理工大学获2016年度国家技术发明二等奖1项，获授权发明专利466件、浙江省专利优秀奖1项，获教育部产学合作协同育人项目7项。新增主持承担国家级重点、重大项目8项，其中国家重点研发计划重大项目1项、重点课题2项、国际合作专项重点项目1项、国家自然基金重点类项目4项。

【服务地方经济社会发展】 2017年，浙江理工大学与杭州市上城区、余杭区、丽水市缙云县签订全面合作协议，与龙头企业共建12个联合研发机构。全年转化科技成果100多项。学校入选第一批浙江省国家科技成果转移转化示范区示范单位。

【国际化办学水平提高】 浙江理工大学与约30个国家和地区的100多所教育、科研机构建立合作关系。2017年，与苏里南大学合作共建的孔子学院正式揭牌，与国（境）外21所大学新签或续签交流合作协议或备忘录27份。入选浙江省示范性中外合作办学项目2个。举办二十国集团智库会议（T20）创新研讨会等国际会议与交流活动10次。组建中法国际时尚研究所。学生出国（境）交流学习项目增加10个，出国（境）交流学习的学生比上年增长20.3%。留学生人数增长27.2%，其中，研究生层次留学生增长94.1%。

【时尚学院获省政府批复】 2017年4月1日，浙江省人民政府发布《关于浙江理工大学与杭州市余杭区人民政府合作共建时尚学院的批复》，同意校地双方合作共建时尚学院。该学院为非独立法人二级学院，由杭州市余杭区政府负责投资建设，浙江理工大学负责办学。时尚学院一期建设用地34.7万平方米，建筑面积30万平方米，项目总投资约20亿元。双方在合作框架协议的基础上签订补充协议，完成概念性方案的征集及时尚学院建设工程项目建议书，学科布局进一步明确。

【浙江理工大学科技与艺术学院整体搬迁】 2017年，浙江理工大学科技与艺术学院完成整体迁建绍兴市上虞区办学，并于10月7日开学。迁建工程获省重点建设立功竞赛省属高校赛区先进。科技与艺术学院为独立学院，占地面积33.33万平方米，现有专任教师380人、在校生6000多人，设有本科专业29个。近五年，学院毕业生平均就业率在95%以上。

【完成本科教学工作审核评估】 2017年，浙江理工大学推进本科教学迎评促建工作，制（修）定教学工作制度24个，完成自评报告、状态数据报告等工作。11月20—23日，教育部本科教学工作审核评估专家组进驻学校考察本科教育情况，并向学校进行了意见反馈。学校根据专家意见制定并提交整改方案。

【办学120周年庆祝大会】 2017年10月28日，浙江理工大学举行办学120周年庆祝大会。学校按照“有温度、有厚度、有韵味、有记忆”的要求筹备校庆工作。校庆期间，浙江省委书记车俊、省长袁家军分别对学校发展做出重要批示，1.5万名校友返校参加校庆，学校收到协议捐赠资金4000多万元、实物捐赠折合人民币800多万元。完成校友会换届工作，建成丝绸博物馆、校史馆和一批校园文化设施。

2017年10月28日，浙江理工大学举行办学120周年庆祝大会（李　阳　供稿）

2017年1月2日，浙江理工大学校长陈文兴获国家技术发明二等奖（李　阳　供稿）

【实施人才强校举措】 2017年，浙江理工大学完善竞聘上岗、深化能上能下、竞争择优的用人机制，完成新一轮岗位聘期考核和聘任工作。12月27日，学校召开全校人才工作大会，出台《人才队伍建设工程实施办法》和《领军人才引育计划》《青年拔尖人才培养计划》《教学名师与学术骨干培养计划》《海外高层次人才引进计划（百人计划）》4个实施细则。

【陈文兴获国家技术发明二等奖】 2017年1月2日，国务院印发《关于2016年度国家科学技术奖励的决定》，浙江理工大学校长陈文兴主持的“管外降膜式液相增黏反应器创制及溶体直纺涤纶工业丝新技术”项目获国家技术发明二等奖。

【创新专业学位研究生培养模式】 2017年，浙江理工大学—新昌研究生联合培养示范基地将工程硕士专业学位研究生的培养前置到企业，形成企业出题、师生答题、政府助题的“浙理模式”。该基地入选为全国工程硕士专业学位研究生联合培养示范基地、省研究生联合培养示范基地。新昌技术创新研究院产学研合作工作获国务院副总理刘延东的批示肯定。

【承办全国生物学人才培养主题研讨会】 2017年18—19日，全国“更新教学管理理念，构建生物学拔尖创新人才培养体系”主题研讨会在浙江理工大学举办。研讨会由教育部高等学校生物科学类专业教学指导委员会、教育部高等学校生物技术和生物工程类专业教学指导委员会、教育部高等学校大学生物学课程教学指导委员会、复旦大学和高等教育出版社主办，浙江理工大学承办。来自清华大学、复旦大学、南京大学等全国60多所高校生命科学学院的教学院长、专业负责人及专家学者130多人参加。研讨会上，与会专家围绕会议主题进行交流和经验分享，10多所高校的中外专家应邀作大会报告。学校生命科学学院院长、教授梁宗锁阐述学校为培养“生命科学与生物产业亟需的高层次人才”所进行的探索、实践及成效。研讨会对推动生物类专业一流本科人才培养起到促进作用，为完善学校生物学创新人才培养机制提供新思路。

【举办现代丝绸产品加工与创新技术国际培训班】 2017年10月13日，由科技部主办、浙江理工大学承办、丝绸杂志社协办的2017现代丝绸产品加工与创新技术国际培训班开班典礼在浙江理工大学举行。来自10多个国家的19名学员参加。培训内容以“丝绸产品加工与创新设计”为主题，并组织学员参观知名丝绸企业，参加“一带一路”国际丝绸高峰论坛、第十八届中国国际丝绸博览会等重要国际活动。

（李　阳）

·杭州电子科技大学·

【杭州电子科技大学概况】 2017年，杭州电子科技大学设有下沙、文一、东岳、下沙东及青山湖5个校区，下设学院及教学单位20个，举办独立学院1所。学校现有本科专业58个，拥有国家级综合改革试点专业2个、教育部“卓越工程师教育培养计划”试点专业6个、国家级特色专业建设点7个、国防特色重点专业2个。设有博士学位授权一级学科3个、博士后科研工作站1个、一级学科硕士授权点13个、二级学科硕士授权点54个、工程硕士专业学位授予权9个。拥有会计硕士专业学位（MPAcc）、资产评估硕士专业学位（MV）、工商管理硕士专业学位（MBA）和应用统计硕士专业学位授予权及同等学力在职人员申请硕士学位授予权。拥有国防特色学科4个、省重中之重一级学科2个、省重中之重学科2个、省一流学科（A类）4个、省一流学科（B类）7个、省哲学社会科学重点研究基地1个、省人文社会科学重点研究基地1个、省重点学科19个。拥有省部级重点实验室14个、国家级实验教学示范中心3个、国家级虚拟仿真实验教学中心1个、省实验教学示范中心10个、省科技创新公共技术平台4个、省工程实验室（工程研究中心）1个、省国际科技合作基地2个、省“2011协同创新中心”1个、省新型高校智库（浙江省信息化发展研究中心）1个和以培养基于网络的先进制造技术人才为主的工程训练中心。

学校有全日制在校学生2万余人、教职员工2300多人，其中专任教师1600多人。教师中具有正高级职称270多人、具有博士学位1100多人。拥有院士3名、省特级专家2人、国家级有突出贡献中青年专家4人、国家“千人计划”特聘专家7人、青年“千人计划”2人、国家杰出青年基金获得者4人、国家社科重大项目首席专家2人、国家新世纪百千万工程人才5人、青年“长江学者”2人、优秀青年科学基金获得者2人、教育部新世纪优秀人才支持计划13人、省突出贡献中青年专家6人、省"千人计划"特聘专家22人、省"钱江学者"特聘教授15人。设有国家"111计划"学科创新引智基地1个、省级院士专家工作站1个，国家级人才培养模式创新实验区1个、省级人才培养模式创新实验区1个。

2017年3月21日，浙江省委副书记、省长车俊（右二）到杭州电子科技大学调研，就学校省重点高校建设计划实施情况进行指导
（刘佳茵 供稿）

学校新增国家级项目128项、百万级项目48项。其中国家自然科学基金94项、国家社科基金18项。获教育部社科基金项目立项20项、省部级成果奖18项，省第十九届哲学社会科学优秀成果奖8项，首次主持获得高等学校科学研究优秀成果奖（科学技术）1项（二等奖）。获得政产学研协同创新的最高荣誉奖——2017年中国产学研合作创新奖。"三大检索"（科学引文索引、工程索引、科技会议录索引）收录论文927篇次，获授权专利451项，其中发明专利345项。

学校实施"5512"人才工程，推进人事管理制度改革、高端人才建设、优秀青年培养工程、杰出青年培养工程等工作。新增国家级人才13人、省级人才51人，其中全职引进澳大利亚科学院院士1人、国家"千人计划"特聘专家1人、青年"千人计划"2人。自主培养国家"优秀青年科学基金"获得者1人、国家级"百千万人才工程"1人、青年"长江学者"2人。新增国家"111"学科创新引智基地1个，省院士专家工作站1个。学校被评为浙江省重才爱才先进单位。

学校获省教育成果奖一等奖3项、二等奖4项，获省研究生教育成果奖一等奖1项、二等奖3项。推进专业工程认证，新增1个专业通过认证、2个专业接受专家组现场考查（复核）。出台《杭州电子科技大学学科交叉平台和创新团队建设的实施意见（试行）》，立项建设"一带一路"信息技术研究院、工业互联网研究院2个学科交叉平台。新增3个一级学科博士点，3个学科在教育部第四轮学科评估中获得B+。根据邱均平中国大学学科专业排名显示，控制学院科学与工程、计算机科学与技术2个学科进入全国前8%，5个学科进入全国前20%。工程学学科在ESI全球学科排名中继续保持全球前1%。学校列全国高校毕业生薪酬增长排行榜第17位、高校应届毕业生平均起薪排名第80名，列全国高校毕业生就业竞争力第68位、中国大学毕业生质量排行榜第108名、中国大学教学质量排行榜第109名、省硕博高校国际化排名前10位。

【学校产学研合作成果】 2017年，杭州电子科技大学与52个单位或地方政府建设校地全面合作关系或产学研合作关系，新设立宁波市江北区、丽水市云和县、绍兴市新昌县3个技术转移中心。与省委网信办共建浙江省网络空间研究院。与浙江长三角军民融合产业发展有限公司、建德航空小镇、中国电波传播研究所等开展战略合作。与新疆大学、新疆克拉玛依市人民政府签订共建地方研究院的协议书，杭州电子科技大学克拉玛依研究院已经进入实体注册过程。推进与温州浙南科技城管委会共建杭州电子科技大学温州研究院，与绍兴市柯桥区政府共建杭州电子科技大学柯桥智慧农业研究院的工作。

11月12日，第十一届中国产学研合作创新大会暨第二十六届山东省产学研展洽会在山东济南举行。会议表彰2017年度中国产学研合作创新奖、促进奖、创新成果奖、军民融合奖、工匠精神奖和突出贡献奖的单位和个人。学校获2017年中国产学研合作创新奖。该奖项是经科技部和国家科技奖励办批准的中国政产学研协同创新的最高荣誉。

【国际化合作办学】 2017年，杭州电子科技大学新增中外合作办学项目1个、中外合作办学机构1个，其

2017 年 9 月 4—16 日，全国第十三届学生运动会期间，杭州电子科技大学 169 名志愿者投入志愿服务工作（刘佳茵 供稿）

他国际科研合作平台2个，获国家自然科学基金委员会国际合作项目3项。全年举办国际会议和中外论坛12次，派出因公赴国（境）外团组258批次、383人次，其中出国（境）访学、参加国际会议、学术交流、合作研究等学术性出访团组132批次。

【车俊到校考察重点高校建设情况】 2017年3月21日，浙江省委副书记、省长车俊到杭州电子科技大学，就学校的省重点高校建设计划实施情况进行调研指导。车俊一行先后走访“通信信息传输与融合”重点学科实验室和“智能制造与智慧感知”协同创新中心，听取学校工作汇报。车俊肯定学校在信息安全领域所取得的创新成果，以及在科学研究、人才培养、创新创业和社会服务等方面所取得的成绩，并希望学校扎实推进省重点高校建设，进一步发挥自身优势，努力提升办学实力和科技创新能力，为浙江经济社会发展做出新的贡献。

【刘建超到校宣讲党的十九大精神】 2017年11月7日，党的十九大代表、十九届中央纪律检查委员会委员、浙江省委常委、省纪委书记、省监察委员会主任刘建超到杭州电子科技大学，为师生做党的十九大精神宣讲报告。省纪委、省委教育工委、省委讲师团办公室等部门领导，学校党政班子全体成员、中层干部、教授代表、各民主党派负责人、全体支部书记和部分学生代表参加报告会。刘建超介绍党的十九大会议概况、习近平总书记的报告、党章修正案、中央委员会委员及中央纪律检查委员会委员选举情况，指出学习宣传贯彻党的十九大精神具有重大的现实意义和深远的历史意义，鼓励青年学子不忘初心、牢记使命，为实现中华民族伟大复兴的“中国梦”不懈奋斗。刘建超听取学校近年在学科建设、高层次人才引进、人才培养、社会服务等方面所取得的成果，了解学校学习贯彻党的十九大精神、推进全面从严治党、促进“清廉校园”建设等方面情况，并给予高度评价。

【共建杭电—阿里云国际校区】 2017年10月11日，“杭州·云栖大会”在杭州云栖小镇召开，杭州电子科技大学校长朱泽飞应邀出席大会并做主题演讲。杭州电子科技大学与阿里巴巴集团阿里云计算有限公司正式对外发布，共建杭州电子科技大学—阿里云国际校区和杭州电子科技大学—圣光机大学联合学院。这是学校与阿里巴巴集团共同探索“新工科”背景下“中外名校+名企”的国际化创新人才培养模式的一次有益尝试。双方以此为平台，共同引入国外知名高校，开展人才培养、科学研究、成果培育、社会服务等多领域的全面合作，探索“新工科+国际化”的创新人才培养模式，以满足社会不断增长的对创新型国际化人才的需求。

【获批国家“111计划”学科创新引智基地】 2017年8月，国家外国专家局和教育部公布2017年度地方高校“高等学校学科创新引智计划”（“111计划”）新建基地立项名单，杭州电子科技大学申报的“信息物理系统感知与控制学科创新引智基地”名列其中。该基地由浙江省特级专家、学校自动化学院教授薛安克牵头建设，依托学校优势特色学科控制科学与工程学科，由澳大利亚科学院、工程院院士、教授Brain Anderson和澳大利亚科学院院士、澳大利亚国立大学特聘讲席教授Ian Petersen共同领衔，聚集一批信息、系统与控制领域的优秀青年学者，旨在打造一个具有真正国际影响力、可持续发展的“信息物理系统感知与控制”国际协同创新群体，成为国家在“信息物理系统感知与控制”的基础理论与关键技术方面原始创新的一支中坚力量。

【6项成果获省科学技术奖】 2017年4月19日，2016年度浙江省科学技术奖励大会在省人民大会堂举行，杭州电子科技大学6项科技成果获省科学技术奖，其中一等奖3项、二等奖2项、三等奖1项。学校计算机学院教授严义主持的“嵌入式PLC（ePLC）开发平台的自主关键技术研究及产业化”项目获得技术发明一等奖，微电子研究中心教授骆建军主持的“固态存储关键技术研究和产业化”项目、机械工程学院教授陈国金参与完成的“大型高精度数控拉削装备关键技术与产业化”项目获得科技进步一等奖；自动化学院研究员谢小高主持的“低成本、高性能的白光LED驱动芯片架构研究及系列产品研制”项目、生命信息与仪器工程学院教授王瑞荣主持的“钱塘江涌潮多模式融合检测与实时递归预报系统”项目获得科技进步二等奖；自动化学院教授级高级工程师徐哲主持的“城市级区域医疗影像共享及业务协同的关键技术研究与应用”项目获得科技进步三等奖。

【8项成果获省哲学社会科学优秀成果奖】 2017年12月12日，浙江省第十九届哲学社会科学优秀成果奖获奖名单公布，杭州电子科技大学8项成果获奖。其中，教授徐旭初的“贫困中的合作——贫困地区农村合作组织发展研究”、教授李晓钟的“中国利用外资溢出效应和挤出效应研究”2项成果获二等奖，教授陈畴镛的“网络强国战略与浙江实践”、教授尹国俊的“外资风险投资在中国的运行模式及其对中国风险投资的影响”、教授贺武华的“中国教育政策过程本土化研究”、教授徐献军的“现象学对于认知科学的意义”、教授谭惠娟的“美国非裔作家论”和博士夏勇的“清诗总集通论”6项成果获三等奖。

【获研究生推荐免试单位资格】 2017年8月，杭州电子科技大学获批成为研究生推荐免试单位。9月，对2018届优秀应届本科毕业生免试攻读硕士研究生开展推荐工作。推荐优秀应届本科毕业生免试攻读硕士研究生，是研究生招生工作的重要组成部分，是选拔拔尖创新人才、完善研究生招生多元录取机制、提高研究生招生质量的重要举措，是促进和激励在校本科生勤奋学习、勇于创新、全面发展的有效机制。获得硕士研究生推荐免试权，是学校综合实力和办学水平的体现，是对学校本科教学质量的肯定，有利于进一步推动学校坚持特色发展、内涵发展、优质发展，加快建设特色鲜明、国内一流的高水平研究教学型大学，为服务国家战略和推动地方经济社会发展做出贡献。

【承办第二届中国高校计算机大赛团体程序设计天梯赛决赛】 2017年4月15日，由教育部高等学校计算机类专业教学指导委员会、软件工程专业教学指导委员会、大学计算机课程教学指导委员会和全国高等学校计算机教育研究会主办，杭州电子科技大学与浙江工商大学承办的2017年第二届中国高校计算机大赛团体程序设计天梯赛（GPLT）决赛举行。来自全国31所高校的87支队伍、870名学生参加。参赛高校被分成“珠峰争鼎”“华山论剑”“沧海竞舟”三个组别，每支参赛队伍均需解答“基础级”“进阶级”“登顶级”题目。杭州电子科技大学总排名第二，并获“华山论剑”组冠军；学校“杭电一队”成员陈松扬获“人形推题机”称号，学校ACM集训队教练、教授刘春英获最佳教练奖。

【学科竞赛成绩显著】 2017年，杭州电子科技大学学生参加各类学科竞赛共计获得国家级奖项78个、省级奖项290个。其中，获全国大学生智能汽车竞赛一等奖6项、二等奖1项，成绩居全国参赛高校第一；在ACM国际大学生程序设计竞赛全球总决赛中，获得与麻省理工学院并列全球第20名的优异成绩；获第十五届“挑战杯”全国大学生课外学术科技作品竞赛一等奖1项、二等奖1项、三等奖4项。

【学校获批成为“雅思”考点】 2017年5月，杭州电子科技大学申报“雅思”考点获教育部批准，8月投入使用。学校是继浙江教育考试服务中心之后杭州第二个“雅思”考点，考点位于下沙校区求新楼（第11教研楼）五楼，配套设施完善，最多可容纳570名考生，为学校及下沙高教园区14所高校的约20万大学生就近报考“雅思”提供方便，满足杭州及周边地区持续增长的报考需求。

【承办全国学生运动会部分赛事】 2017年9月4—16日，第十三届全国学生运动会在杭州举行。杭州电子科技大学承办该届学生运动会大学男子足球、中学男子篮球两个比赛项目，为赛事提供场地、场馆服务，并圆满完成本赛区学生运动会组织运行、竞赛策划、媒体宣传、安全保卫、后勤接待等保障工作。其间，第十三届全国学生运动会志愿者出征仪式在下沙校区文化活动中心剧院举行。学校选派169名志愿者投入赛区志愿服务工作。（刘佳茵）

·浙江工商大学·

【浙江工商大学概况】 2017年，浙江工商大学有一级学科博士点6个、二级学科博士点47个、一级学科硕士点16个、二级学科硕士点92个、硕士专业学位门类16个（覆盖25个招生领域），设有博士后流动站3个。在教育部第四轮学科评估中，学校统计学进入A类学科，工商管理、应用经济学、法学、外国语言文学、食品科学与工程和计算机科学与技术6个学科进入B类，评估结果位列浙江省重点建设高校前列。设有国家级人才培养模式创新实验区2个、国家级卓越农林（食品）人才培养基地1个、国家级卓越法律人才教育培养基地1个、国家级特色专业5个、国家级专业综合试点2个、省级“十三五”时期优势特色专业17个、本科专业67个。有国家级教学团队1个，国家级精品课程3门、国家级视频公开课3门、国家级精品资源共享课3门、国家级双语教学示范课程3门，国家级实验教学示范中心3个。学校在2008年起开展的浙江省本科教学业绩考核中一直位居全省前5位。

学校有教职员工2300多人，其中专任教师1800多人、博士生导师89人，教师中具有正高级职称300多人、副高级职称700多人、博士学位810多人。全职引进高水平教学科研岗教师54人。其中国家“万人计划”哲学社会科学领军人才1人、国家“千人计划”专家2人、国务院学位委员会学科评议组成员1人、教育部新世纪人才1人。1名双聘院士加盟食品科学与工程学科。国际商学院全职引进海外博士或海外博士后16人。自主培养国家“千人计划”专家1人、“新世纪百千万人才工程”国家级人选1人。柔性引进海外院长4人、海外特聘教授3人、特聘教授5人。入选科技部创新人才推进计划1人，获第二十一届中国青年“五四奖章”提名奖1人，获“浙江省第五届师德先进个人”称号2人。

学校有全日制普通在校生2.8万人，其中全日制本科生2.3万人、研究生3800多人；留学生1000多人，其中学历生870多人。学校64个专业面向全国28个省（市、区）招生，录取4016人。应对浙江新高考，全部招生计划均在一段线上一次性完成，普通类招生计划数位列全省高校第二，投档分数位列省属高校第二。研究生招生人数和报考人数均创历史新高，招收国内硕士研究生1428人、博士研究生45人，硕士研究生第一志愿录取率69.2%。杭州商学院录取本科生2067人，省内招生专业均在二段线内一次性完成招生计划。继续教育学院录取新生5215人，其中本科生首次超过3000人。2017届毕业生4883人，初次就业率96.5%，本科生继续深造率19.7%。

学校获准国家自然科学基金30项。其中，首次获得重大研究计划重点项目1项；获准各类国家社科基金项目25项（年度项目21项、重点项目4项），年度项目数居全国前50位；首次获准教育部哲学社会科学研究重大课题攻关项目1项。获准省部级项目141项。日本研究中心获批教育部国别和区域研究中心培育基地。东亚研究院被列为新一轮省哲学社会科学重点研究基地A类基地。“可视媒体大数据技术浙江省工程实验室”被批准为省工程实验室。“食品营养与功能性食品浙江省国际科技合作基地”被确定为2017年度省国际科技合作基地。获省部级及以上科研成果奖励20项，获教育部高等学校科学研究优秀成果奖（科学技术）2项，获省科学技术奖4项，获省哲学社会科学奖14项。《商业经济与管理》《浙江工商大学学报》入选“CSSCI（2017—2018年）”来源期刊。学校被国家新闻出版广电总局确定为浙江省属高校唯一一个“数字化”期刊试点建设单位。

【国际化办学】 2017年，浙江工商大学国际学生约1800人，分别来自全球100个国家和地区，分布在17个学院、39个专业，已有17个本科、25个硕士和10个博士专业实行全外语教学。与美国、英国、德国、法国等50多个国家的100多所院校和科研机构签署校际合作协议。学校是“省国际化特色高校”首批建设单位，在东亚研究、食品安全、经济管理、信息技术等领域广泛开展国际交流与合作。与加拿大魁北克大学合作培养项目管理硕士（MPM）。浙江工商大学法语联盟是法国法语联盟在浙江省的唯一合作伙伴。与比利时西弗兰德大学共建的孔子学院，成为比利时最大的汉语水平考试基地，中方院长被评为2017年度“全球孔子学院先进个人”。对接“一带一路”倡议，与沿线国家的7所高校建立校际合作关系。与沙迦遗产研究院合作设立的“浙江工商大学阿联酋中国文化交流中心”挂牌成立，是学校在境外设立的第一个国际合作机构，与沙迦大学达成合作办学意向。培育国际联合培养特色项目，与英国利兹大学等开展学生联合培养。

2017 年 5 月 6 日，浙江工商大学举行创业园项目启动仪式

（王庆生 供稿）

【学校加强改进思想政治工作】 2017年2月21日，全省高校思想政治工作会议召开。浙江工商大学总结思想政治工作经验，形成“八坚持八融入”思政工作特色，学校党委书记金一斌在会议上做介绍发言。3月14日，下沙高教园区高校学习贯彻全省高校思想政治工作会议精神座谈会在学校举行，省委常委、省委宣传部部长葛慧君出席。6月1日，学校召开思想政治工作会议，制定《关于加强和改进新形势下学校思想政治工作的意见》，出台完善措施23项，全面部署学校思想政治工作，提高思想政治工作水平。

【车俊到校考察指导工作】 2017年3月21日，省委副书记、省长车俊和副省长成岳冲一行到浙江工商大学考察指导工作。车俊先后考察学校优势学科建设成果展示、教育部人文社科重点研究基地——浙江工商大学现代商贸研究中心和省食品安全重点实验室，听取学校有关办学历史、特色优势学科建设和服务浙江经济发展等方面的情况汇报。车俊对学校取得的办学成绩给予肯定，希望学校继续推进改革创新，在人才培养上坚持“工商融合”的教育理念，培养契合浙江经济社会发展需求的应用型、复合型与创新型人才，服务浙江经济社会发展。

【学校接受教育部本科教学工作审核评估】 2017年4月17—20日，教育部审核评估专家组对浙江工商大学本科教学工作进行实地考察。专家组认为，学校的办学定位和人才培养目标与国家和区域经济社会需求是相适应的，提出的“大商科”办学特色与浙江省经济社会发展是相匹配的，学校在人才培养各个环节实施一系列改革措施，推动多样化人才培养模式和教学改革、创新创业教育。学生和社会对学校的教育质量满意，学生、教师、校友对学校认同，学校师资和课程资源基本满足教学工作正常开展需要，学校已建立教学质量保障运行体系，保证人才培养质量。

【“浙商大创业园”项目启动】 2017年5月6日，浙江工商大学106周年校庆日，“浙商大创业园”项目启动暨浙商大资本贝因美基金成立仪式在学校教工路校区举行。省科技厅党组副书记、副厅长邱飞章，省教育厅副厅长朱鑫杰，西湖区委书记章根明参加仪式。该项目位于教工路198号（教工路校区中区），是杭州“城西科创大走廊”东端起点及“大走廊”连接主城区的“桥头堡”，是杭州创业创新资源集聚度最高的区域，将构建“创业孵化+创业投资+创业教学”三位一体的创新创业生态体系，建成全国知名的高校创业示范园区和创业教育新高地。为配合“浙商大创业园”建设，在贝因美集团等校友企业和广大校友的支持下，由校友提议并发起设立的浙商大资本贝因美基金，首期计划募集规模5亿元，已认缴到位1亿元，浙商大资本贝因美基金正式成立。

【成岳冲到浙商博物馆参观调研】 2017年6月7日，浙江省副省长成岳冲、省政府副秘书长李云林一行到浙江工商大学浙商博物馆参观调研。成岳冲指出，高校在浙商研究和服务浙商创新创业中具有优

2017年11月28日，浙江工商大学与开发区管委会举行战略合作签约仪式　（王庆生　供稿）

势，浙商博物馆是浙江工商大学的拳头产品，继续做好浙商历史文化、精神内涵、价值贡献、成长规律等的挖掘、提炼和成果应用工作，对浙商群体的可持续发展和浙江工商大学办学特色的凝炼呈现具有重要意义。

【3项成果获省科学技术奖】 2017年，根据《浙江省人民政府关于2016年度浙江省科学技术奖励的决定》，浙江工商大学3项科研成果获奖。其中，统计与数学学院副教授章上峰主持完成的科研成果“时变弹性生产函数建模技术及应用”获省科技进步奖二等奖（软科学类最高奖）；产学研处教授刘东升主持完成的科研成果“面向农产品流通溯源融合的电子商务关键技术研究应用”获省科技进步奖三等奖；统计与数学学院教授江涛主持完成的科研成果“具有复杂结构金融风险模型的风险度量及相关问题的研究”获省自然科学奖三等奖。

【发起成立钱塘江金融港湾高等教育联盟】 2017年7月14日，钱塘江金融港湾高等教育联盟成立大会暨金融高等教育论坛在浙江工商大学召开。该联盟由省教育厅提议，浙江工商大学、浙江大学发起，省内部分高校、行业协会和金融类机构自愿组成的非营利性、开放式、非法人的联合体。联盟鼓励成员之间开展多种方式的合作，重点在人才培养、师资队伍、学科建设、科学研究、高端金融智库建设和国际交流等方面探索校校、校企、校所、校政、校地合作机制，发挥和利用省内高校和金融机构的特色和优势，为钱塘江金融港湾建设培养更多优秀金融人才和提供智力支持。

【学校入选浙江省重点建设高校】 2017年8月29日，根据《浙江省人民政府办公厅关于公布第二批省重点建设高校名单的通知》，浙江工商大学入选省第二批重点建设高校，统计学、工商管理学2个学科入选省优势特色学科。学校编制《浙江工商大学省重点高校建设规划》，分阶段谋划到2050年学校发展、学科建设的目标任务，以省重点高校和优势特色学科建设为重点，推动学校进入国家“双一流”建设大学。

【承办全国学生运动会相关活动】 2017年9月1—3日，第十三届全国学生运动会科学论文报告会在浙江工商大学举行。第十三届全国学生运动会科报会组委会主任、教育部体育卫生与艺术教育司司长王登峰等出席开幕式。报告会以“健康中国·学校体育的使命与发展”为主题，由中国教育科学研究院、中国教育学会、全国高等学校体育教学指导委员会主办，浙江工商大学承办。会议取得圆满成功，教育部向学校颁发“特殊贡献奖”。同时，学校还承办本届全国学生运动会的羽毛球比赛和“校长杯”评选。学校学生参加游泳、篮球、羽毛球等3项赛事的比赛，为浙江代表团获得金牌1枚、银牌3枚、铜牌3枚。学校获得高校体育工作最高荣誉奖“校长杯”。

【发起成立中国（杭州）跨境电商人才联盟】 2017年10月27日，在“潮起钱塘”第二届全球跨境电商峰会上，浙江工商大学等13所浙江省高校与“阿里巴巴”“亚马逊”“Wish”等23个跨境电商平台单位发起成立中国（杭州）跨境电商人才联盟。联盟由省教育厅、中国（杭州）跨境电子商务综合试验区建设领导小组办公室担任指导单位，浙江工商大学担任理事长单位和秘书长单位，旨在服务“一带一路”建设，助力浙江传统制造业转型升级，为中国（杭州）跨境电商综试区发展提供人才和智力支持。11月24日，浙江工商大学与中国（杭州）跨境电子商务综合试验区战略合作签约暨中国（杭州）跨境电商学院成立仪式在学校教工路校区举行。双方将在跨境电商人才培养、教材编写、课题研究、人才对接会、跨境电商创业园建设等方面开展合作，联合打造多层次、多梯度的跨境电商人才培养体系。

【学校与开发区管委会战略合作签约】 2017年11月28日，浙江工商大学与开发区管委会战略合作签约暨浙商大学生创业园开园仪式在浙江工商大学举行。双方将在科技创新、人才教育、服务社会民生等方面开展一系列合作。作为区校合作试点，浙商大学生创业园基于“一园多点”“有核无边”的空间布局理念，包括创意空间、创客社区、众创空间、创客孵化器、创意生活馆等多个功能区域，实现创业课程、创业大赛、创业投资和创业中介服务等软性链接，构建“四位一体”的大学生创业生态圈，并嵌入开发区“大创小镇”的发展布局，对接周边的高校、创业园区等，打造具有品牌影响和特色优势的大学生创业园区，实现创新创业人才培养和企业壮大发展双赢的目标蓝图。

【竞赛举办和获奖情况】 2017年，浙江工商大学举办首届“教学卓越奖”和青年教师教学创新大赛。在省第十届高等学校青年教师教学竞赛中，参赛教师获2个特等奖、2个一等奖，学校获优秀组织奖。参加第十五届“挑战杯”全国大学生课外学术科技作品竞赛，获一等奖1项、二等奖1项、三等奖4项，第七次获得全国“挑战杯”发起高校资格，学校获组织工作奖，1名教师被授予“优秀指导教师”称号。获得2018年浙江省“挑战杯”创业大赛承办权。组织参加第三届“创青春”中国青年互联网创业大赛，获优秀作品奖1项。700多人次学生在国家级、省级学科竞赛中获奖，A类学科竞赛首次获得国家级特等奖。

【“最多跑一次”校园改革】 2017年，学校深化“最多跑一次”改革，以“三张清单一张网”建设为抓手，建设公共服务事项目录库，推进校务服务流程优化和信息公开规范化建设。开通“最多跑一次”校务服务网，集中全校26个部门、230多项审批和服务事项，首批已有20多个在线办理项目。“商大办公”App正式上线，实现与PC端OA系统实时对接，有效提高办事管理效率。推进采购、图书、档案等学校各方面工作的信息化建设。被评为浙江省高校网络信息化先进集体。（王庆生）

·中国计量大学·

【中国计量大学概况】 2017年，中国计量大学下设二级学院（部）19个、本科专业52个，涵盖工学、理学、管理学、法学、文学、经济学、艺术学等学科门类。有浙江省“2011协同创新中心”3个、省重中之重学科1个、省高校人文社科重点研究基地1个、省一流学科10个，一级学科硕士点15个、专业学位授权点7个及工程硕士授权领域4个，进入ESI全球排名前1%学科2个。有国家特色专业4个、国家级专业综合改革试点专业2个、通过全国工程教育认证专业5个、“卓越工程师教育培养计划”专业5个，“十二五”时期省优势专业5个、“十二五”时期省新兴特色专业12个、“十三五”时期省优势专业6个、“十三五”时期省特色专业9个；有国家级精品课程3门、国家精品资源共享课2门、国家级精品在线开放课程1门、国家级双语示范课程1门、来华留学英语品牌课程1门、省精品课程24门、省级精品在线开放课程4门。有国家级实验教学示范中心1个、国家级虚拟仿真实验教

中国计量大学校园风光 （何央央 供稿）

2017年3月27日，浙江省副省长朱从玖（右一）到中国计量大学参观“标准化与知识产权管理”浙江省协同创新中心 （何央央 供稿）

学中心1个、省级实验教学示范中心10个（其中4个为“十二五”时期省级实验教学示范中心重点建设项目）、国家级人才培养模式创新实验区1个、国家级大学生校外实践教育基地1个、省级大学生校外实践教育基地2个。拥有国家国际科技合作基地1个、国家质检中心1个、教育部工程研究中心1个、国家地方联合工程实验室3个、省重点实验室7个和省工程实验室4个，共建省公共科技创新服务平台2个，建有国家大学科技园、国家级科技企业孵化器、国家级众创空间、高校学生科技创业实习基地。

学校通过工程教育专业认证现场考查专业2个、入选省高校“十三五”时期特色专业7个，被评为国家级精品在线开放课程1门，教育部产学合作协同育人示范基地项目1个，入选省高校“十三五”时期首批新形态教材项目教材7本，获省高校“翻转课堂”优秀案例、教师教育技术成果评比、教师教学技能竞赛等奖项6项。加强大学生创新创业教育，完善创新创业教育体系，开设创新创业类课程45门，编写创新创业教材10部，签约创业导师87名，举办创新创业教育实验班2个。学校入选“全国创新创业典型经验高校50强”。

学校跟进教育部第四轮学科评估结果，进入参评学科前70%学科7个，其中排名20%~30%学科1个、排名30%~40%学科2个。加强ESI学科培育建设，制定实施ESI论文奖励办法，工程、化学学科进入EST排名前1%。加强一流学科内涵建设，认真做好省协同创新中心、省人文社科重点研究基地的考核验收。

学校有教职工1800人，其中专任教师1300人。教师中具有副高级以上职称765人，具有博士、硕士学位的占93%。有在校全日制普通本科生及以上2.24万人，其中硕士研究生1653人、本科生1.51万人、独立学院本科生5613人、留学生105人。

学校引进省“千人计划”、特聘教授2人，聘任名誉院长2人，加大优势特色科研创新团队建设。做好人才项目的培育和推荐工作，入选国家“万人计划”教学名师1人，被评为全国高校“黄大年式”教师团队1个，新增省“151”第三层次人才10人、省高校中青年学科带头人培养对象14人，入选国家和省级高水平公派出国人员18人。

【人才培养质量提升】 2017年，中国计量大学学生获国内外各类竞赛奖项587项，其中A类学科竞赛国家奖49项，“挑战杯”课外科技作品竞赛获全国一等奖、二等奖、三等奖共5项，数学建模竞赛获全国一等奖5项、二等奖4项，总成绩排名全国参赛高校第三。获国家级大学生创新创业训练计划项目35项，学生获授权各类专利261项，发表论文99篇。在中国高等教育学会发布的本科院校2012—2016年学科竞赛评估中排名全国第69位。在国家级大学生体育赛事中获金牌6项，在浙江省大学生艺术节中获一等奖6项。

【科技创新水平稳中有进】 2017年，中国计量大学到校经费1.05亿元。获国家级项目51项、省部级项目73项，其中学校牵头申报的“跨境生物产制品和工程生物检验检测及控制技术研究”获国家重点研发计划NQI（国家质量技术基础）专项立项，资助金额1084万元。获国家重点研发计划课题9项、国家自然科学基金项目35项、国家社科基金重点项目2项。获浙江省第十九届哲学社会科学优秀成果奖一等奖1项、三等奖2项，浙江省科学技术二等奖1项、三等奖2项和省部级社会力量成果奖5项。发表三大检索收录论文442篇，其中SCI一区、二区共94篇；出版学术著作23部，教师获授权发明专利332项，参与制定国家标准、计量技术规范7项。

【社会服务成效突出】 2017年，中国计量大学落实创新驱动发展战略，加快推进科技成果转化，与企业签订科技合作、成果转化项目412项，获中国产学研合作创新与促进奖、浙江省首届专利优秀奖。深化与质检系统合作，与中国质量认证中心、贵州省质监局等10多个质检机构签订产学研合作协议，与海克斯康公司共建精密测量与智能制造工程研究院。举办质检系统培训班51期，获得全国质监系统教育培训协作网牵头单位、湖北省政府采购供应商资质。国家大学科技园2017年入驻企业46个、孵化企业15个，园区企业总收入2.01亿元，被认定为省院士专家工作站、省级创业孵化示范基地、市"两创示范"小微企业创业创新基地。

【成岳冲到校检查体育场馆建设情况】 2017年3月24日，浙江省副省长成岳冲在第十三届全国学生运动会筹委会负责人的陪同下，到中国计量大学检查体育场馆建设情况。学校党委书记张土乔、校长林建忠等陪同检查，并汇报相关情况。成岳冲对学校的筹备工作给予肯定，强调要增强安全意识，以高度负责的精神抓好、抓细各个环节，做好第十三届全国学生运动会筹备工作。

【朱从玖到校调研工作】 2017年3月27日，浙江省副省长朱从玖到中国计量大学调研。朱从玖一行参观学校重点实验室——"标准化与知识产权管理"浙江省协同创新中心，并与学校党政领导班子、相关部门和学院负责人进行座谈。朱从玖对学校发展予以肯定，认为学校具有鲜明的独特性，要加强内涵建设，在经济社会发展中发挥作用。

【宋明顺任学校校长、党委副书记】 2017年4月13日，浙江省委组织部到校宣布浙江省委关于中国计量大学校长调整的决定，宋明顺任中国计量大学校长、党委副书记，免去林建忠校长、党委副书记、委员职务。省委组织部副部长张学伟，省委教育工委副书记、省教育厅副厅长陈根芳等出席会议，学校领导班子成员、近三年退休的校领导，中层干部、正高级职称人员、民主党派及统战团体主要负责人、教代会执委会成员等参加会议。

【全国县级市场监督管理局局长培训班】 2017年4月17—21日，由国家质检总局干部教育中心主办、中国计量大学承办的全国县级市场督管理局（质量技术监督局）局长培训班在中国计量大学举办。国家质检总局人事司、质量司、人事司教育职称处领导分别出席开班和结业仪式。全国100名县级市场监督管理局（质量技术监督局）局长参加培训并结业。

【学校步入省局共建高校行列】 2017年4月20日，浙江省人民政府、国家质检总局联合签署《关于共建中国计量大学的协议》。根据共建协议，浙江省支持学校建设特色鲜明的高水平教学研究型大学，在特殊高端人才引进、博士学位授予权立项建设、一流学科、重点实验室、协同创新中心等方面给予支持；支持学校参与标准强省、质量强省、品牌强省和"浙江制造"品牌建设；支持学校计量博物馆建设。国家质检总局将学校纳入总局发展规划，支持学校与国家质检总局及中国计量科学研究院、中国标准化研究院等直属科研单位开展交流合作，支持学校建设总局人才培训基地；支持学校申报国家级重大基础平台、科技成果奖、科技成果推广转化基地和科普基地；支持学校与国际计量局、国际标准化组织等国际计量、标准化、质量研究机构开展交流与合作，承担国际合作项目、担任国际组织相关职务，参与国际标准制定和国际人才培训工作。

【入选全国创新创业典型经验50强高校】 2017年7月4日，根据《教育部办公厅关于公布2017年度全国创新创业典型经验高校名单的通知》，中国计量大学入选2017年度全国创新创业典型经验高校50强。50强高校中有中央部门属高等学校13所、省属本科院校30所、高职高专院校7所。中国计量大学是2017年度浙江省唯一入选的本科高校。

【与贵州质监局签订战略合作框架协议】 2017年7月28日，中国计量大学与贵州省质量技术监督局战略合作框架协议签约仪式在贵州省质监局举行。学校副校长俞晓平、葛洪良，校发展委员会副主任、校友总会会长冯时林，贵州省质监局副局长孟宇光、赵晓萍等出席签约仪式。局校双方签署《贵州省质量技术监督局、中国计量大学战略合作框架协议书》。根据协议，双方计划在标准研究、计量测试、产业计量、质量管理、认证认可、校验检测、品牌创建等多方面开展科研项目孵化及成果转化、教学培训、实习实践、信息资源共享、人才培养等全方位合作。学校计划在贵州省质监系统设立中国计量大学学生实习基地、中国计量大学产学研合作基地。

【获国家重点研发计划NQI专项项目】 2017年8月22日，由中国计量大学生命科学学院研究员俞晓平及其团队牵头申报的“跨境生物产制品和工程生物检验检测及控制技术研究”项目获2017年度国家重点研发计划“国家质量基础（NQI）的共性技术研究与应用”专项项目立项，资助金额1084万元。该项目由中国计量大学牵头，集合浙江大学、上海交通大学、中山大学、南京农业大学、华南农业大学优势学科力量及中国农业科学院、中国检验检疫科学研究院、中国卫生与动物流行病学中心、北京出入境检验检疫局、深圳出入境检验检疫局、上海出入境检验检疫局、天津出入境检验检疫局、山东出入境检验检疫局等10多个权威技术机构，重点研究（制）跨境危害因子多目标快速检测、生物风险分析和预警、快速检测量值溯源、高效熏蒸控制和蒸热无害化等技术及相关装置、试剂、标准和标准样品，并通过后期在中国5个及以上主要口岸的应用，力争突破中国跨境生物产制品检验检测及控制中尚存的“测不快、监不清、检不准、灭不尽”的关键技术难题。

【计量博物馆开馆】 2017年10月17日，中国计量大学计量博物馆开馆。该馆在学校校史馆原址筹建，位于求是南楼4~5层，总面积约1700平方米，分古代计量和近现代计量两个展厅，有藏品700多件。其中古代计量包括新莽铜嘉量、日晷、唐代十二生肖刻花铜尺、汉代铜陶量，以及各朝代具代表性的权、砝码等计量器具。计量博物馆是集研究、教学、宣传、普及、交流等于一身的基地和平台，学校以此为依托，开展研究，开设特色课程——中国计量史，形成特色优势，为国内外计量历史文化交流搭建平台。

【国际测量技术联合会第六十届总理事会会议】 2017年9月1—3日，国际测量技术联合会（IMEKO）第六十届总理事会会议及相关的顾问委员会、技术委员会及编辑委员会会议在中国计量大学举行。来自美国、英国、德国、意大利、加拿大、日本、韩国、中国等国家约20名代表参加会议。中国计量测试学会理事长蒲长城、学校校长宋明顺出席会议，IMEKO主席肯尼斯·格拉森先生在总理事会开幕式上致辞。会议讨论关于国际测量技术未来发展、战略规划、出版物以及技术委员会的发展等重要决策问题。外方来宾还参观了学校实验室和计量博物馆。

【国际测量技术研讨会】 2017年9月4日，国际测量技术研讨会在中国计量大学开幕。国家质检总局副局长吴清海、浙江省副省长朱从玖参加开幕式并发表重要讲话。中国工程院院士金国藩、李同保、谭建荣等以及来自全国各地计量技术机构、科研院所、大专院校和企业代表600多人参加研讨会。会议内容为探讨计量测试技术领域的最新发展与热点话题。

【全省质量月活动启动仪式】 2017年9月4日，浙江省质量月活动启动仪式在中国计量大学举行。省人大常委会副主任冯明、副省长朱从玖、省政协副主席黄旭明、省政府副秘书长陆建强出席会议。省质检局、省工商联等单位领导，浙江制造品牌建设促进会等部分省级行业协会负责人，“浙江制造”品牌培育企业代表和学校师生等300多人参加会议。会议由省政府副秘书长陆建强主持。省人大常委会副主任冯明、省政协副主席黄旭明等领导为“浙江制造”品牌培育训练营开营授旗。朱从玖宣布主题为“大力提升质量，建设质量强省”的2017年浙江省质量月活动正式启动。

【协办全国学生运动会女子足球比赛】 2017年9月6日，第十三届全国学生运动会大学组女子足球项目A组比赛在中国计量大学体育场开赛，校长宋明顺为比赛开球。来自全国高校的10支足球队参加为期9天的比赛。9月14日，中国大学生体育协会专职副主席王刚，学校党委委员、副校长葛洪良，运动会组委会办公室副主任黄华童，开发区党工委书记、管委会主任邵立春为获前三名的北京队、江苏队和辽宁队颁奖。

【支树平到校调研】 2017年9月14日，国家质检总局局长支树平、国家标准委主任田世宏一行，在浙江省副省长朱从玖的陪同下，到中国计量大学考察调研，并看望在校接受培训的第二期县级市场监管（质量技术监督）局局长培训班学员。支树平指出，做好质量工作，关键在基层，关键在基础。各县级局长要在学习上下功夫，要在工作上下功夫，要在团结上下功夫，把中央的决策部署落实到基层，把质量工作的任务要求落实到基层。

【承办首届高校质量教育高峰论坛】 2017年10月27—29日，首届高校质量教育高峰论坛暨第二届全国质量管理工程专业建设和人才培养研讨会在中国计量大学举行。政府质量相关职能部门负责人、3位国际质量科学院院士、20多个行业知名企业的质量总监和经理及20多所高校的教师代表共150多人参加会议。国家质检总局发展研究中心副主任姚雷、教育部工业工程类专业教学指导委员会主任齐二石、中国计量大学校长宋明顺、浙江省教育厅高教处处长韩剑、中国认证认可协会副会长唐晓芬、中国质量协会副会长段永刚出席开幕式。会议就"如何培养满足质量新时代需要的质量专业人才"开展讨论。

【与瑞典海克斯康集团共建精密测量与智能制造工程研究院】 2017年12月4日，中国计量大学与瑞典海克斯康集团联合成立精密测量与智能制造工程研究院，合作协议签约仪式在中国计量大学举行。海克斯康精密测量事业部总经理王振环、全国服务运营总监刘汉青，中国计量大学校长宋明顺以及学校相关职能部门、学院负责人参加签约仪式。该研究院首期经费投入超过3000万元，其中海克斯康投入2000万元以上的国际领先精密测量设备。该研究院计划围绕智能制造、智能检测、精密测量等方面，开展产品、技术、专业检测方案研发和技术服务能力的研究，还将根据社会需要，以融入前沿的应用技术开发智能检测仪器，并通过智能检测仪器的载体，收集用户的数据，运用大数据管理为用户提供智能化的服务。 （何央央）

·浙江财经大学·

【浙江财经大学概况】 2017年，浙江财经大学被评为浙江省重点建设高校。具有博士、硕士、学士学位授予权和外国留学生，以及中国香港、澳门、台湾地区学生招生权，下设学院16个、教学部1个、独立学院（东方学院）1个、研究院3个。设有应用经济学博士后科研流动站和服务国家特殊需求博士人才培养项目1个。有省优势特色学科1个、省一流学科6个，有一级学科硕士点6个、二级学科硕士点43个、专业硕士学位点8个。有本科专业45个，其中国家级特色专业4个、国家专业综合改革试点项目1个、省重点专业11个、省"十三五"时期优势专业8个、特色专业6个。有国家级教学团队1个、国家精品课程4门、国家精品资源共享课程4门、国家级教材14部。有省新型高校智库1个、省"2011协同创新中心"1个、省哲学社会科学重点研究基地2个、省重点实验室2个、省重点创新团队1个、省高校创新团队1个。

学校有教职员工1564人，其中专任教师1086人。教师中具有正高级职称157人、副高级职称339人、具有博士学位592人。有国家"万人计划"哲学社会科学领军人才2人、"万人计划"教学名师1人、"新世纪百千万人才工程"国家级人选3人、国家级有突出贡献中青年专家2人、国家宣传文化系统"四个一批"人才2人、教育部"高校青年教师奖"1人、教育部"新世纪优秀人才支持计划"2人、享受国务院政府特殊津贴10人、国内贸易部有突出贡献中青年专家2人、省特级专家1人、省部级有突出贡献中青年专家3人、省"新世纪151人才工程"第一和第二层次入选者22人、省高校中青年学科带头人42人、省宣传文化系统"五个一批"人才5人。有全国模范教师1人、全国优秀教师2人、全国师德先进个人1人、省高校优秀教师10人、省高校教学名师5人、省教坛新秀7人、省师德先进个人7人。另聘有国内外知名专家、学者为学校兼职教授100多人。

学校有普通全日制在校研究生和本科生1.5万人（不含独立学院1万人）。学校招收本科生3551人，其中"三位一体"学生259人，高水平运动员18人。本科生源地拓展至22个省（直辖市、自治区），21个省份列入重点批招生，重点批生源超过97.3%.招收中国香港、澳门及台湾地区学生12人。招收硕士研究生601人、博士研究生8人。应届本科毕业生初次就业率97.1%，硕士研究生初次就业率99.3%。558名本科生考取国内外著名高校，升学率17.1%；15名硕士研究生考取国内外知名高校博士研究生。据薪酬网发布的2017年大学毕业生薪酬排行榜显示，学校列全国薪酬排行榜第81位、中国大学录取分数排行榜第65位。

在全国第四轮学科评估中，学校应用经济学位列B+档，排名并列全国第16名、全国财经类高校第8名，全国位次百分比上升至前20%；工商管理、公共管理、统计学、理论经济学、法学5个一级学科的排名有较大提升。首次进行硕士学位授权点动态调整，撤销二级学科硕士点1个，增列一级学科硕士点1个。

2017年3月21日，浙江省委副书记、省长车俊（前右三）到浙江财经大学调研　（高　灵　供稿）

据中国科学评价研究中心、武汉大学中国教育质量评价中心数据显示，学校本科专业竞争力排名提升，经济学类连续三年排名全国前5%，财务管理、审计学2个专业位居全国前5%。

学校获国家社科基金项目立项22项，获国家自然科学基金项目立项30项，国家级课题立项数位列全国财经类高校第5位。11项科研成果获省第十九届哲学社会科学优秀成果奖，其中一等奖2项、二等奖3项、三等奖6项。37项研究成果获省部级及以上领导肯定性批示，其中3项研究成果获国务院总理李克强批示。1项研究成果入选《教育部简报（高校智库专刊）》，1项研究成果入选《国家社会科学基金项目成果要报》。地方财政研究院被列入省首批新型高校智库，经济行为与决策研究中心获批省哲学社会科学A类重点研究基地，成立校级特色研究院11个。与杭州市上城区政府、余杭区政府、海亮集团等单位签订战略合作协议，举办首届中国经济学家高端论坛、第五届省之江青年社科学者“经典与当代”学术论坛等学术会议，增强政界、学界、商界的对话交流与合作。

【车俊到校考察】 2017年3月21日，浙江省委副书记、省长车俊到浙江财经大学调研。车俊肯定学校在人才培养、科技创新、社会服务和创新创业教育等方面取得的办学成绩，希望学校继续发挥经管学科优势，秉承“产学研用”优良传统，增强服务浙江经济社会发展能力，为高水平谱写实现“两个一百年”奋斗目标的浙江篇章做出贡献。

【学校综合改革推进】 2017年，浙江财经大学稳步有序推进综合改革，建立综合改革监督落实机制，实行进展信息报送、进展情况研究分析制度，发布《综合改革简报》5期，向省教改办报送综合改革典型材料。至年末，68项重点改革任务中，完成4项，出台制度并进入实施阶段19项，正在推进21项，六大改革领域均有进展，特别是在人事分配制度改革、财务管理改革等方面取得突破。获批浙江省高校内部治理机制改革试点单位。

【教学研究成果】 2017年，浙江财经大学深化以大类人才培养模式为核心的本科教育教学改革，建立通识教育和创新创业课程体系。制定研究生科研训练计划管理办法，2篇研究生学位论文获全国专业学位教育指导委员会优秀学位论文，4篇研究生学位论文获省级优秀学位论文。学生获各类学科和创新创业竞赛国际级奖9项、国家级奖38项、省级奖268项。获省“新苗人才计划”项目立项74项，获国家级创新创业训练计划项目30项。招收成人教育本专科生2600多人，培训学员约9000人次。立项省级在线开放课程7门，获选省普通高校“十二五”时期优秀教材6部、立项省新形态教材建设项目5部，获省研究生教育优秀成果二等奖1项。1名教师获省高校青年教师教学技能大赛一等奖。

【校园特色文化培育】 2017年，浙江财经大学培育校园特色文化品牌，“创新教师服务，创建书香校园”项目获第三届省高校教职工文化品牌。获2017年浙江省大学生艺术节一等奖5项、二等奖5项、三等奖7项，3个艺术表演类作品入围全国大学生艺术节。获各类高水平竞技体育比赛金牌29枚、银牌37枚、铜牌30枚。成功申报教育部和浙江省足球高水平运动队建设项目，建成体育文化展馆。学生KAB俱乐部获批全国大学生KAB创业俱乐部，2个学生社团被评为全国百佳创业社团。新建天津、贵州、河南3个省外校友会和非洲、印度尼西亚2个海外校友会。举行2017年校友返校日活动，24位校友获评第四届“最美浙财人”。

2017年4月15日，孙冶方经济科学基金会和浙江财经大学联合举办首届中国经济学家高端论坛。图为参会人员合影
（高　灵　供稿）

【国际教学合作与交流】 2017年，浙江财经大学与30个国家和地区的111所大学建立合作关系。全年共有59批、98人次赴国（境）外访学、访问或参加国际会议。468名学生赴国（境）外高校学习交流，其中10名本科生获国家留学基金委员会全额奖学金资助赴国外学习一年，1名硕士研究生获国家留学基金委员会全额奖学金资助赴比利时攻读博士学位。在校留学生357名，首届18名留学生已毕业。学校推进与中国驻巴西里约总领事馆的合作事宜。

【发布“浙财精神”表述语和形象识别系统】 2017年5月，浙江财经大学发布“明德笃学、经邦济世、崇实创新、勇立潮头”为“浙财精神”表述语。公布校旗、标准色、教学楼、实验楼楼名、亭桥广场名称、主干道名称等形象识别系统方案，凸显以“浙财精神”为核心的浙财文化特色，多方位、多层面深化师生对浙财文化的认知。以学校历史文脉为主题，建设完成校友路景观工程。

【承办全国学生运动会相关比赛项目】 2017年9月4—16日，第十三届全国学生运动会在杭州举行。其间，游泳比赛在浙江财经大学下沙校区举行。学校承担该届运动会竞赛指挥中心的建设和财务审计工作。学校组织招募435名“小爱特”志愿者参与运动会，累计提供服务1.6万人次，服务时长超过8万个小时；完成1200人住宿、3000人用餐、1800人次“两站一场”接送等保障任务。学校游泳、乒乓球运动员在运动会中获金牌2枚、银牌6枚、铜牌3枚，5位教师的论文分获运动会论文报告会一等级、二等奖和三等奖，并以全国高校第19位、浙江省属高校第1位的成绩，获得全国普通高校体育工作“校长杯”。学校体育育人成果受到中央电视台、新华社、人民网等多个国家级媒体报道。

【首届中国经济学家高端论坛】 2017年4月15日，由孙冶方经济科学基金会和浙江财经大学联合举办的首届中国经济学家高端论坛在浙江财经大学下沙校区举行。论坛以“供给侧结构性改革”为主题，刘世锦、陈东琪、张晓山3位专家做主旨报告，李剑阁、陈东琪、张晓山、史晋川4位专家围绕“金融风险防范与房地产市场稳定”，刘世锦、南存辉、曲振涛、郭庆旺4位专家围绕“税费改革与制造业振兴”等内容接受参会者访谈。

【共青团浙江财经大学第一次代表大会召开】 2017年5月9日，共青团浙江财经大学第一次代表大会召开。大会回顾过去6年学校共青团工作，分析新形势下共青团工作面临的机遇和挑战，明确今后三年改革与发展的主要任务。大会选举产生由25名委员组成的共青团浙江财经大学第一届委员会。同时召开委员会会议，选举教师曹桢为学校共青团书记。

（高　灵）

·浙江传媒学院·

【浙江传媒学院概况】 2017年，浙江传媒学院有下沙和桐乡两个校区，学校总占地面积87万平方米，总建筑面积约64万平方米。其中，下沙校区占地48.67万平方米，建筑面积约40万平方米；桐乡校区占地38.33万平方米，建筑面积24万平方米。学校是浙江省人民政府和国家广播电视总局共建高校，设有播音主持艺术学院、电视艺术学院、华策电影学院、电子信息学院、动画学院、管理学院、国际文化传播学院、设计艺术学院、文化创意学院、文学院、新媒体学院、新闻与传播学院、音乐学院13个二级学院和大学外语教学部、马克思主义学院（社会科学部）、大学体育教学部、公共艺术教育部4个教学部及继续教育学院、创业学院。建有媒体传播优化协同创新中心、浙江省传播与文化产业研究中心（省哲学社会科学重点研究基地）、国家动画教学研究基地等9个省级以上研究机构。

学校初步形成以传媒类和艺术类专业为主干，艺术学、文学、工学、管理学等多学科交叉渗透、协调发展的学科专业体系；戏剧与影视学获得省一流学科A类立项，新闻传播学、信息与通信工程获得省一流学科B类立项；开设本科专业41个，其中艺术类专业18个，播音与主持艺术和广播电视编导2个专业为国家特色专业。学校于2011年10月经教育部批准获"服务国家特殊需求"新闻与传播专业硕士学位授予权试点单位，2012年开始招收第一批新闻与传播硕士专业学位研究生。

学校教学仪器设备总价值3.3亿元。建有国家级实验教学示范中心1个，省级实验教学示范中心5个，其中省级重点建设点4个，虚拟仿真实验教学中心1个。学校获批国家广电总局媒体智能传播研究实验室立项。拥有播音主持综合实验室、电影摄制实验室、影视后期制作实验室等50个实验室。22层演播大楼拥有各种规格演播厅17个，是集教学、科研、社会服务三大功能于一体的广播电视节目生产基地。学校图书馆馆藏各类纸质图书文献147.3万册，电子图书115万册，音像视听资料6.2万件。

学校有教职员工1200多人，专任教师中具有副高级以上职称277人。有全国优秀教师1人、享受国务院特殊津贴教师9人、省"钱江学者"特聘教授2人、省"151人才工程"各层次培养人才36人、省高校中青年学科带头人10人、省优秀教师3人、省教学名师3人，有省教学团队4个、省科研创新团队2个。

学校有全日制在校生1.6万人，2017届本专科毕业生就业率96.2%，签约率88.8%。学校组织学生参加21项学科竞赛项目，其中17个项目共获省级三等奖及以上奖项110项、国家级奖项18项、省级奖项92项。奖项中有国家一等奖1项、二等奖6项、三等奖11项，省级一等奖19项、二等奖22项、三等奖51项。全年学校获各类纵向课题85项，其中国家级15项、省部级35项。教师发表二级以上论文113篇。学校在科创成果方面获得6项浙江省哲学社会科学优秀成果奖，获奖质量和数量居全省同类高校前列。学校教师的艺术创作获柏林国际电影节杰出贡献银熊奖、电影金鸡奖、意大利A设计大奖等高层次艺术创作奖励6项。

【出台改革制度文件】 2017年8月24—25日，浙江传媒学院举办"浙传论坛"暨2017年暑期干部读书会。校党政领导、部分中层干部、省第十四次党代会代表、各类高级人才及民主党派负责人等80多人参加会议，以"全面深化改革，开启学校事业发展新篇章"为主题展开大讨论，凝聚改革共识，明确改革思路。出台《"人才强校"战略实施意见》《人才引进具体实施办法（试行）》《"1366人才工程"实施办法》《科研与创作项目经费管理办法》等14个文件，高端人才引进标准大幅提高，全面铺开人才工作及人才制度改革。出台《浙江传媒学院艺术类专业考试招生工作暂行规定》，实施招生制度综合改革方案，全面推进专业大类招生改革试点，改革艺术类考试方式，创新运用信息化阅卷评分技术手段，推进招生制度改革。编制《浙江传媒学院绩效工资实施办法（试行）》《浙江传媒学院岗位聘任实施办法》《浙江传媒学院专业技术岗位基本工作量要求指导性意见（试行）》等改革方案，全面深化改革，开辟学校事业发展新篇章。

【华策电影学院挂牌】 2017年9月10日，浙江传媒学院华策电影学院揭牌仪式在浙江传媒学院桐乡校区举行。浙江传媒学院华策电影学院是浙江传媒学院的二级学院，是国内首个混合所有制公办本科教育改革试点单位，2017年3月获浙江省政府批复。学院共建各方总投资5亿多元，打造综合影视教学实践实

2017 年 9 月 10 日，浙江传媒学院华策电影学院举行揭牌仪式　　（沈静言　摄）

2017 年 12 月 8 日，“乐动地球村”世界互联网音乐大赛颁奖典礼在浙江传媒学院桐乡校区举办　　（黄敬渊　摄）

训园区，配有5000平方米、3000平方米、800平方米3个摄影棚，成为南方主要影视高端人才培养基地。学院立足于“国际化、高端化、项目化”人才培养理念，采取“2年课堂理论学习+2年业界岗位实践”的创新型人才培养模式，着力培养理论功底丰厚，实践能力突出的应用型、职业化高端影视专业人才。聘请北京电影学院原教务长教授穆德远为首任院长，斯琴高娃、奚美娟等一批全国业界知名人士担纲特聘教授，同时设立中央电视台电影频道浙江传媒学院创作基地、国家新闻出版广电总局研修学院南方人才培训基地、百度·浙江传媒学院VR制作中心等。围绕“国际化、高端化、项目化”人才培养理念全面探索课程体系创新、人才培养模式创新、专业与学科建设创新。

【人才队伍建设】 2017年，浙江传媒学院引进各类人才50人，其中博士师资19人、高级职称15人。积极吸引海内外高层次学者和业界精英到校工作，全年续聘特聘客座教授30人，新聘22人，其中海外人才4人。持续推进海外发展项目，38名教师被遴选参加国家留学基金委员会出国研修项目、省影视内容创作与制作培训班和学校出国研修项目等。学校深入实践产学研一体化专业教师培养模式，派出两批36人赴浙江广电集团、杭州文广集团等单位参与行业一线实践。至年末，学校新增省“151”第三层次人才培养人员2人、省中青年学科带头人培养人员7人，1人获省十佳“德艺双馨电视艺术工作者”称号，1人获教育综合改革专家称号。7人晋升正高级职称，24人晋升副高级职称。

【探索人才培养创新模式】 2017年，浙江传媒学院制定《浙江传媒学院本科专业评估工作方案》，开展专业评估及专业结构调整优化工作，系统梳理与完善人才培养各基础环节，以评促建，全面提升人才培养质量。编制完成教学质量六大提升计划项目指南，完成全校56个专业及专业方向人才培养方案修订工作；组织实施以专业评估认证为基本内容的自评自建工作；影视摄影与制作等7个专业获“十三五”时期省级特色专业建设项目立项，在省内同类院校中居首位；加强精品课程建设，成立在线课程制作中心，在“尔雅平台”等平台开设课程100多门次。开展小学期综合实践活动和毕业联合创作，开设49门独立设置实验课程，《出壳》《雷雨》等毕业作品受到社会广泛关注和好评。学校构建以“3+1”创新创业教育实验班为重点的核心圈，以浙传青年创客联盟、文化创意（创业）苗圃班和“8+X”创业实训班为中心的紧密圈，以创新创业教育工作领导小组和校内外导师为主体的协同圈的三圈环流创业教育生态体系。创业学院加入杭州市高校众创空间联盟，与浙江省桐乡市政府共建创业教育实践基地。教师葛继宏、吴宗方入选教育部第一批万名创新创业导师库。全年立项国家级创新创业训练计划项目25项、省新苗人才计划32项。

【拓展国际化办学格局】 2017年，浙江传媒学院拓展印度、加拿大、瑞士、比利时、意大利等国际合作新区域，新增美国加州大学欧文分校、华盛顿大学、威斯康辛大学麦迪逊分校、纽约州立大学等17所国际合作院校。学校与英国博尔顿大学合作举办的视觉传播专业硕士学位项目招收第一批19名学生。学校与英国考文垂大学合作开办的服装与服饰设计专业本科教育项目招收第三批学生，在校生人数114人。学校推出出国（境）交流项目58项，派出长短期交流生299人，其中一学期以上交流生197人，寒暑假短期交流生102人，年度交流总人数比上年增长21%，占全校总学生人数的2.2%。同年，出境交换生比例降低，出国交换生比例上升。学校成功推荐60多名学生赴海外和境外大学攻读研究生。招收长短期留学生110名，其中学历生49人，增长25%。新增塞内加尔、博兹瓦纳、土耳其、蒙古国、菲律宾等留学生生源国。此外，接收来自英国约翰摩尔斯大学、希腊帕迪昂大学、韩国光州女子大学、韩国汉阳女子大学、美国格兰德河大学的交流生到校交流学习。

【政产学研合作】 2017年，浙江传媒学院与银亿集团建立战略合作关系，集团捐资500万元成立银亿优才培养基金。与浙江日报报业集团、浙江赛伯乐投资管理有限公司等16个单位签订战略合作协议，在教育培训、师生创新创业创作等方面开展合作。浙广传媒有限公司与当代东方公司股权置换完成，开展校企合作。浙江传媒学院与浙江唐德影视股份有限公司、浙江美浓影视有限公司、杭州立友投资管理有限公司共建鼎石星创孵化园，总面积3136平方米，已入驻企业7个。与建德市合办航空学院。筹备“亚运班”，对接2022年杭州亚运会。召开第三届校友分会会长大会，成立校友俱乐部，打造校友“四季”系列活动品牌。学校教育基金会被评为全国教育基金工作先进单位、浙江省属高校AAAAA级基金会。

【提升校园文化建设水平】 2017年，浙江传媒学院开展高雅艺术进校园活动，承接浙江越剧团、浙江话剧团、杭州歌剧舞剧院演出3场。组织学生参加“民族魂·中国梦”2017年浙江省大学生艺术节，获一等奖10项、二等奖8项、三等奖4项和省校园十佳歌手1项、省优秀歌手1项、优秀指导教师奖10项。学生参与中国国际动漫节声优大赛、中国高校电视教学大赛、AUDC亚洲高校舞锦标赛等各类大赛、“未来金话筒”大学组广电类全国总决赛，获一系列成绩和奖项。承办校园文化及重点社团活动70项。“那兰之侯”动漫社获第十三届中国国际动漫节cosplay超级盛典（15人以上组）钻石银奖；演讲与辩论协会获全国大学生志愿者网络安全辩论赛亚军、浙江省大学生税收法治辩论赛亚军、下沙高校“携手防艾”辩论赛冠军；西子云裳汉服社获大学生创意生活节“百团大战”最佳技术呈现奖、杭城高校十大社团；MT戏聚社获中国·杭州大学生戏剧节社团优秀组织奖、二等奖；B&G话剧社获第二届杭州青年戏剧节最佳组织奖；影视爱好者协会作品《帮盲》获“创文明交通·治秩序乱象”杭州大学生文明出行公益宣传作品创意大赛“网络人气奖”；未艾手语社获第四届在杭高校手语风采大赛二等奖；主持人协会获评“杭城高校十大社团”。

【拓展志愿服务工作】 2017年，浙江传媒学院新注册志愿者3425名，新生注册志愿者占新生总人数的99.5%；组织参与世界互联网大会乌镇峰会、第十三届全国学生运动会、浙商大会、中国国际动漫节等大型赛会志愿服务，累计完成志愿服务活动869项，学生参与志愿服务活动1.3万人次；学生参与无偿献血志愿服务1178人次，无偿献血量30.4万毫升。学院获浙江省志愿服务优秀集体（站）、2017年浙江省志愿服务项目大赛银奖、第十三届中国国际动漫节优秀志愿服务集体等称号。学校与省、市志愿者协会合作，建立专业志愿服务基地，提高自身服务水平，保证志愿者在活动过程中得到收获与锻炼。

（黄田心）

·杭州师范大学·

【杭州师范大学概况】 2017年，杭州师范大学有仓前、下沙、玉皇山3个校区，占地198.9万平方米，校舍面积97.2万平方米，教学科研仪器设备总值8.39亿元，图书馆藏书264万册。下设学院18个、公共教学单位2个、科研机构2个、国有民办独立学院（钱江学院）1个、校办企业2个、直属附属医院（杭州市第二人民医院）1个。有服务国家特殊需求博士人才培养项目1个、一级学科硕士点19个、二级学科硕士点（不含一级学科覆盖点）4个、专业硕士点6个、中外合作培养教育领导学硕士项目1个、孔子学院1个；省一流学科A类8个、B类6个；ESI（基本科学指标数据库）排名前1%学科2个。有本科专业71个，其中国家级特色专业5个、省级重点专业15个、“十三五”时期省级优

2017年10月13日，杭州师范大学与阿里巴巴集团签署共建“杭州师范大学阿里巴巴商学院”合作协议 （方蕴捷 供稿）

秀专业9个、“十三五”时期省级特色专业7个；国家级教学成果奖6项、国家级精品课程1个、国家级精品资源共享课程建设项目4个、国家精品视频公开课建设项目2个、国家精品在线开放课程2个、省级精品课程27个、省级精品在线开放课程2个。有国家级科技企业孵化器1个、国家级双创基地2个、国家级实验教学师范中心1个、国家级虚拟仿真实验教学中心1个、国家级大学生校外实践教育基地建设项目1个、全国心理健康教育先进单位1个，省部级重点实验室、工程研究中心、工程实验室9个。学校入选教育部卓越教师计划实施高校、全国高校创新创业典型高校50强。8月，学校入选第二批省重点建设高校名单，教育学学科入选第二批省重点建设高校优秀特色学科。

学校有全日制在校生2.1万人（不含钱江学院本科生8814人），其中博士生20人、硕士生2691人、本科生1.78万人，有留学生1471人。有教职员工2184人，其中专任教师1461人，国家级和省级人才64人。教师中具有副高级以上职称872人、博士学位859人。本科毕业生就业率97.2%、签约率87.4%，列全省第一方阵；硕士毕业生就业率97.7%、签约率87.1%。

学校综合实力进位明显，“软科中国最好大学”排名榜（由上海软科教育信息咨询有限公司发布的中国大学排名）第109位，US News（美国新闻）2017年世界大学排行榜全国第99位，2017年“自然指数”中国内地高校排行榜69名，连续三年进入中国内地高校100强。

学校推进仓前校区二期建设，在建面积74.4万平方米，校区主入口启动建设。1月，临床医学院教学综合楼项目开工建设。9月，玉皇山校区启用，美术学院完成搬迁并如期开学。面积为6万平方米的科技园二期建成并投入使用，以学校医药健康、新材料、文创、信息服务等学科为依托的创新创业基地平台初步完成，为师生创新创业提供良好的场所和服务。

【入选应届本科生免试攻读研究生普通高校】 2017年8月，杭州师范大学入选教育部新增推荐优秀应届本科毕业生免试攻读研究生普通高等学校。年度推荐免试38人，其中被国内“985”“211”高校录取23人。研究生第一志愿报考比例比上年增长33%，生源质量提升。4篇教育硕士论文获全国教育硕士专业学位优秀论文，列全国高校第四位。

【科研整体实力增强】 2017年，杭州师范大学获国家自然科学基金项目40项，其中重点项目2项；国家社科基金19项，其中重大项目1项、重点项目1项；教育部人文社科项目14项，其他省部级项目累计112项。获得授权专利130个，其中发明专利86个。获省科技进步一等奖1项、二等奖1项，省自然科学奖三等奖1项，其中省科技进步一等奖实现“零的突破”；获省哲学社会科学研究成果二等奖7项、三等奖12项。全年科研经费1.57亿元。SCI（科学引文索引）论文647篇，其中入选ESI高被引论文（指在同年度同学科领域中被引频次排名位于全球前1%的论文）82篇；SSCI（社会科学引文索引）、A&HCI（艺术与人文科学引文索引）收录文章分别列全国高校第58位和24位，列省内高校第一（不含浙江大学）。新获批省部级平台3个，学校学报获评华东地区优秀期刊和中国科技核心期刊。

【人才培养质量提高】 2017年，杭州师范大学新增省级特色专业7个，高分子材料与工程被教育部列入工程专业认证专业，完成专业校内评估57个。新增国家级精品在线开放课程2门，19部教材成为省高校“十二五”时期优秀教材和“十三五”时期首批新形态教材项目，19个教学项目成为教育部产学合作协

2017年7月7日，杭州师范大学整合药学院（HIPI）成立　（方蕴捷　供稿）

同育人项目。获批国家级艺术教育建设项目中华文化传承基地1项。与阿里巴巴集团签约深化共建阿里巴巴商学院2.0版，实施理事会管理制度，阿里巴巴集团投入5000万元，致力打造以互联网商务为鲜明特色的创新型商学院。实施“卓越教师培养计划”攀登项目，开展“4+2”本硕一体化卓越中学教师和数学创新实验班教学培养工作。4个教师教改项目成为省“十三五”时期师范教育创新工程项目；新增教师发展学校20所，累计208所，获教育部和省教育厅肯定。学校获省师范生技能大赛一等奖7项，获奖数和获奖比例列全省第一；参加全国师范生技能竞赛的6名选手均获一等奖，获奖数列全国师范院校第一。省内一段投档率97.5%，所有专业（类）录取投档线在同名专业（类）中排名均列全省前五；全国第一批次招生比率75.2%，比上年增长17.1%。

组织“国培”“省培”（中小学教师国家级培训计划、省级培训计划）教师培训和其他社会培训3.5万人次，成人学历教育招生2100人。拓展远程培训，申报省中小学教师专业发展远程培训项目16个，受训学员约800人。

【创新创业教育全面推进】 2017年，杭州师范大学获评全国首批99所深化创新创业教育改革示范高校，成为联合国教科文组织中国创业教育联盟理事单位，牵头成立全国大学生创新创业实践联盟。新增创业园区场地800平方米，创业园年销售额超过1.5亿元；2016届本科毕业生一年内创业率2.8%（其中非师范类3.4%）。获一类竞赛省级及以上奖项160多项，列全省本科院校前列，竞赛专业覆盖面95%、参与率55%、获奖率9.42%。学校2014届电子商务专业毕业生钱思聪入选“2016年全国创业英雄10强”。

【师资队伍结构优化】 2017年，杭州师范大学实施“卓越人才计划”，制定和完善人才工作系列政策文件，打造人才干事创业最优环境，新增引进国家创业“千人计划”人才1人、教育部新世纪优秀人才1人、省“千人计划”人才2人、“学科带头人”2人、优秀学术骨干11人、优秀博士36人、预聘制8人，新增“钱塘学者”特聘专家6人，引进“长江学者”、国家“千人计划”人才8人。实施“师从名师”“师从能师”“师从良师”计划、青年教师“进企入园”工程和青年教师博士化工程，新增入选学校“杰才”2人、“英才”14人、“俊才”21人。结合“最多跑一次”改革，建立完善校领导领衔的人才服务机制，设立人才助研岗。完成第三轮岗位聘任工作，122名教师跨单位或跨系列转岗聘任，35名职员晋升岗位等级，264名教师晋升专业技术岗位等级。完成231名正高级、891名副高级及以下职务教师的聘期考核，28名教师被认定为不合格，并按照降级聘任。新设主管岗，共选聘109名岗位主管。

【国（境）外合作拓展】 2017年，杭州师范大学与国（境）外30多所高校和科研机构签订合作备忘录和项目协议20多项，获批成为“中美人才培养计划121”项目新增院校，与德中卫生组织的医疗合作进入筹备阶段。有国（境）外学习经历学生占在校生总数的3.1%，招收和培养国际学生1833名。承办国家汉语国际推广领导小组办公室的首个“孔子新汉学计划”青年领袖项目。

【推进“最多跑一次”校园改革】 2017年，杭州师范大学推进“最多跑一次”改革，梳理首批审批服务事项，形成责任、审批和服务“三张清单”。实体行政办事大厅建成并投入使用，设有20个窗口，涉及学校12个窗口部门，并有交警、公安、快递、电脑维修等校外单位进驻，目前可办理各类审批服务事项200项。年末，学校正式启用“最多跑一次”校务服务网，汇集校务公开、校务审批、服务检索、在线检索等功能；主数据平台整合全校29个业务数据，集中26个部门、238项审批和服务事项，改革成效进一步显现。

【服务杭州五年行动规划开局良好】 2017年，杭州师范大学对照杭州市未来五年发展目标，结合学校“十三五”时期规划，制定《服务杭州经济社会发展五年工作规划（2017—2021年）》，获得市委、市政府主要领导肯定和批示。学校全面实施2017年行动计划的29个项目，搭建产学研平台14个，开展各类服务25场，形成智库成果和工作成果报告50多篇。学校深化与余杭、桐庐、临安、建德、萧山等区县（市）合作，并取得阶段性成果。

【产学研合作加强】 2017年，杭州师范大学与建德市、萧山区签订产学研和教育战略合作协议，新安硅谷研究院进入实质性运行，成立科技成果转移中心，组建第一批科技经纪人队伍，50个项目在市第二届科技成果推介会展示，6位教师的产学研项目获得表彰。1月，杭州师范大学科技园入选国家级科技企业孵化器。7月7日，杭州师范大学整合药学院（HIPI）成立，是国内首家以整合药学为重点教育内容与科研方向，集产学研于一体的整合药学院。9月17日，杭州师范大学中西医整合肿瘤防治中心暨整合肿瘤研究院（HIOI）成立。9月27日，由杭州市密码管理局牵头、杭州师范大学承办召开建设国内首个商用密码产业园沟通会。

【完成第十三届全国学生运动会田径赛事】 2017年9月4—16日，第十三届全国学生运动会田径赛事在杭州师范大学举办。学校主要承担场地改造、竞赛组织、嘉宾接待、志愿服务、后勤服务、医疗救护、校园安保等工作。比赛期间，共有1882名运动员参加128项比赛项目，产生164枚金牌、492枚奖牌，有6.8万人次到场观看。学校的赛事保障实现“零失误、零差错、零投诉”，获得杭州市集体三等功。学校完成仓前校区体育场改建、全国学生运动会火炬塔建造等重要工程。火炬塔作为第十三届全国学生运动会文化景观永久保留在学校。

【浙江省大学生创新创业大赛】 2017年3月17日，浙江省大学生创新创业大赛在杭州师范大学钱江学院启动。大赛历时7个月，旨在培育大学生创新创业意识，激发大学生创新创业热情，展示高校创新创业教育成果。大赛由第九届浙江省大学生职业生涯规划与创业大赛、浙江省第十五届“挑战杯”大学生课外学术科技作品竞赛和第三届浙江省“互联网+”大学生创新创业大赛三项赛事组成。学校在第九届浙江省大学生职业生涯规划与创业大赛中获一等奖3项、二等奖2项、三等奖5项；在浙江省第十五届“挑战杯”大学课外学术科技作品竞赛决赛获荣誉特等奖1项、一等奖2项，首次有文科作品获特等奖，实现文科作品参加“挑战杯”竞赛的新突破；在浙江省第三届“互联网+”大学生创业大赛中获金奖3项、银奖3项。

【首届国家安全话语高层论坛】 2017年3月11日，由杭州师范大学主办的首届国家安全话语高层论坛在杭州召开。学校以校园季国家安全话语智库成立为契机，以“构建国家安全传播话语体系”为主题，特邀国防大学、国际关系学院、南京国际关系学院、复旦大学、南京大学、浙江传媒学院、浙江省委党校、杭州师范大学等高校的10多名专家、教授参加。与会各位专家学者在主旨发言环节中，从多元视角对国家安全话题进行深入探讨；在自由讨论环节，就地区局势、国家软实力、局部地区争端等问题展开讨论，以期为国家安全提供创新性建议，促进国家安全研究体系发展。　（郭旭鹏　方蕴捷）

·浙江水利水电学院·

【浙江水利水电学院概况】 2017年，浙江水利水电学院有下沙和江东两个校区，占地面积84.1万平方米，建筑面积27万平方米。学院是浙江省政府和水利部共建院校，现有水利与环境工程学院、测绘与市政工程学院、建筑工程学院、电气工程学院、机械与汽车工程学院、经济与管理学院、信息工程与艺术设计学院、国际教育交流学院、继续教育学

2017年4月，浙江水利水电学院获得学士学位授予权。图为6月2日，学院举行首届本科毕业学生学士学位授予仪式　　　　（薛　磊　供稿）

院等9个教学院，基础部、社科部（马克思主义学院）、体育与军事教育部3个教学部。有水利工程、测绘科学与技术、土木工程、电气工程、机械工程、软件工程6个省级一流学科建设项目。有本科专业22个、专科专业21个，其中全国水利职业教育示范专业5个、省级特色专业6个、省级本科新兴特色备案专业4个。有中外合作办学项目2个、国家精品课程8门、省级精品课程28门。学校教学仪器设备总值1.5亿元，图书馆藏书126万余册。有国家级财政支持实训基地2个、省级示范性实训基地4个、省级实验教学示范中心1个。

学院有教职员工690多人，其中专任教师512人；全日制学生9200多人，其中本科生5058人，2017年度本科生人数超过专科生人数。

【教学科研成就】 2017年，浙江水利水电学院深化教学改革，以落实省教育厅教学巡查检查整改为契机，开展校级教学专项巡查工作。优化专业结构和学科布局，获批省级优势专业1个和特色专业建设项目3个，新增本科专业5个，本科专业已超过专科专业数。推进“1+6”一流学科建设，树立大水利学科理念，推进水利工程一流学科引领建设，学科建设逐步迈入“水科学”大学科体系阶段。与丽水市政府签订战略合作协议，“瓯江流域生态水利研究基地”正式挂牌。推进“提升服务水利行业能力研究平台”项目建设，首期3个实验室总投资1500万元建设资金得到落实。签订横向科技合同75项，合同到款额2100万元。立项纵向项目59项，经费309万元，其中国家自然科学基金项目3项、省部级项目18项。获授专利270项，比上年增长40%，其中发明专利31项，增长20%。获浙江省水利科技创新奖二等奖1项和三等奖2项。

【学院通过学士学位授予权评审】 2017年4月13日，浙江水利水电学院的水利水电工程、农业水利工程、测绘工程、电气工程及其自动化、机械设计制造及其自动化、人力资源管理6个专业以优异成绩通过浙江省专家评审组的学士学位授予权评审，学院成为具有学士学位授权单位，具有学士学位授予权。

【浙江省院士专家工作站揭牌】 2017年10月13日，中国工程院院士王浩、杨志峰成立的浙江省院士专家工作站揭牌仪式在浙江水利水电学院举行。中国工程院和中国环境科学研究院院士、国家杰出青年基金获得者席北斗出席揭牌仪式。学院院长叶舟参加仪式并致辞。浙江省院士专家工作站的揭牌，标志着学院在水利相关学科领域开展科学研究、推进产学研合作、提供社会服务方面迈出新步伐，为学院在学科建设、人才培养、科研科技服务等方面搭建更高平台，实现省级平台“零突破”。

【多国官员到校学习交流】 2017年9月18日，来自埃塞俄比亚、巴拿马、朝鲜、多米尼克、加纳、斯里兰卡、委内瑞拉、尼日利亚等18个国家的53名官员到浙江水利水电学院，参加“一带一路”倡议背景下的发展中国家小水电与农村社区可持续发展研修班的阶段学习，参观学院模拟电厂、风电实训室、新能源与智能微电网和电气试验室等，了解电力系统装备、技术开发、人才培养、实验室建设等情况。培训安排考察浙江水利水电学院人才培养环境及科研教学条件，增加课程的丰富性，提高培训效果。

2017年12月28日，浙江河长学院在浙江水利水电学院成立。图为学院党委书记符宁平在成立仪式上致辞　　（薛　磊 供稿）

【浙江河长学院成立】 2017年12月28日，浙江水利水电学院举行浙江河长学院成立仪式。水利部发展研究中心河长制工作处处长刘小勇、浙江省治水办（河长办）副主任王以森、学院党委书记符宁平等参加活动并致辞，王以森宣布浙江河长学院成立。浙江河长学院将探索构建培训、研讨、参观、实践于一体的办学模式，致力于建成服务全国治水工作的重要基地。

【人才培养成绩】 2017年，浙江水利水电学院贯彻落实全国、全省高校思想政治工作会议精神，加强思想政治理论课建设，推进“思政课程”向“课程思政”转变，持续深化创新创业教育，全力推进学生个性化发展。获评全国“三下乡”暑期社会实践优秀团队1个，获浙江省级及以上学科技能竞赛奖90多项，大学生艺术节一等奖3项、二等奖2项、三等奖3项。立项大学生创新创业训练计划项目15项、浙江省“新苗人才”计划项目12项。获省国家特别评审奖1人。2017年录取学生2890人，毕业生初次就业率为97%，首届本科生考研录取率11.5%。

【社会服务成效】 2017年，浙江水利水电学院发挥水利学科科研优势，深化与地方政府、行业企业的需求对接，服务“五水共治”“剿灭劣V类水”等省委省政府治水行动，派出专家教师300多人次，承接水利科技服务100多项，首次作为组长单位承担衢州市“千人万项”指导任务，2名教师获评“千人万项”省级优秀专家。建立丽水市中小水电产权交易中心，科研成果成功转化落地，推动丽水市水电产权（股权）流转平台开通运营。学院拓展水利行业继续教育，完成各类培训60期、5570人次，实现产值1053万元。成立全国首个河长学院，举办首届浙江河长论坛。服务国家“一带一路”倡议，承担联合国工业发展组织短期培训班，为来自18个国家的53名小水电技术管理人员做好培训服务。参与制作动画片《中华治水故事》，获中国文化艺术政府奖第三届动漫奖等奖项。完成动画片《浙水千秋》制作、《浙江通志》志稿编纂任务及扶贫结对帮扶黄岩区上郑乡干坑等5个村的各项任务。学院被推荐参评2013—2017年度结对帮扶优秀单位。

【学院干部队伍建设】 2017年，浙江水利水电学院围绕建设新时期高素质专业化干部队伍加强顶层设计，制定学院“干部队伍建设2018—2023年行动计划”。制定中层干部选拔任用工作实施细则，规范干部选任制度。开展新一轮干部选聘，首次尝试干部对外公开招聘二级学院院长（主任）2人，完成76名中层干部的选聘工作。加大干部培养力度，完成95名干部赴外地学习培训、15名干部挂职锻炼工作，进一步提升干部能力素质。学院贯彻“人才新政”精神，加快“人才强校”战略落实，新引进博士29人，其中4位博士认定为5类人才。聘请4名高层次学科方向带头人，1人获评全国水利高等院校水利类专业带头人。新增省中青年学科带头人培养对象8人、省“151人才工程第三层次”人才1人。选派23名教师赴加拿大、新西兰和中国香港进行3个月以上的访学，选派8名教师进行国内访学、访工项目。全年组织教师培训4000多人次。

【学院党组织建设】 2017年，浙江水利水电学院以党的十九大精神为指导，贯彻落实上级党委决策部署，深化党委领导下的校长负责制，修订出台学院党委会、校长办公会议“两会”议事规则和“清单”；深入推进“两学一做”（学党章党规、学系列讲话，做合格党员），重点抓好十九大精神入脑入心，增强党员“四个意识”（政治意识、大局意识、核心意识、看齐意识），坚定“四个自信”（中国特色社会主义道路自信、理论自信、制度自信、文化自信）。设立“红船圆梦爱心基金”，组织党员缴纳第13个月“情怀”党费共计1.45万元；推行党支部小型化和党支部建在学科上、部门上试点，党支部从31个调整到43个。推进党支部标准化建设，22个党支部完成达标验收，发展党员212名。完成浙江省纪委执纪监督检查反馈意见整改。完成失职渎职风险排查、首轮校内巡察以及制度建设和执行情况检查、内部审计等重点工作，落实办公用房和公务用车整改工作。

【和谐校园建设】 2017年，浙江水利水电学院落实“平安校园”工作责任制，确保校园安全稳定。以《浙江水利水电学院章程》实施为引领，制定完善制度50多个。推进校院二级管理，激发二级单位办学积极性。完成新一轮岗位聘任和绩效工资分配。落实“最多跑一次”改革要求，编制完成104项审批服务流程图，启动学院“网上办事大厅”建设工作，获评为高校网络信息化建设工作先进单位。通过“全国文明单位”三年建设期满验收。推进“水主题”系列景观雕塑建设，举办文化艺术活动50多项，接待校友等4000多人次。举办“大禹爱心助学圆梦基金”捐赠仪式，接收捐赠20万元。成立党外知识分子联谊会。

【获批国家水情教育基地】 2017年3月15日，水利部印发《关于公布2016年国家水情教育基地名单的通知》，确定12个单位为国家水情教育基地，浙江水利水电学院成功入选。学院水文化研究教育中心以水文化研究为支撑，综合运用多种教育实践手段，重点围绕水状况、水政策、水法规、水常识、水科技、水文化和“五水共治”“河长制”等方面，开展多种形式和内容的水情教育活动，形成“在校课堂教育、校外社会实践、社会公众参与、多种媒体传播”的水情教育体系。

【治水主题实践活动】 2017年3月18日，浙江省大学生“剿灭劣V类水 共建美丽浙江”主题实践活动出征仪式在浙江水利水电学院举行。省委常委、宣传部长葛慧君宣布活动启动，省政府、省政协、省教育厅相关领导及20所在杭高校分管领导和学生代表参加仪式。浙江大学学生会主席章成之带领全省1000名大学生代表宣誓。3—12月，按照“百万学生知‘五水’，十万学子巡江河，千支队伍治污水”的目标，组织学生开展“剿灭劣V类水”学习宣传、巡河护河、“治水科技下基层”服务行动等3阶段主题活动，开展各地剿灭污水行动。 （薛　磊）

·杭州职业技术学院·

【杭州职业技术学院概况】 2017年，杭州职业技术学院下设9个二级学院及继续教育学院，设人文社科部。开设招生专业31个，数控技术、汽车检测与维修技术2个专业分别被确定为全国职业院校装备制造类、交通运输类示范专业点。入选浙江省“十三五”时期优势（特色）专业建设项目12个，入选专业总数在全省高职院校排名第二。完成“十二五”时期省级优势专业校级验收。工业机器人开放式公共实训基地获教育部立项（全国15个）。5个实训基地获浙江省“十三五”时期省级示范性实训基地立项。4本浙江省新形态教材和3门市级精品课程成功立项。杭州市哲学社会科学重点研究基地——学校现代职业教育研究中心以排名第一的成绩通过验收。6月，该基地以总分第二名的成绩入选第三批哲学社会科学重点研究基地。

学校有在校生9770人，招收全日制新生3509人，毕业生3441人，毕业生就业率98.1%。有教职员工713人，其中专任教师390人。教师中具有副高级以上职称142人。全年引进专任教师19名，其中高级工程师1人、高级职称2人、博士研究生3名。新认定“双师”（同时具备教师资格和职业资格的教师）素质教师资格19人。入选省高职高专专业带头人8人。公派10名教师赴美国、德国、澳大利亚研修。全额资助5人赴德国研修。

学校教师申报各类纵向课题55项，获经费资助278万元；横向课题45项，签约合同金额411.18万元。全年教职工发表论文279篇，其中核心论文59篇；专利授权75项。全年教师获浙江省高职院校信息化教

2017年6月25日，发展中国家职业技术教育教师研修班在杭州职业技术学院举办　　（邵素云 供稿）

2017年8月23日，金砖国家技能发展与技术创新大赛——首届3D打印与智能制造技能大赛在杭州职业技术学院举行　　（邵素云 供稿）

学大赛一等奖2个、二等奖1个、三等奖1个。获省级微课教学比赛二等奖1个、三等奖3个。学生获国家级比赛一等奖6项、二等奖4项、三等奖6项。省级比赛一等奖16项、二等奖29项、三等奖24项。

学校社科联被评为杭州市社科联系统先进社团和五星级社团。学校完成《创新创业与职业生涯规划》课程建设和《创新创业融入课堂指导意见（20条）》的编制。全年开展创新创业大讲堂活动6期，开展创业沙龙11期。获全省创业学院联盟创新创业微课大赛二等奖4项。学校创业园区新增国家级高新技术企业2个、市级高新技术企业6个。年度开展创业园公开路演3期，引进新企业15个。学校创业园被评为中国（浙江杭州）创新创业首选地、杭州十佳大学生创业实训机构、杭州两创示范小微企业创业创新基地。

学校中标开发区400台电梯隐患排查治理服务项目。全年获国家实用新型专利10项、国家级新型实用外观专利12项，开发产品120款。

【承办职业技能比赛】 2017年，杭州职业技术学院承办全国现代学徒制专委会培训工作专题研讨会、全国电梯技能大赛、应用技术协同创新联盟大会等。学校七大实训中心完成人才培训量20万人次。先后承办西子联合奥林匹克技能大赛、松下员工技能比武、江干区钳工技能比武、江干区加工中心技能比武、高登杯制冷设备维修工职业技能竞赛、第六届西子联合电工技能、手工焊接技能大赛、开发区智能楼宇管理师技能大赛、浙江省中职院校技能大赛、高职校工业分析检验技能大赛、华东医药微生物检验技能竞赛等。

【金波任学校党委书记】 2017年11月15日，杭州职业技术学院召开教师干部大会，宣布中共浙江省委关于对学校领导班子调整的决定。省委教育工委副书记、省教育厅副厅长陈根芳等领导出席会议。会议由杭州市委组织部副部长陈键主持。学校党政领导班子成员、中层干部、民主党派主委、副高级以上职称教职工、离退休校领导和离退休党支部书记参加会议。会议宣布，安蓉泉不再担任学院党委书记职务，由金波任学院党委委员、书记。

【校企合作】 2017年，杭州职业技术学院与康迪电动汽车集团签订合作共建康迪新能源汽车协同创新中心协议，共建康迪新能源汽车学院、康迪新能源汽车研究院、康迪新能源汽车共享研究中心，企业出资20万元设立“康迪专项基金”。与浙江圣奥家具制造有限公司订单培养市场营销专业人才；与浙江吉利汽车有限公司合作，共同实施“成蝶计划”人才培养计划；与杭州博多园艺有限公司、杭州长江汽车有限公司、杭州天迈网络有限公司、浙江省肿瘤医院、杭州滨江绿康医院有限公司共建实训基地；与八十五度（浙江）餐饮管理有限公司、杭州墨匠信息技术有限公司、杭州福膜新材料科技股份有限公司、文思海辉技术有限公司等企业合作签订协议，共同试点现代学徒制；与杭州沃土教育科技有限公司合作开办创业菁英班。4名教师在市属高校产学对接“青年教师进企服务工程”获市教育局表彰。对接市民政局服务养老产业，学校实训基地杭州滨江绿康医院有限公司被评为杭州市大学生实训基地。

【入选省高职优质学校前10位】 2017年6月13日，省教育厅、省财政厅联合发文公布20所高职优质暨重点校建设名单，杭州职业技术学院名列前10位，进入省“十三五”时期高职优质校建设行列。学校工业机器人开放式公共实训基地获国家级建设立项，数控技术和汽车运用与维修技术专业入选全国职业院校示范专业点，电梯工程技术、针织技术与针织服装等5个专业获省“十三五”时期特色专业建设立项；智能制造技术、丝绸女装版型设计等5个实训基地获省“十三五”时期示范性基地建设项目，学校办学特色和成效进一步彰显。

【入选国家级现代学徒制试点院校】 2017年5月5日，国产C919大飞机在上海浦东国际机场首飞成功，杭州职业技术学院学生徐泽耀受邀现场观礼嘉宾参加C919大飞机首飞仪式。15个现代学徒制人才培养试点专业在探索校企联合招生、校企“双师”联合培养等方面的改革均取得成效。7月20日，教育部成立现代学徒制工作专家指导委员会，设立现代学徒制专家库，首批共171位专家入库，产生32名委员。学校校长贾文胜成功入选现代学徒制专家库，并作为浙江省代表当选专家指导委员会委员。8月23日，教育部发文公布第二批现代学徒制试点单位，杭州职业技术学院入选国家级现代学徒制试点院校，机械设计与制造、电梯工程技术、物业管理3个专业列入国家试点。

【国际化合作及港澳台交流】 2017年，杭州职业技术学院落实商务部“2017年发展中国家职业教育教师研修班”项目，完成对马拉维、南苏菲、肯尼亚等17个国家69名学员的职业技能培训。承办金砖国家技能大赛和金砖国家技能发展与技术创新国际研讨会，获“突出贡献奖”“文明组织奖”，并被组委会授予“优秀竞赛基地”称号。学校与新西兰维特利亚理工学院合作举办动漫设计专业高等专科教育项目获立项。选派7名师生组成交流研习团，赴中国台湾龙华科技大学、中原大学、树德科技大学等进行为期1个学期的交流研习；中国台湾中原大学、龙华科技大学、树德科技大学35名师生到校参观交流。全年涉外及中国香港、澳门、台湾地区交流20批次，涉及23个国家和地区，累计147人次。

【徐立毅到校宣讲党的十九大精神】 2017年11月3日，杭州市市长徐立毅到杭州职业技术学院宣讲党的十九大精神。市政府秘书长丁狄刚、市政府办公厅副主任鲍一飞、市委宣传部副部长来虹、市教育局局长沈建平、市政府研究室副主任侯守荣等出席会议。学校党委书记安蓉泉主持会议，校长贾文胜等全体党政领导班子成员，全体中层干部、党支部书记、师生代表参加会议。徐立毅实地调研友嘉机电学院、学校实训中心暨杭州市公共实训基地、达利女装学院和电梯实训基地，并听取学校办学情况汇报。

【承办金砖国家技能发展与技术创新大赛】 2017年8月24—26日，杭州职业技术学院承办由教育部、工信部联合指导，金砖国家工商理事会主办的“金砖国家技能发展与技术创新大赛暨首届3D打印与智能制造技能大赛”总决赛。天津机电职业技术学院、湖南工业职业技术学院等80支国内院校代表队和南非、俄罗斯等国际代表队的270名选手参加决赛。学校学生友嘉获“金砖国家技能发展与技术创新大赛·首届3D打印与智能制造技能大赛”一等奖和三等奖。学校获“突出贡献奖”“文明组织奖”，并被组委会评为优秀竞赛基地。

【电梯评估与改造应用技术协同创新中心获省级认定】 2017年10月26日，省教育厅发文公布第一批省应用技术协同创新中心认定结果的通知，学校电梯评估与改造应用技术协同创新中心入选省首批7个应用技术协同创新中心。12月21日，该中心中标开发区400台电梯隐患排查治理服务项目。全年学校教师科研转化实现多项突破，纵向单笔资助经费178万元，纵向经费资助总额278万元，横向经费到款额411.18万元；科研成果转让资金84.5万元；学校教师创办的杭州向扬科技有限公司获评国家高新技术企业。

【与康迪新能源汽车集团开启深度合作】 2017年9月27日，杭州职业技术学院与康迪电动汽车集团战略合作取得实质性进展，双方共同举行“康迪新能源汽车学院暨康迪新能源汽车协同创新中心”签约暨揭牌仪式。康迪电动汽车集团有限公司董事长胡晓明、总裁朱峰，浙江左中右电动汽车服务有限公司董事长饶正华，康迪电动汽车研院院长车建华，浙江全天候电动汽车服务有限公司总经理郑小坪，校党委书记安蓉泉，校长贾文胜等校领导出席。康迪新能源汽车学院的成立，标志着校企深度合作迈上一个新台阶。

【教育部高职专业评估测试】 2017年11月29—30日，由教育部教育督导局组织，以常州机电职业技术学院副校长许朝山为组长，包括中山职业技术学院欧阳育良、苏州农业职业技术学院园艺学院陈军等成员组成的专家组，在杭州职业技术学院开展高职专业评估测试与指导工作。学校副校长张洪宪代表学校介绍学校专业建设工作成效及特色。学校园艺技术、模具设计与制造2个试点专业接受并通过评估测试。

【入选全国工业机器人领域职教合作签约院校】 2017年6月26日，教育部与相关企业的工业机器人领域职业教育合作项目校企合作签约会在泰州职业技术学院举行。按照教育部"成熟一批，签约一批，启动一批"的要求，北京华航唯实机器人科技有限公司、上海ABB工程有限公司、上海新时达机器人有限公司会同中国职业技术教育学会职业教育装备委员会，从全国115所项目合作院校中遴选建设绩效良好的68所院校参加第一批签约会，其中包含12个开放式公共实训基地、56个应用人才培养中心项目的建设院校。签约会上，杭州职业技术学院副校长许淑燕签署校企合作备忘录，学校工业机器人技术专业负责人陈岁生受聘担任工业机器人领域职教合作项目专家组成员。

【非遗教学资源库项目建设】 2017年，杭州职业技术学院完成非遗教学资源库课程体系的19门课程建设，开设18门课程网络选修；平台注册用户数达到8500人，颗粒化资源量1.02万个。非遗博物馆（非遗体验中心）建设完成初步设计方案，计划2018年下半年开馆。与杭州市下城区朝晖社区、武林非遗馆等建立合作关系，开展"非遗传承进社区"等活动，将非遗教学资源库纳入下城区文化建设阵地。

【学院精准扶贫工作受肯定】 2017年4月17日，《浙江卫视新闻联播》专题报道杭州职业技术学院"励志班"精准扶贫新模式。学校二级学院特种设备学院承接丽水市电梯安装维修工定向培养，开创电梯行业"技能培训+上岗培训+就业"精准扶贫新模式。定向班已开办3期，累计培训学员58名。该项目受教育部相关领导肯定，入选教育部全国高校定点扶贫典型案例集。该模式得到国务院扶贫开发领导小组办公室认可，获省委书记车俊批示肯定。（邵素云）

·浙江金融职业学院·

【浙江金融职业学院概况】 2017年，浙江金融职业学院设有金融管理学院、投资保险学院、会计学院、工商管理学院、国际商学院、信息技术学院（互联网金融学院）、人文艺术学院、体育军事部、马克思主义学院、创新创业学院、国际交流学院、银领学院、明理学院、淑女学院、继续教育与培训学院14个教学机构，设党委办公室、学校办公室等15个党政管理机构，设浙江农村合作金融学院、浙商银行培训学院、金融投资学院等特色培养机构以及高等职业教育发展研究中心、浙江地方金融发展研究中心、浙江互联网金融研究中心等科研机构。

学校现有金融管理、保险、会计、国际贸易实务、计算机信息管理等21个专业。其中，金融管理、会计、国际贸易实务、商务英语、保险、投资与理财、市场营销为省优势专业，计算机信息管理、国际金融、国际商务、农村金融、财务管理、文秘为省特色专业。金融工程专业与中国计量大学合作，设立浙江省四年制高等职业教育人才培养试点专业。学院申报的互联网金融专业入选2017年度职业教育专业教学资源库备选库。

学校在校生9800多人，有教职员工520人，教师中具有正高级职称53人，有"黄炎培杰出校长"1人、国家"万人计划"领军人才（教学名师）1人、全国优秀教师1人、全国优秀教学团队1个；有省杰出教师1人、省中青年学科带头人2人、省"151"人才20人，省"151第二层次"人才5人。有省高职高专专业带头人18人、省级教学名师3人、省级教坛新秀3人。

【葛慧君到校听课并考察文化校园建设】 2017年3月14日，省委常委、宣传部部长葛慧君到浙江金融职业学院校听思政课并考察文化校园，省委教育工委书记何杏仁等一行陪同调研。葛慧君深入课堂随堂观摩"新民主主义革命道路理论"思政课并与授课教师交流。葛慧君一行参观"传承"、"凝聚"、嘉秀廊等特色校园文化景观，深入学生事务大厅、货币博览馆和淑女学院考察指导工作，肯定学校在思想政治教育、校园文化建设和学生素质教育等方面的举措和成效。

2017 年 6 月 2 日，全国职业院校技能大赛（高职组）银行业务综合技能赛项开幕式在浙江金融职业学院举行
（武群堂 供稿）

2017 年 9 月 8 日，浙江金融职业学院成立教育部备案的国别和区域研究中心——捷克研究中心
（武群堂 供稿）

【学校列入省重点建设高职院校】 2017年6月12日，浙江省教育厅、浙江省财政厅印发《关于公布高职重点暨优质建设校名单的通知》，确定浙江金融职业学院等5所学校为省重点建设高职院校。项目建设周期为5年，省级财政安排建设资金5000万元。

【省委第三巡视组专项巡视学校党委工作】 2017年12月27日，根据省委统一部署，省委第三巡视组对学校党委执行《中国共产党章程》和其他党内法规，遵守党内纪律，落实全面从严治党主体责任和监督责任等情况进行专项巡视，巡视为期一个月。巡视组认为学院履行管党治党、办学治校责任，同时发现学校存在执行党委领导下的校长负责制不够规范，落实意识形态工作责任制不到位，基层党建工作不平衡，领导干部深入基层调查研究不够，党委会讨论决定干部事项不够规范，全面从严治党不够有力，执行中央“八项规定”精神不够到位等问题。

【学院发表论文数连续10年居全国高职院校第一】 2017年4月，中国高等教育学会、《中国高教研究》编辑部发布2016年全国高校高等教育科研论文统计分析，浙江金融职业学院教师在《中国高教研究》《教育发展研究》《高等工程教育研究》《黑龙江高教研究》等教育类18种中文核心期刊发表论文量连续10年位居全国高职院校第一位。

【协办全国职业院校技能大赛部分赛项】 2017年6月2日，全国职业院校技能大赛高职组银行业务综合技能比赛项目在浙江金融职业学院举行，此赛事由教育部、天津市政府、浙江省政府等主办，浙江省教育厅承办，全国金融职业教育教学指导委员会和浙江金融职业学院协办，来自全国28个省、市、自治区的52支代表队共208名选手参加比赛。经比赛，浙江金融职业学院等5个代表队获团体一等奖；海南经贸职业技术学院等10个代表队获团体二等奖，四川财经职业学院等16个代表队获团体三等奖。大赛期间还举行了互联网金融高峰论坛、全国职业院校技能大赛专业教学成果展。

【邹宏秋获“高校思政课教师2016年度影响力标兵人物”称号】 2017年7月16日，浙江金融职业学院马克思主义学院副院长邹宏秋在由教育部社会科学司指导，教育部高校思想政治理论课教学指导委员会和《思想理论教育导刊》编辑部、《马克思主义理论学科研究》编辑部、高校思想政治理论课程研究中心主办的高校思想政治理论课教师2016年度影响力人物推选活动中获“高校思想政治理论课教师2016年度影响力标兵人物”称号。

【李王晶尔获全国运动会羽毛球比赛混双冠军】 2017年9月3日，浙江金融职业学院教师李王晶尔和搭档作为浙江代表团选手，在第十三届全国运动会群众比赛羽毛球决赛中获羽毛球混双项目冠军。

【学校捷克研究中心成立】 2017年9月8日，经教育部备案（《关于公布2017年度国别和区域研究中心备案名单的通知》）的国别和区域研究中心——浙江金融职业学院“捷克研究中心”揭牌成立。捷克研究中心将立足浙江，服务于国家“一带一路”建设以及浙江与捷克经贸合作需要，聚合捷克和中东欧研究的专家资源，浙捷经贸往来的企业资源，双方政府机构和高校资源，为浙江和捷克合作献计献策，促进浙江与中东欧国家的合作交流。11月30日，捷克共和国前总理伊日·帕鲁贝克率领企业、文化和教育界人士到学校访问考察。双方围绕加强教育领域合作、支持学校捷克研究中心建设与发展进行交流。

【发起成立全国优质高等职业院校建设协作委员会】 2017年11月25—26日，由中国高等教育学会职业技术教育分会主办、浙江金融职业学院承办的全国优质高等职业院校建设交流研讨会在杭州举行。会上，浙江金融职业学院会同全国10多所高职院校发起成立全国优质高等职业院校建设协作委员会，举行高等职业教育创新发展协同中心战略合作签约仪式。省教育厅副厅长朱鑫杰、教育部职业教育与成人教育司高职发展处处长林宇、全国高职高专校长联席会议主席董刚等来自全国的450多名专家、高职院校领导与媒体代表参加会议。

【学生“千日成长”工程实施10周年总结】 2017年12月6日，浙江金融职业学院学生“千日成长”工程实施10周年总结暨再推进大会举行。会议系统总结以“品德优化、专业深化、能力强化、形象美化”为主要内容的学生“千日成长”工程。“千日成长”工程先后在第22次全国高校党建工作会议和浙江省高校思政工作会议上做典型经验交流，并入选省高校教书育人典型案例。（武群堂）

·浙江经贸职业技术学院·

【浙江经贸职业技术学院概况】 2017年，浙江经贸职业技术学院下设教学系6个，基础教学部1个。开设高职专业28个、中外合作办学方向4个、四年制高职本科专业1个。其中，省级优势专业6个、省级特色专业5个。学校有全国供销合作总社职教科研中心、全国供销总社杭州国家级科技特派员创业培训基地、国家（杭州）电子商务示范基地技能培训中心、国家职业技能鉴定站等机构。3部教材入选省普通高校“十三五”时期首批新形态教材项目高职高专院校单本教材，8部教材入选省“十二五”时期优秀教材。深化课堂教学创新，学校教师获2017年省高校微课教学一等奖1项、二等奖4项、三等奖3项，获省第十届青年教师教学竞赛文科组二等奖1项，获省高校首批翻转课堂优秀案例一等奖2项。

学校有在校生1.06万人，教职员工526人，其中专任教师323人。教师中具有副高级以上职称的152人。有国家二级教授2人、全国优秀教师2人、省级教学团队3个、省级教学名师3人、省级“专业带头人”21人、“钱江人才”计划资助者2人，1名教师入选浙江省青年科学家培养计划。全年计划招生3410名，实际录取新生3411人，其中四年制本科招生50人、高职提前招生435人，全年招生计划完成率100%。实际报到新生3279名，新生报到率96%，60%以上专业省内招生录取分数线位列全省同类院校同类专业第一。学校毕业生初次就业率97%，493名同学“专升本”成功，创历年新高。根据浙江省教育评估院的调查报告，学校2016届毕业生的职业发展与人才培养质量在浙江省高职院校中位居第三位。

学校教师发展中心入选教育部教师素质提升计划优质省级培训基地。学校被评为全国高职院校国际影响力50强、国家职业院校数字校园实验校、2016—2017年度全国现代远程教育优秀校外学习中心和2017年度全国供销合作社行业职业能力建设工作突出贡献单位。财务会计系党总支书记潘上永获省高校第二届“最受师生喜爱的书记”称号，是高职院校唯一获该荣誉的书记。应用工程系教师阙斐获省第五届“师德先进个人”称号。

【入选省高职重点暨优质校建设单位】 2017年，浙江经贸职业技术学院以省高职重点暨优质校建设为重心，推进优质校项目与各子项目的进度，形成完善的建设方案，做好省高职重点暨优质校建设单位申报相关工作。6月12日，省教育厅、省财政厅发布《关于公布高职重点暨优质建设校名单的通知》，学校以第七名成绩成为省高职重点暨优质校建设单位。

【省委第九巡视组专项巡视学校党委工作】 2017年9月26日至11月3日，省委第九巡视组对浙江经贸职业职业技术学院党委开展专项巡视。11月30日，省委第九巡视组对学校进行巡视反馈，提出3方面、8类、25个具体问题。学校党委针对每一个具体问题，落实责任领导、责任部门，坚持“六见”（见人、见事、见单

2017年6月23日，“一带一路”合作社发展研讨会暨农村金融服务培训在浙江经贸职业学院举行
（李海勇　供稿）

2017年9月12日，浙江经贸职业技术学院与金财互联控股公司共建的“江浙沪财税大数据中心暨企业财税共享中心”举行揭牌仪式
（李海勇　供稿）

位、见处理结果、见责任追究、见规章制度）标准，提出整改工作方案，每周召开党委巡视整改专题会议，推进巡视问题整改进度，及时解决问题，优化学校健康发展生态体系。

【学生综合素质全面增强】 2017年，浙江经贸职业技术学院加强学生情商教育，引领学生可持续发展，提升学生综合素质。全年学院学生获得职业技能竞赛奖项158项，其中国家级二等奖3项，省级特等奖1项、一等奖30项、二等奖44项、三等奖47项。在社团活动、资助工作、社会实践等多方面获国家级荣誉13项、省厅级荣誉29项。学校“目标导航工程”等学生素质建设工作成果受到《中国教育报》《浙江教育报》等中央和省级媒体的关注。

【与台湾高校合作交流】 2017年，浙江经贸职业技术学院多路径推动服务行业企业“走出去”，推进双向互动交流，构建全链联动质量保障机制。发挥“三创”（创新、创业、创效）竞赛的载体功能，组织海峡两岸青年创新创业合作论，17名中国台湾地区师生到校学习与参赛。打造“三位一体”创新创业师资队伍。7月，《中国高等职业教育质量年度报告》发布会在北京举行，学校入围首批“全国高职院校国际影响力50强”。

【江浙沪财税大数据中心暨企业财税共享中心落户学校】 2017年6月27日，浙江经贸职业技术学院与金财互联控股公司签订战略合作协议。9月12日，双方合作共建的江浙沪财税大数据中心暨企业财税共享中心正式揭牌。该中心是国内首家财税共享中心示范基地，也是行业内首家基于大数据、人工智能等新技术的财税共享中心，将充分发挥学校的专业优势，企业的资源优势，致力于推进“互联网+”背景下会计专业改革，建立一支大数据处理和研发师资团队，促进浙江省乃至全国会计专业的人才培养模式改革。

【承办“一带一路”合作社发展研讨会暨农村金融服务培训】 2017年6月23日，由全国供销合作总社主办、浙江经贸职业技术学院承办的“一带一路”合作社发展研讨暨农村金融服务培训在学校开幕。来自亚太地区“一带一路”沿线及周边14个国家的38名合作社代表共200多人参加会议。承办该研讨会，是学校服务国家“一带一路”倡议的举措，是学校深化服务系统、服务行业，发挥专业优势服务“三农”，建立与“一带一路”沿线国家开展合作的良好平台，为学校成为系统职业教育的排头兵、人才培养的摇篮、业务培训的基地打下坚实基础。

【国家级教学资源库验收】 2017年，经3年建设，浙江经贸职业技术学院“职业教育农产品与食品质量检测技术教学资源库”建设项目接受专家组验收。6月13日，中国教育部职业教育与成人教育司发布《关于公布职业教育专业教学资源库2017年验收结果的通知》，标志着学校首个国家级教育资源库建设项目完工。
（李海勇）

·浙江育英职业技术学院·

【浙江育英职业技术学院概况】 2017年，浙江育英职业技术学院下设民航交通、信息技术、商务贸易、经济管理、创意设计5个教学分院，以及社会科学部和体育艺术部2个教学部。设继续教育分院1个。开设空中乘务、直升机驾驶技术、轨道交通管理、计算机应用、电子商务（含跨境电商）、国际经济与贸易、广告艺术设计、会展策划与管理等25个专业。

学院有在校学生6700多人，教职员工386人，其中专任教师268人。完成2014级和2015级（3+2两年制）毕业生2342人培养任务，2250人顺利毕业，人才培养合格率96.1%，毕业生创业率1%，“双困生”（有经济上困难和心理上困难的学生）就业率100%。学院累计为国家培养合格毕业生2.7万人。实际录取新生2396人，完成上级招生计划。

学院被评为第二批在杭高校艾滋病健康教育示范基地创建单位，获得支持经费3万元。被评为2012—2015年度高校无偿献血爱心集体、2016年度浙江省文化创意产业优秀文创服务机构、2016年度优秀会展服务机构。学院团委被评为2016年度杭州市先进团委。学院红十字会志愿服务队被评为2015—2016年杭州市志愿服务先进集体。教师汪迎春被评为浙江省师德先进个人，季勋龙被评为杭州市师德标兵，沈霞被评为2017年全国民办高校优秀辅导员。

【获2014—2015年度全国无偿献血表彰】 2017年5月18日，浙江育英职业技术学院获“2014—2015年度全国无偿献血促进奖单位奖”，授牌仪式在学校举行。浙江省血液中心主任、党委副书记胡伟现场宣读国家卫生计生委、中国红十字会总会和中央军委后勤保障部卫生局《关于表彰2014—2015年度无偿献血奉献奖金奖等奖项获奖者的决定》文件，并为获奖者授牌。教师胡岳辉获得2014—2015年度“全国无偿献血奉献奖”金奖。

【专业课程建设成果】 2017年，浙江育英职业技术学院先后出台《课程建设实施方案》《课堂教学创新行动方案》《进一步加强学生学业辅导和督导工作实施办法》《教师教学工作业绩考核办法》等文件，编制2017级《职业人培养方案》，推进专业课程建设取得实效。2017年立项的21门院级课程全部在“浙江省高等学校精品在线开放课程共享平台”上进行建设。引入“尔雅”通识课程4门，“尔雅”创新创业课程17门，在线学习用户数2800多人。开展学院第四届微课教学比赛，以赛促建。课程《招贴设计》《会展文案写作》被确定为杭州市属高校市级精品课程建设项目。省高校微课教学比赛中，获高职视频组一等奖1项、二等奖1项、三等奖2项，获文本类二等奖1项、三等奖1项。学院开展首届“育英好课堂”创建活动。全院课程参与，全体学生投票，经校内师生和校外专家共同评价，评定2017年“育英好课堂”优秀班级6个、“金星”教师6人、“银星”教师22人。

【师生各类学科专业比赛成果】 2017年，浙江育英职业技术学院师生参加各类专业竞赛，师生参赛获奖80项，学生获奖469人次。学生论文《基于物联网云平台的智能门锁技术革新》获省第六届职业院校“挑战杯”创新创业竞赛一等奖。学生获省第九届大学生职业生涯规划与创业大赛职业规划类一等奖；得全国英语口语测评大赛NSEC（大学组）比赛专科非英语专业组一等奖、二等奖，英语组二等奖、三等奖；获全国高校商业精英挑战赛会展创新实践竞赛总决赛一等奖、展洽环节总决赛二等奖；获第五届“博导前程杯”全国电子商务运营竞赛浙江赛区高职组特等奖、一等奖；获第二届“奥派杯”全国移动商务技能竞赛浙江赛区比赛高职组一等奖；获“南北科技杯”第七届全国国际贸易职业能力竞赛一等奖、三等奖等。教师黄中华获第二届全国高等职业院校体育教师教学技能大赛教学设计和微课比赛一等奖，全国高等职业院校体育教师教学技能大赛二等奖；徐晓斌获全国第十三届学生运动会科学论文报告会二等奖；张丹获2017年全国民办高校学生工作创新二等奖；黄一旸获第八届“外教社杯”全国高校外语教学大赛（职业院校组）浙江赛区一等奖；章雁峰获2017年省高校微课教学比赛高职组视频类一等奖；韩丽入选省首批翻转课堂优秀案例并获得二等奖。

【学生体育竞赛获奖】 2017年，浙江育英职业技术学院学生在田径、球类、游泳、武术等比赛中取得成绩。其中，获得全国大学生田径锦标赛金牌10枚、银牌3枚、铜牌2枚；省大学生田径精英比赛金牌10枚、银牌

2017年9月22日，浙江育英职业技术学院2016级直升机驾驶技术专业学生在实训基地开展飞行课程教学
（段曹钢 供稿）

2017年10月23日，浙江育英职业技术学院与老挝教育与体育部职业技术教育司举行合作签约仪式
（段曹钢 供稿）

3枚、铜牌7枚；省大学生游泳锦标赛金牌11枚、银牌5枚、铜牌2枚和男子团体冠军、总团体冠军、女子团体亚军；省大学生网球比赛第三名；省大学生田径比赛金牌11枚、银牌7枚、铜牌4枚；省大学生排球（乙组）比赛暨省大学生气排球联赛男子乙组第二名；省大学生篮球联赛乙A组比赛冠军；省大学生羽毛球比赛男团第八名，男双第一名；省乙组武术锦标赛女子团体第一名、总团第三名，个人金牌1枚、银牌1枚、铜牌1枚；省校园足球高职高专组联赛亚军，省大学生五人制足球比赛高职组第二名，市属高校首届大学生足球联赛团体第一名；市属高校第六届网球联赛金牌2枚、银牌3枚、铜牌1枚。学院运动队参加市级及以上体育赛事14类次，获铜牌及以上个人和集体名次88项。

【优秀特色专业服务社会培训】 2017年，浙江育英职业技术学院依托省级特色专业、市级特需专业——电子商务专业，与云南浩宏集团合作开展云南省万人电商培训实训项目，为云南省培训电商人才3000多人次。依托省优势专业——计算机应用技术专业为浙江省残联参加全国岗位精英职业技能竞赛计算机程序比赛的选手进行赛前集训。依托酒店管理专业的“高端酒店管理人才校企合作培养战略联盟”，开展共培共享高端酒店管理人才培养。依托省级特色专业、院级重点专业——专业民航安全技术管理专业，与市安保集团进行战略合作，服务世界互联网大会、省市“两会”。依托院级重点专业——会展策划与管理专业，为第十四届中国国际动漫节提供服务。全年全院社会培训服务收入516万元。

【与老挝开展国际教育合作】 2017年10月23日，浙江育英职业技术学院与老挝教育与体育部职业技术教育司合作签约仪式暨2017级老挝留学生开学典礼在学院举行。老挝教育与体育部职业技术教育司副司长本朋，浙江省政府参事、省教育国际交流协会会长蒋胜祥，省教育厅外事处处长舒培冬，市教育局高教处（交流合作处）处长孙青峰，浙江育英职业技术学院董事长黄纪云等参加活动。本朋感谢学院为老挝教育与体育部所属职业院校培训骨干教师和老挝留学生，希望深化老挝教育与体育部与学院的合作。

（段曹钢）

·浙江警官职业学院·

【浙江警官职业学院概况】 2017年，浙江警官职业学院占地面积35.73万平方米，有下沙、乔司两个校区，建筑面积16.71万平方米、固定资产总值3.55亿元、教学科研仪器设备资产值7375万元、纸质图书51万册。学院有中央财政支持的实践教学基地2个、省级示范性实践教学基地4个。建有专业11个（不含专业方向），其中浙江省“十三五”时期建设优势专业5个、特色专业5个、国家示范专业5个、全国政法干警招录培养体制改革试点专业3个。建有国家级精品课程5门、国家级资源共享课程4门、省部级精品课程30门、省级精品在线开放课程3门。是全省及全国司法行政系统在职教育培训基地，拥有司法部杭州培训中心、浙江省司法行政培训中心、全国法院司法警察培训基地、浙江省人民法院司法警察培训基地、浙江省人民检察院司法警察培训基地、浙江省安全技术防范行业协会培训中心等培训机构。

学院有教职员工383人，教师中具有正高级职称33人，副高级职称78人。有省优秀教学团队1个、省教学名师1人、省优秀教师2人、省优秀青年教师16人、省高职高专院校专业带头人17人。在校学生2865人，累计为浙江省及部分省市区政法系统及其他相关行业培养输送毕业生2.2万人，其中浙江省监狱和戒毒单位一线民警中，学院毕业生占70%。

学院入选省优质高职院校建设校名单，推进“十三五”时期优质特色专业建设，入选“十二五”时期省优秀教材3门，立项省高校新形态教材建设项目3个。牵头做好刑事执行、司法警务、司法信息安全、司法信息技术、行政执行5个国控专业教学标准修订工作，成功申报3个省“十三五”时期建设特色评审专业和2个特色备案专业，制定学院优势特色专业建设指南。首次开展学生暑期赴美国印地安纳州立大学课程学习项目，18名学生和2名带队教师参与该项目。实践教学条件进一步改善，示范性实训基地项目申报进展顺利，智能狱务模拟实训室、司法警务技能综合实训基地、法律文秘技能实训基地、司法信息安全实训基地、安全防范技术专业实训基地5个基地列入省“十三五”时期高等职业教育示范性实训基地建设项目。

学校制定《“十三五”时期师资队伍建设规划》，重点实施教学名师、团队培育、国际化培养和专任教师“双师”素质提升等计划。制定《教师专业技术职务三年评聘规划（2017—2019年）》，启动教师专业技术职务评聘工作。全年通过高等学校教师资格认定17人，认定校内兼职教官3人、“双师”（指教师同时具备教师资格和职业资格）素质教师4人。安排国外访学1人、国内访学2人，总计组织30人赴国外学习进修及培训，5人在读博士。成功申报省级专业带头人8人，推荐省“151”第三层次人才和省“万人计划”青年拔尖人才各1人，选派援疆教师1人，向上级有关部门推荐专家8人。遴选17名骨干教师参加英语能力提升专项培训。

学院加强对各核算单位的财务监督，确保学院财务工作安全、稳定、有序推进。以教学楼和学生公益食堂改造为重点，推进管理运营模式改革。完成校内基础设施改造3.7万平方米，总投资2163万元。图书馆主办、承办和协办各类学术性服务活动30多次。“多功能学习服务中心”投入使用，举办读书会活动20次，采编优质专业中文图书5630册。

【全省司法行政工作会议在学院举行】 2017年1月22日，浙江省司法行政工作会议在浙江警官职业学院召开，省司法厅党委书记、厅长马柏伟出席会议并做重要讲话。会议表彰一批先进集体和个人，举行安全稳定责任书签订仪式。省司法厅领导班子成员出席会议，全省各市、县（市、区）司法局局长，省司法厅厅机关各处室及直属单位主要负责人，以及离退休老干部代表参加会议。

【国家公务员局考试录用司到学院调研】 2017年2月24日，国家公务员局考试录用司司长盛桂英、政策指导处处长程艳丹和司法部司考司法学教育处处长谢向红一行3人，在省公务员局副局长潘育萍和省司法厅、省公务员局有关人员的陪同下，到浙江警官职业学院调研。学院党委副书记、院长黄兴瑞及其他领导班子成员陪同调研，并就学院相关工作做专题汇报。省监狱管理局、省戒毒管理局政治部，学院相关部门负责人参加座谈。

2017年7月21日，全国法院司法警察培训基地授牌仪式暨全国法院司法警察初任培训示范班开班仪式在浙江警官职业学院举行

（汪丰茂 供稿）

【贾丽群到学院调研指导工作】 2017年5月22—24日，司法部国家司法考试司司长贾丽群一行到浙江警官职业学院调研指导工作。学院党委副书记、院长黄兴瑞及其他领导班子成员陪同调研，并就学院推进司法类国控专业便捷招录工作做专题汇报。学院相关处室和系部负责人参加座谈会议。

【承办第七届全国商务秘书职业技能大赛】 2017年5月26—28日，浙江警官职业学院承办“国泰安杯”第七届全国商务秘书职业技能大赛。来自全国63所本科和高职院校的92支队伍、368名选手参加比赛，200名教师参与，10所院校到校观摩，是参赛院校多、覆盖范围广、影响力大的一届比赛。学院法律文秘专业8名选手组成2支队伍参赛，获奖项13项。

【学院在全国大学生武术散打锦标赛获奖】 2017年7月15—19日，中国大学生武术散打锦标赛在黑龙江大学举行。浙江警官职业学院散打队获金牌3枚、铜牌3枚，获男子团体第一名（高专高职组别）、优秀运动队和精神文明风尚奖，学院教师苏奕敏、饶伟获优秀教练员称号。比赛由中国大学生体育协会主办，黑龙江大学协办，共有全国84所高校、966名大学生参赛。

【全国法院司法警察培训基地授牌】 2017年7月21日，全国法院司法警察培训基地授牌仪式暨全国法院司法警察初任培训示范班开班仪式在浙江警官职业学院举行。最高人民法院党组成员、政治部主任徐家新，浙江省高级人民法院党组书记、院长陈国猛，最高人民法院政治部副主任董文濮，最高人民法院政治部司法警察管理局局长柴中国，司法部国家司法考试司副司长孙晓明，浙江省司法厅党委委员、副厅长马时明，学院党委副书记、院长黄兴瑞等领导出席。全国法院司法警察初任培训示范班全体学员、司法行政系统警衔培训班学员及学院中层干部等共220多人参加。

【吴晓雪在国际速录大赛获奖】 2017年7月28日，第五十一届国际速录大赛在德国柏林闭幕。浙江警官职业学院学生吴晓雪获青年组实时记录比赛冠军、青年组速记比赛亚军以及青年组看打比赛亚军。大赛有来自26个国家的448名选手参赛。

【全国司法警院（校）培训协作会年会】 2017年8月11—16日，全国司法警院（校）培训协作会年会在浙江警官职业学院举办。省司法厅党委委员、政治部主任胡梅奎出席并讲话，学院党委副书记、院长黄兴瑞致辞，学院党委委员、副院长金川出席。来自全国22个司法警院（校）、培训中心、培训总队的81名代表参加会议。

【获全国大学生航海模型创新赛团体第一名】 2017年8月18—23日，第十八届航海模型总决赛暨全国大学生航海模型创新赛在呼伦贝尔市海拉尔区举行。由浙江警官职业学院安防系组成的参赛队伍获得模型设计技能赛（2D）团体第一名。模型设计技能赛主要针对参赛选手CAD技能进行比赛，重点考察选手们图形关系、数量关系、绘图技巧和速率。

【学院思想政治工作】 2017年8月29—30日，浙江警官职业学院召开思想政治工作会议。学院党委副书记、院长黄兴瑞做题为“加强和改进思想政治工作，推进管理体制改革，为优质高职院校建设注入强劲动能”的讲话，学院党委委员、政治部主任周国新解读学院《关于加强和改进新形势下学院思想政治工作的实施办法》和《关于深化学院管理体制机制改革的若干意见》。会议学习贯彻全国和全省高校思想政治工作会议精神，要求增强政治担当的思想自觉和行动自觉，担负起统一思想、坚守阵地、凝聚人心的政治责任，为深化管理体制机制改革、建设优质高职院校、实现“十三五”时期发展目标，提供政治保证。

全年组织党总支（支部）集中政治学习活动18期，建成“党员之家”5个。开展“两优一先”（优秀党务工作者、优秀共产党员和先进基层党组织）评比工作，2个基层党组织获评省司法厅先进基层党组织，2人获评省司法厅优秀党务工作者，2人获评省司法厅优秀党员。

【马柏伟到学院慰问教职员工】 2017年9月8日，省司法厅党委书记、厅长马柏伟到学院走访慰问，向全体教职员工和离退休老教师致以节日祝福。其间，马柏伟实地走访一线教职工，出席学院教师节座谈会。会上，10位教师代表发言，分享教书育人的亲身经历和心得感悟，阐述对学院改革发展的思考和务实建议。

【学院领导班子成员调整】 2017年11月15日，浙江警官职业学院召开干部大会，宣布省委任免决定，黄兴瑞任浙江警察学院副院长，不再担任浙江警官职业学院院长职务；顾金法任浙江警官职业学院党委委员、书记；免去张福成浙江警察学院党委副书记、委员职务，任浙江警官职业学院院长。省委教育工委副书记、省教育厅副厅长陈根芳出席会议并讲话。省司法厅党委委员、政治部主任胡梅奎主持会议。学院党政领导班子成员，中层干部、副高级职称以上教师和部分行政教辅干警代表参加大会。

2017年11月15日，浙江警官职业学院举行干部大会，宣布人事任免情况
（汪丰茂 供稿）

【省第六届职业院校创新创业竞赛获奖】 2017年12月1—3日，浙江省第六届职业院校"挑战杯"创新创业竞赛在宁波职业技术学院举办，来自40所高职院校的146个项目参加竞赛。浙江警官职业学院应用法律系社区矫正专业6位同学的作品《浙江省专业社会组织参与社区矫正的现状与前景》获特等奖。参赛队员的答辩表现和项目选题得到评委的肯定。

【傅兴国到学院调研】 2017年12月10日，人社部副部长、国家公务员局局长傅兴国到浙江警官职业学院考察国家公务员考试工作，并调研浙江省司法行政队伍建设情况，国家公务员局人事考试中心主任吴剑英，国家公务员局考试录用司巡视员彭忠宝，省人力资源和社会保障厅副厅长、公务员局局长龚和艳，省司法厅政治部主任胡梅奎陪同调研。傅兴国询问了解国家公务员考试的组织管理工作，深入考场巡察公务员考试情况。

【乌兹别克斯坦司法部访问团到学院考察】 2017年12月26—27日，乌兹别克斯坦司法部副部长伊斯塔莫夫·马赫穆德·舒和拉托维奇率法律服务管理人员代表团到浙江考察访问。访问团和省司法厅在浙江警官职业学院进行会谈交流，省司法厅党委书记、厅长马柏伟就推动司法行政双边合作交流、增强互动协作等方面交换意见，达成共识。访问团参观学院的教学、培训场所，现场观摩警院师生的武术、防暴队训练和监狱戒毒专业教学实训、速录技能实训、安防技术教学实训等教学训练活动。访问团代表表示乌兹别克斯坦司法部所属院校愿同学院在法律专业人才培养方面开展交流合作。

（汪丰茂）

·浙江经济职业技术学院·

【浙江经济职业技术学院概况】 2017年，浙江经济职业技术学院下设二级学院7个、成人教育学院1个、梦想创业学院1个。开设专业31个（不含方向），四年制高职试点专业3个，省"十三五"时期优势专业、省特色专业11个。建有中央财政专项支持职业教育实训基地3个、国家高职高专学生实训（师资培训）基地1个、教育部—LUPA开源软件实习实训基地1个、省"十三五"时期高等职业教育示范性实训基地5个、校外实训基地282个。教学、科研仪器设备值1.73亿元。校内实训基地建筑面积7.52万平方米。拥有国家级教学成果一等奖2项、二等奖1项，主持国家高职电子商务专业教学资源库项目1个，拥有国家级精品课程9门，其中国家级精品资源共享课7门、省级精品课程19门。"十二五"时期职业教育国家规划教材25本。新立项市厅级以上课题42项，教师获知识产权19项。《职业教育科研：2013—2017职业教育科研情况综述》显示，学校教师近5年在EI期刊论文发表数量排名第一位。学校成为省优质校建设单位。

学校有教职员工571人，其中专任教师420人，教师中具有副高级及以上职称149人，占专任教师37.8%，“双师”（指教师同时具备教师资格和职业资格）教师345人，占专任教师86.9%。学校公开招聘录用教师25人，引进教授1名。选派133人次教师参加国内外培训和访工、访学项目。新增省级专业带头人8人。晋升正高级职称5人、副高级职称11人。1名教师被评为全国对口支援新疆先进个人，1名教师被评为省第五届师德先进个人，2名教师获省第十届青年教师教学技能竞赛一等奖，1名教师获省部属企事业工会首届“能工巧匠”，1对师生获省部属企事业工会首届“名师高徒”。

学校有全日制在校学生9010人（含本科）。招生录取3290人，达到二段线的占普高计划的44.8%，普高、中外合作专业、单考单招、艺术类（美术）招生、合作本科专业等各类录取分数线均继续保持全省同类院校前列。2017届毕业生初次就业率98.8%，自主创业13人，升学291人。组织学生参加各级各类竞赛60项，累计276人次获奖项135个。获全国职业院校职业技能竞赛奖项4项，获省级奖项78项，其中一等奖17项；获第三届省“互联网+”大学生创新创业大赛暨第三届中国“互联网+”大学生创新创业大赛选拔赛优秀组织奖；获省第十五届“挑战杯”大学生课外学术作品大赛一等奖。组织学生赴新加坡参加第三届大学生咖啡技能国际交流大赛并获得金奖、银奖。组织学生参加全国体育竞赛3项、省级体育竞赛12项，累计482人次获奖项128个，其中国家级第一名5项、省级第一名11项。学校成为省高职高专联席会副主席单位、省学生联合会第八届委员会副主席团体单位。1名学生获团中央2017年“中国电信奖学金”暨践行社会主义核心价值观先进个人，1名学生获省“康恩贝自强奖学金”特等奖、“中国大学生自强之星”评比全国自强之星提名奖，1名学生干部被评为省优秀学生干部。

学校围绕“平安护航十九大”、第十三届全国学生运动会、世界互联网大会等，做好安全稳定各项工作，全年开展集中维稳排查6次，安全专项检查15次，组织消防工作会议和安全知识讲座14次，演练3次。做好校园文化发展各项工作，发挥中华诗教促进中心、中华诗词学院的社会辐射与服务功能，编辑4期《中华诗教》，对外发行2100多个单位和个人；开展迎春灯谜会，端午、中秋、冬至等传统节日为主题的系列活动；全力打造《花样幸福·桃李芬芳——“花样教师”文化品牌》项目，获第三届省高校“教职工文化品牌”称号。学校获评2017年度杭州市平安示范单位。

【推进依法依章治校】 2017年，浙江经济职业技术学院组织教职工赴浙江“五四宪法”陈列馆开展法治教育，推进依法治校和依法治教。修订完善学校党委会和院长办公会议议事规则，明确会议议事决策清单。启动两个二级学院试点党总支领导下的院长负责制。制定学校《内部质量保证体系建设与运行实施方案》，启动教学诊断与改进工作。不断强化内控体系建设，完成内控基本制度的修订完善工作。开展专业技术职务评聘项目效能监察、1项基本建设项目、24项修缮工程项目的审计工作，完成内管干部经济责任审计，落实各项整改措施。

【获全省教学工作及业绩考核优秀】 2017年，浙江经济职业技术学院连续第四年在全省高职高专院校教学工作及业绩考核中获得“优秀”成绩。学校获批省“十三五”时期优势、特色专业建设项目11个、省“十三五”时期高等职业教育示范性实训基地5个、省普通高校“十三五”时期新形态教材3项。新增新能源汽车技术、中小企业创业与经营专业2个，国际贸易专业增设跨境电商方向。新增省财政实训基地建设项目7项，完成22个实训建设项目验收和省财政项目绩效评价工作。

【与浙江工商大学联合成立“一带一路”研发与培训中心】 2017年4月19日，浙江经济职业技术学院与浙江工商大学联合成立“一带一路”研发与培训中心，为马来西亚、柬埔寨等“一带一路”沿线国家提供高水平研发及电子商务专业领域师资与人才培养培训。举办电子商务国际培训研讨会、“一带一路”沿线的新加坡、马来西亚、菲律宾、印度尼西亚、斯里兰卡、印度、柬埔寨、沙特阿拉伯以及南非等金砖国家的知名高校、教育机构和科伦坡计划技术教育规划学院等国际组织的40多名代表出席，联合国教科文组织职业教育与培训中心网站刊登研讨会信息。

【国际交流与学习】 2017年，浙江经济职业技术学院联合清华大学跨境电商交易技术国家实验室、杭州跨境电商人才港等单位，提供跨境电商全球人力

2017 年 4 月 24 日，浙江经济职业技术学院成立中国在柬埔寨的首个国际职教中心 （康粟丰 供稿）

2017 年 4 月 19 日，浙江经济职业技术学院与浙江工商大学联合成立“一带一路”研发与培训中心 （康粟丰 供稿）

资源培养与培训。被中国（杭州）跨境电子商务综合试验区办公室评为首推品牌项目——“E揽全球”产学研创新基地。全年有23名外籍教师到学校授课，国外专家学者到访学校24人次。接待韩国、马来西亚等3批、72名学生参加“中国职业体验之旅”活动。选派13批次、85人次教师出国（境）交流研修，5批次、61人次学生出国（境）交流学习。

【成立中国在柬埔寨的首个国际职教中心】 2017年4月24日，在中国驻柬埔寨大使馆支持下，浙江经济职业技术学院在柬埔寨金边建立中国首个职教中心“浙经院—柬创院国际教育中心”，将专业教育输出与中国传统文化传播有机结合，开展电子商务、中国传统文化等系列教育培训服务。

【设立杭州首个高校法律援助工作站】 2017年12月13日，开发区法律援助中心法律援助工作站在浙江经济职业技术学院挂牌，成为杭州首个在高校内设立的法律援助工作站。工作站以周边高校学生、未成年人、职工、附近社区居民及社会弱势群体等为主要服务对象，提供免费法律咨询服务及法律援助案件初审。

【学院“一站式创业教育集市”出成果】 2017年，浙江经济职业技术学院投入约600万元，建成3300平方米的“一站式创业教育集市”，入驻创业学院和创业园创业团队25个，学生创办企业8个，年经营规模约2亿元。开设创新创业必修、选修课程20多门，立项18门建设优质创新创业课程。招收首届“2+1”创业教育试点班，114名学员取得创业精英班结业证书。创业学院教师参加全省首届创新创业微课比赛，获特等奖、一等奖、二等奖各1项，学校获优秀组织奖。学生在国家级、省级创新创业大赛中获60个奖项，其中特等奖1项、一等奖13项。

【为区域经济和社会需求提供培训】 2017年，浙江经济职业技术学院开展各类培训累计11.9万人次。与开发区总工会合作，推进“职工素质教育”工程，提供专业技能与素质提升类培训与服务3.66万人次。为周边区域企业提供专科学历继续教育、专升本学历继续教育，拥有各类学历教育学员3460人。组织省中等职业师资培训423人次；开展9期开发区新教师培训，服务2164人次。服务社区培训教育咨询服务，累计2756人。汽车修理工（初级、中级、高级）培训项目中标杭州市定点培训项目，组织汽车修理工、维修电工等鉴定服务4场，鉴定348人次。承接杭州市教育考试院等部门的考试等社会服务工作，组织大型考试9次，累计服务3.28万人次。承办省总工会主办的省汽车维修工技能大赛和省二手车鉴定评估师技能大赛等。依托物产中大管理学院、省国资委党校、物产中大集团党校等平台，服务国企培训和行业企业绩效提升项目80个。被《培训》杂志评为中国人才发展菁英奖优秀企业大学，“金双翼”项目获评“中国人才发展菁英奖最佳学习项目”。 （康粟丰）

责任编辑 富敏超

人物

·新任委领导·

李栋，男，1972年5月出生，籍贯浙江绍兴。2017年9月，任杭州经济技术开发区（浙江杭州出口加工区）党工委委员，中共杭州市纪委、市监委派驻杭州经济技术开发区管委会纪检监察组组长。

李栋1992年8月参加工作，1999年11月加入中国共产党，浙江省高等教育自学考试公安管理专业，大学学历。

历任中共杭州市纪委执法监察室副主任，中共杭州市纪委执法监察室主任，中共杭州市纪委执法监察室主任（副局长级），中共杭州市纪委第五纪检监察室主任（副局长级），中共杭州市纪委副秘书长、办公厅主任（副局长级）。（魏代龙）

·企业科技人才·

【国家领军型人才】

田克汉，男，1977年12月出生，杭州东尚光电科技有限公司董事长。2017年入选国家领军型创业类人才。

田克汉1999年获清华大学学士学位，2001年获清华大学硕士学位，2006年获麻省理工学院光学博士学位。长期从事衍射光学、半导体纳米制造和应用系统开发等相关前沿技术研究。曾供职美国IBM公司，2010年和2012年两次获得IBM最高研究成就奖，2014年获得"IBM发明大师"称号。在物理和光学界的顶级期刊和国际会议上发表学术论文约50篇，多次受邀国际会议报告；拥有美国、德国、日本、中国等国家及国际专利60多项。

叶峰，男，1967年11月出生，杭州奕安济世生物药业有限公司副总裁。2017年入选国家领军型创新类人才。

叶峰主要从事生物质量和生产管理领域的研究。曾任职美国安进公司生产和质量总监和多个国际著名制药公司，负责领导药品生产和质量监管方面的工作，具有丰富的药品生产管理和质量研究创新经验，熟谙有关企业质量管理战略的制定和执行，以及临床药和商业药的cGMP生产方面的知识和经验。2016年回国，带领团队建立与国际接轨的质量管理体系，向世界提供达到国际规范的中国生物药产品。

【浙江省领军型人才】

阿尔伯特·佐玛亚，男，1964年7月出生，现任杭州尚课网络科技有限公司高级科学家。2017年入选浙江省领军型外专类人才。

阿尔伯特·佐玛亚曾任澳大利亚悉尼大学教授。主要从事复杂系统、算法、并行和分布式系统和网络的研究。在国际率先开展基于云计算的复杂系统并行化算法研究，并应用于非结构化多维数据在云计算平台上的高效计算问题，建立一个大规模文档、视频、图片与文本信息的存储、传输和检索计算理论与方法，解决移动计算环境下低延时高并发的云端数据处理的负载均衡与效率等难题。取得一些具有自主知识产权的成果并通过技术转移在教育、安防、旅游等领域得到规模化应用，经济、社会效益显著，部分相关成果公开发表在《IEEE Transactions on Computers》（美国电气和电子工程师协会期刊）等国际顶级期刊，获得多项美国计算机学会（ACM）和国际电子电气工程师学会（IEEE）杰出贡献奖。

蔡鸣，女，1973年10月出生，杭州瞳光医疗科技有限公司首席技术官。2017年入选浙江省领军型创新类人才。

蔡鸣曾任美国奇光公司首席技术官，专注于眼科数字医疗诊断技术，独创性地提出眼科可穿戴诊断设备物联网云平台的概念，并全力推动这一概念的实施和产业化。蔡鸣开发的可穿戴式智能眼球跟踪平台，通过佩带设备的方式与病患互动，从根本上解决便携设备中病人眼睛移动造成的图像模糊和扫描伪迹，病患可自行完成检查操作并保存、上传扫描图片和视频至云端服务器，使得移动跟踪，远程诊断成为可能。

黄光诚，男，1963年8月出生，杭州奕安济世生物药业有限公司产品与工艺开发执行副总裁。2017年入选浙江省领军型创新类人才，同时入选杭州市领军型创新类人才。

黄光诚曾任美国赛诺菲公司细胞培养开发高级总监。主要从事连续灌注技术和细胞培养工艺开发。擅长生物技术工艺开发、转移、放大和生产，自1992年以来在美国健赞和赛诺菲公司领导开发项目10多个，曾直接领导和参与完成5个商业化产品和两个临床阶段项目的工艺开发，具有丰富的生物制药前沿技术和平台开发经验，在国际学术杂志上发表学术论文10多篇，并拥有多项国际发明专利。

杨晓明，男，1963年1月出生，杭州奕安济世生物药业有限公司工艺与产品开发高级副总裁。2017年入选浙江省领军型创新类人才。

杨晓明曾任安进产品和工艺开发科学总监。主要从事单抗和多种基因重组蛋白药物商业化开发的研究。直接领导和参与20多项临床一期到三期和几个成功上市的生物药物的开发、生产放大和报批。2009年被美国工业微生物和生物工程学会授予院士（Fellowship Award），成为自1949年该学会成立以来第一位获得该荣誉的大陆华人。回国后带领团队成功完成一项单克隆抗体的药物开发，获得一项抗体新药的临床试验批件。2017年由其负责的项目获得国家重大新药创制国家重大专项资助。

赵奕宁，男，1971年11月出生，礼来亚洲基金Lilly Asia Ventures投资合伙人。2017年入选浙江省领军型创业类人才，同时入选杭州市领军型创业类人才。

赵奕宁主要从事生物药的商业化运作和战略执行。于2015年10月成立杭州奕真生物科技有限公司，是集基因分析、解读和咨询于一体的生物高科技公司，拥有美国CAP和CLIA认证，主营业务为基因测序、解读和本地基因数据库构建。2016年成立杭州奕安济世生物药业有限公司，是一个集研发和生产于一体的创新型生物制药公司，具有高效先进的开发和生产技术平台以及世界先进的灵活模块式高产的生产制造工厂。已完成4亿元的B轮融资，主营业务为生物药的研发、生产与销售。

【杭州市领军型人才】

阿萨纳西奥斯·维斯拉科斯，男，1959年8月出生，杭州尚课网络科技有限公司首席科学家。2017年入选杭州市领军型外专类人才。

阿萨纳西奥斯·维斯拉科斯是欧洲创新联盟主席和国际电子电气工程协会计算智能社团智能系统应用技术委员会主席，曾担任计算机科学领域数十个知名期刊的主编或副主编以及瑞典吕勒奥理工大学教授。在ACM以及IEEE系列期刊或会议上发表的学术论文有数百篇，其文章引用数超过2.4万次，h-index达到87，i10指数达到349。主要从事分布式计算与网络安全领域的研究，研究领域包括云计算、计算机网络、网络安全等，取得的主要研究成果有云计算中网络的带宽资源分配算法、云存储的安全模型与算法、基于博弈论网络资源定价机制与模型等。其研究成果在云计算系统与物联网等领域得到规模化应用。

邓侃，男，1962年11月出生，杭州波拓科技有限公司技术总监。2017年入选杭州市领军型创新类人才。

邓侃曾任美国VectorSense技术有限责任公司创始人兼技术总监，美国Kionix有限公司高级MEMS设计工程师。有20多年从事声学传感器方面的研究经验，发表20多篇高水平国际论文，长期担任IEEE Sensor期刊评审人，在高端声学传感器领域有较高知名度。拥有美国发明专利10个（7个授权）和中国发明专利1个，即发明使用悬浮体的声速麦克风（已授权）。曾领导两个美国国家标准局（NIST）及国防部（DARPA）资助的大型项目。发明的全新的压电传感器结构和水下声学矢量传感器产品，先后两次获得Wilcoxon Research总裁创新奖。

梁俊峰，男，1963年4月出生，中国科学院理化技术研究所杭州研究院特聘研究员。2017年入选杭州市领军型创新类人才。

梁俊峰主要从事生物医药和生物材料领域的研究。利用分子自组装技术率先开展药物运转和传递的研究，并应用该技术于药物再利用和医用材料表面功能化，开展多项药物及植入性医疗器械的开发和实践，拥有多项发明和应用专利，并通过国内外技术转移转让在相关领域得到规模化生产，取得经济和社会效益。在相关基础理论研究领域取得国际领先成果，发表100多篇研究论文，做过约70个大会邀请报告，兼任多个国际研究基金评委会评审和多个科学杂志编委。

刘会举，男，1976年7月出生，杭州福膜新材料科技股份有限公司总工程师。2017年入选杭州市领军型创新类人才。

刘会举于2010年5月获得美国新泽西理工学院化学工程专业博士学位，曾先后在中科院化学所、美国通用电气和霍尼韦尔公司担任研发工程师和项目主管。主要从事在单双螺杆挤出、塑料薄膜挤出、粒子表面改性、制药挤出等领域的研究。曾获得2010年美国塑料工程师协会SPE挤出分会Lew Erwin奖。2014年6月加盟杭州福膜新材料科技股份有限公司，负责杭州市重大科技项目“少晶点低水透高反射的PVDF乳白膜的产业化”，把乳白膜的黑点晶点水平降低到2014年的10%左右，合格品率提高20%，使公司产能从100万平方米/月增加到1200万平方米/月，2017年销售额已超过3亿元。主导成功开发大型光伏电站专用PVDF专用膜、PVDF黑膜、超薄（15微米）PVDF乳白膜、透明PVDF膜、超宽幅（2500毫米宽）PVDF膜，获得专利授权6项。

马德仁，男，1957年5月出生，众泰汽车股份有限公司副总裁兼众泰新能源汽车有限公司总经理，留美博士。2017年入选杭州市领军型创新类人才。

马德仁曾任奇瑞汽车试验与整车技术工程院院长，是知名的新能源汽车整车和核心零部件研发专家。带领团队开发出众泰新能源E200等明星车型，销量连年全国领先。在国内及国际刊物与专业学术会议上发表过50多篇科研论文，并取得数项美国商业机密专利和中国专利授权。

彭嵋，女，1963年10月出生，杭州奕真生物科技有限公司医学事务副总裁。2017年入选杭州市领军型创新类人才。

彭嵋是美国辛辛那提大学医学院分子药理学博士，有丰富的基因诊断领域的科研及运营管理经验。从哈佛伙伴医疗联合体到美国巨型医学诊断公司，再到新加坡私人诊断公司，先后引领两个基因诊断的分子遗传实验室从无到有，并领导美国最大医学第三方检验公司分子遗传部10多年，是医学基因诊断领域的突出人才。彭嵋经历初建两个临床检测机构（哈佛大学分子医学遗传学与基因组学合作伙伴中心实验室和新加坡紫檀分子诊断试验室私人有限公司）的资质申请、质量认证、开拓市场等挑战，是创新检控公司往基因检测领域扩展的组织管理者之一。

王德峰，男，1978年2月出生，杭州术康医疗科技有限公司首席技术官。2017年入选杭州市领军型青年类人才。

王德峰是香港理工大学计算机科学系博士，曾任香港中文大学副教授。发表SCI国际论文100多篇，获得美国专利5项、中国发明专利3项，是医学影像领域杰出的中青年科学家，在国际医学影像领域有广泛影响力。主要从事医学影像的处理与分析，统计学习、形态分析、智能计算等方面的理论与应用研究，将计算机技术与数学理论成功结合在医学影像研究中，拓展传统理论应用范围，有效解决医学图像处理问题。

王顺友，男，1963年10月出生，康霖生物科技（杭州）有限公司副总经理。2017年入选杭州市领军型创新类人才。

王顺友曾任美国滨江生物科技公司总经理。主要从事蛋白质药物，基因治疗药物和抗体药物的研发和管理工作。从1985年起从事免疫学研究，主攻自身免疫性疾病的机理与治疗、T细胞激活的分子机制和肿瘤免疫。对干细胞研究见解独到。应用动物模型，深入研究前列腺和前列腺癌的干细胞的生物学特性，发现前列腺干细胞的自身复制（self renewal）和分化途径。其研究成果被美国癌症研究协会邀请做大会报告，并发表在《Cancer Cell》（影响因子23.2）PNAS和《Cancer Research》，单篇引用高达800多次。

杨斌，男，1966年11月出生，杭州立昂东芯微电子有限公司首席技术官。2017年入选杭州市领军型创新类人才。

杨斌是中国科学院半导体研究所半导体物理与半导体器件物理博士，在美国高通公司有多年工作经历。在超高精尖拉米摩斯器件（CMOS），硅基大功率器件（LDMOS），三五族化合物半导体高速和大功率器件（GaAs pHEMT& HBT; GaN HEMT），高性能开管件器（pHEMT Switch），宽带滤波器（POG）和窄带滤波器（SAW, BAW, FBAR），以及晶圆级封装（WPL），高集成度模块封装系统（SiP），碲镉汞（HgCdTe）红外探测器，和光电集成等领域，有25年以上研究、开发、设计和产业化经验，拥有国际前沿技术经验和创新天赋。发表学术和会议及邀请报告论文62篇，拥有58项（已授权）和30项（申请中）美国及世界专利，做过4次国际学术大会邀请报告，担任7个国际学术杂志评委和3个重要国际会议组委会成员（Committee Member）和专家（Penalist），获10多项发明创新大奖。

杨中法，男，1972年10月出生，杭州奕真生物科技有限公司生物信息学主任。2017年入选杭州市领军型创新类人才。

杨中法曾任美国麻省州立大学医学院助理教授。主要从事血液肿瘤机理和治疗的基础与临床领域的研究。在布朗大学医学院和麻省州立大学医学院工作期间定义一个新的、必要的和充分的、通过GABP进入细胞周期的调节途径，是转录因子GABP有别于D型细胞周期蛋白在细胞周期调控的原创发现。该发现为抑制肿瘤细胞的药物开发提供新的可能的靶点。发现GABP通过控制PRKD2使慢性粒细胞白血病逐渐获得并增强抗药性，为克服CML和APL的耐药、抑制或根除白血病干细胞和治愈CML及高风险APL提供新的、更有效的治疗药物及更好的治疗方法。

余永锐，男，1964年1月出生，杭州芯耘光电科技有限公司的技术副总裁。2017年入选杭州市领军型创新类人才。

余永锐是美国加州大学圣芭芭拉分校电子与计算机博士，曾就职于美国Rockwell科学中心、Gtran、Maxlinear等公司。成功创办过一个高科技公司（PHYSPEED，光通信芯片），后被Maxlinear收购。主要从事高端光通信芯片的研发和产业化。余永锐是全球最早一批参与10G、40G和100G光通信芯片的设计及产业化的专家，早年作为IEEE资深会员，在IEEE核心会议邀请发表技术论文超过50篇，并获1997年IEEE最佳微波论文奖。带领团队主要开发100G及100G以上速率的电芯片和硅光芯片，填补国内领域技术空白并实现产品在国内产业化。

朱兴奋，男，1959年3月出生，觅瑞（杭州）生物科技有限公司董事长。2017年入选杭州市领军型外专类人才。

朱兴奋曾任职于新加坡国立大学医学院生物化学系教授、新加坡国立大学工程学院化学及生物分子工程系教授、新加坡科技发展局局属微核酸生物标志物研究中心主任、新加坡—麻省理工合作项目化学医药工程系主任。主要专长于微核酸检测、qPCR技术、代谢工程、合成生物学、神经科学、基因转染等领域。在新加坡完成课题20多个，现有课题项目金额2000万美元。其中包括超过1200万美元的微核酸相关的课题。发表论文100多篇，其中包括在《Science》《Journal of Neuroscience》等权威杂志发表。申请获得专利15项。常年与美国国家卫生院及顶尖跨国药企合作研发qPCR检测试剂，包括“罗氏公司”“默沙东公司”“美国BD医疗设备公司”等。

（许晓庆）

责任编辑 富敏超

杭州医药港小镇　　（郑体兵 摄）

开发区主要经济指标

表40

指标名称	单位	2013年	2014年	2015年	2016年	2017年
国内生产总值	亿元	471.71	524.85	587.30	625.68	652.31
其中：第一产业	亿元	1.11	0.95	0.91	0.39	0.35
第二产业	亿元	358.04	396.84	443.34	451.37	453.90
其中：工业增加值	亿元	344.94	385.30	431.98	443.89	445.13
第三产业	亿元	112.55	127.06	143.06	173.92	198.06
工业总产值	亿元	1 527.57	1 662.60	1 559.71	1 518.60	1 561.41
其中：外商及港澳台投资企业	亿元	1 278.80	1 349.70	1 219.53	1 099.78	1 146.15
工业销售产值	亿元	1 566.88	1 657.00	1 546.79	1 512.69	1 567.93
其中：外商及港澳台投资企业	亿元	1 318.10	1 346.80	1 211.59	1 104.79	1 168.52
工业营业收入	亿元	1 538.51	1 616.60	1 488.08	1 546.83	1 682.06
其中：外商及港澳台投资企业	亿元	1 281.75	1 288.40	1 150.77	1 122.55	1 244.32
工业利润总额	亿元	115.63	132.00	130.02	131.78	136.76
其中：外商及港澳台投资企业	亿元	99.18	105.70	110.88	98.13	96.82
万元工业增加值综合能耗降幅	%	2.07	9.20	5.70	4.80	2.03
全社会单位GDP电耗降幅	%	–1.50	8.10	2.00	–2.40	–12.86
社会消费品零售总额	亿元	53.26	62.42	83.33	88.35	99.30
固定资产投资额	亿元	289.18	307.50	142.77	145.41	154.54
其中：工业性投资额	亿元	117.50	115.74	69.57	34.30	48.58
进出口总额	亿美元	87.20	93.94	91.43	80.56	94.29
其中：出口总额	亿美元	58.45	63.83	59.41	45.66	49.59
财政总收入	亿元	114.23	119.39	126.67	127.29	134.37
其中：地方财政收入	亿元	50.90	51.02	54.80	63.51	70.31
引进外商投资企业	个	45	35	37	30	41
外商投资总额	亿美元	13.52	14.74	7.14	8.56	7.18
合同外资	亿美元	13.95	7.68	6.26	4.20	4.04
实到外资	亿美元	6.77	8.13	5.84	3.52	5.79

注：2015年、2016年、2017年经济指标均不含前进工业园区

续表40

指标名称	单位	2013年	2014年	2015年	2016年	2017年
辖区总人口	万人	41.02	42.60	42.75	48.18	48.18
户籍人口	万人	9.48	9.60	9.93	10.63	11.78
暂住人口	万人	29.94	33.06	32.85	3.75	36.40
从业人数	万人	22.05	19.20	18.90	19.56	20.48
其中：工业企业从业人员	万人	13.74	13.90	12.11	12.28	12.82

表41

开发区财政收支情况

项目	单位	2016年	2017年	比上年增长（%）
一、财政总收入	亿元	127.29	134.37	5.6
其中：地方财政收入	亿元	65.93	70.31	6.6
上划中央四税收入	亿元	61.36	64.07	4.4
二、财政总支出	亿元	75.66	89.72	18.6

表42

开发区固定资产投资情况

指标	单位	2016年	2017年	建区起累计
固定资产投资额	亿元	145.41	154.54	2 554.93
其中：基础设施投资额	亿元	69.98	43.67	557.86
工业项目投资	亿元	34.30	48.59	993.60
服务业投资	亿元	38.01	57.86	—
其中：房地产投资	亿元	31.32	48.41	—
施工项目数	个	331	339	—
其中：本年新开工项目	个	155	144	—
开工面积	万平方米	169.97	128.86	—
竣工面积	万平方米	124.03	126.08	—

表43

科技发展、人才引进和培养情况

指标名称	单位	2016年	2017年	历年累计	同比增长%
科技发展					
规上工业企业研究与试验发展经费支出	万元	219 680	221 219	—	0.70
国家高新技术企业数量	个	138	180	200	22.46
高新技术产业增加值	亿元	191.8	244.4	—	27.42
高新技术产业增加值占规上工业增加值比重	%	47.5	56.4	—	18.73
省级以上企业研发机构数量	个	106	125	125	17.92
国家级孵化器、众创空间数量	个	6	8	8	33.33
企业专利申请量	件	3 200	3 554	16 248	11.06
企业专利授权量	件	1 834	2 199	10 568	19.90

续表43

指标名称	单位	2016年	2017年	历年累计	同比增长%
拥有省级以上知名品牌（商标、名牌）的企业数量	家	16	40	65	150.00
人才引进和培养					
引进高层次人才	名	87	260	1 150	198.85
国家“千人计划”	名	6	7	36	16.67
省“千人计划”	名	12	13	67	8.33

表44

开发区人口情况

指标名称	单位	2016年	2017年
户籍人口	万人	10.63	11.78
其中：下沙街道	万人	3.77	3.96
白杨街道	万人	6.86	7.83
暂住人口	万人	37.55	36.40
其中：下沙街道	万人	17.75	17.91
白杨街道	万人	19.80	18.49
人口增长情况			
出生人数	人	2 470	3 071
死亡人数	人	134	218
人口自然增长数	人	7 034	11 549
出生率	‰	21.97	27.40
死亡率	‰	1.26	1.95
人口自然增长率	‰	20.71	25.45

表45

开发区城市建设情况

指标名称	单位	2016年	2017年
已开发土地面积	平方千米	49.42	49.89
年末实有道路长度	千米	284.57	294.56
年末实有道路总面积	平方千米	7.89	8.23
年末实有渠道总长度	千米	89.05	89.8
年末实有桥涵数	座	129	129
年末实有下水道长度	千米	774.6	780.57

附　录

·先进名录·

【2017年度开发区部门（街道）综合考评先进】

一、综合考评单位考评

优胜单位

开发区纪检监察组
开发区党工委、管委会办公室
开发区党工委政法委
开发区人才科技局
开发区公安分局
开发区建设局

先进单位

开发区人社局（组织部）
开发区法院
开发区财政局
开发区市场监管分局
开发区总工会
下沙街道

二、综合评议单位考评

优胜单位

开发区交警大队
开发区国税局

先进单位

开发区海关
开发区地税分局

（杜伊玲）

【开发区2017年度首届人才科技创新大会获奖名单】

一、卓越创新企业

杭州九阳小家电有限公司
杭州中肽生化有限公司
杭州和利时自动化有限公司
杭州沃镭智能科技有限公司
艾博生物医药（杭州）有限公司
杭州立昂微电子有限公司
杭州福膜新材料科技有限公司
杭州景杰生物科技有限公司
杭州娃哈哈精密机械有限公司
硕维科技（杭州）有限公司

二、突出贡献杰出人才奖

李　湘　中肽生化有限公司
姚献平　杭州纸友科技有限公司

三、创业创新杰出人才奖

史初良　杭州三花研究院有限公司
王晓群　杭州金州高分子科技有限公司
赵永新　杭州多禧生物科技有限公司

四、优秀青年杰出人才奖

王小燕　杭州朝阳橡胶有限公司
纪云锋　杭州和利时自动化有限公司
尚贞涛　杭州易沙网络科技有限公司
钱国平　杭州下沙生物科技有限公司
许承刚　杭州百富电子技术有限公司

五 优秀创新创业团队

杭州迦美信芯通讯技术有限公司
杭州赫日新能源科技有限公司

杭州多禧生物科技有限公司
杭州立昂微电子股份有限公司
中肽生化有限公司
杭州东尚光电科技有限公司

（许晓庆）

【2017年开发区获科技进步奖企业名单】

获浙江省科技进步奖一等奖企业
杭州士兰集成电路有限公司
获浙江省科技进步奖三等奖企业
杭州朝阳橡胶有限公司
杭州彩谱科技有限公司
众泰新能源汽车有限公司

（林 燕）

【2017年度开发区获中国驰名商标及企业】

TEDERIC
泰瑞机器股份有限公司（新认定）

【开发区2017年新认定的浙江省AAA级“守合同重信用”企业】

杭华油墨股份有限公司
浙江中财型材有限责任公司
泰瑞机器股份有限公司
硕维科技（杭州）有限公司

【开发区2017年新认定的浙江省放心农贸市场】

杭州下沙农副产品综合市场

（张 筱）

【2017年开发区劳动模范和模范集体名单】

劳动模范（按姓氏笔画排序）
丁国军 下沙街道铭和社区居民委员会书记
丁荣森 杭州市下沙中学副校长
王金发 开发区学林街小学教师
王瑞军 白杨街道办事处综治科科长
田 宇 杭州优科豪马轮胎有限公司经营企划部部长
朱伟锋 开发区建设局工程管理科科长
朱新建 九阳股份有限公司电子商务中心总经理
汤筱颖 开发区社会发展局教育一科科长
孙德富 杭州奥普卫厨科技有限公司副总监
张国平 开发区城市建设发展中心主任
张建乐 开发区和达物业管理有限公司市容养护部经理
张晓刚 杭州世宝汽车方向机有限公司技术总监
张清华 开发区人民法院执行庭副庭长
项淑英 下沙街道社区卫生服务中心医教科科长
顾方明 杭州福膜新材料科技有限公司董事长
钱 华 杭州和利时自动化有限公司高级解决方案专家
钱伟军 开发区高教保洁有限公司经理
徐 磊 开发区公安分局白杨派出所民警
徐如宁 东芝开利（空调）中国有限公司工长
鲍胜芳 杭州创新生物检控技术有限公司部门经理
模范集体
浙江康莱特药业有限公司设备动力车间
玫琳凯（中国）化妆品有限公司人力资源部
杭州顶益食品有限公司制面处
松下电化住宅设备机器（杭州）有限公司人事总务部
开发区劳动监察大队
开发区国土分局不动产登记窗口
下沙街道办事处城市管理科
白杨街道朗琴社区居民委员会

（诸琪杰）

·机构全称及规范化简称·

【开发区机构全称及规范化简称】

中共杭州市委杭州经济技术开发区工作委员会（简称开发区党工委）

杭州经济技术开发区（浙江杭州出口加工区）管理委员会（简称开发区管委会）

中共杭州市纪委、市监委派驻杭州经济技术开发区管理委员会纪检监察组（简称开发区纪检监察组）

中共杭州市委杭州经济技术开发区工作委员会办公室、杭州经济技术开发区管理委员会办公室（简称开发区党工委、管委会办公室）

中共杭州市委杭州经济技术开发区工作委员会组织部（简称开发区党工委组织部）

杭州经济技术开发区人事劳动和社会保障局（人才工作领导小组办公室、劳动监察大队）〔简称开发区人社局（人才办、劳动监察大队）〕

中共杭州市委杭州经济技术开发区工作委员会政法委员会（社会管理综合治理委员会办公室、维护社

会稳定办公室、司法局)〔简称开发区党工委政法委(综治办、维稳办、司法局)〕

杭州经济技术开发区管理委员会机关党务工作委员会(精神文明建设委员会办公室)〔简称开发区管委会机关党委(文明办)〕

杭州经济技术开发区人民法院(简称开发区法院)

杭州经济技术开发区人民检察院(简称开发区检察院)

杭州经济技术开发区经济发展局(安全生产监督管理局、统计局、物价局、农村发展局〔简称开发区经发局(安监局、统计局、物价局、农发局)〕

杭州经济技术开发区人才科技局(简称开发区人才科技局)

杭州经济技术开发区社会发展局(杭州市文化市场行政执法总队经济技术开发区大队)〔简称开发区社发局(文化执法大队)〕

杭州市公安局杭州经济技术开发区分局(简称开发区公安分局)

杭州经济技术开发区财政局(审计局)〔简称开发区财政局(审计局)〕

杭州市国土资源局经济技术开发区分局(简称开发区国土分局)

杭州市规划局经济技术开发区分局(简称开发区规划分局)

杭州经济技术开发区建设局(房产管理局、环境保护局、建设工程质量安全监督站)〔简称开发区建设局(房管局、环保局、质安站)〕

杭州经济技术开发区商务局(简称开发区商务局)

杭州市卫生和计划生育委员会经济技术开发区分局(简称开发区卫生计生分局)

杭州市市场监督管理局经济技术开发区分局(杭州市质量技术监督局经济技术开发区分局、杭州市食品药品监督管理局经济技术开发区分局)〔简称开发区市场监管分局(质监分局、食药分局)〕

杭州经济技术开发区城市管理办公室(简称开发区城管办)

浙江杭州出口加工区综合管理局(简称出口加工区综管局)

杭州经济技术开发区总工会(共青团工作委员会、妇女工作委员会)〔简称开发区总工会(团工委、妇工委)〕

杭州经济技术开发区残疾人联合会(简称开发区残联)

杭州经济技术开发区城市管理行政执法大队(简称开发区行政执法大队)

杭州经济技术开发区城市建设发展中心(简称开发区城建中心)

杭州经济技术开发区资产经营集团有限公司(简称开发区资产经营集团公司)

杭州东部城市建设投资集团有限公司(简称开发区东部城投集团)

杭州经济技术开发区海关(简称开发区海关)

杭州出入境检验检疫局经济技术开发区办事处(简称检验检疫开发区办事处)

杭州市公安局交通警察支队经济技术开发区大队(简称开发区交警大队)

杭州市公安局消防支队经济技术开发区大队(简称开发区消防大队)

杭州经济技术开发区国家税务局(简称开发区国税局)

杭州市地方税务局开发区分局(简称开发区地税分局)

杭州市道路运输管理局经济技术开发区管理处(简称开发区运管处)

杭州市水务控股集团有限公司城东分公司(简称市水务集团城东分公司)

国网杭州供电公司下沙供电营业部(简称下沙供电营业部)

杭州公共交通下沙有限公司(简称杭州公交下沙公司)

中国电信股份有限公司杭州分公司下沙分局(简称电信下沙分局)

中国邮政集团公司杭州市分公司下沙支局(简称邮政下沙支局)

中国移动通信集团浙江有限公司下沙分公司(简称移动下沙分公司)

中国联合网络通信有限公司杭州市分公司下沙区分公司(简称联通下沙分公司)

杭州钱江燃气有限公司(简称钱江燃气公司)

杭州下沙高教园区管理委员会办公室(简称下沙高教办)

·重要文件选辑·

【开发区党工委重要文件】

一、2017年开发区党工委下发的重要文件

关于成立开发区环境综合大整治行动工作领导小

组的通知（杭经开委4号）

关于成立开发区省军区农副业基地五大市场处置工作领导小组及工作专班的通知（杭经开委6号）

关于在委管领导班子和领导干部中开展“争当下沙铁军排头兵，争做‘三次创业’好干部”主题实践活动的实施意见（杭经开委24号）

关于调整不适宜担任现职干部实施办法（试行）的通知（杭经开委26号）

关于印发杭州经济技术开发区机关事业单位工作人员考核实施办法的通知（杭经开委37号）

关于印发开发区党工委全面深化改革领导小组2017年重点改革任务的通知（杭经开委48号）

关于成立开发区巡察工作领导小组的通知（杭经开委56号）

关于建立委领导联系高层次人才制度的通知（杭经开委57号）

二、2017年开发区党工委办公室下发的重要文件

关于印发邵立春同志在开发区2017年度工作会议上讲话的通知（杭经开委办6号）

关于印发2017年廉政作风建设大会领导讲话的通知（杭经开委办7号）

关于切实加强安全管理工作的紧急通知（杭经开委办8号）

关于印发开发区开展“三次创业”大讨论活动实施方案的通知（杭经开委办10号）

2017年开发区社区组织换届选举工作意见（杭经开委办13号）

关于加强街道“四个平台”建设完善治理体系的实施意见（杭经开委办18号）

印发关于推进全区“两学一做”学习教育常态化制度化工作安排方案的通知（杭经开委办27号）

关于印发开发区全面深化产城融合提升城市发展水平三年行动计划（2017—2019）重点工作任务责任分解的通知（杭经开委办31号）

关于深入学习贯彻习近平总书记“7·26”重要讲话精神的通知（杭经开委办42号）

关于建立驻杭州经济技术开发区部队全面停止有偿服务工作军地协调领导小组的通知（杭经开委办50号）

关于印发开发区机关事业单位工作人员请销假管理规定的通知（杭经开委办69号）

【开发区管委会重要文件】

一、2017年开发区管委会下发的重要文件

关于认定杭州优布信息科技有限公司等39家企业为2016年第四批区级科技型企业的通知（杭经开管发7号）

关于印发杭州经济技术开发区全面提升社区建设国际化水平实施方案的通知（杭经开管发19号）

关于印发开发区大气重污染应急预案（执行）的通知（杭经开管发29号）

关于印发开发区2017年环境综合大整治行动实施方案和十大专项行动方案的通知（杭经开管发33号）

杭州经济技术开发区非住宅房屋征收补偿安置实施意见（杭经开管发51号）

关于印发开发区征收集体所有土地住宅用房补偿实施细则的通知（杭经开管发52号）

关于印发开发区城市公共基础设施养护标准提升方案的通知（杭经开管发55号）

关于印发开发区2017年十大为民办实事项目的通知（杭经开管发80号）

关于印发开发区进一步深化“简政放权、放管结合、优化服务”推进办事“最多跑一次”改革实施方案的通知（杭经开管发86号）

杭州经济技术开发区关于大众创业促进就业的实施意见（杭经开管发128号）

关于印发开发区产业基金管理办法的通知（杭经开管发129号）

关于开发区2017年大气污染防治实施计划的通知（杭经开管发136号）

关于印发开发区教育事业发展“十三五”规划的通知（杭经开管发154号）

关于下达开发区第一批低效工业用地企业名单的通知（杭经开管发234号）

关于印发开发区2017年度人才科技工作目标责任制考核办法的通知（杭经开管发265号）

关于印发开发区和达生物医药产业基金管理办法的通知（杭经开管发277号）

关于成立开发区“拥江发展”领导小组的通知（杭经开管发294号）

关于印发开发区“五水共治（河长制）工作长效管理实施办法的通知（杭经开管发301号）

关于印发《杭州经济技术开发区关于推进科技创新创业的若干政策》的通知（杭经开管发305号）

关于印发开发区和达大创天使基金管理办法的通知（杭经开管发313号）

二、2017年开发区管委会办公室下发的重要文件

关于印发开发区加强食品安全社会共治工作实施方案的通知（杭经开管办29号）

关于印发开发区工业项目城市市政基础设施配套费征收管理及开竣投奖励办法的通知（杭经开管办32号）

关于印发开发区管委会合同评估管理办法的通知（杭经开管办35号）

关于印发开发区规范工业用地收回储备工作实施细则的通知（杭经开管办40号）

开发区工业企业综合评价及推进要素资源差别化配置的意见的通知 （杭经开管办42号）

（王　艺）

杭州经济技术开发区
关于大众创业促进就业的实施意见
杭经开管发〔2017〕128号

为深入实施就业优先战略，进一步激发大众创业活力，促进创业就业工作，根据《国务院关于进一步做好新形势下就业创业工作的意见》（国发〔2015〕23号）、《浙江省人民政府关于支持大众创业促进就业的意见》（浙政发〔2015〕21号）和《杭州市人民政府关于支持大众创业促进就业的意见》（杭政函〔2015〕174号）等文件精神，结合开发区实际，现提出如下实施意见。

一、积极推进创业带动就业

1.放宽市场准入。深化商事制度改革，全面落实营业执照、组织机构代码证、税务登记证、社会保险登记证、统计登记证“五证合一”登记制度，实现“一表申请、一窗受理、一次告知、一份证照”。继续放宽企业住所（经营场所）登记条件，推行“一照多址”、“一址多照”等举措。清理规范行政审批事项，提高办事效率。

2.办公场所租金补贴。毕业5年以内的高校毕业生、登记失业人员、就业困难人员、城镇转业复退军人创办小微企业、个体工商户或民办非企业等经营实体的，按照《杭州市人民政府关于支持大众创业促进就业的意见》（杭政函〔2015〕174号）文件规定给予办公场所租金补贴。

3.创业项目资助。科研人员、大学生、留学生等以个人名义在开发区范围内投资注册、创办生物医药、高端装备制造、新一代信息技术、新能源新材料、现代服务业、文化创意等符合产业发展导向并正常开展生产经营活动和纳税的企业（以下简称开发区大众创业企业），经评审，给予2~100万元的项目无偿资助，按项目进展情况分期拨付。对获得市级以上政府主办和开发区管委会主办的创业大赛获奖项目在开发区落地转化的，可免评审直接申请2~20万元项目资助。大众创业企业按本政策第2条规定享受办公场所租金补贴，实际房租费用超出部分，可按人均10平方米、最高不超过150平方米的标准再申请办公场所租金补贴，补贴期限为3年，补贴标准为1元/平方米·天。创业园免费为入园企业提供场地的，办公场所租金补贴由创业园主办方享受，经营实体不再享受。

4.创业融资资助。符合《杭州市人民政府关于支持大众创业促进就业的意见》（杭政函〔2015〕174号）规定条件的企业、个体工商户或民办非企业等经营实体，可申请最高50万元的创业担保贷款，按人群类别给予50%~100%的贴息比例，补贴期限不超过4年，贴息利率可在基础利率的基础上上浮3个百分点。符合开发区贷款风险池相关条件的，可申请最高500万元的信贷资金。

5.个人租房补贴。对获得开发区创业项目资助的创业企业核心团队成员，可申请最高1200元/月·人的租房补贴，补贴期限不超过2年。其中获得2–20万资助的项目，补贴标准为500元/月；获得20~50万项目资助的企业，补贴标准为800元/月；获得50~100万项目资助的企业，补贴标准为1200元/月。享受资助人员须杭州市范围内的无房户，租房地点限杭州开发区范围内，企业可享受补贴人员不超过3人。

6.坚持扶优扶强。经审核，开发区大众创业企业3年内年销售收入达到100万以上500万元以下、带动就业10~30人的，增加1年办公场地租金补贴期和半年贷款利息补贴期。年销售收入达到500万元以上、带动就业30人以上的，增加2年办公场地租金补贴期和2年贷款利息补贴期。对获得500万及以上风险投资的，增加2年办公场地租金补贴期。每个企业办公场所租金补贴周期最大不超过5年，补贴标准按本政策第3条意见执行。每个企业贷款利息补贴周

期最大不超过5年，补贴标准按本政策第4条意见政策。对年税收100万元以上、带动就业100人以上的，给予企业一次性奖励10万元。特别好的项目给予一企一策。

7.创业带动就业。对新创办的大众创业企业吸纳应届高校毕业生和开发区户籍的登记失业人员、就业困难人员、城镇转业复退军人就业并连续缴纳社会保险满12个月的，可享受一次性用工补贴和单位缴纳部分社保补贴。一次性用工补贴标准为2000元/人，补贴期限为3年。社保补贴按企业基本养老保险、医疗保险、失业保险和生育保险之和享受补贴，补贴期限为1年。

二、加强创业平台建设

8.打造创业就业平台。支持区内高校、民营企业、投资机构、街道社区盘活现有资产，聚焦高端装备制造、生物医药、新一代信息技术、新能源新材料以及高端服务业等重点产业，推动各类创业就业平台发展，打造"一园一品"、"一校一业"。对符合市人社局《市区创业场地扶持办法》（杭人社发〔2016〕26号）要求的新建大众创业园区，根据园区规模、企业总量等情况，给予5~20万元的建园补贴，补贴分期拨付。设立星级大众创业园评选奖励制度，根据园区投资额度、投资强度、人才总量质量、科技含量等情况，给予10~50万奖励。获得国家、省、市创业平台称号的，按规定给予配套奖励。

9.加强创业教育。设立1000万元的开发区创业教育培训基金，主要用于培训基地建设、创业课程开发、师资队伍建设、创新创业人才培养、创业载体活动建设等。支持企业、高校及社会培训机构创建创业教育培训基地，经认定，给予开发区创业教育培训基地20万元奖励。加强创业教育导师队伍建设，对开发区聘请的创业导师并按规定执行教学计划的，给予每年1~3万元的工作津贴。开展创业精品教育课程评选，对列入开发区创业教育课程精品库的，给予最高5万元的一次性奖励。

10.加强企业实训见习基地建设。经开发区认定的实训见习基地，除享受上级相关政策外，每录用1名高校应届毕业生、登记失业人员、就业困难人员、城镇转业复退军人，再给予企业300元的一次性培训补贴。

三、提高素质促进就业

11.引进高技能人才。对区内企业当年引进中华技能大奖、钱江技能大奖和同工种全国、省技术能手、浙江金蓝领称号者、杭州市首席技师、市级以上技能大赛前5名等（含等同），按照人才规格等次，给予2~100万元的引才奖励，并落实户口迁入、子女入学等政策。

12.支持职业技能提升。鼓励和扶持企业通过多种形式实现在职员工技能提升，对每年培养在职员工且取得高技能职业资格证书达100人以上的企业，给予10万元的培训补贴。企业在职技能人才在开发区缴纳社会保险满1年以上，通过技师资格考试并取得技师证书的，给予一次性奖励1000元，通过高级技师资格考试并取得高级技师证书的，给予一次性奖励2000元。完善企业高技能人才退休待遇政策，对在开发区办理企业职工基本养老保险，退休时具有技师、高级技师职业资格的，除享受上级有关政策性专项津贴外，可申请享受职级补贴，技师200元/月·人，高级技师300元/月·人。

13.培育下沙工匠。组织开展开发区技能大师工作室、首席技师、金牌工人认定工作。对经认定的区级技能大师工作室，开发区给予5~10万元的建设经费资助。对评为开发区首席技师的，给予2万元的一次性奖励。对评为开发区金牌工人的，给予500元/月工作津贴，补贴期限2年。经开发区认定的开发区人力资源输入基地、培训机构和用人单位，按规定直接培养或输送培养高技能人才的，可根据培养人数和技能等级，分别给予100元~800元的培训奖励。

四、强化创业就业服务

14.贯彻落实省市创业就业政策。充分发挥企业就业主渠道作用，支持企业稳定就业岗位，加强就业困难人员就业援助，规范公益性岗位开发管理，严格控制政策性帮扶岗位，加大退役军人、随军家属就业扶持，积极推进残疾人就业。

15.鼓励区内企业吸纳就业。区内企业每新录用一名高校应届毕业生和开发区户籍的登记失业人员、就业困难人员、城镇转业复退军人并连续缴纳社会保险12个月以上的，给予1000元/人的补贴，每年补助总额不超过5万元。

16.打造人力资源产业园。凡符合条件入园的人力资源服务企业，给予3年内最高300平方米的办公场地租金补贴，补贴标准不超过1元/平方米·天。同时，根据其对开发区的实际贡献，给予前两年财政贡献额度100%奖励，后两年50%奖励，当年奖励额度与当年财政贡献挂钩。开展人力资源服务企业星级评定活动，鼓励人力资源产业规范、健康发展。

17.加大政府购买服务力度。支持引进培育专业的财务、税务、法务、商务、人事代理及行政等中介服务机构，对大众创业企业提供全过程、低成本的专业服务。鼓励和扶持有条件的企业或行业发起成立开发区技师协会，通过协会承担技能人才培养、鉴定、竞赛、技术交流和服务等职能。对承办创业大赛、技能竞赛、就业指导大赛等创业就业活动的承办单位给予最高30万元的补贴。

18.营造良好工作氛围。强化资金保障，设立创业就业专项基金，完善相关资金管理办法。健全就业创业指数、失业预警工作体系，加强研究分析和应急管理。深化"互联网+"人力资源服务，规范提升人事代理、人才评荐、创业教育、职业指导等，全面推进智慧创业就业工程。广泛宣传促进就业创业的政策措施和先进典型，引导劳动者树立正确的创业观、就业观，积极营造鼓励创新、支持创业、宽容失败的良好工作氛围。

五、附则

19.大众创业企业投资主体为个人且担任担任法定代表人的，其出资总额不低于注册资本的30%；大众创业企业投资主体为多人的，其成员70%（含）以上须为大学毕业，且出资总额不低于注册资本的30%（含），其中担任法定代表人的个人出资额须占50%（含）以上。

20.企业获得市级及以上财政资助且须开发区配套资助的或获得开发区其它同类财政资助的，按就高不就低原则，不重复资助。本意见所涉及的相关经费从创业就业专项资金和人才专项资金中列支。

21.2017年1月1日起在开发区注册成立的大众创业企业按照本意见享受政策，2017年1月1日以前在开发区注册成立的大学生创业企业按照《杭州经济技术开发区促进大学生创业、实训和就业实施办法（试行）》（杭经开管发〔2008〕528号）相关条款执行。

22.本意见由杭州经济技术开发区管理委员会负责解释。

23.本意见自2017年8月1日起实施。原《杭州经济技术开发区人力资源输入（培训）基地奖励和补助实施意见（试行）》（杭经开委〔2010〕15号）废止执行。

杭州经济技术开发区
关于推进科技创新创业的若干政策

杭经开管发〔2017〕305号

为深入实施创新驱动战略，大力推进开发区"三次创业"，全面建设"下沙科技城"，进一步加快创新平台和载体建设，有效促进产业转型升级，着力营造创新创业良好氛围，全力打造杭州城东智造大走廊建设引领区、国家级开发区转型升级示范区，特制定本政策。

一、加快科创平台建设

1.鼓励设立研发机构。新认定的区级研发中心，按其研发设备投资额10%的标准给予资助，最高50万元。具体参照开发区对研发机构的相关规定执行。

新认定的国家级企业研发机构、省级企业研究院、省级研发（技术）中心、市级研发（技术）中心，分别给予300万元、100万元、50万、20万元奖励。

对新认定的省级重点企业研究院，按规给予建设经费补助；对其承担的省重大科技攻关专项，按规给予配套。

新认定的市级院士专家工作站，满一年评估合格的给予配套资助50万元；新认定省级工作站再给予30万元资助。

新认定的国家级、省级、区级博士后科研工作站（分站），分别给予50万元、20万元、10万元奖励，每进站1名博士后再给予10万元资助。

2.鼓励创新园区发展。支持上市公司、知名创投机构及专业团队在区内建设创新园区（孵化器、众创空间）。

新认定市级及以上孵化器的，给予园区管理公司改建费用10%的一次性补助，最高300万元。新认定市级及以上众创空间的，给予装修（含设备购置）费用20%的一次性补助，最高100万元，并从认定年度起给予连续3年、每年最高10万元的宽带费用支持。

同时，新认定国家级、省级、市级孵化器，分别给予园区管理公司200万元、80万元、30万元奖励；众创空间按上述标准减半奖励。

孵化器（众创空间）新引进或新培育主板上市企业、"新三板"挂牌企业、国家高新技术企业，分别按最高每家100万元、20万元、20万元的标准给予园区管理公司奖励。

孵化器（众创空间）入驻企业获得投资机构融资的，按照前两轮融资实际到资额2%的额度给予园区管理公司奖励，单个被投企业不超过20万元，单个园区年奖励总额最高100万元。

孵化器（众创空间）自设基金对入驻企业投资，单笔投资在10万元以上的，按照投资额的5%给予园区管理公司奖励，单个被投企业奖励额不超过20万元，单个园区年奖励总额最高100万元。

3.鼓励科技企业集聚。在特色小镇等创新平台内，新引进或新设立的鼓励类科技企业（包括信息软件、互联网、服务外包、科技中介、文化创意等），经小镇办公室组织相关部门审核确定，2年内按最高1元/平方米·天的标准，给予人均10平方米、总面积最高100平方米的房租补助。

4.支持创新创业活动。鼓励企业、院所、平台、协会、机构等在区内举办具有全国性、行业性影响力的高端论坛和赛事等创新创业活动，开发区作为主办方（或承办方）之一的，经事先备案，按不超过实际支出50%的额度给予补助，最高50万元。获市级活动券补助的，再按市补助额的50%给予追加补助。具有重大影响力的活动可给予“一事一议”支持。

5.激励创新创业人才。符合开发区主导产业，新引进或新认定的国家高新技术企业、年纳税在500万以上的科技型企业、经开发区研究确定的重点企业，3年内给予薪酬贡献奖励：工资薪金收入在30万元以上且正常纳税的高管人员，按其个人所得税对区贡献50%的额度给予企业奖励，每家每年最高10人。

二、鼓励创新能力提升

6.支持企业研发投入。按规定享受税务部门研发费用加计抵扣的科技型企业，按国家高新技术企业5%、其他企业2%的额度对研发费用（自筹部分）给予资助，最高200万元；研发费用占销售收入比重超过5%的，再对研发费用较上年增长部分的20%给予资助。每家每年最高500万元。

7.鼓励高新企业发展。首次认定或新引进的国家高新技术企业、市高新技术企业、省科技型中小企业的，分别给予企业经营团队60万元、5万元、3万元奖励；其中国家高新技术企业认定当年拨付30万元，再次认定后再拨付30万元。

新认定或新引进的国家、市高新技术企业，按最高1元/平方米·天标准，连续2年分别给予最高1000平方米、300平方米的房租补助。

新引进的国家高新技术企业，自引进次年起，连续2年按企业形成的开发区财政贡献额度给予全额奖励。

鼓励企业或中介引荐国家高企到区内落户，经事先备案，每落户一家给予引荐奖励5万元。

8.鼓励争创科技奖项。经开发区推荐申报，获得国家、省、市科技部门立项资助的科技项目，按要求给予配套资助。

对获评为省级、市级领军型创新创业团队的，按省市要求给予专项经费资助。

对获国家科技进步奖（技术发明奖）一等奖、二等奖、三等奖的，分别给予企业研发团队500万元、200万元、50万元奖励；对获省科技进步一等奖、二等奖、三等奖的，分别给予企业研发团队100万元、50万元、20万元奖励；对获市科技进步一等奖、二等奖、三等奖的，分别给予企业研发团队30万元、15万元、5万元奖励。第二完成单位按上述标准减半奖励。

三、鼓励区校（院）协作创新

9.支持高校（院所）师生创业。支持国内外知名高校（院所）在区内建设创新园区，经认定，3年内按1元/平方米·天的标准给予最高3000平方米的场地支持。

鼓励高校选派优秀教师进企服务，从事技术开发、技术转化、技术培训、技术推广等科技协作和成果转化活动。经开发区组织备案，给予每位教师最高5万元补贴。

高校教师创办企业列入市科技型初创企业培育工程的，2年内给予最高60万元的项目资助。

10.鼓励建立产业技术联盟。对市级以上产业技术创新联盟给予一次性开办费补助30万元，再按1元/平方米·天的标准，连续3年给予最高500平方米房租补助。

对新认定的国家级、省级、市级产业技术创新联盟分别给予60万元、30万元、15万元奖励。对新认定为市级以上科技公共服务平台的，在市级资助基础上再按设备投资额的30%，给予最高150万元资助。

11.鼓励设立技术转移机构。鼓励国内外高校院所在开发区建立市场化运作的技术转移机构，自设立起3年内，给予最高100平方米、1元/平方米·天的房租补助，并按其投入每年最高给予30万元运行费补助。对列入国家级、省级技术转移示范机构，分别给予50万元、30万元奖励。

对技术转移等科技中介及高校促成科技成果在区内转化并实现产业化、项目合同金额10万元以上的，在市级政策基础上，再按实际交易额的2%给予奖励，最高100万元。

12.鼓励校企合作创新。鼓励企业联合高校院所开展技术攻关、产品研发，经合同登记部门认定和开发区备案，按实际开发费的15%给予企业资助，最高20万元；技术输出方为区内高校的，按实际开发费的3%给予高校研发团队奖励，最高10万元。

区内企业在各级创新载体上开展检验检测、技术服务的，按在区内载体30%、在区外载体20%的额度给予补贴，每家企业最高10万元。对区内载体，按其为区内企业提供服务交易额的3%，给予团队最高10万元的补助。具体参照开发区对创新券的相关管理规定执行。

四、支持知识产权培育

13.支持专利企业发展。新认定的国家知识产权示范企业和知识产权优势企业，分别给予30万元、20万元奖励，新认定的省级、市级、区级专利试点（示范）企业，分别给予10万元、5万元、2万元奖励。

对获得国家专利金奖、优秀奖的，给予企业研发团队50万元、20万元奖励。

14.鼓励知识产权创造。支持企业开展专利申请、知识产权贯标工作。

企业每新申请1项发明专利、或5项实用新型专利、或10项外观专利，并获受理的，给予5000元申请费用资助，单个企业每年不超过10万元。通过“专利合作条约”（PCT）途径提出的向国外专利申请，进入国家阶段后，每件资助2万元。企业新授权的专利，对于国内授权的发明专利每件奖励1万元，实用新型专利5项（含）以上每件奖励1200元，外观专利10项（含）以上每件奖励600元；美日欧专利局授权的发明专利，每件奖励8万元；其他国家授权的发明专利，每件奖励2万元。

参加国家企业知识产权管理规范标准创建，验收合格后给予5万元资助。

15.鼓励技术标准研制。企业研制先进技术标准，且当年发布的，分别给予以下奖励：

主持制定国际、国家、行业、地方产品技术标准并成为标准制（修）订第一起草单位的，分别给予企业经营团队不超过50万元、30万元、20万元、10万元奖励。

成为国际、国家、行业、地方产品技术标准主要起草单位之一的，分别给予企业经营团队不超过30万元、15万元、10万元、5万元奖励。

国际、国家、行业、地方方法技术标准制（修）订项目，按上述奖励额度50%给予奖励。

16.鼓励实施标准认证。承担标准化试点（示范）项目并验收达标的，给予企业（组织）经营团队5万元奖励。首次通过中国合格评定国家认可委员会认证（CNAS）的，给予企业10万元奖励。当年开展ISO50001能源管理标准化试点并验收达标的，给予5万元奖励。

五、其他

17.支持科技企业融资。设立规模为2亿元的科技企业贷款风险池基金，重点用于帮助区内科技型中小企业获得低成本贷款。设立母基金规模为5亿元的创业引导基金，对支持区内科技型初创企业发展的创投机构进行阶段参股。设立首期规模为20亿元的产业母基金，重点支持产业转型升级和创业创新发展。

企业利用自有知识产权质押贷款并按期偿付，按2.5%的年利率给予贴息补助，单个企业每年贴息金额最高100万元。

18.实施重点企业（平台）扶持。在上述政策基础上，对区域经济发展有重大推动作用的科技、人才和平台项目，开发区可在房租、项目投资、研发投入、贷款贴息、运营经费等方面，重点给予专项奖励和扶持。

六、附则

19.本政策适用于在杭州经济技术开发区范围内注册、纳税，正常开展生产经营活动的企（事）业单位（涉及金融机构除外）。新引进企业是指从开发区辖区以外引进的独立法人企业。

20.政策期内发生生产安全伤亡事故，或发生环境污染事故，以及未按规定上报科技活动统计报表的，各类资助（奖励）予以“一票否决”。

21.开发区主导产业是指高端装备制造、生物医药、新一代信息技术、新能源新材料和高端服务业（包括总部经济、金融服务、科技服务、跨境电商、文化创意）等竞争优势明显的产业领域。涉及创新园区、专利试点企业和企业研发机构等认定管理，参照开发区相应管理办法。上级各类认定按上级相关文件办法执行。

22.获得开发区其它同类资助（奖励）的（包括国家、省、市专项政策的配套资金及区专项扶持），按就高不就低原则，不重复资助（奖励）。涉及鼓励园区发展资助（奖励）与开发区《创新园区管理办法》相关条款不重复资助。专利申请地址应在开发区，且同一专利只奖励一次。涉及一年以上的延续性资助（奖励），须每年度申请.

23.所享受的各类资助（奖励）总额原则上以企业当年对开发区财政贡献为限，以下情况除外：一是经开发区推荐上报的各级科技创新项目的配套（含对省级重点企业研究院、省市领军型创新创业团队的配套资助）。二是新引进或新设立、处于培育期内的企业：一般科技企业为3年、生物医药企业为5年其中新药研发类企业为7年。三是新认定获评国家高新技术企业、市级及以上研发机构、科技进步（技术发明）奖等称号（资质）的奖励。四是经认定且考核通过的创新园区（孵化器、众创空间）所获得的各类资助。五是另有约定的。

24.获资助（奖励）的企业如迁出开发区须进行财政、税务清算，所获财政资助应按相关协议进行清算。

25.本政策自2018年1月20日起实施，2017年度参照本政策执行，原杭经开管发〔2014〕181号文件同时废止。

关于实施“金沙英才”计划
加快推进下沙科技城建设的意见（试行）

杭经开管发〔2017〕309号

为深入实施创新驱动战略，大力推进开发区“三次创业”，加快高层次人才集聚，努力建设国家级开发区转型升级示范区和国家级双创示范基地，现就实施“金沙英才”计划、加快推进下沙科技城建设提出如下意见：

一、目标任务

围绕推进开发区城市国际化和产业转型发展，坚持市场主导和政府引导，以打造国际一流的人才创新创业生态示范区为载体，以加快高层次人才集聚为重点，统筹推进各类人才队伍建设，为开发区转型发展提供坚强人才支撑。

到2020年底，新引进和培育带技术、带项目、带资金的国家和省“万人计划”、“千人计划”专家和省领军型创新创业团队成员等领军型人才100名以上，主营业务收入超过1000万元的高层次人才创办企业100家以上。

二、政策举措

（一）支持人才创业

高层次人才来开发区创办企业的，经认定评审后给予最高1000万元启动资金和研发费用补助、最高1000平方米3年租金补贴和最高1000万元贷款额度贴息支持，对产业发展紧缺、水平特别突出的创业项目，最高给予1亿元的资金支持：

1.基本条件

（1）申请人原则上应具有硕士研究生及以上学历学位，年龄一般不超过55周岁。

（2）申请人为所在企业第一大自然人股东，或为企业主要股东且为法定代表人，原则上要求占股比例在30%以上。

（3）项目符合开发区产业导向，主要包括高端装备制造、生物医药、新一代信息技术、新能源新材料、高端服务业等领域。

（4）项目具有自主知识产权，技术处于国际先进或国内领先水平，产业化前景良好。

2.创业启动资助。对符合条款1要求的人才带技术、带资金、带项目来开发区创业，根据人才的学习工作经历和项目情况，经认定给予相应的创业启动资助：

一类：对符合杭州市B类及以上人才认定标准的人才，以及在国内外知名企业（世界和中国500强、中国民营企业500强、行业公认的领军企业等）担任高级职务（国内外知名高校、科研院所担任相当于教授职务）的人才创业，经认定给予100万元的创业启动资助。

二类：对符合杭州市C类人才认定标准的人才，入选各类省级以上海外领军型高层次人才计划的人才，以及在国内外知名企业担任中层职务3年以上（在国内外知名高校、科研院所担任相当于副教授及以上职务）的人才创业，经认定给予80万元的创业启动资助。

三类：对符合杭州市D类人才认定标准的人才，以及在国内外知名企业5年以上工作经历的人才创业，经认定给予50万元的创业启动资助。

四类：对具有博士学位的人才创业，经认定给予30万元的创业启动资助。

五类：对在海外取得硕士学位的人才创业，经认定给予20万元的创业启动资助。

3.人才创业券。对经认定的高层次人才创办的企业，3年内委托具备资质的专业机构办理注册登记、财务记账、法律咨询、人才招聘、股权融资、人才培训、创业辅导、会展服务、知识产权保护等产生的服务费用，以人才创业券的形式按实际发生费用的50%给予总额不超过50万元的支持。

4.项目评审资助。开发区原则上每年组织2次评审，对经评审认定的创业项目给予最高1000万元资金支持：

（1）顶尖创业项目

对经评审认定的顶尖创业项目，给予最高1000万元资金支持。项目一般须符合以下条件：

企业核心团队成员5名及以上（至少包含博士2名以上），至少包含1名以上符合杭州市B类及以上标准的人才；负责人和核心成员曾在国内外知名高校和科研院所担任相当于教授职务，或是在国内外知名企业担任中高级技术管理职位3年以上；企业注册资金不低于1000万元人民币，实到资本不低于50%；获得创投机构投资1000万元及以上。

（2）重点创业项目

对经评审认定的A、B、C、D类重点创业项目，分别给予最高600万元、400万元、200万元、100万元的资金支持。

对经评审的顶尖创业项目和重点创业项目，首笔资助资金为总额的25%，剩余75%以研发费用补助形式在企业设立或引进3年内给予支持：对顶尖创业项目和A、B、C、D类重点创业项目分别按企业研发费用自筹资金额度的最高100%、50%、40%、20%、10%给予资助。

（2、3、4条款按“从高、从优、不重复”原则执行，资助总额不超过经评审认定的资助额度）

5.租金补贴。对各类高层次人才创业项目租用办公、研发和生产场地，根据认定和评审结果，给予相应的的租金补贴额度，标准为最高1元/平方米·天，按企业情况分年度发放：

对经认定的人才创业项目，给予最高20万元、不超过20平方米/人（以缴纳社保为准，生物医药类企业放宽至30平方米/人）的租金补贴额度，每年补贴面积不超过300平方米，最长分3年发放。

对经评审的顶尖创业项目，给予最高120万元的租金补贴额度，每年补贴面积不超过1000平方米；对经评审的A和B类、C和D类重点创业项目，分别给予80万元、40万元的租金补贴额度，每年补贴面积不超过500平方米，自评审年度起最长分5年发放。

（以上租金补贴发放额度按从高原则执行，总发放期限不超过5年）

6.贷款贴息。对经评审的人才创业项目自企业设立或引进年度起5年内使用银行贷款的，按照银行1年期贷款基准利率给予最高1000万元贷款额度的两年全额贴息支持。

7.大赛支持。对具有国际、国内较大影响力的创新创业类大赛的一、二、三等奖项目到开发区创业，经认定后免评审且最高可分别参照顶尖创业项目和A、B类重点创业项目政策予以支持。

（二）加快创业发展

高层次人才创办的企业，自设立或引进年度起5年内（新药研发类企业为7年内）经认定和绩效评估后，可给予总额最高1000万元的创业发展资助，并优先保障产业化空间和用地，对特别优秀的项目实行“一事一议”：

8.鼓励融资。人才企业获得创投机构（或上市公司）投资的，按企业融资实际投入的15%、给予最高500万元的创业发展资助。

9.鼓励成才。通过开发区自主申报新入选国家“万人计划”和“千人计划”、省“千人计划”和市“521计划”的创业类人才，分别给予人才创办企业500万元、200万元、100万元的人才创业发展基金资助。

10.鼓励成长。人才企业年主营业务收入首次达到1000万元，经认定后给予最高500万元创业发展资助，包括3年内对企业额外产业化空间租金、设备投入、研发投入等给予补助：按最高1元/平方米·天、实际支出的50%给予租金补助；按新购置设备投入的15%、新发生研发投入的10%给予补助。

（三）强化人才激励

鼓励开发区企业的高层次人才申报各级领军型人才计划和人才培养工程，并鼓励各类人才到开发区工作落户：

11.鼓励人才申报。对自主培养入选国家“万人计划”和“千人计划”、省“万人计划”和“千人计划”、市“521计划”的创新创业类人才，分别给予一次性120万元、100万元、60万元奖励。

12.鼓励团队建设。对新入选的省、市级领军型创新创业团队，区级财政按要求给予配套。对顶尖人才和团队的重大项目采取“一事一议”，最高可给予1亿元的经费支持。

13.人才税收奖励。经认定的杭州市E类及以上人才在获得非上市企业授予的股票期权、股权期权、限制性股票等股权激励时，经向主管税务机关备案，可申请递延至转让该股权时纳税；股权转让时，按照个人所得税区贡献的80%予以奖励。

14.鼓励人才安居

（1）一次性生活补助。对经认定的企业和科研机构（在开发区注册并纳税）新引进的国内外知名高校（世界前200所高校、国内双一流高校和前“985”、“211”高校等）和区内高校全日制本科毕业生给予1万元一次性生活补助，对全日制硕士、博士毕业生分别给予每人2万元和3万元一次性生活补贴。

（2）人才租房补助。符合开发区一次性生活补助申领条件的本科及以上毕业生，以及经杭州市认定的B、C、D类人才，给予800-4500元/月的3年租房补助，A类人才实施一事一议。

（3）人才购房补助。企业自主培养的国家“万人计划”和“千人计划”、省“万人计划”和“千人计划”、市“521”计划等创新创业类人才，未享受过杭州市人才专项住房政策且在杭州市区无住房的，在开发区自购首套商品房分三年给予购房款30%、最高分别150万元、100万元、60万元的补助。对企业新引进并落户的全日制博士研究生在杭州市区无住房的，在区内自购首套商品房分三年给予购房款5%、最高不超过20万元的补助。

（一次性生活补贴、租房和购房补助具体按照开发区相关政策执行）

（四）鼓励引育人才

充分调动企业、中介、协会、人才服务机构等单位和个人的引才和育才积极性，并按其工作成效给予相应奖励：

15.鼓励引荐项目。对经认定的引才联络站和引才顾问，给予一定的工作经费，每成功推荐1个项目被评为开发区“金沙英才”D类及以上项目并落地的，给予推荐者最高25万元的奖励。（具体按照开发区相关政策执行）

16.鼓励企业引才。企业在开发区自主培养1名国家“万人计划”和“千人计划”、省“万人计划”和“千人计划”、市“521计划”等创新创业类人才，分别给予企业一次性20万元、15万元、10万元的奖励。

17.鼓励企业引进“海外工程师”。企业引进外籍海外工程师（曾在知名企业担任过工程、技术、管理主管及以上职务的工程技术研发人才或经营管理人才），并聘任其担任相应的中层及以上职位，其聘用年薪须为50万元及以上，聘用时间一般不少于2年（特殊人才不少于1年），经认定，按工程师年薪30%的额度给予企业最长2年、每年最高30万元的资助。每家企业资助人数不超过5人。

（五）优化人才服务

优化“店小二”式服务，在引进培育、创新创业、生活保障、政策信息等方面完善“绿色通道”机制，不断提升人才服务的国际化、专业化和精准化水平。

18.一站式服务。建立高层次人才服务“专窗”制度和全程代办制度，为人才创新创业提供“一站式”服务。鼓励各类创新园区（孵化器、众创空间）设立人才驿站，经认定验收合格给予最高20万元支持，并纳入人才创业券服务机构目录。

19.配偶就业。高层次人才配偶愿意在开发区就业的，优先安排就业或推荐就业。对引进和培育的国家“万人计划”和“千人计划”、省“万人计划”和“千人计划”、市“521计划”入选者和开发区评审认定的D类以上项目团队带头人配偶，在杭州居住未就业的，3年内给予每人每月2000元生活补贴。

20.子女入学。加快教育国际化进程，全力保障高层次人才子女的多元教育需求，对国家和省“万人计划”、“千人计划”、市“521”计划专家和开发区重点引进的高层次人才，建立子女入学绿色通道，优先安排入学。经认定的杭州市E类及以上人才（机关事业人员除外），子女就读杭州市内区外民办学校，3年内每生每年补贴2万元。

21.医疗保障。对国家和省“万人计划”、“千人计划”、市“521”计划专家和开发区重点引进的高层次人才，设立医疗保健套餐，定期组织健康体检，建立就医绿色通道，并开通国际社保结算。

22.疗养休假。每年组织区内高层次人才进行疗养休假，并开展国情研修、专题培训等活动。

23.居留落户。简化外籍人才入境和居留手续，对符合条件的外籍人才，建立一站式办理绿色通道。对具有中国国籍的创新创业人才，积极做好落户服务工作。

（六）营造良好氛围

24.开展人才评选。进一步完善“开发区杰出人才奖”“开发区人才特殊津贴”“重才爱才先进单位”评选制度，每2年评选一次，给予“开发区杰出人才奖”最高50万元的奖励；给予“开发区人才特殊津贴”获得者3年内每月1000元的津贴；对“重才爱才先进单位”给予表彰。

25.促进交流合作。依托开发区高层次人才创业促进会，充分发挥人才驿站作用，积极为高层次人才与企业、高校、科研机构、金融机构和人才服务机构等交流合作搭建平台，营造产学研协同创新良好氛围。

三、工作保障

1.加强组织领导。加强开发区人才工作领导小组建设，完善各成员单位的职责分工，发挥组织部门牵头抓总作用，形成统筹推进工作合力。加大人才工作目标责任考核力度，考核结果纳入各单位领导班子和领导干部实绩考核、选拔任用的重要内容。各成员单位要根据考核要求和职责分工，明确人员力量，确保工作实效。

2.完善工作机制。构建体制健全、功能完善、服务规范的人才服务体系，切实提升人才服务工作水平。优化人才创业项目评审机制，健全专家库，简化评审认定程序，提高人才和项目引进落地效率。完善绩效挂钩的项目契约式管理和政策兑现机制，定期对人才发展专项资金使用情况进行综合绩效评估，切实提高资金使用效率。建立健全人才项目退出机制，对绩效评估后未实际履行协议的人才企业，依照协议及时予以清退，确保人才项目质量和工作实效。

3.加强队伍建设。加强人才工作专业建设，优化人员力量配置。组建一支由人才科技局牵头，各成员单位和园区平台参与的人才服务专业队伍，并加强业务培训和指导，提升人才工作的国际化、专业化和精准化水平。

4.加大宣传力度。创新方式方法，广泛宣传开发区创业环境和人才政策，吸引高层次人才来开发区创新创业。加大对人才工作平台、人才创业成功典型和人才工作成效的宣传力度，积极营造全社会“重才、爱才、尊才”的良好氛围。着力提升人才工作智慧应用水平，整合构建智慧人才平台，大力提升人才工作效率。

四、附则

1.本意见原则适用于在杭州经济技术开发区范围内注册、纳税，正常开展生产经营活动的企业和科研机构，新引进人才是指从开发区辖区外引进的人才。

2.政策期内发生生产安全伤亡事故，或发生环境污染事故，以及未按规定和要求上报人才和科技活动统计报表的企业，各类资助（奖励）予以“一票否决”。

3.开发区主导产业是指高端装备制造、生物医药、新一代信息技术、新能源新材料和高端服务业（包括总部经济、金融服务、科技服务、跨境电商、文化创意）等竞争优势明显的产业领域。涉及人才项目认定和评审、创业券、人才引荐奖励、人才安居等条款，参照开发区相应管理办法。上级各类认定按上级相关文件办法执行。

4.同一人员、产品、项目获得开发区其他同类资助（奖励）的（包括国家、省、市专项政策的配套资金及区专项扶持），按就高不就低原则，不重复资助（奖励）。涉及一年以上的延续性资助（奖励），须每年度申请。

5.获得资助（奖励）的企业如迁出开发区须进行财政、税务清算，企业所享受的财政资助按照双方协议约定予以清算。

6.本意见自 2018年1月20日开始实施，2017年度参照本意见执行，原杭经开管发〔2012〕212号文件同时废止。

杭州经济技术开发区（下沙科技城）“金沙英才”黄金八条

为积极响应党的十九大提出的“加快建设创新型国家”号召，全面落实省、市“人才强省”“人才强市”战略部署，进一步优化人才创新创业生态环境，加快打造“下沙科技城”，特制定“金沙英才”黄金八条政策：

1.人才引进鼓励。积极鼓励各类人才到开发区就业创业，对新引进的世界前100所高校、国内“双一流”、前“985”“211”高校以及区内高校的全日制本科毕业生，给予一次性生活补助和三年租房补助计4万元；对新引进的全日制硕士、博士毕业生，分别给予一次性生活补助和三年租房补助计6万元、10万元；对企业引进的高端海外工程师，按年薪的30%给予最长两年、每年最高30万元的资助。

2.人才创业扶持。大力扶持新引进的各类人才创业项目，实行“认定+评审”制度。对项目认定实行即报即评，注册落地就给予最高100万元启动资金、50万元创业券、20万元场地租金补助。对经评审的创业项目，最高给予四个“1000”支持，即最高1000万元启动资金和研发补助、最高1000平方米3年租金补贴、最高1000万元贷款额度2年贴息、最高1000万元创业发展资助；对特别突出的创业项目最高给予1亿元的资金支持。

3.人才金融支持。持续加大对人才创业的金融支持力度，设立1亿元的大创天使基金、20亿元的创业引导基金、200亿元的产业母基金，对符合条件的各类高层次人才创业项目最高给予个人1000万元授信、5000万元创业贷款、1亿元专项产业基金的金融支持。

4.人才团队激励。大力支持区内企业人才申报各级领军型人才计划和人才培养工程，对入选的市“521计划”、省“万人计划”和“千人计划”、国家“万人计划”和“千人计划”创新创业类人才，分别给予最高140万元、280万元、420万元的奖励。对新入选的市、省级领军型创新创业团队，分别给予500万元、1000万元的奖励。对诺贝尔奖获得者、院士等顶尖人才领衔的创新创业团队，在上述标准之上按“一事一议”给予特别奖励。

5.人才校企共享。全面加强区校间高层次人才的共同培养和双向流动，设立创业教育基金，支持校企共育人才、共建创新载体等。区内高校的国家和省“万人计划”“千人计划”等高层次人才到区内企业任职或兼职的，分别给予一定的工作津贴支持。支持和协助区内企业的“万人计划”“千人计划”等高层次人才到区内高校担任兼职教授、研究生导师等。

6.人才表彰奖励。积极营造“重才、爱才、尊才”的良好氛围，每两年开展一次“金沙杰出英才”评选工作，对入选“突出贡献杰出人才奖”“创新创业杰出人才奖”“优秀青年杰出人才奖”的，分别给予50万元、20万元、10万元奖励。

7.人才安居资助。多渠道强化各类人才的住房保障力度，首期提供1500套精装修可拎包入住的人才公寓。对企业申报入选的市“521计划”、省“万人计划”和“千人计划”、国家“万人计划”和“千人计划”等高层次人才，按购房款的30%分别给予最高60万元、100万元、150万元购房补助。对经杭州市认定的D、C、B类人才，分别给予2500元/月、3500元/月、4500元/月的3年个人租房补助；对经评审创业项目的核心团队成员，分别给予顶尖项目4500元/月/人、A类和B类项目3500元/月，C类和D类项目2500元/月/人3年租房补助。

8.人才服务保障。加强人才创新创业“一站式”服务，对国家和省“万人计划”“千人计划”、市“521计划”等高层次人才，开通子女入学绿色通道，并给予最高6万元学费补贴；建立人才就医绿色通道，开通国际医保结算，配备高端医疗保健服务。对国家和省“万人计划”“千人计划”、市“521计划”等高层次人才和开发区评审认定的D类以上项目团队带头人未就业配偶，给予3年内每月2000元生活补贴。对人才企业主办或共同举办的各类高端创新创业学术论坛、峰会等活动，给予最高50万元资助，对特别重大的活动按“一事一议”给予支持。

以上就是开发区隆重推出的黄金政策，创新、绿色、活力、开放的下沙科技城，诚挚欢迎各位人才来这里创新创业、挥洒青青、安居乐业、逐浪潮头。

杭州经济技术开发区学前教育第二轮三年行动计划（2017—2019年）

杭经开管发〔2017〕237号

自学前教育“1+4”文件实施以来，开发区学前教育发展取得了阶段性成效，为进一步加快开发区学前教育改革发展步伐，促进学前教育均衡优质发展，根据《杭州市学前教育第二轮三年行动计划（2016-2018年）》（杭政办函〔2016〕110号）精神，特制定本计划。

一、发展目标

（一）总体目标

坚持“政府主导、社会参与、公办民办协调发展”的思路，遵循教育规律和幼儿身心发展规律，力争经过3年努力，优化和完善以政府为主导的学前教育公共服务体系，基本建成覆盖全区、布局合理的学前教育公共服务网络，各级各类幼儿园保教队伍素质和办园水平大幅提升，较好地满足开发区户籍适龄幼儿和符合条件的进城务工人员随迁子女就近（相对就近）享受有质量的学前教育需求。

（二）具体指标

1.确保符合条件的适龄幼儿相对就近入园。到

2019年，全区学前三年户籍幼儿入园率达到99%以上，保障符合条件的进城务工人员子女就近（相对就近）入园；全区公办幼儿园及普惠性民办幼儿园在园幼儿人数占在园幼儿总数比例保持在85%以上，其中公办幼儿园在园人数比例达到70%以上。

2.加强幼儿园师资队伍建设。完善幼儿园教师和园长准入标准，按照编制标准基本配足配齐幼儿园教师，并逐步提高幼儿园教师待遇，加强幼儿园保育员队伍建设。到2019年，全区幼儿园教师持有资格证比率达97%以上，园长持有上岗证比率达到100%；全区幼儿园教师学历合格率保持在99.5%以上，其中大专及以上学历达到95%以上。

3.进一步扩大优质学前教育资源覆盖率。到2019年，全区省等级幼儿园覆盖率保持在95%以上，其中省一级、省二级幼儿园覆盖率保持在75%以上；名园集团化覆盖率达到65%，城乡幼儿园互助共同体覆盖率达到90%。

二、主要措施

（一）加快幼儿园建设，不断扩大学前教育资源

1.进一步优化学前教育布局。规划部门要根据社会经济发展、人口发展情况，结合开发区进城务工人员子女入园的实际需求和二胎政策等因素，根据市政府最新的百户指标要求落实并完善《学前教育布局专项规划》。规划部门在各规划单元控规编制时应加强与教育行政部门的沟通对接，合理安排幼儿园的布点。

继续按照“新建一批、置换一批、改造一批”的思路，加大幼儿园建设力度，多渠道解决幼儿园园舍不足问题；幼儿园布点不足的区域，要充分利用现有空置楼宇、旧厂房等资源，置换、改造为幼儿园，扩大学前教育资源。

2.严格落实住宅小区配套幼儿园建设。规划、建设、国土等相关部门要将幼儿园建设纳入开发区公共设施配套建设规划，按照城镇居民区配套幼儿园建设相关规定和调整后的幼儿园建设百户指标落实住宅小区配套幼儿园建设，同步规划、同步建设、同步验收交付教育行政部门管理使用。住宅小区配套幼儿园性质应为公办幼儿园或普惠性民办幼儿园。已建成的小区和商改住的楼盘如未达到要求，要按相关规定就近选址或利用现有公寓楼房加快建设或改造相应规模的幼儿园，以确保住宅区配套学前教育资源。

3.支持鼓励社会力量举办民办幼儿园。规划部门应结合开发区实际情况，对民办幼儿园提出一定的控制要求和相关规划建议；发改、国土资源等部门对新建、扩建民办幼儿园新增建设用地，要按照公益事业用地优先安排用地指标，符合划拨土地目录规定的，可以行政划拨方式供地，保障民办幼儿园合理用地需求。鼓励社会力量在开发区举办上档次、上规模的民办幼儿园。新建民办幼儿园按核定办学规模新增班级数由市、区两级财政给予每班一次性补助建设资金8万元。

（二）健全制度机制，提升保教队伍素质

1.加快公办幼儿园教职工编制核定配备。根据《教育部、中央编办、财政部、人力资源社会保障部关于加强幼儿园教师队伍建设的意见》（教师〔2012〕11号）和《教育部关于印发〈幼儿园教职工配备标准（暂行）〉的通知》（教师〔2013〕1号）要求，科学核定公办幼儿园主要教职工编制，力争到2019年公办幼儿园事业编制教师基本配备到位。机构编制管理部门可适当核增名园集团核心幼儿园事业编制。

2.进一步健全民办幼儿园师资扶持政策。名园集团核心幼儿园、教育行政部门举办的公办幼儿园应通过结对帮扶、双向派遣、集团化运作等形式，加强对民办幼儿园骨干教师队伍的帮扶，不断提升民办幼儿园的师资力量和教育教学水平。

3.依法保障公办幼儿园事业编制教师待遇。继续落实幼儿园事业单位绩效工资制度，并形成正常的工资增长机制，切实保证公办幼儿园事业编制教师工资待遇。

4.落实非事业编制教师待遇。进一步提高各类幼儿园非事业编制教师（含民办幼儿园教师，下同）工资待遇，逐步缩小非编、在编教师工资待遇水平差距，到2019年基本实现与事业编制教师工资待遇水平大体相当。继续按有关规定实行幼儿园非事业编制教师参加机关事业单位养老保险制度。鼓励有条件的民办幼儿园通过设立补充保险制度或职业年金制度，提高非事业编制教师退休待遇。

5.完善幼儿园保教人员培养培训机制。严格实行幼儿园园长、幼儿园教师、保育员持证上岗制度。进一步健全幼儿园保教人员专业发展培训制度，实施五年一轮幼儿园教师专业发展培训，每年参加培训时间累计不少于72学时。将民办幼儿园教师培训列入开发区教师培训序列，保证幼儿园非事业编制教师在进

修培训、专业技术资格评聘、表彰评比、教研活动等方面享有与事业编制教师同等权利；民办幼儿园保教人员参加由市、区教育行政部门组织的各类培训享受与公办幼儿园教师同等待遇，免缴培训费。

6.加强幼儿园骨干教师（园长）队伍建设。将幼儿园教师领军人物培养纳入名师培养工程，每年组织1期幼儿园教师（园长）高级研修班，组织1—2批民办幼儿园骨干教师（园长）培训，选拔培养一批骨干教师（园长）。

7.加强保育员队伍建设。完善等级幼儿园聘用保育员制度，等级幼儿园应聘用具备高中毕业以上学历、受过幼儿保育职业培训的保育员。进一步加强保育员培养培训，卫生和教育行政部门要加强督促幼儿园做好保育员上岗培训和岗位培训；督促幼儿园加强保育员园本培训，提高保育员培训的针对性。多渠道提高保育员收入待遇，并提供相应的社会保障。教育行政部门要努力构建合理有效的保育员考核评价制度，将幼儿园保育员队伍建设情况和保育工作情况纳入对幼儿园的年度考核，有效推进保育工作规范化，促进幼儿园更好地提升保育质量。

（三）深化学前教育改革，大力提升保教质量

1.健全学前教育管理和教研网络。加强学前教育管理和教研队伍建设，配足学前教育专职管理干部及教研员，积极开展本区学前教育管理指导、教研和教师培训等工作。

2.提升科学保教水平。大力贯彻实施《3—6岁儿童学习与发展指南》，实施科学的保育和教育，深入研究幼儿学习方式和特点，遵循幼儿身心发展规律，坚持以游戏为基本活动，保教结合、寓教于乐，科学设置幼儿园课程，规范教学管理，保障幼儿快乐健康成长。

3.深化名园集团化战略。进一步提高名园集团和城乡幼儿园互助共同体覆盖率，创新集团化办园途径，丰富互助结对内涵，提高集团化办园实效，扩大优质学前教育资源。名园集团核心幼儿园可根据实际需要适当核定附加编制，附加编制数原则上不超过该幼儿园教师编制总数的10%。

4.积极推进特殊教育向学前教育延伸。要积极开展特殊儿童学前教育工作，协助杭州聋人学校开展“聋健合一”实验；鼓励幼儿园建设特殊教育资源教室，接受轻度残疾儿童随班就读，提升残疾幼儿接受学前教育比例。

（四）完善幼儿园评估奖励机制，提升幼儿园办园水平

1.建立完善学前教育质量监测体系。逐步建立完善依托专业评估机构和高校的学前教育质量监测和评估体系，加强对各级各类幼儿园保教质量、规范办园、教师队伍建设等方面的监测评估，探索建立在幼儿园办园水平监测评估基础上的财政经费补助机制。

2.完善幼儿园等级评定机制。要加大幼儿园升等扶持力度，鼓励各类幼儿园上等级、创示范、树名园，提高省一级、省二级幼儿园比例，扩大优质资源覆盖

开发区学前教育第二轮三年行动计划
（2017—2019年）年度目标

发展目标	2017年	2018年	2019年
学前三年户籍幼儿入园率	98.7%	99.0%	99.0%
公办幼儿园及普惠性民办园在园幼儿人数占在园幼儿总数比例	82.0%	83.0%	85.0%
公办幼儿园在园幼儿人数占在园幼儿总数比例	66.0%	68.0%	70.0%
省等级幼儿园在园幼儿人数占在园幼儿总数比例	95.0%	95.0%	95.0%
省一级、省二级幼儿园在园幼儿人数占在园幼儿总数比例	75.0%	75.0%	75.0%
幼儿园教师资格证持有率	95.0%	96.0%	97.0%
园长持上岗证比率	100.0%	100.0%	100.0%
幼儿园教师学历合格率	99.5%	99.5%	99.5%
幼儿园教师大专及以上学历比率	92.0%	93.0%	95.0%

面。新评上省一级幼儿园的民办和部门办的幼儿园，一次性奖励6万元；新评上省二级幼儿园的民办和部门办幼儿园，一次性奖励5万元；新评上市甲级以上幼儿园的民办和部门办的幼儿园，一次性奖励4万元。

3.加强幼儿园安全管理工作。落实幼儿园各项人防、物防、技防等措施，加强师生安全知识教育及技能培训，依法规范办园行为；加强无证幼儿园整治力度，在全区范围内杜绝坚决查处"无证幼儿园"。

（五）继续加大投入，健全学前教育经费财政保障机制

1.落实和完善区、街道学前教育经费财政投入机制。区财政每年安排学前教育事业费达教育事业费的12%以上，确保在地方教育附加中按不低于20%比例、在土地出让收益教育资金中按一定比例安排学前教育专项资金。各街道安排一定的学前教育经费，落实《关于印发加快推进杭州经济技术开发区学前教育优质均衡发展若干意见的通知》（杭经开委〔2011〕15号）文件明确的管理职责，用于辖区幼儿园的发展。

2.完善学前教育生均日常公用经费投入机制。建立学前教育预算内生均日常公用经费与开发区小学预算内生均日常公用经费的联动机制，学前教育预算内生均日常公用经费不得低于开发区小学生标准的三分之二，并力争达到开发区小学生标准，并确保全覆盖。

3.建立科学的学前教育成本分担机制。探索建立以幼儿园办园成本为基础的公办幼儿园、普惠性民办幼儿园收费标准调节机制，促进幼儿园健康有序发展。

4.进一步完善教育资助制度。在经教育行政部门审批设立的各级各类幼儿园就读的低保家庭幼儿、福利机构监护的幼儿、革命烈士子女、五保供养的幼儿、残疾幼儿等给予保育费资助，资助标准按乙级幼儿园保育费标准执行。

5.完善民办幼儿园扶持机制。建立民办幼儿园公共财政资助机制，在规范对民办幼儿园考核的基础上，区财政要按民办幼儿园学籍人数，以开发区同级同类公办幼儿园上年度生均预算内教育事业费为依据给予不低于20%基准比例的补助；补助经费重点向普惠性民办幼儿园倾斜；补助经费主要用于教师培训、教师工资发放、家庭经济困难学生资助、办学条件改善等。建立健全普惠性民办幼儿园认定和生均经费补助扶持机制，对经审核认定的普惠性民办幼儿园，要通过政府购买服务方式，对其生均办园成本和收费的差额按普惠性民办幼儿园的符合条件的学籍人数给予补助，并列入区级财政预算，具体补助标准另行制定。

三、工作要求

（一）切实加强组织领导。按照《关于印发加快推进杭州经济技术开发区学前教育优质均衡发展若干意见的通知》（杭经开委〔2011〕15号）"政府主导、分级管理、部门合作、社会参与"的管理原则，明确开发区学前教育的管理责任。各有关单位按照本计划要求，切实履行保障学前教育健康发展的规划、投入、监管职责，切实加强组织领导，确保实施到位。

（二）大力推进综合改革。各部门要根据构建政府主导的学前教育公共服务体系的要求，统筹推进办园体制、经费投入体制、用人制度和督导评估机制等方面的改革，大力推进公办、民办幼儿园协调发展，扩大学前教育资源，加大保障力度，提升办园质量。

（三）加大考核和专项督导力度。将学前教育三年行动计划有关完成情况在年初经考评领导小组审议确定后，纳入管委会对各街道、各相关部门的综合核评内容。探索建立第三方审计制度，加强对幼儿园学前教育经费、教师工资待遇等要求落实情况的考核，并根据考核情况发放学前教育专项经费补助。要完善学前教育绩效评估、督导检查和问责机制，促进开发区学前教育均衡优质发展。

本计划自2017年10月20日起施行，由社发局负责牵头组织实施。

·调查研究·

进一步做大做强开发区金融产业的对策建议

"十三五"时期，是开发区围绕"三大目标"，积极抢抓"拥江发展"战略机遇，坚定不移实施"三大战略"，加快推进"三次创业"的关键时期。经济、城市、社会转型步伐的加快，促使金融需求主体多元化、金融服务需求多样化，对金融产业发展提出了更高要求。为此，我们亟需进一步做大做强开发区金融产业，持续增强金融服务实体经济的能力和效率，努力促进开发区经济提升质效、城市提升品质、管理

提升水平。

一、开发区金融产业的发展现状

1.金融体系不断完善，金融业态日益丰富。目前，开发区共有各类金融机构55家（其中银行20家、保险公司及其代理公司13家、担保机构2家、证券公司3家、融资租赁公司17家），投资类企业520余家；2016年末全区存款余额448.34亿元、贷款余额459.76亿元、国际结算量71.21亿美元；设立总规模为50亿元的产业母基金，新引进各类基金及基金管理公司38家，基金规模及管理资金规模160亿元以上，初步形成了以银行为主体、保险证券机构等参与的传统金融业态和以融资租赁、股权投资为主体的新兴金融业态互为促进、互为补充的多元化金融服务体系，开发区的金融业态日益丰富。

2.金融市场多元发力，资本市场体系渐趋完善。目前，开发区共有主板上市企业3家、新三板挂牌企业14家、省股权交易中心挂牌企业289家；已报会企业3家、处于辅导期企业3家、列入上市挂牌培育企业60家、近40家企业拟在新三板挂牌。发行中期票据23亿元、非公开定向债务融资工具（PPN）10亿元、超短期融资券15亿元，全区企业通过场内场外交易市场累计募集资金约41.13亿元，初步形成了多层次的资本市场体系。

3.普惠金融有序发展，服务实体经济能力持续增强。本土金融机构稳步发展，首期信贷规模总量2亿元的中小企业贷款风险池基金投入运营，渤海银行、招商银行、杭州银行、宁波银行、泰隆银行等五家银行在开发区设立小微企业专营支行，在解决小微企业融资难，支持小微企业快速发展上发挥了积极作用，2016年末开发区小微贷款余额7.59亿元。同时，与泰隆银行合作开展企业商标专用权质押贷款业务，首次尝试通过无形资产质押为科技型小微企业解决轻资产、无抵押的融资难题；推动建行开发区支行成为省内首家跨境电商支行和总行跨境购业务的创新试点行，金融创新取得较好成效。

4.专业平台加快建设，金融综合服务水平不断提高。依托区内国有独资企业资产经营集团公司，成立开发区创业投资有限公司、和港创业投资有限公司、和达金融服务有限公司、和达投资管理有限公司4家子公司，积极探索开展各类金融业务，实现政府引导管理和市场化运作的有机结合，助推开发区产业发展和基础设施建设。同时，积极打造以金沙湖中央商务区为核心、天城东路至3号大街区域为金融服务机构集聚带、辐射休斯顿金融服务中心产业园的金融产业集聚区，积极开展与省投融资协会等单位的战略合作，引进华龙证券浙江分公司、赛伯乐、鼎晖、国投创合、百奥等一批国内一流专业基金设立的投资类和资产管理公司，为开发区企业提供了更加专业、多元化、全方位的金融综合服务。

5.金融环境不断优化，金融业发展持续稳健发展。目前，开发区已陆续制定出台《创业引导基金管理办法》《关于加快建设“双创金融谷”的若干政策》等一系列专项政策文件，成立金融业发展顾问专家组、金融发展工作领导小组（下设金融办公室）、产业基金管理委员会等机构，并启动编制金融业发展“十三五”规划和金融产业集聚区发展规划，

省市及各城区金融业增加值占比情况

地区	金融业增加值占地区生产总值的比重（%）
开发区	5.2
江干区	13.6
西湖区	16.4
上城区	16.6
下城区	30.1
拱墅区	15.9
富阳区	7.8
杭州市	9.7
浙江省	7.3

注：以上数据为2015年或2014年数据

萧山、余杭及开发区金融工作机构设置情况

区域	机构设置	人员配备
萧山区	金融办（与区发改局合署）	主任（兼）、副主任各1名
	金融发展科	科长1名、工作人员1名
萧山区	金融管理科	科长1名、工作人员2名
	资本市场科	科长1名、工作人员1名
	金融事业发展中心	主任1名、工作人员1名
余杭区	金融办（与区发改局合署）	主任（兼）、副主任（兼）各1名
	金融科	科长1名、副科长1名
	金融服务中心	副主任1名
开发区	金融办（领导小组办公室设在经发局）	主任（兼）1名，具体工作由经发局服务科承担

为开发区金融业发展提供了良好的制度与政策环境。同时，积极举办中美跨境科技与资本合作高端对接会、第二届中国微天使节等一系列高端论坛，进一步强化了资本、项目、产业对接；组织开展了互联网金融风险专项整治活动，积极推动“信用下沙”社会信用体系建设，有效防控了金融风险。

二、进一步做大做强金融产业的必要性

1.是深入实施“三大战略”的内在需要。作为促进开发区经济发展的先导性产业，金融产业的进一步做大做强将有力助推开发区“三大战略”的实施。

从创新驱动看，大凡科技创新活跃和科技实力强大的国家和地区，都离不开发达的金融体系对科技创新强大的资金保障和拉动作用。开发区要深入实施创新驱动发展战略，科技人才的集聚、重大项目的研发、科技成果的转化都需要金融的强力支持，大力发展金融业成为创新发展的内在要求。

从转型升级看，开发区要实现产业的转型升级，核心是实现产业结构从以工业为主导向工业、现代服务业协调发展转型，从以传统制造为主向高端智造、高新技术发展为主转型。作为现代服务业特别是生产性服务业的重要组成部分，金融业的做大做强是进一步提高服务业占比、改善三产结构的必然要求，也是加强企业培育、助推产业优化升级的客观所需。

从产城融合看，开发区基础设施建设和公共服务设施完善的任务还很重，需要大量的建设资金，发展金融业可以引入更多社会资本参与城市建设。同时，随着开发区发展，城市功能不够丰富、人口结构较为单一、城市品质有待提升等问题和不足日益凸显，通过发展金融业，扩大高端就业人群、带动城市商业、娱乐、文创等功能完善，打造特色区域金融中心，是提升城市产城融合水平的重要途径之一。

2.是开发区金融业自身发展的内在需要。开发区经过20多年的发展，产业基础较好，形成了装备制造、电子信息、生物医药等优势产业，但现代服务业特别是金融产业发展还相对滞后，亟待加快发展。目前还存在以下问题：

多元化融资格局有待完善。开发区直接融资比重偏低，企业通过资本市场实现资本扩张和融资能力不足，境内外上市公司数量偏少；借助私募金融、互联网金融、场外交易市场等新兴金融渠道融资仍有较大空间。

金融业增加值占比偏低。虽然开发区金融业保持快速增长，但总体实力不强的现状依然没有明显改观，尚未形成集聚效应，滞后于经济发展需要。2015年，开发区金融业实现增加值30.66亿元，从金融业增加值占GDP的比重来看，开发区仅为杭州市平均水平的53.6%，与其他几个城区的差距十分明显，金融产业发展基础相对薄弱。

金融业发展特色不明显。目前，开发区金融业发展与周边区（市）存在同质化现象，与产业转型升级和创新创业的需求结合不紧密，尚未形成具有区域特色的金融服务业，在省市金融规划中地位不高，属于钱塘江金融港湾建设中金融小镇的重点拓展类。

中小微企业融资难仍未破解。科技型中小企业风险投资体系不完善，在种子期和初创期，众创空间和孵化器项目融资难、融资贵问题没有从根本上得到解决，成为中小微企业做大做强及开发区经济快速发展的制约因素。

金融工作机制不完善。目前管委会、各部门与区内金融机构、投资机构之间没有建立有效的、定期的工作对接协调机制，同时与萧山、余杭等地相比，开发区金融工作力量较为薄弱，与快速增长的地方金融监管需求和有效对接上级金融工作的要求还有一定差距。

三、进一步做大做强金融产业的对策建议

根据省市金融工作的部署和重点，借鉴兄弟区县的经验，要进一步做大做强开发区金融业，可以从以下七个方面采取措施：

1.尽快启动金融小镇申报创建工作，全面对接钱塘江金融港湾建设。积极抢抓钱塘江金融港湾建设重大机遇，充分用好开发区作为自主创新示范区、跨境电商综试区、双创示范基地、城东智造大走廊等多个国家、省市战略重要支点的政策叠加优势，全力申报、创建市级或省级“和达IE金融小镇”【IE的寓意：创新创业：Innovation 、Entrepreneurship；宜居宜业：Inhabitable、Enterprise-adaptable；互联网+的时代背景：Internet Explorer；爱意：寄托开发区对金融小镇的金融机构、创业者、企业、居民等的关爱之意】，以金沙湖中央商务区为先导发展区，以东部湾总部基地为后续拓展区，主动承接上海、杭州金融资源辐射，以各类基金、融资租赁公司以及会计师事务所等中介服务机构为核心业态，引入一批品牌知名度高、发展影响力大、辐射带动能力强的金融机构和类金融机构，使金融小镇成为钱塘江金融港湾的重要节点和城市金融地标品牌。

2.努力强化产业资本精准对接，加快完善多元层级基金服务体系。在开发区现有的与武岳峰资本合作的海外基金，国家新兴产业创投引导基金、省先进制造业产业投资基金、百奥基金、百豪基金、华龙基金等产业基金以及海邦基金、海慧识睿基金、深创投红土基金等创投基金的基础上，着眼于开发区当前着力打造的高端装备制造、生物医药、新一代信息技术、新能源新材料等产业，强化资本与产业、项目对接，进一步推动国家级基金/省级基金、产业基金/创投基金、国内基金/海外基金的协同发展。

3.积极打造双创金融服务线上平台，大力提升投融资综合服务效率。以“政府主导、企业创新创业需求导向、金融服务合作联运”为原则，加快打造包括平台介绍、新闻热点、金融机构、创业企业、创业项目、人才团队、企业服务、政策法规、上市辅导、项目路演等多个模块构成的双创金融服务线上平台，通过集成政府、风投、银行、担保等各类金融服务资源，充分发挥综合信息交流平台、融资需求受理、征信体系建设、融资解决方案提供、融资机构对接等五大服务功能，有效解决创新创业企业与金融服务的信息不对称难题，确保企业“引得来、留得住、长得快”。

4.稳步推进金融招商平台建设，持续扩大金融产业集聚规模。坚持“政府尽责企业尽力、政府搭台企业唱戏”原则，加快启动位于杭州东部国际商务中心东峰、首期面积为3000平方米的省投融资协会创新金融产业园和面积为5000平方米左右的金融创新生态园两大平台建设，有效解决好产权所有者与入驻企业、管委会政策目标之间的关系，进一步创新金融招商机制和政策，充分发挥投资机构强大的资源整合能力，着力吸引各类金融服务机构向园区集聚。

5.探索开展金融模式特色创新，着力打造金融产业区域亮点。抓住开发区打造城东智造大走廊引领区的契机，依托开发区的信息产业优势，利用金融物联网、金融云等信息技术，积极发展智慧金融。利用开发区作为全国首批“跨境电子商务综合试验区”的优势，鼓励支持电子商务平台加大与上下游企业、金融机构的协作对接，促进互联网支付合规发展，大力培育电商金融服务市场，积极发展电商金融。以开发区雄厚的现代物流业基础为依托，鼓励物流企业创新运用多种物流金融手段，充分发挥物流金融资金融通、资源整合、资本增值的功能，积极发展物流金融。探索发行“双创”公司债，开辟创新创业企业融资新渠道，助力创新创业企业成长。

6.培育完善多层次资本市场，全面助推企业快速成长。高度重视企业的上市挂牌工作，健全完善上市挂牌企业梯度培育机制，及时帮助解决企业在上市挂牌中遇到的困难和问题，推动一批符合条件的优质企业在境内外证券交易市场、新三板、省股权交易中心上市或挂牌。同时，鼓励、组织一批成长性好、持续盈利能力、风险控制能力和偿债能力较强的科技型中小企业，捆绑式发行集合债券和集合票据，进一步优化资本结构。

7.探索推进体制机制创新，确保金融产业持续健康发展。单独设立区金融工作办公室，作为管委会直属常设机构，指导并牵头组织落实、统筹协调全区金融工作，切实加强政府金融工作力量。依托浙江财经大学等区内高校资源，举办更多高质量、高水平的高端金融论坛，发出浙江省、杭州市金融发展的“开发区声音”。健全完善金融人才引育机制，大力招引各类高层次金融人才，积极培养本地金融人才，强化开发区金融产业发展的人才保障。抓紧研究建立金融行业风险防范和监管预案，建立部门协同管控机制，加强投后监管等基金体系的规范化管理，防范可能发生的风险，确保开发区金融体系稳健运行。

摘自2017年8月15日《调查研究》第4期

关于挖掘钱塘江围垦历史文化 建设“钱塘江下沙围垦遗址公园”的思考建议

钱塘江围垦，是新中国成立后浙江省造地史上的奇迹，也是杭州人民向大海索地的壮举。钱塘江下沙围垦起于上世纪五十年代初，完成于1980年，前后历经28年，在与江潮争斗中先后组织了规模宏大的两次围垦造地运动。杭州经济技术开发区正是在这块围垦土地上开发建设而形成了如今的杭州副城。

当我们享受如今的开发开放成果之时，当我们在城市绿树成荫的环境中感受美好生活之时，我们不能忘记先辈们在十分简陋的条件下勇战狂涌、艰苦拼搏、团结奋斗、无私奉献而创造的惊天伟业，为杭州的如今发展留下了宏大丰厚的基产。为此，我们认为开发区人不仅应弘扬先辈的宝贵精神遗产，更应保护下沙围垦的历史遗迹，挖掘下沙围垦的文化遗产，成为开发区人文环境建设的重要内容之一。本文拟从建设“钱塘江下沙围垦遗址公园”为主题，提出我们的一点建议。

一、钱塘江下沙围垦的重要历史价值

杭州经济技术开发区所在地下沙地区，系一百多年来钱塘江江流与潮汐共同作用而逐渐形成的滩涂地。清末称北沙，上世纪三十年代为杭州市皋塘区北沙村，解放初为杭县乔司区下沙乡，1961年划归余杭县。民国时期，钱塘江流主槽南北迁徙不定，两岸此坍彼涨，极不稳定。解放前夕，七堡至盐官一带，江潮摆动范围仍有5千米~12千米。据余杭县志记载，仅1905~1948年的43年间，大坍江4次。1937年10月9日，狂风大潮，下沙、九堡一带水深六七尺，庐舍冲毁，人畜伤亡难以数计。所以当时这里的居民（大多为盐民）为了栖身，只能搭建简易草棚（俗称“火筒舍”），自称为“沙头鸟”，生活朝不保夕。下沙一带曾流传着“一年三坍江，满眼白茫茫，人似沙头鸟，飘泊居无常”的凄惨歌谣。涌潮、洪水、坍江、受灾是当时下沙地区百姓心头的最大苦楚。

解放后，为彻底消除江潮危害，稳定下沙地区人民安居乐业，钱塘江下沙区域先后经历的两次大围垦，基本以现在南北向的3号大堤为界，以西为第一次大围垦区域，以东则为第二次大围垦区域。第一次大围垦自1952年2月至1970年，历经18年，先由浙江省钱塘江水利工程局、杭县、海宁县在七堡、七格、桶盘村一带抛筑挑水丁坝、盘头34座，固滩促淤。1953年至1962年浙江省乔司农场、省公安厅江涂围垦总队先后组织抢筑1号、2号、3号大堤，1965年余杭县下沙乡围筑七堡7号坝至七格下坝围筑四格堤。至1970年，经长年的抛石固脚，筑堤护坡，稳定了江道，从而形成了3号大堤以西的下沙围垦滩地，亦称老围垦区；第二次大围垦起自1971年2月，至1980年4月，历经10年，余杭县先后组织下沙、乔司、九堡、翁梅、小林、星桥、双林、亭趾、博陆、五杭等10个公社（乡）的数万民工，投入人工787.6万工，投入土方2100万方、石方48.41万方，共围筑新堤35.45千米（其中临江一线大堤13.123千米）。新建八五〇出江闸1座，新沙闸、创业1号闸、创业2号闸、创业3号闸等节制闸4座，八五〇、七格盘头2座，抛筑丁字坝7座，浆砌块石护坡13.07千米，总投资1227.2万元，从而形成了3号大堤以东的围垦区域，亦称新围垦区。

记载下沙围垦历史先后有《沧海桑田》《下沙围垦实录》两本书，详细记载了下沙围垦实况。当年的下沙围垦，可以说是千难万险，围垦战士喝的是咸水，吃的是咸菜，住的是草舍，用的是铁耙畚箕扁担锄头这些最原始的工具，风餐露宿，忍饥挨饿，战严寒斗酷暑，战台风斗大潮，战泥水斗蚊虫，甚至受伤牺牲，硬是用一双肩膀，挑出了广袤的围垦地，这可以说是下沙围垦滩涂造地史上的奇迹。更可贵的是，它留给后人“万众一心、战天斗地、不畏艰难、力创伟业”伟大的围垦精神，这是下沙人民的宝贵遗产和财富。开发区管委会于2008年专门在6号路东端的江边辟建了面积达40000平方米的“下沙围垦广场”，以志纪念下沙大围垦的丰功伟绩。

下沙围垦具有重要的历史价值，它主要体现在：

一是保护价值，重要的围垦遗迹是历史的见证物，保护遗迹就是保护下沙历史文化的重要内容；二是纪念价值，人文历史的重要载体就是物化的元素，是看得见摸得着的精神内涵所在；三是传承价值，保护、纪念的根本目的就是传承人文历史，传承先辈的精神遗产，激励后人奋发前进的动力。

二、钱塘江下沙围垦现存的主要历史遗迹

由于杭州经济技术开发区的开发建设，必然对围垦遗存的地表构筑物产生较大的影响。但在历代开发区人的努力之下，钱塘江下沙围垦仍现存不少的历史遗迹，它既是下沙围垦造地的见证者，更是先辈们留下的重要物质遗产，主要有：

（一）3号大堤：是目前下沙地区现存的主要围垦遗迹，它系1962年浙江省公安厅江涂围垦总队在2号大堤外滩围筑而成，南起下沙胜利闸门外1450米处，北至海宁杨家村，全长19.65公里。随着开发区的开发建设，目前尚存的主要堤段系北与海宁接壤，南至12号大街，全长10.8公里，其中从德胜快速路至12号大街3.5公里。虽由于东西向城市道路的穿越，堤身被分割为若干段，堤东也有大量建筑群，但堤身依然清晰可见，围垦时种植的乔木成林，灌木丛生，如历史见证者，长年挺立于下沙大地。

（二）3号大堤护塘河（即11号渠）：是构筑3号大堤时取土而形成的宽40米的堤塘河，在下沙也称“40米大河”，也是目前下沙地区现存的主要围垦遗迹。11号渠紧伴3号大堤，经过开发区对其景观改造，已是下沙地区的主要景观渠，与3号大堤共同形成围垦遗迹的主体。

（三）创业一号闸。创业闸是围垦时为解决排涝而建的节制闸，共有4座，即新沙闸、创业1、2、3号闸。现存的仅有建于3号大堤的创业1、2号闸。其中有围垦遗迹中有代表性的是创业一号闸，位于6号大街与3号大堤交汇处南侧，紧邻原20世纪70年代余杭县围垦指挥部（白洋桥），1977年5月建成，当时投资103094元。该闸属沉井基础节制闸，反拱式钢筋砼底板，底板标高3.8米，闸宽3米，单孔结构，可通50吨以下船只，是当年余杭县组织3号大堤外滩涂围垦时水上运石的重要通道之一。为保护这一在下沙围垦史上有见证意义的标志物，开发区管委会已将创业一号闸作为下沙围垦遗迹予以保护。

其他如四格排灌站、八五〇出江闸、沿江大堤主体均系围垦时的构筑物，虽开发区在开发建设过程中经过工程改造，但其历史传承价值依然存在。

三、“钱塘江下沙围垦遗址公园”选址与建设的几点建议

（一）选址建议：开发区管委会曾利用11号渠水面景观和3号围垦大堤及原种植的大量乔灌木、原生态植物，按生态化要求，于2005年2月开工、2007年竣工建成位于杭州绕城公路东线与11号路之间的“生态公园”，南北长约3000米，宽100~300米不等，总面积80多万平方米，总投资5000万元，也是纵贯开发区南北的城市“绿肺”。目前，生态公园内虽因白杨美食城、游乐场、杭州环境集团下沙分公司等一些建筑占据了不少绿地，但主要堤段和景观仍基本保存完好，尤其是创业1号闸、6号大街以北堤段及护塘河均承载着下沙围垦的不少物化元素。由于该区域既有3号大堤、护塘河、创业1号闸等围垦遗迹，又有足够的建设空间，因此在此基础上加以挖掘改造，建设“钱塘江下沙围垦遗迹公园”仍为最佳选择地，若在此基础上加以利用改造并加载围垦元素，必然可成为保护、传承、纪念下沙围垦历史的重要人文历史景观。

（二）主要景观建设设想

1.将围垦遗迹列入开发区历史文物保护内容。围垦遗迹主要为3号大堤、11号渠、创业1号闸等，在该类遗迹的合适位置设立历史文物保护纪念碑，并用碑文叙述该围垦遗迹的历史，以示后人。

2.新建钱塘江下沙围垦纪念碑。地址可选在下沙围垦公园入口处，并以碑文叙述下沙围垦历史。

3.围垦公园内设立若干个展现围垦历史景况的雕塑。展现下沙围垦不畏艰难、战天斗地、勇战狂潮、团结拼搏的人文精神，成为教育激励后人的可视教材。

4.复原设计并增设重要的围垦工具。如曾在3号大堤上的运石小火车与小铁路、曾装载石料的运石船、抛石固滩的大型钢筋石笼等，以丰富对围垦艰难性的感性资料。

5.改建下沙围垦历史纪念馆。利用原下沙堤防管理所的建筑，建设下沙围垦历史纪念馆。征集下沙围垦的图片、物件和资料，采访下沙围垦的参与者、见证者，用图文并茂、遗产展示等各种形式，再现下沙围垦的历史故事，从而成为教育后人的重要基地。

一个城市的发展，必须具备自身独特的人文精神，必须打造自己独特的文化，更有赖于沉淀的历史的传承，有赖于物化的历史元素的开发利用。建设“钱塘江下沙围垦遗址公园”和纪念馆，正是基于这一目的的考量。我们希望开发区管委会能从打造“文化下沙”这一软实力出发，组织力量，潜心研究，科学谋划，让为开发区发展而奉献的宏大历史基产有一个永久的纪念性传承。

摘自2017年10月20日《调查研究》第6期

下沙赋

钱江左岸，杭州东首，沧海之赐，潮沙之聚，百年来积土聚民，数十载伴潮而生，地为下沙，斯如潮城。南望萧山近瞻越土，西枕江干拥抱西湖，北接余杭远眺良渚，东襟海宁共赏潮韵。二十八年栉风沐雨，围涂造地十万沃土；二十余载荜路蓝缕，艰苦拼搏精绘副城。下沙湾展杭州拥江发展异彩，科技城绘钱塘沿江开发新图。

下沙之地，古为钱塘江域。北宋明清，江道三亹变流[1]，清末之期，江槽定顺北门。托长江口潮沟之沙，挟钱塘江川流之土，潮起潮落，涨坍交互，洪流汎水，积沙成涂，北沙始名，皋塘埭土。民国初年，始见垦沙耕耘。民国中叶，屡现萧山沙民涉江迁陡，结茅筑舍而村落渐成，划格构田而引流盐卤；民国末年，始置杭县乔司区外沙乡，渐有格沙诸村[2]；新中国初，分置杭县新元下沙四格三乡，纳新中国版图；丙申年[3]诸乡并置，谓余杭县下沙乡，下沙之名由此定续。

滔滔钱江，浪潮汹涌，漫漫平沙，席卷白云。北岸有清筑杭海长堤，东西蜓三百里，威镇江潮，直抵平湖，专设官台于乔司，同知三防监护[4]。淤滩成涂，江岸游动，度生计固滩堵坍，筑埂堤疲于应付。滩涂频频涨坍，沙民凄凄落魂。叹谓“一年三坍江，满眼白茫茫，人似沙头鸟，飘泊居无常”。壬辰年[5]始，杭县余杭八方龙聚，风雨二十八春秋，两度造地围涂[6]。钉耙畚箕扁担，汇聚原始工具，臂肩赤足徒手，沙涂筑堤担土。战滩崩沙移而擎肩手之力，斗潮汹水袭而仗全民摆阵。星沉月暗而灯火遍地，冰封雪压而四面吼声。战天斗地，火火生风，餐风宿露，定力坚持。万千社民相集，谁为粮票工分；百里埂堤既筑，岂罕受奖立功。举世伟业，载史永存。筑三号堤，护塘河相伴相拥；修创业闸，运石河内外畅通；建出江闸，千顷畈不愁泄洪；挖中心河，比肩担不分男女；抢沿江堤，无昼夜笼石围城。用心血造就十万良地，用智慧开启造地奇闻。盐沙咸地，土贫地穷，倾力改造，科学耕种。倚农垦农场，规模引路；兴种植养殖，百花争宠。棉蔴花生，蚕桑瓜果，虾蟹鱼鳖，奶牛猪棚，下沙农产基地，久久名闻遐迩。

天道回旋，沧桑迭代，物事消弭，风流载承。改革开放，欣逢隆昌景运，省市决策，下沙开发启动。建下沙投资区，策应杭州工业东移；造下沙工业城，为钱塘江时代探路。壬申年[7]初创，白手起家，困难重重，戳力同济，风雨共枕。冀前景意志弥坚，展雄心日夜兼程。滚动开发，筑巢引凤，亲商安商富商不遗余力，智慧谋略胆识交替游刃。助投资者获利，促创业者成功，人民给我一方土，我还人民一座城，信念不移，声播誉驰。癸酉之年[8]，下沙开发升纳国家队，千商辐辏，鲲鹏高翥，钟秀毓灵，频显神通。五洲工业大贾云聚，十里阛阓舒展彩虹。高教园区如期建成，出口加工区封关顺运，两大工程隆誉下沙速度。壬午年[9]始，“打造国际先进制造业基地、新世纪大学科技城、花园式生态型杭州副城”，三大目标定位精准，三区联动[10]美增华踵。建区造城两轮驱动，撤村建居空间灵动，产业升级如火如荼，城市功能春笋接踵。集智聚力，秉轴持钧，砥砺澎湃，弘毅坚忍。融沧海而憾博大，出俊彩而显芳芬。一企一策，面对面解难拂尘；一校一品，扬专长校企共荣；一社一塑，创亮点大道同奔。工业园区产业链.频频延伸，龙头凤冠引领品牌提升，下沙制造根基稳固，下沙创造骥奋云驰。大学城聚南北莘莘学子，十四校会东西科研贤能，校企间合作互动，科技园累累硕果。二度创业，探索开发区造城新路，以产育城，以城孕产，文化引领，擎天一城。

二十余年，积蓄迸发，三次创业[11]，创新为魂。聚点滴之戮力，集万千之雄风。势在破竹，天地因而色增；策功茂实，星月为之动容。转型升级，推促专精特产业，争创高峰；创新驱动，引领名校名院名所名企，聚凝发功；产城融合，聚焦高新高端高地，同频共振。世界医药巨头，翘楚出神，医药小镇，风卷云舒；信息智造，精英麇集，名世佳品，龙门飞渡；大创小镇，灵汇精气，引领创新，硕果纷呈。出口加工区拓展外向功能，跨境电商园连通全球商路，综合保税区再融开放优势。城市环境，日新月异，社会生活，步步升腾。地铁首线，笑脸迎客，无缝对接西湖杭城；德胜高架，再添彩虹，西通东联杭城江东；六九双桥，飞跨钱江，四方物流高速通衢。沿江大道，花径柳堤，荷塘芦岸胜景簇拥；区口广场，喷泉灵动，各国旗飘彩灯映衬；高教公园，水曲桥叠，阁台榭楼鹭鸥掠空；金沙明珠，碧水映空，涟漪脉脉，尽透精緻；小区璟园，佳人拾翠，银发翁媪翩翩起舞。三号沿江两堤横卧，煌煌遗迹历史见证；围垦广场，群雕峭立，再现历史，栩栩如生；钱江潮景[12]，苍天恩赐，涌波卷浪，奇幻无穷；七格盘头[13]，百年静卧，观潮胜地，名声日增。大麦烧酒[14]，醉香百里，非遗传承；钱江白条，鱼香百埠，唯吾最纯。城市绿道，香樟银杏笑眸天穹，丹桂杜英花荫相拥；市井街衢，俊彩斑斓，车流如水，人潮涌涌；商圈超市，人鼎沸腾，农贸市场，交易昌隆；政商中心，龙禳鹏举，睿智宏轨，惠及寰宇。鸟瞰下沙，产居分明，比肩高楼，林立穿云。三甲医院[15]，社区医疗，中西结合，济世救人；中小学教育，方兴未艾，以文化人，品牌引路；幼儿教育，童心朗朗，启智导行，精心呵护。百二居住小区，纳数十万移民，新老沙民，温馨和顺，乡情乡音，文化交融；社会安定，警民协同，倡安心舒心放心，创平安和谐之城。

颂曰，宜业下沙，科技火花四起，扬鞭凌云；宜学下沙，书声吟音环绕，天泽地润；宜居下沙，千楼百径延伸，情融潮城。荣膺频频[16]，全国驰誉，寰宇精英，摩肩接踵。“杭州城东智造大走廊引领区、国家级开发区转型升级示范区、一流的现代化国际化新城区”，新的三大发展目标，正扬帆启程。“不畏困难，艰苦拼搏，聚心合力，敢为人先”，下沙精神，不息传承。新城雄风，日月见证：清晨日露，百鸟衔鸣晴空，智慧步履匆匆奔涌；落日余辉，映红商楼厂区，万千窗灯键声动人；夜色笼城，列列华灯齐整，海归创业春潮涌动。忆往昔，围涂造地，物阜民丰，艰苦创业光耀宏图；看今朝，不忘初心，创新驱动，续拥江发展魅力之城。

（张保灿）

附注：

杭州经济技术开发区

下沙，钱塘江下游的冲积平原，上世纪民国初年方有人开始耕植。1952年至1980年，杭县、省公安厅围涂总队、乔司农场和余杭县历经28年组织了两次大围垦，形成了下沙开发前的10万余亩围垦滩地，这是杭州东部人民治理江患、围涂造地的伟大创举。杭州经济技术开发区前身为杭州钱江外商台商投资区江北下沙区块，系省级开发区，成立于1990年8月15日，1992年5月23月启动建设，1993年4月4日经国务院批准升格为国家级经济技术开发区，是集工业园区、高教园区、出口加工区于一体的综合性园区，也是杭州市三大副城之一，委托管理下沙和白杨两个街道，辖区人口约45万人。20多年来，开发区实施了围垦地开发、工业城创建和下沙科技城发展的探索与实践，从而为杭州市工业东移、沿江发展继而当前展开的“拥江发展”作出了“开路”与“打前站”的贡献。成为杭州市重要的产业集聚区和城市副中心，综合竞争力多年位列全国国家级开发区第一方阵。

[1] 三亹变流：“亹”也作“门”。钱塘江河口段江道在南岸萧山龛山与北岸海宁之间，先后有三条入海通道，称之为“三门”：北宋至明末，钱塘江主槽总体在龛山与赭山之间，江道宽约6.2千米，谓“南大门”；明末清初，主槽向赭山以北、河庄以南宽约1.7千米的“中小门”下泄；乾隆四十二年（1777年），水势北趋，中小门人工通流12年后淤塞，南沙北突，杭州的七堡、乔司至翁家埠一带则淤成北沙，江道移至白虎山、青龙山以北，钱塘江主槽走北大门，至今已延续200余年。

[2] 格沙诸村：下沙最早利用咸潮之水，平沙划格，建设盐场，故地名多冠格、沙，如智格、四格、七格，上沙、中沙、下沙、高沙等。

[3] 丙申年：即1956年。

[4] 同知三防监护：“同知“系清朝官职，正五品的知府副职，负责分掌地方盐、粮、捕盗、江防、海疆、河工、水利等，在钱塘江杭海江堤一线，设西防、中防、东防，故称“三防”。

[5] 壬辰年：即1952年。

[6] 两度造地围涂：指下沙历经28年的两次大围垦。第一次大围垦：起始于1952年2月，浙江省钱塘江水利工程局、杭县、海宁县组成抢险指挥部，在七堡、七格、桶盘村一带抛筑挑水丁坝、盘头34座，取得固滩促淤效果。1953年浙江省乔司农场组织场内职工抢筑乔司1号大堤，自湾南起经桶盘村到下沙，筑围堤9.7千米，围涂1.53万亩；1954年乔司农场组织围筑2号大堤，自胜利闸至翁家埠，筑围堤7.65千米，围涂1.31万亩；1962年浙江省公安厅江涂围垦总队在2号大堤外滩，南自下沙胜利闸门外1450米处，北至海宁杨家村，

筑3号大堤，围堤长19.65千米，围涂3.32万亩。1965年，余杭下沙乡在七堡7号坝至七格下坝围筑四格堤，堤长2.23千米，围涂1345亩。至1970年，经过长年的抛石固脚，筑堤护坡，稳定了江道，形成了3号大堤以西的下沙围垦滩地。第二次大围垦：从1971年2月至1980年4月，余杭县历经10年，先后组织下沙、乔司、九堡、翁梅、小林、星桥、双林、亭趾、博陆、五杭等乡几万人，在下沙围垦钱塘江江涂。总投资1227.2万元，投工787.6万工，完成土方2100万方，石方48.41万方，共围筑新堤35.45千米（其中临江一线大堤13.123千米），新建出江闸1座（八五〇盘头南侧），节制闸4座（新沙闸、创业1号闸、创业2号闸、创业3号闸），盘头2座，抛筑丁字坝7座，浆砌块石护坡13.07千米，从而形成了下沙开发建设前的钱塘江堤岸和3号大堤以东的围垦区域。

[7] 壬申年：1992年5月下沙开发启动建设。

[8] 癸酉之年：即1993年4月国务院批准下沙开发区升格为国家级经济技术开发区。

[9] 壬午年：即2002年。

[10] 三区联动：指杭州经济技术开发区、杭州出口加工区、杭州下沙高教园区"三区"互为依衬，联动发展。

[11] 三次创业：指2017年开始开发区实施"转型升级为引领、创新驱动为核心、产城融合为支撑"三大发展战略，打造"城东智造大走廊的引领区、国家级开发区转型升级示范区、一流的现代化国际化新城区"的三大发展目标。

[12] 钱江潮景：下沙沿江堤也属观潮胜地，从八五〇盘头至观潮亭一带可见"一线潮"，在下沙大桥以东之120丁字坝附近可见"回头潮"，在七格盘头可见"碰头潮"。

[13] 七格盘头：是江南萧山沙地人过江迁陡的最早落脚之地，也是下沙观潮的主要胜地。

[14] 大麦烧酒：是下沙地区传统的由大麦等粮食酿制的白酒，口感醇香，颇受当地及周围民众喜爱。

[15] 三甲医院：指浙江省中医院下沙院区和邵逸夫医院下沙院区两座综合性的三甲医院。

[16] 荣膺频频：开发区相继获得"中国75个城市开发区投资环境最佳开发区"、"跨国公司最佳投资开发区"、"国家低碳产业园区"、"国家生态工业示范园区"等荣誉称号，并获得"国家计算机及网络产品产业园"、"生物产业国家高技术产业基地核心区"、"国家知识产权试点园区"、"国家服务外包产业基地城市示范区"、"中国产学研合作创新示范基地"、"国家物流标准化试点基地"、"长三角国家级转型升级示范区"、"国家双创示范基地"等一批国家级基地（园区）品牌，已日益成为具有国际化特色的宜业宜学宜居的新城。

·报道选摘·

杭州经济技术开发区 迈向全国一流创新高地

2017-05-06

5月5日~7日，二十国集团智库会议（T20）科技研讨会在杭州经济技术开发区（下沙）举行，T20是G20峰会重要配套会议之一，是全球智库代表为G20贡献智慧与思想的重要平台；

5月10日，创in资本对接会在杭州经济技术开发区举行，百余位海归创业者畅谈理想，纵论创新创业之路；

5月18日~20日，2017中国（杭州）精准医疗与未来医学大会在杭州经济技术开发区举行，海内外知名学者及产业界代表就精准医疗领域热门议题和高新技术展开大讨论；

……

5月，杭州经济技术开发区（下沙）国际合作月，31天9项活动，平均每3.5天就有一项活动，而这些活动都有一个共同的特点——"国际化"。

对刚刚入选浙江省首批省级双创示范基地的下沙而言，通过国际合作月与国际产能合作，为集聚国内外技术、人才、资本等高端要素，承接新一轮国际高端产业转移提供了新契机、新发展、新思路。

国际合作月硕果累累

创新是经济长期增长的重要动力之一，也是推动人类社会进步的重要动力之一。

5月6日，一场以"新供给、新动力、新合作，科技创新引领支撑未来"为主题的二十国集团智库会议（T20）创新研讨会在下沙举行。

T20是G20峰会的重要配套会议之一，是全球智库代表为G20贡献智慧与思想的重要平台。来自中国、德国、日本、印度、巴西、墨西哥、埃及、泰国及联合国、欧盟等国家和国际组织约100名专家学者出席。

研讨会旨在落实《2016年二十国集团（G20）创新

行动计划》和《G20科技创新部长级会议声明》精神，促进各方在创新领域的交流与合作，增进对科技创新有关政策议题的深度探讨，分享最佳实践经验。

作为会议的承办地，下沙再次向世人展示了创新驱动发展的新成果、新面貌。娃哈哈国际科创小镇、中科极光、礼来亚洲基金投资企业等入驻下沙代表分别参与了经验分享。

而就在T20前两天，刚刚将研发总部落在下沙的SS INNOVATIONS举行了首次全球会议，一场令人大开眼界的医用机器人技术演示会吸引了众多国内外的投资者和医疗界专家。

现场，医生只需稳坐在舒适可调节的术者控制台中，以三维高清手术视角，远程操控机械臂及手术器械，进行手术模拟。

该公司的创始人及董事长——累计拥有超过45年临床实践经验的机器人心胸外科手术专家Srivastava表示，手术机器人让手术更精准。

“比如，普通开放式外科手术，患者需4天至7天才可出院，而用机器人做手术后，患者根据手术类型1~3天即可出院。”Srivastava说，未来，手术机器人将实现“下沙智造”。

好消息不断。十多天之后，新西兰奥克兰大学中国创新研究院在下沙开园。这不仅是奥克兰大学在中国落地的第一家研究院，也是奥克兰大学在中国科研成果转化的唯一对外窗口。

奥克兰大学始建于1883年，是新西兰规模最大的大学，目前排名全球第81位，在生物医药、新一代信息技术、智能制造、新能源新材料等领域拥有强大的研究优势和产业化能力。

研究院将下设生物医药研究所、精准营养研究所等，分领域承接国际知名公司的研发项目。研究院的成立，也为新西兰创新型公司和研究人员提供了跳板，能够在中国市场找到合作伙伴并紧密对接。

“计划打算将机器人、新材料、生物医药等方面的几个项目引进到中国来。”UniServices公司CEO安迪·申克（Andy Shenk）博士兴奋地说，希望明天就能把这些项目引进来，越快越好！

除了这些重量级的活动，5月，下沙还举行了2017中国（杭州）精准医疗与未来医学大会、创in下沙资本对接会、第二届Regenovo生物3D打印学术高峰论坛等一系列印有国际化标签的活动。

杭州经济技术开发区管委会相关负责人说，杭州经开区是具有20多年发展经验的国家级开发区，目前区域创新能力持续增强，经济转型升级取得显著成效。

“这些活动将会把最新的技术、优秀的人才等源源不断地带过来，极大提升下沙科技创新水平。”这位负责人说，坚定下沙走以科技创新引领转型发展之路的信心和决心。

全链条创业服务体系不断健全

一个个贴有国际标签活动的举办，一个个国际项目落户下沙，下沙魅力何在？

经济学家钱颖一在《硅谷的故事》一文中，将硅谷形容为创业者的“栖息地”，就是那里创业的土壤比较肥沃，有适合人才创业的生态圈。

这样的形容同样适用于下沙。

目前，下沙集聚松下、辉瑞、默沙东、东芝、娃哈哈等大企业，其中世界500强企业投资设立项目达75个，综合竞争力多年位列浙江省开发区前列、全国国家级开发区第一方阵。

从产业上看，高端装备制造、生物医药、信息技术、新能源新材料以及高端服务业等是重点产业，年销售产值超亿元企业达到181家，5亿元以上企业58家。

其中，生物医药产业成为下沙主导产业之一，近300家企业在此集聚，年产值已经超过200亿元，占杭州市总量的40%以上，年均增速超过15%，全球前十大药企已有6家在下沙落地，产业发展基础雄厚。

产业集聚发展离不开人才，下沙一直以来都求贤若渴，并成为首批“浙江省海外高层次人才创新创业基地”。经过20多年的发展，下沙已经发展成为杭州乃至浙江省科学发展的示范区、产业升级的引领区。

截至2017年5月底，下沙引进培育各类高层次人才超过1100人，其中两院院士15人、国家“千人计划”专家学者32人，省级“千人计划”专家学者69人，杭州市“521”领军人才33人。

“在一季度刚刚完成的2017年第一批人才项目认定中，受理参评项目65个，通过审核的56个。”杭州经济技术开发区管委会科技局相关负责人说，新增高层次人才项目15个，同比增长275%。

发展离不开人才，人才也需要平台；找一个平台，承载创新梦想。下沙早已亮出了“东部人才港”和“东部科技港”的名片。

目前，下沙已经拥有国家级高科技孵化器、大学科技园、省级海创园、众创空间等特色创新平台超百万平方米，一季度各类创新园区新增初创企业150余家，较去年同期增长25%。

同时，引进中科院理化所杭州分所、清华长三院生物产业技术中心、浙大创新医药研究院等优质科研机构10余个。

“一个可喜的现象是，下沙自主创新能力提升，专利数有较大幅度提高。”这位负责人说，今年以来，下沙知识产权实现专利申请2848件，同比增长6.55%，其中发明专利1240件，企业专利1061件。

最近，在杭州市公布的第二批特色小镇创建名单和培育名单中，下沙的大创小镇赫然在列。

大创小镇，以新加坡（杭州）科技园和杭州市高科技孵化器园区为核心，东至25号大街、南至10号大街、西至文溯路、北至2号大街，总规划面积约3.7平方公里。

小镇以新一代信息技术为主导产业，目标建设成为长三角地区产学研协同创新的引领区，国际高端人才创新创业的汇聚地，全国开发区产业转型的示范区。

“下沙是一片创业热土，苗圃-孵化-加速-产业化全链条创业服务体系不断健全。”这位负责人说，下沙正全面升级创业创新环境，吸引集聚国际国内更多优秀创新团队落户，打造一流创业创新港湾。

力争成为全国一流　创新高地

未来，下沙科技创新必将给我们带来更多的惊喜。6月5日，一个好消息传来，浙江省首批双创示范基地名单出炉，下沙成功入选。

下沙将力争打造“四个示范区”：全国区校双创合作示范区、“中国制造2025”示范区、国家级开发区转型升级示范区、国际化产城融合示范区。

而在《杭州经济技术开发区“十三五”规划纲要》集聚创新发展新动能篇章中，下沙提出力争建设全国一流创新型开发区。

要实现这一目标，下沙将培育重大创新平台，有效提升开发区主导优势产业核心竞争力。力争5年内新增高端创新平台100个以上，其中全球前100高校（院所）平台不少于10个。

鼓励行业龙头企业建设国家重点实验室、国家工程实验室、国家级企业技术中心以及省级重点企业研究院等创新平台，形成一批有影响力的行业创新平台。

支持高起点、高标准推进“厂区变园区”产业转型升级，鼓励企业制定创新战略，积极申报国家级、省市级创新型示范和试点企业。力争5年内新增国家高新企业100家以上，实现新培育数和累计数两个翻番。

同时，聚焦装备制造、生物医药、信息技术、新能源新材料等重点产业，进一步强化扶优扶强，力争5年新增亿元以上企业100家，高新技术产值占比达50%，不断引领和推动产业优化升级。

集聚创新人才。大力推进机构引才、平台引才、以才引才，着力健全人才培育、引进、服务等工作机制，积极引进和培育带技术、带项目、带资金的海内外高端人才和创新团队。

“力争5年新引进和培育国家‘万人计划’、国千、省千等高层次人才100名以上，销售收入超过1000万元的高层次人才创办企业100家以上，5年均实现翻番。”杭州经济技术开发区相关负责人说。

模式创新也十分重要，下沙将探索共建研发机构、共建产业技术创新联盟或采用委托研发、技术许可、技术转让、技术入股等多种合作模式，建立高效协同创新体系，有效推进科技创新成果转化应用。

“力争5年内累计申报重大创新项目100个以上。”这位负责人说，积极扶持企业申报重点创新计划项目、省重点企业研究院以及领军型创新创业团队等。

完善创新生态。下沙将抢抓钱塘江金融港湾建设契机，进一步健全集天使、引导、产业基金于一体，国内国外基金双轮驱动的全过程全领域金融支撑体系。

“‘撬动’成为关键词。”这位负责人解释说，发挥财政资金作用，引入天使投资、风险投资和私募股权投资，着力形成母基金50亿元（首期20亿元）、撬动社会资本100亿元以上的投融资规模。

有了金融体系的支撑，下沙力争到2020年，开发区科技银行、创投基金等科技金融机构数达到30家以上，主板、中小企业板、创业板及“新三板”挂牌企业达到21家以上。

“通过集聚创新发展新动能，使先进制造业和现代服务业成为经济增长的重要引擎，产业附加值水平明显提高。”这位负责人说，力争到2020年高新技术产业产值占工业总产值的比重达到50%。

此外，力争到2020年，规上工业企业R&D经费支出占工业增加值比重达6%以上，各类孵化器、创业园等创新平台面积达到300万平方米以上。

摘自2017年5月6日《浙江日报》

生物医药成下沙科技城人才创业第一大类 杭州医药港小镇打造产业发展最佳生态

2017-11-13

11月8日，杭州经济技术开发区（下沙）在2017年浙江·杭州国际人才交流与项目合作大会上，现场签约21个高层次人才项目，项目涉及生物医药等领域，签约总金额达6亿元。

11月9日，“智汇下沙科技城”创新创业推介会上，重磅推出——“金沙英才”黄金八条人才新政，为人才创新创业提供全方位贴心服务。

11月11日，“千人计划”专家联谊会生物医药与生命科学专委会2017年会在下沙举行，上百位生物医药顶尖人才展开“头脑风暴”。

下沙科技城，正以创新发展的姿态抢占未来竞争制高点。

“大咖”云集　上百位生物医药专家展开“头脑风暴”

生物医药与生命科学是能够改变人类命运的前沿科学。

作为国家生物高技术产业基地，吸引来了“千人计划”专家联谊会生物医药与生命科学专委会2017年会，上百名生物医药“大咖”智慧交融，为生命科学领域创新创业建言献策。

下沙魅力在哪?

“千人计划”专家联谊会生物医药与生命科学专委会会长冯新华博士表示，生物医药产业是下沙特色产业之一，有专属的园区，也有专业基金等；有科院研所，也有完善的配套等各类要素资源。

“目前，生物医药产业在基础研究上投入少，美国生物医药发达是因为在过去二三十年的投入不图回报。”冯新华表示，科研人员都希望科研成果能在某一天得到转化，下沙可以成为一个很好的选择。

正如冯新华所言，近年来，下沙大力实施创新驱动战略，加快推进“下沙科技城”建设，取得了一定的成效，成功获批国家级双创示范基地、浙江省国际合作基地。

为了更好地服务人才创新创业，下沙打造“双创”金融谷，以助推创新创业为核心，探索“双创”金融特色发展模式——“产业链+基金+孵化器+人才”的驱动模式。

其中，基金对下沙生物医药项目投资非常踊跃，多禧生物、凯珥医疗、科宁生物等十多家人才初创企业已经获得知名投资机构的青睐。

下沙也设立了规模达10亿元的生物医药产业基金，专注于生物医药、医疗器械，医疗服务等大健康行业中具备市场前景、技术先进性、成长价值的项目。

国家领军型创新人才赵永新博士是杭州多禧生物科技有限公司董事长，自2012年落户下沙以来，致力于研发用智能键将单克隆抗体与小分子药物交联，共同构成共轭体类药物，用于恶性肿瘤的靶向治疗。

得益于下沙创新创业氛围以及对人才的重视，多禧生物两款药物已经进入安全评价环节，明年将报临床批件，并计划在未来数年内持续开发覆盖至少11类癌症、至少24个靶点的ADC药物。

杭州经济技术开发区管委会主要负责人表示，将以打造下沙科技城为目标，以东部医药港小镇建设为依托，加速集聚以人才为核心的创新要素。

“全面构筑集产业链、人才链、投资链、创新链、服务链于一体的创新创业生态，努力建设成为一流的生物医药研发重镇和产业高地。”这位负责人说。

产业集聚　生物医药成人才创业第一大类

儒雅、淡定是“80”后博士卢冠达给人的第一印象，而这印象背后却蕴藏着巨大的创新力，他是当今世界系统与合成生物学领域的顶尖专家之一，现任麻省理工学院终身副教授。

在2017年浙江·杭州国际人才交流与项目合作大会上，卢冠达博士及团队带着“巢生科技国际孵化器”项目正式签约落户下沙，专注于早期生物医药技术公司的孵化和投资。

“巢生国际孵化器”项目将以“基金+平台”的创新合作模式，计划在3年内引进创建12~16家生物医药高科技企业，并集聚200~300名研发技术人员。

“选择落户下沙主要基于三个要素，产业基础、人才结构以及政府支持力度。”卢冠达说，团队考察了全国五、六个城市之后，发现下沙生物医药产业实力雄厚，可以为公司发展提供肥沃的土壤。

在下沙有一组有趣的数据——累计引进高层次人才创办企业共132家，其中生物医药类企业57家，占比43%，注册资金超过6亿元，生物医药成为下沙人才创业企业第一大类。

其实，生物医药产业，一直以来是下沙的主导产业之一，目前，包括辉瑞、默沙东、吉立亚、雅培、礼来等全球前10大药企已有7家落户于此。

经过多年的发展，下沙引进和培育生物医药企业300余家，实现产值250亿元，年增速超过15%，占杭州生物医药产业比重达40%。

同时，形成以辉瑞生物、九源基因、艾博生物等为代表的生物制药，以默沙东、雅培等为代表的化学制药，以康莱特药业、爱生药业等为代表的现代中药，以泰尔茂、旭化成等为代表的医疗器械企业。

得益于生物医药产业的集聚效应，吸引了大量人才，使得生物医药的门类也十分齐全，生物制药、医疗器械、检测试剂、基因诊断等主要领域都有优质人才项目覆盖。

随着下沙实施创新驱动战略，着力打造“下沙科技城”，加快创新载体和平台建设，不断优化完善政策服务体系，下沙成为海内外领军人才栖息的热土。

截至目前，下沙累计引进高层次人才1123名，其中国家、省“千人计划”和杭州市“521”计划专家129名，高层次人才创办企业近200家，其中产值上千万企业36家、产值上亿元企业7家。

抢先布局　东部医药港小镇成热土

正当新一批优质项目落户的同时，不少已深耕下沙的生物医药企业已着手布局杭州医药港小镇。随着今年小镇成功入选第三批浙江省级特色小镇创建名单，小镇显得尤为炙手可热。

最近，杭州术创机器人有限公司的创始人及董事长苏迪尔·斯利瓦斯塔瓦正忙于手术机器人软、硬件集成工作，从去年签约落户到今年3月入驻新加坡杭州科技园，企业一直处于飞速发展中。

“员工从最初的2个人到现在有来自美国、印度研发工程师40多人。”苏迪尔·斯利瓦斯塔瓦透露，就在几天前，公司刚在东部医药港小镇签下2500平方米的厂房，手术机器人将实现“下沙智造”。

与杭州术创机器人有限公司有着同样想法的还有杭州奕真生物科技有限公司，明年年初，布局杭州医药港小镇的奕安济世生物制药研发中心和生产基地也将投入使用。

“我们要在下沙构建一个精准医疗的生态圈。”奕真生物创始人赵奕宁博士雄心勃勃地说，从检测到大数据再到制药，形成完整的精准医疗产业链。

小镇大梦想。上个月，小镇迎来了荣誉镇长——乔治·丘奇。他是美国国家科学院和工程院院士、个人基因组计划首席负责人，被《时代周刊》评为年度“100位全球最具影响力的人物”，也是阿里巴巴“达摩院”首批学术咨询委员会成员。

小镇里高精尖集聚，中科院理化所杭州分所、浙江大学（杭州）创新医药研究院等知名科研院所和高校，浙江清华长三院生物医药产业化中心、UCLA科学商业化中心中国中心、奥克兰大学（中国）创新研究院等相继入驻。

中国科学院、清华大学、浙江大学、复旦大学、中国药科大学等国内顶尖院所，奥克兰大学、加州大学洛杉矶分校等世界100强高校，都与小镇“联姻共建”创新中心，产、学、研、资交融发展。

为了给创业者提供触手可及的精准服务，小镇还配置浙江省医疗器械检验院、国家新药安评中心浙江分中心，集聚新药研发、安全性评价等一批生物医药专业化公共服务平台。

人才新政　每年9亿元用于人才科技

11月9日，2017浙江·杭州国际人才交流与项目合作大会分会场活动——“智汇下沙科技城”创新创业推介会上，下沙重磅推出含金量十足的人才新政——“金沙英才”政策。

虽然政策内容只有短短八条，但不论是从引才上还是从项目扶持上，不论是从团队激励上还是服务保障上，都是诚意满满、条条贴心、条件“含金量”十足。

在人才引进上，下沙对企业新引进的全日制本科毕业生（国内外知名高校和区内高校）和全日制硕士、博士毕业生，无论应届还是非应届，分别给予一次性生活补助和三年租金补助计4万元、6万元、10万元。

“对企业引进的高端海外工程师，按年薪的30%给予最长两年、每年最高30万元的资助。”杭州经济技术开发区管委会相关负责人说，海外工程师应为外籍工程技术研发人才或经营管理人才，曾在国外知名企业担任过工程、技术、管理主管及以上职务。

在人才创业上，改变以往人才项目评审分类“一刀切”式扶持，而是根据项目发展速度提供全覆盖式扶持，最高给予四个“1000”支持。

“最高1000万元启动资金和研发补助、最高1000平方米3年租金补贴、最高1000万元贷款额度2年贴息、最高1000万元创业发展资助。”这位负责人说，对特别突出的创业项目最高给予1亿元的资金支持。

高校是下沙独有的人才优势，新政中，鼓励人才校企共享，并设立1亿元的区校合作天使创投基金，重点支持区内师生创业项目、区校合作及校企合作类优质项目。

在人才团队激励上，下沙对入选的市“521计划”、省“万人计划”和“千人计划”、国家“万人计划”和“千人计划”创新创业类人才，分别给予最高140万元、280万元、420万元的奖励。

“对新入选的市、省级领军型创新创业团队，分别给予500万元、1000万元的奖励。”这位负责人说，在今年新入选的市“521”计划中，下沙占据14席，居杭州市前列。

为了让落户下沙的人才更有归属感，下沙首期提供1500套精装修可拎包入住的人才公寓。对企业申报入选的市“521计划”、省“万人计划”和“千人计划”、国家“万人计划”和“千人计划”等高层次人才，按购房款的30%分别给予最高60万元、100万元、150万元购房补助。

而在人才服务保障上，除了开通子女入学绿色通道、建立人才就医绿色通道外，下沙还将为人才未就业配偶，给予3年内每月2000元生活补贴。

“每年设立9亿元的人才科技专项资金，充分保障人才新政的兑现落实。”这位负责人说，每一条内容都体现下沙重视人才、尊重人才、爱惜人才，条条内容都会得到及时兑现。

摘自2017年11月13日《浙江日报》

“燃”字双创特快号高速行进
重磅!下沙科技城昨推出“金沙英才”新政
广邀全球智脑

2017-11-10

昨天一早，从美国特意飞来杭州的葛东亮博士，从钱江新城出发乘坐大巴沿之江东路前往下沙。望着车窗外波澜壮阔的钱塘江水，他心潮澎湃。

作为一家致力于研发纳米人工智能诊断技术公司的CEO，第一次来下沙就被这里的创新氛围所吸引，“今天在下沙科技城里参观时，到处可见朝气蓬勃的年轻人，就好像来到了硅谷一样，可以说非常的燃！”葛博士时髦地用起了现在的网络流行词。

人才者　求之者愈出

“人才者，求之者愈出”。近代哲学家魏源认为人才越渴望，越追求，才会越来越多。

“下沙科技城”一直以来坚持不懈地渴望和追求人才，让越来越多英才选择下沙创业就业。

昨天，作为2017浙江·杭州国际人才交流与项目合作大会的重要分会场活动，“智汇下沙科技城”创新创业推介会上吸引了众多海外高层次人才、投资机构、科研机构以及开发区众多企业、高校、科技园区代表参加。

会上，下沙科技城正式对外重磅发布“金沙英才”人才新政，其含金量之高被喻为“黄金八条”。

此番人才新政概括而言主要有以下特点——覆盖范围广。

针对全日制本科、硕士、博士毕业生给予一次性生活补助和三年租金补助，同时适用于应届和非应届，覆盖国内外知名高校和区内高校，在全市范围内力度空前。

支持力度大。对高层次人才创业项目给予四个“1000”政策扶持，并给予相应的人才奖励资助，单个项目可累计获得超过3000万元的政策支持。

区校互动强。充分发挥区内14所高校资源优势，支持和鼓励企业高层次人才与区内高校人才资源共享，双向兼职，并给予工作津贴支持。同时，首次实施对高校顶尖人才的安家资助等各项支持。

人才服务新。创新推出“人才创业券”，为落地（特别是海外人才）创新创业解除后顾之忧，依托第三方机构提供优质专业服务。同时，为人才来区未就业配偶提供暖心生活补贴。

广开“才”路　筑巢引凤

海邦基金总裁谢力在昨天的创新创业推介会上被媒体围得团团转，原因是海邦基金这次将广开财路，加大和下沙科技城的合作。作为下沙科技城里生物医药产业的天使投资机构，这已经不是第一次合作了。

“我们在2015年1月，就和下沙联合成立了浙江省第一支主要面向早期医疗项目的风险投资基金，投资金额超过1亿元，多家企业成功通过审批，促进下沙生物医药产业发展。”谢力谈到第一次合作时表示。

生物医药二期基金在这次大会上正式发布，据了解这笔基金是由开发区和海邦基金联合完成，由开发区投资6000万元人民币，总量将达到2亿元人民币的基金体量。

同时在昨天现场麻省理工学院终身副教授卢冠达博士领衔的“巢生科技国际孵化器”团队受到了热捧，该团队不仅高颜值、高智商、高情商，更是把这“三高”的项目落户下沙科技城，将进一步孵化科技城内的生物医药企业。

“听了人才政策之后，我们更有信心把更多好的项目从海外带到下沙。并且这里有一大批知名的创新性生物医药企业，能够把他们很好的聚集起来。”卢冠达博士谈到人才新政时乐观地表示。

巢生国际孵化器将以“基金+平台”的创新合作模式在下沙落地。巢生科技计划在3年内，引进创建12~16家生物医药高科技企业，并集聚200-300名研发技术人员。

耕耘下沙　择一城生根

在昨天会上，杭州迦美通讯技术有限公司的倪文海博士，和几个海外人才团队的负责人聊开了，一字一句都透露出对下沙这片创业热土的感情。

“三年前我们团队来到下沙的时候，我们项目获得了最高的A类打分，并且给了我们600万人民币的支持，在开发区政府和我们的共同努力下，我们不断地去申报521人才、省千、国千，让我们企业不断成长。”

倪文海博士所在的团队，从三年前的一家小型的通讯技术公司，目前已经成为小米等多家科技企业的供应商，据他透露上个月做到了3000万元的销售额。

2015年落户下沙的全球最聪明的50大公司——奕真生物科技公司的创始人CEO赵奕宁博士谈到自己耕耘的一方土地时，眼神就像是看着自己孩子一样自信与自豪。

“精准医疗的浪潮已经来了，我们的目标是要成为个性化精准健康的领导者。”带着这个目标，赵博士在下沙将继续生根发芽。

今年，奕真生物针对亚洲特别是国内人群的健康特点推出了一系列新产品。

比如，新推出新生儿基因检测产品，以尽早发现遗传性疾病，尽早进行干预。

“开发区生物医药产业有夯实的基础，发展氛围特别好，符合我们打造的企业生态圈的需求，同时开发区管委会务实的工作作风，高校优质的服务，很好的帮助我们成长。”记者能听出赵博士语气里的坚定。

“燃”字双创特快号来了

燃烧必需的三个条件就是：可燃物、助燃物和火源。

放到“下沙科技城”创新创业的热土之中，能够让这片创业热土持续燃烧的，则需要：人才、政策、环境。

推介会现场，黄金八条政策公布后，现场许多创业者摩拳擦掌，都用“燃”字来形容如此空前的人才政策。

下沙这列“燃字双创特快号”，正高速行进在创新创业的轨道之中，这个速度和近年来开发区大力实施创新驱动战略是分不开的，结合目前下沙正加快建设“东部人才港”和“东部科技港”，着力打造一流的创新创业平台和创新创业生态，日益成为海内外高层次人才的创新创业乐土。

近年来，开发区大力实施创新驱动战略，加快推进“下沙科技城”建设，取得了一定的成效。2017年，开发区成功获批国家级双创示范基地、浙江省国际合作基地，通过“双百计划”已累计引进高层次人才创办企业近200家，累计引进高层次人才1123名，其中国家、省“千人计划”和杭州市“521”计划专家129名。

当前，特色小镇已经成为开发区创新发展的主平台。杭州医药港小镇已入选省级特色小镇，大创小镇入选省级国际科技合作基地。同时，一批科技园区、众创空间、科技孵化器相继建成，累计投用规模达到200余万方。目前，开发区共拥有包括4家国家级孵化器、国家级众创空间5个，引进团队超过300余个，形成了集苗圃、孵化、加速、产业化于一体的创新创业支撑体系。

摘自2017年11月10日《每日商报》

和市民百姓共建共享“更好的下沙”
杭州经济技术开发区加快
“三次创业”增进民生福祉

2017-12-22

临近岁末，杭州经济技术开发区（下沙）向市民百姓交出了一份沉甸甸的答卷。

在全市率先完成拆迁安置“双清零”，区内河道全部剿灭“劣V类水”，违法屋顶广告整治实现“清零”……开发区的环境品质不断提升；城市道路有机更新美化，基础教育工程扩容提质，医疗保障居家养老更加便利……开发区的公共配套不断完善；“最多跑一次”高效服务，人才新政“黄金八条”吸引海内外贤士，国际级赛事纷至沓来……下沙新城的“软实力”不断提升。

增进民生福祉，是发展的根本目的。从“十大为民办实事”项目到开发区重点工程建设，从构建社会治理新格局到打造国家级双创基地，进入新时代，开发区以十九大精神为指引，抢抓“拥江发展”机遇，加快“三次创业”步伐，坚持在发展中保障和改善民生，以人民对美好生活的向往为奋斗目标，多谋民生之利、多解民生之忧，在发展中补齐民生短板、促进社会公平正义，加强和创新社会治理，维护社会和谐稳定，让市民百姓在共建共享发展中有更多获得感。

民生为本　环境综合整治重点突破

11月28日，开发区最后一个回迁安置社区头格社区顺利完成抽签，598户居民家庭高高兴兴地分到了新房。至此，开发区全面完成12个社区的回迁安置，并在全市率先完成拆迁安置“双清零”。“城中村”，在下沙彻底成为历史。

居民朱官友一家抽签分到了七楼的一个大套和中套，还有两个小套。老朱兴奋地说：“我们马上要安排装修，早点搬新家！”

安居乐业，事关民生大计。开发区上下咬定目标、凝心聚力，加快补齐城市发展短板。今年全面开展的“环境综合大整治”，以推进十大专项行动为主抓手，以解决重点难点问题为突破口，打好环境整治“组合拳”，让居民群众生活得更方便、更舒心、更有品质。

年初，开发区以群众反映最强烈、治安消防安全隐患最突出的群租房作为切入点，始终坚持宣传有章、工作有法、保障有力、整治有效的工作思路，以老旧小区、群租房、违建出租房、空地内违建棚户及拆迁遗留户为重点，整治行动中排查发现的3414套违规分隔出租房实现了全部拆除，先后发出整改通知书1865份。流动人员管理和群租房安全隐患得到有效治理。

空地上的废品回收站、住人集装箱和窝棚、彩钢棚等违建被一一拆除，取而代之的是统一围护和绿化。今年以来，开发区加大存量违建清理力度，坚决拆除未批先建、超标违建、乱搭乱建等违法建筑，特别是完成了白杨便民服务点、湾南钢模站、高沙农贸市场南侧违建等一批较难处置的重点难点违建。截至目前，全区共拆除违法建筑262处，共计14.21万平方米，超额完成年度目标任务。同时，继续完善防违控违工作机制，确保违建零新增。

近日，二号坝河河道及绿化带整治工程开工。包括河道二级驳坎、清淤，上下级驳坎之间种植水生植物，两侧绿化带整治约14000平方米。今年开发区实施各类治水项目40余个，投入资金约4亿元，35条河道和2处小微水体全部通过验收，区内河道实现劣五类水成功“摘帽”。

8月，中策橡胶下沙基地搬迁时间表出炉，显示了开发区铁腕治理大气环境的决心和力度。开发区今年进一步削减大气污染物排放，强化废气治理，推动12个工业企业VOC整治项目完成，淘汰关停落后产能，持续保持打击环境违法行为的高压态势。

此外，“五无”企业（作坊）集中整治、空地环境提升、户外广告及招牌整治、再生资源回收行业整治等一项项攻坚战纷纷告捷，城市环境面貌展新颜。

产城融合　城市建设加快国际化

冬日暖阳下，不断扩大的湖面波光粼粼，绿茵环绕的游步道上市民闲步……加快建设的金沙湖公园展露出迷人的一面。目前，作为“杭州东部之眼”金沙湖二期、三期已经正式完工，并进行了预验收。湖体开始全面注水，预计本月底，整个金沙湖公园湖体注水可以完成。等完全建成后，这里将形成杭城最大的人工湖。而且周围东部国际商务中心、龙湖天街、希尔顿酒店等商业综合体林立，金沙湖商务区日趋繁华。

楼高约200米的未来下沙沿江的第一高楼——东部湾总部基地的总部大楼，近日迎来了基坑围护的打桩施工。作为开发区“两镇两区一基地”建设的重要一环，东部湾总部基地建成后，将起到“筑巢引凤”、带动区域发展的重要作用。不久的将来，创业人士在东部第一高楼办公之余极目远望，滔滔钱江东去，沿江公园绿地连绵，是何等的心旷神怡。

下沙新城的城市建设不断发生可喜变化，也来自于百姓身边的细节感受。家住沿江伊萨卡小区的宋先生切身体会到，自从文海南路修整之后，不仅路面变平坦了，连堵车也很少遇上了。

今年3月份以来，开发区启动道路畅美专项整治行动方案，文海南路、围垦街、学源街、二号大街等10条道路有机更新。与此同时，沿线景观提升也稳步推进，完成文泽北路、幸福北路绿化带等共计21.5万平方米的遗留规划绿化带整治工作。围墙边退让红线范围问题整治全部完工，完成复绿约5万平方米。

前来开发区行政服务中心办事的群众发现，附近的学林街顺安巷口今年新增了一个停车场。这些年，开发区大力推进公共停车场建设，2011年至2016年共新增4323个公共泊位，今年又有3个公共停车场库项目竣工，共增加停车泊位601个。

围绕杭州加快城市国际化的部署要求，开发区制定实施《深化产城融合提升城市发展水平“三年行动计划”》，启动下沙副城分区规划编制。加快城市基础设施工程建设，积极推进地铁1号线延伸机场段、艮山东路下沙段、运河二通道等重点项目建设，加快打通金沙大道、幸福路、农垦路等断头路，继续推进城市公交和慢行系统建设，进一步完善内外交通体系。

量质齐升　构建社会事业新格局

景苑中学等三所学校建成投用、招聘新教师278名、培育全国和省级校园足球特色学校3所、选派队伍获世界DI创新思维赛和国际数学建模赛一等奖……2017年，开发区教育事业再上新台阶。

从“好上学”到“上好学”，开发区教育从量向质提升。为了解决新下沙人子女就学问题，从1995年全区仅6所中小学、幼儿园到2017年67所，下沙正以平均每年3所左右的速度新建学校。教育投入持续增长、教育资源快速扩张、教育质量显著提升。

今年教师节前夕，《区域教育质量综合评价第一轮试测评价报告》在下沙发布，掀起区域教育质量综合改革大幕的一角。报告围绕学生健康成长及教师素养、学校发展等关键要素，系统呈现各学校教育质量情况，有的放矢地分析了学生发展核心素养、教师专业能力和学校创新指数情况，充分发挥评价对学校教育教学质量改进的监督、指导和引领作用。开发区将教育质量综合评价改革作为推动教育改革发展的突破口，助推教育质量再提升，力争在“十三五”期间形成教育质量综合评价改革的“下沙经验”，探索符合区域教育发展实际、指向师生幸福成长的“下沙模式”。

9月，华东地区最大的高压氧治疗中心在浙江省中医院下沙院区启用。开发区的医疗卫生设施配套越来越“高大上”。此外，15分钟医疗服务圈保障越来越健全。如：建成投用沿江社区卫生服务分中心，完成中心区块社区卫生服务分中心主体工程，开工建设大学城北社区卫生服务分中心，推进邵逸夫医院下沙院区国际诊疗中心建设，完善医养护签约服务等。

活力激扬，放飞自我——2017杭州国际女子马拉松赛、杭州超级马拉松24小时金杯赛12月初首次在下沙开跑，不仅吸引了国内外的长跑健将，也吸引了区内居民踊跃参与。下沙新城文体活动日益丰富。开发区风筝节、“民间棋王”争霸赛、第五届全国射箭大联赛、全国电子竞技邀请赛、全国学生运动会七个分赛场等，一个个国际化的赛事亮出了下沙“金名片”，提高了美丽“文化下沙”软实力。

精准高效　“最多跑一次”体现“下沙速度”

马路窨井盖、路灯、垃圾桶等城市部件有了物联智能感知系统，地下的城市管网实现GIS（地学信息系统）覆盖，甚至天上还有无人机巡航监控路况……三位一体的智能化监测和管理系统正在下沙走向现实。

“智慧城市综合管理平台以‘一平台、三中心、四大数据库’为依托，这样能实现多维化的城市体征监测、高效化的基层社会治理和便捷化的政民服务模式。”开发区智慧城市综合管理中心工作人员介绍，通过统一受理平台，智慧城市管理中心将环保、执法、城管、区长热线等进行了整合，实现了“一条热线对外”。

开发区制定推进基层治理体系“四个平台”建设实施方案，理顺管理架构，划分全科网格，调整充实人员力量，为平台实质化运作奠定了基础。

9月15日上午，杭州百事可乐饮料有限公司的办事人员来到杭州经济技术开发区行政服务中心，欣喜地发现人社局开通了行政审批窗口。原来需要跑到劳动监察大队办理的综合工时审批业务也能在市民中心受理了。

按照“最多跑一次”改革要求，开发区结合自身实际，全面推进行政服务中心办事大厅“一窗受理、集成服务”改革。

投资项目审批，是体现“开发区速度”的重要窗口。自4月1日起，实施开发区投资项目审批“综合进件”，一窗受理。在商事登记综合进件上，实现“企业自主申报、系统自动核定”；设立内外资、食药质监综合进件窗口，实现企业主体登记、食品医药监事项均可“一窗受理”。

房屋交易与不动产登记综合进件，是老百姓切实感受的便民实事。国土、房产、地税三部门业务由串联调整为并联，房屋交易与不动产登记全业务、全过程实现“最多跑一次”，60分钟内完成全过程办理。

行政服务中心还整合设立“社会管理”综合进件窗口，一窗受理文教卫、财会、残联等服务事项。

开发区还不断拓宽“网上申请、网上受理、网上审批、快递送达”业务范围，努力营造高效便民的政务环境。目前，94.6%的企业群众依申请事项实现了“最多跑一次”，政府服务效率进一步提升。

集聚活力 优化完善创新创业生态

新西兰创新基金ZINO、新西兰电子支付公司Enring、北京嘉林药业等5个合作项目签约，6名新西兰专家院士受聘为奥克兰大学中国创新研究院顾问，还海外优质项目路演、创投交流会……近日，2017中新国际技术创新高峰论坛在开发区隆重开幕。开幕式所在的奥克兰大学中国创新研究院，就是“下沙科技城”新引进的国际化创新平台，今年5月在下沙大创小镇正式开园以来，为促进中新人才交流和项目合作发挥积极作用。

2017年浙江省双创活动周暨首届创博会、“创响中国·杭州站”活动在下沙启动，浙江国际协同创新研究院揭牌，重磅推出人才新政“黄金八条”，启动海邦人才基金二期……今年以来，开发区创新创业高潮迭起、好戏连台，大力推动国际创新创业资源融合汇聚，以国家双创示范基地建设为载体，持续深化与包括奥克兰大学在内的国内外一流科研院所合作，加快构筑集产业链、人才链、投资链、创新链、服务链于一体的创新创业生态，努力打造人才云集、活力迸发、特色鲜明、服务高效的下沙科技城。

上个月，国家重点研发计划生物3D打印重点专项推介会在下沙科技城举行。专项牵头单位杭州捷诺飞生物科技股份有限公司发布了我国第一代高通量集成化生物3D打印机，标志该国家重点研发计划项目运行取得重大突破，我国生物3D打印设备与国际先进水平差距实现从“并跑”到“领跑”。

捷诺飞生物3D打印项目是开发区人才项目创新突破的一个典型。越来越多的人才和科技项目在下沙扎根“开花”。在今年的浙江·杭州国际人才交流与项目合作大会期间，开发区又签约21个高层次人才项目，达成合作意向101个。

目前，开发区专门设立了9亿元的人才和科技专项资金，政府出资50亿元，设立规模为200亿元的产业母基金，为高端人才创业和科技项目集聚营造良好环境。

难怪来自美国麻省理工学院的终身教授、巢生资本联合创始人卢冠达博士，来过下沙两次便决定把巢生科技孵化器项目放到下沙。他说，“这里有人才、资金、政策等方面的有力支持，更重要的是创新创业已形成集聚效应。”

摘自2017年12月22日《杭州日报》

开发区沿江风景 （开发区管委会办公室 供稿）

索引

说 明:

一、本类目设主题索引、资料和表3个分目。

二、主题索引采用分析索引方法，中文标目按第一个字汉语拼音（同音字按声调）顺序排列；第一字相同，按第二个字音序排列，依次类推。数字、英文字母开头的标目则按数字和英文字母顺序排列。

标目后的阿拉伯数字表示内容所在页码。数字后的英文字母a、b分别表示从左到右第一、二栏。标目后有多个页码的，则表示相关信息在这些页码中均出现。副标目或说明语缩后两个汉字放在主标目下面。

本年鉴的“特载”“专记”“大事记”“统计资料”“附录”均未做主题索引。

三、表格按序号排列，仅标注所在页码，不标注分栏。

四、资料按标题第一字汉语拼音（同音字按声调）顺序排列；第一字相同，按第二字音序排列，依次类推。所在位置标注方法同上。

·主题索引·

0~9

英文

A

B

C

D

E

F

G

H

J

K

L

M

T

W

X

Y

·资　料·

·表·